Gütersloher Verlagshaus. Dem Leben vertrauen

Klaus-Peter Jörns

Notwendige Abschiede

Auf dem Weg zu einem glaubwürdigen Christentum

Fünfte Auflage

Gütersloher Verlagshaus

Bibliografische Information der Deutschen Nationalbibliothek

Die Deutsche Nationalbibliothek verzeichnet diese Publikation in der
Deutschen Nationalbibliografie; detaillierte bibliografische Daten sind im Internet
über http://dnb.d-nb.de abrufbar.

Verlagsgruppe Random House FSC-DEU-0100
Das für dieses Buch verwendete FSC-zertifizierte Papier *Munken Premium*
liefert Arctic Paper Munkedals AB, Schweden.

5. Auflage, 2010
Copyright © 2004 by Gütersloher Verlagshaus, Gütersloh,
in der Verlagsgruppe Random House GmbH, München

Dieses Werk einschließlich aller seiner Teile ist urheberrechtlich geschützt.
Jede Verwertung außerhalb der engen Grenzen des Urheberrechtsgesetzes ist ohne Zustimmung des Verlages unzulässig und strafbar. Das gilt insbesondere für Vervielfältigungen, Übersetzungen, Mikroverfilmungen und die Einspeicherung und Verarbeitung in elektronischen Systemen.

Umschlaggestaltung: Init GmbH, Bielefeld, unter Verwendung des Fotos »African Monarch Butterfly Waits for Its Wings to Dry«, © Anthony Bannister; Gallo Images / CORBIS
Satz: SatzWeise, Föhren
Druck und Einband: GGP Media GmbH, Pößneck
Printed in Germany
ISBN 978-3-579-06408-6

www.gtvh.de

*Wiltrud,
meiner kritischen Muse*

Inhalt

Vorwort zur ersten Auflage 13
Hinweise zum Lesen 17
Vorwort zur zweiten Auflage 18
Vorwort zur dritten Auflage 18

Erster Teil:
Beschreibung der Lage
1. Der Ausgangspunkt: Eine vielfach gespaltene Situation des Glaubens . 19
2. Der kulturelle Rahmen: Die »eigene« Kultur weitet sich aus 29
3. Die Überraschung und ein Erschrecken: Die »Rückkehr der Religion« . 33
   Umfragen belegen zunächst einmal ein neues wissenschaftliches Interesse an Religion 33
   Religion wird zur Sache der Bürgerinnen und Bürger 36
   Es geht um eine tragfähige Gottesbeziehung und den Lebensbezug des Glaubens 38
   Eine erschreckende Rückkehr der Religion in die Politik 42
4. Die Ernüchterung: Religionsinterner Pluralismus kennzeichnet Theologie, Gemeinden und Pfarrerschaft 46
   Der von den Kirchen abgewehrte Pluralismus ist in der Theologie längst Alltag 47
   Die Situation in den Kirchengemeinden 49
   Die Situation in der Pfarrerschaft beider Kirchen 53
5. Die Grundthese: Lebendiger Glaube ist sich wandelnder Glaube . . . 60

Zweiter Teil:
Notwendige Abschiede von überlieferten Glaubensvorstellungen
1. Abschied von der Vorstellung, das Christentum sei keine Religion wie die anderen Religionen 70
   Religion hat unterschiedliche soziale Erscheinungsformen und eine unaufhebbare Beziehung zum kulturellen Gedächtnis 72
   Das Welt- und Menschenbild als Sozialform »unsichtbarer Religion« existiert unabhängig von Kirchen und Dogmen 73
   Kirchen gehören zur »sichtbaren Religion« und sind spezifische Sozialformen von Religion 77
   Übergänge zwischen unsichtbarer und sichtbarer Religion halten Religionsgemeinschaften und Gesellschaft offen für einander 78

Inhalt

*Religion und Kultur sind durch das »kulturelle Gedächtnis«
miteinander verbunden* 80
Das Prinzip der kulturellen Kohärenz macht den Umgang mit
kanonisierten kulturellen Texten heute schwer 82
Erinnerung und Kommunikation strukturieren das kulturelle Gedächtnis 86
Der Glaube der einzelnen Menschen ist die Individualform von Religion 89
Der Lebensbezug des Glaubens 94
Ein Haus des Lebens 98

2. **Abschied von der Vorstellung, die Bibel sei unabhängig von den
Regeln menschlicher Wahrnehmung entstanden** 102
Religionsinterner und interreligiöser Pluralismus sind biblisches Erbe
und wollen theologisch ernstgenommen werden 103
  Belege aus der frühen israelitischen Überlieferung 104
  Das Nebeneinander der vier Evangelien 107
Der biblische Pluralismus kann nicht mehr mit einem »Generalskopos«
zugedeckt werden 111
Die Exegese führt zu der ungewohnten Erkenntnis, daß Gott und
Wahrheit in der Bibel nur mittelbar zu finden sind 114
Wahrnehmen und Erinnern als schöpferische Tätigkeiten von Geist
sorgen für die Vielfalt menschlicher Wahrnehmung Gottes 120
  Viktor von Weizsäckers Theorie der Wahrnehmung 120
  Geist ist das »Eigentliche des Wirklichen«, ist Gott 125
  Auf Begegnung und Wahrnehmung folgt das Erinnern 127
Christlich-biblische Erfahrungen kritisch wahrgenommen und
selbstbezogen erinnert 129
  Weihnachts- und Tauferzählungen, oder: Wes Geistes Kind Jesus ist 130
  *Ostererzählungen, oder: Das neue Leben muß in der Gestalt des
  alten wahrgenommen werden* 132
  *Pfingsterzählungen, oder: Wie das aramäische Evangelium über
  Kulturgrenzen hinweg in die hellenistische Weltsprache kam* 134
  *Die Geistkindschaft der Christen, oder: Wie der Geist vom
  knechtenden Gott zur Freiheit der Kinder Gottes führt* 136
  Gebet, oder: Kommunikation mit Gott über das Leben 137
  *Liturgie, oder: Was geschieht, wenn Überlieferungen liturgisch
  verwendet werden* 138
  *Die Bibel als »Wort Gottes«, oder: Wie sich verschriftlichte
  Erinnerungsgestalten und lebendiges Wort Gottes zueinander
  verhalten* 140
  *Biblische Überlieferungen, nach dem Dreischritt von Begegnen –
  Wahrnehmen – Erinnern betrachtet: Ergebnisse* 141

Das Christentum hat sich zur Schriftreligion verengt. Bedenken, nicht
nur von Platons »ungeschriebener Lehre« her, geäußert 142
    Platon beharrt trotz seines großen Oeuvres auf dem Vorrang des
    Gesprächs 142
    Auch nach Paulus kommt der Glaube aus dem Hörensagen 144
Vom Kampf gegen den Pluralismus zur Einsicht in die Vielfalt der
universalen Wahrnehmungsgeschichte Gottes 146
Was kann es noch heißen, von »Offenbarung« zu reden? 149

3. **Abschied von der Vorstellung, ein einzelner Kanon könne die
universale Wahrnehmungsgeschichte Gottes ersetzen** 154
Jede Religion pflegt eine bestimmte Gedächtnisspur im Rahmen der
universalen Wahrnehmungsgeschichte Gottes 155
Die Rolle des Kanons im Rahmen der universalen
Wahrnehmungsgeschichte Gottes 158
    Kanons sind geschlossene Gedächtnisspuren Gottes 158
    Einflüsse unterschiedlicher Gedächtnisspuren auf den jüdischen Teil
    der Bibel: das Gilgamesch-Epos 161
    Einflüsse unterschiedlicher Gedächtnisspuren auf den christlichen
    Teil der Bibel: ägyptische Einflüsse 164
    Der alte und der neue »Heiland der Welt« – die Begegnung des
    frühen Christentums mit dem griechisch-hellenistischen
    Asklepios-Kult 166
    Der Reichtum der universalen Wahrnehmungsgeschichte Gottes ist
    noch zu entdecken 168
Theologien müssen Konstruktionen von Wirklichkeit riskieren, die die
veränderte kulturelle Situation und die universale Wahrnehmungsgeschichte Gottes ernst nehmen 169
    Theologische Entwürfe können hinterfragt werden, auch wo sie
    kirchlich dogmatisiert worden sind 169
    Überholte dogmatische Urteile können überwunden werden,
    wenn ihre kulturell bedingten Anteile »überschrieben« werden 174
    Die Verwerfung von »Heiden« und »Juden« in der Bibel stellen eine
    Herausforderung dar, die mit entschiedenen Mitteln beantwortet
    werden muß 177
    Die Leidensgeschichte der Menschheit verlangt Entwürfe für den
    einen »Himmel« und die eine Erde und nicht die Reproduktion
    alter Partialwelten 179
Was Bibel und christlicher Glaube mit Wahrheit zu tun haben. Thesen . 181
Der Abschied Jesu und die Zukunft der Wahrheit 186

Inhalt

4. Abschied von Erwählungs- und Verwerfungsvorstellungen 188
   Die Wortgruppe ›erwählen‹, ›auserwählen‹ in heutigem Sprachgebrauch
   und Erfahrungszusammenhang 189
   Die Gottesbeziehung als Basis der Erwählungsvorstellungen 191
   Die Christen übernehmen die Erwählungsvorstellung, entgrenzen sie aber 195
   Die Tragik der Kirche: Sie bindet die Liebe und Weite Gottes wieder an
   eine Partialwelt: an sich selbst 198
   Gott darf nicht vom Erwählungsdenken instrumentalisiert werden . . . 201
   Der narzißtische Hintergrund von Erwählungsvorstellungen 205
   Die gefährlichste Form der Erwählungsidee: die Verbindung aus
   Ethnozentrismus/Rassismus und »heiliger« Gewalt 208
   Wir brauchen eine Didaktik zur Entwöhnung von
   Erwähltheitsbedürfnissen 212
   Ein Nachwort zum Stichwort »antiselektionistische Ethik« 214
5. Abschied von der Vorstellung einer wechselseitigen Ebenbildlichkeit
   von Gott und Menschen 217
   Bei den meisten Völkern verstehen sich die Menschen als von Gott
   geformt, und bei vielen als nach Gottes Bild erschaffen 218
   Die Menschen haben sich Gott vorgestellt nach dem Bild, nach dem er
   Menschen (und Tiere) geschaffen hat 224
   Schon früh beginnt die Kritik an der Gottebenbildlichkeit des Menschen
   und an der Darstellbarkeit Gottes im Kultbild 227
   Der Gedanke der Ebenbildlichkeit schränkt die wahre Universalität
   Gottes ein und fördert den Mißbrauch tödlicher Gewalt 231
   Wir können Gott nicht auf personale Kategorien festlegen 235
   Die Mystik als Weg in eine Zukunft, in der wir Menschen uns *menschlich*
   sehen lassen können 237
6. Abschied von der Herabwürdigung unserer Mitgeschöpfe 242
   Die biblischen Schöpfungserzählungen flechten ein Netz von
   Lebensbeziehungen und kennen keine »Krone der Schöpfung« 242
   Theologie darf die Schreckensherrschaft der Menschen über die Tiere
   nicht rechtfertigen und Tiere nicht von Gottes Zukunft ausschließen . . 248
   Die Ehrfurcht vor dem Leben als Heilmittel gegen die »geistige Krankheit«
   der Menschen 255
   Eine Liturgie für die Beerdigung von Haustieren 263
7. Abschied von der Vorstellung, der Tod sei »der Sünde Sold« 266
   Das Leben beginnt und endet mit notwendigen Abschieden 266
   Die »Vertreibung aus dem Paradies« hat nichts mit unserer Sterblichkeit
   zu tun 269
   Das Bewußtsein der Endlichkeit weckt den Wunsch zu bleiben 272

Die Rede vom Tod als der »Sünde Sold« verunstaltet den Tod zum
Strafverhängnis und verleitet uns zu einem aussichtslosen Kampf . . . 275
*Die Vorstellung stammt aus einem Verständnis von Glauben als
Gehorsam* 275
*Statt gegen den als Strafe mißverstandenen Tod zu kämpfen, können
wir den Tod als wichtigstes Argument für das Leben nehmen* 280
Was Menschen heute vom Tod als Strafverhängnis denken 283
Der Tod als Tor zu einem anderen Leben 283

8. **Abschied vom Verständnis der Hinrichtung Jesu als Sühnopfer und
   von dessen sakramentaler Nutzung in einer Opfermahlfeier** 286
   Kontexte, die Denken und Fühlen beim Stichwort Sühnopfer beeinflussen 286
   Die Struktur des Opferrituals ist auf die Darstellung der Passion Jesu und
   des letzten Mahles übertragen worden 289
   Der Dreischritt des Opferrituals: Nehmen – Schlachten – Teilen . . . 289
   *Die Darstellung der Passion Jesu folgt dem Dreischritt des blutigen
   Opferrituals* 291
   *Der Dreischritt prägt auch die »Einsetzungsworte« des letzten Mahles
   Jesu und weist es als Festmahl der Opferhandlung zu* 294
   Das Johannesevangelium und die Didaché kennen eine opferfreie
   Mahlfeier – haben sich aber in der Kirche nicht durchgesetzt 295
   *Das Johannesevangelium deutet die Hinrichtung Jesu nicht als
   Sühnopfer und führt mit der Fußwaschung ein eigenes Sakrament ein.* 296
   *Die »Lehre der Apostel« (Didaché) kennt eine Mahlfeier ohne Bezug
   zu Jesu Tod, ohne Einsetzungsworte und Sühnegedanken* 301
   *In der Gesamtkirche wird die Sühnopfertheologie dominant, weil sie
   sich sakramental nutzen und mit unterschiedlichsten Erwartungen
   verbinden läßt* 303
   *Gegen Ende des 1. Jahrhunderts zeigt sich ein differenziertes Bild im
   Blick auf die Mahlfeier und die Sühnopferdeutung der
   Hinrichtung Jesu* 305
   Die christliche Sühnopfertheologie ist im Blick auf den geschichtlichen
   Wandel der Opfer- und Gottesvorstellungen anachronistisch 307
   *Die christliche Sühnopfertheologie stellt innerhalb der
   Entwicklungsgeschichte der Opfervorstellungen einen
   Anachronismus dar* 307
   *Die Sühnopfertheologie ist auch im Blick auf den geschichtlichen
   Wandel der Gottesvorstellungen anachronistisch* 311

Inhalt

    Die kirchliche Sühnopfertheologie und die darauf basierende
    Mahlfeierpraxis widersprechen der Verkündigung Jesu 314
        Die wechselnden Subjekte in dem auf Jesu Sterben übertragenen
        Opferritual geben Auskunft darüber, welchem theologischen Zweck
        es dienen sollte 314
        Die zentrale Botschaft Jesu von der unbedingten Liebe Gottes
        widerspricht einer Deutung seines Todes als Sühnopfer 319
        Warum die Kirche Jesu letztes Mahl und seine Hinrichtung trotzdem
        vom Sühnopfergedanken her gedeutet hat 322
    Entspricht das blutige Opfer der Struktur der menschlichen Seele? . . . 324
    Die Sühnopfervorstellung steht heute dem Evangelium von Jesus Christus
    im Wege und muß verabschiedet werden 326
    Opferfreie Möglichkeiten, die Hinrichtung Jesu zu erinnern 335
    Überlegungen und Vorschläge für eine opferfreie Mahlfeier 338

Dritter Teil:
Auf dem Weg zu einem glaubwürdigen Christentum
1. Kriterien eines glaubwürdigen Christentums 344
2. Arbeit am religiösen Gedächtnis der Menschheit als vor uns liegende
    Aufgabe 351
    Die Arbeit am religiösen Gedächtnis der Menschheit muß bei der
    eigenen Religion beginnen 355
    Arbeit am religiösen Gedächtnis als Kampf um die Erinnerung 365
3. Pia Desideria: Fromme Wünsche 369
    Ein Kanon aus den Kanons 369
    Ein Festjahr für Weltbürger als Basis einer lebensfreundlichen Kultur . . 373

Glossar 379

Literatur- und Namenverzeichnis 387

Register:
Stellen 399
Stichworte 406

Vorwort zur ersten Auflage

Das Christentum muß Abschied nehmen von einer Phase seiner Entwicklung, in der es sich wie die Raupe des Schmetterlings verpuppt hat. Der Schmetterling auf dem Titelbild hat seine letzte große Metamorphose schon hinter sich, hat sein Ziel erreicht. Er ist geworden, was er sein sollte: seine *Imago*, wie Biologen sagen. Der Kokon bleibt leer zurück, während der Schmetterling in schöner neuer Gestalt auf dem Zweig emporsteigt.

So weit ist das Christentum noch nicht gekommen. Wenn es seine Gestalt wandeln und zu dem ihm eingegebenen Bild kommen will, muß es einen zweifachen Prozeß durchleben. Es muß sich besinnen auf den Ursprung seiner Imago, Jesus Christus, und zugleich zu ihr hinfinden. So kann es werden, was es sein soll: die Verkörperung der Liebe Gottes in der Welt. Dazu muß das Christentum herauskommen aus einer zur starren Hülle gewordenen Konstruktion von Glaubensvorstellungen, die Jesus Christus eingesponnen haben wie eine Schmetterlingspuppe. Deshalb geht es um *notwendige Abschiede*. Nur wenn es den Kokon verläßt, kann das Christentum zu sich selbst finden. Diese Abschiede zu vollziehen, hat also nichts mit Destruktion zu tun, sondern damit, den notwendigen Gestaltwandel von selbst gewählten Fesseln zu befreien. Ich hoffe, daß dadurch viele, die jetzt dem christlichen Glauben eher fernstehen, sich (wieder) einbeziehen lassen in das Reden über Gott und die Welt.

Das 3. Jahrtausend hat mit großen Auseinandersetzungen begonnen, die ohne ihre kulturelle und religiöse Dimension nicht verstanden werden können. Angesichts dessen müssen wir mehr tun, als den anderen Religionen gegenüber den unsäglichen »Absolutheitsanspruch« aufzugeben, *die* Wahrheit zu besitzen, und falsche Vorstellungen von *anderen* Religionen abzubauen – so wichtig das, für sich genommen, jeweils auch ist. Aber noch wichtiger ist zu fragen, ob die Schrift gewordenen Glaubensvorstellungen der Christen sich selbst noch als glaubwürdig erweisen[1]. Dabei reicht es nicht mehr zu fordern, daß Glaubenssätze biblisch legitimiert sein müssen. Dieses Instrument hat sich zwar in der Reformation bewährt, um Wildwüchse einer Kirche zurückzuschneiden, die das Heil gegen bare Münze und andere Leistungen verkaufte. Aber inzwischen kommen wir nicht mehr an der Einsicht vorbei, daß viele Glaubensvorstellungen unglaubwürdig geworden sind, obwohl sie sich aus der Bibel herleiten las-

---

1. Diese wichtigere Frage hat sich die Evangelische Kirche in Deutschland 2003 leider nicht gestellt: EKD (2003c), S. 14.16. So wird im Verhältnis zu den anderen Religionen keine neue Perspektive eröffnet. Aber immerhin: der »Absolutheitsanspruch« ist aufgegeben worden.

sen. Denn wir müssen unseren Glauben heute nicht mehr allein vor der Bibel, sondern auch vor der Geschichte verantworten. Die Geschichte innerhalb der christlichen Zeitrechnung ist, von Europa ausgehend, in vielem als Wirkungsgeschichte der jüdisch-christlichen Bibel zu verstehen. Das führt zu dringenden Rückfragen an unsere religiösen Überlieferungen und die darauf aufbauenden dogmatischen Systeme. Aber es führt auch zu notwendigen Abschieden, wenn wir durch theologische Kritik feststellen müssen, daß wir bestimmte Glaubensvorstellungen nicht mehr verantworten können. Von solchen Abschieden handelt der zweite Teil des Buches.

Es versteht sich von selbst, daß ich nur einige mir besonders fragwürdige Glaubensvorstellungen ansprechen kann. Diejenigen, die ich ausgewählt habe, sollen aber einen Anfang machen mit der Arbeit am religiösen Gedächtnis, wie ich sie im dritten Teil des Buches beschreibe. Ich gehe davon aus, daß der jüdisch-christliche Doppelkanon, den wir unsere Bibel nennen, eingebettet ist in eine universale ›Wahrnehmungsgeschichte Gottes‹. Deshalb spielen in diesem Buch auch andere religiöse Überlieferungen als biblische eine Rolle. Wer davon überzeugt ist wie ich, daß alle Religionen einen positiven Sinn haben, muß fremden Überlieferungen einen anderen Platz anbieten als den, den wir ihnen bisher zugewiesen hatten. Haben sie mit Gott zu tun, muß sich auch Theologie mit ihnen beschäftigen – so schwer uns das aufgrund unserer einseitig auf die Bibel fixierten theologischen Ausbildung auch noch fällt.

1985 habe ich in einem großen Hindu-Tempel in Madurai/Südindien erlebt, wie unter dessen vielen Dächern nebeneinander die unterschiedlichsten Formen von Spiritualität Platz hatten. Da habe ich mit Fremdheitsgefühlen an Europa zurückgedacht und an die Bemühungen der Christen, den Glauben zu normieren und Identität vor allem dadurch zu finden, daß man sich von anderen abgrenzt. Ähnlich ging es mir schon als Schüler bei Studienreisen nach Italien durch die Begegnung mit der etruskischen, römischen und hellenistischen Kultur. Außerdem hatte ich das Glück, am Anfang meines Theologiestudiums 1959 und später dann zusammen mit Berliner Theologiestudierenden immer wieder in der Benediktiner-Abtei Maria Laach zu Gast sein zu können. Die liturgiewissenschaftlichen Seminare, die ich dort zusammen mit *Pater Angelus Häußling* habe durchführen, und die Gottesdienste, die wir haben mitfeiern können, haben mir klargemacht, daß auch die konfessionelle Vielfalt des Christentums ein Gottesgeschenk ist. Sie ist unbedingt zu bewahren. Das verlangt allerdings, daß wir die Unterschiede anders als bisher bewerten: nicht von der hybriden Frage her, wer *die* Wahrheit kennt, sondern als parallele Spuren der einen großen ›Wahrnehmungsgeschichte Gottes‹. Ihr gilt deshalb auch das besondere Augenmerk dieses Buches. *Aléxandros Papaderós*, Initiator und Leiter der Orthodoxen Akademie auf Kreta, hat mir den Zugang zur Eigenart der Orthodoxie zu öffnen begonnen. Daß Kreta die Wiege Europas ist, habe ich schon verstanden. Aber mein Buch zeigt auch, wieviel ich von ihm und anderen noch zu lernen habe.

Im ersten Teil behandele ich die Lage des Christentums in unserer Gesellschaft: es ist eine vielfach gespaltene Situation. Sie zeigt auf, daß sich das offizielle Christentum ›verpuppt‹ hat, gleichzeitig aber Aufbrüche zu erkennen sind, die sich schon außerhalb der traditionellen Strukturen bewegen. Diese Situation zu verstehen, verlangt, auf kulturelle und religionssoziologisch faßbare Veränderungen einzugehen. Dabei spreche ich bewußt vom *Christentum* und nur dann von der evangelischen oder römisch-katholischen Kirche, wenn es ausdrücklich um die eine oder die andere Kirche geht. Vor allem aber verlangt die Situation, daß das Christentum sich selbst als Religion wie jede andere sehen lernt. Erst dann wird es gelingen, die schöpferische Kraft des Glaubens wieder zu entdecken – eine Aufgabe, für die *Eugen Biser* seit langem eintritt[2]. Nach Biser wirken im Glauben der Glaubende (Christ) und der Geglaubte (Christus) zusammen auf dasselbe Ziel hin. Denn der »Geglaubte tritt aus dem Schrein der Vergegenständlichungen hervor; der ›Herr‹ steigt vom Podest seines Herrentums herab; und der zur Lehre Verfestigte beginnt auf neue spirituell-therapeutische Weise zu lehren.« Biser hat sogar die Aussage riskiert, daß sich inzwischen die Anzeichen dafür mehren, »daß sich der Geglaubte effektiv und fühlbar in den Glaubensvollzug einmischt.«[3] Eigentlich heißt das, vom geglaubten, im Geist gegenwärtigen Gott etwas Selbstverständliches zu sagen. Doch: Wer rechnet in Theologie und Kirche schon damit, daß *Christus* sich »effektiv und fühlbar ... einmischt«? Und wer will eigentlich, daß er das tut?

Zwei Theologen und Freunde haben mich in der Gewißheit der Geistesgegenwart Gottes bestärkt: *Walter Neidhart* (1917-2001) und *Eugen Biser*, zwei Männer von ansteckender persönlicher Unerschrockenheit. Durch viele Gespräche und manche Form der Zusammenarbeit sind mir auch *Karl-Heinrich Bieritz, Rudolf Bohren, Carsten Colpe, Christof Gestrich, Harald Hartung, Kurt Hübner* und *Peter Welten* zu Freunden geworden. Mit ihnen allen habe ich begriffen, warum Platon und Jesus das Gespräch und die Weggemeinschaft so hoch bewertet haben. Deshalb sei ihnen dieses Buch eine herzliche Dankes- und Freundesgabe.

Es hat aber noch viele andere Gespräche gegeben, aus denen dieses Buch über Jahre hin gewachsen ist: im Freundes- und Verwandtenkreis, mit Pfarrerinnen

---

2. Biser (2000), S. 11, setzt bei der von ihm mehrfach beschriebenen *glaubensgeschichtlichen Wende* an. Mit besonderem Blick auf den römisch-katholischen Bereich hat er diese so formuliert: »An die Stelle des vorkonziliaren Autoritäts- und Gehorsamsglaubens trat im Sinne des dialogischen Prinzips ein Glaube, der das Offenbarungswort als Antwort auf die ihm gestellte Frage zu begreifen versucht. An die Stelle des von Martin Buber beklagten Satzglaubens trat der von Karl Rahner geforderte Erfahrungsglaube und an die Stelle des tief eingewurzelten Leistungsglaubens der im Bewußtsein christlicher Allverbundenheit geübte Verantwortungsglaube.«
3. Biser (2000), S. 383.

Vorwort zur ersten Auflage

und Pfarrern bei Pfarrkonventen und mit Teilnehmerinnen und Teilnehmern an anderen Tagungen. Beim Schreiben sind mir aber auch immer kritische Menschen vor Augen gewesen, die ich als Theologiestudierende in Berlin oder als Vikarinnen und Vikare am Theologischen Seminar in Herborn/Dillkreis kennengelernt hatte, sowie Menschen in den Gemeinden, in denen ich Vikar (Brühl/Köln) und Pfarrer (Kölschhausen/Aßlar und Gödenroth/Hunsrück) gewesen bin. Manche wollten freikommen von Glaubensvorstellungen, die sie ängstigten, andere wollten heraus aus einem geschlossenen Glaubenssystem, in dem ihr Leben nicht vorkam. Die Notwendigkeit, mich noch einmal neu, auf einer ganz elementaren Ebene, mit den christlichen Überlieferungen auseinanderzusetzen, habe ich im Umgang mit einer Konfirmandengruppe erkannt, mit der ich von 1993 bis 1995 eine gute Zeit in Berlin-Wannsee verbracht habe (meine Tochter Ayescha war dabei), und durch das Predigen im Wannseer Familiengottesdienst. Aber natürlich stellten auch die Ergebnisse unserer Berliner Umfrage (»Die neuen Gesichter Gottes«, 2. Aufl. München 1999) eine große Herausforderung dar. Nach dem Umzug nach Bayern sind dann die Teilnehmerinnen und Teilnehmer des Seniorenstudiums der Ludwig-Maximilians-Universität in München als neue Gesprächspartner und -partnerinnen hinzugekommen: Menschen, die ohne Scheuklappen den offenen Fragen ihres Lebens nachgehen. Durch diese Begegnungen ist mir nach und nach klargeworden, daß die Abschiede, von denen das Buch handelt, dringlich sind und auch dann vollzogen werden müssen, wenn es bequemer wäre, sie zu vermeiden.

Einen besonderen Dank schulde ich denen, die das wachsende Manuskript in unterschiedlichen Phasen gelesen und mit Rückfragen, Vorschlägen und vielen Hinweisen gefördert haben: meiner Frau Wiltrud Kernstock-Jörns zuerst und immer wieder, und meiner Tochter Ayescha Jörns, die die Grundidee zum Titelbild hatte; aber auch Wolfgang Ullmann in Berg und Sabine Arnold in München, Albrecht Rademacher in Falkensee/Berlin und Carsten Großeholz in Berlin. Das waren Freundschafts-, ja, Liebesdienste besonderer Art, weil sie mich noch einmal in andere Lebenserfahrungen verwickelt – und mir vor allem Mut gemacht haben. Das hat gutgetan. Diedrich Steen, als Lektor in Gütersloh, hat sich als freundschaftlicher Geist erwiesen: im Gespräch, am Manuskript, in den Regularien. Mut machend war auch er in jeder Phase der Zusammenarbeit. Dafür danke ich ihm.

Berg/Starnberger See, im Juni 2004   Klaus-Peter Jörns

Hinweise zum Lesen

Der Gegenstand des Buches macht es nötig, immer wieder einmal *Fachbegriffe* aus unterschiedlichen Bereichen zu verwenden, um an Fachdebatten anzuknüpfen. Damit sich auch Leserinnen und Leser ohne theologische, religionssoziologische und kulturwissenschaftliche Fachkenntnisse zurechtfinden können, enthält das Buch am Ende ein eigenes *Glossar*, in dem eine Reihe von Begriffen erklärt wird. Wer sich selbständig zu den einzelnen Themenkreisen informieren möchte, findet Auskunft in dem ökumenischen Handbuch »Der Glaube der Christen« (hg. v. Eugen Biser et al.), München und Stuttgart 1999. Dieses Lexikon enthält als Band 2 ein ökumenisch erarbeitetes Stichwort-Lexikon. Außerdem nenne ich als Standardlexika: Evangelisches Kirchenlexikon, 3. Auflage Göttingen 1986-1997, und: Lexikon für Theologie und Kirche, 3. Auflage Freiburg im Breisgau 1993-2000 (katholisch verantwortet).

Wer sich näher mit den biblischen Texten befassen möchte, kann sich zwei *Hilfsmittel* besorgen. Für das Studium der Jesus-Überlieferung in den vier Evangelien empfiehlt sich eine *Evangelien-Synopse*. Sie druckt die Evangelien übersichtlich so nebeneinander ab, daß man erkennen kann, worin sie übereinstimmen und wo sie voneinander abweichen. So bekommt man einen ersten deutlichen Eindruck davon, daß die biblischen Überlieferungen keine genormte Einheitsschau göttlichen Handelns bieten, sondern sehr unterschiedlich wahrgenommene Perspektiven. Außerdem kann man sich eine *Konkordanz zur Bibel* besorgen. In ihr wird der ganze Wortbestand der Bibel nach Vorkommen verzeichnet. Dadurch findet man alle Stellen, an denen bestimmte Begriffe verwendet werden. *Kommentierte Bibelausgaben* wie die Jerusalemer Bibel und die Stuttgarter Jubiläumsbibel oder auch das von *Ulrich Wilckens* herausgegebene Neue Testament geben hilfreiche Orientierungen, auch wenn sie nicht theologiekritisch verfaßt sind. Fragen Sie *Ihre Pfarrerin oder Ihren Pfarrer*! Sie werden sich freuen, mit Ihnen über ihr »Handwerk« ins Gespräch zu kommen. Vom *Koran* gibt es eine 2004 erschienene Ausgabe mit kommentierter deutscher Übersetzung von *Adel Theodor Khoury*.

Ich möchte die Leserinnen und Leser noch darauf hinweisen, daß sie sowohl bei der Evangelischen Kirche in Deutschland als auch bei der Katholischen Deutschen Bischofskonferenz die von den beiden Kirchen herausgegebenen *»Gemeinsamen Texte«* anfordern können. Kritische Kommentare dazu, an dieselben Anschriften[1] geschrieben, geben den Kirchen Hilfe zur Orientierung.

1. Kirchenkanzlei der Evangelischen Kirche in Deutschland, Herrenhäuser Str. 12, 30402 Hannover; Sekretariat der Deutschen Bischofskonferenz, Bonner Talweg 177, 53129 Bonn.

Hinweise zum Lesen

Das Buch enthält am Schluß außer dem Glossar ein kombiniertes *Literatur-* und *Namenverzeichnis* sowie ein *Stellen-* und ein *Stichwortregister*. Literatur wird im Text der Fußnoten nur mit dem Verfassernamen und der Jahresangabe zitiert. Hat ein Autor in einem Jahr mehrere Werke veröffentlicht, treten zur Jahreszahl noch Buchstaben hinzu. *Bibelstellen* und andere *Quellen* werden mit Kurzbezeichnungen oder Abkürzungen zitiert, die im Stellenverzeichnis zu finden sind.

K.-P. J.

Vorwort zur zweiten Auflage

Überraschend schnell ist eine zweite Auflage nötig geworden. Sie unterscheidet sich von der ersten im wesentlichen dadurch, daß Fehler beseitigt worden sind. Lediglich auf S. 350 ist ein weiteres (20.) Kriterium für ein glaubwürdiges Christentum hinzugefügt worden. Es geht auf das Zusammenwachsen Europas und die Aufgaben, aber auch die Chancen ein, die sich damit für das Christentum verbinden. Die Paginierung ist durchgehend beibehalten worden.

Berg, im Advent 2004   Klaus-Peter Jörns

Vorwort zur dritten Auflage

Erfreut über die lebendige Resonanz, die die »Notwendigen Abschiede« gefunden haben, habe ich die dritte Auflage im wesentlichen unverändert gelassen. Die vorgenommenen kleineren Korrekturen und Änderungen haben keinen Einfluß auf die Paginierung.

Die auf den Seiten 335-341 vorgestellten Überlegungen für eine gründlich veränderte Liturgie haben inzwischen ihre Konkretion in einem Band gefunden, der im Frühjahr 2007 im selben Verlag unter dem Titel »Lebensgaben Gottes feiern. Abschied vom Gottesdienst als Sühnopfermahl« erscheinen soll.

Berg, im Frühjahr 2006   Klaus-Peter Jörns

Erster Teil: Beschreibung der Lage

1. Der Ausgangspunkt: Eine vielfach gespaltene Situation des Glaubens

Wer in einer gespaltenen Situation leben muß, fühlt sich nicht wohl, sondern ist – wie unsere Sprache weiß – innerlich zerrissen. Wer kann, ändert solche Situationen oder entflieht ihnen. Wenn Menschen im Blick auf ihren *Glauben* in gespaltenen Situationen leben mußten, haben sie als einzelne bisher aber kaum eine Möglichkeit gehabt, die Ursachen zu ändern. Als Flucht blieb ihnen nur der Kirchenaustritt. Doch die Zeiten haben sich gewandelt. Es gibt inzwischen andere Möglichkeiten, als nur duldend auszuhalten, was verordnet ist, oder den Kirchen endgültig den Rücken zu kehren. Viele äußern ihren Unmut oder auch mutige abweichende Ansichten in Leserbriefen an Zeitungen, bei Diskussionsveranstaltungen in den Kirchengemeinden oder Akademien; sie mischen sich ein. Und die andere, oft parallel genutzte Möglichkeit ist, sich die innere und äußere Freiheit zu nehmen, das zu *tun*, was einem selber glaubwürdig erscheint und erlaubt, vor sich selbst und den Mitmenschen glaubwürdig zu leben. *Eine solche Freiheit in Glaubensangelegenheiten setzt aber voraus, daß man Glauben nicht mehr mit Gehorsam gleichsetzt, sondern mit Vertrauen auf die Liebe Gottes.* Es spricht vieles dafür, daß die Kirchen auf längere Sicht hin die Ursachen beseitigen werden, die heute noch für gespaltene Situationen sorgen – wenn sie merken, daß *ihre* Glaubwürdigkeit auf dem Spiel steht. Daß sie jetzt schon mehr und mehr an Kraft verloren haben, den Glauben der Menschen inhaltlich zu gestalten[1], deute ich als Zeichen, das in diese Richtung weist.

Zu den unerquicklichen gespaltenen Situationen rechne ich *nicht* die Tatsache, daß es unterschiedliche Konfessionen und Religionen gibt. Sie gehören mit in die Vielfalt hinein, die die Kultur- und Religionsgeschichte in *allen* Regionen der Erde erzeugt hat. Der *Pluralismus* gehört zu den Grundgegebenheiten kulturellen und religiösen Lebens und ist gutes biblisches Erbe. Eine *unerquickliche gespaltene* Situation hat nichts mit Vielfalt an sich, sondern damit zu

---

1. Vgl. Jörns (1999a), S. 226-232. Bei derselben Umfrage haben ca. 40 % der befragten Berliner gesagt, Gottes Existenz sei durch das Verhalten der Kirchen unglaubwürdig geworden: S. 195 f.

tun, wie mit der Vielfalt umgegangen wird. Ein ärgerliches Beispiel dafür sind kirchenrechtliche Regelungen, die es evangelischen und katholischen Christen verbieten, gemeinsam das Abendmahl zu feiern. Das trifft Menschen, die in konfessionsverschiedenen Ehen oder Familien leben, besonders hart. Denn wenn Menschen ihr ganzes Miteinander als Mündige aus dem gemeinsamen christlichen Glauben gestalten können, müssen sie die Verweigerung der Abendmahlsgemeinschaft als eine Rückstufung in die Unmündigkeit erleben. Diese Erfahrung verstärkt sich, wenn sie feststellen, daß es *nicht* die biblischen Grundlagen der Mahlfeier sind, die aus dem Nebeneinander der Konfessionen bei der Eucharistie eine Spaltung der Christenheit machen, sondern unterschiedliche *Amtsverständnisse*. Sie haben sich in Jahrhunderten herausgebildet und mit Jesus selbst nicht das Geringste zu tun.

Richtig ärgerlich wird das Ganze, wenn wir bedenken, daß die allermeisten von uns durch die Herkunft ihrer Eltern Kirchenmitglieder sind und nicht durch eine eigene, freie Entscheidung. Das wissen die Kirchen aus ihrer Taufpraxis nur zu gut. Und die großen konfessionellen Schwerpunktgebiete in Deutschland verdanken sich immer noch der am Ende des Dreißigjährigen Krieges 1648 zustande gekommenen Regelung, daß der Landesherr über die Konfession seiner Untertanen entscheiden mußte. Die konfessionellen Kämpfe haben die Lage dann so erscheinen lassen, als ginge durch das Land hindurch eine Grenze, die eben nicht nur Konfessionen, sondern das wahre vom falschen Christsein trennte. Die Folge war ein Kampf um die Seelen, waren – und sind leider manchmal immer noch – unwürdige Pressionen auf Eltern, ihre Kinder so oder so taufen zu lassen. Vor dem Hintergrund dieser Geschichte kann aber heute niemand mehr glaubwürdig behaupten, die eigene Konfession und *die* Wahrheit, oder die eigene Kirche und *die* Kirche, seien identisch. Entsprechend kann eine *nicht* frei gewählte Konfessionszugehörigkeit auch keine Grenze mehr bedeuten, durch die Menschen von der Abendmahls- oder der Eucharistiefeier abgeschnitten werden. Wo es doch getan wird, bedeutet es, Menschen in den Sackgassen festzusetzen, in die die Theologie- und Kirchengeschichte uns alle geführt hat. Das ist geschichtsvergessen und lieblos obendrein.

Der erste »Ökumenische Kirchentag« in Berlin 2003 hat diese gespaltene Situation, wie zu erwarten, drastisch vor Augen geführt. Da waren auf der *einen* Seite bibelkundige Christinnen und Christen, die wissen: Der Grund des christlichen Glaubens ist die grenzenlose Liebe Gottes zu den Menschen, wie sie im Leben des »Herrn der Kirche«, Jesus Christus, sichtbar geworden ist. Deshalb wollten sie in Berlin in ökumenischer Gemeinschaft Abendmahl bzw. Eucharistie feiern – und ökumenische *Gastfreundschaft* gegenüber der jeweils anderen Konfession praktizieren. Sie wollten mit der ökumenischen Gastfreundschaft am Altar aber auch deutlich machen, daß der *eigentlich Einladende der im Geist gegenwärtige Jesus Christus ist* und nicht die Kirchen. Es sollte eine klare Demonstration der *Selbstzurücknahme* hinter die Grenzen sein, die die Gottheit Gottes den Kirchen und ihren Regelungen zieht. Von Jesus selbst wird der Maßstab dafür überliefert: wir Menschen sind nicht für irgendwelche Gesetze – und seien sie noch so heilig – da, sondern alle Gesetze haben den Menschen zu dienen. Tun sie es nicht, müssen sie geändert werden *(Mk 2,27f.)*. Soviel zu den berechtigten Erwartungen vieler Menschen an eine gemeinsame Mahlfeier.

Doch auf der *anderen* Seite waren die Kirchen, und die widersprachen der Gastfreundschaft schon vor dem Kirchentag – teils wegen ihres Kirchenrechts, so die Katholiken, teils aus strategischen Gründen, so die Protestanten. So oder so gebärdeten sie sich damit als Herrinnen über ihren Herrn und verwehrten den Menschen, was ihnen zugedacht ist. Sie dekretierten, daß die Gestalt des Ritus und die theologische Interpretation des liturgischen Geschehens wichtiger seien als die gemeinsame Teilnahme an jenem gottesdienstlichen Gedächtnis Jesu selbst. Obwohl sich beide Kirchen auf dieselben Überlieferungen berufen, haben sie damit wieder ihre Unfähigkeit zu gemeinsamem eucharistischem Handeln bekundet und die Gespaltenheit der Situation vertieft. Daraus läßt sich nur folgern, daß die in der Kirchen- und Theologiegeschichte errichteten Barrieren zwischen den nach und nach entstandenen Kirchen und Riten immer noch eine größere Bedeutung haben als die »Sache«, um die es im Glauben geht. Das versteht kaum noch jemand als glaubwürdiges Verhalten. Schon gar nicht angesichts der immer wieder zu hörenden Aufforderung, die Christen sollten – gerade im Blick auf den erstarkten Islam – in der Öffentlichkeit für ihren Glauben einstehen. Denn wenn sie wirklich zu dem stehen, was sie glauben, kommt es – wie in Berlin – schnell zu einem tiefen Konflikt mit den Kirchen, die die Gläubigen oft noch als ihr Eigentum betrachten.

Also weist auch die Aufforderung, daß Christen zu ihrem Glauben stehen sollen, auf eine gespaltene Situation hin. Wenn die *Kirchen* vom Glauben reden, gehen sie immer noch von der in Dogmen, Bekenntnisschriften und Katechismen fixierten Gestalt von Glauben aus. Doch was die *Christen* wirklich glauben, sieht anders aus. Das wissen die Kirchen aus den vielen Umfragen, die durchgeführt worden sind, längst. Angesichts dessen kann die Aufforderung an Christen, für ihren Glauben einzutreten, schon lange nicht mehr von der Erwartung aus gesagt werden, daß sie für die *traditionelle Gestalt* dieses Glaubens eintreten werden, wenn sie sich äußern. Was aber heißt dann die zitierte Aufforderung? Und was bedeutet sie zum Beispiel angesichts der Erwartung der meisten Christen, gemeinsam Abendmahl feiern zu wollen? Wollen die Kirchen etwa ihren Mitgliedern helfen, sich *frei* zu äußern? *Das* wäre ein glaubwürdiges und Glaubwürdigkeit erzeugendes Verhalten. Doch natürlich ist jene Aufforderung *so* nicht gemeint. Deshalb bedeutet auch sie, eine tatsächlich vorhandene gespaltene Situation nur überspielen zu wollen – und dadurch *de facto* zu vertiefen. So kann es nicht weitergehen.

Erster Teil: Beschreibung der Lage

Im Fall des Berliner »Ökumenischen Kirchentages« haben sich die Kirchenoberen auf eine gewisse gemeinsame Strategie im Umgang mit den »Gläubigen« geeinigt, weil die katholische Kirche über ihre dogmatischen Schranken (noch) nicht hinwegkommt. Beide haben dann ihre Pfarrerinnen und Pfarrer bzw. Priester in die Pflicht genommen, keine ökumenische Gastfreundschaft am Altar anzubieten oder zu gewähren, damit der gemeinsame Kirchentag nicht etwa von den Katholiken abgesagt werden würde. Man wählte das kleinere Übel. Anders formuliert: Das gemeinsame Abendmahl wäre für sie das *größere* Übel gewesen gegenüber dem Verzicht auf die Gastfreundschaft am Altar! Das ist die haarsträubende Wahrheit. Die katholische Priesterschaft ist durch Gelübde zum Gehorsam gegen ihre Bischöfe und den Papst, und die evangelische Pfarrerschaft durch das Ordinationsversprechen zur Bekenntnistreue gegenüber den Bekenntnisgrundlagen der Reformation verpflichtet. Der Handlungsfreiraum der Evangelischen ist damit ungleich größer, weil er Pfarrerinnen und Pfarrern eine eigene Interpretation der Bekenntnisgrundlagen bzw. der Situation erlaubt. Deshalb haben diejenigen evangelischen Pfarrer, die am dennoch durchgeführten gemeinsamen Mahl aktiv teilgenommen haben, keine disziplinarischen Maßnahmen erleiden müssen, während die beiden katholischen Geistlichen hart gemaßregelt und zur *Buße* aufgefordert worden sind. Selbst der damalige Bundespräsident Rau äußerte sich befremdet darüber.

Wenn Kirchen allerdings ihre Pfarrer- bzw. Priesterschaften an die dogmatische Leine nehmen, wissen sie längst, daß auch diese weit davon entfernt sind, den dogmatischen Vorgaben im Glauben zu folgen. Es sind nicht nur zwei, drei oder auch zehn Abweichler, die – wie *Hans Küng, Eugen Drewermann, Eugen Biser* oder *Willigis Jäger* – seit langem bemüht sind, gespaltene Situationen zu benennen, zu analysieren und aufzuarbeiten. Umfragen unter den Pfarrerschaften beider großer Kirchen zeigen, daß auch diejenigen, die den Glauben in den Gemeinden und Schulen lehren, die traditionelle Gestalt »ihres Glaubens« nach evangelischer oder römisch-katholischer Dogmatik nur noch sehr bedingt vertreten. Das aber heißt mit anderen Worten: Die gespaltene Situation geht viel tiefer und sorgt, so gut sie nach außen auch kaschiert sein mag, für eine sich ausbreitende Unglaubwürdigkeit in der »Sache« des Glaubens. Denn ein Dissens, der so tief sitzt, läßt sich nicht verbergen, sondern teilt sich auch unausgesprochen mit. Diese Situation verlangt eine andere Antwort als Appelle zur Linientreue oder gar eine erzwungene Buße der Abweichler oder eine Aufforderung an Gemeindeglieder, von der Norm abweichende Priester zu denunzieren. Das sind geistliche, ja, menschliche Bankrotterklärungen, die die Gräben nicht schließen, sondern vertiefen werden. Sie verdecken außerdem, daß diese wie alle anderen unerquicklichen gespaltenen Situationen *zuallererst etwas ganz anderes fordern: eine bußfertige Bereitschaft der Kirchen und ihrer Theologenschaften, die Ursachen dafür zu untersuchen, daß jene gespaltenen Situationen entstanden sind*, unter denen so viele Menschen bis heute leiden, und die die Kirche Jesu Christi als ganze schwächen. Dafür können die Christen durchaus Rechenschaft fordern. Denn Kirchen und Konfessionen sind kein Selbstzweck, auch wenn manches feudalstaatliche Gehabe gern den Eindruck erwecken möchte, es sei so. Kirchen sind dazu da, den Menschen zu dienen, daß sie eine ihr Leben tragende Beziehung zu Gott finden. Diesem Ziel ist alles Eigenkirchliche unterzuordnen.

Die bisher angesprochenen gespaltenen Situationen sind allerdings in gewisser Weise alle nur Symptome, die auf tiefer liegende Probleme weisen. Und die hängen mit der Rolle zusammen, die die Bibel in den Kirchen spielt. Einerseits bilden die Kirchen ihren Pfarrernachwuchs vorwiegend an staatlichen theologischen Fakultäten aus. Da gehört es zum wissenschaftlichen Standard, die Entstehungsgeschichte der Bibel mit ihrem genuin jüdischen Teil (jüdisch: *Tenach*, christlich: »Altes Testament« bzw. »Hebräische Bibel« genannt) und dem genuin christlichen Teil (»Neues Testament«) mit allen Mitteln literarischer und historischer Kritik zu analysieren. Ich spreche im folgenden entweder vom *jüdischen* oder vom *christlichen Teil der Bibel*. Nur so kommt klar in den Blick, daß die Bibel ein interreligiöser Kanon ist. Nur wo es aus bestimmten Gründen naheliegt, von Altem oder Neuem Testament zu reden, verwende ich diese Begriffe noch.

Alle uns überlieferten Texte können nur dann angemessen interpretiert werden, wenn wir sie zuerst einmal in ihrem ursprünglichen Lebenszusammenhang verstehen, in dem sie entstanden sind. Deshalb müssen wir erforschen, wer wann und wo einen Brief, einen Hymnus, ein Evangelium geschrieben oder größere Überlieferungszusammenhänge komponiert hat, wer die angesprochenen Empfänger bzw. Leser gewesen sind, wo (im Gottesdienst wie heute?) und wozu diese Texte benutzt worden sind, worum es in den Texten geht und welche literarischen und theologischen Mittel ihre Verfasser verwendet haben, um sich der zeitgenössischen Leser- und Hörerschaft gegenüber verständlich auszudrücken. Es schließt auch ein zu fragen, welche Elemente aus älteren und parallelen religiösen Überlieferungen, also aus vorchristlichen oder zeitgenössischen Religionen, in den biblischen Texten verwendet worden sind.

Natürlich lernen die zukünftigen Priester und evangelischen Pfarrerinnen und Pfarrer andererseits auch einen dogmatischen Rahmen, in dem sie die überlieferten Texte in Predigt und kirchlichem Unterricht für ihre Gemeinden auslegen sollen. Aber da sie auch das Fach Dogmengeschichte studieren müssen, lernen die Theologinnen und Theologen zugleich, wie viel oder wie wenig Bezug die in den Jahrhunderten entwickelten Lehren der Kirchen zur Bibel haben, und welche anderen Faktoren sie haben entstehen lassen. Dasselbe gilt für die liturgischen Formulare, die die Gottesdienste ordnen. So übt das Theologiestudium nicht nur eine *historische* Kritik ein. Es vermittelt im Grunde auch die

Fähigkeit, die schriftlichen biblischen und nachbiblischen Überlieferungen selbst einer *theologischen* Kritik unterziehen zu können. Wie sonst sollten Theologinnen und Theologen auch in der Lage sein zu beurteilen, was sich in den großen dogmatischen Auseinandersetzungen des Mittelalters und der Reformationszeit zugetragen hat! Erst die Kombination aus historischer und theologischer Kritik macht aus den zukünftigen Theologinnen und Theologen Leute, die ihren Auftrag erfüllen können, als von Jesus Christus Bevollmächtigte das Evangelium glaubwürdig zu verbreiten und zu leben. Dazu gehört natürlich auch die Fähigkeit, die Lehren der eigenen Kirche kritisch beurteilen zu können. Für den Apostel Paulus war das ein selbstverständliches Recht der Gemeinde gegenüber ihren Propheten als Predigern *(1. Kor 14,29)*.

Doch gerade weil wir inzwischen so viel über die Entstehung der biblischen Schriften, der dogmatischen Richtungen und Kirchenspaltungen, aber auch über innere Abhängigkeiten christlicher Überlieferungen von denen anderer Religionen haben lernen können, ist es um so merkwürdiger, daß diese Zusammenhänge auf der *dogmatischen* Ebene im Grunde ausgeblendet bleiben. Gerade da, wo es um den Wahrheitsanspruch der christlichen Religion geht, wird eine fragwürdige Doppelbödigkeit praktiziert. Denn auf *dieser* Ebene wird gegen alle exegetische Erkenntnis weiterhin so getan, als sei zum Beispiel der Textcorpus der Bibel ein in sich geschlossenes Ganzes und Originales, ja, Offenbarung. Der Anspruch, göttlich autorisierte Wahrheit zu enthalten, wird exklusiv für die Bibel erhoben. Sie allein sei das von Gott offenbarte und für den Glauben auch heute noch verbindliche Glaubenszeugnis – und das heißt zugleich: andere Heilige Schriften haben einen qualitativ anderen Charakter, sind ohne Aussagen für den Glauben. Was für die Offenbarungsqualität der Texte gilt, gilt entsprechend für die darin bezeugten Gotteserfahrungen und die aus ihnen abgeleiteten Gottesvorstellungen: Die anderen Religionen hätten demnach mit einem anderen Gott zu tun, dort berichtete Erfahrungen göttlicher Wirklichkeit ebenfalls. Wie eine solche Ansicht aber mit der gelehrten und geglaubten Einheit und Einzigkeit Gottes verbunden werden kann, bleibt dann völlig unklar – wie auch die schon zitierte Schrift der EKD von 2003 belegt. Doch die meisten Christen wollen eine Antwort auf diese Frage haben, und sie haben auch ein Recht darauf, sie zu bekommen.

Das ganze Problem läßt sich auch so ausdrücken: Wegen der Kanonisierung der Bibel als Heiliger Schrift darf der *historischen Kritik* der Texte, die heute gang und gäbe ist, keine *theologische Kritik* der Glaubensvorstellungen folgen, in denen biblische Autoren (zu uns) reden. Ebenso verbietet es die Schriftbindung der kirchlichen Predigt, statt eines biblischen Textes beispielsweise den Sonnenhymnus des Pharao Echnaton oder eine Koran-Sure oder andere religiöse Texte auszulegen. Dabei können wir in vielen nichtbiblischen religiösen Texten wichtige und für den Glauben heute hilfreiche Gottes- und Glaubenserfahrungen finden, – und in biblischen Texten vieles, was Menschen heute eher abstößt, weil es sich auch beim besten Willen mit der Verkündigung Jesu nicht verbinden läßt. Dennoch schützt die Kanonisierung der Bibel auf der einen Seite alle in ihr enthaltenen Überlieferungen vor ernsthafter theologischer Kritik, und andererseits sorgt sie dafür, daß zwischen den biblischen und nichtbiblischen Texten eine »eherne Mauer« gezogen wird. Sie trennt die für die Bibel reklamierte göttliche Wahrheit von nichtbiblischen Überlieferungen, die nur religions- und kulturgeschichtlich interessant sein dürfen. Daß dadurch stillschweigend so getan wird, als könnten jüdische und christliche Texte von der übrigen Religionsgeschichte kategorial abgekoppelt werden, stellt eine weitere Facette der gespaltenen Situation dar, die zu beklagen ist, weil sie historisch unhaltbar und also unglaubwürdig ist.

Ein weiterer Widerspruch kommt darin zum Vorschein, daß biblisch berichtete Gotteserfahrungen und heute erlebte prinzipiell anders behandelt werden. Obwohl der trinitarische Glaube voraussetzt, daß Gott und Christus durch den Heiligen Geist auch *gegenwärtig* wirken und also dafür sorgen, daß Menschen ihrer gewahr werden, haben die biblischen Überlieferungen wegen ihrer Kanonizität einen qualitativen Vorsprung. Was den einzelnen Christen angeht, bedeutet dieser qualitative Unterschied, daß auch die Wahrnehmungen Gottes heute von geringerer Bedeutung sind als diejenigen, die biblisch überliefert werden. Und dieser Qualitätsunterschied äußert sich nirgends deutlicher als darin, daß biblische Gotteserfahrungen theologiefähig sind, gegenwärtig gemachte aber nicht. Das heißt: Auf *gegenwärtige* Gotteserfahrung darf sich – zumal protestantische – Theologie nicht berufen[2]. Vom kirchlichen Interesse her, die Autorität der »Heiligen Schrift« nicht zu gefährden, ist diese gespaltene Situation verständlich. Vom Glauben an die Geistesgegenwart Gottes und an die vom Geist ausgehende Kraft der Erkenntnis her ist auch diese Gespaltenheit nur schwer zu ertragen, ja, unglaubwürdig.

Denn Glaubensaussagen müssen zu den gegenwärtigen Lebenserfahrungen passen, Glaubensantworten *heutige* Fragen ernst nehmen. Zwei Beispiele sollen das erläutern. Die Verbindung von *Jesus*, einem Namen also, und *Christus*, dem jüdisch-messianischen Hoheitstitel, ist den meisten im Grunde als Doppelname geläufig. Ursprünglich ist »Jesus Christus« aber ein Kurzbekenntnis gewesen und sagte: Jesus (aus Nazareth) ist der (von den Juden erwartete) *Messias*, griechisch: *Christós*. In der frühchristlichen Gruppierung griechisch sprechender Christen, die vorher Juden waren, wurde dieses Kurzbekenntnis geläufig und dann auch von den anderen Christen – als Doppel*name*[3] – übernommen. So

---

2. In der römisch-katholischen Kirche liegen die Dinge insofern anders, als sie ja immerhin Zeitgenossen *seligspricht*.
3. Hahn (2002), Bd. I, S. 168.

ist es bis heute geblieben. Wollten wir für Jesus einen heute dem *Christus* vergleichbaren Hoheitstitel einführen, so müßten wir ihn – da sich kein religiöser Titel anbietet – aus dem allgemeinen Wertekanon nehmen. Denkbar wären dann etwa Aussagen wie: Jesus ist der *Grund meiner Freiheit*, Jesus ist *meine Hoffnung*, Jesus ist *der Mensch, wie er gemeint ist*. Oder wir müßten reden, wie es ein in den sechziger und siebziger Jahren des letzten Jahrhunderts beliebtes Musical versucht hat: »Jesus Christ, Superstar« – wobei heute allerdings statt *Superstar* wohl *Megastar* eingesetzt werden müßte. Ähnlich ist es mit der *Deutung der Hinrichtung Jesu* gewesen. Lukas erzählt in seinem Evangelium *(24,13-35)*, wie die von Jesu Tod deprimierten Jünger vom Auferstandenen selbst auf die Gestalt des »leidenden Gottesknechtes« beim Propheten Jesaja *(52,13-53,12)* hingewiesen werden. Dieser »leidende Gottesknecht«, der fremde Schuld auf sich geladen hatte, sollte in den Gemeinden des Lukas der Schlüssel zum Verständnis des grauenvollen Sterbens Jesu sein. Wer dieses Deutungsmuster akzeptierte, konnte dann auch sagen, Jesus habe »leiden *müssen*« *(Lk 24,26)*.

Christus und *leidender Gottesknecht* sind traditionelle jüdische Zugänge zur Bedeutung Jesu für den Glauben. Ob sie heute, in völlig veränderter kultureller Situation, dieselbe Funktion erfüllen können wie damals, wird durch die Tradition nicht mit entschieden, sondern muß heute erfragt und beantwortet werden. Und was für die beiden genannten Deutungsmuster gilt, gilt für viele andere in der Bibel verwendete auch.

Doch es reicht nicht, die mehrfach gespaltene Situation des Glaubens heute zu beklagen. Wir stehen vor der Aufgabe, uns mit ihr *konstruktiv* auseinanderzusetzen. Dieses Vorhaben schließt notwendige Abschiede ein: Abschiede von Positionen, die für die innere Gespaltenheit der Situation verantwortlich sind. Denn sie ist es, die der Glaubwürdigkeit des christlichen Glaubens in vielem im Wege steht. Nur wenn der Glaube mit einer erfahrbaren Wirklichkeit korreliert, erweist er sich als glaubwürdig. Genau an diesem Punkt aber, an dem es um den Lebensbezug des Glaubens geht, lassen sich traditionelle christliche Glaubensvorstellungen oft mit wichtigen Erfahrungen aus Geschichte und eigenem Leben nicht mehr verbinden. Mit dem Verlust des Lebensbezuges aber geht zwangsläufig der Verlust der Glaubwürdigkeit einher. Wo solche Diskrepanzen auftreten, hilft der Appell, dazu im Widerspruch stehende Überlieferungen dennoch zu glauben (weil sie nun einmal in der Bibel stehen oder zum Dogma gehören), nicht weiter. Glaubensvorstellungen, die keinen erkennbaren Lebensbezug mehr haben, und Glaubensvorstellungen, die eine fatale Wirkungsgeschichte ausgelöst haben, müssen deshalb hinterfragt werden, auch wenn sie biblisch fundiert sind.

Dieses Buch will nicht einem eindimensionalen Denken das Wort reden. Die naturwissenschaftliche Rationalität klassischer Prägung hat keinen Anspruch auf die Führungsrolle im wissenschaftlichen Diskurs. Ihr allein zu folgen, würde bedeuten, Wirklichkeit nur ausschnitthaft zur Kenntnis zu nehmen. Denn neben der naturwissenschaftlichen gibt es gleichrangig jene Rationalität, die *Kurt Hübner* im Blick auf die Wahrheit des Mythos[4] beschrieben hat. Von der Struktur her teilt theologisches Denken diese andere Rationalität, nach der Gott – anders als im naturwissenschaftlichen Denken – zur Weltwirklichkeit hinzugehört. *Jeder Verständigungsversuch über Lebensfragen wird heute aber beide angesprochenen Rationalitäten berücksichtigen müssen*, denn wir brauchen beide, um uns im Leben zurechtzufinden. Beide sind wahre, das heißt, dem Leben angemessene Perspektiven von Wirklichkeit. Da sich beide Rationalitäten, die mythische und die wissenschaftliche, aber in ihren Prämissen diametral unterscheiden – die eine denkt Wirklichkeit mit Gott zusammen, die andere nicht –, nenne ich ihre Verbindung *komplementär*. Ich schließe damit an den Komplementaritätsbegriff von *Niels Bohr* und *Werner Heisenberg*[5] an. Die komplementäre Verbindung beider, zum Leben hinzugehörender Erfahrungsbereiche müssen wir berücksichtigen, wenn wir uns um ein glaubwürdiges Christentum bemühen wollen. Deshalb sind theologische Laien völlig im Recht, wenn sie beim Lesen der Bibel oder beim Hören von Predigten ihren eigenen Augen und Ohren trauen und davon ausgehen, daß ihre Wahrnehmungen auch etwas mit Wahrheit und Wirklichkeit zu tun haben, also theologierelevant sind. Und die Kirchen sind im Unrecht, wenn sie da, wo sie ein eindimensionales *mythisches* Weltbild durchsetzen wollen, vom »Geheimnis des Glaubens« reden. Das Geheimnis des Glaubens kommt da zur Sprache, wo Gottes unverbrüchliche Liebe zu seiner Schöpfung zu vernehmen ist, aber nicht in der Ausblendung einer Dimension von Wirklichkeit.

Ich gehe davon aus, daß die Bedingungen für das Wahrnehmen und Verstehen heute prinzipiell dieselben sind wie in der Antike. Gerade weil das so ist, weil also das jeweilige zeitgenössische Welt-, Menschen- und Gottesbild unser Wahrnehmen und Verstehen mit prägen, hat sich das Verständnis der Menschen von Welt und Gott und von uns selbst im Laufe der überblickbaren Geschichte erheblich gewandelt. Diese Einsicht schließt die Folgerung ein: Wer heute von der Bedeutung Jesu Christi für seinen Glauben reden will, muß offenlegen, welche Deutungsmuster ihn dabei leiten; und er muß sagen, welcher von den in der Tradition verwendeten Verstehensschlüsseln für ihn noch einleuchtend ist und welcher nicht mehr.

---

4. Hübner (1985). Blumenberg (1987), S. 156, sagt unter Verweis auf 2. Mose 33,20-23 zur Wahrheit des Mythos: »Der Mythos ... ist auch nur ein Abendrot von etwas, was sich uns unerreichbar entzieht. Und gnädig entzieht, weil wir seiner Unverborgenheit ohnehin nicht gewachsen wären, wie es seit je mit dem der Fall war, was nur vom Rücken anschauen zu dürfen der günstigste Vorzug des Überlebenden und daher noch Berichtsfähigen war.«
5. Heisenberg (1969), S. 116-130; A. M. K. Müller (1972), S. 293 ff. 362. 484. 505. 562 (Definition).

In diesem Sinn würde ich mir grundsätzlich mehr Bescheidenheit auch von der kirchlichen Dogmatik wünschen. Etwa so, daß sie sagte: Entsprechende Stellen im Neuen Testament bezeugen, wie man die Hinrichtung Jesu oder andere Ereignisse im Rahmen einer bestimmten jüdisch-hellenistischen Religiosität gedeutet hat. Oder: Die lutherische Liturgie geht von einem Verständnis des Herrenmahls aus, das sich auf eine bestimmte Interpretation der sogenannten »Einsetzungsworte« des Herrenmahls stützt. Mehr zu sagen, geht im Grunde über das hinaus, was wir historisch verantworten können. Auf einem ganz anderen Blatt aber steht dann erst die Frage, ob die unterschiedlichen neutestamentlichen Deutungen des Todes Jesu oder die ebenfalls unterschiedlichen Überlieferungen jener »Einsetzungsworte« uns Heutigen auch zu einem glaubwürdigen Christentum verhelfen. Das muß sich in der Lebenswirklichkeit *erweisen.*

2. Der kulturelle Rahmen:
Die »eigene« Kultur weitet sich aus

Durch die kultur- und religionsgeschichtliche Forschung haben wir immer mehr davon zu sehen bekommen, wie tief die Religionen der Mittelmeervölker einander über Jahrhunderte hin beeinflußt haben. Dabei arbeiten die klassische Archäologie und die literarische Archäologie heute intensiv zusammen. Erkennbar ist, daß wir auf ein neues Kapitel in der Wissenschaftsgeschichte zugehen. Denn mit dem Aufkommen der Kulturwissenschaft(en) haben die klassischen Geisteswissenschaften einen Rahmen gewonnen, in dem sie die jeweiligen eigenen Grenzen in einem bisher ungewohnten Maß überschreiten und bislang als »fachfremd« eingestufte Forschungsergebnisse und -methoden nutzen können – aber auch nutzen müssen. Denn größere direkte und indirekte Zusammenhänge sind in den Blick gerückt und fordern Forschungsvorhaben heraus, die nur noch im Zusammenwirken unterschiedlicher Disziplinen realisiert werden können. Wir können, wenn wir die bisherigen geisteswissenschaftlichen Schwerpunkte und universitären Fachbereiche berücksichtigen, von einer sich entwickelnden integrierten Kultur- und Religionswissenschaft des Mittelmeerraumes und angrenzender Völker sprechen.

Was die Erforschung schriftlicher Überlieferungen insgesamt – und zwar fächer- wie kulturübergreifend – angeht, kann eine »Archäologie der literarischen Kommunikation« das verbindende Stichwort sein[1]. Dabei geht es natürlich nicht nur Gläubigen, die sich mit der Bibel oder dem Koran beschäftigen, darum, ihr Selbst-, Welt- und Gottesverständnis zu bereichern. Auch diejenigen etwa, die altägyptische Totenbücher erforschen, treibt der Wunsch, etwas besser zu begreifen, wie Menschen jener Zeit sich den Weg über die Todesgrenze des Lebens hinaus vorgestellt haben, und ob bei diesen fremden Vorstellungen etwas ist, was neues Licht auf *eigene* Transzendenzvorstellungen wirft. Mir scheint, daß sich da, wo dieses *Lebensinteresse der Forschung* deutlicher als bisher herauskommt, viele Möglichkeiten auftun, die eigene Kultur von fremden Kulturen und Religionen aus zu sehen und damit das Wissen darüber zu erweitern, wie Menschen die Welt, transzendente Mächte und sich selbst verstehen können.

1. Das Arbeitsprogramm einer »Archäologie der literarischen Kommunikation« ist 1983 (W. Fink, München) mit dem Band 1 von A. und J. Assmann / Chr. Hardmeier (Hg.), Schrift und Gedächtnis, eröffnet worden. 2004 ist bereits der 8. Band (A. und J. Assmann [Hg.], Hieroglyphen) erschienen.

Diese Entwicklung hat sicher mit dem endlich etwas schneller voranschreitenden Zusammenwachsen Europas zu tun. Aber auch mit der Notwendigkeit, daß sich Christen, Juden und Muslime besser als bisher verstehen lernen müssen, wenn der prognostizierte *Clash of civilization* abgewendet werden soll. Mit dem Zusammenwachsen Europas kommen seine Wurzeln und über diese Wurzeln der Mittelmeerraum neu und vor allem zusammenhängend in den Blick. Der Mythos hatte jene sagenhafte Jungfrau *Európe* vom Nahen Osten nach Kreta entführt werden lassen, wo dann Orient und Okzident[2] – in der Gestalt von Europa und dem in einen Stier verwandelten Zeus – die Heilige Hochzeit gehalten haben[3]. Der Kultur-, Wirtschafts- und Politiktransfer hat auf dem Seeweg wie auf dem Landweg dafür gesorgt, daß sich im Mittelmeerraum und um ihn herum Kulturen und Religionen abgelöst, überlagert und verschmolzen haben, selbst da, wo sie sich lange bekämpft und einander abwechselnd beherrscht hatten. An der Geschichte Kretas kann man dies beispielhaft studieren.

Erst rückblickend merken wir oft, wie eingeengt wir lange Zeit gedacht und geforscht – und wie merkwürdig borniert wir von einer »eigenen« Kultur gesprochen haben, von der jeder eigentlich wissen konnte und kann, daß sie aus unterschiedlichen kulturellen Linien und Einflüssen gewachsen ist und unter Einbeziehung uns bislang noch fremder Elemente weiter wachsen wird. Oft hat es furchtbarer Erfahrungen bedurft, um diese Enge zu verlassen. So hat erst das nach dem Holocaust und dem Zweiten Weltkrieg auf breiter Basis begonnene christlich-jüdische Gespräch dazu geführt, daß christliche Theologie auch wissenschaftlich damit ernst gemacht hat, daß die Bibel der Christen die Heilige Schrift der Juden enthält. Das christlich-islamische Gespräch kommt langsamer in Gang; *daß* es und *wie sehr* es notwendig ist, wird sofort klar, wenn wir nach den Ursachen des 11. September 2001 fragen – aber auch nach Möglichkeiten dafür, das dunkle Kapitel der Kreuzzüge aufzuarbeiten. Und auch hier muß noch ganz anders als bisher mit in den Blick kommen, daß die Heilige Schrift der Muslime Überlieferungen mit enthält, die aus den heiligen Schriften der Juden und Christen stammen.

Zur Zeit wird die Frage lebhaft diskutiert, ob die Türkei als ein kulturell dem Islam zuzurechnendes Land Mitglied der Europäischen Union werden soll. Da ist es ganz hilfreich zu bedenken, daß die Herkunft des Wortes *Európe* bis heute umstritten ist. Ist es vorgriechisch, indogermanisch oder semitisch? Außerdem gibt es vielerlei mythische Varianten über die genaue Herkunft der *Európe*. Nimmt man hinzu, wie sich die ans Mittelmeer angrenzenden Kontinente in der Geographie des Altertums erst langsam ausdifferenziert haben, dann spie-

2. Die Bezeichnungen *oriens – occidens* gehen auf die römische Reichsteilung von 395 n. Chr. zurück. Seitdem spricht man auch von *Ostrom* bzw. *Byzanz* mit Konstantinopel und von *Westrom* mit Rom als Zentren: Erdmann (1999), Sp. 1060.
3. Harder (1998); Erdmann (1999).

gelt sich in beidem, daß der ganze Mittelmeerraum an der Geschichte Europas und Europa an der Geschichte der Mittelmeeranrainer Anteil haben. So ist es kein Zufall, daß gerade die Kultur- und die Religionswissenschaft mehr und mehr auf diese frühen Verbindungslinien stoßen. Als Beispiel nenne ich die Forschungen von *Manfred Görg*, die den Transfer von vielen Vorstellungen aus dem Alten Ägypten ins Jüdische und Christliche hinein behandelt haben, und von *Bernhard Lang*, der sich mit dem biblischen Gott *Jahwe* beschäftigt hat[4]. Das Ergebnis ist ein erfreulich entkrampfter Umgang mit den religiösen Überlieferungen; der Horizont weitet sich aus, vor dem wir uns frei bewegen und fragen können, was von diesen Überlieferungen heute eine Bedeutung für den Glauben haben kann[5]. Sehe ich es recht, wird das, was bisher mit Schwergewicht auf den Beziehungen zwischen Ägypten und der Bibel untersucht worden ist, bald auch für andere Mittelmeerländer und -religionen untersucht werden. Dadurch wird ins Bewußtsein kommen, daß unsere Kulturen – und Religionen – in vielem gemeinsame Wurzeln haben. Deshalb ist es gewiß kein Zufall, daß am Anfang dieses neuen Jahrtausends jene berühmte Bibliothek von Alexandria einen hochmodernen Nachfolgebau erhalten hat. Sie war unter dem ägyptischen König Ptolemaios I. (gest. 283/282 v. Chr.) gegründet und 272 n. Chr. zerstört worden[6] und enthielt wohl die unglaubliche Zahl von 500.000 Schriftrollen, die als Originale gesammelt, zusammengekauft und, sofern fremdsprachig, ins Griechische übersetzt worden waren.

Fazit all dieser und anderer Entwicklungen ist, daß sich die Grenzen dessen, was wir als »unsere Kultur« bezeichnen, verschoben haben und weiter verschieben. Sie liegen mittlerweile für viele längst dort, wo früher *fremde* Kulturen waren. Das Erfreuliche dieser Grenzverschiebungen aber ist, daß sie nicht durch Kolonisation oder andere Formen der Eroberung zustande gekommen sind. Sondern es zeigt sich tatsächlich zum ersten Mal in der Geschichte so etwas wie eine wirkliche Freude daran, daß die Wurzeln der eigenen Kultur viel weiter reichen, als ihre von den jeweiligen kulturpolitisch relevanten Institutionen signalisierten traditionellen Grenzen erkennen ließen. Denn die haben noch immer eher mit ethnozentrischen Denkfiguren zu tun und weniger mit europäischen oder mediterranen oder gar mit dem Konstrukt eines Weltkulturerbes. Wenn aber solche Offenheit in das eigene Denken einzieht, wenn die jeweils »eigenen« Kulturen im Rahmen eines größeren kulturellen Zusammenhangs auf *einer* Ebene gesehen werden, kommt es zu einer »Face-to-Face-Situation«.

---

4. Görg (1998a; 1998b; 2001); Lang (2002).
5. Typisch für den neuen Trend sind aber auch Bücher wie diejenigen von J. Assmann (2000b) und Burkert (2003) und – allgemeinverständlich – die Zeitschrift »Ägyptomanie«.
6. Folgen wir Plutarch, ist sie allerdings schon 47 v. Chr. verbrannt (Plut. Caesar 49); vgl. dazu Maul (1997), Sp. 641.

In ihr beginnen wir, uns mit den Augen der anderen Kultur zu sehen, und gewinnen Distanz zur eigenen. Nicht, um geringschätzig mit dem Eigenen umzugehen, sondern um herauszufinden, welchen positiven Sinn es hat, daß es unterschiedliche Kulturen und Religionen schon immer nebeneinander gegeben hat und gibt. In all dem geht es natürlich auch darum, uns selbst besser zu verstehen. Wovon ich rede, wissen immer mehr Menschen nachzuvollziehen, die durch intensives Reisen in eine »Face-to-Face-Situation« mit ihnen bislang mehr oder minder fremden Kulturen gekommen und teils beschämt, teils kritisch, aber immer verändert zurückgereist sind.

Diese Entwicklung stellt auch den bewußt gewählten Kontext dieses Buches dar. Denn die christliche Theologie kommt nicht mehr daran vorbei, den eigenen Glauben in einen Rahmen mit anderen Religionen zusammen zu stellen. Das fällt manchen Christen, vor allem Protestanten alter Prägung, schwer, die ihren Glauben als eine Größe eigener Art ansehen, die religionswissenschaftlich nicht mit den übrigen Religionen auf eine Stufe gestellt werden dürfe. Entscheidend für dieses Selbstbild ist ihr Offenbarungsverständnis – wir werden davon noch zu reden haben. Trotzdem hat es in den letzten Jahrzehnten immer häufiger ermutigende Begegnungen gegeben. Und besonders erfreulich ist, daß es inzwischen sogar eine Dogmatik gibt, die die evangelische Variante des christlichen Glaubens im Kontext der Weltreligionen entfaltet, diese Begegnung also nicht scheut[7]. Wir brauchen solche Entwürfe. Sie können falsche Grenzziehungen abbauen helfen und dazu führen, daß das gemeinsame Grundinteresse der Religionen und vorhandene gegenseitige Beeinflussungen gesehen und angemessen im Selbstbild berücksichtigt werden können. Ich gehe davon aus, daß eine Art integrativer Kultur- und Religionswissenschaft das Dach für solche Entwürfe bilden kann. Damit soll der Theologie nicht der eigene Auftrag streitig gemacht, sondern ihr eine Kooperationspflicht zugewiesen werden, die verhindert, daß die Dimension des Absoluten mit der Gestalt irgendeiner konkreten Religion verbunden und gegen andere ins Feld geführt wird.

Wir dürfen die Grenzen unserer Kultur allerdings nicht nur nach außen verändern. Die *religions- und kirchensoziologisch* faßbare Wirklichkeit nötigt uns auch dazu, den Wandel unserer Kultur von einer ganz bestimmten Seite aus neu zu beleuchten: von der viel zitierten »Rückkehr der Religion« her. Mit ihr beschäftigt sich das nächste Kapitel.

---

7. H.-M. Barth (2001).

3. Die Überraschung und ein Erschrecken: Die »Rückkehr der Religion«

Die Kirchen sind in den letzten Jahrzehnten in der Öffentlichkeit immer häufiger im Zusammenhang mit den Kirchenaustrittszahlen wahrgenommen worden. Entsprechend düster sind die Prognosen ausgefallen, so daß manch einer schon glaubte prophezeien zu müssen, daß bald nur noch kleine versprengte Häuflein übrigbleiben würden, wo vorher einmal lebendige volkskirchliche Gemeinden waren. Doch dann kam Ende der 80er, Anfang der 90er Jahre des vergangenen Jahrhunderts eine überraschende Wende. Plötzlich wurde das Stichwort von der »Rückkehr der Religion« geprägt, und die Kirchen schöpften wieder Mut. Doch was ist dran an dieser Wende?

Umfragen belegen zuerst einmal ein neues wissenschaftliches Interesse an Religion

Bestandsaufnahmen vom Zustand des Christentums werden inzwischen immer häufiger dadurch erschwert, daß religionssoziologische Erhebungen falsch interpretiert werden[1]. Das geschieht zum Beispiel mit der These, Erhebungen zeigten, (die) Religion sei wieder- bzw. zurückgekehrt, und die Kirchen könnten deshalb auf bessere Zeiten hoffen. Was dabei die Aussage angeht, (die) Religion sei zurückgekehrt, so sind Daten, auf die sich solche Aussagen stützen, vorsichtig zu bewerten. Denn diese Daten belegen ja nicht, daß es eine Renaissance des katechismuskonformen evangelischen oder katholischen Glaubens zu beobachten gibt, sondern zumeist Äußerungen einer *offenen* Religiosität. Das Zustandekommen dieser Daten ist zuerst einmal darauf zurückzuführen, daß sich in den letzten Jahrzehnten ein neues *wissenschaftliches* Interesse am Thema Religion entwickelt hat. Dieses neu erwachte Interesse insbesondere der Religions- und Kirchensoziologie – und in ihrem Gefolge auch der Medien – hat dafür gesorgt, daß viel differenzierter als früher nach *religiösen Phänomenen generell* und nicht nur nach Spuren von *Kirchlichkeit* gefragt wird. Denn zum einen hat sich der Religionsbegriff verändert und zum anderen sind die Zusammenhänge zwischen Kultur, Religion und Glaube neu in den Blick gekommen.

---

1. Die Studie von Zulehner/Hager/Polak (2001a) verfährt sehr vorsichtig und stellt eine wirkliche Frage!

Insofern spiegeln die neuen Umfrageergebnisse in erster Linie einen neuen Trend der *Forschung* und deren veränderte Wahrnehmungsmuster.

Viele der in den letzten Jahrzehnten gewonnenen Ergebnisse sind früher deshalb nicht zum Vorschein gekommen, weil man gar nicht nach ihnen gefragt hatte. Denn die meisten Erhebungen zu Glaubensfragen sind seit dem Anfang der siebziger Jahre des vergangenen Jahrhunderts von den großen Kirchen finanziert worden. Alarmiert von den Kirchenaustritten, wollten sie den Status der *Kirchlichkeit* ihrer Mitglieder herausfinden[2] und fragten deshalb, wieviel von dem traditionellen Glaubensgut noch vorhanden war. In den Jahrzehnten danach hat sich die Art zu fragen aber deutlich gewandelt. Es zeigte sich ein Wechsel von der reinen *Kirchen*soziologie zur *Religions*soziologie: Welche – zumal: gesellschaftliche – Funktion hat Religion? Woran bzw. was glauben Menschen *überhaupt* – und zwar ganz unabhängig von christlichen Glaubensvorstellungen und -normen? In der heute oft zu hörenden Aussage, *Religion* sei wiedergekehrt, kommt zuerst einmal diese veränderte Wahrnehmung heraus.

Das aber bedeutet, daß der traditionelle Glaube nicht mehr als unbestrittener Maßstab für *Religion* überhaupt dasteht. Von ihm her hatte die sogenannte »jüngere Religionssoziologie« im Grunde nur Belege dafür finden können, »daß die Religion allgemein auf dem Rückzug ist, daß die moderne Welt immer weniger ›religiös‹ ist«[3]. Inzwischen stellt die Katechismus-Gläubigkeit für die Religionssoziologie nur noch eine traditionelle Spezialform von Glauben dar, der nur noch Minderheiten folgen. Die Kirchen haben nicht nur ganz allgemein an gesellschaftlichem Einfluß verloren. Das zeigte sich deutlich, als der Bundestag gegen das Votum der Kirchen 2001 beschlossen hat, daß deutsche Forschungsinstitute menschliche Embryonen für den Zweck einer lebensverbrauchenden Forschung zwar nicht züchten, aber importieren dürfen. Die Kirchen haben auch an der früher von ihnen ausgeübten Kraft verloren, den Glauben der Menschen inhaltlich und im Blick auf eine christliche Lebenspraxis (Ethik) zu formen.

Daß sich Nachrichtenmagazine wie »Der Spiegel« und »Focus« des Themas Glaube bzw. Religion in unregelmäßigen Abständen annehmen, überrascht nicht. Veränderungen im religiösen Bereich gehen mit gesellschaftlichem Wandel einher und können als Indikatoren dafür angesehen werden, daß andere Wertbindungen als die von den Kirchen vertretenen auf dem Vormarsch sind. Das ist nicht nur für die Politik, sondern auch für Wirtschaft und Werbungsindustrie von großer Bedeutung. *Werner Harenberg* hatte 1967 mit der Veröffentlichung der EMNID-Umfrage »Was glauben die Deutschen?« im Spiegel

---

2. Zur Kirchlichkeit vgl. Knoblauch (1999), S. 81-95. Typisch für die Fragerichtung kann der Titel der ersten der sogenannten Mitgliedschaftsstudien der EKD angesehen werden: »Wie stabil ist die Kirche?«.
3. Luckmann (1991), S. 117.

dazu den Auftakt gegeben[4], Glaubensfragen als ein Thema von gesamtgesellschaftlicher Relevanz zu behandeln.

Die »Frankfurter Allgemeine Sonntagszeitung« hatte nach ihrem Start für ein paar Monate eine große Rubrik »Glaube« eingerichtet, in der sogar Auslegungen von Bibeltexten geboten worden sind. Wenn ich diese Art zu »predigen« geschichtlich einordnen will, fällt mir jene Kanzel ein, die am Dom zu Prato (nördlich von Florenz) an ungewöhnlicher Stelle des Gebäudes angebracht worden ist: außen nämlich, so daß mit einer von ihr aus gehaltenen Predigt einst alle Besucher des Dom- und Marktplatzes erreicht werden konnten[5]. Daß das Unternehmen »Glaube« sehr bald wieder aufgegeben worden ist, könnte damit zu tun haben, daß die Zeitungsmacher journalistisch nicht den Ton getroffen hatten, der erwartet wird. Darauf könnten der Erfolg des Magazins »chrismon« deuten, das ganz anders, offener, angelegt ist, und auch die Entwicklung im Internet. Dort verändert das Medium von seinen eigenen Gesetzen her die Gestalt von Seelsorge und Predigt[6]. Vor allem aber zeigt die einzigartige Resonanz, die der evangelische Pfarrer *Jürgen Fliege* mit seiner Talkshow hat, worauf es Menschen heute ankommt: Sie wollen als gläubige oder auch ungläubige Menschen mit ihrer individuellen Lebensgeschichte wahrgenommen werden. Da fängt Glaubwürdigkeit für viele an.

Immerhin haben die 1992 (»Fremde Heimat Kirche«) und 2002 (»Kirche Horizont und Lebensrahmen«[7]) durchgeführten sogenannten Mitgliedschaftsstudien der Evangelischen Kirche in Deutschland den Kreis der Befragten über die Kirchenmitglieder hinaus ausgedehnt und auch Formen einer offenen Religiosität wahr- und ernstgenommen. Die gewachsene – oder besser: zunehmend klarer wahrgenommene – »Pluralisierung von Religion«[8] ist keine Marginalie mehr. Von ihr sprechen aber nicht nur kirchenoffizielle Erhebungen, sondern zunehmend die Bürgerinnen und Bürger im Lande selbst, indem sie sich in den Medien zu Wort melden.

---

4. Die Buchausgabe erfolgte mit demselben Titel (München 1968). Diese Umfrage ist mit einer im wesentlichen unveränderten Fragehaltung 1992 wiederholt und veröffentlicht worden (Nr. 25 vom 15.6.1992).
5. In ganz Europa sind 135 solcher Außenkanzeln bekannt, und zwar zumeist in Mittel- und Nordeuropa. Fast die Hälfte davon entstand im 15. Jahrhundert, zumeist an Kirchen angebaut. Es gibt aber auch freistehende Außenkanzeln. Sie verdanken sich einerseits einer verstärkten Predigttätigkeit seit dem Aufkommen der Predigerorden, dann aber auch dem Wunsch, nicht nur innerhalb der Kirchengebäude, sondern auch auf großen Versammlungsplätzen präsent sein zu können. So diente die Außenkanzel an St. Stephan in Wien den Anti-Türken- und Kreuzzugspredigten (vgl. Poscharsky [1988], S. 600).
6. Das gilt natürlich nicht, wenn das Internet nur zur Verbreitung von Predigten genutzt wird, die auf »Innenkanzeln« gehalten worden sind.
7. Zugänglich ist mir nur die 80seitige Vorabinformation Hannover 2003.
8. EKD (2003a), S. 8.

Erster Teil: Beschreibung der Lage

Religion wird zur Sache der Bürgerinnen und Bürger

Davon, wie sich die religiöse Landschaft für die Kirchen krisenhaft verwandelt, spricht auch die Flut von Leserbriefen, die zu religiösen und kirchlichen Themen in Tageszeitungen (auszugsweise) veröffentlicht werden. Diese Flut schwillt an, wenn etwa der Vatikan einen Eingriff in die Freiheit zu lehren, zu handeln und zu publizieren vornimmt[9]. Interessant ist an den Reaktionen der Leserinnen und Leser vor allem, daß sie nicht nur ihren Unmut ausgedrückt und eine allgemeine Denk- und Redefreiheit verteidigt haben. Sie wehren sich vielmehr dagegen, daß der Vatikan sie bevormundet und Menschen abstraft, die *sie* als zeitgemäße Glaubenslehrer erlebt und schätzen gelernt haben.

Das sind ungewohnte Töne. Es zeigt sich ein neues Selbstbewußtsein, das nicht mehr ängstlich fragt, ob man denn als theologischer Laie überhaupt berechtigt sei, Äußerungen kirchlicher Institutionen zu kritisieren. Besonders stark war die – kritische – Resonanz auch auf das Urteil des Bundesverfassungsgerichtes, das muslimischen Metzgern das Schächten von Schafen aus Gründen einer entsprechenden religiösen Praxis erlaubt und das Tierschutzgebot der Verfassung als demgegenüber nachrangig eingestuft hat. Das Urteil desselben Gerichtes zur Frage, ob muslimische Lehrerinnen in der Schule ein Kopftuch tragen dürfen, ist in eine Situation hinein ergangen, die für ganz Europa als brisant bezeichnet werden kann. Ein Ende des Streites ist noch lange nicht abzusehen, da das Verhältnis von Christentum und Islam alles andere als geklärt ist.

Fest steht: *Glaube und Religion sind zur Bürgersache geworden.* Dem Amtskirchen- und Amtspriestertum gegenüber meldet sich ein modernes allgemeines Priestertum von Gläubigen zu Wort. Sie sind in unterschiedlichsten Formen von Konfession und Konfessionslosigkeit zu Hause und sehen Glauben bzw. Religion als ein Thema an, das öffentlich und ohne Zulassungsbeschränkung diskutiert werden kann. »Die Menschen lassen sich von Kirche und Theologie nicht mehr sagen, wie sie ihr Leben zu führen haben und welche religiösen Bilder und Symbole sie für ihre Lebensgeschichte in Anspruch nehmen. Wohl aber erwarten die Menschen von Kirche und Theologie …, daß Kirche und Theologie den Menschen solche Bilder und Symbole zur Verfügung stellt, die sie dann in eigener Entscheidung in ihr Leben integrieren oder nicht.«[10] Hier journalistisch anzuknüpfen, scheint mir ein zukunftsweisender Weg für Medien zu sein. Die Zeitschrift »chrismon«, die aus dem »Deutschen Allgemeinen

---

9. Ich erinnere an den Umgang mit dem Theologen Eugen Drewermann oder mit Willigis Jäger, Benediktiner-Pater und Zen-Meister, oder mit den Priestern, die sich an der eucharistischen Gastfreundschaft während des Ökumenischen Kirchentages 2003 in Berlin beteiligt hatten.
10. Grözinger (2002), S. 94.

Sonntagsblatt« hervorgegangen ist und monatlich einmal der »Süddeutschen Zeitung« und anderen beiliegt, nutzt denn auch intensiv die Möglichkeit, Menschen zu Wort kommen zu lassen, die nicht vom Beruf her mit dem Glauben beschäftigt sind. So können Meinungen in den öffentlichen Diskurs über Glaube und Religion mit einbezogen werden, die früher nicht nur unerhört, sondern auch ungehört geblieben wären.

Paul M. Zulehner hat die »Freiheit – und manchmal auch Freude« vieler Menschen beschrieben, »die persönliche Religiosität selbst ›komponieren‹ zu können«. Zulehner hat daraus zwei Fragen an die Kirchen abgeleitet: Wie sie »in diesem Konzert ... ›mitspielen‹« wollen und können, und wie sie einen Beitrag dazu leisten können, »Menschen zu religiösen Virtuosen zu befähigen und dabei auch den Erfahrungsschätzen der christlichen Tradition zu vertrauen«[11]. Eine solche Art kirchlicher Kooperation liefe allerdings auf ein mittleres Wunder hinaus, geht man von dem heutigen kirchlichen Auftreten aus, das oft eher feudalherrliche Züge hat. Doch wer weiß. Vielleicht erkennen die Kirchen ja, daß die Entwicklung ihnen aus den Händen gleiten kann, wenn sie nicht kooperieren? »Aus den Händen gleiten« würde zum Beispiel bedeuten, daß sich der Trend verstärkte weg von der Zugehörigkeit zu einer Volkskirche und hin zu einer freien Religiosität, die sich nur noch locker an kirchlich-dogmatische Strukturen anlehnt. Kirchen würden vor allem benutzt, um Zugang zu den gesellschaftlich anerkannten Riten an den familiären Lebensübergängen Geburt, Geschlechtsreife, Hochzeit und Tod zu haben. Und dafür reicht es ja heute schon aus, wenn *einer* der Beteiligten Mitglied einer Kirche ist. Um aber zu einem gegenläufigen Trend zu kommen, müßten viel mehr Menschen als bisher den Eindruck gewinnen, daß sie glaubwürdig Christen sein können: also *mit* ihren gewandelten Gottes- und Glaubensvorstellungen und mit der ihnen von Paulus zuerkannten Würde, von Jesus Christus zur *Freiheit* befreit zu sein *(Gal 5,1)*. Dazu sind Beispiele aus dem Heute nötig: Menschen, die unsere Welt kennen, wie sie ist, und darin ihrem Glauben eine auch für andere Christen glaubwürdige Gestalt gegeben haben. Beispiele dafür sind nicht nur die – mit bisher nicht gekannter Eile selig- oder heiliggesprochenen – Wohltäter der Menschheit wie Mutter Teresa, sondern eben auch Theologen und Theologinnen wie Dietrich Bonhoeffer, Martin Luther King, Dorothee Sölle, Hans Küng, Eugen Drewermann, Willigis Jäger und Eugen Biser, um nur diese zu nennen.

Da aber, wo es um den persönlichen Glauben geht, müssen die Religionsgemeinschaften zur Kenntnis nehmen, was Menschen heute am Glauben interessiert, was sie in ihm und durch ihn suchen. Davon handelt der nächste Abschnitt.

---

11. Zulehner/Hager/Polak (2001a), S. 10.

Erster Teil: Beschreibung der Lage

Es geht um eine tragfähige Gottesbeziehung und den Lebensbezug des Glaubens

Die Krise der Kirchen in unserer Gesellschaft hat zwar auch mit der Zahl derer zu tun, die aus ihnen ausgetreten sind und den Kirchen finanzielle Probleme beschert haben. Geldnot zwingt, darüber nachzudenken, wo die verminderten Kräfte am besten eingesetzt werden sollen. Doch dringlicher stehen wohl inhaltliche Fragen an, die – wie Unternehmensberater den Kirchen sagen – das »Produkt« betreffen, das sie anbieten. Warum wird es, jedenfalls aufs Ganze gesehen, so schlecht angenommen? Und wenn im katholischen Bereich immer häufiger Ausländer, teils aus nichteuropäischen Ländern und Kulturbereichen kommend, als Priester einspringen müssen, führt auch das zu dem Eindruck, daß diese Kirche in der eigenen Gesellschaft nicht mehr besonders tief verwurzelt ist[12]. Sie erscheint eher wie ein *global player* der Wirtschaft, der von einer fernen Zentrale aus die einzelnen Niederlassungen lenkt. Nachwuchssorgen haben aber inzwischen auch wieder evangelische Landeskirchen in Deutschland, nachdem sie lange nicht gewußt haben, wie sie die Pfarramtskandidaten unterbringen sollten. Viele junge Pfarrerinnen und Pfarrer sind deshalb dem Rat gefolgt, in anderen Ländern eine Stelle zu suchen. Nun aber werben die Kirchen wieder unter Abiturientinnen und Abiturienten für das Studium der Theologie. Dabei tun sie gut daran, den Akzent auf inhaltliche Aspekte zu setzen und Krisensignale nicht zu verschweigen. Denn wer sich zum Theologiestudium entscheidet, ist ja bis zum Studienbeginn ein ganz »normaler« Gläubiger und hat teil an den Krisen, die alle anderen gläubigen Menschen auch durchmachen.

Die eigentlichen Probleme[13] hängen damit zusammen, daß der christliche Glaube im Bewußtsein der Menschen wieder mit *Religion* ganz allgemein in Verbindung gebracht wird. Er wird also nicht mehr kategorial von anderen Religionen unterschieden und kann deshalb auch keinen besonderen Schutz mehr vor Kritik beanspruchen. Die Zeiten, in denen sich Kirche und Theologie durch die (Selbst-)Einstufung des christlichen Glaubens als eigenes und unvergleichliches Genus davor meinten schützen zu können, in die allgemeine Religionsgeschichte eingeordnet und im Blick auf ihre Entstehung, ihre jetzige Gestalt und die sie formierenden Dogmen kritisch befragt zu werden, ist vorbei. Deshalb setzt das Interesse derer, die sich über die Zukunft von Glauben und Kirche

---

12. Im italienischen Bistum Montepulciano sind nach Aussagen des dortigen Bischofs *Rudolfo Cerioli* mehr als ein Fünftel der Priester außereuropäische Ausländer. – Es soll ja nicht übersehen werden, daß durch das Wirken der Ausländer auch Horizonte erweitert werden können. Doch ändert dieser positive Faktor nichts daran, daß die Verwurzelung der Kirche im eigenen Kulturkreis schwindet.
13. Auf das spezielle Problem, das die katholische Kirche durch das Festhalten am *Zölibat* hat, gehe ich hier nicht ein.

Gedanken machen, zu Recht beim Stichwort Religion an[14]. Und dabei gerät immer mehr in den Blick, daß Religion – anders als in der Theologie, in der die Frage nach *Gott* lange Zeit alles Denken dominiert hat – mit *Leben* in Verbindung steht. Wir müssen uns also bei der Suche nach Wegen, die aus der Krise der Kirchen herausführen, mit dem *Verhältnis von Religion und Leben* beschäftigen.

Die meisten Menschen, die für einen Glauben offen sind, fühlen sich nicht wie Kinder im Haus, für die feststeht, daß sie das Glaubenssystem der Vorväter übernehmen werden und es nur noch lernen müssen. Denn »übernehmen« hieße, sich in das überlieferte System hineinfinden und dann seine Glaubenssätze für wahr halten zu müssen. Aber genau dies, das Fürwahrhalten von Glaubensinhalten und Dogmen, stellt eine Art von Religiosität dar, die denen, die heute nach einer glaubwürdigen Religion suchen, eher fremd ist. Ihnen geht es zumeist nicht um Inhalte oder objektive Wahrheiten, nicht mehr um Definitionen, die früher so wichtig waren, daß sie Kirchen spalten und Kriege auslösen konnten, ja, deren Leugnung mit dem Tod bestraft worden ist. Sie zweifeln verständlicherweise daran, daß Gott einen Menschen danach beurteilen könnte, ob ein Mensch in eine christliche oder muslimische oder buddhistische Familie hinein geboren und dann in deren Glauben erzogen worden ist. Sie fragen vielmehr, ob der Glaube ihnen hilft, leben und sterben zu können, und binden Wahrheit an Lebens- und Sterbeerfahrungen von Menschen. Die meisten Laien sind den Verfechtern eines geschlossenen Systems Religion weit überlegen, weil sie auf diesem *Lebensbezug* des Glaubens bestehen.

Wo es um *Gott* geht, geht es immer mehr Menschen um eine *Beziehung* zu ihm[15]: um eine Lebensbeziehung, die alle anderen Beziehungen übersteigt – und alle anderen trägt oder zumindest aushalten läßt. Eine Kirche, die die Suche nach dieser Beziehung zu Gott gering achtet, verschärft ihre eigene Glaubwürdigkeitskrise. Denn von einem ihnen zugewandten Gott nehmen Menschen auch Gebote, Grenzziehungen, an. Wenn nach Umfrageergebnissen nur noch rund ein Zehntel der Deutschen an Gott als Dreieinigkeit von Vater, Sohn und Heiligem Geist glaubt[16], aber knapp 40 %[17] – nach anderen Erhebungen sind es sogar etwas mehr als die Hälfte[18] – sich von einem *Schutzengel* begleitet wissen,

---

14. Vgl. aus der Fülle der an der Jahrtausendwende veröffentlichten Arbeiten war typisch: Hofmeister/Bauerochse (1999).
15. Quelle: Jörns (1999a), S. 34 ff. 56 ff. 87 ff. 158 ff. u. ö.
16. Quelle: Focus-Umfrage, veranstaltet im März 1999, veröffentlicht in H. 14/1999, fand, daß 65 % der Deutschen sich zu »einem irgendwie gearteten Glauben an Gott« bekennen, von diesen aber wiederum nur 18 % eine Definition für ihren Gott geben, »die noch mit dem christlichen Gott-Vater-Sohn-Heiliger Geist, mit einem personalen Gott, zur Deckung zu bringen wäre.« (S. 120)
17. Quelle: Jörns (1999a), S. 53.
18. Quelle: Focus-Umfrage (1999), S. 121.

kommt heraus, welcher Wandel mittlerweile stattgefunden hat. Im Schutzengel ist vielen der ferne Gott *so*, wie sie ihn suchen: nah, zugewandt, liebevoll. Durch ihn finden sie Trost, Geborgenheit und Schutz selbst in schweren Zeiten. Auch Evangelische lassen, wie eine Berliner Umfrage ergab, ihre Kinder vor allem deshalb taufen, weil sie auf göttlichen Schutz hoffen[19]. Aus demselben Grund bringen auch viele, die nicht zur Kirche gehören, ihre Kinder zur Taufe.

Wer darin einen Rückfall ins Heidentum sieht, wird dem, was sich zeigt, nicht gerecht. Richtiger wäre es, solche Erscheinungen von innen her zu verstehen. Und dann zeigt sich, daß die Sehnsucht nach Geborgenheit und Schutz mit dem Lebensgefühl zu tun hat. Offenbar fühlen sich Menschen in dieser Welt trotz aller Sicherungen, die ihnen geboten werden und die sie nutzen, im Grunde nicht sicher. Was fehlt, ist eine von den Krisen und Katastrophen, Verlusten und Abschieden nicht zu erschütternde *Beziehung*. Deshalb umschreiben viele – vor allem evangelische – Christen das traditionelle Wort *Heil* inzwischen mit *Geborgenheit*[20]. Aber auch *Eugen Biser* hat geurteilt, der Gott Jesu Christi führe den Menschen durch seine Liebe »in das Paradies seiner primordialen Geborgenheit, in der er die unüberbietbare Antwort auf seine Sinnfrage findet. Für den Glauben aber heißt das, daß sich damit eine neue Dimension auftut, zu der sich der Gegenstandsglaube wie die Fassade zum Innenraum verhält. Erst mit dem Eintritt in diesen Innenraum erwacht der Glaube definitiv zu sich selbst. Darauf zielt das bekannte *Rahner*-Wort, daß der Christ der Zukunft ein Mystiker oder überhaupt nicht mehr sein werde.«[21]

Zu solch einer Gottesbeziehung gehört es, daß sie die großen Fragen nach dem Woher und Wohin unseres Lebens in sich aufzunehmen vermag. Was ich meine, drückt auch das im neuen »Evangelischen Gesangbuch« abgedruckte Gedicht von *Dietrich Bonhoeffer* aus, das er 1944 im Gefängnis geschrieben hatte und in dem es im Refrain heißt: »Von guten Mächten wunderbar geborgen, erwarten wir getrost, was kommen mag. Gott ist mit uns am Abend und am Morgen und ganz gewiß an jedem neuen Tag.«[22]. Wer sich von einem als Person geglaubten Gott geliebt weiß, wird in dieser Liebe seine Herkunft und Zukunft übrigens genauso umschlossen sehen wie jemand, der sein Leben mystisch mit Energien verbunden weiß, die das All durchwalten. Reden beide offen darüber, was ihnen ihre unterschiedlichen Formen von Glauben *bedeuten* – wie das etwa

---

19. Quelle: Jörns/Großeholz (1998), S. 281: 69 % einer Berliner Kirchengemeinde kreuzten die Antwort an: »Mit der Taufe wird ein Kind unter den Schutz Gottes gestellt.« Nach der Erhebung der Ev. Kirche in Deutschland, die 1992 durchgeführt und unter dem Titel »Fremde Heimat Kirche« 1997 veröffentlicht worden ist, haben im Westen 74 % und im Osten Deutschlands 66 % der Evangelischen diese Aussage unterstützt.
20. Quelle: Jörns (1999a), S. 74-76.
21. Biser (2000), S. 329. Biser bezeichnet den Gott Jesu Christi ausdrücklich als »neuen Gott«: ebenda, S. 211-213.
22. Evangelisches Gesangbuch (1993), Nr. 65 V. 7.

auf Kirchentagen möglich ist –, können sie bald sehen, wie nah sie sich sind, obwohl sie nicht dieselbe religiöse Sprache sprechen. Würde aber der eine ausschließlich von seinem Katechismus her reden und der andere nur von namenlosen Erfahrungen her, fänden sie kaum einen gemeinsamen Nenner.

Ob die Kirchen von der neuen Suche nach einer Gottes- oder allgemeiner: Transzendenzbeziehung profitieren werden, hängt aber nicht zuletzt davon ab, wie ernst sie Lebensgefühl und religiöse Erfahrungen von Menschen nehmen werden, die zu den etablierten Religionsgemeinschaften und ihrem Glaubenssystem weder eine innere noch eine intellektuelle Beziehung haben. Dabei ist es erst einmal unwichtig, ob solche Distanz entstanden ist, weil diese Menschen ohne religiöse Erziehung aufgewachsen oder weil sie innerhalb der Kirchen Fremde geblieben sind und sich irgendwann von ihnen abgewandt haben. Am Umgang mit solcher *ungenormten* Religiosität, die sich zum Teil ohne religiöse Sprache oder ganz einfach fremd, ungewohnt äußert, wird sich erweisen, ob die Kirchen bei Jesus Christus wirklich gelernt haben. Er hat das Wichtigste seiner Botschaft in Gleichnissen und Bildworten geäußert, die aus dem Leben stammten, und dadurch, daß er die Probleme und Leiden der Menschen durch die Art seines Umgangs mit ihnen ernst genommen hat. Darum hat seine Botschaft, ja, er selbst, bis heute immer wieder Menschen in ihren konkreten Lebensbezügen erreichen können. Jesus Christus ist kein Gott für religiöse Spezialisten. Entsprechend haben auch glaubwürdige Bekenntnisse immer einen Erfahrungsgrund im eigenen Leben. Wenn Glaube mit dem Alltagsleben *nichts* zu tun hat, wird er als Hülle abgesprengt, wenn die erste Lebenskrise da ist.

Sekten und okkulte Zirkel führen bei uns eine Randexistenz. Anders ist es mit der esoterischen Literatur. Sie hat sich aber nur deshalb ausbreiten können, weil Kirche und Theologie mehr und mehr der Tendenz erlegen sind, Glauben mit dem Fürwahrhalten von Inhalten gleichzusetzen. Daß mit der Gottesbeziehung im Grunde immer eine Beziehung zum Universum und auch zu den in Gottes Liebe geborgenen Toten verbunden ist, ist dabei lange aus dem Blick geraten. Dasselbe gilt für die Beziehung der einzelnen Menschen zu sich selbst, also für den *inneren* Menschen und seine religiösen Erfahrungen. Insofern ist die esoterische »Welle« Antwort auf eine Theologie, die sich freiwillig in die Gefangenschaft eines intellektuellen und ganz am »Wort« orientierten Glaubens begeben und die Mystik vergessen hatte. Und dies, obwohl in Wahrheit die geistigen Dimensionen – wie Glaube, Liebe und Hoffnung – unser Leben bestimmen. Die Bibel weiß viel davon zu sagen, wie geistige Kräfte Raum- und Zeitgrenzen überwinden können. Und die zentrale Botschaft des christlichen Glaubens, die Botschaft von der Auferstehung, spricht gar von der Transformation des sterblichen Lebens in eine andere Dimension von Sein.

Ob wir es aber wollen oder nicht: Religion ist am Anfang des 21. Jahrhunderts noch auf eine – bei uns jedenfalls – ganz unerwartete Weise »zurückgekehrt«: durch eine – wiederum bei uns jedenfalls – von den meisten schon für überholt gehaltene *Verbindung mit Politik*.

Eine erschreckende Rückkehr von Religion in die Politik

»Nichts Bessers weiß ich mir an Sonn- und Feiertagen / Als ein Gespräch von Krieg und Kriegsgeschrei, / Wenn hinten, weit, in der Türkei, / Die Völker auf einander schlagen. / Man steht am Fenster, trinkt sein Gläschen aus / ... / ... / Und segnet Fried' und Friedenszeiten.« So sagt ein Bürger in Goethes Faust I[23]. Ein anderer pflichtet ihm bei: »Herr Nachbar, ja! so laß ich's auch geschehen, / Sie mögen sich die Köpfe spalten, / Mag alles durch einander gehn; / Doch nur zu Hause bleib's beim alten.« Die Szene, von *Goethe* um 1800 geschrieben, spiegelt ein illusionäres Bild von Welt und Geschichte: Die Welt lasse sich teilen, der eigene Lebensbereich lasse sich von anderen, »weit« entfernten, unbeeinflußt halten – und dies, obwohl Europa damals (mit Rußland) die Vorherrschaft über den Rest der Welt beanspruchte und jene Kriege selber führte. Doch den Krieg erledigten ja Soldaten, als Bürger fühlte man sich zu Hause sicher. Unvorstellbar erschien, daß der Herrschaftsanspruch von der vorwiegend islamischen Welt noch einmal auf Europa zurückschlagen könnte. Ein Jahrhundert schon lag der letzte vergebliche islamisch-arabische Versuch zurück, den christlich-europäischen Norden militärisch zu erobern (bei Zenta, 1697).

Doch diese militärischen Erfolge Europas allein können nicht der Grund für das Gefühl der Sicherheit im eigenen Bereich gewesen sein. Dazu gab es in Europa selbst zu viele Kriege. Wichtiger war wohl eine andere, in den Religionen begründete Spaltung der Welt: Hier Christen, dort Ungläubige: Muslime vor allem. Hier der Glaube an den dreieinigen und allmächtigen Gott, dort diejenigen, die eine göttliche Dreieinigkeit leugnen, weil sie darin den Monotheismus beschädigt sehen. Man hielt – und hält – das Christentum und die westliche Zivilisation für grundsätzlich überlegen und unschlagbar. Noch der schmutzige Krieg in Vietnam (1964-1975), bei dem viermal so viele Bomben abgeworfen wurden wie im ganzen Zweiten Weltkrieg, läßt sich im nachhinein als Versuch verstehen, die durch Vorherrschaftsansprüche selbst erzeugten Abwehrkräfte »weit« von Europa und Amerika entfernt, eben irgendwo »hinten« in der Welt, in Schach zu halten, damit es ›zu Hause beim alten bleiben‹ kann. Bei aller Expansion ging es darum, den Rest der Welt zum Versorgungshinterland und Absatzmarkt und so dem eigenen Lebensstil dienstbar zu machen.

Der Kulturhistoriker *Jacob Burckhardt* hat einmal gesagt, die wahre Religion

---

23. Goethe (1981), V. 860-871, S. 34.

der alten Griechen sei die Polis gewesen[24], also ihr Idealbild einer autonomen Stadtstaaten-Kultur. Die griechischen Göttinnen und Götter waren als Garanten der Werte in diese Kultur integriert, Staats- und Schutzmächte der jeweiligen Poleis. Es ist also kein Zufall, sondern Ausdruck desselben staatsreligiösen Funktionsdenkens, daß alle europäischen Völker in den von ihnen geführten Kriegen Gott ganz selbstverständlich auf jeweils ihrer Seite gewußt haben. Man kämpfte, wie es auf den Koppelschlössern der deutschen Soldaten bis 1918 stand, »Mit Gott für König und Vaterland«. Nur wenig modifiziert hat sich dasselbe Denken in den USA fortgesetzt, als sie ihre Raketen in den 60er und 70er Jahren mit Götternamen benannten: Apollo, Nike, Poseidon, Thor usw. Die vorchristlichen Namen waren – und sind zum Teil noch immer – als Platzhalter der eigenen Himmelsmacht zu sehen und Symbole der *religiösen Qualität*, die der Kalte Krieg im Grunde schon hatte. Sie spiegelten die geglaubte heilige Dimension des eigenen Wertesystems, die damals schon mit *allen* Mitteln verteidigt werden sollte. Zu diesen *Mitteln* gehört letztlich auch Gott, wenn eine Regierung einen Angriffskrieg als Ausführung eines göttlichen Auftrages ansieht[25]. Zentral für dieses zutiefst ethnozentrische Denken ist: Das Böse ist jeweils außerhalb des eigenen Bereichs zu finden und bedroht die Welt als Aggressor von dort.

Die Angreifer reden aber dieselbe Sprache, wenn sie einen Heiligen Krieg proklamieren und terroristische Anschläge verüben: Das Böse müsse ausgerottet werden, und mit ihm seine Personifizierungen. Für sie besteht das Böse darin, daß die US-Amerikaner eine Hegemoniepolitik betreiben und sich im eigenen islamischen Bereich festgesetzt haben und Israel stützen. Allein die US-Präsenz dort beleidige die heiligen Stätten des Islam. Wir wüßten nicht so gut, worum es geht, hätten wir nicht eine Christentumsgeschichte hinter uns, in der im Namen Gottes vielerlei Ausrottungsfeldzüge auf der Erde gegen Völker und Gruppen und Ideen geführt worden sind, die nach jeweiligem Verständnis Ungläubige bzw. Irrlehren waren. Wichtigstes Instrument ist es dabei schon immer gewesen, Symbole der angegriffenen Völker oder Mächte in deren Mitte zu treffen und zu vernichten – seien es Herrscher, Statuen oder andere Denkmäler. Fällt das Symbol, ist die Macht des Feindes überwindbar geworden. Das hat Bonifatius mit der Donar-Eiche in Geismar (723) schon so gemacht, und unter diesem Aspekt kann auch die Zerstörung des World Trade Center gesehen

---

24. Burckhardt (1982), S. 77.
25. Der in Stanford lehrende Philosoph Richard Rorty hat am 1. Juli 2003 in einem Interview der »Frankfurter Rundschau« gesagt, »ein religiös fanatisierter Messianismus« treibe Präsident Bush. »Die größte Unterstützung für den Präsidenten kommt von Organisationen wie den Southern Baptist Conventions, einer der härtesten religiösen Organisationen protestantischer Christen.«

werden. Talibananhänger in Pakistan jubelten damals, Osama bin Laden habe sich als die einzige Supermacht der Welt erwiesen.

Klar ist, daß sich nicht nur militante Muslime von der Vorherrschaft der USA lossagen wollen, um die Wunden der Kolonialisierung, Fremdherrschaft und erlittenen Erniedrigung zu heilen. Ihre Waffe ist die Kraft des Islam, von dem sie kulturelle Identität und ein eigenständiges Lebensfundament gewinnen können – und damit Freiheit von westlichen Denksystemen. Daher der Rückgriff vieler Staaten auf islamisches Recht, das sich den Bevölkerungen gegenüber in unseren Augen als Unterdrückung darstellt. Und von daher dann auch das uns erschreckende Bild: Wir Europäer und Amerikaner, die sich so lange als *die* Gläubigen gesehen und auf die anderen als die Ungläubigen herabgeschaut haben, stehen mit der sich unter uns ausbreitenden Gottesvergessenheit – wozu auch die Sexualisierung der Werbung und Mode gerechnet werden – plötzlich für sehr viele Muslime als Ungläubige da. Wir verstehen wenig vom Selbstverständnis des Islam, wenn wir erwarten, auch in seinem Einflußbereich müsse der Glaube eines Menschen unbedingt als Privatsache angesehen werden.

Die ›heiligen Krieger‹ islamistischer Prägung haben in den USA für ihre Ziele den feigen und massenhaften Mord, den blanken Terror, als Mittel eingesetzt. Mit der in der Christentumsgeschichte auch benutzten Devise, daß der Zweck die Mittel heiligt, stellen sie sich über den Barmherzigkeit gebietenden Koran. Das ist das eine. Doch wir müssen hinzufügen: Auch diejenigen, die im amerikanisch-europäischen Bereich auf Rache, Vergeltung und Militärschläge setzen, können sich dafür nicht auf Gott berufen. Es gibt für Staaten keine Ausnahme von dem Verbot, Unrecht mit Unrecht vergelten zu wollen. Staaten, die bei einem präventiven Militärschlag Opfer von (zivilen) Menschenleben einkalkulieren, setzen sich über dieses Verbot genauso hinweg wie diejenigen, die gezielte Mord- oder Selbstmordkommandos gegen ihre Feinde operieren lassen. Dasselbe gilt für Staaten, die, wie in Guantanamo (Kuba), ein Konzentrationslager einrichten, in Gefängnissen foltern und so die im Krieg Gefangenen ihrer Menschenwürde berauben und ohne Rechtsbeistand lassen. Weder mit Selbstmordattentätern noch mit Exekutionskommandos arbeitende Staaten können sich für ein von ihnen ausgehendes Unrecht auf Gott oder die Menschenrechte berufen. Um diese Überzeugung durchzusetzen, *sollten die Religionen einen Pakt schließen, der terroristische Gewaltakte genauso wie volksverhetzende Predigt im eigenen Bereich ächtet*. Damit würden sie ein Zeichen der Bußfertigkeit angesichts der Tatsache setzen, daß sie in fast alle Kriege verwickelt gewesen sind oder sich widerstandslos haben verwickeln lassen. Es ist jedenfalls höchste Zeit, daß die christlichen Kirchen den Ethnozentrismen aller Art den Abschied geben – und bei sich selbst damit anfangen (s. Kapitel II 4.8.).

Ein Zeitgenosse Goethes, der Dichter *Joseph von Eichendorff*, hat in seinen Erinnerungen den Satz formuliert: »… die Veränderungen der religiösen Weltansicht machen überall die Geschichte«[26]. Das belegt die Reformation genauso wie die Französische Revolution oder die Gottvergessenheit in unseren Tagen und Breiten. Eichendorff hat recht, weil Religion an sich immer mit Lebensdienlichem zu tun hat und erst ihre fanatische Perversion, die sich Gott dienstbar machen will, mit Lebensfeindlichem. Welchem von beiden eine konkrete Religion tatsächlich dient, läßt sich nur schwer erkennen, solange man sich nur im eigenen Bereich bewegt und Gott für den Selbsterhalt vereinnahmt. Denn wo Religion im Spiel ist, geht es immer auch um Kultur, und wo es um Kultur geht, um Gesellschaftsformen und nationale Interessen. Nur wo Kulturen entstanden sind, in denen sich Einflüsse unterschiedlicher Religionen verbunden haben, ist die Frage nach dem Lebensdienlichen oder -feindlichen auch als kritische Frage an die eigenen Traditionen gestellt geworden. Und mit der »Veränderung der religiösen Weltansicht« ist dabei jeweils auch Geschichte gemacht worden, die die Menschheit weitergebracht hat. In Europa und Nordamerika hat das Bündnis der einst verfeindeten Kräfte Religion und Vernunft zur Toleranz geführt, einem Wert, den zu verteidigen nun Basis auch der *civil religion* ist.

Die unterschiedlichen Religionen stellen ein Spektrum dar, das einerseits mit dem Glauben an ein und dasselbe göttliche Gegenüber und andererseits mit der Vielfalt kultureller Verwurzelungen dieses Glaubens verbunden ist. Jedes Spektrum lebt von einander sich (zum Licht!) ergänzenden Farben. Es gibt zur Zeit einen Bereich, an dem die Unterschiede besonders stark hervortreten: die Jenseitshoffnung. Im christlichen Glauben ist sie eher blaß geworden, im Glauben der Muslime eher lebendig. Das läßt besser verstehen, warum es so viele muslimische Selbstmordattentäter gibt. Sie gehen davon aus, daß sie mit ihrem Tod auch für sich selbst etwas Gutes bewirken können: den Zugang zum »Paradies«. Diese Kraft, ohne Selbstschonung kämpfen und sterben zu können, erschreckt uns am allermeisten.

An diesem Punkt kommt heraus, warum Glaube so schnell auch bei uns nicht mehr als Privatsache angesehen werden kann. Niemand kann mehr so tun, als seien Religionen ohne Auswirkung auf das Zusammenleben der Menschen und Völker. Deshalb ist es Zeit, daß die Religionen selbst die zwischen ihnen anstehenden Fragen im Dialog klären und dies nicht mehr denen überlassen, die aus ihrer Religion gern eine Waffe machen. Nur durch einen solchen Dialog können sie deutlich machen, daß sie Gott und den Himmel weder den Terroristen noch den Militärs überlassen wollen.

---

26. J. v. Eichendorff (1981), S. 1507.

4. Die Ernüchterung: Religionsinterner Pluralismus kennzeichnet Theologie, Gemeinden und Pfarrerschaft

Doch vorläufig sieht es noch nicht danach aus, daß wenigstens die Kirchen aktiv-offensiv mit den religiösen Herausforderungen unserer Zeit umgehen wollten. Sie beschäftigen sich am liebsten mit sich selbst und kämpfen nach wie vor gerne mit dem Rücken zur Wand, wenn Veränderungen im Inneren drohen – so zum Beispiel gegen den religiösen Pluralismus. Es vollzieht sich – wie bei allen Hochreligionen – auf der *Leitungsebene* »die Evolution nach wie vor« so, daß »auf eine vorgegebene, stabile Dogmatik hin« ausgewählt wird, welche Neuerungen aufgenommen oder abgewiesen werden[1]. Da die Dogmatik als System also unangetastet bleiben soll, vollziehen sich die meisten Abschiede *außerhalb* der offiziellen theologischen Diskurse, also eher schleichend und langsam. Vom Ergebnis her handelt es sich trotzdem um gravierende Wandlungen, weil sie nicht nur den Mitgliederbestand betreffen, sondern auch die innere Beziehung der »Gläubigen« zum kultischen und sozialen Handeln der Kirchen. Von diesen sich langsam vollziehenden Abschieden berichten empirische Daten, die die Kirchen- und Religionssoziologie seit mehreren Jahrzehnten liefert.

Aus ihnen wissen wir inzwischen auch, daß sich Christen, die von der dogmatischen Normalform des Glaubens Abschied genommen haben, durchaus in der Gesellschaft ihrer Glaubenslehrerinnen und -lehrer, also der Pfarrerschaft, fühlen können. Beide Gruppen nämlich haben Anteil an einem Phänomen, für das das Stichwort »religionsinterner Pluralismus« stehen kann. Damit soll eine Form von Pluralismus bezeichnet werden, die sich *innerhalb* einer bestimmten Religion beschreiben läßt. Allerdings ist schon hier darauf hinzuweisen, daß der Übergang vom *religionsinternen* Pluralismus zu anderen Formen des Pluralismus fließend ist: zu einem allgemeinen und sehr konturenarmen *religiösen* Pluralismus und neuerdings auch zu einem *interreligiösen* Pluralismus, in dem Anteile aus unterschiedlichen Religionen zusammenfließen. Gleichwohl ist es sinnvoll, das Augenmerk zuerst auf den religionsinternen Pluralismus zu lenken. Denn dabei wird sich zeigen, daß die Evolution nicht so gradlinig verlaufen ist, wie der Soziologe *Niklas Luhmann* unterstellt hat. Offenbar sind die Möglichkeiten der Kirchen, die Evolution des Religionssystems Kirche zu steuern, erheblich geringer als erwartet. Denn was wir bei Christen und speziell in der

---

1. Luhmann (2002), S. 271.

Pfarrerschaft beobachten können, ist anderes als »eine vorsichtige Modifikation der Dogmen bei Bewahrung ihres Kerns«[2].

Der von den Kirchen abgewehrte Pluralismus ist in der Theologie längst Alltag

Religionsinterner Pluralismus ist keine Erscheinung der Moderne, sondern bereits im jüdischen wie im christlichen Teil unserer Bibel anzutreffen. Er ist als Zeichen dafür zu werten, daß diejenigen, die den biblischen Überlieferungen ihre heutige literarische Gestalt gegeben haben, das ihnen mündlich oder schriftlich Überlieferte an die ihnen geläufigen Glaubens- und Denkstrukturen angepaßt haben. Diese Anpassung ist eine wesentliche Voraussetzung dafür, daß eine aus vergangenen Zeiten stammende Überlieferung in der jeweiligen Gegenwart verstanden werden kann. Wo sie sich vollzieht, kommt genauso ein »religionsinterner Pluralismus« zustande wie dadurch, daß religiöse Überlieferungen aus fremden Religionen in die eigene übernommen werden. Doch dieser Pluralismus ist weder in der einen noch in der anderen Form ein beklagenswertes Phänomen. Er zeigt vielmehr die einer Religion innewohnende schöpferische Kraft zur Integration und hört erst dann auf, wenn eine Religion im Normierungszwang erstarrt. Deshalb kann man die Reformation im 16. Jahrhundert durchaus auch als einen Prozeß verstehen, der dem christlichen Glauben im nicht-romanisch geprägten Mittel- und Nordeuropa zu einer eigenen kulturellen Identität verholfen hat.

Was sich im Laufe der Kirchengeschichte als breites *Spektrum* von Theologien, Liturgien und Kirchentümern herausgebildet hat, läßt sich folgerichtig im Prinzip auch innerhalb des heutigen Christentums wiederfinden. Bis in die Theologenschaften der einzelnen Kirchen hinein gibt es diesen innerreligiösen Pluralismus. In der gegenwärtigen theologischen Debatte ist zum Beispiel unter dem Einfluß des christlich-jüdischen Gesprächs umstritten, ob und wie Christen sich auf Verheißungen des jüdischen Teils der Bibel (des »Alten Testaments«) berufen dürfen, die dem geschichtlichen Israel gegolten haben, und wie das Verhältnis Jesu Christi zum jüdischen Vater-Gott zu denken ist: War Jesus Gottes Messias, Prophet oder Sohn? Oder war er selber Gott? Hat er gar den alten Vater-Gott abgelöst? Nun sind selbst Auseinandersetzungen von dieser Tragweite nichts Neues, denn Streit hat es in der Theologie- und Dogmengeschichte gerade im Blick auf die Bedeutung der Person Jesu und die dogmatische Konstruktion der Trinität immer gegeben, Gott sei Dank. Unter-

---

2. Luhmann, ebd.

schiedliche Ansichten zu biblischen Überlieferungen und dogmatischen Fragen sind ein Zeichen lebendiger Wahrnehmung und sich wandelnder Welt- und Lebensverständnisse und müssen, sofern sie begründet sind, ausgehalten werden. Das gilt auch für konträre Positionen theologischer Ethik zu schwerwiegenden medizin- und bioethischen Fragen, die uns alle betreffen oder irgendwann betreffen können[3].

Doch solche Auseinandersetzungen oder doch Diskurse, wie sie die theologische Forschung und Lehre kennzeichnen, stehen auf einem Blatt für sich. Denn auch in der evangelischen Kirche ist den »Gläubigen« eine solche Freiheit zu urteilen, wie sie die Theologenschaft für sich in Anspruch genommen hat und nimmt, niemals wirklich vermittelt worden. Wer sie als »Laie« in seinem Glauben und Denken gleichwohl praktiziert hat, hat sich dadurch oft als nicht mehr dazu gehörig empfunden[4]. Und nicht wenige sind aus der Kirche ausgetreten, weil sie mit wesentlichen Partien der Bibel oder des Katechismus nicht mehr übereinstimmen konnten und vor sich selbst glaubwürdig bleiben wollten. Angesichts einer sich zeigenden Vielfalt von Positionen unterhalb des jeweiligen Kirchendaches fällt es jedenfalls schwer, Abweichungen von der traditionellen Norm mit dem doppelten Anspruch konfrontiert zu sehen, die Kirche kenne die Offenbarung als objektive Wahrheit, und die von ihr irgendwann einmal formulierten Glaubenssätze seien wörtlich zu nehmen. Eine solche Position ist zwar von evangelischen Kirchenleitungen selten als allgemeiner Anspruch zu hören. Doch wenn es um zentrale protestantische Positionen geht, kann durchaus auch von evangelischer Theologie und Kirche die Wortwörtlichkeit dogmatischer Wahrheit behauptet und ins Feld geführt werden. Wenn es um Basistexte einer biblischen Kreuzestheologie oder der (auf das Meßformular zurückgehenden) Liturgie oder um zentrale reformatorische Lehraussagen geht, wird eine Grenze erreicht, die man besser nicht überschreitet.

Nun gehört die Argumentation gegen den Pluralismus im Grunde schon gar nicht mehr zu den Spezifika der christlichen Religion und ihrer Kirchen und Konfessionen. Sie ist vielmehr überall dort zu finden, wo sich im Laufe der Geschichte ein Kanon von Überlieferungen und ein damit verbundenes Lehrgebäude ausgebildet haben. Denn auch außerhalb religiöser Systeme achtet jede Lehre, jede Doktrin, darauf, in sich konsistent zu bleiben, damit sie gemäß ihren eigenen Prämissen überprüfbar ist und eine klar erkennbare Gestalt auf-

---

3. Ich denke zum Beispiel an die Fragen der Abtreibung, der Forschung an nicht einwilligungsfähigen Personen, der lebensverbrauchenden Forschung mit embryonalen Stammzellen und der Klonierung von Menschen aus therapeutischem Interesse.
4. Daß das aber auch von Theologen so empfunden werden kann, die sich bewußt außerhalb der traditionellen »communis opinio« stellen, hat Walter Neidhart von sich selbst deutlich gesagt: Jörns (2003), S. 83f.

weist. Außerdem legen diejenigen, die eine religiöse Lehre oder eine Doktrin als System quasi von Amts wegen hüten, immer Wert darauf, über diejenigen Kontrolle zu behalten, die die Lehre oder Doktrin nach innen und außen lehren. Es geht um Einheit und Einheitlichkeit und eine innere Stimmigkeit. Dieses Interesse ist innerhalb eines bestimmten Rahmens auch ernst zu nehmen.

Allerdings ist vom wissenschaftstheoretischen wie vom hermeneutischen Standpunkt aus zu bezweifeln, daß dieses Interesse gegen eine Glaubwürdigkeitsprüfung ins Feld geführt werden kann, wie sie in Glaubensfragen unumgänglich ist. Denn ein Glaube, der den jeweiligen Zeitgenossen nicht mehr *einleuchtet*, ist »dummes Salz« *(Mt 5,13)*, denn er kann sie nicht mehr *erleuchten*. Und eine Theologie, die ihre Aufgabe aus dem Auge verliert, der Evidenz des Geglaubten unter den Zeitgenossen zu Hilfe zu kommen, verfehlt ihren Sinn. Theologie muß dem Glauben dienen und nicht der Glaube der Theologie. Und Glaubwürdigkeit ist mehr als systemimmanente Stimmigkeit. Glaubwürdigkeit als Kriterium schließt die Frage danach ein, ob auch die Prämissen akzeptabel sind, von denen bislang ausgegangen worden ist. Akzeptabel aber sind sie dann, wenn die Menschen erkennen können, daß es um ihre Sache geht. Was aber bedeutet das angesichts der Tatsache, daß sowohl innerhalb der Gemeinden als auch innerhalb der Pfarrerschaft beider Kirchen die »Sache« des eigenen Glaubens immer seltener mit der dogmatischen Norm identifiziert wird? Davon sprechen jedenfalls empirische Daten, die es zu betrachten gilt, wenn die Ausgangslage für dieses Buch beschrieben werden soll.

Die Situation in den Kirchengemeinden

Wir können in diesem Kontext noch einmal auf die bereits angesprochenen Leserzuschriften zu sprechen kommen. Denn in ihnen werden neben systemimmanenten auch neue Argumentationsebenen bezogen, neue Ausgangspunkte für Kritik gewählt. Neu heißt: Sie stammen nicht aus dem Glaubenssystem Kirche und ihrer Dogmatik, sondern zum Beispiel aus anderen Religionen oder allgemeinen Lebenserfahrungen; auch die Menschenrechte oder demokratische Spielregeln werden als Argumente verwendet. Dieser Wechsel der Ansatzpunkte und Ebenen ist ein Signal: Die Menschen holen den Glauben aus seinem selbstabgeschlossenen Haus heraus und zurück in ihr Leben und in die Denkstrukturen, mit deren Hilfe sie das alltägliche Leben zu verstehen gelernt haben.

Vor diesem Hintergrund wundert es nicht, daß religions- und kirchensoziologische Umfragen unter den Mitgliedern beider großer Kirchen in Deutschland und Österreich einen ausgeprägten religionsinternen Pluralismus festgestellt haben. Ich gehe im folgenden vor allem auf Gottesvorstellungen ein und behandele andere Glaubensvorstellungen – zum Beispiel die Frage nach einer Auferstehung von den Toten oder zentrale ethische Positionen[5] – nur am Rand. Die dritte Mitgliedschaftsstudie der Evangelischen Kirche in Deutschland basiert auf 1992 gewonnenen Daten und ist 1997 veröffentlicht worden. Die Umfrage stellte den nach ihrem Glauben an Gott Befragten fünf Antwortmöglichkeiten zur Auswahl[6]:

- *Ich glaube, daß es einen Gott gibt, der sich in Jesus Christus zu erkennen gegeben hat*, sagten von den Evangelischen im Westen Deutschlands 42 % und im Osten 35 %;
- *Ich glaube an Gott, obwohl ich immer wieder zweifle und unsicher werde*, sagten von den Evangelischen im Westen Deutschlands 26 % und im Osten 32 %.
- *Ich glaube an eine höhere Kraft, aber nicht an einen Gott, wie ihn die Bibel beschreibt*, sagte jeweils ein Viertel der Evangelischen in beiden Bereichen.
- *Ich glaube weder an Gott noch an eine höhere Kraft* oder *Ich bin überzeugt, daß es keinen Gott gibt*, sagten insgesamt 8 % der Evangelischen.

Faßt man die ersten beiden Antwortgruppen zur Gruppe derer zusammen, die an Gott im herkömmlichen Sinn glauben, obwohl sie zum Teil dabei unsicher sind, so gehören ihr im Westen wie im Osten ziemlich genau zwei Drittel der Evangelischen an.

In der vom Institut für Religionssoziologie und Gemeindeaufbau der Kirchlichen Hochschule Berlin (West) ebenfalls 1992 durchgeführten und 1997[7] bzw. 1998[8] veröffentlichten Umfrage haben wir eine andere Glaubenstypologie verwendet. Wir unterscheiden Gottgläubige, Transzendenzgläubige, Unentschiedene und Atheisten:

- *Gottgläubige* sind diejenigen, die ausdrücklich an einen persönlichen, d. h. personal vorgestellten Gott glauben, wie ihn die Bibel bezeugt; hier ordneten sich 54 % der Evangelischen und 65 % der Katholiken ein;
- *Transzendenzgläubige* lehnen diese personale Komponente in der Vorstellung von Transzendenz gerade ab und glauben an unpersönliche überirdische Wesen oder Mächte[9]: diese Form von Gläubigkeit haben 15 % der Evangelischen und 13 % der Katholiken für sich als zutreffend bezeichnet;
- *Unentschiedene* sind in ihrer Vorstellung von Transzendenz unsicher. Sie können sich weder für den einen noch für den anderen Glaubenstyp entscheiden, sagen vielmehr, daß sie »vielleicht« an einen persönlichen Gott oder überirdische Wesen oder Mächte glauben. Gemeinsam ist ihnen aber,

---

5. Vgl. dazu Jörns (1999a), S. 184 ff. 206 ff. (zur Auferstehung) und S. 130-158 (zur Ethik).
6. Engelhardt/v. Loewenich/Steinacker (1997), S. 411.
7. Jörns (1999a), S. 56-95, bes. 63 (Übersicht).
8. Jörns/Großeholz (1998), S. 234-254, bes. 235 (Übersicht).
9. In der EKD-Studie entsprechen ihnen diejenigen, die »an eine höhere Kraft, aber nicht an einen Gott, wie ihn die Bibel beschreibt«, glauben.

daß sie für sich einen Glauben an Gott oder an transzendente Wesen und Mächte auch nicht ausschließen wollen; als Unentschiedene verhalten sich 20 % der Evangelischen und 14 % der Katholiken[10].
- *Atheisten* sagen zu beiden Formen des Transzendenzglaubens ein klares »Nein«. Zu ihnen zählen sich 11 % der Evangelischen und 8 % der Katholiken.

Von den Menschen ohne Religionszugehörigkeit erwiesen sich 13 % als gottgläubig, 16 % als transzendenzgläubig, 21 % als unentschieden und 50 % als Atheisten. Der Pluralismus ist also auf beiden Seiten – bei den Menschen mit und ohne Religionszugehörigkeit – zu finden, wenn auch mit umgekehrt proportionaler Ausrichtung.

In einer im traditionell katholischen *Österreich* im Jahr 2000 durchgeführten Befragung[11] ist eine noch einmal anders gestaltete Glaubenstypologie verwendet worden. Sie unterscheidet folgende Variablen: »Es gibt einen persönlichen Gott«, »Es gibt irgendein höheres Wesen oder eine geistige Macht«, »Ich weiß nicht richtig, was ich glauben soll« und »Ich glaube nicht, daß es einen Gott oder irgendein höheres Wesen oder eine geistige Macht gibt«. Mehr oder minder decken sich diese Variablen mit den von uns in Berlin benutzten, sieht man davon ab, daß die zweite, anders als bei der Berliner Studie, die Personhaftigkeit jenes »höheren Wesens« nicht ausdrücklich ausschließt. Trotzdem signalisiert auch sie wohl eine erhebliche Distanz zur biblischen Gottesvorstellung. Von denjenigen Befragten, die sich selbst als »sehr religiös« eingestuft haben, glauben in Österreich immerhin noch 77 % an einen persönlichen Gott, und von denen, die sich als »religiös« verstehen, 44 %. Bei denen, die sich als »nicht religiös« einstufen, sind 65 % Atheisten. Die Polarität fällt also deutlicher aus als in den deutschen Studien sichtbar, vermutlich, weil als zweiter Parameter die Selbsteinstufung zwischen den Extrempositionen »sehr religiös« und »nicht religiös« hinzugenommen worden ist. Im Blick auf die Gesamtheit der befragten Österreicher hat sich also eine deutliche Verschiebung weg vom »persönlichen« biblischen Gott, hin zu einem undefinierten »höheren Wesen« ergeben: »37 % der Menschen in Österreich glauben an einen persönlichen Gott, 48 % an ein höheres Wesen. 8 % können als Agnostiker gelten, 7 % als Gottesleugner.« Aber die Ergebnisse sind an diesem Punkt nur schwer vergleichbar, weil sich – wie schon erwähnt – nicht klar sagen läßt, ob das angesprochene »höhere Wesen« von den Befragten personal oder nicht verstanden worden ist.

Um Einzelheiten zu betrachten, kehre ich noch einmal zu unserer Studie zurück und nenne einige Ergebnisse, die von denjenigen Befragten stammen, die

---

10. In der EKD-Studie entsprechen ihnen nur mit Einschränkung diejenigen, die an Gott glauben, obwohl sie immer wieder zweifeln und unsicher werden.
11. Zulehner/Hager/Polak (2001a), S. 46.

eine *personale Gottesvorstellung* haben. 48 % von ihnen sagten, daß *Gott heilig ist*, 47 % daß der *Sonntag für den Gottesdienst da* ist, und daß sie sich *nach dem Tod vor Gott verantworten* müssen. 45 % bekannten sich zu *Gott als dem Schöpfer*. An die *Gottheit Jesu Christi* glauben genauso wenige wie daran, daß der Weg in ein von ihnen geglaubtes nächstes bzw. anderes Leben über die *Auferweckung von den Toten* führt: jeweils gut ein Viertel. Besonders überraschend war, daß nur 15 % der Gottgläubigen noch der biblischen Überlieferung zustimmen, nach der *unsere Sterblichkeit durch den »Sündenfall« Adams und Evas verursacht* worden und als Strafe verhängt ist. Was auf den ersten Blick vielleicht nicht besonders gravierend erscheint, bedeutet dennoch einen tiefgehenden Bruch mit der Dogmatik. Denn von diesem Bruch wird auch die klassische Erlösungslehre mit betroffen. Sie lehrt ja, daß der Kreuzestod Jesu Christi das einzige und entscheidende Heilsmittel gegen das Strafverhängnis Tod ist. Die Umfrage bestätigt diese Auswirkung auf die Erlösungslehre deutlich: Nur noch rund 30 % derer, die an Gott glauben, wie ihn die Bibel vermittelt, stimmten 1992 dem Glaubenssatz zu, daß wir Menschen durch Gott von der Sünde erlöst werden müssen.

Nimmt man alle Befragten, also unabhängig von ihrer Religionszugehörigkeit und dem Glaubenstyp, als Basis, so verschärft sich das Bild verständlicherweise noch deutlich. Keine der in die Auswertung einbezogenen traditionellen Glaubensvorstellungen wird von mehr als 22 % der Befragten akzeptiert. Die auch schon bei den Gottgläubigen favorisierten Aussagen erzielten die höchste Zustimmung. Daß wir Menschen wegen des »Sündenfalls« sterblich seien, glaubten 1992 nur noch 7 % der Befragten, daß nur wir eine Seele haben, 14 %. Die neue Art, mit der inhaltlich-dogmatischen Seite des Glaubens umzugehen, drückt sich im übrigen auch darin aus, daß nach der EKD-Studie 44 % der Evangelischen im Westen und 41 % im Osten Deutschlands die Aussage »Ich glaube schon etwas. Der Glaube ist etwas in mir drin, was ich gefühlsmäßig erlebe und erfahre« als für sich zutreffend angekreuzt haben. Hier zeigt sich eine Verlagerung *weg von einer inhaltlichen Glaubensbestimmung und hin zu einer Erfahrungsebene*. Die Berliner Studie unterstreicht, daß die Verlagerung von der Inhalts- zur Erfahrungsebene auch die *Beziehung* zu Gott betont. Dabei wird *Heil* in seiner dogmatischen Füllung durch *Geborgenheit* ersetzt[12], jedenfalls bei den Evangelischen und evangelisch Sozialisierten. Will man Geborgenheit als alle religiösen Erwartungen und Wirkungen des Glaubens bündelnde Erfahrung ansehen, dann läßt sich Geborgenheit allerdings auch als elementarisierte Neufassung von »Erlösung« verstehen: Wer sich geborgen fühlt durch den Glauben daran, daß Gott im Leben wie im Sterben unbedingt auf seiner

---

12. Vgl. dazu Jörns (1999a), S. 74-76. Vgl. dazu auch die treffenden Ausführungen von Biser (2000), S. 329 f.

Seite ist, der ist erlöst von einem Zustand der Beziehungslosigkeit, Überforderung und Sinnlosigkeit – von Erfahrungen mithin, die für viele als Grundgefühl zum Leben in der Postmoderne gehören. Diese Verschiebung kann mit *Eugen Biser* zusammenfassend beschrieben werden als »Übergang vom Gegenstands- zum Innerlichkeitsglauben«[13].

Darüber hinaus halte ich als besonders wichtig fest: In beiden deutschen Umfragen finden wir unter dem Dach der Kirchen unverbunden nebeneinander den Glauben an einen personal vorgestellten Gott einerseits und an unpersönlich gedachte transzendente Mächte oder Energien andererseits. Und daneben befindet sich dann auch noch die gegen 10 % strebende Gruppe derer, die atheistisch Christen sein wollen und dieses Christsein nicht durch einen spezifischen Gottes- oder Transzendenzglauben charakterisiert sehen, sondern eher durch eine Reihe christlich-ethischer Werte. Bei den Christen, die an ein personales göttliches Gegenüber glauben, sind in der Gottesfrage noch einmal zwei Gruppen zu unterscheiden: diejenigen, die im Sinne der christlichen Dogmatik an Jesus Christus als Gott glauben, und diejenigen, die Jesus Christus nicht mit Gott gleichstellen, sondern ihn dem Vater-Gott auf diese oder jene Weise unterordnen. Alle genannten Gruppierungen treten konfessionsübergreifend auf, stellen also kein spezielles Problem von evangelischen oder katholischen Christen dar.

Die Situation in der Pfarrerschaft beider Kirchen

Nun gibt es eine große Gruppe von Menschen, die zwischen Theologie und Kirchenleitung einerseits und Gemeinde und Gläubigen andererseits angesiedelt sind: die Pfarrerschaft beider Kirchen. Pfarrer und Pfarrerinnen haben einerseits durch Ausbildung und Amtsfunktion mit Theologie und Kirchenleitung, aber durch den alltäglichen Lebenszusammenhang eher mit Gemeinden und Gläubigen zu tun. Es wird oft übersehen, daß Pfarrer und Pfarrerinnen an allen Krisen teilhaben, die Christen heutzutage durchmachen. Davon sprechen Beobachtungen, die die Kirchensoziologie zur inneren Situation von Pfarrerinnen und Pfarrern gemacht hat. Sie belegen, daß zentrale Inhalte der traditionellen christlichen Dogmatik – allen voran die Lehre, daß unsere Sterblichkeit ein Produkt des »Sündenfalls« sei – von weiten Teilen der Pfarrerschaft nicht mehr oder nur noch teilweise akzeptiert werden. Auch wenn Kirchenleitungen auf diesen Sachverhalt kaum einmal eingehen, bedeutet das doch, daß viele derer, die in den Kirchen den Glauben lehren, sich in erheblicher Distanz zur offiziellen Lehre ihrer Kirche befinden. Dabei leben und arbeiten sie ganz und gar unauffällig und benehmen sich keinesfalls als Revolutionäre. Dennoch sorgen

13. Biser (2000), S. 326.

sie dafür, daß ein religionsinterner Pluralismus innerhalb der eigenen Kirchen gelehrt wird.

Das gilt zuerst einmal für das *Gottesverständnis*. In der Pfarrerschaft der Evangelischen Kirche in Berlin-Brandenburg haben sich bei der schon zitierten Befragung im Bereich des ehemaligen West-Berlin nur 86 % und im Bereich des ehemaligen Ost-Berlin und Brandenburgs 90 % als in dem Sinn gottgläubig zu erkennen gegeben, daß sie an einen personal vorgestellten Gott glauben, wie ihn die Bibel kennt. Von den ebenfalls befragten Theologiestudierenden haben sich gar nur 80 % als gottgläubig verstanden. Der Rest glaubt Gott also *nicht* personal. Diese Daten reichen im Grunde schon aus, um *von einem religionsinternen Pluralismus im Gottes- bzw. Transzendenzglauben der Pfarrerschaft* zu sprechen. Der Eindruck verstärkt sich allerdings noch erheblich, wenn es um die Frage geht, ob *Jesus Christus*, wie es der trinitarische Glaube dogmatisch festgelegt hat, mit Gott Vater und Gott Heiligem Geist in einer Dreieinheit *Gott ist und als Gott angebetet werden soll*. Nur 54 % bekannten sich 1992 im damals noch klar abgrenzbaren Westbereich und 71 % im Ostbereich der (evangelischen) Pfarrerschaft in Berlin-Brandenburg zu diesem Glauben; bei den Berliner Theologiestudierenden waren es gar nur 36 %[14]. Es ist zu vermuten, daß sich hierin zum einen der allgemeine Trend dokumentiert, daß der Erlösungsglaube, vor allem der evangelischen Christen, erheblich an Bedeutung eingebüßt hat[15]. Zum anderen aber mag sich auch der christlich-jüdische Dialog ausgewirkt haben, der eher dazu führt, daß die als trennend empfundene Rede von der Gottheit Jesu Christi zurückgenommen wird. Schließlich wird sich bei vielen Theologen auch schon eine Kritik am *Theismus* äußern, also an der Idee, daß Gott und Welt radikal getrennt seien.

Ich beziehe mich bei dieser Feststellung auf Erhebungen unter evangelischen Pfarrerinnen und Pfarrern[16] sowie unter katholischen Priestern[17]. Katholische Priesterschaft und evangelische Pfarrerschaft erweisen sich damit selbst als *Gläubige*, die in zum Teil unüberbrückbarer Distanz zu traditionellen dogmatischen Positionen leben. In dieser Rolle haben sie mit ihrem Glauben selbst eine Glaubwürdigkeitskrise durchlaufen müssen und dabei die Erfahrung gemacht, daß die überlieferte Glaubensgestalt nur modifiziert von ihnen übernommen

---

14. Siehe hierzu und zum folgenden: Jörns/Großeholz (1998), S. 245 f.
15. Quelle: Jörns (1999a), S. 177-181. Nur 31 % der Gottgläubigen haben angegeben, daß wir Menschen Erlösung vom sündigen Wesen brauchen (ebenda, S. 178. 203). In der Pfarrerschaft sind es 52 % (ebenda, S. 207). Wenn aber auf das Alltagsleben Bezug genommen wird, wovon wir Menschen Erlösung brauchten, dann sagen sehr viel mehr Menschen, daß es eine »Notwendigkeit von Erlösung« gibt, und zwar bezogen zum Beispiel auf unheilbare Leiden, menschliche Schwächen, Süchte, die Neigung zur Gewalt und dergleichen (ebenda, S. 178 f.).
16. Rademacher/Jörns (1998), S. 195-257.
17. Zulehner (2001c), S. 21-34 u. ö.

und weitergegeben werden kann. Das hat mit der eigenen Spiritualität genauso zu tun wie mit der persönlichen Identität, und mit der heutigen kulturellen Situation genauso wie mit der Kommunikation innerhalb und außerhalb der Gemeinden. Da der Pfarrberuf sie zur theologischen Dauerreflexion zwingt, hat sich die theologische Arbeit offenbar solchen Modifikationen gegenüber nicht als hinderlich, sondern eher als förderlich erwiesen.

Um diese Einschätzung über den Bereich der Gottesvorstellung hinaus zu veranschaulichen, nenne ich noch weitere wichtige Ergebnisse. Zwar fanden die meisten Aussagen in der Pfarrerschaft weit mehr Zustimmung als bei den Gottgläubigen und der Gesamtheit der Befragten. Aber es gibt einige bemerkenswerte *Einbrüche*, die man auch als Abbrüche bezeichnen kann. Sie betreffen die *Heiligkeit der Bibel* (36%) und die *Gottgewolltheit der Ehe* (39%), aber eben auch die Beschaffenheit des Menschen. Nur 24% halten an der alten Anschauung fest, *nur der Mensch habe eine Seele* – denn 53% der Pfarrerschaft im Westen und 45% im Osten der Evangelischen Kirche in Berlin-Brandenburg haben den Glauben geäußert, daß die *ganze Schöpfung beseelt* sei[18]. Ganz weit weg vom Dogma ist die Pfarrerschaft da, wo es um die Ursache für unsere Sterblichkeit geht: *nur 13% unterstützen noch den biblischen Glauben, der Tod sei durch den »Sündenfall« in die Welt gekommen*[19]. Daß die Bibel nur noch für 36% der Pfarrerschaft als »heilig« gilt, hängt sicher damit zusammen, daß die Bibel bereits im Theologiestudium mit den Instrumentarien historischer Kritik analysiert wird. Eine relativ schwache Akzeptanz finden auch traditionelle Aussagen zur Allmacht (*Gott kann alles; Gott lenkt die Welt*) und zur Richterrolle Gottes.

Daß wir Menschen *erlösungsbedürftig* sind, steht für die Pfarrerschaft nach der Berliner Studie[20] insgesamt fest. Und mehr als 90% von ihnen sagen auch, daß für die von ihnen als notwendig geglaubte Erlösung *Gott nötig* ist. Bei der Frage, wovon wir Menschen denn erlöst werden müßten, ist die Antwortvorgabe *von unserem sündigen Wesen* von der Pfarrerschaft insgesamt aber nur am vierthäufigsten (50% im Westen; 54% im Osten) und von den befragten Theologiestudierenden am dritthäufigsten (39%) angekreuzt worden. Konkretes, an dem Menschen leiden, erscheint weit häufiger: *das Streben nach Macht, Unfriede und Hunger in der Welt, unsere menschliche Unzulänglichkeit*. Natürlich sind diese Leiden und Leidensgründe in der theologischen Anthropologie mit der Sündhaftigkeit der Menschen verbunden zu denken. Aber ganz offenbar ist *die traditionelle Rede von der Sünde oder Sündhaftigkeit unseres menschlichen Wesens bereits so weit aus dem alltäglichen Sprachschatz ausgewandert, daß sie hinter den konkreten Erfahrungen zurücktritt*. In der Theorie sieht das freilich an-

---

18. Quelle: Jörns (1999a), S. 143.
19. Quelle: Jörns (1999a), S. 137. 254.
20. Quelle: Rademacher/Jörns (1998), S. 247-250.

ders aus: Mit deutlicher Mehrheit wird *das Böse,* unter dem wir leiden, *als Zeichen seines* (d. i. des Menschen) *sündigen Wesens* verstanden. Aber die im Glauben vermittelte Erfahrung der *Sündenvergebung* und die von der Liebe Gottes geprägte Gottesbeziehung sorgen dafür, daß das Sündersein des Menschen sie nicht bedrückt. Anders ausgedrückt: Die Erlösung vom sündigen Wesen wird als *bereits geschehen* geglaubt; *erlebt* und als Lebenskraft *erfahren* wird die *Sündenvergebung.*

Dazu paßt auch, daß *Heil* für die Mehrheit der befragten Pfarrerschaft wie für die Mehrzahl der evangelischen Christen mit der *Geborgenheit* in der Gottesbeziehung zu tun hat[21]. Sie spiegelt fast so etwas wie ein Urvertrauen und wird bestimmt durch die von Gott ausgehende *Wegweisung* und *Sündenvergebung.* Der Begriff *Geborgenheit* scheint angesichts zunehmender persönlicher und sozialer Unsicherheiten sowie sich verschärfender politischer Konflikte eine wichtige Verbindungsebene zu Gott zu sein. Nur die Theologengruppen bringen *Geborgenheit* mit einer Häufigkeit von 74 bis 88 % mit Gott in Verbindung – als Ausdruck der Sehnsucht nach einer intensiven Gottesbeziehung oder der Freude über sie. Es kann übrigens sein, daß sich dabei die Erfahrungen von Geborgenheit gegenseitig stützen, die Pfarrerinnen und Pfarrer einerseits in der Verbindung zu Gott und andererseits in der persönlichen Partnerschaft bzw. in der Familie erleben. Darauf deutet die Tatsache hin, daß die Hälfte der (evangelischen) Pfarrerschaft auf die Frage, *wo Gott ist,* geantwortet hat *Zwischen den Menschen wirksam.* Denn dann kann erfahrene menschliche Nähe und Liebe auch als Gotteserfahrung interpretiert werden.

Die Umfrageergebnisse sprechen von Umbrüchen, die nur scheinbar allein sprachliche Verschiebungen spiegeln. Vielmehr geht es um Aspekte einer Krise, die auch die Pfarrerschaft in beiden Kirchen betreffen. Was den evangelischen Bereich angeht, hat diese Krise damit zu tun, daß drei große Strömungen, die die Pfarrerschaft nach dem Zweiten Weltkrieg prägten, inzwischen an identitätsbildender Kraft verloren haben. Ich meine zum einen die historisch-kritische Erforschung der Bibel und den mit ihr verbundenen Aufschwung der Bibelwissenschaften in der Theologie, die Wiederentdeckung der politischen Theologie und sozialen Verantwortung (als Reaktion auf das Dritte Reich) und die aus Amerika über Holland zu uns gekommene klinische Seelsorgebewegung in Verbindung mit der Pastoralpsychologie. Inzwischen hat sich das Interesse wieder auf kirchliche Themen wie Liturgie, Segnungshandlungen, das Heilige, die Pfarrerexistenz verschoben. Neu hinzu kommt aber, daß derzeit wieder nach einer Verbindung von Kirche und Kultur gefragt wird.

Auf katholischer Seite haben nach dem Zweiten Vatikanischen Konzil die historische Kritik der biblischen Überlieferungen und die in Süd- und Mittelame-

---

21. Quelle: Rademacher/Jörns (1998), S. 242-244.

rika entwickelte *Befreiungstheologie* eine ganze Pfarrergeneration bestimmt und dafür gesorgt, daß die gesellschaftliche Dimension christlicher Existenz stärker in den Blick gekommen ist. Aber spätestens seit dem Pontifikat von Johannes Paul II. haben sich restaurative Tendenzen in dem Sinn verstärkt, daß der Offenbarungscharakter der Bibel, die Gültigkeit der Dogmen, die Bedeutung von Liturgie und Priesteramt neu betont – und auch gegen eine als zu weitgehend empfundene Ökumene ins Feld geführt worden sind.

Lediglich da, wo in beiden Kirchen die großen Umwälzungen in der Medizin und Biotechnologie, Weltwirtschaft und Politik wirklich ernstgenommen werden, stehen die Bemühungen um eine zeitgemäße *Ethik* im Vordergrund. Vergleicht man allerdings den Lehr- und Forschungsaufwand, den die theologischen Fakultäten beider Kirchen der Ethik einerseits und den anderen Fächern andererseits zugestehen, so kann das Engagement in der Ethik nur als marginal bezeichnet werden – sehr im Unterschied übrigens zur Rolle, die die Ethik in der Verkündigung Jesu, vor allem in der Bergpredigt, in einschlägigen Gleichnissen und Streitgesprächen, spielt.

Der äußeren Krise der Kirchen im Blick auf ihre Akzeptanz in der Gesellschaft entspricht also eine innere Krise im Blick auf die Akzeptanz von Dogmen durch diejenigen, die diese Kirchen repräsentieren und anderen den Glauben vermitteln. Gewollt oder ungewollt teilen diejenigen, die den Glauben verbreiten wollen, den Zeitgenossen ihre Abweichung von der dogmatischen Norm mit – und stoßen damit bei vielen auf Verständnis. Ja, oft bildet sich gerade dadurch eine neue Vertrauensbasis in den Gemeinden, von der aus gemeinsam nach Wegen aus der Krise gesucht werden kann. Als typisch für diese Suche können die inzwischen erschienenen drei Bände »Mein Credo« angesehen werden, die durch *Peter Rosien* und *Harald Pawlowski* herausgegeben worden sind[22]. Der geistige Vater ist *Hans Küng*, der auch das Credo-Projekt angestoßen hatte[23]. Wer nach Wegen aus der Krise der Kirchen sucht, muß sich kritisch mit zentralen theologischen Themen auseinandersetzen und darf gerade das Bekenntnis nicht scheuen. Denn eine solche Auseinandersetzung ist zugleich der einzige Weg, wie die innere Kluft zwischen Tradition auf der einen und tatsächlicher Glaubenssituation in Pfarrerschaft und Gemeinden auf der anderen Seite überwunden werden kann. Dabei geht es um eigene Glaubenserfahrungen der Menschen, aber auch um Lehren aus der Geschichte und um intellektuelle Redlichkeit. Kirchenreform kann nicht länger von organisatorischen Überlegungen, sondern muß von der Frage nach der inneren Glaubwürdigkeit bestimmt werden.

22. Rosien und Pawlowski (Bd. 1, 1999; Bd. 2, 2000; Bd. 3, 2001).
23. Küng (1995). Vgl. auch seinen Beitrag in »Mein Credo«, Bd. 1, S. 7-9, in dem er das Projekt, heute gültige Glaubensbekenntnisse zu formulieren, als »Zeichen des Priestertums aller Gläubigen« bezeichnet.

Dazu rät auch eine Untersuchung von *Matthias Wolfes*[24]. Denn er hat gezeigt, daß eine innere Unsicherheit der Pfarrerinnen und Pfarrer spiegelbildlich verbunden ist mit einer Unsicherheit ihrer theologischen Lehrer, die sich oft als *Selbstabschließung* äußert. Wolfes weist aufgrund seiner Erhebung unter Pfarrerinnen und Pfarrern der Evangelischen Kirche in Berlin-Brandenburg auf eine immer wiederkehrende Klage von Teilnehmern an der Umfrage »über Probleme der Vermittlung zwischen den Gegenständen der ... universitären Ausbildungsphase und der pfarrberuflichen Praxis« hin. »Von Bedeutung ist ... die Kritik an einer unter den Lehrenden nur mangelhaft ausgebildeten Bereitschaft zu einem offenen Umgang mit kirchen- und traditionskritischen Vorbehalten in Kultur und Gesellschaft. Dem entspricht für zahlreiche Befragte die oftmals schwach ausgeprägte Fähigkeit von Universitätstheologen, sich offensiv und einfallsreich mit dem strukturellen Wandel innerhalb des kirchlichen Bereiches selbst auseinanderzusetzen.«[25]

Auf dieses Problem kommt indirekt auch die Studie »Priester 2000« zu sprechen, deren Ergebnisse *Paul M. Zulehner* und *Anna Hennersperger* vorgelegt haben[26]. Denn sie belegen, wie stark die Zufriedenheit mit der eigenen Berufspraxis (»Grundstimmigkeit«) davon abhängt, welchem Berufsbild ein katholischer Priester folgt. Am stärksten ist die Grundstimmigkeit innerhalb der von Zulehner und Hennersperger verwendeten vierfachen Typologie (Zeitloser Kleriker/Zeitoffener Gottesmann/Zeitnaher Kirchenmann/Zeitgemäßer Gemeindeleiter) bei den »zeitlosen Klerikern«, am schwächsten bei den »zeitgemäßen Gemeindeleitern«. Denn der »zeitlose Kleriker«, der seinen Schwerpunkt im kultischen Wirken sehe und nicht mit der Zeit gehe, stehe »für eine Berufsrolle gerade, die eine ewige Tradition ... hat.« Der Rückzug auf den »Bereich des Heiligen«, also auch eine Art von Selbstabschließung wie die bei vielen Universitätstheologen angesprochene, bringe »offensichtlich den hohen Zugewinn an fragloser Identität«. »Anders jene Priester, die sich der Moderne ausgesetzt erleben bzw. aussetzen. Bei ihnen ist eine beträchtliche Lockerung der Selbstsicherheit zu erleben.«

Dieses Ergebnis könnte Priester eher zum Rückzug als zu einer offenen Existenz einladen. Schon 1971 hat der jetzige *Kardinal Karl Lehmann* im Kommentar zur sogenannten deutschen Priesterstudie von 1971 gefragt, ob nicht die Gefahr bestehe, daß sich ein »zeitloser Kleriker« »zu einer sich von seiner Mitwelt isolierenden Sonderwelt entwickelt« und ein »rundes Dasein« in Selbstzufriedenheit einer ungesicherten, ja, ausgesetzten Existenz für die Nöte und Sorgen der Menschen vorziehe. Lehmann sah aber deutlich, daß eine derart

---

24. Wolfes (2000), S. 101-106
25. Ebenda, S. 101 f.
26. Zulehner/Hennersperger (2001b), S. 138-141.

offene Existenz eine »hohe Berufs- und Lebenskultur« erfordere, um den seelischen Anforderungen standhalten zu können. Ich gehe davon aus, daß sich eine solche hohe Berufs- und Lebenskultur nur erwerben läßt, wenn schon das Theologiestudium zu wesentlich mehr befähigt als dazu, traditionelle Antworten auf alte Fragen zeitgemäß zu reproduzieren. Anstatt im wesentlichen zu lernen, wie man theologische Systeme und in Liturgien gegossene Bekenntnisse der Vergangenheit Zeitgenossen vermitteln kann, müßte das Theologiestudium dazu befähigen, selbstverantwortlich Theologie treiben und im Gespräch mit der Überlieferung heute anstehende Fragen wahrnehmen und beantworten zu können. Und die Kirchen müßten denjenigen in Priester- und Pfarrerschaft, die ein »rundes Dasein« vermeiden und sich den anstehenden Fragen aussetzen wollen, beistehen, statt sie in die Enge zu treiben und mit Isolierung zu bedrohen. Und sie müßten dafür sorgen, daß eine solche »hohe Lebenskultur« auch in den Gemeinden entstehen kann – indem sie zum Beispiel die Grundaufgabe der Predigt künftig anders beschreiben. Statt primär *Schriftauslegung* zu sein, müßte sie primär *Lebensauslegung* werden, die im Gespräch mit den Überlieferungen geschieht und auch die Gemeindeglieder als »Sachverständige« für das einbezieht, um was es geht: das Leben. Eine Didaktik, die dieses Ziel verfolgen würde, dürfte die bisher angeführten Tatbestände eines religionsinternen Pluralismus allerdings nicht mehr mit Bedauern – also gewissermaßen als *Plage* Gottes – zur Kenntnis nehmen, sondern als eine gütige *Gabe Gottes* schätzen lernen und angemessene Konsequenzen daraus ziehen. Eine dieser Konsequenzen wird darin bestehen, auch dogmatisch zu begreifen, daß die Vielfalt und der Wandel von Glaubensvorstellungen daher rühren, daß der Glaube mit dem Leben zu tun hat.

5. Die Grundthese:
Lebendiger Glaube ist sich wandelnder Glaube

Glaubensvorstellungen gehören zum Leben der Menschen. Sie entwickeln sich, wie die Religionswissenschaft zeigt, aus vielfältigen Wurzeln außerhalb und innerhalb des Menschen. Sie haben mit Glaubenserfahrungen zu tun und wandeln sich, wenn Menschen neue Glaubenserfahrungen machen. Doch auch dann kommt es unausweichlich zu Krisen, wenn sich ein traditioneller Glaube nicht mehr mit einem veränderten Lebens-, Welt- und Gottesverständnis verbinden läßt und ihm buchstäblich aufgezwungen werden muß.

Glaube meint dabei in unserer Kultur einerseits ein zusammenhängendes System von Glaubensvorstellungen, die sich auf Überlieferungen in einer Heiligen Schrift (Doppelkanon Bibel, Buddhas Reden, Koran etc.) und deren offiziell anerkannte Auslegungen (etwa durch Konzilien, Dogmen, Bekenntnisschriften, Kommentarwerke, theologische Lehrtexte) berufen. Der christliche oder der islamische, buddhistische, hinduistische etc. Glaube, aber auch der evangelische oder der römisch-katholische Glaube als Untergruppen des christlichen Glaubens, gehören zu diesem Verständnis von Glauben. Glaube meint auf dieser Ebene einen *über*individuellen Zusammenhang von Glaubens- und Wertvorstellungen. Ihm korrespondieren bestimmte ethische Handlungsmuster. Wir sprechen dann – um nun näher beim christlichen Bereich zu bleiben – statt vom Glauben auch vom *Christentum* oder *der christlichen Religion*.

Mit dem Bisherigen haben wir die *über*individuelle Form von Glauben angesprochen, wie sie eine konkrete Religion oder Konfession vertritt. Diese ist aber zu unterscheiden von dem, *was ein einzelner Mensch* in ganz eigener Ausprägung tatsächlich *glaubt*. In diesen *individuellen* oder auch *persönlichen Glauben* fließt die offizielle Glaubensüberlieferung durch die religiöse Erziehung und Bildung eines Menschen zwar ein. Aber diese Gestalt des Glaubens wird im Laufe eines Lebens immer mehr durch das geformt, was ein Mensch von dieser Überlieferung in einem bestimmten Milieu für sich selbst tatsächlich übernommen oder aufgrund seiner Erfahrungen und seiner geistig-kulturellen Entwicklung auch verworfen oder zumindest umgeformt hat. Und schließlich wirken sich in unserem Zeitalter auch immer stärker Einflüsse aus, die von außerhalb des eigenen kulturellen Rahmens stammen und uns durch unterschiedliche Medien – aber nicht zuletzt auch durch Reisen – vermittelt worden sind. Die Autonomie der einzelnen Menschen in Glaubensdingen ist im 20. Jahrhundert ständig gewachsen. Parallel dazu hat die Angst, dafür – sei es von kirchlichen

Autoritäten, sei es von einem kommenden Gericht Gottes – belangt zu werden, immer mehr abgenommen. Das belegen empirische Untersuchungen, und das wird auch durch die wellenartig genutzte bürgerliche Freiheit zum Kirchenaustritt unterstrichen. Und es zeigt sich auch darin, daß Kirchenmitglieder offen davon reden, welche traditionellen Glaubensinhalte ihnen Probleme machen oder welche sie sogar rundweg ablehnen, auch wenn sie deshalb noch nicht aus der Kirche ausgetreten sind. Doch auch diejenigen, so müssen wir ergänzen, die zu keiner Religionsgemeinschaft gehören und trotzdem an Gott oder ein höheres Wesen glauben, haben eine individuelle Form von Glauben. Was diese Formen von Glauben mit *Religion* zu tun haben, wird uns später noch beschäftigen müssen.

Wenn wir über Abweichungen von einer Glaubensnorm sprechen, müssen wir uns allerdings noch einmal vor Augen halten, daß der überlieferte Glaube einer Religion oder auch Konfession, die sich auf eine Heilige Schrift stützen, zu keiner Zeit in allen Punkten identisch gewesen ist mit dem, was einzelne Menschen geglaubt haben. Die seit Jahrhunderten geschehende Auslegung etwa der Bibel durch Juden und Christen oder des Koran durch Muslime versucht ja, die Überlieferung den sich wandelnden gesellschaftlichen, kulturellen und theologischen Gegebenheiten anzupassen, um konkrete Anweisungen für Glauben und Handeln in der jeweiligen Jetztzeit geben zu können. Ja, es gäbe das System aus Heiliger Schrift, gelehrter Schriftauslegung und gottesdienstlicher Predigt gar nicht, wenn der überindividuelle Glaube einer konkreten Religion und der Glaube der einzelnen von vornherein und unter Absehen von jeder Individualität und geschichtlichen Situation deckungsgleich wären.

In den Religionen wie auch in den Gesellschaften hat sich vielmehr über die Jahrhunderte hin ein unaufhaltsamer Prozeß der Ausdifferenzierung vollzogen. Ja, daß es überhaupt zur Verschriftlichung von Überlieferungen in Heiligen Schriften gekommen ist, kann schon als Beleg dafür gewertet werden, daß eine zu weitgehende Verzweigung während der mündlichen Überlieferungsphase eingegrenzt bzw. überschaubar gehalten werden sollte. Denn die Gefahr bestand, daß die Konturen der allen Verzweigungen zugrunde liegenden Überlieferung verwischt werden könnten. Es ist Aufgabe eines Kanons heiliger Schriften wie des jüdischen und des christlichen Kanons, solche Konturen in *Texten* zu zeichnen. Die Entscheidung darüber, welche Schriften aufgenommen und welche ausgeschlossen wurden, haben immer zugleich Umfang und theologische Grenzen eines Kanons markiert. Hält man das koptische Thomas-Evangelium neben die vier biblischen Evangelien, so wird schnell klar, was ich meine: Das Thomas-Evangelium ist eine reine Spruchsammlung und bietet keinen biographischen Aufriß des Lebens Jesu wie vor allem Matthäus und Lukas, keine Verbindung von Lebensweg (einschließlich Tod und Auferstehung), Reden und Handlungen Jesu, wie sie für die biblischen Evangelien von zentraler Be-

deutung ist[1]. Denn das Thomasevangelium entfaltet und belegt zuallererst eine
– gnostische – *Lehre*. Es macht deutlich, daß die Erkenntnis (gr.
gnōsis), um die es geht, von Jesus als göttliches Geheimnis offenbart worden ist.

Obwohl die kirchlich akzeptierte christliche Überlieferung im Kanon des Neuen Testaments fixiert worden ist, enthält er immer noch viele Verzweigungen und derartig viel Uneinheitliches, daß es nicht gelingt, allein durch das Lesen eine »Mitte« zu finden. Weil das so ist, haben Dogmen und – auf protestantischer Seite – sogenannte »Bekenntnisschriften« die Aufgabe übernommen, eine solche »Mitte der Schrift« zu formulieren. Sie versuchen, den Glauben der Gläubigen auf das zu lenken, was in den Augen der Kirchen am (überindividuellen) Glauben verbindlich ist. Doch Dogmen und Bekenntnisschriften können diese Funktion, auszuwählen und Bestimmtes für verbindlich zu erklären, weder zeitunabhängig noch unabhängig von menschlichen Fragestellungen erfüllen. Erstens verdanken sie selbst sich nur der Tatsache, daß in bestimmten Zeiten Fragen oder gar Streitigkeiten aufgekommen waren, die entschieden werden mußten, um eine einheitliche kirchliche oder konfessionelle Linie zu finden. Und zweitens hören solche Fragen niemals auf. Sie entstehen immer wieder, weil sich das Welt- und Selbstverständnis der Menschen ständig wandelt. Weil das so ist, sind die großen Glaubensentscheidungen der kirchlichen Konzilien genauso wie die Bekenntnisschriften und Katechismen ihrerseits inzwischen längst Teil der christlichen Tradition geworden. Ihre Funktion, zeitgenössische Glaubensprobleme zu lösen und eine für die Bibelleser leicht erkennbare Mitte der Schrift zu bezeichnen, haben sie entsprechend eingebüßt. Sie sind statt dessen *de facto* selbst in den Rang kanonischer heiliger Texte aufgestiegen – und bedürfen heute nicht nur der Auslegung, sondern auch theologischer Kritik.

Für die einzelnen Gläubigen gehören also heute nicht nur die Bibel, sondern auch Dogmen und Bekenntnisschriften zu einem riesigen *Archiv von Überlieferungen*, in denen sich ihnen das Christentum präsentiert. Selbst Pfarrerinnen und Pfarrer kommen in ihrer Ausbildung – sieht man auf das Ganze kirchlicher Überlieferungen, das heißt auf ihre Ausdifferenzierung in alle geschichtlichen Kirchentümer hinein – verständlicherweise über exemplarische Streifzüge durch jenes Riesenarchiv nicht hinaus. Ein gut angelegtes Studium ist in der Theologie wie in allen anderen Fächern deshalb eines, das die Komplexität der Entwicklungslinien drastisch zu reduzieren und zugleich eine Mitte des Faches im Auge zu behalten hilft. Wie und wo diese Mitte gesucht wird, wird heute wie früher aber keinesfalls nur von theologischer Systematik, sondern auch von *Le-*

---

1. Der Text des Thomasevangeliums findet sich in den 1945 im oberägyptischen Nag Hammadi gefundenen hauptsächlich gnostischen Schriften. Eine deutsche Gesamtausgabe dieser Schriften bieten Lüdemann/Janßen (1997).

bensinteressen entschieden, die die Menschen im Alltag ihrer Zeit bewegen. Ihnen wird dieses Buch auf unterschiedlichen Ebenen nachgehen.

Der einleitende Satz, daß Glaubensvorstellungen zum Leben der Menschen hinzugehören, muß also ergänzt werden um eine weitere Aussage: Auch daß sich Glaubensvorstellungen *wandeln*, gehört zum Leben der Menschen hinzu. Solcher Wandel ist für die Gläubigen immer mit schwierigen Um- und Abbrüchen und darum auch mit *Abschieden* verbunden. Das war früher genauso wie heute. Jene Entwicklung etwa, die im ersten Jahrhundert nach Christi Geburt dazu geführt hat, daß es fortan christliche Glaubensgemeinschaften neben anderen gegeben hat, ist auf ihrer Rückseite mit Prozessen verbunden gewesen, in denen von jüdischen, griechischen, ägyptischen, römischen und anderen in der hellenistischen Welt lebendigen Glaubensvorstellungen zu christlichen hinübergewechselt werden mußte. Denn da, wo Jesus Christus als *zentrale* Gestalt in den Glauben eingezogen ist, mußten die überlieferten Glaubensvorstellungen so verändert werden, daß sie dem neuen Christusglauben nicht im Wege waren. Nirgends hat es dabei totale Neuanfänge, sondern immer neue Verschmelzungsprozesse gegeben.

Das galt nicht nur für »judenchristliche« – also aus dem Judentum entstandene christliche – Gemeinden, sondern auch für sogenannte »heidenchristliche« Gemeinden. Damit sind Christen gemeint, die aus nichtjüdischen Religionen der Antike kamen. Obwohl sie, religionswissenschaftlich betrachtet, Gläubige wie die Anhänger aller Religionen einschließlich des Judentums und Christentums waren, hat die Kirche sie als *Heiden* tituliert und damit zu *Gläubigen zweiter Klasse* gemacht. Denn sie wollte und will noch immer der Bibel und den an sie gebundenen Religionen einen prinzipiellen Vorrang sichern, weil sie nur die Bibel als Offenbarungsquelle anerkennt. Infolge dieser Perspektivveränderung sind dann allerdings Fakten in Vergessenheit geraten, die nicht hätten vergessen werden dürfen und unbedingt wieder erinnert werden müssen. Zu ihnen rechne ich vor allen anderen, daß therapeutische Kulte – wie der griechische Asklepioskult und der ägyptische Isis-Osiris-Horus-Kult – einen tiefgreifenden Einfluß auf das sich herausbildende frühe Christentum und insbesondere die Darstellung des »Heilandes« Jesus gehabt haben. So stammt der Titel und Nimbus des *Heilandes (sotér)* Jesus aus dem griechisch-hellenistischen Bereich.

Daß die Jesus-Überlieferung von diesen Einflüssen nicht nur *irgendwie* betroffen, sondern wirklich *um*geschmolzen – und das heißt: verändert – worden ist, versteht sich von selbst, wenn wir einen anderen großen Umschmelzungsprozeß mit ins Auge fassen. Auch von ihm wird in der christlichen Theologie kaum mit dem notwendigen Ernst gesprochen. Ich meine jenen sprachlichen Transformationsprozeß, in den die Jesus-Überlieferungen schon unmittelbar nach ihrer Entstehung hineingeraten sind. Denn Jesus und seine ersten Anhänger (»Jünger«) sprachen den in seiner Heimat Galiläa üblichen Dialekt des Aramäischen. Die schriftliche Überlieferung der Jesus-Tradition (»Neues Testament«) ist aber bereits auf Griechisch verfaßt worden[2]. Und dies, obwohl zwischen Jesu Tod (ca. 30 n. Chr.) und den ersten Briefen des Apostels Paulus (ca. 60 n. Chr.) nur ungefähr dreißig Jahre gelegen haben! In dieser Frist hat also nicht nur der Wechsel von mündlicher zu schriftlicher Überlieferung stattgefunden, sondern auch ein kultureller Quantensprung: vom Aramäischen der galiläischen Provinz hinein in die damalige Weltsprache Griechisch (Koiné). Von einem Quantensprung zu reden, liegt nahe, weil die unterschiedlichen Sprachen ja keine beliebig austauschbaren Medien sind, sondern das Denken der sie jeweils benutzenden Menschen in erheblichem Maße prägen. Denn Sprachen hängen mit den kulturellen Überlieferungen zusammen, in denen sie literarisch auf vielfältige Weise Gestalt angenommen haben. Und wo immer sie gesprochen und geschrieben werden, vermitteln sie das kulturelle Gedächtnis mit, zu dem sie gehören. Ein wesentlicher Teil davon sind die spezifischen religiösen Denkmuster, die in dieser Kultur entstanden sind. Deshalb haben beispielsweise Christen, die früher Anhänger des therapeutischen Gottes Asklepios gewesen waren, Jesus Christus in vielem anders gesehen und verstanden als Christen, die aus einem jüdisch-religiösen Hintergrund kamen.

Was ich meine, können wir in der Geschichte auch dort finden, wo Herrscher nach Eroberungskriegen plötzlich in fremden Kulturen anerkannt werden wollten. Dazu mußten sie die Titel und Hofzeremonien übernehmen, die in den eroberten Gebieten üblich waren und die Autorität des Herrschers ausdrückten. So hat sich Alexander der Große in Ägypten zum Pharao einsetzen lassen und damit formell auch die Rolle übernommen, die der Pharao als Vermittler zwischen Göttern und Menschen hatte. Und in Persien mußte er als Huldigungsform die *Proskynese* einführen. Das aber hat viele Makedonier und Griechen gegen ihn eingenommen, daß sich Menschen im Hofzeremoniell nun vor ihm flach auf den Boden legen mußten.

Solche Transformationen sind je nachdem, in welchem religiösen und kulturellen Umfeld sie stattgefunden haben, und je nachdem, wie stark die Bindung daran gewesen ist, im Ergebnis sehr unterschiedlich ausgefallen. Davon zeugt bis heute die Tatsache, daß wir im Neuen Testament nebeneinander vier Evan-

---

2. S. Abschnitt II 2.: Pfingsten. Sicherlich die bedeutendste Spur zum Aramäischen führt über das 'abba (zu Deutsch etwa: »Lieber Papa«), mit dem Jesus seinen göttlichen Vater im Gebet anredet. Da, wo diese Gebetsanrede ins Griechische transkribiert worden ist (Mk 14,34), ist bereits die griechische Übersetzung *hò patér* (»Vater«) daneben gestellt. Auch Paulus bedient sich dieser Gottesanrede bereits in der transkribierten und zusätzlich übersetzten Form: Röm 8,15. Die umfangreichsten Forschungen zu 'abba hat Joachim Jeremias (1971), S. 67–73, vorgelegt. Jeremias geht davon aus, daß 'abba als Anrede für Gott in Jesu Gebeten eine »völlige Neuheit und Einmaligkeit« darstelle und das Herzstück seines Gottesverhältnisses ausdrücke (S. 73).

gelien haben, die vor allem in ihrem Jesus-Verständnis eigenständige Wege gehen. Außerhalb des neutestamentlichen Kanons sind noch eine Reihe anderer Evangelien überliefert worden. Sie spielen heute allerdings in den Kirchen keine Rolle mehr. Trotzdem bleibt wahr: Der Kanon des Neuen Testaments hat sich durch ein vielfältiges Transformationsgeschehen hindurch aus Vorchristlichem und originär Christlichem entwickelt. Er belegt, daß die Christus-Gläubigen und ihre untereinander differierenden Glaubensvorstellungen tiefgreifende Krisen durchgemacht haben. Deshalb zeigt der neutestamentliche Kanon im Rückblick eine komplementäre Verbindung von »Pluralität und Einheit im Urchristentum«[3].

Doch auch nach dem Abschluß des Kanons ist die Religionsgeschichte des Christentums in all ihren Verästelungen weitergegangen. Insbesondere die Geschichte der Kirchenspaltungen, durch die zum Beispiel die orthodoxen und die protestantischen Kirchen entstanden sind, gibt von diesem Transformationsprozeß bis heute beredtes Zeugnis – auch wenn es aufgrund des Anspruchs kirchlicher Autoritäten manchem so scheinen mag, als sei die Jetztgestalt kirchlicher Dogmatik immer schon da, und darüber hinaus als Summe von Glaubenswahrheiten immer schon verbindlich gewesen. In Wahrheit spiegelt jede christlich-kirchliche Dogmatik, wann immer sie auch formuliert worden ist, den *vorläufigen* – und das heißt zeitgenössischen – Endpunkt einer in vielen Linien vor sich gegangenen Entwicklung, die im ersten Jahrhundert nach Christi Geburt begonnen und tiefe Krisen durchlaufen hat. Und wenn sie lebendige Dogmatik bleibt, wird sie auch weiter durch tiefe Krisen hindurchgehen. Sie wird und muß sich dabei weiter wandeln.

Krise heißt dem griechischen Ursprung nach *Scheidung, Trennung*, und hat einerseits mit Streit und Kampf und andererseits mit kritischer Beurteilung und Auswahl zu tun[4]. Kritik, ja, Streit und Auswahl werden immer wieder nötig, weil traditionelle und neue Vorstellungen von Gott und Welt von jeder Generation untersucht bzw. entwickelt und daraufhin beurteilt werden müssen, ob sie (noch) nachvollziehbar und glaubwürdig sind. Deshalb gehören Krise und Abschied genauso zusammen wie Krise und Neubesinnung auf das Wesentliche. Diesem doppelten Zusammenhang nachzugehen, ist Aufgabe jeder Theologie. Sie tut damit prinzipiell dasselbe, was Paulus einst der von ihm gegründeten Gemeinde in Korinth als bleibende Aufgabe zugewiesen hat: Die Versammlung der gläubigen Christinnen und Christen sollte unmittelbar im Gottesdienst beurteilen[5], ob die von »Propheten« in ihrer Mitte gehaltenen Pre-

---

3. So Theißen (2000) in der Überschrift zu § 12 seines Buches (S. 339-384).
4. Ich beziehe mich auf Menge-Güthling (1954), S. 405.
5. Das von Paulus 1. Kor 14,29 verwendete griechische Verb *diakrínein* hat denselben Wortstamm wie griechisch *krísis* und unser Fremdwort *Krise* und weist in die Lebensbereiche von *scheiden, unterscheiden, beurteilen, urteilen, richten*.

digten ihrem Glauben entsprachen oder nicht[6]. Wir können uns dieses Beurteilen so vorstellen, daß Zustimmung durch ein biblisch geläufiges *Amen*[7] ausgedrückt worden ist.

Es mutet sehr merkwürdig an und spricht zugleich eine deutliche Sprache, wenn christliche Predigerinnen und Prediger heutzutage auf der Kanzel ihre *eigene* Predigt mit – dem im Grunde nach wie vor *positiv* beurteilenden – Amen beschließen. Paulus vertraute darauf, daß der Heilige Geist die *Gemeinde* zum Urteil befähige. Und man kann davon ausgehen, daß die institutionalisierte Beurteilung der Predigt durch die Gemeinde das Ihre dazu beigetragen hat, daß die Gemeindemitglieder sich ihrer Aufgabe bewußt gewesen sind und sich ihre Mündigkeit im Glaubensurteil erhalten haben. Von dieser großartigen und sehr ernsthaften Praxis ist leider wenig bis gar nichts übriggeblieben. Und selbst die Urteilsfähigkeit der Theologinnen und Theologen, ja, ihre Pflicht zu beurteilen, wird durch kirchliches Reglement erheblich eingeschränkt und durch die latente Drohung, gravierende Abweichungen von der dogmatischen Norm mit einem Lehrzuchtverfahren zu beantworten, untergraben. Im Grunde wird damit aber das Vertrauen auf das freie Wirken des Heiligen Geistes eingeschränkt. Da liegt das eigentliche, das schwerwiegende, Problem. Die Annahme, daß diese Strategie die Kirche vor schmerzhaften Abschieden bewahren soll, hat sich auf Dauer immer als ein – oft folgenschwerer – Irrtum erwiesen.

Wir haben längst begriffen, daß Trauerarbeit zum Menschsein hinzugehört. Trauer suchen wir nicht, sondern Trauer findet uns, wenn wir Abschied nehmen müssen – von Menschen, die uns ans Herz gewachsen sind, genauso wie von liebgewordenen Orten, Gewohnheiten, Vorstellungen und Dingen. Aber Abschied und Trauer sind ein Tribut, den wir dem Leben zollen, nicht dem Tod. Denn sie sind der Wegzoll, den wir geben, um mit eigenen und fremden Erfahrungen zu uns selbst finden und, so verwandelt, durch immer neue Tore des Lebens gehen zu können. Es geht um Lebenserfahrung, Reife, Erwachsenwerden und darum, daß wir lernen, uns selbst zu verantworten.

Alles Trauern ist mit Schmerzen verbunden, und darum versuchen wir gerne, der Trauer auszuweichen. Und doch ist Trauern lebensnotwendig. Unsere Seele wird krank, wenn wir Trauer verweigern, um die Schmerzen der Trauerarbeit nicht durchleben zu müssen. Was für unsere Seele gilt, gilt auch für unsere Theologie und Kirche. Nur, wenn wir bereit sind, Abschied zu nehmen, können wir uns den Anforderungen zuwenden, die sich heute stellen, können wir die Welt wahrnehmen, wie sie jetzt ist. Und dann können wir auch die vergeblichen Versuche aufgeben, vertraute Vorstellungen von Leben, Welt und Gott als für

---

6. Schrage (1999), S. 450, betont, daß 1. Kor 15,29 wie auch 1. Thess 5,21 von dem Grundsatz ausgehen, daß »alles, was christliche Propheten reden, ... einer Prüfung zu unterziehen« sei.
7. Vgl. etwa 5. Mose 27,15.16.17 u. ö.

alle Zeit gültig ausgeben zu wollen. Und erst dann können wir die Fragen der Jüngeren wirklich hören, die einmal ohne uns leben werden, und müssen ihnen nicht unterstellen, sie würden von genau denselben Fragen bewegt wie wir oder gar unsere Vorfahren. Und wir können anfangen, unseren Eltern und übrigen Vorfahren zuzugestehen, daß sie so gelebt, gedacht und geglaubt haben, wie wir es von ihnen kennengelernt und doch nicht bruchlos übernommen haben. Leben ist im Wandel lebendig, ist ein Werden. Doch zum Werden gehört auch Vergehen. »Wenn das Weizenkorn nicht in die Erde fällt und erstirbt, bleibt es allein; wenn es aber erstirbt, trägt es viel Frucht.« *(Joh 12,24)* Das Aramäische der Muttersprache Jesu hat »sterben« müssen, damit die Christus-Botschaft in der damaligen Weltsprache Griechisch »viel Frucht« tragen, sich in der Mittelmeerwelt ausbreiten konnte. Der Abschied vom Aramäischen hat aber auch die Denkstrukturen verändert, in denen »das Evangelium« nun verbreitet und reflektiert worden ist. Viele dogmatische Streitigkeiten, die innerhalb der ersten Jahrhunderte unserer Zeitrechnung ausgetragen worden sind, hängen mit dem Sprach- und Kulturtransfer zusammen. Was sich damals vollzogen hat, vollzieht sich auch heute im Ansatz wieder, wenn es zu kulturellen Verschiebungen kommt. Auch dann gilt, daß kein Stadium dieses permanenten Prozesses als Endstadium angesehen und mit *der* Wahrheit gleichgesetzt werden darf. Es sieht so aus, daß auch vieles vom gut gehüteten Bestand unserer dogmatisierten Überlieferungen zurückgelassen werden muß, damit sich der christliche Glaube heute entfalten kann. Unter diesem Aspekt wird Theologie ganz entschieden konstruktive Arbeit sein müssen.

Zweiter Teil:
Notwendige Abschiede von überlieferten Glaubensvorstellungen

Wenn das Christentum seine Gestalt wandeln und sich aufschwingen will zu seiner eigenen Imago, zu dem ihm eingegebenen Bild von sich selbst, muß es einen zweifachen Prozeß durchleben. Es muß sich darauf *zurück*besinnen, daß an seinem Anfang Jesus Christus steht, wie ihn die frühe Christenheit wahrgenommen hat. Es muß aber auch davon ausgehen, daß die Imago Jesus Christus jeder geschichtlichen Gestalt von Kirche *voraus* ist und das Ziel darstellt, auf das hin sich alles zubewegt. *Alle* Kirchen kommen also von der dem Christentum gemeinsam eingegebenen Ur-Imago her und bewegen sich durch die Kraft des Geistes auch auf diese zu. Das bedeutet, daß alle Bemühungen der Kirchen und Theologien, Jesus Christus auf das jeweils eigene dogmatische System festlegen zu wollen, Versuche waren, den lebendigen Jesus Christus wie eine Schmetterlingspuppe einzuspinnen und letztlich daran zu hindern, sich mit uns Menschen in der Geschichte zu entfalten.

Deshalb spreche ich von *notwendigen Abschieden:* Das Christentum muß seine bisherige Gestalt in vielem hinter sich lassen, um zu sich selbst zu finden. Das gilt zuerst für das Selbstverständnis des Christentums als einer Religion, die man im Grunde mit anderen Religionen nicht vergleichen könne. Dieses Selbstverständnis hängt mit Vorstellungen zusammen, die sich wechselseitig begründen und ergänzen. Sie betreffen die Bibel als einzige Basis des Glaubens, das Verständnis von Offenbarung und Kanon und in all dem von Wahrheit. Aber dazu gehören auch die Vorstellungen von der eigenen Erwähltheit und von der Gottesebenbildlichkeit des Menschen sowie seiner Sonderrolle in der Schöpfung. Und schließlich hängt das traditionelle Selbstverständnis des Christentums als Erlösungsreligion mit der Deutung der Hinrichtung Jesu als Opfer zusammen, durch das die Menschen von ihren Sünden erlöst werden. Diese Liste ließe sich fortschreiben, weil das dogmatische System manche andere Vorstellung einschließt, die einer theologischen Kritik nicht mehr standhalten kann. Aber um einen Anfang zu machen, reicht der Abschied von den angesprochenen zentralen Glaubensvorstellungen aus. Von ihnen her können in Teil III dann Perspektiven angesprochen werden, die einem Christentum offenstehen, das sich auf neue Weise entfalten will.

1. Abschied von der Vorstellung, das Christentum sei keine Religion wie die anderen Religionen

Die christliche Religion *ist eine Religion wie jede andere*. Das zu sagen, ist inzwischen eine Binsenweisheit, auch wenn man früher dafür auf den Scheiterhaufen gekommen wäre. *Doch wie jede andere Religion auch ist sie anders als die anderen, von ganz eigener Art.* Weil beides stimmt, und weil sich die großen Religionen nicht nur gegenseitig bekämpft, sondern auch beeinflußt haben, können wir bei einer kritischen Betrachtung einzelner Glaubensvorstellungen weitgehend unbefangen vorgehen.

Es galt – vor allem im evangelischen Bereich – lange als ausgemacht, das Christentum sei deshalb nicht mit anderen Religionen vergleichbar, weil die Bibel »den lebendigen Gott« bezeuge. Andere Religionen haben vielfältige Göttinnen und Götter, die natürlich nicht das Prädikat »lebendig« verdienten. Die Rede vom »lebendigen Gott« taucht allerdings in der Bibel erst seit dem babylonischen Exil auf, nachdem es zum Kontakt mit mesopotamischen Gottesvorstellungen gekommen war. *Manfred Görg* hat belegt, »daß sich nicht nur der Mensch Israels, sondern längst zuvor der altorientalische, näherhin der ägyptische, Mensch bewußt war, daß das Leben letzten Endes von den Göttern kommt.«[1] Die vielen überlieferten ägyptischen Hymnen bezeugen diesen Glauben in einer überwältigenden Variationsfülle. Bis in die individuelle Frömmigkeit hinein reicht das Bekenntnis zum Schöpfer und Erhalter des Lebens: »Du bist die Lebenszeit selbst, man lebt durch dich«[2]. Auch im Kampf mit feindlichen Völkern führt der oberste Gott dem Pharao die Hand, gibt ihm den Sieg. In beiden Seiten der Vorstellung vom »lebendigen Gott« – er ist Schöpfer und Bewahrer – ist sich der ganze Orient einig, sind Juden und Christen nur Erben eines längst vor ihnen ausgesprochenen Glaubens. *Und der spricht nun gerade ausdrücklich dafür, Judentum und Christentum als Religionen neben und mit anderen Religionen zusammen zu sehen.*

Grundsätzlich gilt für mich, was *Hans-Martin Barth* so formuliert hat: »Es geht daher nicht an, die nichtchristlichen Religionen im Sinne von Karl Barths Verdikt[3] einfach auf das sündige, selbstsüchtige und selbstmächtige Verlangen des Menschen nach einer ihm behagenden Beziehung zum Göttlichen zurück-

---

1. Ebenda, S. 165.
2. J. Assmann (1999), S. 222.
3. K. Barth, Kirchliche Dogmatik I/2, § 17.

zuführen.«[4] *Wenn es um Religion geht, geht es immer um die Verbindung von Gott und Leben.* Seit das Christentum mehr und mehr auch von außen und zusammen mit anderen Religionsgemeinschaften betrachtet wird, sind die Zusammenhänge zwischen Glauben und Leben wieder besser in den Blick gekommen. Diese Entwicklung ist zugleich die Voraussetzung dafür geworden, daß Religion in ganz neuer Weise auch wieder zur Sache der Bürgerinnen und Bürger werden kann. Denn was das Leben angeht, sind sie nun einmal kompetent. Man kann sagen, daß sich damit eine neue *religiöse Revolution* vollzieht. Denn die Bürgerinnen und Bürger nutzen die Kompetenz, die sie im Blick auf das Leben haben, dazu, *den Lebensbezug von Glaube und Religion einzufordern.* Der Lebensbezug des Glaubens ist der entscheidende Maßstab, der über Glaubwürdigkeit oder Unglaubwürdigkeit entscheidet. Zum Lebensbezug aber gehören die religiösen Bedürfnisse hinzu, die im Christentum gerne übersehen werden. Viele verbinden den ihnen überlieferten Glauben deshalb schon lange mit nichtchristlichen Elementen und fragen nicht groß danach, ob das erlaubt ist oder nicht[5]. Als frühes Beispiel dafür sehe ich an, wie sich in (einigen benediktinischen) Klöstern christliche Spiritualität und Zen-Meditation zu einer inzwischen festen Kontemplationspraxis verschmolzen haben[6].

Die genannten und andere Veränderungen haben bewirkt, daß das römisch-katholische und protestantische Christentum seine Sonderrolle mehr und mehr verliert, die es seit den Zeiten des »Heiligen römischen Reiches deutscher Nation« in der sogenannten abendländischen Kultur innegehabt hatte. Ein Symptom dafür ist, daß inzwischen auch andere Religionsgemeinschaften das Recht auf schulischen Religionsunterricht zugesprochen bekommen haben und nutzen. Doch nicht nur die Kirchenleitenden haben Schwierigkeiten damit, das eigene Bild von Kirche zu korrigieren. Auch die kirchlichen Mitarbeiter und Mitarbeiterinnen tun sich schwer damit, wie die »Ökumenische Basler Kirchenstudie« und ihre Auswertung ergeben haben[7]. Die Differenz zwischen den Erwartungen, die die Baseler Bevölkerung an die Kirchen hat, und dem, was die kirchlichen Mitarbeiter und Mitarbeiterinnen davon wahrnehmen, ist zum Beispiel im Blick auf die Erwartungen an den Gottesdienst augenfällig groß. Das liegt *zum einen* daran, daß Kirche nach theologischem Verständnis eine doppelte – oder besser – komplementäre Gestalt hat: Kirche ist zum einen immer eine soziale Größe, wie wir sie mit konkreten Menschen und in konkreten Organisationsformen – und mit allen menschlichen Schwächen kennen. Aber zugleich

---

4. H.-M. Barth (2001), S. 61.
5. So sieht es auch die Vierte EKD-Erhebung über Kirchenmitgliedschaft »Kirche Horizont und Lebensrahmen« (2003), S. 7.
6. Der eigentliche Wegbereiter dieser Verbindung ist allerdings Karlfried Graf Dürckheim (1896-1988) gewesen.
7. Bruhn/Grözinger (2000), S. 231-250 (D. Plüss), hier: S. 242-244.

ist Kirche theologisch immer der irdische »Leib« des auferstandenen Christus, also eine empirisch nicht wirklich faßbare, sondern geglaubte Größe. Erscheint den Mitarbeiterinnen und Mitarbeitern der Kirchen die Diskrepanz zwischen der realen Kirche und jener eschatologischen Vorstellung von Kirche als sehr groß, neigen sie zu Selbstzweifeln und Resignation – oder aber dazu, von der Zielvorstellung her die kirchliche Realität zu überblenden, also in ein *zu* gutes Licht zu tauchen und dadurch gar nicht wirklich zur Kenntnis zu nehmen. *Zum anderen* aber kann es zu jener mangelhaften Wahrnehmung der Wirklichkeit nur kommen, weil Gott und Leben, Glaube und Leben, nicht intensiv genug aufeinander bezogen werden.

Im Blick auf solche Probleme ist es entlastend zu erkennen, *daß* das Christentum eine Religion wie alle anderen ist und sich auch entsprechend verhält und beschreiben läßt. Entlastend ist diese Perspektive, wenn durch die Anknüpfung an *nichttheologische* Theorien eine *wirkliche Außenperspektive* zustande kommt. Durch sie kann wahrgenommen werden, was bei theologischer Betrachtung allein nicht in den Blick kommt. Im folgenden orientiere ich mich an einer soziologisch begründeten Religionstheorie und an einer inzwischen damit verbundenen Kulturtheorie. In beiden werden Erkenntnisse der Religions- und Kulturgeschichte aufgenommen, an denen das Christentum und seine Kirchentümer kräftig Anteil haben. Mittelbar wird bei dieser Betrachtungsweise das Christentum als eine Religion erkennbar, die in der Welt existiert, wie andere Religionen auch. Mehr noch: es kommen auch Probleme und Lösungsmöglichkeiten in den Blick, die ohne die gewählte Außenbetrachtung nicht zu sehen wären.

Religion hat unterschiedliche soziale Erscheinungsformen und eine unaufhebbare Beziehung zum kulturellen Gedächtnis

Ich beginne das Kapitel mit einer knappen Einführung in die wichtigsten Begriffe. *Thomas Luckmann* hat mit seiner Theorie von der *unsichtbaren Religion* die Gesamtheit der Werte und Normen angesprochen, in die wir im Prozeß unserer Sozialisation hineinwachsen. Die Gestalt der Kultur, zu der wir durch Abstammung und Lebensbeziehungen gehören, sorgt für die innere Stabilität der von der unsichtbaren Religion vermittelten »Weltansicht«. Von der *unsichtbaren Religion* sprechen wir, wenn wir sagen, was »man« tut oder läßt, was sich gehört oder nicht gehört, welche Ideale von der Mehrheit geteilt werden, und natürlich auch, was einem heilig ist. Zu ihr gehören nicht zuletzt die für das Zusammenleben grundlegenden Menschen- und Bürgerrechte und damit auch die Vorstellungen von Gerechtigkeit. Repräsentiert wird die unsichtbare Religion aber vor allem durch große »kulturelle Texte«, aus denen die für die Gesellschaft verbindlichen Wertvorstellungen abgeleitet werden. Nicht außer acht gelassen werden dürfen aber auch Persönlichkeiten der Geschichte und Gegenwart, mit denen sich in den einzelnen Kulturen Mehrheiten zu identifizieren vermögen. Die unsichtbare Religion vermittelt dem Individuum einen Bezug zum Leben, der über seine eigenen Wahrnehmungen hinausgeht.

Deshalb ist es naheliegend, die unsichtbare Religion mit dem von *Jan Assmann* beschriebenen *kulturellen Gedächtnis* weitgehend gleichzusetzen. Von beiden geht ein Druck auf die Mitlieder einer kulturellen Region aus, sich dem kulturellen Gedächtnis möglichst konform zu verhalten. Dieser Druck zielt auf *kulturelle Kohärenz* und schafft damit die Voraussetzung dafür, daß Menschen sich wirklich verständigen können, wenn sie die gemeinsame *Sprache* benutzen. Mit dem Stichwort *Religion* wird gesagt, daß es sich um etwas handelt, was dem einzelnen immer schon vorgegeben ist, wenn er sich damit beschäftigt. Das Stichwort meint außerdem, daß die unsichtbare Religion bzw. das kollektive Gedächtnis einer Kultur ein hohes – wenn auch kein absolutes – Maß an *Verbindlichkeit* für den einzelnen Menschen beansprucht. Spätestens hier aber, wo es um *kulturelle Texte* geht, ist die Grenze der unsichtbaren Religion zu den als Institutionen auftretenden *sichtbaren Religionen* offen, gibt es *Übergänge*. Denn viele der kulturellen Texte sind zugleich religiöse Texte oder gar Heilige Schriften konkreter Religionsgemeinschaften.

Im folgenden gehe ich näher darauf ein, was es mit den Erscheinungsformen von Religion auf sich hat. Indem ich dabei immer wieder das Christentum anspreche, vollziehe ich zugleich den Abschied von der bislang reklamierten Sonderrolle.

Das Welt- und Menschenbild als Sozialform »unsichtbarer Religion« existiert unabhängig von Kirchen und Dogmen

Es ist nicht leicht zu verstehen, warum Religion einen festen, wenn auch schwer zu bestimmenden, Platz in der Gesellschaft hat, und warum Religion heute so vielfältig auftritt, wie sie es nun einmal tut, nämlich mit und ohne Verbindung zu einem Gottesglauben: 11 % der Evangelischen und 8 % der Katholiken haben sich in unserer Berliner Umfrage 1992 als Atheisten bezeichnet[8]. Um diese Phänomene zu verstehen, müssen wir den Zusammenhang von Kultur, Gesellschaft, Religion und Glaube neu beschreiben. Denn allzulange sind wir davon ausgegangen, daß *Religion* mit ihrer uns jeweils geläufigsten Erscheinungsform gleichzusetzen sei: also mit der eigenen *Religionsgemeinschaft* oder Kirche.

Die christlichen Kirchen überliefern, reflektieren und organisieren wie ande-

---

8. Jörns (1999a), S. 63.

re Religionsgemeinschaften auch einen bestimmten Glauben und zeigen auf, wie und wo er durch *Individual- und Sozialethik* in die Art des Zusammenlebens der Menschen eingreift. Dieser Glaube, der sich in einem offiziellen und liturgisch rezitierten *Glaubensbekenntnis*, in *Liturgien* samt den darin enthaltenen Schriftlesungen und in *Dogmen* artikuliert, eröffnet für die einzelnen Gläubigen einen Zugang zu dieser Religionsgemeinschaft. Glaube erscheint, wenn er so den Glauben einer Religionsgemeinschaft meint, allerdings in seiner *überindividuellen, offiziellen* Form, auch wenn das liturgische Glaubensbekenntnis mit den Worten »Ich glaube ...« beginnt. Trotzdem dürfen wir nicht übersehen: *Bekenntnis* meint in diesem Zusammenhang nur sehr bedingt den individuellen Glauben der Gläubigen – wie Umfragen zeigen. Im Vordergrund steht die liturgische Ebene, die in diesem Fall identisch ist mit einem kirchenrechtlich verbindlichen Akt der Zustimmung. Individualität ist dabei gerade *nicht* gefragt. Die ökumenisch geltenden Bekenntnisse haben für viele aber trotzdem eine große Bedeutung, weil sie über die Konfessionsgrenzen hinweg dem Glauben Ausdruck zu geben vermögen, zu *einer* Kirche zu gehören.

Wo aber gefragt wird, ob »die Religion« wiederkehrt[9], oder wo über »Die Zukunft der Religion«[10] gesprochen wird, geht es um den *individuellen* Glauben außerhalb jeder liturgischen und dogmatischen Vorprägung. Und dann kommen wir sowohl mit der gerade genannten Identifizierung von Religion und institutionalisierter Religionsgemeinschaft wie auch mit der Gleichsetzung von christlicher Religion und tatsächlichem Glauben der Menschen in Schwierigkeiten. *Das aber heißt, daß wir, wenn es um Religion geht, nicht allein nach ihren Sozialformen, sondern auch nach ihren Individualformen fragen müssen.* Nicht zuletzt der religionsinterne Pluralismus macht das deutlich. Denn er beleuchtet die Tatsache, daß viele offiziell zu einer Religionsgemeinschaft gehören, obwohl sie als Individuen den offiziellen Glauben dieser Gemeinschaft nicht oder nur sehr bruchstückhaft teilen. Andere, die die Kirchen aus einem Ärger oder finanziellen Erwägungen heraus verlassen haben und also nicht mehr zu ihnen gehören, können den Glauben trotzdem – mehr oder minder vollständig – teilen. So entstehen *gespaltene Situationen*. Sie hören zum Erscheinungsbild einer Religion in der Gesellschaft und gelten für das Christentum wie für andere Glaubensgemeinschaften.

Noch unübersichtlicher wird das Bild, wenn wir Religion in der Variante der *civil religion*[11] betrachten. Was hat der entschiedene Einsatz von Menschen – die sich dafür gar nicht auf Gott berufen – für menschenwürdige individuelle Entfaltung, Gerechtigkeit und inneren Frieden in demokratischen Gesellschaften mit Religion zu tun? Und was bedeutet es, wenn sich Menschen mit und ohne

---

9. Zulehner/Hager/Polak (2001a).
10. Hofmeister/Bauerochse (1999).
11. Dazu Schieder (1987).

Religionszugehörigkeit auf Werte berufen, die ihnen *heilig* sind und für ihre Handlungen Maßstäbe setzen[12]? Und wie ist die Tatsache zu beurteilen, daß gesellschaftliche Wertbindungen und Verhaltensmuster in vielem dieselbe *Funktion* ausüben, die die Zehn Gebote und die Bergpredigt etwa im Leben und Denken eines bewußten Christen haben? Was von allem hat mit Religion, was hat nicht damit zu tun? Diese Fragen lassen sich beantworten, wenn wir ein differenziertes Verständnis von Religion ins Spiel bringen, wie es *Thomas Luckmann* eingeführt hat[13]. Denn wie der Kirchenlehrer *Augustinus* (354-430) bereits zwischen einer sichtbaren und einer unsichtbaren Kirche unterschieden hatte[14], hat Luckmann unsichtbare von sichtbarer Religion unterscheiden gelehrt.

In der Religionssoziologie hat das *funktionale* Verständnis von Religion große Bedeutung. *Funktion* betrifft in einer soziologischen Wissenschaft natürlich die *gesellschaftliche Funktion*. Die *kommunikativen* Prozesse, die dabei beschrieben werden, sprechen zugleich eine andere Dimension soziologischer Religionstheorie[15] an. Die gesellschaftliche Funktion von Religion hängt mit der Entstehung von Sinnsystemen im allgemeinen und Symbolwelten im besonderen zusammen. Wir Menschen brauchen beide beim Hineinwachsen in unsere Lebensumwelt, weil wir für unsere eigenen und anderer Menschen Erfahrungen Deutungsmuster brauchen, die für alle verständlich und daher kommunikabel sind. Und wir müssen lernen, die bereits vor uns in der Geschichte gewonnenen Einsichten, wie das Leben als sinnvolles Zusammenleben geordnet werden kann, in unsere eigene »Weltansicht« *integrieren* zu können. »Weltansichten« nennt Luckmann die subjektiv erfaßbaren Sinngehalte, aus denen eine Kultur besteht. Dabei handelt es sich um konstruierte Wirklichkeiten, wie sie sich aufgrund geschichtlicher Erfahrungen herausgebildet haben. Die Lebenswelt kann dadurch »als eine sinnvoll zusammenhängende Wirklichkeit, als ›Welt‹ erfahren« werden[16]. Der Begriff »konstruierte Wirklichkeiten« soll besagen, daß die Welt, in der wir leben und von der wir als von einer bekannten Größe reden, erst in unserem Kopf entsteht. Ohne ein so entstehendes Welt*bild*, ohne eine Welt*ansicht*, bliebe es bei einer zusammenhanglosen Vielfalt von Einzelwahrnehmungen, gäbe es keine »Welt«, keinen Sinn.

Doch der einzelne Mensch wird in eine bestimmte »Weltansicht«, in ein seiner Umgebung geläufiges Welt- und Menschenbild, hineingeboren. Dabei geht

12. Vgl. Ergebnisse zur Frage »Was ist heilig?«, in: Jörns (1999a), S. 159-161. 203-211.
13. Ich beziehe mich im folgenden auf Luckmann (1991). Die im Text dieses Abschnittes nach Zitaten in Klammern genannten Zahlen verweisen auf Seitenzahlen dieses Buches.
14. O'Daly (1986), Sp. 329. Augustin meinte mit »unsichtbarer Kirche«, daß es letztlich unklar bleibt, wer von den Menschen, seinem Glauben nach geurteilt, wirklich zur Kirche gehört.
15. Vgl. dazu Tyrell/Krech/Knoblauch (1998). Doch lassen sich beide Ansätze durchaus miteinander verbinden.
16. Luckmann (1988), S. 40.

es um *vorgegebene Sinntraditionen* bzw. um ein *vorgegebenes Sinnreservoir*, das jeden einzelnen von außerhalb seiner selbst erreicht, so viel auch immer er daran im Laufe seines Lebens individuell umgestalten wird. Die Weltansicht »enthebt den einzelnen der so gut wie unlösbaren Aufgabe, aus eigener Kraft ein ... Sinnsystem zu erzeugen.« Deshalb meint Luckmann behaupten zu können, »daß die Weltansicht ... eine elementare religiöse Funktion erfüllt. Sie läßt sich bestimmen als die *grundlegende Sozialform der Religion*, eine Sozialform, die in allen menschlichen Gesellschaften zu finden ist.« *(S. 89f.)* Sie regelt das Zusammenleben auch in den sozialen Konflikten und kann deshalb nicht ohne eine wertgebundene Vorstellung von Gerechtigkeit auskommen. In diesem Sinn haben *alle* Menschen – ob mit oder ohne Religionszugehörigkeit – mit Religion zu tun, und zwar mit der Form der »unsichtbaren Religion«. Sie vermittelt »Wissen von der Welt im umfassenden Sinne eines letztfundierenden Sinnrahmens«[17]. Soll das Leben gelingen, muß dieser Rahmen beachtet werden, darf man möglichst nicht »aus dem Rahmen fallen«, wie die Sprache weiß.

Der »transzendente Kosmos« Weltansicht geht in Luckmanns Ansatz *nicht* auf einen transzendenten personalen Autor zurück, wie ihn die jüdische und die christliche Religion im Blick auf die Zehn Gebote oder die Bergpredigt kennen. Weltansichten werden nicht durch »Offenbarung« begründet, sondern stehen »in einer dialektischen Beziehung zur Sozialstruktur« *(S. 89.93)*. Alle Sinnsysteme sind Ergebnis der kulturellen Leistungen von Generationen von Menschen; jeder gesellschaftliche Wandel hat deshalb Einfluß auf ihre konkrete Gestalt. Denn »die wichtigste Objektivierung der Weltansicht« ist in der *Sprache* zu finden, die »das umfassendste und zugleich differenzierteste System von Deutungsschemata« enthält *(S. 91)*. Luckmanns Verständnis von *Transzendenz (S. 167-171)* bedürfte durchaus einer Kritik. Denn es kann dazu führen, daß eine bestimmte Gesellschaftsordnung »als Manifestation einer universalen und transzendentalen Ordnung«[18] verstanden wird, wie es bis zur Aufklärung geschah. Daß eine solche Qualifizierung der Gesellschaftsordnung fatale Folgen haben kann, haben wir in der Geschichte und Gegenwart immer wieder erlebt, wenn Politik religiös begründet wird. Trotz kritischer Einwände ist es aber gerechtfertigt, den Begriff Transzendenz im soziologischen Religionsmodell zu verwenden. Er kann ausdrücken, daß es um etwas geht, was, vom einzelnen Menschen aus gesehen, außerhalb seiner selbst »liegt«, also *extra me* oder auch *extra nos* (»außerhalb von mir« oder »außerhalb von uns«). Das ist das entscheidende Kriterium. Und *darin*, also eher formal, ist Luckmanns Transzendenzverständnis auch mit dem theologischen Begriff der Transzendenz verwandt.

---

17. J. Assmann (2000a), S. 52.
18. Luckmann (1988), S. 40.

Die unsichtbare Religion ist eine *unspezifische* Religionsform – gemessen an der *spezifischen* Sicht von Welt und Leben, die eine konkrete Religionsgemeinschaft vermittelt. In dem Buch »Die unsichtbare Religion« wird die begriffliche Opposition zwar nicht erwähnt, aber es versteht sich, daß institutionalisierte und im Bekenntnis wie im Kult dogmatisch geordnete Religionen Erscheinungsformen *sichtbarer Religion* darstellen. Ihr gilt der nächste Abschnitt.

Kirchen gehören zur »sichtbaren Religion« und sind spezifische Sozialformen von Religion

Die in der Sozialisation vermittelte unsichtbare Religion hat als ein umfassendes Sinnsystem vielerlei Sinnschichten (Typisierungen, Deutungsschemata, Verhaltensmuster etc.). Innerhalb dieser Sinnschichten kann sich ein spezieller Sinnbereich herauskristallisieren, den Luckmann auch für sich allein schon »religiös« nennt. Denn dieser besondere Bereich enthält »Symbole, die eine wesentliche, ›strukturelle‹ Eigenschaft der ganzen Weltsicht« und damit »ihre innere Bedeutungshierarchie« repräsentieren *(S. 93)*. Zu diesen inneren Bedeutungshierarchien gehören in der sozialen Wirklichkeit *institutionelle Repräsentationen*, die die *spezifische* religiöse Struktur verdeutlichen. Im Christentum sind das Kirchen, liturgische Sprache, rituelle Akte an den Lebensübergängen, Ikonen, das Kirchenjahr, heilige Orte und Menschen, und so weiter. Das Attribut *heilig* zeigt an: Sie beziehen sich explizit auf einen anderen Wirklichkeitsbereich als den alltäglichen – eben jenen dominanten Bereich, in dem die ›letzte Bedeutung‹ angesiedelt ist. *(S. 95)* Ihn nennt Luckmann den »Heiligen Kosmos«, und die Symbole, die für die Wirklichkeit des Heiligen Kosmos stehen, »religiöse Repräsentationen«. Sie erfüllen die religiöse Funktion der Weltansicht auf eine jeweils spezifische, gesellschaftlich wahrnehmbare Weise. Innerhalb der alltäglichen Wirklichkeit bilden sie ein »*Heiliges Universum*« aus: eben die *spezifische* Sozialform einer *sichtbaren* Religion.

Die konkreten *Kirchen* – und nicht das Christentum schlechthin – bilden jeweils ein solches *Heiliges Universum*. Zur institutionellen Spezialisierung gehört die auf Kommunikation zielende Standardisierung des Heiligen Kosmos in Dogmen, die Beschreibung von Aufgaben für religiöse Spezialisten wie Theologen, Liturgen, Katecheten und die Formulierung und Durchsetzung von Sanktionen zur Einhaltung von Dogmen, Riten und ethischen Normen. Weil ein solches Heiliges Universum dahin tendiert, alle Lebensbereiche einzubeziehen und zu deuten, kommt es zur Konkurrenz mit abweichenden Lebens- und Weltverständnissen, die durch die unsichtbare Religion und natürlich auch durch andere (sichtbare) Religionen vermittelt werden. Denn »wenn Religion in besonderen sozialen Institutionen verankert wird, kann sich ein Gegensatz zwischen ›Religion‹ und ›Gesellschaft‹ ausbilden.« *(S. 105)* Dann kann eine Gesellschaft in der Gesellschaft entstehen. Spannungen zwischen beiden haben zu tun mit unterschiedlichen Wertvorstellungen und voneinander abweichenden Handlungsmodellen – wie zum Beispiel der Streit um die Abtreibung und um die staatliche Anerkennung gleichgeschlechtlicher Partnerschaften zeigen.

Übergänge zwischen unsichtbarer und sichtbarer Religion halten Religionsgemeinschaften und Gesellschaft offen für einander

Wer zu einer Religionsgemeinschaft gehört, ist immer *zugleich* den Einflüssen der in der Gesellschaft verankerten unsichtbaren Religion und denjenigen ausgesetzt, die von seiner sichtbaren Religion ausgehen. Hinzu kommt, daß wir in Europa bei vielen Gesetzen gar nicht mehr wahrnehmen, daß sie sich auf der Ebene der Wertbindungen ursprünglich dem Christentum verdanken, auch wenn sie jetzt als »säkulare Gesetzesbestimmung« angesehen werden. Deswegen ist es unsinnig, wenn Kirchen gegen die säkulare Gesellschaft Front machen. Erstens ist »die« Gesellschaft so säkular nicht, wie sie dargestellt wird, weil sie nicht mehr kirchlich ist. Und zweitens sind »die« Kirchennahen, wie jede Umfrage zeigt, nicht annähernd so bekenntniskonform, wie die Kirchen ihre nominellen Mitglieder gern dem Staat gegenüber präsentieren, wenn sie auf ihre Mitgliederzahlen verweisen. Auch in dem, was »man« tut, wirkt ein »Über-Wir« auf unser Denken und Handeln ein, das nur schwer den unspezifischen oder den spezifischen Religionsformen in der Lebenswelt zugeordnet werden kann. Denn die Bürgerinnen und Bürger einer Gesellschaft kommen, ganz unabhängig von ihrer inneren Bindung an ein gesellschaftliches »man« oder eine Religionsgemeinschaft, allein durch Bildungs- und Ausbildungswege, durch Arbeit, Freizeitaktivitäten und andere Konsumformen, durch kulturelle und sportliche Veranstaltungen und das Gemeinwesen betreffende Probleme, aber nicht zuletzt auch durch Ereignisse in der Biographie, die eine wechselseitige Anteilnahme herausfordern, ständig miteinander in Berührung. Um gemeinsam oder wenigstens füreinander verständlich handeln zu können, sind wir alle auf Übergänge zwischen jeweiliger Ausformung von Weltansicht einerseits und Heiligem Kosmos andererseits angewiesen. *Übergänge* heißt genauer: In der Kommunikation müssen genügend Sinnelemente zur Verfügung stehen, die zugleich in der unsichtbaren *und* der sichtbaren Religion vorkommen und zumindest ähnliches bedeuten.

Je größer dieses gemeinsame Repertoire ist, desto breiter sind die Übergänge, desto größer ist aber auch die Möglichkeit, daß sich beide Sozialformen von Religion gegenseitig beeinflussen. Umgekehrt gilt, daß bei abnehmenden Gemeinsamkeiten die Verständigung erschwert wird. Dabei muß bedacht werden, wie aufreibend es für die einzelnen heutzutage ist, in der »Risikogesellschaft« *(Ulrich Beck)* bzw. der »Erlebnisgesellschaft« *(Gerhard Schulze)* ihren Weg *alleine* zu finden. Darum müssen jene Übergänge offen gehalten, ja, möglichst erweitert werden. Denn sowohl der Fundamentalismus als auch eine religiöse oder ethische Indifferenz sind Ergebnisse abgebrochener oder versäumter Kommunikation.

Wird Kommunikation im Sinne des offenen Diskurses gesucht und durchgehalten, kann ein Phänomen wie der überall erkennbare religiöse Pluralismus nicht grundsätzlich negativ bewertet werden. Er ist vielmehr als soziale und kommunikative Notwendigkeit zu verstehen. *Das aber macht den Abschied von der irrealen Vorstellung nötig, man könnte kommunikativ und zugleich in einem geschlossenen System leben.* Wer Kommunikation und speziell den kulturellen Diskurs nicht einengen will, muß auch die Zugänge zum kulturellen Gedächtnis der Menschheit offenhalten und darf es nicht in die scharfen Konturen eines reinen *Bindungs*gedächtnisses pressen.

Die notwendige Kommunikation wird aber nach wie vor auch dadurch erschwert, daß die zahlenmäßig großen Religionsgemeinschaften in den westlichen Gesellschaften als – nicht zuletzt wirtschaftliche – Großorganisationen existieren. Eine so weitgehende institutionelle Spezialisierung und rechtliche Autonomie, wie sie diese Religionsgemeinschaften mit allen damit verbundenen Privilegien (Anerkennung als Einrichtungen des öffentlichen Rechts, Kirchensteuereinzug durch den Staat, Religionsunterricht in staatlichen Schulen, Ausbildung ihrer Führungskräfte in konfessionell geprägten Fakultäten an Universitäten) in Deutschland genießen, reimen sich im Grunde nicht mit der religiösen Wirklichkeit. Sie lassen sich nur damit begründen, daß der Heilige Kosmos der unsichtbaren Religion hierzulande immer noch in sehr vielem von den Wertvorstellungen des Christentums geprägt wird. Es sieht aber so aus, als wenn eine künftige europäische Verfassung diese Sonderrolle weiter beschneiden wird.

Natürlich ist es wahr: Wer für Übergänge zwischen beiden Sozialformen von Religion plädiert, geht davon aus, daß es in modernen (und genauso postmodernen) Gesellschaften nicht gelingen kann, den Einfluß unsichtbarer Religion auf die Mitglieder konkreter Religionsgemeinschaften völlig abzuwehren. Zum einen sind die Grauzonen zwischen beiden viel zu groß. Zum anderen aber sorgt dafür der Umstand, daß sich die Weltansicht einer sozial vermittelten unsichtbaren Religion *und* der spezifische Heilige Kosmos einer sichtbaren Religion der *Sprache* bedienen müssen, um auf Sozialisationsprozesse Einfluß haben oder die alten Überlieferungen – zum Beispiel in der Predigt – verständlich auslegen zu können. *Der Zwang zur Kommunikation verlangt also nach diesen Übergängen* und verhindert eine Abschottung. Aber er sorgt auch dafür, daß die von manchen gesuchten ›klaren Konturen‹ nur um den Preis zu haben sind, daß man sich entweder in eine Scheinwelt zurückzieht oder aber in eine rücksichtslose Radikalität hinein aus der pluralistischen Gesellschaft ausbricht. Kirchen und andere Religionsgemeinschaften müssen sich klar darüber sein, daß die Tendenz dahin geht, daß nur noch ungefähr 40 % der europäischen Bevölkerung zu einer Religionsgemeinschaft gehören werden. Das aber heißt auch, daß sie nicht nur für jene 40 % offen sein dürfen. Die Kirchen haben im letzten und vorletzten Jahrhundert ihre Mitglieder in großen Austrittswellen, also massenhaft, verloren. Gewinnen können sie Menschen aber nur als einzelne, und darum müssen sie selbst für *kommunikative Übergänge* zwischen unsichtbarer und sichtbarer Religion sorgen. Sie dürfen außerdem nicht vergessen, daß auch alle ihre Mitglieder – einschließlich der Amtsträger und Funktionäre – im Berufs-, Medien- und Einkaufsalltag notorische Grenzgänger sind. Diese Grenzgänge führen sie zwangsläufig in einen offenen Diskurs mit den Wertkonstellationen der religiös unspezifischen Weltansichten, wie sie heute vertreten und verbreitet werden. In diesem Diskurs müssen Kirchenmitglieder glaubwürdig sagen können, warum sie einer konkreten Religion angehören. Deshalb haben sie ein Recht darauf, daß die Kirchen von sich aus ihre Glaubensvorstellungen daraufhin überprüfen, ob sie kommunikabel sind oder Kirchenmitglieder in die Enge der Belanglosigkeit bzw. fundamentalistischen Aggressivität treiben.

Religion und Kultur sind durch das »kulturelle Gedächtnis« miteinander verbunden

Der Begriff *unsichtbare Religion* hat etwas Blasses an sich. Da ist es hilfreich, daß *Jan Assmann* einen Zusammenhang zwischen der »unsichtbaren Religion« und dem »kulturellen Gedächtnis« hergestellt hat. Assmann hat – in Verbindung mit anderen – das *kulturelle* vom *kommunikativen Gedächtnis* unterschieden[19]. Das *kommunikative* Gedächtnis hält als »verkörperte Erinnerung« selbst erlebte und anderer Menschen Erfahrungen aus einem Zeitraum von 80, maximal 100 Jahren bereit *(S. 37)*. Als mitgehendes »Generationengedächtnis« verändert es sich in der Generationenfolge *(S. 38)*. Das kommunikative Gedächtnis sagt, wo es referiert wird: ›So ist das Leben, das wir kennen.‹ Das *kulturelle* Gedächtnis geht über den Horizont des kommunikativen Gedächtnisses hinaus. Denn mit ihm »eröffnet sich die Tiefe der Zeit« *(S. 37)*. Es sagt, wo darauf Bezug genommen wird: ›Das alles ist menschliches Leben‹. Es enthält Menschheitswissen. In seiner ganzen Weite, die über die Grenzen einzelner Kulturen hinausreicht, ist

---

19. Vgl. dazu umfassend J. Assmann (1997); ich zitiere J. Assmann (2000a), S. 37-61. Die im Text in Klammern gesetzten Seitenzahlen beziehen sich auf dieses Buch.

es also als *kulturelles Gedächtnis der Menschheit* zu verstehen. Einen Zugang *dazu* haben wir im allgemeinen nur durch die Kunstschätze und Denkmäler der Vergangenheit. Sonst aber haben wir mit dem Ausschnitt des kulturellen Gedächtnisses zu tun, der mit unserer *eigenen* Kultur oder Region in erkennbarer Verbindung steht.

Unsichtbare Religion und kulturelles Gedächtnis beziehen sich gleichermaßen »auf das einer Gruppe gemeinsame Wissen, die Frage seiner Abgrenzung, Ausarbeitung und Überlieferung«. Dabei hebt der Begriff der *Religion* »den verpflichtenden Charakter dieses Wissens« und der Begriff des *Gedächtnisses* »seinen verbindenden und identitäts-konstituierenden« Charakter hervor *(S. 45)*. Das kulturelle Gedächtnis läßt sich »als die ›Institutionalisierung‹ (im Sinne von Berger/Luckmann) der unsichtbaren Religion verstehen«, in der sie kommuniziert und tradiert werden kann *(S. 52)*. Damit in einer konkreten Kultur ein Welt- und Menschenbild, ein Verständnis von Lebenssinn, über Generationen hin weitergegeben werden kann, muß die von Luckmann beschriebene »Weltansicht« über Generationen hin mehr oder minder stabil sein. *Diese Stabilität der Weltansicht aber ist eine Funktion des kulturellen Gedächtnisses*, das für eine bestimmte Gruppe, ein Volk oder eine Region gilt. Und dazu gehören kulturelle Formen, in denen diese Weltansicht Gestalt annimmt, Bestand hat und praktiziert wird. Dadurch, daß sie an diese Konkretisierungen gewöhnt sind, erlangen die Mitglieder einer sozialen Gruppe ein Bewußtsein von Einheit, Eigenart und Zusammengehörigkeit.

Zu diesen kulturellen Formen rechnet Assmann vor allem »*kulturelle Texte*«. Da *Riten* (Liturgien, Zeremonien, Bräuche, Tänze) einer bestimmten Abfolge von Teilhandlungen folgen, zählen auch sie zu den kulturellen *Texten*. Assmann unterscheidet dabei »normative Texte« und »formative Texte«: *Normative Texte* antworten auf die Frage: »Was sollen wir tun?«. Sprichwörter, Spielregeln, Gesetze dienen der Urteilsbildung, Rechtsfindung, Entscheidung, weisen den Weg zum rechten Handeln. Assmann kann darauf weisen, daß »Der Weg des Lebens« im Ägyptischen eine verbreitete Metapher der Unterweisungsliteratur ist; auch das chinesische *Tao* heißt »der Weg«, und die jüdische *Halakha*, die auf die Lebenspraxis gerichtete Schriftauslegung, ist als Begriff von »gehen« abgeleitet. Wenig bekannt ist, daß eine urchristliche Gruppierung auch »der Weg« genannt worden ist[20]. *Formative Texte* wie Stammesmythen, Heldenlieder, Genealogien antworten dagegen auf die Frage: »Wer sind wir?«. Sie vermitteln Identität durch das Erzählen von Geschichten *(S. 53)* oder Ursprungslegenden, auf die ein Ort, ein Name, ein Ritus zurückgeführt werden. Die homerischen Epen oder Vergils *Aeneis* gehören zu dieser Gattung genauso wie die altnordische *Edda*. Assmanns Typologisierung von »kulturellen Texten« können wir aller-

---

20. Apg 9,2; 19,23; 24,14 u. ö.

dings nicht auf das Neue Testament als *Corpus* anwenden, sondern nur auf einzelne Schriften oder Schriftteile darin. Denn die Bergpredigt Jesu sagt zum Beispiel sowohl etwas über einen »Weg des Lebens« als auch darüber, wer die Christen *sind (Mt 5,13-16).* Neutestamentliche Texte erzählen nicht nur, sondern »besprechen« auch die Welt[21], in der die Hörer bzw. Leser leben, und geben Handlungsanweisungen.

Ursprünglich sind *kulturelle Texte* mündlich überliefert und – sofern sie Riten betrafen – am Fortgang einer immer wiederkehrenden Handlung abgelesen worden. Daß sie durch ihre *Verschriftlichung* kulturgeschichtlich in eine neue Phase eingetreten sind, liegt auf der Hand. So löste die Phase der *text*gestützten Interpretation die Phase *riten*gestützter Wiederholung ab. Beide Verfahren dienen demselben Zweck, *kulturelle Kohärenz (S. 54)* herzustellen.

Das Prinzip der kulturellen Kohärenz macht den Umgang mit kanonisierten kulturellen Texten heute schwer

Sichtbare Religion und kulturgebundenes Lebensverständnis müssen zueinander passen. Mit diesem Grundsatz läßt sich das *Prinzip der kulturellen Kohärenz* beschreiben. Es wird uns bei den notwendigen Abschieden noch in mancherlei Form beschäftigen. Dieses Prinzip unterstützt den Lebensbezug von Religion auf eine notwendige und dynamische Weise. Denn es sorgt dafür, daß Religion in einer konkreten Kultur wirklich beheimatet, und das heißt: kommunikabel bleibt, auch wenn sich das kommunikative und das kulturelle Gedächtnis verändern. Solange die religiösen Überlieferungen *mündlich* tradiert worden sind, konnte sich diese gegenseitige Abstimmung mehr oder minder unmerklich vollziehen, gesteuert von der Alltagskommunikation und dem Wandel der Sprache. Mit dem Übergang zur *schriftlichen* Überlieferung von religiösen Traditionen hat das Prinzip, Religion und Kultur aufeinander abzustimmen, eine ganz andere – erst langfristig erkennbar gewordene – problematische Wirkung erzeugt. Denn die im kulturellen Gedächtnis versammelten *kanonischen Texte* und *Riten,* die auf die kulturellen Situationen ihrer *Entstehungszeit* abgestimmt waren, paßten von den impliziten soziokulturellen Standards her immer weniger zu den sich verändernden kulturellen Situationen, in denen sie über die Jahrhunderte hin gelesen wurden und heute noch gelesen werden.

Als Beispiel verweise ich auf die Anweisung des Apostels Paulus, daß Frauen im Gemeindegottesdienst schweigen sollen *(1. Kor 14,34f.).* Paulus hat mit dieser Anweisung die soziale Stellung der Frau in der jüdischen Kultur seiner Zeit

---

21. Weinrich (2001), S. 17-72.

in die gemeindliche und gottesdienstliche Situation der christlichen Urkirche übertragen. Für angemessen hat er es gehalten, daß die Frauen zuhören, mögliche Fragen aber nicht in der Gemeindeversammlung äußern, sondern zu Hause ihren Männern stellen. Damit hat er zugleich gesagt, daß die Männer in der Familie wie auch in der Gemeindeversammlung allein geistliche Kompetenz haben[22]. Überträgt man diese Anschauung auf die Frage, ob Männer und Frauen in der christlichen Gemeinde Priester/in bzw. Pfarrer/in sein dürfen, so lautet die Antwort: Männer ja, Frauen nein.

Biblische Texte sind *kanonisierte* kulturelle Texte. Das heißt: ihr Wortlaut darf nicht mehr verändert werden. Damit sie in der jeweiligen gottesdienstlichen Gegenwart überhaupt verstanden werden können, müssen sie permanent erklärt, also *ausgelegt* werden. Dadurch unterliegen sie zum einen der Deutungshoheit der theologischen Textausleger, die *de facto* wie jene Schriftgelehrten zur Zeit Jesu fungieren und darüber entscheiden, welches Gewicht die zeitbedingten, kulturellen Anteile eines biblischen Textes haben. Anders ausgedrückt: Die Ausleger entscheiden, was in einem biblischen Text nur noch für das *Bildungs*gedächtnis von Bedeutung ist (»So war es damals, heute ist es anders«), oder was Glauben und Denken heutiger Menschen in die überlieferte Vorstellungswelt verbindlich einbinden soll (»Wie es damals war, muß es auch heute sein«). Die Meinung, biblische Texte seien dazu da, ein solches *Bindungs*gedächtnis im Menschen zu schaffen, schließt seit alters die These ein, die Bibel enthalte für gläubige Menschen auch unverändert zu übernehmende *soziokulturelle Standards*. Im oben angesprochenen Beispiel läuft diese Meinung darauf hinaus, eine gläubige Frau müsse sich auch heute so verhalten, wie sich jüdische Frauen im 1. Jahrhundert unserer Zeitrechnung verhalten mußten, und zwar unabhängig davon, wie sich die soziale und rechtliche Stellung der Frau in einer Gesellschaft entwickelt.

Die Ansicht, biblische Texte wollten grundsätzlich auch die in ihnen enthaltenen soziokulturellen Standards verbindlich machen, folgt einem Verständnis von Religion, wie Jan Assmann es für sogenannte *sekundäre Religionen* beschrieben hat. Bei diesem Typ von Religion wird nicht mehr zwischen unsichtbarer und sichtbarer Religion unterschieden. Das ganze Leben mit allen seinen Bereichen gehört nun in die Zuständigkeit der *sichtbaren*, institutionalisierten Religion: »Gott läßt sich durch Kult allein nicht mehr besänftigen, er fordert auch und vor allem: Gerechtigkeit. Gerechtigkeit wird zur Grundlage der Gottesbeziehung.« Das ganze Leben wird nun in die Gottesbeziehung, und das heißt: in die sichtbare Religion, direkt integriert, von ihr durchdrungen. Die Forderung nach sozialer Gerechtigkeit hört damit auf, »eine Sphäre außerhalb

---

22. Vgl. auch 1. Korinther 11,3; anders klingt es allerdings Galater 3,28, wo Paulus Mann und Frau sowie Juden und Griechen einander gleichstellt.

des spezifischen Umgangs mit dem Göttlichen« zu begründen; »sie wird in den Umgang mit Gott hineingenommen und in diesem Sinn theologisiert.« (S. 50) Gerecht ist, wer den Forderungen des göttlichen Rechts ganz und gar *gehorcht*. Sekundäre Religionen wollen alles Wissen und Handeln bestimmen und heben dadurch den Unterschied zwischen unsichtbarer und sichtbarer Religion auf (S. 51). Statt dessen führen sie die Unterscheidung zwischen wahr und unwahr, Wahrheit und Lüge, ein. *Und damit wird auch das kulturelle Gedächtnis theologisiert (S. 52).*

Bei den primären Religionen gab es noch keine Unterscheidung zwischen wahr und unwahr, sondern nur diejenige zwischen heilig und profan, rein und unrein. Und deshalb konnten durchaus mehrere primäre Religionen mit unterschiedlichen Gottheiten nebeneinander existieren – jedenfalls, solange sie in Fragen der Sozialordnung kooperationsfähig waren. Ein solch friedliches Nebeneinander aber ist für sekundäre Religionen fast zwangsläufig zu einem Problem geworden, insofern die Grenze zwischen den Religionen in ihrer Sicht auch wahre von falschen Göttern sowie Wahrheit von Lüge trennt. Und damit hat sich die Tendenz verbunden, die anderen Religionen und Gottheiten zu verteufeln und, wo möglich, ihre Anhänger zu vernichten – also der Ethnozentrismus mit religiöser Begründung und der Rassismus, wie wir ihn in der Menschheitsgeschichte unter tatkräftiger Mitwirkung des Christentums leidvoll kennengelernt haben. Jan Assmann hat inzwischen die These vertreten, daß sich der Übergang vom Polytheismus zum Monotheismus mit den eben beschriebenen Transformationen verbunden und die Intoleranz gefördert hat[23].

Was die Theologisierung des kulturellen Gedächtnisses *bedeutet*, wird noch besser klar, wenn wir den Begriff des kulturellen Gedächtnisses wieder durch den Begriff der unsichtbaren Religion ersetzen. Denn dann kommt der Anspruch, das Denken und Handeln nicht nur der einzelnen gläubigen Menschen *innerhalb* einer Gesellschaft, sondern deren *Ordnung* selbst total bestimmen zu wollen, noch besser heraus. Mit diesem Anspruch sind Menschen zuerst einmal überall dort konfrontiert worden, wo sich Religionen als *Staatsreligionen* etabliert haben. Das läßt sich in der Antike genauso nachweisen wie dort, wo das Christentum oder der Islam oder eine andere Religion *(de facto)* Staatsreligion geworden sind. Letzte Nachhutgefechte eines solchen Anspruchs zeigen sich in den Augen vieler Kirchenkritiker aber auch bei uns noch, wenn Kirchen offen Politiker zu bestimmten Entscheidungen drängen, weil ihnen die im Lande gemachte Politik nicht gefällt. Berufen sie sich, wie im Streit um die sogenannte »Homo-Ehe«, dabei auf bestimmte Überlieferungen in der Bibel, so machen sie die problematische Seite der kulturellen Kohärenz deutlich, insofern sie sozio-

---

23. J. Assmann (2003).

kulturelle Standards zur Norm machen, ohne sie einer theologischen Kritik unterzogen zu haben.

Wenn das heutige Menschen- und Weltbild (mehrheitlich) Homosexualität nicht mehr als »schwerwiegendes sittliches Fehlverhalten« bewertet, so kommt darin weit mehr zum Ausdruck als ein verändertes moralisches Urteil. Wichtiger ist die selbstkritisch reflektierte Erfahrung geworden, wieviel Leid und Verlogenheit die moralische Verurteilung der Homosexualität zur Folge gehabt hat. Diese Erfahrung aber gehört als »kultureller Gegentext« zu den biblischen Texten – wie ich dieses Phänomen nennen möchte – in unser kulturelles Gedächtnis (beziehungsweise unsere »Weltansicht«) mit hinein und verlangt gesellschaftliche Konsequenzen, die durch die kulturellen Vorgaben der Bibel nicht verhindert werden dürfen.

Das Wertesystem einer modernen – oder auch postmodernen – Gesellschaft orientiert sich nicht maßgeschneidert am Wertesystem einer sichtbaren Religion wie dem Christentum. Nimmt man das Grundgesetz in Verbindung mit den Menschenrechten als jenen Minimalkonsens, der alle Staatsbürgerinnen und Staatsbürger (im Sinne eines »Bindungsgedächtnisses«) zusammenhält, dann gibt in diesen »kulturellen Texten« sicher sehr vieles, was aus der jüdischen, hellenistischen und christlichen Überlieferung stammt, den Ton an. Aber es wäre ein Irrtum zu glauben, diese Texte ließen sich lückenlos auf jene Traditionen zurückführen. Es ist vielmehr so, daß sie jene zweitausend Jahre kulturgeschichtliche Erfahrung mitspiegeln, die seit dem Anfang der christlichen Zeitrechnung gemacht worden sind. Sie schließen also die negativen Erfahrungen mit ein, die das Christentum *verursacht* hat. Unser heutiges kulturelles Gedächtnis beruft sich deshalb zu Recht nicht nur auf die biblischen Texte und ihre Kommentare. Sondern es wird genauso mitgeprägt durch die schrecklichen Erfahrungen, die die Religionen und Konfessionen im Umgang miteinander gemacht haben, durch die Reformation und die ihr folgende europäisch-amerikanische Freiheitsgeschichte, durch die technische Revolution und durch die Herausforderungen an unsere ethische Kraft, die mit der biotechnologischen Revolution der Medizin verbunden sind – um nur einige Haupterfahrungen zu nennen.

Deshalb läßt sich die biblische Fassung des kulturellen Gedächtnisses nicht mehr pauschal mit dem Anspruch verbreiten, auch heute unverändert gültig zu sein und gar die staatliche Gesetzgebung bestimmen zu wollen. Wir müssen vielmehr bei allen heute anstehenden Grundsatzproblemen jene Überlieferungen und diese kulturgeschichtlichen Erfahrungen gegeneinander abwägen und selbstverantwortete Lösungen finden. Wenn uns ein Gebiet auf diese Notwendigkeit zur Eigenverantwortung gewiesen hat, dann ist es der Bereich der Medizinethik. Denn um etwa eine Antwort auf die Frage zu finden, ob ich mich als Christ an dem medizinischen System der Organtransplantation beteiligen will oder nicht, hilft die Bibel *allein* genauso wenig wie das Votum einer Ethikkommission. *Unsere religiösen Überlieferungen bedürfen vielmehr einer kritisch reflektierten kulturellen Kohärenz.* Damit meine ich in einem theologischen Kontext, daß Theologie sich nicht jeder Zeitströmung anpassen, sondern kulturelle Veränderungen einer theologisch-etnischen Kritik unterziehen muß.

Davon abgesehen aber müssen alle Religionen lernen, daß ihre jeweiligen religiösen Überlieferungen das Welt-, Menschen- und Gottesverständnis weder für alle Menschen noch für alle Zeiten gültig voraus-formuliert und die geschichtlichen Erfahrungen der Menschheit in gar keiner Weise vorweggenommen haben. Nicht zuletzt die Tatsache, daß die Geschichte in vielem eine Leidensgeschichte von Menschen, Tieren und übriger Schöpfung ist, verlangt nach dieser Aussage. Das kulturelle Gedächtnis, in das diese Erfahrungen in bewußter wie in verdrängter Form eingehen, und jede spezifische Form von sichtbarer Religion müssen sich gegenseitig als kritische Potentiale begleiten. Religionen, die das kulturelle Gedächtnis einer Region ihren spezifischen kulturellen Texten gleichschalten wollen, werden zwangsläufig totalitär. Deshalb weist alles auf Kommunikation und Diskurs.

Erinnerung und Kommunikation strukturieren das kulturelle Gedächtnis

Von dem Zustand, daß das Christentum das Denken und Handeln der Menschen bestimmt hat oder doch zumindest bestimmen wollte, ist die Aufklärung ausgegangen. »In der Neuzeit lockert sich das Deutungsmonopol und die Zuständigkeit der Religion (SR) für die Weltansicht und die letztfundierende Sinnorientierung (UR).«[24] Es kommen neue kulturelle Bereiche auf, die nun gerade in dem Anspruch auf Sinnbegründung im Alltag mit dem Deutungsmonopol der sichtbaren Religion konkurrieren: Metaphysik und Ethik, Kunst und Literatur, Natur- und Geisteswissenschaften, Politik, Recht, Wirtschaft. Und damit stellt sich Zug um Zug die Trennung von unsichtbarer und sichtbarer Religion wieder her. Mit am deutlichsten wird dies daran, daß säkulare Texte, also unterschiedliche »Literaturen«, in den Rang von *kulturellen Texten* treten, »die das Selbst- und Weltbild der Gruppe und die Lebensführung des einzelnen prägen«. *(S. 60)* Wie bei den früheren »primären Religionen« gibt es nun wieder einen Bereich des Profanen, den Philosophie, Kunst, Wissenschaft, Unterhaltung und andere »Wertsphären« *(Max Weber)* ausfüllen – wenn auch

---

24. J. Assmann (2000a) kürzt mit UR und SR die Luckmann'schen Begriffe unsichtbare und sichtbare Religion ab.

nicht im Gehorsam gegen einen göttlichen Auftrag, wie er im Alten Ägypten hinter der Sorge des Königs für Gerechtigkeit stand. Der souveräne Bürger handelt im eigenen Auftrag, und was er als Sinn-Universum entwirft, kann eben auch »in den Rang von Ersatz- und Zivilreligionen aufsteigen«. *(S. 60f.)* Der teils wiederentdeckte, teils zurückeroberte profane Bereich der unsichtbaren Religion hat den Spielraum dafür geschaffen. Das kulturelle Gedächtnis aber hat sich *als* Bildungsgedächtnis durch eine Unzahl von Wissenschaften und Forschungsbereichen, durch Bibliotheken, Museen und Fachzeitschriften, durch Schule und Reisen, durch ein weltweit verbreitetes Musik-, Film- und Informationsrepertoire unerhört ausgeweitet zu jenem riesigen, kommunikativ zugänglichen Archiv, das unzählige Teil-Archive überspannt und von niemandem mehr überblickt werden kann. Entsprechend aber hat es auch keine eigentliche Verbindlichkeit mehr für diejenigen, die – um ein Bild zu wählen – unter seinem »kulturellen Dach« leben. Sie müssen auswählen, ausgrenzen, im *Diskurs* seine für sie gültigen Konturen finden.

Vieles, sehr vieles davon kann heute in jenem virtuellen Archiv gefunden werden, das wir summarisch *das Internet* nennen. Das Internet als in sich bewegliche Datensammlung kann eine Vorstellung davon vermitteln, um welche Fülle es dabei in der globalen Informationsgesellschaft inzwischen geht. Allerdings ist im Internet als einem *Speicher*gedächtnis »nur« das zu finden, was das Kollektiv der Nutzer da »hineingestellt« hat wie in ein gigantisches Museum. Von der Beschreibung des kulturellen Gedächtnisses ausgehend, nenne ich *das Internet die digitale Institutionalisierung des kulturellen Speicher-Gedächtnisses der globalisierten Informationsgesellschaft(en):* »Das kulturelle Gedächtnis ist komplex, pluralistisch, labyrinthisch, es umgreift eine Menge von in Zeit und Raum verschiedenen Bindungsgedächtnissen und Wir-Identitäten und bezieht aus diesen Spannungen und Widersprüchen seine Dynamik.« *(S. 43)*

Doch das Internet enthält – und an dem Punkt endet die Vergleichbarkeit mit allen anderen »Speichern« der Vergangenheit – auch Elemente des *kommunikativen Gedächtnisses*. Dessen Werden und Funktion hat *Harald Welzer* beschrieben[25]. Das kommunikative Gedächtnis entsteht, indem der Mensch lernt, sich zu erinnern. Unser Gehirn – das ist die interessante These – entwickelt sich auch *physiologisch* durch das Zusammensein mit anderen, durch das Sprechen und durch das Erlernen von kommunikativen und linguistischen Modellen, die Soziales und Persönliches unterscheidbar und mitteilbar zugleich machen. Das heißt aber, daß »nicht nur die Gedächtnisinhalte kommunikativ gebildet werden, sondern auch die Struktur, in der diese Inhalte bearbeitet werden.« Ganz wichtig ist dabei die Entwicklung des *autobiographischen Gedächtnisses*, das die Fähigkeit voraussetzt, Gegenwart von Vergangenheit und Zu-

---

25. Welzer (2002).

kunft zu unterscheiden und »das Erlebte ... in eine reflexive Beziehung zu sich selbst zu setzen.« [26] Welzer betont auch die – Erinnerung steuernde – Macht der Gefühle, die jeder Leser von Prousts »Auf der Suche nach der verlorenen Zeit« kennt. Welzer widmet deshalb der *emotionalen Erinnerung* ein eigenes Kapitel, und ebenfalls dem »kommunikativen Unbewußten«.

Die große, unbewußt geschehende Leistung des kommunikativen Gedächtnisses besteht nun darin, daß es in der Lage ist, das Erlebte in jeder Situation, in der es – im Gespräch mit anderen Menschen – erinnert wird, so zu verändern, daß es in die aktuelle Erzählsituation paßt. Insofern ist »Erinnerung immer das Ereignis plus die Erinnerung an seine Erinnerung«. Welzer bezieht sich dabei auf Wolf Singer, der aufgrund seiner Untersuchungen betont hat: »Erinnern geht immer einher mit Neu-Einschreiben« in den neuronalen Gedächtnisspeicher. Das bedeutet, daß die neuronalen Gedächtnisspuren oder *Engramme* »nach wiederholtem Erinnern gar nicht mehr identisch sind mit jenen, die vom ersten Lernprozeß hinterlassen wurden. Es sind die neuen Spuren, die [...] beim Erinnern neu geschrieben werden.« Welzer erklärt damit »die permanente Veränderung nicht nur der individuellen, sondern auch der kollektiven Erinnerung ebenso wie die kontinuierliche Feinabstimmung des gemeinsamen Gedächtnisses, die notwendig auch die Erinnerung der einzelnen Mitglieder nuanciert verändert.«[27] Alle Kommunikationen versteht Welzer deshalb als »Teil einer interaktiven Geschichte. In diesem Sinn besteht das kommunikative Gedächtnis immer in Formen der Verlebendigung von Vergangenem, das in diesem Prozeß nie bleibt, was es war.« Harald Welzer zitiert an dieser Stelle Martin Walser: »Solange etwas ist, ist es nicht das, was es gewesen sein wird.« Wir wissen also gar nicht mehr, wie etwas ohne unsere Erinnerung daran gewesen ist. Wir kennen nur das Erinnerte. Insofern hatte Paulus recht, als er sinngemäß geschrieben hat: »den Christus, den einige persönlich gekannt haben, kennen wir nach Tod und Auferstehung nicht mehr« *(2. Kor 5,16).*

Das kulturelle Gedächtnis kann man ansehen als einen geronnenen »Aggregatzustand des kommunikativen Gedächtnisses, dessen zentrale Eigenschaft in seiner Flüssigkeit besteht«. Doch das kulturelle Gedächtnis bleibt gerade dadurch, daß das kommunikative Gedächtnis im Fluß ist, auch nicht das, was es an irgendeinem Punkt der Kulturgeschichte einmal war. Sondern es verändert durch die Erinnerung derer, die sich in der aktuellen Kommunikation auf Inhalte des kulturellen Gedächtnisses beziehen, seine Gestalt – »was man sich am besten an den Gestaltwandlungen klarmachen kann, die der Holocaust in den letzten Jahrzehnten im kulturellen Gedächtnis erfahren hat.«[28] Denn dieses Er-

---

26. Ebenda, S. 91.
27. Ebenda, S. 220.
28. Ebenda, S. 221.

eignis wird heute zum Glück anders erinnert als noch kurz nach dem Ende des Zweiten Weltkrieges. Und ebenso wird das Verhältnis des Christentums zum Judentum heute generell anders »gesehen« als zu jener Zeit oder als in der Zeit vor jenem Krieg, und zwar auch und gerade in der Theologie. Das christlich-jüdische Gespräch und ein davon beeinflußtes, verändertes Forschungsinteresse haben die Gestalt des kulturellen Gedächtnisses sich in diesem Bereich wandeln lassen – und zwar durch das Werden eines neuen kommunikativen Gedächtnisses, das die geschichtlichen Erfahrungen mit den überlieferten Vorstellungen in Verbindung gebracht und dabei gleichzeitig korrigiert hat. Und so werden Schicht für Schicht neue Gedächtnisspuren geschrieben. Das einzusehen, macht Mut, auch in Glaubensfragen eine Kommunikation in Gang zu setzen oder zu beschleunigen, die scheinbar Unbewegbares, das dennoch nicht zu halten ist, in Bewegung bringt. Und die dafür sorgt, daß die erinnernden Engramme unserer Traditionen umgeschrieben werden.

Der Glaube der einzelnen Menschen ist die Individualform von Religion

Wir müssen mit der Erkenntnis leben, die *Max Weber* am Anfang des 20. Jahrhunderts schon im Kern formuliert hat: daß die gewachsene »Kollision der Wertsphären ... ein einheitliches Weltbild ausschließt«[29]. Webers Feststellung ist durch die Medienrevolution, die sich in der zweiten Hälfte des 20. Jahrhunderts vor allem durch Fernsehen und Videosysteme ereignet hat, bestätigt worden. Das bedeutet unter anderem, daß die Frage, wie denn der »Wert der Werte«, die uns angeboten werden, zu beurteilen ist, und nach welchem Maßstab wir »die Wahl ... zwischen den verschiedenen Werten zu Leitsternen der Lebensgestaltung« entscheiden können, für den einzelnen immer schwerer zu beantworten ist. Denn Weber hat geurteilt, dieses Feld bleibe »dem einzelnen selbst überlassen. »Wissenschaftliche Argumentation zwingt niemand zur Entscheidung in der Wertsphäre.« Sie wird mit anderen Mitteln vollzogen als mit denen des Verstandes, und sie soll niemand abgenommen werden.« Den »Wert der tatsächlich anerkannten Werte ... können wir nicht wissen, sondern nur glauben.«[30]

Max Weber kommt mit seinen Äußerungen auf einen Begriff zu sprechen, der weder bei Luckmann noch bei Assmann eine Rolle spielt: *Glaube*. Das hat damit zu tun, daß beide in ihren Theorien eine geistige Bewegung beschreiben, die *auf den einzelnen Menschen zu führt*. Es geht ihnen um das, was den Indivi-

---

29. Weber (2001), S. 338.
30. Weber (2001), S. 335.

duen von den Sinn-Universa aus vermittelt wird bzw. werden kann; es geht um das, was in der Sozialisation geschieht, und welche Faktoren diesen Übermittlungsprozeß in der realen Sozialstruktur ihrer Lebenswelt beeinflussen. Und natürlich geht es darum, wie sich dieser Transfer auf das Sozialverhalten der Menschen und die gesellschaftliche Ordnung auswirkt. Stellt die »Weltansicht« die Sozialform unsichtbarer Religion dar, so das theologisch geordnete Heilige Universum einer Kirche die Sozialform einer sichtbaren Religion mit all ihren institutionellen Komponenten. Um die *Sozialform* geht es in beiden Religionstypen. Auch da, wo sich durch den kommunikativen Zugang zum kulturellen Gedächtnis eine bestimmte Form von Gemeinschaft konstituiert, geht es um die Sozialform von Religion.

Der *Glaube* aber hat es mit einer entgegengesetzten geistigen Bewegung zu tun: Er *geht vom Menschen aus und auf ein transzendentes Gegenüber zu*, das wir Gott oder das Absolute nennen können. Dabei können wir absehen von der Frage, wie der Glaube zustande gekommen ist. Auch wenn theologisch davon gesprochen werden kann, daß Glaube als Geschenk des Heiligen Geistes zu verstehen sei, ist es der *Mensch*, der glaubt. Gott glaubt nicht. Und obwohl sich viele Menschen durch denselben Glauben zu einer Gemeinschaft verbunden fühlen, sagt der Glaube »ich«, *credo:* (»*ich* glaube«). Weil es um dieses Ich geht, steht am Anfang eines Glaubenslebens ein Initiationsritus, der dem einzelnen Menschen gewidmet ist: die Taufe.

Ging es bisher um *Sozialformen* unsichtbarer und sichtbarer Religion, so lautet nun meine *These, daß es sich beim Glauben eines Menschen um die Individualform von Religion handelt*. Statt der bislang im Vordergrund stehenden, auf religiöse Erscheinungsformen achtenden *Außen*perspektive wird nun die *Innen*perspektive der Beziehungen zwischen einzelnen Menschen und Gott beschrieben, und zwar in eben dieser Richtung. Glaube, vom Subjekt Mensch ausgehend, nennt so die *innere Dimension von Religion* und setzt auch beim *inneren* Menschen an. Bezogen auf den Glauben als Individualform sichtbarer, also *konkreter* Religion, aber heißt das, daß für den Glauben *nicht* Kanon, Dogmen und Bekenntnisschriften als Medien der *inhaltlichen* Verbindung zum Heiligen Kosmos im Vordergrund stehen. Wer Glaube primär mit zu glaubenden Inhalten verbindet, geht von einem Heiligen Kosmos *aus* und auf den Menschen *zu*, dessen »Glaube« dann im wesentlichen darin besteht, das, was ihm als Glaubenswahrheit vorgestellt worden ist, für wahr zu halten. Von wirklicher Beziehung kann dann nicht gesprochen werden noch gar davon, daß diese vom Menschen ausgeht.

Dem gegenüber ist für den Glauben des einzelnen Menschen zuerst die Ebene der *inneren Beziehung* von Bedeutung. Entsprechend richtet sich im apostolischen Glaubensbekenntnis die Bewegung des Bekenntnisses in allen drei Artikeln auf den hin, zu dem sich der innere Mensch im Glauben in Beziehung weiß und im Gebet setzt: »Ich glaube an Gott, den Vater ... und an Jesus Christus ... an den Heiligen Geist ...« – also auf Gott im trinitarischen Verständnis. Zwar enthält das Bekenntnis auch inhaltliche Aussagen, aber sie stehen in der Partizipialform und somit attributiv zum jeweiligen »Namen«, denn sie sind ursprünglich verstanden worden als Teil einer liturgischen Doxologie. Und die hat ihren Grund darin, daß Gott sich durch sein Handeln zu den Menschen in Beziehung gesetzt hat.

Doch wie wir Menschen darauf angewiesen sind, daß wir im Verlauf unserer Sozialisation ein Menschen-, Welt- und Gottesbild übernehmen, das uns von der unmöglichen Aufgabe befreit, die Welt gewissermaßen selbst zu »erfinden«, so benötigen wir auch eine Sprachhilfe, um unseren Glauben auszudrücken. Heilige Texte, Liturgien, Gebete und dergleichen stellen uns diese Sprachhilfe zur Verfügung. Insofern sind sie auch Glaubenshilfe. Aber sie verlieren diese hilfreiche, dienende Funktion, wenn sie nicht mehr als *Hilfen* oder Anleitung zum eigenen Glauben der einzelnen Menschen verstanden, sondern den Gläubigen als verbindliche sprachliche Form *auferlegt* werden und ihnen die eigene Sprache nehmen.

Obwohl im Apostolikum die Bewegung des Sprechaktes *Bekennen* auf Gott zielt, gehört die Rede noch zu dem von *Martin Buber* beschriebenen »Wortpaar Ich-Es; wobei, ohne Änderung des Grundwortes, für Es auch eins der Worte Er und Sie eintreten kann.« Denn nur zwei »Grundworte« gibt es für Buber, beide sind Wort*paare:* Ich-Du und Ich-Es[31]. Es liegt an dem sprachlichen Gestus des liturgischen Bekenntnisses als »Symbol«, daß es Gott in der dritten Person zur Sprache bringt. Unausgesprochen wird damit anerkannt: Wir leben in einer Welt, in der es für andere Menschen als die hier Bekennenden andere Götter gibt und für manchen der hier jetzt Sprechenden früher andere Götter oder gar keinen Gott gegeben hat. Denn das Taufbekenntnis wurde, als es noch die Erwachsenentaufe als Normalfall gab, beim Übertritt zum christlichen Glauben gesprochen, drückte – darin typisch für eine »sekundäre Religion« – den »Herrschaftswechsel« aus; durch ihn wurde nun Jesus Christus der »Kyrios«, »Herr«, der Gläubigen. Das Apostolikum gibt vom verwendeten »Wortpaar Ich-Es« her zu erkennen, daß es sich um ein Bekenntnis des Glaubens *coram publico ecclesiae* handelt: »vor der Öffentlichkeit der Gemeinde« sagte der Taufbewerber damit, daß er zur Kirche hinzugehören wollte.

Die Tiefe der Gottes*beziehung* kommt im *Gebet* heraus. In ihm finden wir jenes Wortpaar Ich-Du als Grundstruktur wieder. Ein Gebet verbindet das sprechende Ich mit dem Du Gottes, redet Gott als Du an. Wie tief die Beziehung geht, die jetzt *aus*gesprochen wird, indem das Du gesprochen wird, beschreibt Buber so: »Grundworte sagen nicht etwas aus, was außer ihnen bestünde, son-

---

31. Buber (1992), S. 7.

dern gesprochen stiften sie einen Bestand. / Grundworte werden mit dem Wesen gesprochen. / Wenn Du gesprochen wird, ist das Ich des Wortpaares Ich-Du mit gesprochen«[32] – und zwar als ein jeweils *Werdendes.* Denn: »Ich werde am Du«[33]. Im Vater*unser*[34], dem zentralen kirchlichen Gebet, redet die *Gemeinschaft* der Jünger Jesu, denen er dieses Gebet nach der Überlieferung in den Mund gelegt hat (»*Ihr* nun sollt so beten«, Mt 6,9). Das Ich der einzelnen *wird* auch in diesem Gebet durch das Sprechen des Du, obwohl jedes Ich der Sprechenden sich in das Wir der gemeinsam das Du Sprechenden begibt.

Weil es im Glauben um die Beziehung von Ich und Du geht, sagt er auch etwas davon, mit *wem* das Ich im Glauben zu tun hat. Diese Aussagen berufen sich immer auf Erfahrung, und diese Erfahrung hat, dem Wesen der Beziehung folgend, mit Begegnung zu tun. *Wenn also von Gott als dem Du des gläubigen Ich gesprochen werden soll, muß im Grunde erzählt werden.* Entsprechend erzählen die Basisgeschichten in allen religiösen Überlieferungen von Begegnungen der Menschen mit der jeweiligen Gottheit. Gott oder Göttin geben sich den Menschen zu erkennen, und in diesem Erkennen verstehen die Menschen auch Wesentliches von sich selbst. Dasselbe gilt für die Erfahrung, daß sich Menschen von Gott verlassen fühlen, daß sich die Götter entziehen, schweigen. Es ist wie in jeder wirklichen Beziehung zwischen Menschen auch: Je intensiver sie sich kennenlernen, desto mehr wissen sie auch von sich selbst. *Wie* das Du dem Ich begegnet, sagt letztlich aus, *wer* das Du ist. Aussagen über das Du, die von der Beziehung gänzlich absehen wollen, sind nicht beglaubigt von Erfahrung, also grundlos, Spekulation.

Aussagen, die erfahrene Begegnungen auslegen, sind dagegen begründet, und zwar auch dann, wenn sie die Auslegung so vornehmen, daß sie die Begegnungen in ein überliefertes theologisches System einfügen, um die Bedeutung des Erfahrenen anderen Menschen in geläufigen Kategorien mitteilen zu können. Als Beispiel dafür mag das 15. Kapitel des 1. Korintherbriefes gelten. Es beginnt mit einem Summarium, in dem Paulus über Erfahrungen von Menschen mit dem auferstandenen Jesus Christus berichtet, und es geht dann über in eine Auslegung dieser Erfahrungen. Daß die Grenze zwischen Aussagen, die in menschlicher Erfahrung *begründet* sind, und grundlosen Spekulationen schnell überschritten werden kann, belastet theologisches Denken seit je. Wesentliche Ursache dafür ist, daß sich die meisten gläubigen Menschen nicht auf eigene Erfahrungen stützen, wenn sie von ihrem Glauben sprechen, sondern auf längst vor ihnen gemachte und in heiligen Schriften überlieferte Begegnungen von Menschen mit Gott. Daß sie die eigenen Erfahrungen umgehen, liegt daran,

---

32. Buber, ebenda, S. 7.
33. Buber, ebenda, S. 11.
34. Mt 6,9-13, vgl. Lk 11,2-4.

daß sie nicht ermutigt – und schon gar nicht geschult – worden sind, sie wahrzunehmen. Aber es liegt auch daran, daß gegenwärtige Glaubenserfahrungen von der Theologie nicht als relevant angesehen werden, weil sie sich damit begnügt, nur Glaubens- und Gotteserfahrungen, die in der Heiligen Schrift stehen, als theologierelevant anzusehen.

Hier bewahrheitet sich, was der Religionssoziologe *Peter L. Berger* als »eine der fundamentalsten sozialen wie auch psychologischen Funktionen religiöser Institutionen« bezeichnet hat: die »Domestizierung der religiösen Erfahrung«. Berger sieht diese Domestizierung allerdings als notwendig an, weil er meint, eine »Gesellschaft könnte nicht überleben, wäre sie starr, unverrückbar auf die Begegnung mit dem Übernatürlichen eingestellt. Damit die Gesellschaft überleben kann ..., müssen solche Begegnungen eingeschränkt, kontrolliert, begrenzt sein.«[35] Diese Position ist mehr als problematisch. Denn zum einen setzt Berger die These von der notwendigen Domestizierung religiöser Erfahrung gegen ein Zerrbild von Wirklichkeit: Wo denn ist es heutzutage so, daß die Gesellschaft »starr, unverrückbar auf die Begegnung mit dem Übernatürlichen eingestellt« wäre? Eher ist es doch so, daß selbst diejenigen, die Begegnungen mit dem »Übernatürlichen« für möglich halten oder selber schon einmal Gottes Gegenwart in irgendeiner Form erfahren haben, nach wie vor kaum davon zu reden wagen – eben weil sie bereits so erfolgreich domestiziert worden sind. Außerdem gibt Berger dem Faktor Kommunikation zu wenig Gewicht und unterschätzt die Kraft der kulturellen Kohärenz, die dafür sorgt, daß exaltierte Positionen Seltenheitswert haben. Ich halte jedenfalls die Gefahren, die von der Domestizierung religiöser Erfahrungen ausgehen, für wesentlich größer: *Sie zielt immer darauf, Authentizität zu verhindern und die Gegenwart Gottes im Geist zu einem papierenen Bekenntnis zu machen.* Die Folge davon ist, daß es zu einer Spaltung zwischen offizieller (sichtbarer) Religion und persönlicher Frömmigkeit kommt.

Die Theologie benutzt, um den gemeinsamen Glauben auszusprechen, nach jüdischem Vorbild gerne eine *heilsgeschichtliche Konstruktion von Geschichte*. Diese Form von theologischem Denken drückt die allgemeine Prämisse des Glaubens aus, daß Gott mit zur geschichtlichen Wirklichkeit gehört und nicht in irgendwelchen abgeschlossenen Bezirken zu finden ist. Andererseits aber geht jede heilsgeschichtliche Konstruktion davon aus, daß der von ihr durch die Geschichte gezogene Faden des Heilshandelns Gottes auch wirklich zutreffend wiedergibt, was Gott mit Menschen und anderen Geschöpfen vorhatte und vorhat – und daß sich deshalb jeder einzelne in diese Heilsgeschichte eingliedern lassen muß. *Und das ist höchst problematisch, wenn, wie in der Bibel, das entsprechende biblische Konzept den anderen Religionen keine positive Bedeutung in die-*

---

35. P. L. Berger (1980), S. 63.

ser Heilsgeschichte zuzusprechen vermag. Doch auch wenn man theologisch der Idee einer Heilsgeschichte nicht viel abgewinnen kann, wird kein Glaube von der Prämisse, daß Gott zur Wirklichkeit hinzugehört, lassen können.

Das allerdings kann auch derjenige sagen, der nicht an einen persönlichen Gott glaubt. Seine Glaubenssprache will und kann sich nicht in das »Grundwort« Ich-Du fügen, wie Martin Buber es beschrieben hat. Aber auch der Glaube der »Transzendenzgläubigen« besteht auf einem Lebensbezug des Glaubens; und wie der aussieht, läßt sich deutlich beschreiben, wenn wir danach fragen, wie sich dieser Glaubenstyp auf die Gestaltung der Lebensbeziehungen auswirkt[36]. Das aber heißt, daß Glaube nicht nur als *Individualform sichtbarer Religion* (zum Beispiel des Christentums), sondern auch als *Individualform unsichtbarer Religion* bezeichnet werden kann. Da es noch keine Spezialuntersuchungen zu der Frage gibt, wie sich der religiöse »Kosmos« der Transzendenzgläubigen bildet, welche Konturen er annehmen kann, kann ich vorläufig nur sagen, daß es da, wo es beim Glauben an einen persönlichen Gott um die *Beziehung* eines Menschen zu eben diesem Gott geht, für die Transzendenzgläubigen um eine Transzendenzbeziehung oder auch Beziehung zum Absoluten geht. Worauf sich die Beziehung dabei richtet, darf dann allerdings nicht mehr nach den Regeln des Subjekt-Objekt-Schemas erfragt werden. Vieles an ihr hat auch mit einem Widerstand gegen den Gott zu tun, der über Jahrhunderte hin als eine furchterregende, Gewalt anwendende Gestalt von den Kirchen verbreitet worden ist, nicht aber unbedingt mit der Absage an eine Beziehung, wie sie Bubers Grundwort beschreibt.

Der Lebensbezug des Glaubens

Wenn Glaube die Individualform von Religion ist, so überrascht es nicht, daß es im Glauben der Individuen zuerst um das eigene Leben geht. Martin Luther beginnt seine Auslegung des Apostolischen Glaubensbekenntnisses im Kleinen Katechismus mit dem Bekenntnis: »Ich glaube, daß mich Gott geschaffen hat samt allen Kreaturen, mir Leib und Seele, Augen, Ohren und alle Glieder, Vernunft und alle Sinne gegeben hat und noch erhält.«[37] Wir können dazu Aussagen aus dem Alten Testament vergleichen, in denen Menschen auf die eigene Geburt als *Gottes* Tat zu sprechen kommen: »Ja, Du bist's, der mich zog aus Mutterschoß, mich sicher barg an meiner Mutter Brust« *(Ps 22,10);* »Deine Hände haben mich gemacht und bereitet« *(Ps 119,73).* Auch in Personennamen wie *Elkana* (»El hat [mich] geschaffen«: *1. Sam 1,1 ff.*) und *Benajahu* (»Jahwe

---

36. Jörns (1999a), S. 212-215.
37. Luther (1958), S. 6.

hat [mich] gebaut«: *2. Sam 8,18*) sind El und Jahwe die persönlichen Schöpfer. In der Rede, in der der Prophet Jeremia von seiner Berufung erfährt, spricht Gott: »Noch ehe ich dich bildete im Mutterleibe, habe ich dich erwählt; ehe du aus dem Schoße hervorgingst, habe ich dich geweiht« *(Jer 1,5)*. Bei Luther finden wir in der Erklärung des ersten Glaubensartikels (»Ich glaube an Gott, den Vater, den Allmächtigen, Schöpfer des Himmels und der Erde«) überraschenderweise kein Wort zu der kosmischen Dimension des Schöpfungswerkes. *Die individuelle Beziehung des von Gott geschaffenen Menschen zu seinem Schöpfer, die sich in der Gabe des eigenen Lebens und in dessen Bewahrung zeigt, ist das einzige Thema.* Aus Dank für diese Gabe erklärt sich der Glaubende bereit, Gott mit seinem Leben zu dienen.

Was wir bei Luther finden können, stimmt überein mit den Feststellungen, die *Rainer Albertz* zur Situation in der vorstaatlichen Zeit Israels getroffen hat: Daß der Glaube der einzelnen Menschen unterhalb der offiziellen Theologie vor allem im Kreatürlichen verankert ist[38]. Was für gläubige Menschen gilt, gilt auch für andere: *Religion hat mit Leben zu tun,* unsichtbare genauso wie sichtbare Religion. Denn wenn »Weltansicht« und »kulturelles Gedächtnis« mit der Sozialisation und Lebensorientierung der Menschen zu tun haben, dann geht es auf der elementaren Ebene ja darum, daß Menschen in das Leben hineinfinden und so leben sollen, wie es sich im Laufe der Geschichte, von der das kulturelle Gedächtnis weiß, als *gut* herauskristallisiert hat. Wie das Leben, das Menschen in ihren Lebensbeziehungen haben, *gut* gelebt und gegen seine Gefährdungen geschützt, also *bewahrt* werden kann, das sagt und vermittelt Religion. So gesehen, gehören wohl die Fluchformeln zum Urgestein von Religion[39]. Sie nennen in elementarer Sprache scharf konturiert, was das – zumal gute – Leben gefährdet, und sollen diese Gefährdungen abwenden. Dasselbe Grundinteresse belegt einer der »Nachsprüche« zu den Zehn Geboten: »So tut nun getreulich, wie euch der Herr, euer Gott, geboten hat, ..., auf daß ihr am Leben bleibet und es euch wohl ergehe und ihr lange lebet« *(5. Mose 5,32)*. Alle Lebenserfahrung und Weisheit wird in Israel wie schon vorher in Ägypten und Mesopotamien aufgeboten, um die nachwachsenden Menschen auf den guten Weg zu ziehen und vor Schaden oder gar Verlust des Lebens zu bewahren. *Das ist Religion elementar.* Nicht anders ist es in der Bergpredigt Jesu: in der lukanischen Fassung (»Feldrede«) sind Segens- und Fluchsprüche – hier normalerweise »Seligpreisungen« und »Weherufe« genannt – dicht nebeneinander überliefert *(Lk 6,20-26)*, während im Matthäusevangelium die Fluchsprüche fehlen *(5,3-11)*.

Wenn Gott in das Grundinteresse, gutes Leben zu finden und zu bewahren, einbezogen wird, so ändert sich am Ziel nichts, wohl aber am Weg, der beschrit-

---

38. Albertz (1992), S. 104-157.
39. Vgl. etwa 5. Mose 27,11-26. Segenssprüche treten wohl erst später hinzu (vgl. 5. Mose 28).

ten werden soll und mit der jeweiligen Gottheit verbunden ist. Beobachtungen zu der griechischen Wortgruppe, die im Deutschen die Bedeutung *bewahren*, *retten* hat, zeigen, wie nah auch heute noch *retten* und *bewahren* beieinander sind, und daß sie auch mit *finden* zu tun haben. Das griechische Verb *sódsein*[40] meint in klassisch-griechischer Literatur: jemanden vor *natürlichen* Gefahren und Nöten *bewahren*, aus ihnen *retten*, und zwar vor dem Tode, vor oder aus einer Tod bedeutenden Lage und vor oder aus Krankheit. Aber es heißt auch *in gutem Zustand bewahren*, und passivisch: *bewahrt werden, gedeihen*. Doch das Verb kann in der frühen christlichen Literatur auch eine *übernatürliche* Dimension von Rettung und Bewahrung meinen: vor dem ewigen Tode, vor dem ewigen Gericht, vor Sünde als einer Macht, die in den Tod führt. Auf allen Ebenen geht es um *Lebensbewahrung*, so daß *Heil* und *Leben* letztlich dasselbe meinen. Oft wird in demselben Zusammenhang auch die Wortgruppe *erlösen, Erlösung* gebraucht und von *Vollendung* gesprochen. Dabei meldet sich die Erfahrung zu Wort, daß das Leben als unvollständig, ungerecht und widersprüchlich empfunden wird, vor allem aber die bittere Einsicht, daß Menschen trotz bester Absichten scheitern können.

Im umgangssprachlichen Deutschen werden die Verben *retten* und *bewahren*, ja, auch *erlösen* weiterhin mit natürlichen wie übernatürlichen Situationen verbunden, auch wenn sich die Anwendungsmöglichkeiten inzwischen weit ausdifferenziert haben – alles Mögliche kann gerettet und bewahrt werden. Aber *Rettung* kommt immer noch in markanten Begriffen vor, die die alte Gleichsetzung von Lebensbewahrung und Rettung festhalten. Davon sprechen die *Deutsche Lebensrettungsgesellschaft*, der *Rettungswagen* und *Rettungsdienst* genauso wie der keinesfalls allein für Gott verwendete Ausdruck »Retter in der Not«. In großen Betrieben, habe ich mir sagen lassen, gibt es »Retter«-Listen. Auf ihnen stehen die Namen besonders qualifizierter Mitarbeiter, bei denen sich andere fachlichen Rat holen können, wenn sie nicht mehr weiterwissen.

Der Begriff *Erlösung* wird heute wohl am häufigsten auf den Tod bezogen gebraucht: dann nämlich, wenn ein Mensch von einer schlimmen Krankheit »erlöst« worden ist oder werden soll. *Unheil* ist alles das, wovor Leben gerettet und bewahrt werden soll, weil es Leben gefährdet oder gar zerstört[41]. Albert Schweitzer hat es auf den Punkt gebracht: »Gut ist Leben erhalten und Leben

---

40. Ich folge dabei dem Lexikon Bauer-Aland (1988), Sp. 1591-1593.
41. Burkert (1998), S. 48 f.: »Denn worum es geht, ist ›Leben‹. So tönt es ... in überwältigendem Einklang aus mannigfaltigsten Zeugnissen der Religionen. ... Götter schützen das Leben, Götter garantieren Leben, wie freilich auch ihr Zorn Leben zerstören kann. Der biologische Imperativ des Überlebens wird im Code der Religion internalisiert und verabsolutiert. ... Ins Unendliche verlängert, wird ›Leben‹ zum Postulat der Unsterblichkeit. Unsterblichkeit und Ewiges Leben sind die wirkungsvollsten Ideen in der Verheißung vieler Religionen.«

fördern; schlecht ist Leben schädigen und zerstören.«[42] Es sieht im übrigen so aus, als wenn der traditionelle zentrale religiöse Begriff *Heil* zur Zeit abgelöst wird durch den Begriff *Geborgenheit*[43]. Er macht deutlich, daß wir Menschen »das Leben« immer in Gestalt elementarer *Lebensbeziehungen*[44] sehen, in denen wir leben oder – eventuell auch *nicht mehr* – leben möchten. Diese Lebensbeziehungen lassen sich auf vier Bereiche aufteilen:

Die personalen Lebensbeziehungen (I): Sie umfassen die ganze Blutsverwandtschaft und damit die Beziehungen zu Familie, Clan, Sippe bis hin zum eigenen Volk; ferner die anderen Verwandten und alle Wahlverwandten in Partnerschaft und Freundschaft und andere nahestehende Menschen. Die Bluts- und Wahlverwandten bilden einen engeren Kreis von personalen Beziehungen. Zum weiteren gehören die Beziehungen zu allen Menschen, mit denen wir ohne eine positive oder negative innere Beteiligung in allen möglichen Lebensbereichen zu tun haben. Doch auch Haustiere, die Eigennamen tragen, gehören zum Bereich der personalen Lebensbeziehungen hinzu. Und schließlich die Beziehungen der einzelnen Menschen zu sich selbst, in denen die personalen Beziehungen zu anderen Menschen oft abgebildet werden.

Die Beziehungen zur Erde und zum Kosmos (II): Der Geburtsort ist der Ort, an dem die konkreten Beziehungen zur Erde und zum Kosmos beginnen. Der Begriff *Heimat* hat sich früher ganz mit diesem Ort verbunden, während er heute weit eher mit den personalen Beziehungen zu tun hat[45]. Die Gestalt der Erde und des atmosphärischen Himmels, wie er sich über allen Landschaften in jeweils typischer Weise wölbt, wird von diesen ersten Erfahrungen nachhaltig in uns geprägt. Der Kosmos stellt unsere allerweiteste Umgebung dar und kommt, weil er nicht begehbar ist, erst sehr spät in der Biographie als abstrakte Größe hinzu. Zu den Beziehungen zur Erde gehören aber auch diejenigen, die wir durch Wohnen und Reisen, durch Arbeit und Ernährung und durch die modernen Umweltprobleme haben.

Die Beziehungen zu Werten und Ordnungen (III): Alles, was mit Sitte und Brauch, Recht und Ordnung auf allen Ebenen, mit Kult und mit Sinn als Kulturprodukt und dann mittelbar auch mit den jeweils dazu gehörenden Institutionen zu tun hat, gehört in diesen Bereich der Lebensbeziehungen. Es handelt sich also auch um die reflexive Ebene, in der die personalen Beziehungen und die Beziehungen zu Erde und Kosmos bedacht werden.

Die Beziehungen zu Gott oder zur außerweltlichen Transzendenz (IV): Die Lebensbeziehungen dieses Bereiches verbinden den Menschen mit einem *personalen* Gegenüber Gott oder aber mit außerweltlich-transzendenten *unpersönli-*

---

42. Schweitzer (2001), S. 420.
43. Jörns (1999a), S. 74-76.
44. Ausführlicher: Jörns (1999a), S. 18-28.
45. Quelle: Jörns (1999a), S. 119 f.

chen Kräften wie Geist oder Energie oder dem Absoluten. Dabei wird davon ausgegangen, daß Gott oder jene Kräfte auch innerweltlich wirksam sind und sich komplementär verbinden[46]. Mit gewissen Vorbehalten halte ich es auch für erlaubt, einen dezidierten Atheismus hier einzuordnen. Denn er hat ja nur Sinn durch die Absage an eine Größe, die für andere wichtig ist, bezieht sich also auch ständig auf außerweltliche Transzendenz.

Ein Haus des Lebens

Ich schließe dieses 1. Kapitel ab mit dem Versuch, die gewonnenen Einsichten in einer *graphischen* Darstellung zusammenzufassen – obwohl ich weiß, welche Vereinfachungen sich damit verbinden. Und trotzdem wage ich den Versuch, weil eine Graphik die inneren Zusammenhänge darzustellen vermag. Ich spreche von einem *Haus des Lebens*, weil ich ausdrücken möchte, daß alle Phänomene »unter einem Dach« zu sehen sind, sich gegenseitig aufbauen und stützen, weil sie zueinander in Beziehung stehen.

Zur Darstellung sind Lesehilfen erforderlich:
   Das Dach des Hauses wird getragen von den beiden Mauern, die die institutionellen Säulen der Gesellschaft (linke Seite) und der kulturell mit ihr verbundenen Religionsgemeinschaften (rechte Seite) darstellen.
   Die *linke Mauer* hat mit dem Grundinteresse von *unsichtbarer* Religion, wie ich es verstehe, zu tun: ein gutes Leben zu finden und zu bewahren. Alle gesellschaftlichen Institutionen, Gruppen und Verbände, Künste und Wissenschaften, die die Kultur beeinflussen, sind hier mit gemeint. Verbunden sind sie durch die von der unsichtbaren Religion geprägte *Weltansicht*, soweit sie von einer Gesellschaft mehrheitlich geteilt wird.
   Die *rechte Mauer* steht für die *sichtbare Religion* mit ihren Institutionen. Zu ihr gehören alle innergesellschaftlichen Repräsentationen und Einflußnahmen von Religionsgemeinschaften auf das öffentliche und private Leben.
   Das *Dach* nun repräsentiert in seiner obersten Schicht auf der linken Seite die unsichtbare Religion und den zu ihr als oberste und zugleich verdichtete Sinnschicht hinzugehörenden *Heiligen Kosmos*. Für die unsichtbare Religion kann auch das *kulturelle Gedächtnis* eingesetzt werden. Auf der anderen Seite des Daches sind die im *Kanon* einer (Schrift-)Religion verankerten Sinnkonstellationen versammelt, für die auch der Begriff *Offenbarung* steht. Beide Seiten des Daches lassen sich mit unterschiedlichen Transzendenz- und Gottesvorstellungen verbinden. Daß beide Seiten hier *ein* Dach bilden, begründet sich so: Zum

---

46. So auch Barbour (2003), S. 172-175.

Abschied von: Das Christentum sei keine Religion wie die anderen Religionen

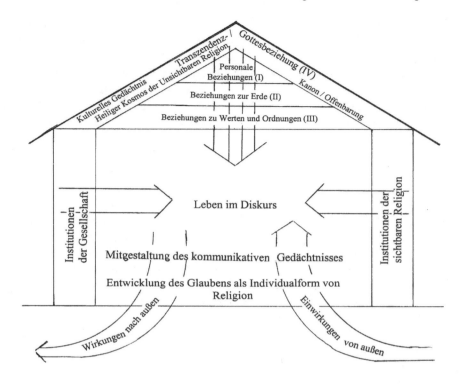

einen stellt jede auf ihre Weise jenen Bereich IV in der Vierheit der Lebensbeziehungen dar; zum anderen gibt es, wie wir gesehen haben, zwischen unsichtbarer und sichtbarer Religion vielerlei Übergänge, die die einzelnen Menschen oft gar nicht mehr erkennen lassen, wo bestimmte Werte und Normen ursprünglich verankert sind.

Die *drei unteren Ebenen des Daches* nennen die in ihrer konkreten Ausprägung vom Bereich IV (Transzendenz- und Gottesbeziehung) beeinflußten drei anderen Bereiche der Lebensbeziehungen, wie ich sie unterschieden habe: die alltagstauglichen Werte und Ordnungen (III), die Beziehungen zur Erde (II) und die personalen Beziehungen (I). Sie sind hier als Bereiche des Daches dargestellt, weil sie als Sinnschichten zu verstehen sind. Ihre inhaltliche Konkretion wird immer durch beide Seiten des »Daches« beeinflußt: durch das kulturelle Gedächtnis genauso wie durch die Traditionen der sichtbaren Religion. Da wir es beim Christentum mit einer ehemals »sekundären« Religion zu tun haben, die alle Sinnschichten und Handlungsvorgaben beeinflussen will, ist das Nebeneinander von unsichtbarer und sichtbarer Religion nicht so friedlich zu denken, wie es in der Skizze aussieht.

Im Haus selbst vollzieht sich das Leben der Menschen als *Diskurs*, und dieser

Diskurs ist von religiöser Qualität[47]. Daß dieser Diskurs in Gang gehalten wird durch die von allen Seiten kommenden Einflüsse, verdeutlichen die Pfeile: Das Haus wird beeinflußt von den institutionalisierten Repräsentationen der unsichtbaren und der sichtbaren Religion, also von den die Gesellschaft tragenden »Säulen« (hier im Bild: »Mauern«). Aber das Leben wird zugleich beeinflußt von den im »Dach« versammelten Sinnschichten. Insofern alle auf die Individuen und gesellschaftlichen Gruppen einwirken und Einfluß auf die Lebensgestaltung suchen, beeinflussen sie auch die sich ständig weiter entwickelnde Gestalt des kommunikativen Gedächtnisses der einzelnen und Gruppen – also deren Selbstverständnis und Lebensdeutung. In diesem *Kommunikationsgeschehen* formen sich sowohl die individuelle Ausprägung der »Weltansicht« als auch – damit mehr oder minder verbunden – ein persönlicher Glaube der einzelnen Menschen. Was nicht in das Kommunikationsgeschehen hineingelangt, bleibt bedeutungslos für die Menschen. Im Haus entscheidet es sich, teils durch Hineingeborenwerden und teils durch eigene Wahl, ob jemand zu einer Religionsgemeinschaft hinzugehört und an ihren kultischen Veranstaltungen teilnimmt oder nicht, welchen sonstigen Einflüssen die Individuen ausgesetzt sind, von welchen Sinnkonstellationen privates und politisches Handeln bestimmt werden, wie die Kindererziehung aussieht, und so weiter.

Das Haus steht nicht allein da, sondern neben anderen. Darauf deuten die beiden Pfeile, die ins Haus hinein und aus ihm heraus führen. Und natürlich können Menschen dieses Haus auch *verlassen*, können – und müssen oft – »umziehen« oder zumindest »draußen« bleiben. Wie weit das aber das Welt-, Menschen- und Gottesbild verändert, ist eine andere Frage. Die hat *Johannes Bobrowski*, unter Verwendung einer traditionellen Kategorie, einmal so gestellt: »Nimmt man das Vaterland an den Schuhsohlen mit?«[48] Die kulturelle und religiöse Prägung ganz gewiß. Mit anderen Worten: Das Kommunikationsgeschehen innerhalb des gewohnten Hauses formt das Verständnis von Leben. Änderungen daran brauchen viel Zeit, weil sie sich nur in intensiven Kommunikationsprozessen vollziehen und mit den täglichen Lebenserfahrungen abgeglichen werden müssen. So formt sich mit der Erinnerungsgestalt der Wahrnehmungen auch das Verständnis unserer selbst – und das heißt: die Art und Weise, in der wir *uns* inmitten dessen verstehen, was wir von Gott, der Welt, den Menschen und anderen Geschöpfen bisher verstanden haben. Hinter dieses Verständnis können wir zu keiner Phase unserer Entwicklung zurück.

47. J. Matthes hat Religion als einen »diskursiven Tatbestand« beschrieben: Was in einer Gesellschaft unter Religion verstanden werde, entwickele sich als »kulturelles Konzept«, und zwar sowohl innerhalb von kirchlichen Konzepten als auch neben ihnen und gegen sie (bei U. Schwab [2002], S. 171).
48. In der Erzählung »Das Käuzchen« (Bobrowski [1967], S. 27 f.), geschrieben in Ost-Berlin; Bobrowskis Vaterland war Litauen. »Aber, wenn Du träumst: wie reden da die Leute, wie sehen die Wege aus, aus welchem Haus kommst du, in welches gehst du hinein?«

Aber wir haben in der immer weiter zusammenwachsenden Welt auch wahrzunehmen gelernt, wie dicht *unser* Lebenshaus neben anderen steht, und wie viele Bauelemente unser Haus mit anderen teilt, ja, wie intensiv wir mittlerweile schon in den Häusern anderer und andere in »unserem« Haus des Lebens zu Hause sind. Mögen wir das Leben am »eigenen Herd« – womit seit der frühen Antike auch der eigene Kult gemeint gewesen ist[49] – als das uns vertraute Leben ansehen: die anderen leben an anderen »Herden«, doch sie kochen darauf und ernähren ihr Leben wie wir. Die Gerichte allerdings unterscheiden sich zum Teil kräftig. Gott sei Dank. Und so ist es auch mit den sichtbaren Religionen, ihren unterschiedlichen Häusern des Lebens.

Fazit: Es führt kein Weg daran vorbei, daß auch Kirchen und Theologen anerkennen, daß das Christentum eine Religion wie jede andere ist. Diese Sicht macht den Blick frei dafür, daß die gegenwärtige differenzierte Gestalt des Christentums Ergebnis seiner vielfältigen Verwicklungen in die Kultur- und Sozialgeschichte ist. Diese Sicht klärt aber auch darüber auf, daß die pluralistische Kultur, in der wir leben, ohne das Christentum nicht zu verstehen wäre. Keins der Probleme, das Kirchen und Theologie haben, kann gelöst werden, wenn sie so tun, als lebten sie in einer kulturunabhängigen Sonderwelt. Der Lebensbezug, den der individuelle Glaube fordert, macht es nötig, das Christentum rückhaltlos als Religion zu akzeptieren.

---

49. Hurschmann (1998), Sp. 407.

2. Abschied von der Vorstellung, die Bibel sei unabhängig von den Regeln menschlicher Wahrnehmung entstanden

Die Bibel gilt in den Kirchen als die einzige Offenbarungs*quelle* oder gar als die einzige Offenbarung Gottes in der Geschichte überhaupt. Wenn dieser Anspruch aufrechterhalten werden sollte, müßten zwei Voraussetzungen erfüllt sein: 1) die in der Bibel bezeugten Begegnungen zwischen Gott und Menschen und die dabei gemachten menschlichen Wahrnehmungen müßten grundsätzlich *anders zustande gekommen* sein als sonstige menschliche Wahrnehmungen und ihr schriftlicher Niederschlag; 2) der genannte Sonderstatus der Bibel als Offenbarung müßte mit dem *übereinstimmen*, was wir über die Entstehung der Bibel und ihre literarische Gestalt wissen.

Die Analysen werden zeigen, daß weder das eine noch das andere zutrifft. Deshalb müssen wir andere religiöse Überlieferungen zusammen mit der Bibel in einer großen und universalen *Wahrnehmungsgeschichte Gottes* sehen und Abschied nehmen von dem Anspruch, die Bibel sei die einzige Basis des Glaubens. Ein solcher Abschied schließt Konsequenzen für die Bewertung des *Pluralismus* und des Anspruches auf *(die) Wahrheit* ein. Da aber auch die bislang vorausgesetzte Sonderstellung des jüdisch-christlichen Kanons innerhalb der Religionsgeschichte von den angesprochenen Veränderungen betroffen ist, gehe ich auf die Rolle des *Kanons* in einem eigenen Kapitel ein (3. Abschied).

Um nun darlegen zu können, daß auch biblische Überlieferungen nach den Regeln menschlicher Wahrnehmung zustande gekommen sind, müssen wir uns zuerst einige Überlieferungen ansehen, an denen diese Fragestellung exemplarisch behandelt werden kann. Und wir benötigen eine Theorie der Wahrnehmung, die dem Gegenstand angemessen ist. Als biblische Überlieferungen wähle ich solche aus, die einen innerreligiösen *Pluralismus* als biblisches Erbe belegen. Warum diese Pluralität notwendig ist und wir darum vom Pluralismus als einem positiven Prinzip auch für die Gegenwart und Zukunft reden können – diese Frage beantworte ich von einer *Theorie der Wahrnehmung* her, die der Sinnesphysiologe *Viktor von Weizsäcker* entwickelt hat.

Abschied von: Die Bibel sei unabhängig von der menschlichen Wahrnehmung entstanden

Religionsinterner und interreligiöser Pluralismus sind biblisches Erbe und wollen theologisch ernstgenommen werden

Wir können davon ausgehen, daß die mit Mose in Verbindung stehenden jüdischen Überlieferungen vom Auszug einer Volksgruppe aus Ägypten nach Palästina ins 14. Jahrhundert v. Chr. und die in der christlichen Offenbarung des Johannes indirekt angesprochene politische Situation wohl in die Zeit des römischen Kaisers Domitian (ermordet 96 n. Chr.) zurückweisen. Der »Berichts«zeitraum der biblischen Überlieferungen umspannt – von der mythischen Ur- und Erzväterzeit einmal abgesehen, die sich so nicht datieren läßt – insgesamt also ungefähr 1500 Jahre. Die ältesten schriftlichen Überlieferungen stammen allerdings aus sehr viel jüngerer Zeit als dem 14. vorchristlichen Jahrhundert. Die Forschung geht mittlerweile davon aus, daß der überlieferte Bestand der fünf Bücher Mose (Pentateuch) erst in der nachexilischen Zeit, also nach dem Ende des 6. Jahrhunderts v. Chr., entstanden ist, daß dabei gleichwohl sehr viel ältere mündliche und schriftliche Überlieferungen verwendet worden sind. Zur weitläufigen Orientierung können wir uns dazu vor Augen halten, daß das Werk Homers um 700 v. Chr.[1], die großen griechischen Tragödien im 5. Jahrhundert v. Chr. und die neutestamentlichen christlichen Schriften zumeist im 1. Jahrhundert n. Chr. entstanden sind. Die ältesten ägyptischen Hieroglyphentexte aber stammen schon aus dem Ende des 3. vorchristlichen Jahrtausends. Der Einfluß, den Mesopotamien und das Alte Ägypten auf Glaubensvorstellungen der Bibel ausgeübt hat, ist inzwischen so weit untersucht, daß er nicht nur dem Grundsatz nach, sondern auch im Blick auf viele Überlieferungen und Glaubensvorstellungen als erwiesen bezeichnet werden kann[2]. Daraus folgt, daß christliche Theologie sich auch mit Überlieferungen beschäftigen muß, die biblische Vorstellungen beeinflußt haben. Wo es sich mir nahegelegt hat, solche Bezüge herzustellen, gehe ich auch inhaltlich auf sie ein.

Wenn wir die Stellung der Bibel innerhalb der antiken Religionsgeschichte ansehen, stoßen wir schon von der *Struktur* dieser Heiligen Schrift der Christen her auf das Phänomen, daß ein und dieselben Überlieferungen ganz unterschiedlich wahrgenommen werden. Denn die Einheit der Bibel wird ja nur von den Christen behauptet, von den Juden aber gerade bestritten. Da das christliche »Alte Testament« aber die Bibel der Juden ist, ist die von den Christen behauptete *Einheit des Doppelkanons eine gegen den jüdischen Widerspruch geglaubte Einheit.* Ja, aus der Sicht der Christen ist der jüdische Tenach letztlich

---

1. Burckhardt (1977), S. 17, dachte noch ans 9. Jahrhundert v. Chr.; ich folge Latacz (1998), Sp. 686.
2. Vgl. dazu außer den schon früher genannten Arbeiten: Görg (1998a und 1998b). Auch Lang (2002) hat in seinem Jahwe-Porträt die ägyptischen Einflüsse vielfach berücksichtigt.

ein Torso. Diesen Widerspruch im Gottesglauben aufzuheben, kann angesichts der Eingliederung Jesu Christi in das trinitarische Gottesverständnis der Christen nicht gelingen.

Die Bibel ist also ein interreligiöser Kanon voll innerer Spannungen und Widersprüche. Doch was wir zwischen diesen beiden Religionen an Dissens feststellen und bei jeder Auslegung berücksichtigen müssen, kennzeichnet auch schon viele Einzelüberlieferungen und Überlieferungszusammenhänge innerhalb des jüdischen wie des christlichen Teils der Bibel. Von Einheit kann dann immer nur reden, wer bereit ist, den sich in den Widersprüchen dokumentierenden *Pluralismus als integralen Bestandteil biblischer Einheit* anzusehen. Nur dann kann er – aus jüdischer Sicht – die *Einheit des jüdischen Kanons* und – aus christlicher Sicht – die *Einheit des Doppelkanons* glauben. Wer Widerspruchsfreiheit als Axiom anwenden wollte, müßte schon die Einheit der beiden *Bibelteile* je für sich bestreiten – weil auch sie schon theologisch Disparates zusammenbinden, also von einem religionsinternen Pluralismus zeugen. Doch wenden wir uns nun zuerst frühen israelitischen und danach christlichen Texten zu, die das Nebeneinander unterschiedlicher Gottesvorstellungen und -wahrnehmungen belegen.

Belege aus der frühen israelitischen Überlieferung

Rainer Albertz hat den *religionsinternen Pluralismus* im Rahmen seiner »Religionsgeschichte Israels in alttestamentlicher Zeit«[3] angesprochen. Schon der Buchtitel signalisiert ja, daß Albertz bereit gewesen ist, die Kategorie der *Religions*geschichte mit Israel selbst und nicht nur mit dessen Umwelt in Verbindung zu bringen. Für das Urchristentum gibt es seit zehn Jahren schon eine »Theologiegeschichte des Urchristentums«[4] und seit wenigen Jahren eine »Theorie des Urchristentums« mit dem Titel »Die Religion der ersten Christen«. Bedenkt man, daß ihr Autor, *Gerd Theißen,* darin beschreibt, wie sich diese Religion aus dem Judentum und anderen religiösen Hintergründen heraus entwickelt hat, so könnte das Buch auch ›Entstehungsgeschichte der christlichen Religion‹ oder ›Religionsgeschichte des Urchristentums‹ heißen. Wo aber von religionsinternem Pluralismus in der Bibel, von neutestamentlicher Theologiegeschichte, ja, von Religionsgeschichte und einem in ihr mitgegebenen interreligiösen Pluralismus gesprochen werden kann, wo ein Professor für Altes Testament und Religionsgeschichte gar mit einem *Jahwe-Porträt* »Wesen und

---

3. Albertz (1992).
4. K. Berger (1995) und Theißen (2000) setzen andere Akzente als Albertz, weisen aber vor allem jeweils im ersten Teil wichtige Elemente eines religionsinternen Pluralismus auf.

Geschichte« des biblischen Gottes und seine »beispiellose(n) Karriere von der Gottheit eines politisch unbedeutenden Volkes am östlichen Rand des Mittelmeers zum monotheistischen Gott der westlichen Kultur«[5] beschreibt, läßt sich die Bibel nicht mehr wie eine Dogmatik in mehreren Kapiteln lesen.

Doch sehen wir uns einige Fakten näher an. Rainer Albertz[6] verwendet den Begriff »religionsinterner Pluralismus« im Blick auf die späte vorstaatliche Zeit Israels (ab ca. 1250 vor Chr.) und Zeugnisse jener Gruppe, der der »Auszug« aus Ägypten gelungen war und die deshalb die »Exodusgruppe« der Stämme Israels genannt wird. Ihr Glaube an Jahwe, den »Gott der Befreiung«, hat Glaubensbekenntnis, Liturgie und Theologie Israels bis heute geprägt. Trotz dieser umwälzenden Erfahrung ist die Alltagsfrömmigkeit der Menschen nach dem Seßhaftwerden in Palästina von einem anderen Gesicht Gottes bestimmt worden. Denn »so sehr auch Jahwe als religiöses Befreiungssymbol besonders dem politischen Lebensbereich der Gesamtgesellschaft seinen unverwechselbaren Stempel aufdrückte, so wenig prägte er das religiöse Alltagsleben der Familien«. Hier deutet vielmehr alles auf einen »religionsinternen Pluralismus« hin. Die Belege dafür stammen vor allem aus der Namensgebung und den individuellen Klagegebeten.

Es war damals üblich, Gottes Namen im Namen der Kinder in irgendeiner Weise dankbar zu erwähnen. Das Erstaunliche ist nun nach Albertz, daß die lobpreisende Erwähnung Gottes in den Namen »so gut wie keinen Bezug auf die für die Jahwereligion so konstitutiven Ereignisse wie Exodus, Sinai, ›Landnahme‹ oder Befreiungskriege erkennen lassen«[7]. Ähnlich ist es in den individuellen Klagepsalmen. »Eine scheinbar so naheliegende Argumentationsfigur wie ›Du hast doch Israel aus Ägypten befreit, so rette auch mich aus meiner Not!‹ o. ä. kommt nicht vor.« Die Menschen berufen sich statt dessen in einer Notsituation auf Erfahrungen, die sie in ihrem Leben mit dem göttlichen Beistand und Schutz gemacht haben. Das Vertrauen des einzelnen in Gott beruht »gar nicht auf der Geschichte Israels, sondern auf seiner Geburt, d. h. seiner Erschaffung durch Gott.« Hier findet Albertz denn auch den Grund dafür, warum im individuellen Leben keine Anleihen bei den spezifischen Befreiungserfahrungen Israels gemacht worden sind: »Die Gottesbeziehung des einzelnen ... ist tief im Kreatürlichen, in der Schöpfung verankert und deshalb auf die geschichtlichen Gotteserfahrungen Israels gar nicht angewiesen.« Diese *kollektiven* Erfahrungen fanden dagegen Eingang in die Klagepsalmen des *Volkes*, die von der offiziellen Kulttheologie beeinflußt worden sind[8]. Während diese mit dem Gott Jahwe verbunden sind, bleiben die im Kreatürlichen angesiedelten

---

5. Lang (2002), Klappentext.
6. Albertz (1992), S. 104-157.
7. Albertz (1992), S. 144.
8. Ebenda, S. 146; vgl. etwa Ps 74,2; 80; Jes 51,9 f.; 63 f.

Erfahrungen noch über vierhundert Jahre namentlich mit Göttern wie El und Baal verbunden, die aus konkurrierenden Religionen stammten. Von ihnen hatte man über Generationen hin Segen, Schutz und Rettung erhalten. Als Jahwe dann endlich in die israelitischen Personennamen einzog, fügte er der Symbolwelt nicht Neues hinzu. Nur die Namen wurden ausgetauscht.

Daß in den Häusern und Familien zu dieser Namensgebung auch eine kultische Praxis, oder doch zumindest Reste alter, mit ihr verbundener Kulte, hinzugehörten, kann angenommen werden. Davon spricht etwa die Erzählung, wonach Rahel es geschafft hat, den elterlichen Teraphim, einen kleinen Hausgott, in die Satteltasche des Kamels zu stecken und unter ihren Kleidern zu verbergen, als sie mit ihrem Mann Jakob und ihrer Schwester Lea aus dem gemeinsamen Elternhaus geflohen ist *(1. Mose 31,19.34f.)*. Dieser Diebstahl der kanaanäischen Hausgottfigurine durch Rahel kann »als entschlossener Versuch angesehen werden, die Kontinuität ihrer Familie ... zu retten.«[9] Da dieser Diebstahl in der Geschichte von Jakob – der nicht weiß, daß seine Frau Rahel ihn gestohlen hat – mit dem Tod bedroht worden ist *(V. 32)*, ist das Mitnehmen der Götterfigurine zumindest für den Erzähler und also aus der Sicht des Jahwe-Glaubens schon ein schweres Sakrileg gewesen. Denn es belegt ja, daß Rahel gewillt war, die eigene (elterliche) Tradition auch in der für sie neuen religiösen Umgebung des Elternhauses ihres Mannes und Isaak-Sohnes Jakob festzuhalten. Das bedeutete auch, daß sie künftig zumindest zwei Gottesvorstellungen irgendwie miteinander verbinden mußte.

Aus Albertz' Untersuchung und jener schönen Geschichte gewinne ich die These: *Religionsinterner Pluralismus meint im besonderen das Nebeneinander unterschiedlicher Gottesbilder (einschließlich ihrer differenten Taten und Wesenszüge) und Gottesnamen inmitten ein und derselben Religionsgemeinschaft.* Und weil religiöse Phänomene, an denen sich ein *inner*religiöser Pluralismus ablesen läßt, zumeist auch in anderen Religionen vorkommen, hat innerreligiöser Pluralismus auch mit *inter*religiösem Pluralismus zu tun. Denn die wechselseitig benutzten Elemente sorgen ganz von selbst dafür, daß sich die Konturen der einzelnen Religionen verwischen.

Daß der Pluralismus der Gottesvorstellungen aber auch zu innertheologischen *Kontroversen* führt, belegt die Erzählung, wonach König David einst durch eine Zählung hat herausfinden lassen, auf wie viele wehrfähige Männer er sich würde verlassen können. Weil er damit daran gezweifelt hat, daß Sieg oder Niederlage im Grunde einzig von seinem Gott abhängen, werden als Strafe dafür 70.000 Menschen aus dem Volk vom »Würgeengel« seines Gottes getötet[10]. Der ohne Zweifel ältere Bericht von dieser Geschichte *(2. Sam 24)* sagt

---

9. Albertz (1992), S. 64.
10. 2. Sam 24,13-17.

nun, Gott selbst habe dem David aus Zorn über Israel die Idee zur Zählung eingegeben (V. 1). Das 1. Buch der Chronik, das in Kapitel 21 dieselbe Geschichte überliefert, konnte diesen Punkt nicht mehr theologisch verantworten. Denn während der Verfasser des 2. Samuel-Buches noch der Meinung war, alles, auch das unbegreiflich Böse, komme von Gott, vermochte der Verfasser des 1. Buches der Chronik seinen Gott nicht mehr als Verursacher einer Tat anzusehen, für die hinterher das Volk so schrecklich hat bezahlen müssen. Also ersetzt er in seiner Version Gott als Verursacher und schreibt: »Und *Satan* trat auf wider Israel und reizte David, Israel zählen zu lassen.« (V. 1) Zwischen beiden Vorstellungen gibt es keine theologische Brücke. Der Gedanke, die Strafe für die Zählung habe David letztlich dazu bewogen, einen Acker zu kaufen und an der Stelle einen Altar zu errichten *(2. Sam 24,24 f.)*, an der später sein Sohn Salomo den ersten Tempel in Jerusalem erbauen ließ *(1. Kön 5,16-6,38)*, kann jedenfalls theologisch keine Brücke schaffen. Nach heutiger Gottesvorstellung und Ethik würde das ja heißen, daß Gott alle Mittel zum Zweck heilig seien, wenn der Zweck nur heilig ist. Daß diejenigen, die die Endredaktion des Alten Testamentes durchgeführt haben, die Kontroverse bewußt so haben stehen lassen, läßt darauf schließen, daß sie auch in ihrer Mitte noch fortbestanden hat.

Religionsinterner Pluralismus ist in Israel unter dem Einfluß des Jahwe-Glaubens zu allen Zeiten bekämpft worden. Vor allem nach dem babylonischen Exil, das als Strafe für den »Abfall« Israels von Jahwe verstanden worden ist, hat die an der Wiedereinführung des Tempelkultes beteiligte Theologenschaft versucht, die Zügel straffer anzuziehen und gegenzusteuern. Sie brachte ihre Theologie in einem »Zweiten Gesetz« (Deuteronomium) ein, dessen fiktive Urschrift (das »Bundesbuch«) als unmittelbares Gotteswort verstanden worden ist *(2. Kön 22,8-23,3)*. Zu den Strafen für »Abfall« vom Gott Jahwe konnte auch gehören, die Gebeine von »Götzenpriestern« zu exhumieren und zu verbrennen *(2. Kön 23,4-20)*. Doch diese Religionspolitik blieb ohne langfristige Wirkung, wie vor allem die hellenistische Epoche zeigt. An deren Ende lebten dann nämlich nebeneinander so unterschiedliche, sich gegenseitig befehdende Gruppierungen wie Pharisäer, Sadduzäer und die Gemeinschaft von Qumran – und seit dem Anfang des 1. Jahrhunderts nach Chr. auch noch die Judenchristen.

Das Nebeneinander der vier Evangelien

Der von Albertz aufgezeigte religionsinterne Pluralismus kann nun aber auch für das frühe Christentum belegt werden. Allem voran ist das Nebeneinander der *vier Evangelien* dafür ein Beispiel. Was ich meine, tritt hervor, wenn wir vergleichen, wie die synoptischen Evangelien auf der einen und das Johannesevangelium auf der anderen Seite Jesus Christus und *Gott* einander zuordnen.

Wichtige Hinweise auf einen hier vorliegenden gravierenden Unterschied erhalten wir bereits durch die Tatsache, daß der Jesus der Synoptiker wesentliche Teile seiner Botschaft vom Vatergott und von der Königsherrschaft Gottes in *Gleichnissen* vermittelt. In ihnen weist Jesus an zentralen Punkten der Evangelien nach Matthäus, Markus und Lukas *von sich weg und auf Gott*, den Vater, beziehungsweise auf das Reich Gottes *hin*. Auch die kindlich vertrauensvolle Anrede *Abba*, mit der das Vaterunser beginnt, kennzeichnet das Gottesverhältnis des historischen Jesus deutlich[11]. Dasselbe gilt vom Gleichnis »Von der Liebe des Vaters« *(Lk 15,11-32)*, wie es Joachim Jeremias genannt hat[12]. Da finden wir das Gesicht des bedingungslos liebenden Gottes, den Jesus verkündigt und bezeugt hat, von dem er aber als Person deutlich unterschieden bleibt. »Seine Verkündigung war streng theozentrisch.«[13] Mit den Gleichnissen begleitet er seine ungewöhnliche religiöse Praxis und Lehre – teils interpretierend, teils rechtfertigend. Die Einleitung des Gleichniskapitels bei Lukas *(15,1-3)* macht das deutlich.

Es bedeutet nun einen gewaltigen Bruch mit dieser synoptischen Tradition, wenn der Evangelist Johannes in seinem ca. 30 Jahre später geschriebenen Evangelium *weder das Vaterunser noch irgendeins der Gleichnisse aus Jesu Mund* überliefert, obwohl er sie gekannt haben wird, und obwohl sie ein Zentrum der Verkündigung des historischen Jesus darstellen. Der Grund dafür ist, daß der im Johannesevangelium begegnende *Jesus Christus* für Johannes und seine Gemeinde *selbst* die Gestalt *ist*, in der die Christen *Gott* wahrnehmen: »Wer mich sieht, sieht den Vater« *(14,9)*, sagt er, ja, »ich und der Vater sind eins« *(10,30)*. Mit anderen Worten: »Jesus *ist* in seiner Person die Selbstoffenbarung Gottes«[14]. *Im* Sohn, und nicht nur durch ihn vermittelt, soll der Vater von den Christen verherrlicht werden *(14,13)*. Damit hat sich das Verhältnis von Jesus und dem Vater-Gott entscheidend verwandelt. Da *alle* Evangelien nach Ostern geschrieben worden sind und bereits die Erfahrungen mit dem Auferstandenen einschließen, halte ich es für sinnvoll, trotz des wichtigen Rückbezuges auf die Verkündigung des *geschichtlichen Jesus* durchgängig von *Jesus Christus* zu sprechen.

Zwar findet sich auch schon bei Paulus der Glaube »an den Präexistenten und Erhöhten mit gottheitlichem Status«, aber »die Vergöttlichung des irdischen Jesus« erreicht erst im Johannesevangelium ihren Höhepunkt. Ausdrücklich ausgesprochen wird der Glaube, daß *Gott* sich in Jesus Christus verkörpert, »inkarniert« hat, nur im Johannesevangelium, und zwar im sogenannten »Prolog«, der programmatischen Einleitung *(1,1-14)*. Und nur in diesem Evangelium wird – der auferstandene – Christus als Gott angeredet (»Mein Herr und

---

11. Vgl. dazu noch immer eindrucksvoll Joachim Jeremias (1971) S. 67-73.
12. Joachim Jeremias (1962), S. 128-132.
13. Theißen (2000), S. 68.
14. Wilckens (1998), S. 337 (Kursivierung von mir).

mein Gott«: *20,28)*, und zwar von demjenigen Jünger, der kurioserweise als »ungläubiger Thomas« sprichwörtlich geworden ist. Thomas führt damit das neue Credo ein, zu dem der Auferstandene selbst ihn aufgefordert hatte *(20,27)*. *Damit sind die Weichen zu einem innerreligiösen Pluralismus im Gesamt der vier Evangelien und der zu ihnen gehörenden Gemeinden gerade vom Gottesverständnis her gestellt.* Denn wenn diejenigen, die Gottes Herrlichkeit sehen wollen *(1,14-18)*, auf Jesus Christus schauen müssen, dann kann dieser nicht mehr von sich weg, sondern er muß auf sich selbst weisen. Und deshalb erzählt Jesus bei Johannes keine Gleichnisse vom Himmelreich mehr, aus denen das Angesicht Gottes herausschaut, sondern er weist auf sich selbst, sagt »ich«. Zentrum der Verkündigung und Selbstexplikation des johanneischen Christus sind darum die »Ich-bin-Worte«, die die Gleichnisse verdrängen. Und sie sagen: Jesus selbst *ist* das Brot des Lebens *(6,35.48)*, die Quelle des Lebenswassers *(4,10-15)*, das Licht der Welt *(8,12)*, die Tür *(10,7.9)*, der gute Hirte *(10,14)*, die Auferstehung und das Leben *(11,25)*, der Weg, die Wahrheit und das Leben *(14,6)*, der rechte Weinstock *(15,1.5)*. Alles also, was Menschen von Gott erwarten, um Leben in Zeit und Ewigkeit zu haben, finden sie bei ihm, nur bei ihm *(14,6)*. Erst er, nicht der Jesus der Synoptiker, kann von sich sagen, wie der Vater »das Leben in sich selbst zu haben« *(5,26)*, und daß *ihn* zu erkennen, ewiges Leben *ist* *(17,3)*.

Im Evangelium nach Johannes ist also die Schwelle zum *Glauben an die Gottheit Jesu Christi* ausdrücklich überschritten. Damit wird das Jesusbild der Synoptiker abgelöst, das ihn dem Vater-Gott als messianischen Sohn Gottes prinzipiell unterordnete. Es ist ausgeschlossen, daß sich der historische Jesus in der Christologie des Johannesevangeliums wiedererkannt hätte. Aber in ihr ist ja auch schon *theologisch* zu Ende gedacht worden, was es *bedeutete*, daß der getötete Jesus am Ostermorgen auferstanden und nun als der »erhöhte« Christus *bei Gott* war. Die Feststellung, daß der historische Jesus sich nicht als Gott verstanden hat, schließt eine andere, nicht weniger weitreichende Aussage ein: Keine der urchristlichen Gemeinden, in denen die Evangelien nach Matthäus, Markus oder Lukas als die theologisch jeweils zu ihnen passende Jesus-Überlieferung regelmäßig im Gottesdienst verlesen worden sind, hätte sich mit dem Verständnis von Jesus Christus identifizieren können, wie es im Johannesevangelium vorliegt. Und umgekehrt hätten die Anhänger der johanneischen Sicht das Jesusbild der Synoptiker zumindest als überholt, wenn nicht gar als Herabwürdigung des nun als Gott geglaubten Jesus Christus verstanden.

Religionsgeschichtlich gesehen, wird mit der johanneischen Theologie ein neues Gottesbild neben das alte, jüdisch geprägte gestellt. Außerdem hat Johannes bereits reflektiert, wie diese neue göttliche Einheit von Vatergott und Jesus Christus bei den Menschen präsent ist: im Geist *(Joh 15,26)*. Diese Gedanken werden später im kirchlichen Dogma vom dreifaltigen Gott in den Gestalten von

Vater, Sohn und Heiligem Geist besiegelt. Damit hat die Kirche versucht, die Gottesfrage vom Gesamt der in unserem Alten Testament enthaltenen jüdischen (»Gott, der Vater«) und in unserem Neuen Testament enthaltenen christlichen (»Gott, der Sohn«) Überlieferungen her zu beantworten und dabei den im Geist gegenwärtigen Gott mit einzubeziehen. Der sogenannte Taufbefehl (*Mt 28,19*: »Tauft sie auf den Namen des Vaters und des Sohnes und des Heiligen Geistes«) ist dazu nur eine Vorstufe gewesen, weil Jesus Christus bei Matthäus noch keinesfalls Gott ist. Was sich da insgesamt entwickelt hat, kann ich auch so beschreiben: Im Dogma der Dreifaltigkeit (Trinität) spiegeln sich die Erfahrungen, die Menschen über Jahrhunderte hin im Mittelmeerraum mit Gott gemacht haben: daß er sich auf die Menschen zu bewegt hat und dabei in unterschiedlichen Gestalten wahrgenommen worden ist. Die Trinität sagt, so besehen, daß *Gott in der Begegnung mit den Menschen seine Gestalt ändern kann.*

Die wechselseitigen Verwerfungen von Juden und Christen haben seit dem ersten Jahrhundert ihren Grund in diesem christlichen Bekenntnis zur Gottessohnschaft und vor allem zur Gottheit Jesu Christi, und andererseits in deren radikaler Bestreitung durch traditionsgebundene Juden und Judenchristen gehabt. Daß im christlichen Kanon vier sehr unterschiedliche Evangelien nebeneinander gestellt worden sind, lehrt aber, daß der christliche Glaube am Anfang noch in der Lage gewesen ist, ein großes Spektrum von Gottesvorstellungen auszuhalten. *Das Christentum ist auf der Basis eines religionsinternen Pluralismus gewachsen.* Es hat allerdings durch das Bekenntnis, daß der auferstandene Jesus Christus *Gott* ist, einen unversöhnlichen Kampf mit römisch-hellenistischen Religionen und mit den Juden um die Wahrheit ausgelöst. Daß sich das Christentum seinerseits in unterschiedlichen Kirchentümern und Theologien weiterentwickelt hat, ist eine natürliche Folge aus seinem schon im Anfang begründeten Pluralismus. Ihm verdanken sich aber auch noch andere Evangelien und Christusbilder, die über den Rahmen der biblischen Evangelien hinausgehen und nicht mehr in den Kanon aufgenommen worden sind[15]. Die frühkirchliche Frömmigkeit und Kunst haben sie trotzdem stark beeinflußt – wie besonders die sogenannten »Kindheitsevangelien«[16] zeigen.

Fest steht aber auch, daß sich unter dem Dach des Neuen Testamentes mit dem Nebeneinander einer traditionell jüdischen Gottesvorstellung, wie sie bei den Synoptikern prinzipiell noch gewahrt wird, und jener eben beschriebenen Grenzüberschreitung hin zum Glauben an die Gottheit Jesu Christi im Johan-

---

15. Lüdemann/Janßen (1997).
16. Lichtenberger (1986), Sp. 209. Sie folgen einem hellenistischen Typ Helden-Literatur, wie sie sich auch um die Kindheit des Herakles gebildet hat. In manchem kommen sie den Comic-Strips sehr nahe, wie sie in der zweiten Hälfte des 20. Jahrhunderts in den USA und Europa auf den Markt gekommen sind.

nesevangelium dem Grunde nach auch schon ein *interreligiöser* Pluralismus etabliert hat. Ihn – und mehr noch das Dogma vom trinitarischen Gott, in dessen Mitte der *Gott-Mensch* Jesus Christus steht – können Juden und Muslime nicht akzeptieren. Denn im Zentrum ihrer Gottesvorstellung steht der Monotheismus eines ganz und gar *jenseitigen* Gottes. Daß die Christen am Nebeneinander der vier Evangelien und der beiden Teile des biblischen Kanons festhalten, bedeutet deshalb heute wie in der frühen Christenheit ein ausdrückliches »Bekenntnis zur Pluralität«[17]. Dafür, daß dies auch heute theologisch sinnvoll und zu verantworten ist, müssen wir allerdings eine eigene Begründung geben. In ihr geht es dann nicht mehr allein um Typenreinheit im Sinne klassischer Religionstypologien. Sondern in ihr müssen dann auch diejenigen Erfahrungen mit Gott vorkommen, die nach dem Abschluß des Kanons haben gemacht werden können.

Vorher aber soll noch an kirchliche Versuche erinnert werden, biblischen und dogmatischen Pluralismus zu überbrücken und durch die Anwendung eines hermeneutischen »Generalschlüssels« im Grunde zu negieren.

Der biblische Pluralismus kann nicht mehr mit einem »Generalskopos« zugedeckt werden

Viele Christen geben mittlerweile eine deutliche Nähe zu anderen Religionen, bzw. richtiger gesagt: zu bestimmten, ihnen nahekommenden Elementen in anderen Religionen, zu erkennen. Dabei fühlen sie sich kaum mehr von der dogmatischen Norm des (ehemaligen) eigenen Bekenntnisses eingeengt, sondern orientieren sich an ihren spirituellen Bedürfnissen. Eilert Herms hat unsere religiös-pluralistische Gesellschaft so beschrieben, daß sich in ihr für die einzelnen Menschen »die religiös-weltanschauliche Kommunikation ... nicht mehr als ein einheitlicher Kommunikations- und Traditionszusammenhang über einen einheitlichen Symbolbestand mit tendenziell einheitlichem Ergebnis, sondern in einer Vielzahl verschiedener Kommunikations- und Traditionszusammenhänge über verschiedene Symbolbestände« vollziehe, wobei die vielen Traditionszusammenhänge miteinander konkurrieren[18].

Diese Freiheit, von der immer mehr Menschen Gebrauch machen, haben kirchliche Predigerinnen und Prediger *offiziell* nicht. Denn sie sind durch das Amt (Priesteramt, Pfarramt), das ihnen von der jeweiligen Kirche übertragen worden ist, an die Lehrtradition der eigenen Kirche gebunden, also an Dogmen bzw. Bekenntnisschriften. Diese Bindung muß während der Ordination vom

---

17. Theißen (2000), S. 356.
18. Herms (1995), S. 471.

zukünftigen Priester bzw. Pfarrer ausdrücklich bestätigt werden. Zwar werden Pfarrer und Pfarrerinnen in der historisch-kritischen Exegese der biblischen Schriften, also als Historiker, ausgebildet. Aber ihre Auslegung der Heiligen Schrift muß sich offiziell orientieren am Glaubensbekenntnis der Kirche(n). Deshalb wird seit eh und je versucht, mit dem inner- wie interreligiösen Pluralismus innerhalb der Bibel dadurch fertig zu werden, daß man ihr einen Generalnenner (»Generalskopos«) vorschaltet. Durch ihn sollen die im Laufe der angesprochenen 1500 Jahre aufgetretenen divergierenden Entwicklungslinien und Widersprüche überbrückt und zusätzlich die dogmatische Entwicklung, die für die jeweiligen Kirchen verbindlich ist, mit der biblischen Tradition zusammengehalten werden. In einem Generalskopos verdichtet sich gewissermaßen das jeweils favorisierte Konzept einer »Biblischen Theologie« mit den für die kirchliche Lehre verbindlichen Dogmen zum Universalschlüssel für die Auslegung der Bibel in Predigt und Unterricht.

Für *Martin Luther* etwa hat der Leitsatz, zu predigen sei, »was Christum treibet« – und zwar zusammen mit dem theologischen Paradigma von der ›Rechtfertigung des Sünders allein aus Glauben und Gnade‹ – jene Funktion eines Generalskopos gehabt. Er hat sowohl durch seine »Vorreden« zu den einzelnen biblischen Büchern als auch durch seine Vorlesungen und Predigten vorgeführt, wie faszinierend geradlinig man mit einem solchen Generalschlüssel umgehen kann. Aber er hat dabei zugleich vorgeführt, daß ein solcher Generalskopos zum einen dazu verleitet, daß bestimmte Textgruppen oder theologische Positionen am liebsten ganz aus der Bibel herausgewünscht, faktisch jedenfalls von der Predigtpraxis ausgeschlossen werden. Zum anderen können wir bei Luther lernen, wie die stringente Anwendung eines Generalskopos auch dazu führt, daß einzelne, für die Verlesung und Auslegung im Gottesdienst vorgesehene Textabschnitte (»Perikopen«) *gegen* ihre exegetisch aufweisbare Eigenaussage ausgelegt werden. Auch die schon früh eingeführten kirchlichen Lektionare liefern buchstäblich ›reihenweise‹[19] Belege dafür, wie biblische Texte dem jeweiligen Evangelium als dem *spiritus rector* eines Sonn- und Feiertages thematisch zu- und untergeordnet werden, ohne daß groß nach ihrer ursprünglichen Eigenaussage gefragt worden wäre.

Nachdem nun aber alle westeuropäischen Theologinnen und Theologen im Studium durch das Feuer der historisch-kritischen Erforschung biblischer Überlieferungen hindurch müssen, sind solche »Generalschlüssel« verständlicherweise in die Kritik geraten. Denn sie werden zwar nach wie vor dem kirchlichen Interesse, divergierende Vorstellungen von Gott, Jesus Christus, Erlösung etc. zu überblenden, gerecht, aber ihre Schlüsselrolle in der Schriftauslegung

---

19. Man spricht bei den Lektionen oder Perikopen, die den einzelnen Sonn- und Feiertagen zugeordnet werden, auch von »Textreihen«.

führt doch dazu, daß die mühsam gewonnenen historischen Verortungen biblischer Überlieferungen wieder beiseite geschoben und ihre ursprünglichen Botschaften einer ihnen völlig fremden, an sie herangetragenen *doctrina* einverleibt werden. Dieser Vorwurf der Überfremdung wird heutzutage insbesondere dann erhoben, wenn Texte aus der jüdischen Bibel in den Dienst einer expliziten Christuspredigt gestellt werden. Dann wird nicht nur von Überfremdung, sondern auch davon gesprochen, daß das Judentum seiner eigenen Überlieferung *enteignet* werde. Daß dabei unberücksichtigt bleibt, daß sowohl im jüdischen als auch im christlichen Teil der Bibel Überlieferungen verarbeitet worden sind, die weder Juden noch Christen für sich in Anspruch nehmen können, weil sie zum Beispiel aus Mesopotamien oder Ägypten stammen, ist ein Problem für sich.

Der Spagat zwischen religionsgeschichtlich-exegetischem Wissen einerseits und kirchlichem Dogma andererseits kann bei Pfarrerinnen und Pfarrern heute dazu führen, daß sie entweder historisierend predigen – was interessant sein kann, in den heutigen Glaubensfragen und Existenzproblemen aber selten hilft. Oder sie denken mit Ärger an ein Studium zurück, das es versäumt hat, die biblischen Überlieferungen konsequent in den Zusammenhang größerer religions- bzw. kulturgeschichtlicher Entwicklungen zu stellen und mit gegenwärtigen gesellschaftlichen Konstellationen und existentiellen *Frage*stellungen zu verbinden. Gerade, wenn wir an die Geschichte der Kriege und Ausrottungsfeldzüge denken und daran, wie intensiv die Religionen in sie verwickelt sind, erweist es sich als notwendig, die interreligiöse Ebene zu behandeln. Angesichts solcher Notwendigkeiten ist die Glaubwürdigkeit einer allein an dogmatischen Generalnennern orientierten Auslegung biblischer Überlieferungen schon dem Grunde nach in Frage zu stellen. Es ist Zeit, auf die inner- wie interreligiöse Vielfalt innerhalb der Bibel und ihrer Wirkungsgeschichte mit einem anderen hermeneutischen Modell zu reagieren. »Anders« heißt vor allem: Dieses Verstehensmodell muß die besprochene Vielfalt ernst nehmen, ja, als notwendige und lebendige *Gestaltvielfalt* von Wahrheit erkennen und die »Kirchlichkeit« mit dieser Erkenntnis theologisch versöhnen können. Bisher aber ist es immer das Ziel kirchlicher Hermeneutik gewesen, alle biblischen Texte harmonisierend in das System der Dogmen einzupassen, die sich – im Zirkelschluß – wiederum auf die Bibel als Grundlage berufen. Wie wenig das im Einzelfall überzeugt, haben die beliebig vermehrbaren Beispiele gezeigt.

Das eigentliche Problem ist, daß die kirchliche Dogmatik aus dem inner- wie interreligiösen Pluralismus in dem Sinn keine Konsequenzen zieht, daß sie den Wahrheitsanspruch, den sie mit der wörtlichen Gestalt der Bibel traditionellerweise verbindet, korrigierte. Doch diese Korrektur ist überfällig, und zwar nicht nur wegen des Holocausts und der anderen problematischen Erbschaften. Denn wir werden über die Kritik ja noch hinausgehen und sagen müssen, welchen *positi-*

ven Sinn dieser Pluralismus hat, warum es ihn, und zwar bis in das Zentrum der Jesus-Überlieferung hinein, nun einmal auch in der Bibel gibt. Ich spreche dabei ausdrücklich von Pluralismus und nicht nur von Pluralität, wie es Gerd Theißen tut[20]. Denn die Pluralität der Evangelien könnte man ja auch als Zufälligkeit mißverstehen und damit sagen, daß im Grunde doch *ein* ideales Evangelium besser gewesen wäre als unsere vier. Doch damit würde bestritten, was ich nicht bestreiten, sondern unterstreichen möchte: daß es *notwendigerweise* mehrere Evangelien nicht nur gegeben hat, sondern hat geben *müssen*. Ebenso verhält es sich mit den innerhalb der Bibel anzutreffenden unterschiedlichen Vorstellungen von Gott: auch sie hat es nicht nur gegeben, sondern geben *müssen*, und zwar nebeneinander wie nacheinander. Der Grund für diese Notwendigkeit liegt – das ist die *These*, der ich folge und die ich entwickeln werde – darin, *daß der in der empirischen Vielfalt sich ausdrückende Pluralismus zur Selbstoffenbarung Gottes in der Kulturgeschichte der Menschheit hinzugehört.*

Eine Hermeneutik, die zum Lesen der biblischen Überlieferungen eine Art biblisch-theologische Summe (»Generalskopos«) oder ein Dogma als Lesehilfe verordnet, hilft nicht mehr zu einem glaubwürdigen Umgang mit dieser These. Daß auch die historisch-kritische Exegese keinen hermeneutischen Generalschlüssel mehr zu liefern vermag, sondern in dieselbe Richtung weist, ist ein ungewohnter Sachverhalt. Mit ihm müssen wir uns im nächsten Abschnitt beschäftigen.

Die Exegese führt zu der ungewohnten Erkenntnis, daß Gott und Wahrheit in der Bibel nur mittelbar zu finden sind

Ulrich Luz hat 1997 in seiner ›presidential address‹, dem Eröffnungsvortrag beim Jahreskongreß der »Gesellschaft für neutestamentliche Studien«, die überraschende Frage behandelt: »Kann die Bibel heute noch Grundlage für die Kirche sein?« Die Frage sollte die »Aufgabe der Exegese in einer religiös-pluralistischen Gesellschaft« klären helfen. Nun entspricht es protestantischem Selbstverständnis, die Bibel als die Grundlage der Kirche zu sehen. Denn für die reformatorische und nachreformatorische protestantische Theologie ist es eine Grundthese, daß die »Schrift« in sich klar, zugänglich, eindeutig, und vollständig, und als solche der alleinige Grund ist, auf dem Kirche gebaut werden kann. Entsprechend haben, nach Luz, die protestantischen Exegeten ihre Aufgabe darin gesehen, »durch ihre Auslegung der Schrift die Grundlagen der Kirche zu klären.« Doch die Geschichte des Protestantismus habe gezeigt, daß sie

---

20. Theißen (2000), S. 339 ff.

diese zentrale Aufgabe gar nicht erfüllen konnten. Denn das Prinzip ›sola scriptura‹ (»allein durch die Schrift«) habe sich nicht als Grundlage einer einheitlichen Kirche, sondern eher als Leitmotiv ihrer Spaltung erwiesen. Die Bibel erwies sich nämlich letztlich als *Basis der Vielfalt* der Konfessionen. Die Exegese habe den konfessionellen und theologischen Pluralismus nicht begrenzt, sondern eher gefördert. Und auf diese Weise scheine das reformatorische Schriftverständnis seine eigene Destruktion mit ausgelöst zu haben.

Der postprotestantische religiöse Pluralismus gehört also mit zur Wirkungsgeschichte der Exegese[21]. Denn das Christentum hat in der Kirchen- und Konfessionsgeschichte aller Welt vor Augen geführt, wie sie diese Schrift in Wort und Tat – und durch die Vielgestaltigkeit ihrer unterschiedlichen Kirchentümer – faktisch ausgelegt hat. Dieser Pluralismus wäre nun allerdings niemals zustande gekommen, wenn er nicht schon als biblisches Erbe überliefert worden wäre. Insofern läßt sich sagen, daß die Exegese und ihre Wirkungsgeschichte selbst vom Pluralismus *eingeholt* worden sind, den sie bei der Analyse der biblischen Texte Schritt für Schritt freigelegt haben, und den jeder »Generalskopos« als dogmatische Zwangslesehilfe verdeckt.

Die Thesen, die Luz zum Pluralismus vorgetragen hat, sind von großer Bedeutung für die Frage, wie es mit dem Wahrheitsanspruch der Bibel steht[22]. Da er zugleich beschreibt, was »historische Kritik« biblischer Überlieferungen eigentlich tut, scheint es mir angemessen zu sein, ausführlicher zu zitieren. Luz nennt die historische Kritik »insofern eine Wegbereiterin des modernen religiösen Pluralismus, als alle ihre Hypothesen auf den Anspruch, existentiell verpflichtende Wahrheit für die Gegenwart zu sein, verzichten.« Die historische Kritik stellt die Wahrheitsfrage nicht mehr. Denn sie findet keine den Glauben verpflichtende Wahrheit, sondern nur »Hypothesen über Textsinne«. »Dadurch versetzt sie die die Bibel lesenden Menschen in die Lage, das, was für sie selbst verpflichtende Wahrheit sein könnte, jenseits der Texte selbst zu konstruieren.« Was vorher von kirchlicher Auslegung als angeblich in den Texten selbst – also unmittelbar – zu findende *göttliche* Wahrheit *gesetzt* worden war, wird von der neuzeitlichen Theologiegeschichte an als *menschliche* Konstruktion *entworfen* und kontrovers diskutiert. Diese Konstruktionen von Wahrheit sind »notwendigerweise pluralistisch«.

Denn an die Stelle der Einheit der Bibel (»Wort Gottes«) ist für die Forschung eine Vielfalt von Texten sehr verschiedener Verfasser aus sehr verschiedenen Situationen getreten. Und was im Pietismus aufgekommen war, wird als moderner Umgang mit biblischen Texten bis hin zum Bibliodrama nun generelle

---

21. Diese These und die bisherigen Zitate bei Luz (1998), S. 321 f.
22. Die folgenden direkten Zitate stehen im zitierten Aufsatz S. 323-339.

Tendenz: die Exegese und die »Anwendung« des Textes treten auseinander. Die Exegese bemüht sich zwar, so objektiv wie möglich die wahre Intention des Autors, den wahren und richtigen Textsinn und die geschichtliche Situation einer textlichen Überlieferung zu rekonstruieren; doch ihr treten eine Fülle von Aneignungen durch die Leserinnen und Leser gegenüber, die weder gesteuert werden können noch sollen.

Vor allem kann Exegese als philologisch-historische Wissenschaft biblische Texte »nicht mehr im Kontext der göttlichen Offenbarung, sondern nur noch im Kontext der spätantiken Religions- und Geistesgeschichte verstehen. In ihren Texten stößt sie nicht mehr auf Gott, sondern nur noch auf vielfältige menschliche sprachliche Äußerungen über ihn ... und versucht, dem nach zu denken, warum sie in bestimmten Situationen so und nicht anders von Gott gesprochen haben.« Denn die Geschichte könne nicht mehr durch eine theologische Geschichtsschau monopolisiert werden. Sie sei zum offenen Feld geworden, das unterschiedlichen Interpretationen zugänglich ist. Auch biblische Texte werden als sprachliche Diskurse verstanden. Und es gibt keinen direkten Weg mehr vom »Zeichensystem« eines Textes zu der außersprachlichen Wirklichkeit, die er bezeichnet. Sprache gibt also nicht wie bei Plato direkt Anteil an der Wirklichkeit der Ideen. Sondern alle theologischen und exegetischen Aussagen in ihrer Pluralität »sind sprachliche Konstruktionen von Wirklichkeit.« Es handelt sich »um vom Menschen geschaffene Erschließungen, um Interpretationen, nicht um Wirklichkeit selbst.« Gegenstand theologischer Sätze sind also im Grunde immer andere, früher formulierte theologische Sätze und Erfahrungen, auf die sie sich berufen, aber nie die außersprachliche Geschichte und »selbstverständlich nie Gott selbst«. Entsprechend findet Exegese im Neuen Testament nur interpretierte Geschichte, nur den Jesus vor, den die Evangelisten oder Paulus jeweils ausgelegt und interpretiert haben. Davon unabhängig »gibt« es Jesus nicht im Neuen Testament.

Weil das prinzipiell im jüdischen Teil der Bibel, unserem Alten Testament, nicht anders aussieht, hat Rainer Albertz[23] eine Neuorientierung vorgeschlagen: In den Theologischen Fakultäten solle die alte Disziplin »Theologie des Alten Testaments« durch die neue Disziplin »Religionsgeschichte Israels« ersetzt werden. Denn es gehe darum, in historischer Rekonstruktion zu beschreiben, wie unterschiedliche israelitische Gruppierungen über die Jahrhunderte hin geschichtliche Entwicklungen von ihrem jeweiligen Gottesverständnis her gedeutet haben. Eine solche Art von Religionsgeschichtsschreibung kann man tatsächlich »theologischer« als eine bisherige »Theologie des Alten Testamentes« nennen. Denn in ihr kommen die Menschen mit ihrer unterschiedlichen Sicht

---

23. Albertz (1995), S. 23.

von Gott und der Welt viel besser zur Sprache. Gerade weil wir heute erkennen, daß und wie alte Überlieferungen über Jahrhunderte hin umgeformt und neu interpretiert worden sind, können wir die biblischen Überlieferungen nicht auf einen uns heute dogmatisch wohlgefälligen theologischen Nenner bringen und sagen: ›So spricht Gott‹. Es gibt nicht *die* Theologie des Alten oder Neuen Testamentes, sondern eine Vielfalt von Theologien und Anthropologien, die der jüdisch-christliche Doppelkanon unter seinem Dach zusammenhält. Wie weit Menschen heute diese Vielfalt mit *einem* Gott verbinden können, diese Frage können weder Exegese noch Dogmatik für alle verbindlich beantworten.

Texte wollen gelesen werden. Lesen aber braucht Zeit, damit das Gelesene wirken kann. Texte sind leserbezogen, und Leser fragen nach »Anschlußstellen«, an denen sie in den Text hineinkommen können. Luz spricht von »Rollenangeboten«, die im Text angelegt sind. Gerade darin, daß Exegese ihr Interesse auf den Leser verlagert, wird sie zur Sachwalterin eines theologischen Pluralismus, weil sie eine *offene* Kommunikation zwischen unterschiedlichsten Texten und Lesern in unterschiedlichsten Lebenssituationen ermöglicht. Wo aber Menschen als sie selbst, mit ihrer Biographie und Religion, ihren Erfahrungen und ihrer Gesellschaftsanalyse, in die Texte »eintreten«, reproduzieren sie nicht einen alten Textsinn, sondern schaffen sie den *primären* Sinn des Textes neu. Denn insofern biblische Texte den Anspruch erheben, Lebensorientierung zu geben, wollen sie ja geradezu »neu erlebt und gelebt werden.« *In der gegenwärtigen Geschichte* findet die Dekonstruktion und Neuinterpretation der Texte statt; dabei geht es um »Identitätsfindung, Leben, Praxis, Leiden von Menschen«. Sie ist »nicht intellektuelles patchwork, sondern Ernstfall des Lebens.«

Gerade weil Exegese wissenschaftlich arbeitet, kann sie dafür sorgen, »daß Rationalität nicht vollständig religionslos und Religion nicht vollständig vernunftlos wird.« Und da eine Gesellschaft auch heute um des gemeinsamen Handelns willen Konsens brauche, kann die biblische Idee vom Schalom als einem umfassenden Friedenszustand ein wesentlicher Beitrag zur Zielvorstellung für das öffentliche Gespräch sein. In diesen Zusammenhang gehört auch die Kategorie der ökumenischen Weite des Dialogs. Denn weil die moderne Exegese sich von der konfessionellen Bibeldeutung gelöst hat, kann sie sich auch nicht mehr wie konfessionelle Exegese aufführen, die nach Luz »Herrschaftsdiskurse in Teilkönigreichen« betrieben hat. Denn »Texte, welche immer kontextualisierte Texte, benutzte Texte sind, und Wahrheitsaussagen, die immer sprachlich gefaßte Wahrheitskonstruktionen sind, eignen sich schlecht für ... Herrschaftswissen.« Unter den genannten Voraussetzungen kann die Bibel in einem ökumenischen Diskurs nicht mehr Fundament einer Kirche sein, die glaubt und glauben machen will, »über ein durch biblische Argumente unterlegtes exklusives Heilswissen« zu verfügen. Auf die Bibel kann sich nach Luz nur eine Kirche berufen, die »eine quer durch alle Konfessionen und in allen Konfessionen existierende und über sie hinausgehende Gesprächsgemeinschaft über die Bibel ist.«[24]

Doch auch hier ist der Rahmen noch viel weiter zu fassen, als Luz ihn zieht. Es geht nicht mehr um die Überschreitung allein konfessioneller, also *inner*religiöser Grenzen; auch die *inter*religiösen müssen überschritten werden. Das verlangt allein die Tatsache, daß die Geschichte der Religionen und die Geschichte der Kriege immer auf vielfältige Weise miteinander verbunden (gewesen) sind. Außerdem ist, um es zu wiederholen, die christliche Bibel bereits ein interreligiöser Kanon aus jüdischer und christlicher Heiliger Schrift. Dieser Kanon hat einerseits in sich sehr unterschiedliche religiöse Vorläufertraditionen aufgenommen, und hat andererseits in den Koran hineingewirkt. Da wir wissen, daß Judentum, Christentum und Islam zur Zeit immer noch unvereinbare Gottesvorstellungen haben, können sich Juden und Christen eigentlich nur dann glaubwürdig auf diese interreligiöse Bibel berufen, wenn sie auch bereit sind, diese Bibel in einem größeren Überlieferungszusammenhang zu sehen: in der universalen Wahrnehmungsgeschichte Gottes[25].

Was das spezifisch Christliche für die Teilnahme am öffentlichen Dialog angeht, nennt Luz folgende Punkte: »Die Fremdheit der Geschichte Jesu«, die »transkirchliche Weite des Dialogs«, die »Bibel als Grundlage unserer Kultur« und den »Hinweis auf Gott«, den sie einbringen kann. Das Stichwort von der Bibel als der »Grundlage der europäischen Kultur« löst in mir Fragen aus: Warum werden von der Exegese die anderen kulturellen – einschließlich der religiösen – Wurzeln Europas dabei ausgeblendet: die der Ägypter und Minoer, der Griechen, Kelten und Germanen? War nicht Kreta, dieser Schmelzpunkt der antiken mediterranen Kulturen, die Heimat »Europas«? Was ist mit den vorchristlichen therapeutischen Kulten? Und was ist mit dem römischen Rechtsverständnis, das sein Fundament gewiß nicht in der Bibel hat, gleichwohl dafür gesorgt hat, daß das theologische Denken der westlichen Kirchen mit juristischen Vorstellungen durchsetzt worden ist, so daß Himmel und Hölle millimetergenau vermessen worden sind? Und was ist mit Byzanz? Also mit denjenigen Wurzeln, die das Gesicht der orthodoxen Kirchen geprägt und die Herrlichkeit, die Doxa Gottes, und nicht das Kreuz in den Mittelpunkt von Theologie und Gottesdienst gestellt haben? Hier zeigt sich, daß die Exegese nach wie vor den Blick von Theologie und Theologenschaft und damit auch der Kirchen ausschließlich auf die jüdisch-christliche Überlieferung lenkt.

Erst in seiner letzten These überschreitet Luz dann auch den Rahmen des Neuen Testaments, wenn er von dem ›doppelt mittelbaren‹ Gott redet, der in

---

24. Luz hat besorgt hinzugefügt: »Ich denke, daß hier unsere Konfessionskirchen noch einiges aufarbeiten müssen, wenn ihre Zeit nicht schnell auslaufen soll.«
25. S. Kapitel III 3.

den Texten nur als Teil einer Wirklichkeitskonstruktion erscheint, die zudem von Menschen einer fernen Vergangenheit entworfen worden ist.« »Dieser doppelt mittelbare Gott ... läßt heutigen Menschen alle Freiheit, sich diesem Wort gegenüber zu verhalten, wie sie wollen.« *Die Exegese verfügt also in keiner Weise (mehr) über Gott.* Sie wird vielmehr auf ihre Grenzen weisen, die mit den Grenzen von Geschichte und Sprache verbunden sind. Und es könnte nach Luz so sein, »daß Gott vielleicht in menschlich-sprachlichen Wirklichkeitskonstruktionen *die* große Störung« ist. Diese Störung kann nun allerdings auch so ausfallen, daß eine bisher für unumstößlich gehaltene Prämisse unserer Theologie hinfällt: Daß Gott allein in den *biblischen* Überlieferungen der Juden und Christen – wenn eben auch nur *mittelbar* – zu finden sei. Denn wenn wir von der Einsicht ausgehen, daß auch andere Religionen eine auf ihren spezifischen Gotteserfahrungen und Überlieferungen aufbauende eigene Wirklichkeitskonstruktion vertreten, die die gesellschaftliche Wirklichkeit einschließlich des spezifischen Zuschnitts des kulturellen und kommunikativen Gedächtnisses prägt, dann muß ernsthaft erwogen werden, ob es eben auch in dieser Hinsicht ein notwendiges, pluralistisches Nebeneinander und Miteinander gibt. Das hieße, daß das skizzierte »Haus des Lebens« – um im Bild zu bleiben – in den unterschiedlichen Kulturen in sehr unterschiedlichen Baustilen gebaut werden mußte und gleichwohl offene Türen hat, durch die es wechselseitige Beeinflussungen mit anderen »Häusern des Lebens« geben kann. Das zu sagen, schließt die andere Erwägung ein: ob bzw. daß Gott auch in den Überlieferungen anderer Religionen – dann natürlich genauso *mittelbar* wie in unseren jüdischen und christlichen auch – gefunden werden kann.

Doch diese Erwägungen stellen den Anspruch der Christen, die Bibel sei die einzige Offenbarungsquelle, ja, das alleinige Wort Gottes, in Frage. Wenn wir damit angemessen umgehen wollen, müssen wir wissenschaftstheoretisch weit ausholen. Denn wir müssen den Blick auf eine Seite des Problems lenken, die im allgemeinen ausgeblendet oder übersprungen wird. Sie betrifft die einfache *Tatsache, daß auch alles, was von Gott ausgeht und von uns Menschen verstanden werden soll, in den Bereich menschlicher Wahrnehmung und ihrer Modalitäten hineingehört.* Es geht um menschliche *Wahrnehmung* als intersubjektives – oder auch interobjektives – Geschehen. Ob man in diesem Zusammenhang die *Subjekte,* in denen sich Wahrnehmung ereignet, oder die *Objekte* betont, die wahrgenommen werden, ist nicht so wichtig. Denn in jedem Wahrnehmungsgeschehen, das sich mit der *Begegnung* von Menschen und anderen Lebewesen – aber auch von Menschen und Gott – verbindet, ist jeder der an diesem Geschehen Beteiligten immer wahrnehmendes Subjekt und wahrgenommenes Objekt *zugleich.* Wichtiger für unseren Zusammenhang ist aber, *was sich in solchen Begegnungen ereignet, nach welchen Regeln sich Wahrnehmung vollzieht und – zumal in schriftlicher Form – erinnert werden kann.* Dabei wird sich herausstellen, daß die Erkenntnisse der Wahrnehmungstheorie zu der neuen Aufgabenstellung der Exegese durchaus passen. Deshalb werde ich im Anschluß an den der Wahrnehmungstheorie gewidmeten Abschnitt die Probe aufs Exempel machen und zu zeigen versuchen, daß das theoretisch Behandelte hilft, biblische Überlieferungen zu verstehen.

Der Zusammenhang gibt Gelegenheit, von einer »Seite« Gottes zu reden, die viel zu lange schon hinter der Christologie zurückgetreten ist: vom Geist.

Wahrnehmen und Erinnern als schöpferische Tätigkeiten von Geist sorgen für die Vielfalt menschlicher Wahrnehmungen Gottes

In der Theologie wird die Wahrnehmungstheorie im Blick auf die Entstehung und umformende Weitergabe biblischer Texte leider noch nicht wirklich ernst genommen[26]. Entweder werden die Texte ausschließlich historisch betrachtet, oder sie werden in den Dienst dogmatischer Glaubensaussagen gestellt. Dabei verhindert das Offenbarungsverständnis, daß die Wahrnehmungstheorie konsequent auf die exegetischen Kenntnisse angewendet wird. Deshalb widme ich der Wahrnehmungstheorie *Viktor von Weizsäcker*s viel Aufmerksamkeit und werde die dabei gewonnenen Einsichten auf einige biblische Überlieferungen anwenden.

Viktor von Weizsäckers Theorie der Wahrnehmung

Wir haben es nicht leicht, uns auf eine Theorie der Wahrnehmung einzulassen. Zu lange sind wir als Kinder einer Informationsgesellschaft daran gewöhnt worden, das Verstehen von Botschaften nach dem Modell der Nachrichtenübermittlung zu begreifen, die vom Sender zum Empfänger läuft. All unsere Aufmerksamkeit hat sich dabei darauf gerichtet, das »Rauschen« als allfälligen Störfaktor zu minimieren. Aber selbst, wo deshalb Rückkopplungsverfahren eingebaut worden sind, ist das Modell letztlich unbezweifelt geblieben. Was übermittelt, gesendet, werden soll, sah man als eine in sich abgeschlossene Nachricht, die zum Empfänger, dem Subjekt, übermittelt werden sollte. Zweifel an diesem Konzept sind von den Medienkritikern aufgebracht worden, die – wie *Marshall McLuhan* – festgestellt hatten, daß schon das Übermittlungs*medium* eine eigene Botschaft ausstrahlt (»The medium is the message«). Doch auch

---

26. In dem Sammelband Hauschildt/Schwab (2002) wird das Thema Wahrnehmung zwar erfreulich intensiv aufgenommen, aber nicht auf die Überlieferungsgeschichte der Bibel angewendet.

dabei wird noch nicht gesehen, daß der Empfänger die Botschaft, *indem und wie er sie versteht*, neu strukturiert, ja, teilweise erst *produziert*, keinesfalls also nur *reproduziert*! Und doch geht es bei jeder Wahrnehmung genau darum, daß das Wahrgenommene im wahrnehmenden Menschen verändert wird.

In seinem für die Theorie der Wahrnehmung bahnbrechenden Buch »Der Gestaltkreis« hat der Mediziner und Sinnesphysiologe Viktor von Weizsäcker 1940 »Die Bedingungen der Wahrnehmung«[27] untersucht. Von Weizsäcker geht von folgendem aus: »Die Welt und ihre Dinge sind nicht in Raum und Zeit« – wo wir, die wahrnehmenden Subjekte, sie an festem Ort als Objekte lokalisieren könnten. Vielmehr sind »Raum und Zeit ... in der Welt, an den Dingen«, denn alles ist in Beziehung zueinander, und wir sind mitten in diesem vielschichtigen Beziehungsgeflecht. Nehmen wir etwas wahr, nehmen wir niemals nur irgendwelche Gegenstände und Wesen je für sich wahr, sondern immer in der Beziehung, die *wir zu ihnen* haben. Wir müssen uns ihnen ja auch zuwenden, um sie wahrnehmen zu können. Und nehmen wir sie wahr, begegnen sie auch uns. Von Weizsäcker bemängelt, daß für die Wissenschaft seiner Zeit immer noch »wie bei Locke und Descartes Raum und Zeit die ›primären‹, die Empfindungen die ›sekundären‹ Qualitäten«[28] seien. Dieses Urteil gilt in vielem auch heute noch. Sein Verständnis von Wahrnehmung faßt er thesenartig so zusammen: »1. Die Wahrnehmung muß nicht als fabrikatartiges Bild, sondern selbst als eine Tätigkeit im Werden aufgefaßt werden, und 2. sie ist nicht subjektives Endprodukt, sondern geschehende Begegnung von Ich und Umwelt.«[29] *Subjekt und Objekt verbinden sich in dieser Begegnung.* Auf einen inspiratorischen Augenblick in seinem Leben zurückkommend, spricht er von der damals gewonnenen Erfahrung, die ich gerne mitteilen möchte:

»Die sinnliche Gegenwart eines äußeren Gegenstandes der aktuellen Wahrnehmung weiß nichts von einer Spaltung zwischen Subjekt und Objekt. Die erkenntnistheoretische Frage, wie das Subjekt in den Besitz des Objektes gelangen, wie das Objekt in das Subjekt Eingang finden könne – diese Frage ist offenbar sinnlos, wenn jener Zustand des sinnlichen Erlebens ein ursprünglicherer und vor aller Analyse höchst wirklicher ist. ... Nehmen wir an, diesem Urerlebnis des Eins-Seins von Subjekt und Objekt stehe das Primat zu, dann wird die Aufgabe der Erkenntnistheorie und der Wahrnehmungstheorie nicht darin bestehen, zu erklären, wie das Subjekt zum Objekt komme, sondern wie die Trennung, die Scheidung von Subjekt und Objekt, zustande komme. Wie also wird es möglich, daß ich nicht dieses Ding bin, das Ding nicht ich ist? Die Negation also will jetzt begriffen werden. Während aber die Urerlebnisse des Eins-Seins von Subjekt und Objekt einen beglückenden Charakter haben, ist die erste Erfahrung der Negation eine Qual. ... Die Negation ist es also, in der schmerzvoll das Ich vom Nicht-Ich sich trennt, Subjekt und Objekt auseinandertreten ... Die Ureinheit von Subjekt

---

27. V. v. Weizsäcker (1997), S. 195-238.
28. Ebenda, S. 233 f.
29. Ebenda, S. 219.

und Objekt und deren Auseinandertreten durch Verneinung machen zusammen die Beschreibung der menschlichen Existenz aus.«[30]

Viktor v. Weizsäcker hat diese *anthropologische* Erkenntnis gegen den Positivismus gewendet, in dessen Wirklichkeitsverständnis alle Objekte letztlich als beziehungslos, »für sich«, genommen und gemessen werden. Er hat ihm vorgeworfen, Wesentliches ausgeblendet zu haben. Ergebnis sei »eine Verirrung und Fälschung der Erkenntnis«. Diese zeige sich an der Forderung, daß die Wissenschaft ein widerspruchsloses Ganzes darstellen müsse, genauso wie an dem Postulat, das Subjektive bzw. das Menschliche müßte aus der Wissenschaft entfernt werden, damit sie wirklich »objektiv« sein könne. Von Weizsäcker aber kämpfte dafür, »die Notwendigkeit des Widerspruchs und der Einführung des Subjekts in der Wissenschaft einzusehen«. Denn er hatte in seinen sinnesphysiologischen Untersuchungen zwei Grunderkenntnisse herausgestellt: »1. die Erlebnisse des *Subjekts* wurden als *integrierend* für die Beschreibung des Vorganges anerkannt und 2. der mögliche *Widerspruch* zwischen Aussage der Sinneswahrnehmung und Aussage über den objektiven Sachverhalt – die Täuschung – wurde als *integrierend* für die Erkenntnis der Wirklichkeit anerkannt.« V. Weizsäcker hat seine und einiger Mitstreiter Arbeiten als Restauration des Wirklichkeitsbegriffs bezeichnet, den der griechische Naturphilosoph Parmenides (um 500 v. Chr.) lehrte: »Er besagt, daß uns in den Sinnen das Sein erscheint; es erscheint nur; was aber erscheint, ist doch das Sein« und kein Schein[31].

Von den beiden Grunderkenntnissen v. Weizsäckers ausgehend, können wir noch besser verstehen, was inzwischen in der Wahrnehmungsforschung experimentell jederzeit belegt werden kann: Was wir von all dem, was um uns herum geschieht, *bewußt* wahrnehmen, hat viel damit zu tun, wie es gerade in unserem Gemüt aussieht. Deshalb nehmen wir in der Umwelt vorrangig wahr, was uns innerlich gerade beschäftigt. Wie viele Menschen eine bestimmte Krankheit haben, fällt uns erst dann richtig auf, wenn sie uns selbst beschäftigt. Und zur zweiten Erkenntnis v. Weizsäckers paßt die Erfahrung, daß unser Gehirn in der Lage ist, den blinden Fleck an jener Stelle unseres Gesichtsfeldes auszugleichen, an der der Sehnerv das Auge verläßt. Obwohl er physikalisch da ist, dieser

---

30. V. v. Weizsäcker (1986), S. 81. Die hier vorgetragenen Erfahrungen von Einheit gleichen den Grunderfahrungen der Mystik. *Nikolaus von Kues* hat folgende mystische Perspektive dieser Wiedervereinigung beschrieben: »So beginne ich an der Pforte des Zusammenfalls der Gegensätze, die der Engel bewacht, am Eingang des Paradieses stehend, dich, Herr, zu schauen. Denn du bist da, wo Sprechen, Sehen und Hören, Schmecken, Fühlen, Überlegen, Wissen und Einsehen ein und dasselbe sind, wo Sehen und Gesehenwerden, Hören und Gehörtwerden, Schmecken und Geschmecktwerden, Fühlen und Gefühltwerden zusammenfallen und Reden mit Hören und Erschaffen mit Reden.« Das Zitat habe ich gefunden in der Zeitschrift: Transpersonale Psychologie und Psychotherapie 7/2001, H. 2, S. 2.
31. V. v. Weizsäcker (1986), S. 82 f. Vgl. dazu auch Schürmann (2003).

blinde Fleck, nehmen wir ihn nicht wahr, weil das Gehirn ihn ständig mit einer Hypothese darüber, was da, in der Lücke, sein *könnte*, füllt. *Es rekonstruiert das fehlerhafte Bild also, indem es an einem Punkt phantasievoll konstruiert.* Doch diese Hypothesen und die ihr folgenden Retouchierungen des tatsächlich Gesehenen stimmen nicht immer mit der sogenannten objektiven Realität überein. Hält man etwa an die Stelle des blinden Flecks die Darstellung einer unterbrochenen Linie, so interpretiert das Gehirn die Lücken als Ergebnis des permanenten Sehfehlers um und macht eine *un*unterbrochene Linie daraus. Nur, wenn wir *vorher* wußten, daß eine unterbrochene Linie dargestellt wird, kommt es nicht zu dieser konstruierenden Uminterpretation. Ganz ähnlich verhält es sich mit der konstruktiven Gehirnleistung im Blick auf das *Wahrnehmen von Bewegungen,* die Gegenstände oder Personen vor unseren Augen vollziehen. Das Auge kann – wie beim Sehen eines Films – nur eine unendliche Fülle von Einzelbildern wahrnehmen, die letztlich unverbunden auf einer bestimmten Linie liegen. Weil das Gedächtnis diese Einzelbilder aber speichern und ganz »dicht« zusammensetzen kann, nimmt das Gehirn sie in der Wahrnehmung erinnernd zusammen und »sieht« eine lückenlose Bewegung[32]. Zugespitzt läßt sich also behaupten: »Im Grunde ist alles, was wir sehen, nur eine Hypothese über das, was tatsächlich vor sich geht«[33].

Unsere Erkenntnis ist *nicht* »Erkenntnis einer Welt ohne Lebewesen, und das heißt ohne Subjekte«[34]. Denn Wahrnehmung ist eine »jeweils einmalige Begegnung von Ich und Umwelt« und, »verschränkt mit Bewegung, eigentlich immer nur eine Etappe in einer tätigen Entwicklung dieser Begegnung auf ein unbekanntes Ziel hin«[35]. Der Wahrnehmungsakt hat also *Begegnungscharakter* und führt uns punktuell zurück zu jenem »Urerlebnis« einer Einheit von Subjekt und Objekt. Wenn meine Tochter am Telefon sagt: »Ich habe gerade etwas Wunderschönes gesehen« und dann von der Begegnung mit einer Katze erzählt, so stellt der Wahrnehmungsakt, in dem sie nicht nur eine x-beliebige Katze, sondern wirklich »etwas Wunderschönes« gesehen hat, ein vergleichbares Erlebnis der wiedererkannten Einheit von Subjekt und Objekt dar. Andere Menschen können dieselbe Katze deshalb trotzdem häßlich finden.

An den Aussagen ›Ich sehe diesen Vogel‹ oder ›Ich fühle diesen Schmerz‹ hat Viktor v. Weizsäcker deutlich gemacht, daß in der Aktualität dieser Wahrnehmungen »zunächst nichts von einer Trennung oder einem Neben- oder Nacheinander von Ich und Gegenstand enthalten« sei. »Ich nenne dies daher«, sagt er, »die Kohärenz in der Wahrnehmung.« Gehe man hernach dazu über, Ich und Gegenstand zu unterscheiden, so sei allerdings auch nicht von vornherein

---

32. Vgl. dazu V. v. Weizsäcker (1997), S. 375. 391.
33. Süddeutsche Zeitung vom 8. 1. 2004 (»Augenblicke der Illusion«).
34. V. v. Weizsäcker (1997), S. 234.
35. V. v. Weizsäcker (1997), S. 236.

eindeutig klar, »wo (oder wann) der trennende Schnitt zwischen beiden zu liegen kommt.« V. Weizsäcker zieht die Körperempfindungen des eigenen Leibes als Beispiel heran. Es ist »ebenso berechtigt zu sagen, daß z. B. dieser Schmerz ›meiner‹, also im Ich sei, wie daß er nur in meinem ›Körper‹, also nicht in meinem Ich sei. Die Trennungslinie zwischen Ich und Es (= Gegenstand) ist also jedenfalls nicht präformiert, und ihre Unterscheidung ist selbst ein neuer biologischer Akt«[36].

Jede Wahrnehmung ist »im Hinblick auf die Begegnung, welche sie zwischen Ich und Gegenstand konstituiert, ein Original für sich«. Sie kann nicht eingeordnet werden in einen absolut feststehenden und sich selbst stets gleichen Raum; dasselbe gilt von der Zeit. Hier wird unterstrichen, daß Wahrnehmen als Akt der Begegnung von Subjekt und Objekt *ein Prozeß des Werdens ist, und zwar mit offenem Ausgang*. Wo v. Weizsäcker von »Objekt« spricht, können wir im Sinne heutiger Intersubjektivität auch von einem anderen Subjekt sprechen. Die Grundaussage aber heißt: An anderem Ort und zu anderer Zeit läßt sich das *Wahrnehmungsoriginal* so, wie es zustande gekommen ist, nicht mehr reproduzieren. Das, was wir Menschen als Wahrnehmungsgestalt des Wirklichen sehen, gibt es nicht als zeitlos reproduzierbare Größe. Das ist so, weil das »Wahrnehmungsoriginal eine gleichsam paritätische Begegnung von Ich und Gegenstand konstituiert und aus ihrer Kohärenz – nicht aus ihrem dualen Gegenüberstehen – hervorgeht.«[37]

Was in der Wahrnehmung aus der Begegnung von Subjekt und Objekt (bzw. anderem Subjekt) entsteht, ist also das *vor* dem Wahrnehmungsakt *nicht* da gewesene und *nach* dem Wahrnehmungsakt nur noch in der Erinnerung anzutreffende *Wahrnehmungsoriginal*, in dem sich Wahrnehmender und Wahrgenommenes verbunden haben. Denn *diese* Wahrnehmungsgestalt gibt es nur im Zusammenhang des konkreten Wahrnehmungsaktes, und das heißt auch nur in Verbindung mit dem wahrnehmenden Menschen und den individuellen Anteilen, die er mit in diese Wahrnehmungsgestalt hineingegeben hat. *Wahrnehmung ist als Begegnung also ein schöpferischer Akt, der sowohl das Wahrgenommene als auch das Bewußtsein des Wahrnehmenden verändert*[38].

Weil das so ist, können die Wahrnehmungen anderer Menschen niemals die *eigene* Wahrnehmung dessen, was sie vor mir wahrgenommen und dann beschrieben haben, ersetzen. Bestenfalls kann es mich dazu einladen, mich selbst in Bewegung zu setzen auf das hin, was sie – nun schon als ihre eigene Wahrnehmungsgestalt – mir mitgeteilt haben. Folge ich der Einladung, wird am Ende wieder eine *neue* Wahrnehmungsgestalt neben die der anderen treten. Und

---

36. V. v. Weizsäcker (1997), S. 236 f.
37. V. v. Weizsäcker (1997), S. 237.
38. Es fällt nicht schwer, das hermeneutische Modell der »Horizontverschmelzung« von Gadamer (1960) mit V. v. Weizsäckers Theorie zu verbinden.

selbst, wenn ich mich dabei nur auf einen *Text* einlasse, werde ich aus diesem Text am Ende meines verstehenden Wahrnehmens einen neuen gemacht haben: ein Wahrnehmungsoriginal, in dem nun *ich* vorkomme.

Ich knüpfe an den Anfang des Abschnitts an und fasse das bisher Behandelte vorläufig zusammen: Wenn Wahrnehmungen auf den »Empfang« von Nachrichten reduziert würden, die wir von Gegenständen oder Menschen bekommen, dann wären unsere »Sinne zu Erfüllungsgehilfen des Verstandes für erkenntnistheoretische Pflichten herabgesetzt«[39]. Vielmehr aber ist Wahrnehmung – so hat es auch der französische Philosoph Maurice Merleau-Ponty gesehen – »die Bewegung einer Begegnung von Ich und Welt. Das heißt ... eine Bewegung, ohne die es die Welt für uns nicht gäbe.«[40]

Geist ist das »Eigentliche des Wirklichen«, ist Gott

Daß unsere Wahrnehmungen unser Leben betreffen und beeinflussen, hat damit zu tun, wie wir als Wahrnehmende an der neu entstehenden Wahrnehmungsgestalt von etwas uns Begegnendem beteiligt sind. Grundlegend dafür ist die Einsicht: Begegnung ist ein Geschehen, in dem weit mehr geschieht, als daß sich zwei Subjekte – oder ein Subjekt und ein Objekt – einander annähern. Eine Begegnung, wie wir sie bisher beschrieben haben, führt nur deshalb zu einer neuen Wahrnehmungsgestalt des (wechselseitig) Wahrgenommenen, weil der schöpferische Akt der Wahrnehmung eine Tätigkeit von Geist ist. *Geist* wird hierbei nicht in irgendeiner fachspezifischen (also zum Beispiel theologischen) Klassifizierung verwendet, sondern so allgemein, wie es *Carl Friedrich von Weizsäcker* einmal als These formuliert hat: daß »das Eigentliche des Wirklichen, das uns begegnet, Geist ist.« Diese These bedeutet, »daß wenn ich einem Menschen begegne als einem Partner, als einem Du, als einem Wesen, mit dem es gemeinsames Leben im Geiste gibt, ich vollkommen Recht habe und die *eigentliche Wirklichkeit* erfasse, soweit sie überhaupt einem endlichen Wesen wie einem Menschen zugänglich ist«[41]. (Der) Geist schafft Beziehung, setzt in Beziehung zueinander[42]. Ein »gemeinsames Leben im Geiste« ist die Erfahrung der Geistwirkung selbst, insofern es diese Gemeinsamkeit ohne den Geist nicht gäbe – aber diese Erkenntnis auch nicht ohne die Teilhabe *an*, ohne das Sein *in* dieser Beziehung. Erst in der Begegnung und Wechselwirkung des einen mit dem anderen Menschen kommt das »Eigentliche des Wirklichen« ins Bewußt-

---

39. Zur Lippe (2003), S. 218.
40. Schürmann (2003), S. 351.
41. C. F. v. Weizsäcker (1968). Die Kursivierung stammt von mir.
42. Gemessen an einer entfalteten Lehre vom (heiligen) Geist, wie sie Welker (1992) vorgelegt hat, geht es mir hier um eine elementare Betrachtung der Geisttätigkeit.

sein: seine, des Wirklichen, geistgewirkte *Beziehungsstruktur*. Sie ist zugleich die Erfahrung des Geistes selbst. Dieses Verständnis und diese Beschreibung der durch den Geist zusammengehaltenen Wirklichkeit hat viel zu tun mit dem, was *Martin Buber* über die Beziehung von Ich und Du als »Grundworten« gesagt hat[43].

Werden einzelne Züge eines Menschen verobjektiviert, wird der Mensch aus dem Beziehungsgefüge Leben herausgenommen, vereinzelt, im Grunde um sein Menschsein gebracht. Wir kennen dieses Phänomen nicht nur durch die in der Medizinsatire kolportierte Form, einen Patienten durch seine akute Krankheit zu kennzeichnen als »Der Blinddarm«, »Die Leber« etc., sondern auch durch die Verobjektivierung einzelner persönlicher Stärken oder Schwächen. Dabei wird der (ganze) Mensch »auseinander genommen«. Geist bewirkt das Gegenteil, hilft dazu, daß wir einzelne Züge eines Menschen als Teile eines Ganzen sehen: als zu ihm gehörend. Geist – als das Eigentliche des Wirklichen – verbindet nicht nur Menschen, Ich und Du, sondern alles, was wir in der Wirklichkeit als Phänomene unterscheiden können. Dadurch schafft er *Welt*. Deshalb wird Geist zu Recht als *Schöpfer* bezeichnet. Daß dieses Geistverständnis auch in der neuen Physik eine gewichtige Rolle spielt, ist ein hoffnungsvolles Zeichen. Denn es spricht dafür, daß eine Physik, die sich selbst gegenüber kritisch genug ist[44], und eine Theologie, von der dasselbe gesagt werden kann, gute Chancen haben, sich zu begegnen.

(Der) Geist schafft, ja, *ist* das *Interesse*, er ist *Sein als das »Zwischen-Sein«* zwischen hypothetisch und wirklich getrennten Objekten oder Subjekten. Lebendige Begegnungen sind Erfahrungen des Geistes. Leben hat diese geistgewirkte Beziehungsstruktur. Beziehungs*losigkeit* ist Leblosigkeit. Wahrnehmungen von anderen und anderem außer mir sind im Grunde immer Wahrnehmungen der sich zwischen Subjekt und Objekt oder zwischen zwei Subjekten in der Begegnung aufbauenden Beziehung. Wird diese Beziehung wahrgenommen, wird ein Wirken des Geistes selbst erfahren. Eine vermeintliche Objektivität, die die Beziehungsstruktur des Lebens ausblenden wollte, hätte mit dem, was – in Beziehung – *ist*, nichts zu tun. Der Vorwurf, alles löse sich in Subjektivität auf, wenn das wahrnehmende Subjekt eine so große Bedeutung hat, trifft nicht den »Sachverhalt« des Lebendigen. Dieser Vorwurf übersieht nämlich, »daß eine subjektfreie Objektivität als gar nicht möglich erkannt wird.«[45] Wir leben nicht außerhalb, sondern inmitten des Seienden; nur so *sind* wir.

---

43. Buber (1992), S. 7. S. oben S. 91 f.
44. C. F. v. Weizsäcker, ebenda, hat betont, daß die Physik – anders, als man früher dachte – indeterministisch ist. »Sie läßt einen Spielraum, den wir in der klassischen Physik nicht gekannt haben. Die philosophische Bedeutung dieses Spielraums« zu erfassen, sei eine Zukunftsaufgabe.
45. V. v. Weizsäcker (1997), S. 386.

Wo ich bisher von *Geist* geredet habe, kann ich ohne Abstriche oder Zufügungen *Gott* einsetzen. Denn »Gott ist Geist« *(Joh 4,24)*. Wenn Begegnung eine vom Geist bewirkte, ja, selbst *als* Geistwirklichkeit zu verstehende Lebensbeziehung ist, kann Theologie tatsächlich verstanden werden als »Nachdenken über den Grund, der in der Fülle von Begegnung aufleuchtet.«[46] Wir können dabei den Gedanken erinnern, »ursprünglich« (was immer das meint) seien Subjekt und Objekt gar nicht getrennt gewesen, erst das reflektierende Denken habe die »Scheidung von Subjekt und Objekt« im Welterleben zustande gebracht[47]. Eine als Geistwirkung Gottes verstandene und erfahrene Begegnung zielt jedenfalls tendenziell immer darauf, diese Scheidung zu überwinden. Mehr noch: *Wenn Gott Geist ist, führen alle wirklichen Begegnungen auf die Spur des Geistes Gottes.* Wesen und Wirken des Geistes lassen sich verbinden mit dem, was nach Goethe »die Welt im Innersten zusammenhält«. Trotzdem hebt der Geist die schon wegen der Leiblichkeit bestehenden Grenzen zwischen Subjekten und Objekten nicht auf. Der Geist sorgt für Kommunikation zwischen ihnen, aber auch zwischen Gott und uns. Medien in *dieser* Kommunikation sind Tag- und Nachtgesichte, Träume, Empfindungen der Nähe, Ruhe, Geborgenheit und Sicherheit, aber auch die Stimme des Gewissens, und vom Menschen ausgehend: Gebet und Klage, Gesang, Meditation, Tanz und Reflexion. Das ist das Entscheidende, was zur Übereinstimmung der Gotteswahrnehmungen mit allen anderen Wahrnehmungen zu sagen ist.

Auf Begegnung und Wahrnehmung folgt das Erinnern

Harald Welzer hat in seiner Beschreibung des kommunikativen Gedächtnisses darauf aufmerksam gemacht, wie eng *Wahrnehmen* und *Erinnern* beieinander liegen[48]: Wahrnehmungen, die wir früher gemacht und erlebt haben, können wir nicht reproduzieren, sondern nur *erinnern*. Im Erinnern wird das früher einmal Wahrgenommene in eine neue Gestalt – die *Erinnerungsgestalt* – überführt. Die Erinnerungsgestalt kommt wie jede Wahrnehmungsgestalt zustande. Sie bezieht sich aber nicht unmittelbar auf eine Begegnung oder ein ursprüngliches Erlebnis (wie eine Theophanie etwa), sondern schon auf die daraus entstandene Wahrnehmung, die sie erinnert. Welzer betont dabei, daß die Erinnerungsarbeit von der Macht der *Gefühle* gesteuert wird. Gerade bei der Entwicklung des autobiographischen Gedächtnisses sind Emotionen »die zentralen Operatoren«; mit ihrer Hilfe *bewerten* wir Erfahrungen als gut, schlecht,

---

46. A. M. K. Müller (1972), S. 387.
47. V. v. Weizsäcker (1986), S. 81.
48. Welzer (2002), S. 136. Das *Gefühl* bewertet die physiologischen Reaktionen auf äußere Reize, ist also von der Physik abhängig!

neutral usw., und diesen Bewertungen entsprechend speichern wir sie in unserem Gedächtnis ab. »Autobiographische Gedächtnisinhalte können nur selbstbezogene Inhalte sein, und diese sind ohne ein emotionales Register nicht denkbar.«

Weil alle Emotionen, alle Erinnerungen an Emotionen und emotionale Erinnerungen eine körperlich-physiologische Signatur haben, ist »das autobiographische Gedächtnis auch immer ein Gedächtnis, das auf unser Körper-Selbst bezogen ist.« Erinnerungsarbeit, die mit früheren Wahrnehmungen geschieht, bleibt mit uns selbst und unserer eigenen Entwicklung verbunden. Was wir speichern, hält fest, was wir wahrgenommen und wie wir etwas während der Wahrnehmung emotional bewertet haben. Werden die Gedächtnisspuren in späteren Erinnerungsprozessen wieder überschrieben, vollzieht sich mit dem Überschreiben auch eine neue Bewertung. Diese Erkenntnis führt uns wieder mitten in die Physik, obwohl wir von geistigen Vorgängen reden! Wieder bewahrheitet sich dabei, daß Geist »das Eigentliche des Wirklichen« ist. Nicht nur deshalb, aber *allein schon* deshalb gilt alles, was wir von der vom Geist her beschriebenen Wahrnehmungs- und Erinnerungstätigkeit sagen können, auch für Wahrnehmungs- und Erinnerungsvorgänge, die ein göttliches Gegenüber betreffen.

Noch einen weiteren Aspekt können wir von Welzer übernehmen. Denn nach Welzer führt beim Erinnern und Überschreiben der Gedächtnisspuren außer den Emotionen *der soziale Kontext* Regie. Geht es bei den Emotionen um die gespeicherten Bewertungen von Wahrnehmungen, so beim sozialen Kontext um die Kommunikation mit den Zeitgenossen. Denn das autobiographische – also selbstbezogene – Gedächtnis hat die Aufgabe, »all unsere Vergangenheiten so umzuschreiben und anzuordnen, daß sie dem Aktualzustand des sich erinnernden Ich paßgenau entsprechen. Diese Paßgenauigkeit wird durch all unsere sozialen Kommunikationen beglaubigt, die uns praktisch versichern, daß wir uns selbst gleichgeblieben sind.«[49] So können wir zugleich ein individuelles Selbst haben *und* mit gegenwärtigen wie auch geschichtlichen Gestalten in Verbindung *bleiben* – obwohl wir ständig neue Erfahrungen machen, die uns verändern. Sie bringen uns dazu, wie wir sagen, die ganze Geschichte »in einem neuen Licht zu sehen«. In diesem mit der Kommunikation mitgehenden »Licht« können wir uns dann auch in unserer Umgebung sehen lassen.

Ich fasse zusammen, indem ich das bisher für Individuen Beschriebene auf *kollektive* Gedächtnisse übertrage: Was für Individuen und die Entwicklung ihres biographischen Gedächtnisses gilt, gilt auch für kollektive Gedächtnisse in der Gestalt von kulturellen Texten und Gedächtnissen. Was wir im biblischen Erbe an religionsinternem und interreligiösem Pluralismus haben, läßt sich als

---

49. Welzer (2002), S. 222.

Ergebnis einer vielschichtigen, über Jahrhunderte hin andauernden Erinnerungsarbeit an alten Überlieferungen verstehen. An ihrem jeweiligen Anfang haben authentische Begegnungen von Gott und Menschen gestanden, die wahrgenommen worden und dann in einen langen Prozeß der kultischen und theologischen Erinnerungsarbeit hineingeraten sind. Im Erinnerungsgeschehen sind sie immer wieder überschrieben worden – neuronal im Kopf der Erinnernden und literarisch in den »Texten«. »Texte« sind nach dem lateinischen Grundwort »Gewebe«. In ihnen sind alte Begegnungen und daraus resultierende Wahrnehmungen, aber eben auch immer neue Spuren der auf die Autoren bezogenen Erinnerungsarbeit ineinander verwoben.

Alles erfolgt in dem Dreischritt *Begegnen – Wahrnehmen – Erinnern*. In den Erinnerungsspuren sind alle diejenigen mit enthalten, die die Überlieferungen einmal erlebt, gehört, erinnert, weitererzählt und auch theologisch reflektiert haben. Weil alle, die sich an diesem Überlieferungsprozeß beteiligt haben, unterschiedliche Biographien hatten, ist es auch in der Bibel notwendigerweise zum Pluralismus gekommen. Wenn wir dann in die Kirchen- und Theologiegeschichte hinein weitergehen, können wir das Nebeneinander der unterschiedlichen Kirchentümer und Konfessionen auf dieselben Prozesse divergierender Wahrnehmungs- und Erinnerungsarbeit zurückführen. Aber selbst die pluralistische Wirklichkeit, die wir Christen von den Kanzeln der Kirchen Sonntag für Sonntag – und die Muslime in ihren Moscheen beim Freitagsgebet auch – erleben, gehört in den beschriebenen Wahrnehmungs- und Erinnerungszusammenhang hinein. Sie ist kein Schade, und schon gar nicht zu bekämpfen. Sondern diese Wirklichkeit ist vom lebendigen Geist Gottes bewirkt.

Im folgenden wende ich das in diesem Abschnitt Erarbeitete an, indem ich einige wichtige neutestamentliche Überlieferungen unter Zuhilfenahme des Dreischritts von *Begegnen – Wahrnehmen – Erinnern* interpretiere. Die von der Wahrnehmungstheorie her beschriebenen Regeln verbinde ich mit den exegetisch erkennbaren Sachverhalten. Aber auch die Ebene des Glaubens kann dabei zur Sprache kommen. Denn der individuelle Glaube ist nichts anderes als das immer neue selbstbezogene Erinnern fremder und eigener Wahrnehmungen Gottes. Danach werde ich dann auf die Frage eingehen, was es (noch) heißen kann, von Offenbarung zu reden.

Christlich-biblische Erfahrungen kritisch wahrgenommen und selbstbezogen erinnert

Gott begegnet uns Menschen aus einer wirklichen Transzendenz. Ich schließe aus, daß Wahrnehmungen Gottes generell Vorstellungen wären, die Menschen ganz und gar in sich selbst entwickelt und auf Gott projiziert hätten. Begegnungen und Wahrnehmungen Gottes[50] werden mündlich und in schriftlichen Überlieferungen erinnert. Was sich dabei vollzogen hat und der Beschreibung mit Hilfe des Dreischritts von *Begegnen – Wahrnehmen – Erinnern* zugänglich ist, lege ich an einer Reihe von biblischen Erzähl- und Sachzusammenhängen dar.

Weihnachts- und Tauferzählungen, oder: Wes Geistes Kind Jesus ist

Die Überlieferung von Jesus Christus läßt sich als *das* Beispiel für die Wahrnehmung Gottes als Geist lesen. Sie fängt im Matthäus- und Lukasevangelium mit jener besonderen Begegnung zwischen Gott und Mensch an, für die im Volksmund das Stichwort »jungfräuliche Empfängnis« benutzt wird. Doch es geht nicht um ein biologisches Mirakel. Jesus hat *natürliche Eltern* gehabt wie wir. Bei Johannes werden seine Kritiker unbefangen mit der rhetorischen Frage zitiert: »Ist das nicht Jesus, der Sohn Josefs, dessen Vater und Mutter wir kennen?« *(6,42)* Und er hatte auch *natürliche Geschwister (Mk 3,21.31-35)*. Die Erzählung von der jungfräulichen Empfängnis benutzt einen damals altbekannten mythischen Stoff von der göttlichen Zeugung von Götterkindern, Königen, Heroen oder Philosophen[51]; hier soll mit seiner Hilfe nur ausgedrückt werden, *»wes Geistes Kind«* das Menschenkind Jesus ist: Kind des Geistes Gottes. Der jüdische Vatergott verbindet sich *nicht* – wie es der griechische Vatergott Zeus getan hätte – in leiblicher Gestalt mit Jesu Mutter. Sondern er tritt als Geist in das in ihr beginnende Leben ein[52]. Entsprechend steht die *Beziehung zwischen Gott und Menschen* im Mittelpunkt der ganzen Jesus-Geschichte: Jesus ist Menschenkind *und* – als Gottessohn – Geisteskind zugleich[53]. Das Markusevangelium kennt keine Vorgeburts- und Geburtsgeschichte Jesu, nur seine *Taufe*. Diese Art von Anfang wird die ältere sein, sagt aber von der Grundaussage her dassel-

---

50. Ich stimme H.-M. Barth (2001), S. 270, zu, wenn er fordert, den Begriff der Gottes*erkenntnis* durch den Begriff der Gottes*wahrnehmung* zu ersetzen.
51. Luz (1985), S. 101.
52. In der Ankündigung der Geburt Jesu sagt der Engel Gabriel zu Maria (Lk 1,35): »Der Heilige Geist wird über dich kommen, und die Kraft des Höchsten wird dich überschatten; daher wird auch das Heilige, das gezeugt wird, Sohn Gottes genannt werden.« Durch die Einsprengsel reflektierender Sprache (»daher wird ...«) ist die mythische Sprachgestalt nicht mehr rein erhalten. Es zeigt sich hier schon ein Interesse an einer leiblichen Verobjektivierung des Geschehens. Dieses Interesse meldet sich auch heute noch, wenn eine leibliche Vaterschaft Josefs bestritten wird. Mit dem Interesse an einem *leiblich*-substanzhaften Status Jesu als »Gottessohn« wird aber gerade die *Geistes*kindschaft zu einem sekundären Element der Geschichte gemacht – zu Unrecht.
53. Auch die Buddha-Legende erzählt von seiner doppelten Kindschaft: Er entsteht aus der Verbindung von menschlicher – und sogar jungfräulicher! – Mutter und dem vom Himmel herabsteigenden Bodhisattva: Heiler (2003), S. 164.

be. Denn der *Geist* schwebt auf ihn nieder und sagt: »Du bist mein geliebter Sohn, an dir habe ich Wohlgefallen gefunden.« *(1,11)*

Anders ausgedrückt: *Der Mensch Jesus ist die neue Wahrnehmungsgestalt Gottes,* in der sich Gott und der Gott wahrnehmende Mensch verbinden. Die – aus Gott kommende – Geisteskindschaft und die Menschenkindschaft sind zwar logische Gegensätze und klar voneinander zu unterscheiden, aber komplementär als Teile des Ganzen miteinander verbunden. Der »Zeugungsakt« aus Gottes Geist ist ein Schöpfungsakt, der sich mit dem menschlichen Zeugungsakt durch Josef – wiederum komplementär – verbindet. Daß *Josef* im Evangelium nicht als Vater Jesu erscheint und angesprochen wird, verstehe ich so: Josef wäre damit in eine verwirrende Konkurrenz zum jüdischen Vatergott getreten. Man hätte immer fragen müssen, wen Jesus anredet, wenn er – wie im Vaterunser – von *seinem Vater* spricht.

Dazu paßt auch, daß die Evangelien keinerlei Beschreibung seines Äußeren enthalten[54], und daß Jesus keine leiblichen Kinder hatte. Sie hätten eine – biologistisch mißverstandene – Gotteskindschaft *erblich* gemacht. Jesus, das Geisteskind Gottes, hat nur *Geisteskinder.* Die *Gottes*kindschaft *»zeugt« sich in der Menschheit durch den Geist fort, ist also auch Geisteskindschaft.* Dazu muß man bei Johannes lesen *(20,19-23):* Der Auferstandene sendet seine Jünger mit den Worten aus: »Wie mich der Vater gesandt hat, so sende ich euch«. Und dann kommt der »Zeugungsakt«, der sich – wenn wir die Schöpfungsgeschichte hinzunehmen[55] – wiederum als ein *Schöpfungsakt* zu erkennen gibt: »Und nachdem er dies gesagt hat, hauchte er sie an und sagte zu ihnen: Empfanget heiligen Geist«. Stünde hier übrigens: »Empfanget *den* Heiligen Geist«, wäre das verobjektivierende Statusdenken schon dominant gewesen. So aber ist auch hier zu erkennen, daß die Jünger als die neuen »doppelten« Söhne, als die menschlichen Wahrnehmungsgestalten Jesu – und durch ihn Gottes – ihren Weg gehen können. *Die Beziehung zwischen Gott und Menschen ist das Entscheidende auch hier.* In diesem Sinn kann Jesus die Jünger sogar einmal als »liebe Kinder« anreden *(Joh 13,33).* Zu der geistgewirkten, sich als Liebe äußernden Beziehung treten Worte hinzu, in denen sie sich äußert. Aber die Beziehung geht nicht in den Worten auf und ist über Worte allein nicht zu fassen. Vielmehr macht die geistgewirkte Beziehung Kommunikation zwischen Gott und Menschen auf vielen Ebenen möglich.

54. Die Kirche hat diese notwendige Zurückhaltung allerdings ziemlich bald aufgegeben. Dafür spricht die Übertragung des Asklepios-Bildes auf Jesus Christus (vgl. Dinkler [1980] und Belting [1993], S. 50-52) und später als berühmtes Beispiel die Verehrung des »Tuchbildes der Veronica«: vgl. dazu Belting, ebenda, S. 246-252.
55. »Da bildete Gott, der Herr, den Menschen aus Erde vom Ackerboden und hauchte ihm Lebensodem in die Nase; so ward der Mensch ein lebendes Wesen.« (1. Mose 2,7) Dazu muß 2. Kor 5,17 gelesen werden: »Ist jemand in Christus, so ist er ein neues Geschöpf« – des Geistes Gottes.

Die *Gottes*kindschaft (des Königs) war im übrigen schon vorbiblich ein traditioneller mythischer Gedanke, der in einem Inthronisationsritual vorkommt *(Ps 2,7)* und mit Sicherheit aus Ägypten übernommen worden ist, wo er seit dem 3. Jahrtausend v. Chr. »hunderttausendfach« belegt ist[56]. Das Neue bei Jesus ist seine *Geisteskind*schaft. Mit dem Verständnis der Gott-Mensch-Beziehung als Geisteskindschaft wird ausgedrückt, was Johannes als einziger schon als theologische These formuliert: »Gott ist Geist. Und die ihn anbeten, müssen ihn in Geist und Wahrheit anbeten.« *(Joh 4,24)* In dieser Formulierung ist enthalten, daß die Geistbeziehung ein *Wechselverhältnis* einschließt: Wie Gott den Menschen als Geist begegnet, so müssen sie ihn in Geist und Wahrheit anbeten.

Ostererzählungen, oder: Das neue Leben muß in der Gestalt des alten wahrgenommen werden

Die Ostererzählungen in den Evangelien erinnern an Begegnungen, die Frauen und Männer aus der Jüngerschaft Jesu mit dem auferstandenen Jesus Christus erlebt haben. Hinzu kommen Begegnungen, die von den Überlieferungen zwischen Ostern und Himmelfahrt angesiedelt worden sind. Um uns auf eine Situation zu konzentrieren, bleiben sie hier außer acht. Bei allen Evangelisten lesen wir von Begegnungen, die Frauen und Männer mit dem Auferstandenen hatten. In allen schriftlichen Erinnerungen daran ist es so, daß die Menschen eine ihnen begegnende menschliche Gestalt wahrnehmen, die sie von ihrem Äußeren her aber *nicht* mit dem irdischen Jesus oder irgendeinem anderen konkreten Menschen identifizieren können. Maria Magdalena hält den Auferstandenen für den Friedhofsgärtner *(Joh 20,15)*. Die Jünger, die sich aus Angst eingeschlossen hatten, erleben eine Gestalt, die durch die geschlossene Tür in ihren Raum eintritt *(Joh 20,19)*. Auch bei Lukas lesen wir, daß sich der Auferstandene auf einer Wanderung zwei Jüngern anschließt, ohne daß sie ihn von der Gestalt her erkennen *(24,15 f.)*.

Zu der Gewißheit, dem *Auferstandenen* und nicht irgendwem begegnet zu sein, kommt es erst, als der ihnen Begegnende etwas sagt oder tut, was sie aus der gemeinsamen Zeit mit ihm als unbedingt zu *ihm* gehörend erinnern oder was den Unbekannten dann als den *Gekreuzigten* ausweist: Maria Magdalena erkennt den Auferstandenen, als der Fremde *sie* in vertrauter Weise mit ihrem Namen anredet *(Joh 20,16);* die ängstlich Eingeschlossenen nehmen den in ihre Angst und Verlassenheit Eingedrungenen als »den Herrn« wahr, als er ihnen

---

56. So Görg (1998a), S. 117(-121). Im »Großen Sonnenhymnus« nennt der Pharao Echnaton sich selbst in der Anrede an RE »deinen Sohn«, ja, sogar »deinen Sohn, der aus deinem Leibe kam«: J. Assmann (1999), S. 221 f.

seine durchbohrten Hände und die vom Lanzenstich verletzte Seite zeigt *(Joh 20,20 vgl. 27f.)*. Und bei Lukas erkennen die Jünger den Auferstandenen erst, als er – wie beim letzten Abendmahl – das Dankgebet spricht und ihnen das Brot bricht *(24,30f.)*.

Was wir von den ursprünglichen Begegnungen und Wahrnehmungen erkennen können, die hinter den schriftlichen Erinnerungen liegen, sagt: Der Auferstandene kommt ihnen von der äußeren Gestalt her als Unbekannter entgegen; seine *Leiblichkeit* ist *unspezifisch* anthropomorph – und *nicht* im Kreis der Jüngerinnen und Jünger *festzuhalten*. Sie gehört zu der Welt, die *er* schon hinter sich hat, in der ihn die Jüngerinnen und Jünger aber noch wahrnehmen. Sie ist nur dazu da, die noch im Leibe Lebenden erfahren zu lassen, daß der Hingerichtete bei Gott – oder bei Johannes: *als* Gott – lebt. Der Schleier, der über dieser Begegnung liegt, wird erst durchschaubar, als die Menschen bestimmte Eigenheiten an ihm wahrnehmen, die aus ihrer Lebensbeziehung zu Jesus stammen und die diese Beziehung wachzurufen vermögen. Erst dadurch *rekonstruieren* sie eine erinnerbare Gestalt und wissen: »Wir haben den Herrn gesehen« *(Joh 20,25)*. Dennoch läßt sich der Auferstandene nicht in einer irdischen Gestalt *verobjektivieren*. Nach Art aller Epiphanien meint die wahrnehmbare Erscheinung keine Rückkehr in das irdische Leben. Denn die christliche Vorstellung von der Himmelfahrt, die ursprünglich zu Ostern hinzugehört *(Lk 24,51)*, ist gründlich zu unterscheiden von antiken Vorstellungen einer Jenseitsreise, deren Ziel die Rückkehr in das Leben war[57]. Die Himmel*fahrt*, in der Antike des östlichen Mittelmeerraumes vielfach belegt[58], *beendet* dagegen das irdische Leben.

Der Versuch, die schriftlichen Erzählungen von den Begegnungen mit dem Auferstandenen als quasi-objektive Beweise einer leiblichen Auferstehung anzusehen, ist ein Produkt materialistischen Denkens, das von Geistwirklichkeit nichts mehr weiß. Es ehrt weder Kirche noch Theologie. In schöner Knappheit lesen wir bei Lukas, wie der Auferstandene vor seiner Verobjektivierung flieht: »Da wurden ihnen die Augen aufgetan, und sie erkannten ihn; und er entschwand ihren Blicken« *(24,31)*: Die Augen gehen nach innen, der Blick nach außen. Der Rest ist unüberholbare *Erinnerung*: Glaube. Nur er kann dokumentiert werden, nicht der Auferstandene selbst.

---

57. Colpe (1995), Sp. 445.
58. Henoch wird von Gott »hinweggenommen« (1. Mose 5,24); Elias fährt mit einem feurigen Wagen zum Himmel auf (2. Kön 2,11). Colpe hat ein unglaublich weit gespanntes Material zu der Vorstellung zusammengetragen, daß Menschen nicht einfach gestorben, sondern in den Himmel emporgehoben worden sind. Sophokles erzählt in seiner Tragödie »Ödipus auf Kolonos«, daß Ödipus mithilfe eines Götterboten *in die Erde* »entrückt« worden sei (V. 1656-1666): »Ganz ohne Qual und Krankheit ward der Mann entrückt und wunderbar wie nie ein Mensch.« (1663-1664)

Die *Erzählung vom leeren Grab (Mk 16,1-8)* ist *nicht* die Voraussetzung für den Auferstehungsglauben. Wir müssen beachten, daß die Evangelien – im Blick auf die Zeitachse gesprochen – literarisch »rückwärts« gewachsen sind. Ausgangspunkt sind dabei die Begegnungen mit dem Auferstandenen gewesen. Sie sagen: Die durch den Geist bestehende Beziehung zu Jesus Christus ist durch seinen Tod nicht beendet worden, sondern bleibt – verändert – bestehen. Sie ist die Basis des Evangeliums, daß der Hingerichtete und sein Leben von Gott »beglaubigt« worden sind als *der* Weg des Lebens. Was mit Jesu Leichnam geworden ist, weiß niemand. Dazu gibt es keine »Bilder«. Es ist wie beim »blinden Fleck« in unseren Augen. Von der geglaubten Wahrheit her, daß Jesus Christus lebt, ist das »fehlende Bild« in der Wahrnehmung der Osterszene durch die in der Antike geläufige Vorstellung von der leiblichen Himmelfahrt ergänzt worden. Das »leere Grab« ist also die erzählerische und literarische Konsequenz aus der Vorstellung von der Himmelfahrt Jesu Christi, aber keine physikalische Realität gewesen.

Pfingsterzählungen, oder: Wie das aramäische Evangelium über Kulturgrenzen hinweg in die hellenistische Weltsprache kam

Lukas erzählt in der Apostelgeschichte vom *Pfingstfest* als Übergang des Urchristentums in die Welt des Hellenismus. Seine Erzählung benutzt über weite Strecken hin eine mythische Sprache. Der Geist kommt auf die in einem Haus versammelte aramäischsprachige Jüngerschar als *stürmischer und feuriger Geist* herab: »Und es erschienen ihnen Zungen, die sich zerteilten, wie von Feuer, und es setzte sich auf einen jeden unter ihnen. Und sie wurden alle mit heiligem Geist erfüllt und fingen an, in anderen Sprachen zu reden, wie der Geist ihnen auszusprechen gab.« *(Apg 2,3f.)* Ihre Hörer sind Juden aus dem Mittelmeerraum, Menschen mit sehr unterschiedlichen Muttersprachen. Ich verstehe die Geschichte als mythischen »Bericht« vom Übergang der anfänglich aramäischsprachigen galiläischen Überlieferung von Jesus Christus in die hellenistische Welt. Die Brücke dafür war die griechisch-hellenistische Weltsprache *Koiné*. Durch sie konnten alle einen Zugang zum Evangelium bekommen, welche Muttersprache auch immer sie hatten. In diese Weltsprache hinein hat nach dem Glauben der Christen der *heilige Geist* die Kommunikation des Evangeliums transferiert und dafür gesorgt, daß es keine Winkelangelegenheit wurde. Daß sich dieser Übergang in so kurzer Zeit vollzogen hat, kann man auch heute noch getrost als Wunder bezeichnen: Paulus schrieb 30, die ersten drei Evangelisten (Synoptiker) 40 Jahre nach Jesu Tod.

Daß damit eine tiefgreifende *kulturelle Transformation* verbunden gewesen ist, versteht sich. Dabei ist die ursprüngliche Wahrnehmungsgestalt Jesu Christi (einschließlich des Vatergottes) vielfach verändert, umgeformt und schließlich auch literarisch »überschrieben« worden. *Denn die kulturellen Übergänge haben erhebliche Bedeutungsverschiebungen von Begriffen und ganzen Vorstellungen mit sich gebracht.* Mit anderen Worten: Schon die griechischen Überlieferungen sind – gemessen an den aramäischen – *neue* Erinnerungsgestalten Jesu und spiegeln seine Bedeutung bereits in den Konturen hellenistischer Gottesvorstellungen und Religionen.

Das Evangelium ist in diesem Prozeß aber auch von Jesus Christus auf die Jüngerinnen und Jünger Jesu – und somit auf die Christinnen und Christen als »Träger« übergegangen. Sie sind in die Rolle eingetreten, die Jesus Christus nach dem Johannesevangelium im Blick auf den überlieferten Vatergott innehatte (*14,9*: »Wer mich sieht, sieht den Vater«): Ist *Jesus Christus die irdische Wahrnehmungsgestalt Gottes, so sind die vom Auferstandenen ausgesandten und bevollmächtigten Jüngerinnen und Jünger die individuelle wie kollektive Wahrnehmungsgestalt Jesu Christi auf der Erde*[59]. Das Identische, das sie mit dem Wahrgenommenen verbindet, besteht in dem, was sie durch Gottes Geist gegenüber den Menschen und der übrigen Schöpfung sind: Gottes irdische Gegenwart. Gerade aber dadurch, daß Jesus Christus in den von ihm gesandten Menschen Gestalt annimmt und sie alle als »Licht der Welt« *(Mt 5,13)* Gottes liebevolle Gegenwart bezeugen, nehmen die Christusgegenwart bzw. die Gottesgegenwart in der Welt *auf höchst vielfältige Weise Gestalt an (Gal 4,19)*. Vor allem Paulus ist nicht müde geworden, die Vielheit in der Einheit der Gemeinde zu betonen. Als sogenannter »Heidenapostel« hatte er seine eigenständige Linie gegenüber der Jerusalemer »Urgemeinde« nach heftigen Auseinandersetzungen durchgesetzt *(Gal 1,11-23)*, weil er Jesus Christus in einer kulturell anders geprägten Welt auch anders zu bezeugen hatte – eben so, als wäre er selber Grieche und ohne die Tora aufgewachsen *(1. Kor 9,19-23)*. Entscheidend für die Existenz der Christen konnten nicht mehr ihre bisherigen religiösen Herkünfte sein, sondern die Gaben, die ihnen der Geist Gottes selber gab *(1. Kor 12,11)*.

Nach Abschluß des Kanons hat sich diese Entwicklung weg vom Ursprung fortgesetzt und mündete in unterschiedliche Kirchentümer und Theologien. Wie groß die Spannweite dadurch geworden ist, zeigen die dogmatischen Kämpfe der folgenden Jahrhunderte, ja, der beiden Jahrtausende und die gegenseitigen Verwerfungen der sich ausdifferenzierenden Richtungen und Kirchentümer.

---

59. Zusammen sind sie »Christus als Gemeinde existierend«: Bonhoeffer (1986), S. 76. 271; (1987), S. 157 f.: »Aus dem Religionsbegriff ist ein Gemeinschaftsbegriff geworden.« Die Wendung »Christus als Gemeinde existierend« meint nach Bonhoeffer (1986), S. 76, die *ethische* »Kollektivperson« der Christen, die die Kollektivperson Menschheit ablösen wird, die einst aus Adam hervorgegangen war.

Zweiter Teil: Notwendige Abschiede von überlieferten Glaubensvorstellungen

Die Geisteskindschaft der Christen, oder: Wie der Geist vom knechtenden Gott zur Freiheit der Kinder Gottes führt

Im Römerbrief *(8,12-17)* versucht Paulus, den christlichen Briefempfängern zu vermitteln, was die neue Gottesbeziehung, in die sie durch die Taufe hineingekommen sind, für sie bedeutet: »(Denn) alle, die vom Geist Gottes geführt werden, die sind Kinder (Söhne) Gottes.« *(8,14)* Geist bewegt, bringt die Gläubigen in die neue Geistbeziehung zu Gott. Sie verändert die Basis der Existenz: »Denn ihr habt nicht den Geist der Knechtschaft empfangen, so daß ihr euch abermals fürchten müßtet, sondern ihr habt empfangen den Geist(, der in) der Annahme an Sohnesstatt (wirkt).« Das ist für Paulus die zentrale Gotteswahrnehmung: *Gott begegnet den Menschen (in Jesus Christus) so, daß sie sich nicht – wie bisher – vor ihm fürchten müssen.* Denn der Geist hilft ihnen wahrzunehmen, daß Gott nicht nur Jesus Christus, sondern auch die Christen in den Stand von Kindern Gottes versetzt hat. Es klingt wie die Parole einer Revolution, was er den Galatern schreibt: »Für die Freiheit hat uns Christus frei gemacht! Darum steht fest und laßt euch nicht wieder unter ein Joch der Knechtschaft bringen!« *(5,1)*

Die *Angstbeziehung* und die *Kindesbeziehung* zu Gott sind zwei ganz und gar gegensätzliche Gottesbeziehungen. *Aber beide sind Geistwirkungen.* Das darf nicht übersehen werden. Der Unterschied kommt daher, wie der Geist Gottes bezeugt und wahrgenommen wird: als Geist der *Knechtschaft* – wie bisher – oder als Geist der *Kindschaft.* Bisher hatten die Menschen Gott als eine sie bedrohende Gestalt wahrgenommen, die ihnen im Gesetz gegenübergetreten ist: es forderte absoluten Gehorsam und erklärte alle – wegen ihrer trotzdem geschehenden Übertretungen – als des Todes würdig. *Diese* Gotteswahrnehmung sollen sie aufgeben, in der Erinnerung »überschreiben« lassen durch die neue Gottesbeziehung, die Jesus Christus vermittelt hat. Von ihr spricht Paulus am Schluß des Kapitels: »Denn davon bin ich überzeugt: Weder Tod noch Leben, weder Engel noch Mächte, weder Gegenwärtiges noch Zukünftiges, keine Gewalten, weder Höhe noch Tiefe noch irgendeine andere Kreatur wird uns trennen (können) von der Liebe Gottes, die in Christus Jesus, unserm Herrn (für uns wirksam geworden ist).«[60] *(Röm 8,38f.)* Da kommt das neue Gesicht Gottes hervor: Gott als unbedingte Liebe[61]. Um welchen Geist es sich handelt, wird also an der inneren Qualität der Gottesbeziehung deutlich. In *diesem* Sinn sind die Geister zu unterscheiden *(1. Joh 4,1).* Diese Scheidung der Geister verlangt heute eine entschiedene Absage an ein kirchliches Auftreten, durch das sich Menschen am Ende doch wieder vor *Gott* fürchten, weil ihnen eine Kirche »die

---

60. Die Übersetzung folgt Wilckens (1980), S. 170.
61. Das ist das in unermüdlicher und phantasievoller Variation von E. Biser immer wieder vorgetragene Thema. Sein Paulus-Buch bietet überraschende Analysen: Biser (2003).

Hölle heiß« gemacht hat. Denn die Christinnen und Christen als freie Kinder Gottes zu achten, ist leider noch lange nicht überall kirchliche Praxis.

Der im Vaterunser als Anrede gesprochene Ruf »Abba, lieber Vater« ist »Anbetung in Geist und Wahrheit« *(Joh 4,24)*. Denn er reagiert auf die Vergewisserung der Geisteskindschaft, die der Geist Gottes in den Christen – wie Luther meinte: durch die *gesprochene* Predigt – bewirkt. Paulus schreibt: »Dieser Geist selbst bezeugt unserem Geist, daß wir Gottes Kinder sind« (Röm 8,16). Die Geistbeziehung und die Geistwirkung gehen ineinander über. Martin Luther hat die vom Geist Christi geschaffene neue Gottesbeziehung darin wirksam gesehen, daß »wir andere und neue Leute werden«[62].

Gebet, oder: Kommunikation mit Gott über das Leben

Die persönliche Situation und die soziale wie kulturelle Umgebung eines Menschen bestimmen stark, was ein Mensch Gott an Hoffnungen und Erwartungen entgegenbringt[63]. Leben ist keine abstrakte Größe, sondern wird in der Fülle der Lebensbeziehungen gelebt. Deshalb wird ein Mensch, der alleine lebt, in vielem von anderen Hoffnungen und Gefühlen bewegt als ein Mensch, der viele Kinder und Enkel hat. Daß auch Gruppen und ganze Ethnien Interessen haben, die gegen die Erwartungen anderer Gruppen und Ethnien gerichtet sind, hat verwandte Gründe. Entsprechend können individuelle wie kollektive Erwartungen an Gott leicht zu Konflikten führen – dann vor allem, wenn er Menschen gegen diejenigen helfen soll, die sie als Feinde ansehen. Das zeigt die Geschichte der Kriege. In ihnen ist Gott immer wieder von denjenigen um Schutz vor den Feinden oder um den Sieg über sie angefleht worden – so daß er gegen sich selbst hätte kämpfen müssen, um die Gebetswünsche zu erfüllen. Es ist kein Kriegsgebet der Kirchen dokumentiert, das die Erwartungen der jeweils anderen Seite an Gott berücksichtigt, wenigstens auch deren Wunsch zu leben, *Gott gegenüber* angesprochen hätte.

Grundsätzlich aber ist das *Gebet* als Möglichkeit, eigene Hoffnungen und Ängste Gott vorzutragen, vom Verdacht freizuhalten, Gott solle in Dienst genommen werden. Das Gebet engt Gott in seiner Souveränität *eigentlich nicht* ein – jedenfalls dann nicht, wenn *so* gebetet wird, wie Jesus es in Gethsemane angesichts des ihm drohenden Endes vorgemacht hat: »Abba, Vater, alles ist dir möglich; laß diesen Kelch an mir vorübergehen! Doch nicht, was ich will, sondern was du willst, (geschehe).« *(Mk 14,36)* Auch als Bitte ist das Gebet dazu da, das Leben in seiner äußeren und inneren Situation mit Gott, mit dem Lebens-

---

62. Luther (1925), S. 1.
63. Vgl. Jörns (1999a), S. 87-95; Zulehner/Hager/Polak (2001a), S. 56-64.

grund, in Verbindung zu halten. Die Bitte des Vaterunser, daß *Gottes* Wille im Himmel wie auf Erden geschehen möge, bringt das eigene Leben und Wollen auf eine Weise mit Gott in Verbindung, die aus dem Herzen keine Mördergrube machen muß, aber es dem Geist Gottes überläßt, was davon Wirklichkeit wird.

Daß die Erwartungen *an* Gott die Wahrnehmungen *von* Gott nicht überformen, daß also nicht aus des Menschen Wunsch vermeintliche Gedanken Gottes werden, ist trotzdem ein großes Problem. Dafür, wie mit diesem Problem ganz generell umzugehen ist, gibt es keine einfachen Rezepte. Theologisch gibt es gegenüber der Aussage eines Menschen, er habe dieses oder jenes von Gott wahrgenommen, die Möglichkeit, diese Wahrnehmungen mit unseren Überlieferungen in Verbindung zu bringen, die Paulus als die »Worte Christi« bezeichnet hat *(Röm 10,17).* Und dann muß abgewogen werden, ob die neue Wahrnehmung Gottes zu dieser Spur paßt. Aber dabei taucht das nächste Problem auf, denn bei dieser Methode wird die Überlieferung – und mit ihr die fremden kulturellen Faktoren, die in die Texte eingeflossen sind – zur *Norm.* Neue Situationen und Lebenskonstellationen erfordern aber Antworten, die wirklich auf *heutige* Fragen eingehen. Deshalb ist die These nicht zu halten, alles Leben sei durch die biblischen Überlieferungen gewissermaßen schon vorweg genommen, vorweg gelebt und vorweg bedacht worden. Das Übereinstimmungsgebot muß auf eine *innere* Gedächtnisspur beschränkt bleiben. Diese kann sich zum Beispiel in der Frage äußern, ob eine heutige Wahrnehmung Gottes zu jener unbedingten Liebe Gottes paßt, die Christus verkörpert, oder nicht. Das aber heißt: Wer diese innere Gedächtnisspur als Kriterium nehmen will, muß auch bereit sein, theologisch zu entscheiden, wo diese Spur verläuft und was zu anderen Spuren gehört.

Liturgie, oder: Was geschieht, wenn Überlieferungen liturgisch verwendet werden

Wenn innerhalb heiliger Schriften überlieferte Gebete, Hymnen und Riten (Opferriten, Taufriten, Segnungen und dergleichen) Bestandteile einer Liturgie werden, gewinnen sie eine neue Dignität, ja, Sakralität. Eine liturgische Funktion sorgt jedenfalls dafür, daß Texte einen sakralen Charakter bekommen haben[64]. Sie prägen sich durch die ständige Wiederholung bei Taufen, Festen und anderen gottesdienstlichen Versammlungen ganz anders ein als längere kulturelle Texte. Gemeint sind vor allem Bekenntnisformulierungen, Ausrufe, Hymnen und Bibelabschnitte, die zu bestimmten Festen des sich bildenden »Kirchenjahres« als »Festlegende« hinzugehören. Ihre Funktion wird durch bildliche Darstellungen, die als nonverbale Symbole lesbar sind und innere Bil-

---

64. Vgl. Jörns (1992b).

der ansprechen, unterstützt. Die Ritualisierung der Überlieferungen hat ihre Ausdifferenzierung und »Inkulturierung« beflügelt. Indem aber in den Liturgien aller christlichen Kirchen bestimmte liturgische »Stücke« wiederkehren (wie Lesungen aus den Evangelien und Briefen des Neuen Testamentes, das Vaterunser und die »Einsetzungsworte« des eucharistischen Mahles, das Apostolische Glaubensbekenntnis und ein trinitarisches Segensformular), wird der Blick trotz aller kirchlichen und theologischen Differenzen beständig zurückgelenkt auf den Anfang der Gedächtnisspur, die von der Geisteskindschaft Jesu Christi und der Christen erzählt.

Doch die Kirchengeschichte gibt Grund genug zu betonen, daß die Sakralisierung religiöser Überlieferungen durch ihren liturgischen Gebrauch auch zu einer Verzerrung der Wahrnehmung dieser Texte geführt hat. Die Liturgie nimmt nämlich die Ursprungsszenen aus der geschichtlichen Zeit heraus und siedelt sie »in illo tempore« (»in jener Zeit«) an, also in einer mythischen Ausnahmezeit. Davon sprechen die häufig benutzten Formeln, mit denen die Verlesung der Evangelientexte eingeleitet wird. Davon sprechen auf ihre Weise auch die vier Überlieferungen der Abendmahlsszene im Neuen Testament[65]. Nehmen wir den *Erinnerungscharakter* dieser Texte ernst, ist ihr Wortbestand nicht das primäre Problem. Er darf das Nachdenken über den theologischen Sinn des Abendmahls jedenfalls nicht gefangennehmen. Ja, die Tatsache, daß die Überlieferungen bei Paulus und den Synoptikern *nicht* übereinstimmen und daß Johannes gar keine Abendmahlsfeier kennt, spricht eigentlich dafür, keine der Überlieferungen überzubewerten. Trotzdem haben selbst die lutherischen, reformierten und unierten protestantischen Kirchen erst Anfang der siebziger Jahre des 20. Jahrhunderts die volle Abendmahlsgemeinschaft untereinander aufgenommen![66] Bis dahin hatten sie gebraucht, um Differenzen zu überbrücken, die sie im Verständnis der Abendmahlsworte Jesu bis heute haben. Den Kirchen müßte es generell überlassen bleiben, in freier theologischer Verantwortung den durch den Verlauf der Wahrnehmungs- und Erinnerungsgeschichte gelassenen Spielraum zu nutzen. Und das schließt ein, die Mahlfeier der anderen Kirchen als gleichrangige Erinnerungsgestalt der literarisch nicht mehr erreichbaren Ursprungsszene zu achten.

---

65. 1. Kor 11,23-25; Mk 14,22-25; Mt 26,26-29; Lk 22,14-20.
66. Die »Konkordie reformatorischer Kirchen in Europa«, auch Leuenberger Konkordie genannt, hat zwischen den beteiligten lutherischen, reformierten und unierten Kirchen, den Waldensern und den Böhmischen Brüdern volle Kirchengemeinschaft hergestellt. Sie ist (seit dem 1.10.1974) bei 77 europäischen (Landes-)Kirchen und 3 südamerikanischen Kirchen gültig.

Zweiter Teil: Notwendige Abschiede von überlieferten Glaubensvorstellungen

Die Bibel als »Wort Gottes«, oder: Wie sich verschriftlichte Erinnerungsgestalten und lebendiges Wort Gottes zueinander verhalten

Wo wir in der Bibel – wie in den Evangelien – Parallelüberlieferungen desselben »Stoffes« haben, zeigt sich besonders klar, daß unterschiedliche Wahrnehmungs- und Erinnerungsgestalten auf einen gemeinsamen, vor aller literarischen Fassung liegenden Ursprung zurückgehen. Gegenüber dem gemeinsamen Ursprung der Jesus-Christus-Geschichte als dem primären Ereignis handelt es sich bei allen Literatur gewordenen christlichen Gotteszeugnissen im Neuen Testament und später um sekundäre, d. h verschriftlichte *Erinnerungsgestalten*. Die Begegnungen wirklicher Menschen mit Jesus Christus sind literarisch so wenig erreichbar wie Jesus selbst, da er nichts Schriftliches aus eigener Hand hinterlassen hat. Die Zeugnisse von Erfahrungen mit ihm und mit dem, was er gesagt hat, sind aber trotzdem *authentische* Erinnerungsgestalten, die im Prozeß des »Hörensagens« entstanden sind. Authentisch heißt: sie enthalten in ihrer literarischen Gestalt schon den jeweiligen Autor in dem, was er von Jesus Christus wahrgenommen hat, mit. Beim Autor kann es sich um eine Person, aber auch um eine Gemeinde oder theologische Schule handeln.

Auf einen besonderen Punkt – den der *direkten Gottesrede* – gebracht, heißt das: *es gibt keine Möglichkeit, den Wortlaut bestimmter biblischer Texte in exklusiver Weise als direkte und unmittelbare, also: authentische Gottesrede zu sanktionieren.* Mündliche und schriftliche Tradenten können »nur« sagen, was *sie* von Gott verstanden haben. Angemessen ist der Satz, der von einem Psalmisten überliefert wird: »Eines hat Gott geredet, zwei Dinge sind's, die ich gehört habe«[67]. Spricht der Psalmist schon – wie Luther später – vom zugleich fernen und nahen Gott? Wie dem auch sei. Er sagt jedenfalls, *daß das Gehörte etwas ist, was in ihm, dem Hörer, erst seine überlieferte sprachliche Gestalt gefunden hat.* Biblische und andere heilige Schriften sind keine Diktate Gottes. Kein biblischer Text *ist* kodifiziertes »Wort Gottes«. An keiner Stelle. Das zu sagen, heißt aber auch *zu fordern, daß Kirche und Theologie in Zukunft zurückhaltender sein müssen als bisher mit dem Verfahren, eigene Aussagen und Theologien mit Gottesworten zu autorisieren.* Wer die Bibel in theologischer Literatur oder kirchlichen Äußerungen zitiert, muß deutlich machen, daß er verschriftlichte Erinnerungsgestalten (»die Überlieferung«) *auslegt* und mit seiner Auslegung etwas Eigenes – nämlich das, was *er* verstanden hat – neben eine im Dunkeln bleibende Begegnung, deren Wahrnehmung und literarische Erinnerung stellt. Außerdem muß er die hermeneutischen Axiome offenlegen, von denen er ausgeht. »So sagt Gott« ist jedenfalls sowohl auf der Kanzel als auch in theologischen Dokumen-

---

67. Ps 62,12. Der Text geht – nach einem Doppelpunkt – weiter: »daß Gottes die Macht ist und dein, o Herr, die Gnade.«

ten von Kirchen ein anfechtbarer Satz. Nur wer sich als Prophet verstünde und auf eine ihm persönlich geltende Offenbarung berufen könnte, dürfte so reden. Doch so verstehen sich im allgemeinen ja weder christliche Pfarrer noch Theologen.

Auch da, wo biblische Texte – sprachlichen Kommunikationsformen zwischen Menschen entsprechend – wörtliche Rede Gottes, Jesu Christi oder von Engeln enthalten, sind sie *sekundäre* Wahrnehmungsgestalten, für die der Satz des Psalmisten *(62,12)* gilt. *Authentisch* können wir solche »Zitate« dann nur in dem Sinn nennen, als sie *das hörend Wahrgenommene* meinen. Noch genauer gesagt: Das *Gesagte* unmittelbar geben sie nicht wieder. Wenn ich aber eine biblische Überlieferung lese oder höre – oder auch bildlich dargestellt sehe – und diese Überlieferung mich *so* anspricht, daß ich dadurch – wie unsere Sprache sagt – »ins Herz getroffen werde«, dann ist *in mir* »Wort Gottes« entstanden. »Herz« schließt Geist und Verstand durchaus ein und die Gewißheit, dem Absoluten begegnet zu sein.

Was für die Bibel und das Verhältnis ihrer Überlieferungen zu den ursprünglichen Begegnungen mit Gott bzw. Jesus Christus gilt, gilt auch für Heilige Schriften anderer Religionen: sie sind literarisch fixierte *Erinnerungsgestalten* von Gotteswahrnehmungen. Für ihre heutige Auslegungspraxis gilt deshalb dieselbe Forderung zur Zurückhaltung, wie ich sie an die Adresse von Kirche und Theologie formuliert habe.

Biblische Überlieferungen, nach dem Dreischritt von Begegnen – Wahrnehmen – Erinnern betrachtet: Ergebnisse

- Begegnungen mit Gott und ihre Wahrnehmung – wir können, beide Schritte zusammenfassend, auch von Gotteserfahrungen sprechen – liegen vor jeder schriftlichen Überlieferung.
- Für diese Gotteserfahrungen haben wir Menschen keine besonderen Organe. Wir nehmen sie wahr und erinnern sie wie alles andere im Leben auch.
- Die Gottesbeziehung ist in der Geschichte Jesu Christi ausdrücklich als vom Geist gewirkte Gottesbeziehung beschrieben worden. Da Gott selbst Geist ist, ersetzt diese neue und unmittelbare Beziehung alle vorherigen, an irgendwelche Mittel oder Medien (wie Gesetz oder Riten) gebundenen Formen von Gottesbeziehung.
- Wird eine Wahrnehmung Gottes schriftlich dokumentiert, muß sie aus der lebendigen Erfahrung herausgehen und eine sekundäre literarische Gestalt, die Erinnerungsgestalt, annehmen. Alle heiligen Schriften sind sekundäre Erinnerungsgestalten Gottes.
- Kommt bei der Verschriftlichung einer Überlieferung die Übersetzung in

eine andere Sprache hinzu, fällt die Überschreibung der älteren Gedächtnisspuren aufgrund des kulturellen Wechsels um so gravierender aus.
- Es gibt keine literarisch fixierte, dem Wortbestand nach authentische Gottesrede. Wort Gottes *wird*, was ins Herz trifft und die Gewißheit schafft, dem Absoluten begegnet zu sein. Authentisch können wir immer nur die Wahrnehmungs- oder Erinnerungsgestalt nennen, die in Menschen entstanden ist. Die Begegnungen mit Gott selbst bleiben unerreichbar *vor* jeder Überlieferung.
- Die liturgische Verwendung von Überlieferungen führt leicht zu einer Sakralisierung des Wortbestandes, die verdeckt, daß es in der Liturgie um die aktuell wahrzunehmende Gottesbeziehung geht.
- Nicht nur kulturelle und religiöse Vorprägungen, sondern auch persönliche und kollektive Erwartungen an Gott gestalten die Gotteswahrnehmung und ihre späteren Erinnerungsgestalten mit.

Das Christentum hat sich zur Schriftreligion verengt. Bedenken, nicht nur von Platons »ungeschriebener Lehre« her, geäußert

Aristoteles hat von der »Ungeschriebenen Lehre« des Platon gesprochen und damit ein Problem thematisiert, das am Übergang von der oralen zur literarischen Kommunikation aufgetaucht ist. In Platons Gedanken, scheint mir, haben wir einen Spiegel, in dem manche unserer heutigen Probleme im Umgang mit biblischen und anderen kulturellen Texten in einem anderen Licht erscheinen können. »Platon sah die Sprache und auch die Schrift noch primär vom gesprochenen Wort her.«[68] Diese »innere Oralität« spiegelt sich literarisch in der Dialogform, aber auch darin, daß der in den Dialogen das Wort führende Sokrates eben nichts Schriftliches hinterlassen hat. Dies ist, wie immer schon gesehen wurde, etwas, was Sokrates und Jesus gemeinsam haben und was sie in einer Mündlichkeit bleiben läßt, von der alle literarisch fixierten Überlieferungen ihrer Worte nur »Abbilder« oder schriftliche Erinnerungsgestalten sein können.

Platon beharrt trotz seines großen Oeuvres auf dem Vorrang des Gesprächs

Platon gibt uns einen einmaligen Einblick in den kulturellen Umbruch, der sich mit der Einführung der Schrift in den Philosophenschulen vollzogen hat. Im »Phaidros« kritisiert er, die Erfindung der Schrift werde »in den Seelen derer,

---

68. Krämer (1996), S. 252.

die sie erlernen, Vergeßlichkeit bewirken, weil sie ihr Gedächtnis nicht mehr üben; denn im Vertrauen auf Geschriebenes lassen sie sich von außen erinnern durch fremde Zeichen, nicht von innen heraus durch sich selbst.« Deshalb sei die Schrift kein Mittel für das Gedächtnis, sondern nur »eines für die Erinnerung« *(275a[69])*. Einen Erinnerungswert aber können Texte nur für denjenigen haben, »der das, wovon der Text handelt, (schon) weiß« *(275c)*. Deshalb brauchen Texte, um nicht mißdeutet zu werden, immer den, der sie geschrieben hat, als »Helfer« im Gespräch über sie *(275d.e)*. Demnach waren die von Platon niedergeschriebenen Dialoge eine Art Übungsstoff für seine eigenen Philosophieschüler. Daß diese These nicht nur Zustimmung, sondern auch Widerspruch erfahren hat, leuchtet angesichts des umfangreichen literarischen Werkes von Platon sofort ein.

Sokrates weist im »Phaidros« seinen Dialogpartner auf eine andere Art von Rede *(lógos)* hin, die um vieles »tüchtiger und mächtiger ist in ihrem Wesen als die andere«: Das sei diejenige, die »mit Verständnis verbunden ist und niedergeschrieben wird in der Seele des Lernenden; die fähig ist, sich selbst zu verteidigen, und weiß, wo sie zu reden und wo sie zu schweigen hat.« Es ist »die Rede des Wissenden, die lebendig und beseelt ist, von der die geschriebene zu Recht eine Art Abbild genannt werden könnte.« *(276a)* Diese, »in der Seele niedergeschriebene« Rede können wir auch als etwas bezeichnen, was der Lernende in sich, in sein Selbstverständnis, aufgenommen hat.

Es ist wichtig, was Platon im Siebten Brief[70] schreibt: Über das Ernste, also über »das, womit ich mir Mühe mache« *(340c2)*, »gibt es auch von mir keine Schrift und kann es auch niemals eine geben; denn es läßt sich keineswegs in Worte fassen wie andere Lerngegenstände, sondern aus häufiger gemeinsamer Bemühung um die Sache selbst und aus dem gemeinsamen Leben entsteht es plötzlich – wie ein Feuer, das von einem übergesprungenen Funken entfacht wurde – in der Seele und nährt sich dann schon aus sich heraus weiter.« Und im »Phaidros«[71] schreibt er über »das ernsthafte Bemühen um diese Dinge«, die sich im Gespräch und im gemeinsamen Leben vollziehen: das geschehe, »wenn einer nach den Regeln der dialektischen Kunst, sobald er auf eine geeignete Seele trifft, zusammen mit Verständnis Worte in sie pflanzt und sät, die die Fähigkeit haben, sich selbst und ihrem Autor zu helfen, und die nicht fruchtlos bleiben, sondern Samen tragen, aus dem dann in anderen Köpfen wieder andere Worte erwachsen, und (die) so imstande sind, diesem immer neuen Prozeß ewige Dauer zu verleihen, und die den, der daran teilhat, glücklich sein lassen, soweit das für einen Menschen möglich (ist).« Mit den Begriffen der modernen

---

69. Übersetzung hier und im folgenden für den »Phaidros« nach E. Heitsch.
70. 340c4-d2; die Übersetzung des Briefes VII stammt von F. Schleiermacher.
71. 276e4-277a4.

Wahrnehmungstheorie heißt das: Alle, in deren Köpfen nebeneinander und nacheinander eigene, »andere« Worte entstehen, haben wirklich eigene Wahrnehmungen der anfänglich »gesäten« Worte.

Auch nach Paulus kommt der Glaube aus dem Hörensagen

In diesem Sinn sagt Paulus der christlichen Gemeinde in Korinth, die er gegründet hatte: sie sei »ein Brief Christi, ausgefertigt durch unseren Dienst, geschrieben nicht mit Tinte, sondern mit dem Geist des lebendigen Gottes« – »erkannt und gelesen von allen Menschen« *(2. Kor 3,2 f.)*. Platon bevorzugte Dialoge und Briefe, von Paulus kennen wir nur Briefe. Da Paulus ein hellenistisch gebildeter Mann war, wird er Platon gekannt haben. Im Römerbrief *(10,17)* schreibt Paulus, der Glaube setze sich über Reden und Hören fort – da steht wohl der »Phaidros«-Dialog im Hintergrund. Die Predigtlehre hat hier bei Paulus ihren *locus classicus* gefunden. Denn der Glaube komme »aus dem Gehörten, das Gehörte aber (seinerseits) durch das Wort Christi«. Luther hat das griechische Wort *akoé* nicht vom Hörvorgang her übersetzt (»das Gehörte«), sondern auf die gottesdienstliche Szene hin transponiert und für *akoé* »Predigt« eingesetzt: die Predigt ist also ein *Hörensagen*[72]. Bei Paulus hat die Dignität des Hörensagens mit dem Ursprung, dem »Wort Christi«, zu tun, aber auch mit dem Ziel: die Angesprochenen zum Glauben zu bewegen, daß Gott Jesus von den Toten auferweckt hat. Denn dadurch werden sie »gerettet« *(Röm 10,9)*. Bei Platon hat die Dignität des Gesprächs sicher auch mit der Autorität des Platon, doch ausdrücklich mit dem Ziel zu tun: den Seelen der Menschen »wieder ›Flügel‹ wachsen zu lassen *(249c4-5, vgl. 250a5)*, d. h. die nach ›oben‹, zu den Ideen tragende, geistige Kraft zu entwickeln *(246d6-e2)*.«[73] Es geht um das »Emporführen nach oben« *(Phaidros 272d3)*: Alles, was Sokrates im Dialog mit Phaidros tut, ist ein ›Emporführen nach oben‹. Paulus will die Menschen mit der lebendigen Wirkung des »Wortes Christi« verbinden.

Seine Briefe zeigen, daß dieses »Wort Christi« von ihm ganz und gar in der Oralität gelassen, nämlich *nicht zitiert worden ist*. Es ist erstaunlich, aber wir kennen nur eine bedeutsame Ausnahme davon[74]: Die Zitation der Abendmahlsworte Jesu *(1. Kor 11,24 f.)*. Hier können wir das »Wort Christi« im *liturgischen* Kontext fassen als Ursprung jener Überlieferung, die Paulus den Korinthern bei seinem Besuch *mündlich* weitergegeben hatte und auf die er hier – als Teil der »Ungeschriebenen Lehre« Jesu – noch einmal im Brief erinnernd an-

---

72. Jörns (1989a), S. 156-165.
73. Szlezák (1996), S. 122.
74. Anspielungen auf Jesus auch: 1. Kor 7,10 (zum Verbot der Ehescheidung) und 1. Tim 5,18.

spielt. Damit ist es erlaubt zu sagen, daß *die textliche Überlieferung der »Einsetzungsworte« generell der Erinnerung des in der Oralität verbleibenden »Wortes Christi« dient* – ganz wie Platon es gesehen hat. Dafür sorgt denn auch die Erinnerungsanweisung, die als Ausdruck ›innerer Oralität‹ noch in den Fassungen der Abendmahlsworte erhalten ist: »Solches tut zur Erinnerung an mich«. *Ziel der Erinnerung sind nicht Worte selbst, heißt das aber. Sondern es geht um die (Wieder-)Herstellung der gemeinsamen Beziehung der Christengemeinde zu Christus selbst und durch ihn zu Gott.* Wer das weiß, für den reicht als Erinnerung im Grunde auch ein Stichwort aus. Am Wortlaut der Erinnerung hängt jedenfalls nichts Wesentliches – außer für die Dogmatik. Schauen wir zurück in die Geschichte der Abendmahlsstreitigkeiten, so ist es immer um Wörter und ihre Bedeutungen gegangen und nie um die Christusbeziehung selbst. Eine jammervolle Geschichte ist das.

Im Rückgriff auf Viktor von Weizsäckers Theorie kann ich nun allgemeiner, also über das Hörensagen hinausgehend, im Blick auf die biblischen Texte formulieren: *Der Ursprung der schriftlichen Überlieferungen bleibt immer im mündlichen, vorliterarischen Bereich. Die schriftlichen Überlieferungen sind nicht mit dem Ursprung gleichzusetzen. Sie haben die Aufgabe, an den Ursprung des Evangeliums zu erinnern. Um die Worte selbst geht es nicht, schon gar nicht um einen authentischen Wortlaut. Es geht um Jesus Christus selbst.* Auch liturgische Praxis zielt nicht auf die Rekonstruktion von Vergangenheit, sondern darauf, Gegenwart *und* Zukunft in jener besonderen Gedächtnisspur zu sehen, die mit der Wahrnehmung Gottes im Menschen Jesus Christus begonnen hat. Religionsgemeinschaften sind Erzählgemeinschaften, deren literarische und kultpraktische Überlieferungen *doppelt offen* sind: Sie sind offen zurück (bzw. »hinauf«) zum Ursprung, und zum anderen sind sie offen hin zu dem Ziel, von dem sie jeweils – und zum Teil sehr unterschiedlich – sprechen.

Dabei soll nicht aus dem Blick geraten, *daß bei Sokrates bzw. Platon wie bei Jesus das Bemühen um den zu findenden Weg, die gesuchte Wahrheit und das wirkliche Leben immer als ein gemeinsames Bemühen von mehreren Menschen gedacht wird und im Gespräch praktiziert werden soll.* Zu dem gemeinsamen Bemühen gehört bei beiden Gruppen, der *Akademie*[75] wie der *Ekklesia* (»Gemeinde«), das *Zusammenleben.* Daran vorbei gibt es keinen Weg zu Glück oder Heil. *Darum* verlangt dieser teils wunderbare *(ep. VII 340c3),* teils schwere Weg (bzw. »Umweg«: *Phaidros 272d* und *274a)* viel von den Menschen: Jesus spricht von den Mühen der Nachfolge[76], Platon sagt es so: »Denn das (scil. die Wahrheit) kann nur gemeinsam erfahren werden mit Unwahrheit und Wahrheit über das ganze Sein, und dazu gehört alle Übung und viel Zeit«[77].

75. Vgl. ep. VII 340c6-d1. – Ich stimme hier Biser (1997), S. 319, zu.
76. Mk 8,34 par.; Lk 10,1-24.
77. Ep. VII 344b1-3.

Die tiefgehenden Übereinstimmungen zwischen Platon und Paulus – bzw. Sokrates und Jesus – betreffen nicht nur ein formales oder methodisches Problem. *Sie weisen darauf hin, daß die Begegnung mit Gott nur sekundär mit dem Studium von Schriften zu tun hat.* Schriftliche Überlieferungen können zwar dazu führen, daß Menschen sich in Bewegung setzen lassen, dem Ursprung und Ziel des Lebens zu begegnen. Aber weit bedeutender ist das lebendige Zeugnis, das Menschen einander geben. Darum hat die Reformation zu Recht die »lebendige Stimme« *(viva vox)* des Glaubenszeugnisses mit dem Wort Gottes gleichgesetzt, und nicht schon den Wortbestand der biblischen Bücher. Diese lebendige Stimme des Wortes Gottes kann sich in Predigten äußern, aber vor allem in dem, was Menschen sich *gegenseitig* von ihren Glaubens- und Gotteserfahrungen mitteilen. Daß dazu auch die Erfahrung gehören kann, daß Gott schweigt, hat *Rudolf Bohren* mit Leidenschaft betont[78].

Der Weg des Christentums zu einer auf Bibel, Dogmen und Bekenntnisschriften fixierten »Schriftreligion« ist ein Irrweg gewesen. Ständig in der Anschauung unterrichtet, »die« Wahrheit sei in schriftlichen Überlieferungen und ihren dogmatisierten Auslegungen zu finden, haben die Christen verlernt, die lebendige Gotteserfahrung, die auf die Geistesgegenwart Gottes trauende Lebensbeziehung zu Gott, zu suchen. Die Fähigkeit, Bibel- und Katechismussprüche reproduzieren zu können, hatte vor allem im Protestantismus Vorrang vor der Fähigkeit, den Glauben in eigenen Worten ausdrücken zu können. Im Predigtseminar an der Universität habe ich immer gemerkt, wie schwer es selbst den Theologiestudierenden gefallen ist, einen einzigen völlig frei formulierten Satz ihres Glaubens zu sagen. Daß die meisten Pfarrer nicht in der Lage sind, eine Predigt frei zu sprechen, kommt letztlich aus derselben Ursache – und daher, daß Predigt als Lehre verstanden wird. Helfen kann hier, die kurze freie Predigt zu lernen, und öfter in den Gottesdiensten – in Gruppen – ein »Glaubensgespräch« zu halten, wie ich es vorgeschlagen und gerne praktiziert habe[79].

Vom Kampf gegen den Pluralismus zur Einsicht in die Vielfalt der universalen Wahrnehmungsgeschichte Gottes

Der Pluralismus der Glaubensvorstellungen ist kein Unglück, sondern eine Notwendigkeit. Das weiß die Exegese seit langem, und die Erkenntnisse der Wahrnehmungstheorie bestätigen die exegetischen Befunde. Danach drückt sich im Pluralismus aus, daß sich in den Begegnungen der Menschen mit Gott (bzw. Jesus Christus) eine Vielzahl von originären Wahrnehmungsgestalten

---

78. Bohren (1993), S. 38-43 u. ö.
79. Jörns (1989a), S. 173-175.

Gottes (bzw. Jesu Christi) hat bilden *müssen*. Dieses Muß hängt mit dem Prinzip der kulturellen Kohärenz zusammen: Sie stimmt wirkliche Gotteserfahrungen und überlieferte religiöse Vorstellungswelten aufeinander ab. Aber der Pluralismus hängt auch damit zusammen, daß der Glaube in den Bereich der autobiographischen, also selbstbezogenen Wahrnehmungen und ihrer kommunikativen Erinnerung gehört und dort für Erinnerungsgestalten sorgt, die in der jeweiligen Lebenswelt kommuniziert werden können. Deshalb können wir die einzelnen Stadien der Religionsgeschichte Israels, wie sie die jüdische Bibel spiegelt, und die entsprechenden Stadien der urchristlichen Religionsgeschichte im christlichen Teil der Bibel als Kapitel einer uns inzwischen *vertrauten* Wahrnehmungsgeschichte Gottes verstehen. Beide Gruppen von Kapiteln werden zusammengehalten dadurch, daß die zweite sich ausdrücklich auf die erste bezieht, weil Jesus Jude gewesen ist.

Das Nebeneinander der Jesus Christus so unterschiedlich bezeugenden Evangelien auf der einen Seite und die Ablehnung Jesu durch die Mehrheit seiner jüdischen Zeitgenossen auf der anderen Seite zeigen aber auch, daß der »historische Jesus« keine Gestalt gewesen ist, von der eine unmittelbare Evidenz, *Messias* oder *Heiland* zu sein, ausgegangen wäre. Wer damals meinte oder heute meint, der sogenannte *historische Jesus* sei der Anknüpfungspunkt für eine immer wieder gesuchte Objektivität, den hat der Apostel Paulus schon früh in die Schranken dessen verwiesen, was unsere Wahrnehmungen und deren Erinnerung in uns an Gestaltwandel Jesu (Christi) bewirken. Zwischen den historischen Jesus, den viele noch gekannt hatten, als Paulus an die Korinther schrieb, und den Kyrios der christlichen Gemeinde waren die tiefgreifenden Erfahrungen der Kreuzigung und Auferstehung Jesu getreten. Die *Gedächtnisspuren*, die der historische Jesus in der Gemeinde hinterlassen hatte, sind aufgrund *dieser* Erfahrungen neu erinnert und überschrieben worden. Deshalb galt schon für Paulus: »Wenn wir Christus auch nach dem Fleisch gekannt haben, kennen wir ihn doch jetzt nicht mehr (so).« *(2. Kor 5,16)* Paulus hat in seinen Briefen dann selbst eine Erinnerungsarbeit in Gang gesetzt, durch die die Erinnerungen einiger Christen an Jesus unter dem Einfluß der Erfahrungen mit dem *Auferstandenen um*geschrieben werden mußten. Darum gibt es in den Paulusbriefen, sieht man von den Abendmahlsworten *(1. Kor 11,23-26)* ab, nur noch geringfügige Spuren von Jesus-Worten. Insbesondere die Gleichnisse oder die Bergpredigt Jesu werden von Paulus nicht zitiert – obwohl er sie in dieser oder jener Form gekannt haben wird. Daß dieser Prozeß der Umschreibung der Gedächtnisspuren die ganze *Existenz* der Christen betroffen und verändert hat, und zwar in einem schöpferischen Geschehen, drückt Paulus so aus: »Ist jemand in Christus, so ist er eine neue Kreatur.« *(2. Kor 5,17)*

»Die Welt entsteht im Kopf«. Das ist ein inzwischen beliebter Satz und meint, daß Weltverstehen als ein geistiges Konstruieren von Zusammenhängen vor sich geht. Das »Entstehen der Welt« meint aber, genau betrachtet, keinen irgendwann abgeschlossenen, sondern *einen fortdauernden schöpferischen Vorgang,* wie ihn auch die (modifizierte) Wahrnehmungstheorie Viktor v. Weizsäckers zu beschreiben vermag. Der überlieferte wie der gegenwärtige religionsinterne und interreligiöse Pluralismus sind, in diesem Sprachgebrauch ausgedrückt, Belege dafür, wie vielgestaltig die Weltkonstruktion und die Produktion von Gottesvorstellungen seit je ausfallen. Die Bedingungen solcher Konstruktionen zu studieren, halte ich für eine der Grundaufgaben eines zukünftigen Studiums, in dem Theologie und Religionswissenschaft zusammenwirken.

Die heute zu beobachtende religiöse Vielfalt zeichnet sich nicht gerade durch klare Konturen der nebeneinander auftretenden Wahrnehmungsgestalten Gottes aus. Sowohl die personalen Gottesvorstellungen als auch die nicht personal gedachten haben eher unscharfe Konturen[80], und zwischen ihnen gibt es vielfältige Übergänge. Ich interpretiere diese neue religiöse Landschaft als *Ausdruck gewandelter Wahrnehmungsmuster,* die den Menschen für ihre religiösen Erfahrungen zur Verfügung stehen. Viele Menschen wachsen heute bereits ohne jede religiöse Bildung auf, von kirchlichem Unterricht ganz zu schweigen. Und selbst diejenigen, die Religions- und kirchlichen Unterricht durchlaufen haben, verstehen sich danach nur selten als konform mit der traditionellen kirchlichen Lehre. Hinzu kommt, daß ihre Bibelkenntnisse zumeist äußerst gering sind, und daß ein regelmäßiges Lesen in der Bibel z. B. nur noch für wenige Evangelische zum Evangelisch-Sein unbedingt hinzugehört[81]. Die Folge davon ist, daß ihnen gewohnte religiöse Systeme wie »Evangelisch« oder »Römisch-katholisch« höchstens noch bruchstückhaft geläufig sind. Entsprechend fehlen ihnen traditionelle Wahrnehmungsmuster für Transzendenzerfahrungen. Sie bleiben auf das Alltagsvokabular für allgemeine Lebenserfahrungen und die dazu gehörenden Bilder angewiesen. Zwar haben sich die Wahrnehmungsmöglichkeiten der Menschen heutzutage erhöht, weil ihr Horizont nicht durch Tabus eingeschränkt wird. Aber sie haben es weit schwerer als frühere Generationen, ihre religiösen Erfahrungen kommunikabel zu artikulieren[82]. Wohl deshalb nehmen viele das Angebot des Esoterik-Marktes an, weil diese Literatur es versteht, Alltagserfahrungen religiöse Bedeutung zu geben.

Wir müssen also *anerkennen, daß die veränderte religiöse Landschaft auch zu ungewohnten Wahrnehmungsgestalten Gottes bzw. transzendenter Mächte führt.* Was aber nicht heißt, daß es keine ernstzunehmenden Transzendenzerfahrun-

---

80. Vgl. dazu Jörns (1999a), S. 120 ff. 213 f.
81. Vgl. Engelhardt/v. Loewenich/Steinacker (1997), S. 369.
82. Vgl. dazu die Erzählinterviews in: EKD (1998). Kroeger (1997) hat dagegen geurteilt, »jenseits der tradierten Formen und jenseits der Kirche« gebe es hinsichtlich der Frömmigkeit »fast nur Chaos und überwiegend Vakuum« (S. 191).

gen mehr gäbe. Doch auch für Theologen ist es mehr als schwer, heutige Wahrnehmungen mit den biblisch überlieferten Wahrnehmungsgestalten Gottes in Verbindung zu bringen. Denn zwischen der heutigen kulturellen Situation, die keine klaren Konturen mehr hat, und dem »kulturellen Text« Bibel gibt es kaum noch Brücken. Das schafft Probleme nicht nur in der innerkirchlichen Situation, sondern auch in den Universitäten. Die Theologie wird nur dann einen festen Platz im Konzert der Wissenschaften behalten, wenn sie es schafft, religiöse Überlieferungen mit *heutigen* Transzendenzerfahrungen – oder aber auch deren Ausbleiben – in Verbindung zu bringen. Dabei geht es, wohl gemerkt, nicht darum, diese irgendwie in traditionelle Systeme einzuordnen. Sondern zeitgenössische Theologie muß sie als *Transzendenzerfahrungen* ernst nehmen und ihnen Einfluß auf die Gestalt *ihres* Redens von Gott geben. Das setzt freilich etwas voraus, was der Theologie schwerfällt: sich mit diesen Transzendenzerfahrungen ernsthaft zu beschäftigen. Doch die Wahrnehmungen Gottes haben mit dem Abschluß des christlich-biblischen Kanons nicht aufgehört. Sie sind weitergegangen und werden weitergehen. Davon wissen die Kirchen- und die Religionssoziologie genauso wie eine interkulturell arbeitende Religionswissenschaft, insofern sie die sich vollziehenden Veränderungen wahrnehmen.

Ich ziehe ein Fazit: Der religiöse Pluralismus ist nicht erst »ein Ergebnis der Wirkungsgeschichte der Exegese« oder des ›Verschwindens Gottes aus der Geschichte‹, wie Ulrich Luz es formuliert hat[83], sondern er ist wesentlicher Bestandteil der *universalen Wahrnehmungsgeschichte* Gottes. Zu ihr gehören die überlieferten heiligen Schriften der Religionen genauso wie heutige Gottes- oder Transzendenzerfahrungen. Dieses Fazit läßt nun danach fragen, welchen Sinn es noch haben kann, von Offenbarung zu reden.

Was kann es noch heißen, von »Offenbarung« zu reden?

Offenbarung ist ebenso wenig wie *Erlösung* oder *Errettung* oder *Geist* oder *Liebe* ein Wort, das nur im religiösen Kontext vorkäme. Die Redewendung »Das ist bzw. war eine Offenbarung (für mich)« ist so oder ähnlich durchaus geläufig geblieben, obwohl Theologen erst einmal Mühe damit haben wahrzunehmen, daß es »Offenbarung« auch im Umgangssprachlichen in unterschiedlichen Bedeutungen gibt. Gerade darum halte ich es für angebracht, einen kurzen Blick auf den deutschen Sprachgebrauch zu werfen, damit wir zur Kenntnis nehmen, was die Wortgruppe »offenbar«, »offenbaren«, »Offenbarer«, »Offenbarung« an Assoziationen auslöst, wenn wir das Wort benutzen. Allen gemeinsam ist, was

---

83. Luz (1998), S. 322. 326.

das Adjektiv *offenbar* sagt: Es geht um etwas, was *offen zutage liegt* oder tritt, was *deutlich, erkennbar* oder *sichtbar ist* oder gemacht wird. Das Verb meint dann ein Tun, bei dem *etwas offen gelegt* oder *veröffentlicht* wird, auch im Sinne von *enthüllen* und *eingestehen*. Dahin gehört dann auch der *Offenbarungseid*. Das Substantiv *Offenbarung* wird vom Brockhaus-Wahrig[84] zuerst mit dem *Offenbaren* oder *Bekennen* der Schuld eines Angeklagten in Verbindung gebracht, erst an zweiter Stelle mit *Erleuchtung, plötzlicher Erkenntnis*. Aber auch *Kundgebung Gottes, durch welche er den Menschen seine Erscheinung und seinen Willen bekannt macht*, wird genannt (an dritter Stelle); hier wird dann auch der terminus technicus für die *literarische Gattung* der Offenbarung eingereiht und das Beispiel der *Offenbarung des Johannes* erwähnt.

Mir ist noch nie so klar geworden wie nach dem Blick in das Lexikon, wie stark die Wortfamilie auf das wirklich Offene und Veröffentlichte, Unverdeckte und daher Zugängliche abhebt. Auch da, wo es – wie bei einem Strafprozeß – darum geht, daß die vom Gericht gesuchte Wahrheit über einen Sachverhalt ans Licht der Öffentlichkeit kommt, wird von Offenbarung gesprochen. *Kurt Hübner* hat mit Nachdruck betont, auch im religiösen Sinn komme Wahrheit nicht als »Übereinstimmung der Erkenntnis mit ihrem Gegenstand« zustande, sondern als »die Offenbarung des Gottes, der aus der Verborgenheit in die Unverborgenheit (a-letheia) getreten ist.«[85] Wenn ich mich nun aber frage, welche Assoziationen der *theologische* Begriff *Offenbarung* in mir auslöst, und zwar seit meinen Jugendjahren, dann staune ich. Denn da steht gerade *nicht* das *Offenbare* im Vordergrund, *nicht* das Offene und Öffentliche, sondern das Verborgene, das schwer Zugängliche, nur unter bestimmten Bedingungen und mittels göttlicher Hilfe Erreichbare – also weit davon entfernt, durch plötzliche Erkenntnis oder eine göttliche Kundgebung offen, deutlich und erkennbar zu sein. Auch wenn ich heute in einer Dogmatik zum Thema lese, gewinne ich den Eindruck, einem teils sehr eingeengten, teils sehr komplizierten Sachverhalt zu begegnen. Anscheinend ist im Laufe der Begriffsgeschichte etwas Wichtiges verloren gegangen, was einmal gemeint gewesen ist und mit dem deutschen Wort *offenbar* noch erinnert wird.

Die Einsichten dieses Kapitels legen es nahe, Hinweise auf das, was verloren gegangen ist, von der Tatsache zu erwarten, daß *Offenbarung* von Theologen immer in einem Atemzug mit *Wahrheit* verbunden gebraucht wird. Und das heißt: Während Philosophen durch Denkanstrengung zur Wahrheit kommen wollen, setzen Theologen auf Offenbarung als den angezeigten *Weg*. Um Wahrheit, ja, um *die* Wahrheit, die man dann auch formulieren, tradieren und als Erkenntnis oder Glaubenserkenntnis nachsprechen lassen kann, geht es aber

---

84. Deutsches Wörterbuch in sechs Bänden, Vierter Band, Wiesbaden/Stuttgart 1982, S. 894.
85. Hübner (2001), S. 9.

hier wie da. Und natürlich ist diese Wahrheit dann auch dazu da, von Unwahrheit und Lüge geschieden und unendlich filigran ausdifferenziert werden zu können. Dieses Denkschema gibt zu erkennen, daß es aus dem Verständnis des Christentums als einer *sekundären* Religion stammt. In ihr geht es nicht mehr um die Gottesbeziehung, sondern um die präzise, gegen Irrtümer abgegrenzte Regelung aller Lebensbeziehungen der Menschen zu Gott und der Welt. In den schlimmen Zeiten der Kirchengeschichte hatte dieses System zur Folge, daß, wer sich außerhalb der genannten Regeln und ihrer Anerkennung begab, als einer behandelt wurde, der sich selbst außerhalb des *Lebens*, zumindest aber des *Lebensrechts*, begeben hatte. Und die Kirche hat dann oft genug durch die Tat ›nur‹ noch verifiziert, was sie durch die Zuwiderhandlung gegen die offenbarte Wahrheit als ohnehin gegeben ansah.

Ich erinnere hier daran, weil Offenbarung und Wahrheit dabei als etwas gehandhabt worden sind, was sich *gegen* die Menschen und gegen das Leben gestellt hat – als Herrschaftsinstrument. Dazu gehörte, wie *Ulrich Luz* klar ausgesprochen hat, auch eine Schriftauslegung, die als Herrschaft praktiziert wurde. Dazu wurden die kirchlichen Auslegungen als durch den Geist gewirkt und also autorisiert ausgegeben, abweichende aber als Lügen und Teufelswerk deklariert. Dieses Verfahren ist uralt und schon von Jesus Christus an den Schriftgelehrten seiner Zeit bekämpft worden *(Mt 23,1-36)*. Es gibt nur *ein* glaubwürdiges Kriterium, mit dem es entlarvt werden kann: ob die Schriftauslegung dazu hilft, daß Menschen *dem* Gott *begegnen* können, der in Jesus Christus als Liebe zu den Geschöpfen und als schöpferischer Geist erschienen ist *und der die Welt leiden kann.* Kurz: Offenbarung muß *Begegnung* von Gott und Menschen und die darin enthaltene *Beziehung* erschließen, die Gott aufgrund seiner unbedingten Liebe zu uns haben und aushalten will.

Begegnung ist mir so wichtig, weil von Offenbarung zu reden nur einen Sinn hat, wenn darin etwas offenbar wird, was ich in mir selbst *nicht* habe. Erst in der Begegnung mit dem Nicht-Ich, dem Du, und in dessen Wahrnehmung kommt die Beziehung zwischen Ich und Du als jenes »Eigentliche des Wirklichen« heraus, das die Basis des Lebens ist. Aber dies wahrzunehmen, ist noch kein *außerordentlicher*, wenn auch wunderbarer Vorgang. Es ist die Grunderfahrung zu leben. Darüber hinaus aber kann aus der *Begegnung mit dem Absoluten – plötzlich oder in Schüben – die Gewißheit entstehen, daß Gott selbst in dieser mein Leben begründenden Beziehung wirksam ist und selber diese Lebensbeziehung unverlierbar halten will.* Dabei trifft der heilige Geist Gottes in uns auf »*unseren* Geist«, wie Paulus sagt *(Röm 8,16),* und »bezeugt unserem Geist, daß wir Gottes Kinder sind.« Etwas anderes brauche ich nicht zu »erkennen«, nicht zu glauben. Kein Text und kein Dogma als Wortgebilde *enthalten* diese Begegnung und Lebensbeziehung. Aber es gibt Überlieferungen wie die gerade zitierte, die an diese Lebensbeziehung erinnern, weil sie bezeugen, Gott, dem tragenden und bergenden Lebensgrund, begegnet zu sein. Gerade die *Jesus-Christus-Geschichte* offenbart, daß die *Wahrheit*, um die es geht, ein *Weg* ist, der *gegangen*, und das *Leben*, das *gelebt* werden will. Es tut gut zu wissen, daß diese Lebensbeziehung auch in anderen Religionen wahrgenommen worden ist und wird – auch ohne den Jesus-Namen.

Die berühmte Erfahrung des Apostels Paulus vor Damaskus, die Lukas erzählt *(Apg 9,1-31)*, kann belegen, worum es bei einer Offenbarung geht. Der Christenverfolger Saulus wird von dem, den er verfolgt, Jesus Christus, »gestellt«. Der Auferstandene tritt ihm in den Weg als ein Licht, das ihn blendet, und sagt ihm: »Was verfolgst du mich!« Statt der Lehre, gegen die Saulus gekämpft hatte, und der »Jünger des Herrn«, die er verschleppen und wohl auch töten ließ, verstellt ihm derjenige den Weg, um den es für sie alle geht, indem er, als Freund oder Feind, der Bezugspunkt ihres Lebens geworden ist: »Ich bin Jesus, den du verfolgst.« Da, in dieser Begegnung, verändert sich sein Leben, indem aus der tödlichen Feindesbeziehung die entscheidende Lebensbeziehung wird. Weil er nun *sehen* kann, was er mit offenen Augen nicht hatte sehen können, wird Paulus drei Tage lang blind. So, wie die Seher der Antike blind waren, so lange sie »sehen« konnten; und wie König Ödipus sich selbst geblendet hat, nachdem ihm seine Lebenszusammenhänge klar geworden waren.

Was geschehen ist, kommt auch darin zum Vorschein, daß Saulus sein neues Leben als Paulus und Apostel Jesu Christi *in einer Gemeinschaft* von Menschen beginnt, die sich gegenseitig ihres Weges vergewissern. Ohne die anderen hätte er den Weg in seine neue Existenz nicht gefunden. Das kennen wir schon von Platon und Jesus als etwas Unabdingbares. Christen wissen sich als Gemeinschaft von ihrem Kyrios begleitet. Sie sind fortan *ein Leib (1. Kor 12,13)* – eine Redewendung, die in der zweiten Schöpfungsgeschichte für die Gemeinschaft von Mann und Frau benutzt worden ist! *(1. Mose 2,24)* Als die Apostel dann aber untereinander anfangen, ihre Christusbeziehung genau zu definieren und zu sagen, was man als Christ nun tun darf oder muß und was nicht – geraten sie zwangsläufig aneinander, kommt es anfangs auch zu Spaltungen in der Gemeinde, trennen sich Petrus und Paulus geistlich[86]. Fortan existieren Christen, die meinen, man müsse erst einmal Jude geworden sein, um Christ zu werden, und die anderen, die keine solche »Einlaßbedingung ins Reich Gottes« stellen, *nebeneinander*. Die Christen mußten mühsam lernen, daß der *eine* Christus viele Gesichter haben konnte – je nach der religiösen und kulturellen Herkunft der Christen. Paulus hat um die Einheit der Christen geworben *(Röm 15,7-13)*, aber an gewissen Punkten auch eine scharfe Grenze gezogen *(Gal 5,1-12)*: zwischen geistgewirktem Glauben und »Verwirrung«, zwischen Freiheit und Un-

---

86. Von dem Ereignis, dem sogenannten Apostelkonzil in Jerusalem, haben wir zwei voneinander unabhängige Berichte: Gal 2,1-10 durch Paulus, Apg 15,1-34 durch Lukas.

freiheit. Ein Kriterium des Paulus ist »der Glaube, der sich durch Liebe wirksam erweist« *(Gal 5,6)*.

Die Dogmen- und Christentumsgeschichte hat gezeigt, wie schwer dieses Kriterium angesichts des Ringens um ein Verständnis von *Wahrheit* durchzuhalten war, die unabhängig von den Beziehungen der Christen untereinander (»Gemeinde«) und zu anderen Menschen konstruiert wurde. Da wurden Bande zerrissen zu anderen Christen und zu den Mitgliedern umliegender Religionen, aus denen man kam, ehe man Christ geworden war. Die Religionen wurden verflucht und ausgerottet, als man die Staatsmacht erobert hatte. »Die Wahrheit« hatte Gottes Stelle eingenommen, für sie wurde auch bereitwillig gestorben. Über den Gräbern der Märtyrer wurden die Kirchen gebaut, ihre Todestage zu Namenstagen der Christen gemacht, denn der gewaltsame Tod um der Glaubenswahrheit willen wurde nun als »Bluttaufe« verstanden. Die Gewalt des tödlichen Definierens hatte die Herrschaft übernommen. Der gekreuzigte Heiland, den die christlichen Welteroberer vor sich hertrugen, bedeutete für alle, die sich nicht bekehren wollten, fortan *Unheil*. Gott und Gewalt gehörten nun wieder zusammen. Keine Spur mehr von Jesus Christus, der die Welt noch leiden konnte[87].

Wegen all der schrecklichen Kämpfe um Wortbestände sollten wir in der Theologie den Begriff *Offenbarung* vielleicht auf die ausstehende, am Ende unserer Zeit sich eröffnende Begegnung mit Gott »von Angesicht zu Angesicht« *(1. Kor 13,12)* reservieren. Bei Luther heißt es in der Auslegung des Vaterunser im »Großen Katechismus«: »Denn das ›Kommen von Gottes Reich zu uns‹ geschieht auf zweierlei Weise: einmal hier zeitlich durch das Wort und den Glauben; sodann ewig durch die Offenbarung (bei der Wiederkunft Christi).«[88] Nur die *Befreiung* von dem Zwang, diese ewige Offenbarung in der Theologie jetzt schon – und ausschließlich und endgültig christlich – formulieren zu wollen, kann uns fähig machen, Gestaltwerdungen Christi wahrzunehmen, die wir nach unserem durchreflektierten Verständnis von Wahrheit gar nicht für möglich halten können. Das ist die Lehre aus Jesu Gleichnis vom Weltgericht *(Mt 25,31-45)*[89].

---

87. *Gottfried Benn* hat einen Lebensrückblick so enden lassen: »Im Anfang war es heller, was du wolltest, / und zielte vor und war dem Glauben nah, / doch als du dann erblicktest, was du solltest, / was auf das Ganze steinern niedersah, / da war es kaum ein Glanz und kaum ein Feuer, / in dem dein Blick, der letzte, sich verfing: / Ein nacktes Haupt, in Blut, ein Ungeheuer, / an dessen Wimper eine Träne hing.« (Benn [1966], S. 179). – Wieder eine andere Perspektive des – in diesem Fall an seinem Auftrag – leidenden Jesus Christus hat José Saramago (1995) in seinem Roman präsentiert.
88. M. Luther (Der große Katechismus, 1529) in: (2002), S. 1863 (= Luther-Werke, Bd. 3, S. 103).
89. Vgl. Jörns (1999b), S. 259-267. 278-280. 282.

3. Abschied von der Vorstellung, ein einzelner Kanon könne die universale Wahrnehmungsgeschichte Gottes ersetzen

Im Matthäusevangelium *(11,14)* sagt Jesus, Johannes der Täufer sei der wiedererstandene Prophet Elia. Bei einer anderen Gelegenheit hat sich zwischen Jesus und seinen Jüngern folgendes Gespräch ereignet *(16,13-16):* »Als aber Jesus in die Gegend von Cäsarea Philippi gekommen war, fragte er seine Jünger: Für wen halten die Leute den Sohn des Menschen (= mich)? Da sagten sie: Etliche für Johannes den Täufer, andere für Elia, noch andere für Jeremia oder einen (anderen) der Propheten.« Die »Leute« haben also – wie Jesus – besonders angesehene jüdische Prophetengestalten und den gerade zum Märtyrer gewordenen Täufer erinnert, um die Begegnung mit Jesus irgendwie adäquat religiös einordnen zu können.

Alle neutestamentlichen Schriften bemühen sich darum, die Gedächtnisspur, die das »Wort Christi« *(Röm 10,17)* angelegt hat, mit dem eigenen kulturellen Lebensbereich zu verbinden und eine kulturelle Kohärenz herzustellen. Für den jüdischen Kulturbereich ist diese Verbindung über die Brücke, die der Hellenismus zur Verfügung gestellt hatte[1], durch den jüdisch-christlichen Doppelkanon hergestellt worden. Eine neue Untersuchung hat nun aber geraten, bei der Exegese künftig auch Verbindungen stärker zu berücksichtigen, die es zur *römischen* Religion hin und von ihr her gegeben hat[2]. Einflüsse Platons auf Paulus habe ich im vorigen Kapitel schon angesprochen. Von Vorstellungen, die aus Ägypten und dem Asklepios-Kult auf die Darstellung der Jesus-Christus-Geschichte eingewirkt haben, wird noch zu reden sein.

Solche Verbindungen zu anderen Religionen und Kulturen stellen Theologinnen und Theologen heute vor Probleme, denen sie im Grunde nicht ausweichen können – zum Beispiel, wenn sie predigen. Denn unter der Hand öffnet sich während der Exegese der offiziell *geschlossene* Kanon durch die Einsicht in seine vielfältigen Verflechtungen. Der Satz, daß die Bibel die einzige Basis des Glaubens ist, kann dann genaugenommen nicht mehr aufrechterhalten werden. Lösen lassen sich diese Probleme nicht aus den biblischen Überlieferungen

---

1. Literarische Brücke für die griechischsprachige Welt war die Übersetzung des hebräischen Kanons ins Griechische: die Septuaginta. Die Übersetzung der 5 Bücher Mose geht wohl schon in die 1. Hälfte des 3. Jahrhunderts v. Chr. zurück. Der Rest wurde innerhalb von ca. 200 Jahren an unterschiedlichen Orten übersetzt.
2. Georgi (2002), S. 38. S. u. S. 170f.

selbst, sondern nur durch eine *theologische Bewertung* der religiösen Verflechtungen. Dieser Aufgabe werden die nächsten Kapitel dienen. Die Tatsache jedenfalls, daß bestimmte problematische Glaubensvorstellungen (auch) in der Bibel vorkommen, sanktioniert keine einzige von ihnen automatisch. Doch zuerst einmal müssen wir versuchen, das Verhältnis der eigenen Religion zu anderen Religionen in einem größeren Zusammenhang zu beschreiben. Dabei gehe ich davon aus, daß Religionen eine je spezifische Gedächtnis- oder Überlieferungsspur in der Geschichte verfolgen.

Jede Religion pflegt eine besondere Gedächtnisspur im Rahmen der universalen Wahrnehmungsgeschichte Gottes

Methodisch schließe ich mit diesem Kapitel an das letzte und die darin schon angewendete Wahrnehmungs- und Erinnerungstheorie an. Wenn ich die durch sie vermittelten Erkenntnisse mit dem Selbstverständnis der Exegese verbinde und auf das Neben- und Ineinander der Kulturen übertrage, läßt sich folgende Grundthese formulieren: *Jede Religion pflegt eine besondere Gedächtnisspur von Wahrnehmungen Gottes. Aber Gott hat sich auch außerhalb der jeweils eigenen Überlieferungsgeschichte wahrnehmen lassen. Also gehören die in* allen *heiligen Schriften überlieferten Wahrnehmungen zu einer universalen Wahrnehmungsgeschichte Gottes. Keine Religion kann deshalb mit beziehungsweise in ihren Überlieferungen die universale Wahrnehmungsgeschichte Gottes wiedergeben.* Wo deutlich erkennbar ist, daß in den eigenen Schriften Glaubens- und Gottesvorstellungen aus Vorgänger- oder auch parallel existierenden Religionen verarbeitet worden sind, wird diese universale Geschichte leichter greifbar als dort, wo es solche Anknüpfungspunkte nicht gibt. Heute ist es unsere Aufgabe, auch die uns bislang fremden Spuren der universalen Wahrnehmungsgeschichte Gottes mit in den Blick zu nehmen und sie gemeinsam mit den eigenen Glaubensvorstellungen daraufhin zu befragen, ob sie uns helfen, Gott bzw. dem Absoluten zu begegnen.

Viele Menschen – zu denen ich auch gehöre – haben sich längst daran gewöhnt, *Gotteserfahrungen auch in außerbiblischen Überlieferungen ernst zu nehmen*, auch wenn die Kirchen solche Grenzüberschreitungen (noch) nicht zu akzeptieren vermögen. Diese Christen haben die Vorstellung losgelassen, mit der jüdischen Religionsgeschichte habe alles für den Glauben Wesentliche begonnen. Dazu zwingt nicht nur die schon angesprochene Tatsache, daß die Bibel an ägyptische, mesopotamische und andere Überlieferungen angeknüpft hat, sondern im Grunde schon der Glaube, daß Gott der *Schöpfer aller* Menschen ist. Aus der eigenen Perspektive betrachtet, wissen andere Religionen in vielem anderes und oft auch Befremdliches zu berichten, weil sie Überlieferungen widerspiegeln, die zu anderen Gedächtnisspuren gehören. Ihre Transzendenzerfahrungen haben sie zum Teil auch von anderen Denkansätzen her reflektiert[3]. Aber Erfahrungen der Fremdheit machen schließlich Angehörige anderer Religionen mit *unseren* Überlieferungen auch! Weil die Wahrnehmungsgeschichte Gottes nicht nur *universal*, sondern durch die auf kulturelle Kohärenz drängenden Kräfte auch sehr unterschiedlich verlaufen ist, kann das gar nicht anders sein und darf niemanden verwundern.

Religiöse Texte können deshalb weder so angesehen werden, als faßten sie Gott zeit- und kulturunabhängig, noch als faßten sie Gott *überhaupt*. Denn *»direkt« oder »unmittelbar« – geht Gott nicht in schriftliche Überlieferungen ein*. Keine Heilige Schrift enthält qualitativ anderes als erinnerte und reflektierte Wahrnehmungen Gottes. Ebenso gilt: Wir haben die Wahrnehmungen Gottes immer nur im Zusammenhang mit Wahrnehmungsmustern und Typologien vor uns, die von konkreten Religionen benutzt worden sind. Möglicherweise spielen auch die sogenannten *Archetypen* eine Rolle, die ein menschliches Grundrepertoire an Vorstellungen umfassen. Sie leben in der Erinnerung einzelner Menschen und Kulturen, und zwar in einer Gestalt, wie sie sich im Laufe der individuellen oder kollektiven Entwicklung gebildet hat. Im Akt der Wahrnehmung werden sie durch irgendwelche Assoziationen wachgerufen und beeinflussen die Gestalt der Wahrnehmung. Auch, wie so etwas vor sich geht, vermag die am Anfang erwähnte Szene aus dem Matthäusevangelium anzudeuten.

Der vielgeschmähte *Synkretismus*, das Einschmelzen von Überlieferungen aus unterschiedlichen Religionen, ist ebenfalls positiv zu werten – als *ein Zeichen der Vitalität* des Christentums und nicht als ein Irrweg (wie ich früher auch einmal gedacht habe). Denn die anderen religiösen Elemente sind ja keine hohlen Formen gewesen, in die Jesus Christus wie in ein leerstehendes Haus eingezogen ist. Sie waren selber so vital, daß sie das Christentum nicht missen konnte. Und so *haben sie die Gestalt des Glaubens kräftig mitbestimmt* und dafür gesorgt, daß sich das Christentum in ihm ursprünglich fremde kulturelle Regionen hinein hat ausbreiten können – wie zum Beispiel nach Mittel-, Nord- und Osteuropa. Von heute aus gesehen, müssen allerdings sowohl die jüdisch-christlichen als auch die anderen religiösen Elemente unseres Glaubens einer theologischen Kritik unterzogen werden, wenn sie uns nicht mehr glaubwürdig erscheinen.

Aus allem erwächst für uns die Aufgabe, *über die historische Kritik an den eigenen Überlieferungen hinauszugehen und sie gerade dadurch konsequent zu Ende zu führen, daß wir mit einer theologischen Kritik dieser Überlieferungen beginnen*. Weil diese theologische Kritik die Entstehungsgeschichte der Bibel

---

3. Das bemängelt Hübner (2003), S. 1-119, in seiner Analyse der nichtchristlichen Religionen.

sowie ihre kulturelle und politische Wirkungsgeschichte mit in ihren Untersuchungsgegenstand einbeziehen muß, braucht sie *Kriterien*, die nicht mehr aus der Bibel oder dem Katechismus allein abgeleitet werden können. *Bezugsrahmen* für brauchbare Kriterien ist heute kein geschlossenes Lehrsystem mehr, sondern das *Leben*, an dem wir teilhaben und teilnehmen. In ihm geht es dann um die Frage, ob die religiösen Überlieferungen zu einer Begegnung mit Gott bzw. dem Absoluten helfen. Zur theologischen Kritik an unseren Überlieferungen gehört die *Bereitschaft, Lehren aus der Geschichte zu ziehen* und umzusetzen. Deshalb müssen vor allem die Opfer der Christentumsgeschichte zur Sprache gebracht werden.

Die meisten sind Opfer des Ethnozentrismus[4] und einer zur Herrschaft gekommenen Lieblosigkeit – aber auch der Bereitschaft geworden, Gewalt gegen Leib und Seele von Menschen zu üben, um die Herrschaft »der Wahrheit« zu sichern. Korrekturen, die es daran gegeben hat, sind selten aus der Kirche heraus zustande gekommen, sondern den Kirchen mühsam abgerungen worden. Als modernes Beispiel für eine solche Korrektur verweise ich auf den Umgang mit Menschen, die durch Suizid gestorben sind. Beide große Kirchen haben, darin Augustin und Thomas von Aquin folgend[5], bis in das letzte Drittel des 20. Jahrhunderts hinein diesen Menschen eine kirchliche Bestattung verweigert und ihre Familien beschämt. Eine – moderate – Änderung dieser Haltung ist nur dadurch zustande gekommen, daß sich das *medizinische* Paradigma geändert hatte[6]. Ursache ist also der Druck gewesen, der von einer veränderten kulturellen Lage auf die kirchliche Praxis ausgeübt worden war. Diese Ursache hat im protestantischen Bereich auch dazu geführt, daß Frauen Pfarrerinnen werden können. Denn ausschlaggebend dafür, daß Kirchen in diesem Fall sogar gegen ein ausdrückliches Gebot des Apostels Paulus gehandelt haben (Frauen sollen in der Gemeindeversammlung schweigen: *1. Kor 14,33b-35*), war die neue *gesellschaftliche* Stellung der Frau.

Diese mit den Veränderungen der *unsichtbaren Religion* verbundenen Kurswechsel lassen davon ausgehen, daß sich auch andere Grenzziehungen als unhaltbar offenbaren werden, die heute noch als unumstößliche *Wahrheit* gelten. Die Grenzen, die um den jüdisch-christlichen Kanon gezogen wurden, gehören dazu gewiß. Denn von ihm her wird über wahr und unwahr entschieden, aber

---

4. Auf den Ethnozentrismus als fundamentales Problem der Religionen gehe ich in Kap. II 4 ein.
5. Vgl. Lenzen (1987), S. 138-205.
6. Eine Suizidneigung wird seit den 50er Jahren unter dem Einfluß der Forschungen von S. Freud und E. Ringel in Wien als psychopathologisch angesehen. Sie kann deshalb von den Kirchen nicht mehr als Crimen behandelt werden. Das Zweite Vatikanum hat zwar bewirkt, daß Suizidanten bestattet werden können; doch der *Corpus Iuris Canonici* von 1983 hat keine grundsätzliche Abkehr von dem Standpunkt gebracht, ein Suizidversuch sei eine »Irregularität«: Lenzen, ebenda, S. 204 f.

auch in das Leben von Menschen eingegriffen. Darum muß der nächste Abschied der Vorstellung gelten, ein einzelner Kanon könne die universale Wahrnehmungsgeschichte Gottes ersetzen und deshalb als einzige Basis des Glaubens gelten.

Die Rolle der Kanons im Rahmen der universalen Wahrnehmungsgeschichte Gottes

Kanons sind Heilige Schriften und haben da, wo sie im Kult regelmäßig vorgelesen werden, aus sich selbst eine *unbezweifelte Autorität*. Wenn ein Kanon auch eine *normative Autorität* hat und als *Basis einer Lehre* verstanden wird, drückt sich darin schon eine besondere Bewertung seiner innerreligiösen Funktion aus. Zu dieser normativen Funktion paßt im Grunde erst die Verwendung des Begriffes *Kanon*. Denn dieser stammt aus der christlichen Theologie und dem kirchlichen Rechtswesen des 4. Jahrhunderts[7]. Ein Kanon ist nicht einfach gleichzusetzen mit dem *kulturellen Gedächtnis*, das ja mit der *unsichtbaren Religion* weitgehend übereinstimmt. Denn ein Kanon ist die textliche Basis einer *sichtbaren* Religion.

Kanons sind geschlossene Gedächtnisspuren Gottes

An bestimmten, oft sogar historisch datierbaren Punkten scheint die Wahrnehmungsgeschichte Gottes zum Stillstand gekommen zu sein. Gemeint sind Punkte, an denen Sammlungen kultureller Texte zusammengestellt, abgeschlossen und sakralisiert worden sind[8]. Von nun an galt die Regel »Nichts hinzufügen, nichts wegnehmen, nichts verändern«. Die Produktion solcher »Großen Texte« wird beendet aus dem Bewußtsein heraus, daß in den Sammlungen »alles Sagbare gesagt und alles Wißbare aufbewahrt ist« [9]. Wer fortan mit Weisheit und Wahrheit in Verbindung bleiben will, muß die ›großen Texte‹ auslegen. Denn Kanons dürfen nur noch *ausgelegt* werden. So bildet sich im Anschluß an alle Kanons eine umfangreiche Sekundärliteratur. In ihr werden Dokumente einer abgeschlossenen Spur der Wahrnehmungsgeschichte Gottes auf konkrete Gruppen von Menschen bezogen erinnert. Weil die Welt sich aber auch nach der Schließung eines Kanons weiter wandelt, und weil Gott als Geist gegenwär-

---

7. Lang (1993), S. 332.
8. Die Schlußbemerkung des Johannesevangeliums (20,30, vor dem Nachtragskapitel 21) spricht deutlich davon, daß dieses Evangelium eine Auswahl darstellt: »Noch viele andere Zeichen nun tat Jesus vor den Jüngern, die in diesem Buch nicht aufgeschrieben sind.«
9. J. Assmann (1997), S. 175. Vgl. im Neuen Testament Offb 22,18 f.

tig ist, muß so etwas wie Gleichzeitigkeit zwischen Textwelt und Lebenswelt hergestellt werden. Dazu gibt es einen Stand von Spezialisten, die diese Arbeit an den kulturellen Texten leisten. Der israelitische *Sofer*, der jüdische *Rabbi*, der hellenistische *philologos*, der christliche *Lehrer*, der islamische *Scheich* und *Mulla*, der indische *Brahmane*, die buddhistischen, konfuzianischen und daoistischen *Weisen*, *Meister* und *Gelehrten* repräsentieren diesen Stand. In oft großer Unabhängigkeit von politischer und wirtschaftlicher Macht übernehmen sie die Aufgabe, den Graben zwischen Text und der sich wandelnden Wirklichkeit zu überbrücken. Sie können ihre Schlüsselrolle allerdings auch ausnutzen[10] – zum Beispiel dadurch, daß sie allein in ihrer Umgebung die Sprache verstehen, in der eine heilige Schrift überliefert ist.

Heute sind die Berufstheologen in derselben Position – ob sie ihnen nun gefällt oder nicht. Nur sie können in der Regel die Bibel im hebräischen, aramäischen und griechischen Originaltext lesen. Die »Laien« sind am Anfang des 3. Jahrtausends abhängiger von den Theologen als in der Zeit des Pietismus. Denn der hatte die »Bibelstunden« erfunden, die im Gemeindehaus *neben* der Kirche stattfanden, und gab jedem, der daran teilnahm, das Bewußtsein, in »seiner Bibel« lesen und sie auch verstehen zu können. Dieses Bewußtsein haben heute nur noch wenige Menschen. Kein Wunder, daß das Bibellesen seit Jahrzehnten an letzter Stelle genannt wird, wenn es darum geht zu sagen, was zum Evangelisch-Sein unbedingt hinzugehört[11]. Zwischen dem Kanon und der sich wandelnden Wirklichkeit hat sich eine große Kluft aufgetan. Der Kanon hat keine *unmittelbare* Evidenz mehr, sondern nur noch eine *mittelbare*, die zum Beispiel durch die Predigt erst hergestellt werden muß.

Keine Religion erhebt in der Regel einen Anspruch an *beliebige* Leser darauf, daß ihr Kanon als verbindliche Offenbarung anerkannt wird. Aber alle Heiligen Schriften können von heutigen Leserinnen und Lesern einen *Respekt* erwarten, der ihrem Status im jeweils eigenen Bereich entspricht. Gegenseitige *Toleranz* ist dafür die angemessene Bezeichnung, und sie gilt unabhängig von unserer theologischen oder philosophischen Bewertung dieses Status[12]. *Carsten Colpe* hat im übrigen die These gewagt, daß es (nur) *zwei große Kanonsfamilien* gibt: eine, die vom jüdisch-hebräischen Tenach ausgeht, und eine andere, die beim buddhistischen Tipitaka ansetzt. »Bemerkenswert ist, daß beide Filiationsanfänge in das erste Jahrhundert n. Chr. fallen.«[13] Sie verzweigen sich in un-

---

10. Vgl. dazu die Vorwürfe, die Jesus den Jerusalemer Schriftgelehrten gemacht hat: Mt 22,13.
11. EKD (2003a), S. 18: In den alten Bundesländern sagten in den letzten drei Jahrzehnten nur noch jeweils 25 % (1982), 21 % (1992) und 22 % (2002), daß das Bibellesen unbedingt zum Evangelischsein gehöre. Darüber nachzudenken, wäre in der »Kirche des Wortes« wohl des Schweißes der Edlen wert!
12. Darauf läuft das Buch von K. Hübner (2003), S. 121-138, hinaus.
13. Colpe (1987), S. 87.

glaublicher Weite und Tiefe, wobei Einflüsse nicht nur von den beiden Kanons ausgegangen sind, sondern auch zu ihnen hingeführt haben.

Mit dem *jüdischen Kanon* sieht Colpe Verbindungslinien u. a. zu den Qumrantexten, den Talmudim und der Mischna, zur Septuaginta (der griechischen Übersetzung des jüdischen Kanons) und über sie zum Neuen Testament, aber auch zu den alexandrinischen Klassikersammlungen, zu Marcion und Plotin sowie Porphyrius, zum Koran und auf sehr unterschiedliche Weise zu vielen anderen Schriftsammlungen (z. B. der Manichäer, Mandäer, dem neuen Text des sassanidischen Awesta) verbunden. Auf den *buddhistischen Pali-Kanon (Tipitaka)* laufen, rückschauend betrachtet, der Jaina-Kanon, die Mahayana-Literatur und die umfangreichen Sammlungen des Kanjur, Tanjur und San-ts'ang zu, dazu taoistische und konfuzianische Sammlungen sowie Schriften aus japanischen Schulen. Die Übergänge und Einflüsse zwischen diesen »kulturellen Texten« haben mit Kommunikationsvorgängen zu tun, die die kulturellen Kontexte solcher Schriften durch politische, wirtschaftliche und wissenschaftliche Veränderungen für andere kulturelle Räume und ihre Überlieferungen geöffnet haben. Dabei wurde auch, wie vor allem die größte Bibliothek der Antike in Alexandria belegt, das Mittel der systematischen Übersetzung fremder Texte in die eigene (griechische) Sprache eingesetzt. In einem einzigen Fall ist es nach Colpe in der Geschichte dazu gekommen, daß Tendenzen aus beiden Kanon-Komplexen in *einem* Kanon gebündelt wirken: im Kanon der Sikhs, dem »Adi Granth«, der erst am Beginn der Neuzeit entstanden ist[14].

Jan Assmann hat nun allerdings noch eine andere Form von Kanon beschrieben, die von der Buch-Form des buddhistischen Tipitaka und des jüdischen Tenach abweicht: *den ägyptischen Tempel.* Denn sowohl beim Hathor-Tempel von Dendera als auch beim Horus-Tempel von Edfu kann man an den Tempeln Texte lesen, die den Tempel mit einem Bauplan in Verbindung bringen, der den Bauherren durch eine über die Vorfahren vermittelte Offenbarung gegeben worden ist[15]. Für Assmann liegen die Konzepte »Buch« und »Tempel« nicht weit auseinander: »Der Tempel ist nichts anderes als die dreidimensionale und monumentale Umsetzung des Buches, das alle Kennzeichen eines Kanons aufweist.« Er sei – wie der Koran – vom Himmel gefallen, und an seinem Bestand durfte – wie bei der Tora und der Offenbarung des Johannes – nichts hinzugefügt und nichts weggenommen werden[16]. Die kulturgeschichtliche Bedeutung und Wirkungsgeschichte des »ägyptischen Kanons« Tempel führt nach Assmann über das spätzeitliche (ptolemäische) Ägypten zum Tempelbau der griechisch-römischen Zeit; auch der sei viel mehr als nur ein Bauwerk. Denn er

---

14. Colpe (1987), S. 88. 91 f.
15. Auch der Pharao Amenophis IV. Echnaton hat »seine« Stadt Achetaton (später: Amarna) an einer Stelle gebaut, die ihm sein Gott Aton direkt genannt hatte: Hornung (2001), S. 71.
16. J. Assmann (1997), S. 177.

verwirkliche als »Endform« der Wirkungsgeschichte »einen hochkomplexen und streng kanonischen Grundriß, ist an seinen Wänden über und über beschriftet und bildet das Gehäuse nicht nur der Riten, von denen nach ägyptischer Auffassung das Leben des Kosmos und der Gesellschaft abhängt ..., sondern auch einer Lebensform, die in ihrer strengen Regelgebundenheit bereits alle Züge einer ›methodischen Lebensführung‹ im Sinne Max Webers aufweist.« Schon Platon hat den Tempel »als eine kanonische Kodifizierung der ägyptischen Kulturgrammatik gedeutet, die Handeln und Verhalten sowie alle musischen Produktionen ein für allemal festlegt.«[17]

Die Tempelbauten – samt allen dazu gehörenden Texten und Riten – haben zwar keine Kommentar-*Literatur* hervorgerufen. Aber es wäre ja auch verfehlt, bei einem Kanon, dessen Mittelpunkt ein Bauwerk bildet, dieselbe Form von Kommentar zu erwarten. Zu erwägen ist, sowohl die Variationen des Tempelbaus und der damit verbundenen Grundrisse, Riten und Feste in der griechisch-römischen Welt als auch diejenigen in anderen Bereichen der Erde als Kommentare zu diesem ägyptischen Kanons-Typ hinzuzustellen. Und schließlich ließen sich auch die Geschichte des Synagogen-, Kirchen- und Moscheen-Baus sowie die profane Architekturgeschichte als *Kommentare* lesen, in denen sich Lebenskonzepte und »Gehäuse« öffentlicher und privater Riten verbunden haben und bis heute verbinden[18].

Einflüsse unterschiedlicher Gedächtnisspuren auf den jüdischen Teil der Bibel: das Gilgamesch-Epos

Wie stark die großen kulturellen Texte einander beeinflußt haben, läßt sich am Beispiel des Gilgamesch-Epos zeigen. In seiner vielfältigen Überlieferungsgeschichte hat es auch die jüdische Bibel erreicht und eignet sich gut, um zu belegen, wie unterschiedliche Gedächtnisspuren punktuell ineinander übergegangen sind.

Das Gilgamesch-Epos geht von dem ältesten Kulturland der Erde aus: Mesopotamien[19]. Menschliche Siedlungsspuren sind im Süden dieses »Landes«, im späteren Babylonien, ab ungefähr dem 5. Jahrtausend v. Chr. zu finden. Von

---

17. J. Assmann, ebenda, S. 293.
18. Glänzend als Standardwerk zur europäischen Baustilkunde ab der griechischen Antike: Koch (2000), 10-285. – Die Dörfer haben immer mit ihren Ensembles von »Haus und Hof« solche Lebenskonzepte gehütet. *Häuser* sind das Gotteshaus, Rathaus, Pfarrhaus, Backhaus, Schlachthaus, Gasthaus und Schulhaus – und später: Feuerwehrhaus und Gemeindehaus; *Höfe* sind Wohnhaus, Stallungen und Scheunen zusammen; aber auch der »Wohnort« der Toten ist ein »Fried*hof*«.
19. Die folgenden Angaben übernehme ich teils aus Schrott (2003), S. 7-22, teils aus Renger (1998).

den diversen Ethnien, die hier siedelten und die erste Hochkultur entwickelten, sind namentlich nur die Akkader und die Sumerer bekannt. Sie lebten südlich des heutigen Bagdad bis zum Meer. Die Akkader sprachen eine semitische Sprache – die sicher zur Brücke für den Einfluß mesopotamischer Überlieferungen auf frühe biblische Erzählungen wurde. *Gilgamesch* ist ein »sagenhafter Herrscher von Uruk« gewesen, der die (wieder ausgegrabene) 9 km lange Stadtmauer gebaut hat. Einige nicht literarische Quellen erwähnen ihn bereits um 2700 v. Christus. Schriftlich gestaltet worden ist das Gilgamesch-Epos im 21. Jahrhundert. Im 19. oder 18. Jahrhundert v. Chr. ist eine einheitliche Fassung in akkadischer Sprache entstanden, die zur Grundlage einer verzweigten Überlieferungsgeschichte geworden ist. Sie läßt sich über 1500 Jahre verfolgen. Zu den davon gefundenen Spuren zählen im palästinensischen Megiddo ein akkadisches Fragment aus dem 14. Jahrhundert sowie 12 Tafeln mit 3000 Versen, im 13. oder 12. Jahrhundert entstanden, in der Bibliothek des Assurbanipal in Ninive (7. Jahrhundert). Schrott vermutet sogar Einflüsse des Gilgamesch-Epos auf die großen homerischen Epen.

Von den jüdisch-biblischen Erzählungen ist insbesondere die *Sintflutüberlieferung* im Gilgamesch-Epos beheimatet. Wer sie dort liest, staunt, wie ähnlich die spätere biblische Version ausgefallen ist. Nach der 11. Tafel des Epos war es eine *Schlange*, die Gilgamesch einen ihm Unsterblichkeit verheißenden Stechdorn wegfrißt. Schließlich stellt Schrott literarische Parallelen her zwischen der 12. Tafel des Epos und dem 1. Samuelbuch Kap. 18: Im Epos wird Enkidus »Schatten« (oder »Totengeist«) auf Geheiß des Gilgamesch aus dem Totenreich befreit und kann Gilgamesch erzählen, wie schrecklich das Dahinvegetieren im Totenreich ist; in der biblischen Variante hilft die mit geheimen Praktiken vertraute Witwe von Endor dem glücklosen König Saul dazu, daß er den toten Propheten Samuel nach seinem künftigen Schicksal befragen kann – und auch er erhält schreckliche Nachrichten. Schrott erwähnt nicht, daß in der »Odyssee« des Homer im 11. Gesang ebenfalls eine Szene berichtet wird, in der – in diesem Fall durch ein Blutopfer am Eingang zum Hades – *Odysseus* die Gelegenheit bekommt, mit den für ihn wichtigen Toten aus Mythos und gemeinsamer (mythischer) Kriegsgeschichte zu sprechen.

Diese vielfältigen Spuren zeigen auch ohne den Nachweis einer *literarischen* Abhängigkeit, daß und wie ein großer Erzählstoff in unterschiedlichen Kulturen variiert wird, wenn er ein menschliches Grundthema dramatisch – und das heißt: nacherzählbar – behandelt[20]. Gilgamesch ist auf der Suche nach bleibendem Ruhm und versucht zusammen mit seinem Gefährten Enkidu, für den

---

20. Vgl. auch die Sintflutberichte bei Eliade (1981), S. 113-121: Neben dem Gilgamesch-Epos XI eine altindische Flutmythe und Ovid, Metamorphosen I, 260-415 (die deukalionische Flut).

Gott Enlil aus dem Libanon Holz für eine Tempeltür zu holen. Dabei töten sie den Wächter des Waldes. Und als Gilgamesch nach Uruk zurückkommt, will ihn Ischtar zum Gemahl haben. Da er dies verweigert, schickt Ischtar den Himmelsstier gegen ihn los, doch auch diesen töten Gilgamesch und Enkidu gemeinsam. Durch diesen frevelhaften Sieg aber verliert Gilgamesch seine Lebenskraft. Mit dem Tod konfrontiert, ändert er das Ziel seiner Lebensreise und sucht nun nach dem immerwährenden Leben. Dieses Ziel erreicht er nur mittelbar: die 11. Tafel verweist auf die Stadtmauer von Uruk, die seinen Ruhm der Nachwelt bekannt machen soll.

Vom Motiv her, bleibenden Ruhm zu erlangen, hat das Epos auch mit der Erzählung vom *Turmbau zu Babel* zu tun *(1. Mose 11):* Mit dem Turm, dessen Spitze bis in den Himmel reichen soll, »wollen wir uns ein Denkmal schaffen«, sagen die Erbauer. Sie sagen aber auch, was sie fürchten: »verstreut zu werden über die ganze Erde«, also nicht zu *bleiben.* Ob demgegenüber nun bleibender Ruhm oder bleibendes Leben gesucht werden: letztlich richtet sich die Suche auf das *Bleiben* und kämpft gegen den Verlust von Dauer, den der Tod beschert. Im Gilgamesch-Epos sehe ich früh jenen *horror vacui* (»Schrecken vor dem Nichts«) thematisiert, der sich zur größten kulturellen Potenz entwickelt und wohl noch die ganzen mörderischen Kämpfe motiviert hat, von denen die Heldenepen überall erzählen. Es geht ums *Bleiben.* Auch die frühen israelitischen Erzählungen kommen über die Todesschwelle und die wachsende Traurigkeit nicht hinweg, die die Todesgrenze den Menschen setzt. Nicht nur die sozialen Bande werden zerrissen und ihr Ende betrauert; auch, an der Kultgemeinschaft nicht mehr teilnehmen zu können, wird in Israel ein Grund zur Klage. Der Schatten des Todes reicht tief ins Leben und alle seine Verästelungen hinein *(Psalm 88).* Erst spät – und wiederum durch kulturelle Wechselwirkungen verstärkt – breitet sich vom 4. Jahrhundert v. Chr. an östlich des Mittelmeers die Hoffnung aus, der Tod werde zu durchbrechen sein, von göttlicher Seite aus sei ein Grund zur Hoffnung gegeben. Bis dahin aber trösten nur Bemühungen darum, aufgrund großer Taten oder vieler Nachkommen oder steinerner Denkmäler – wie seit Jahrtausenden in Ägypten – in der Erzählgemeinschaft der Menschen auch nach dem Tod erwähnt zu werden.

Darum wundert es nicht, daß auch im Zusammenhang mit der an Jesus Christus gebundenen Gottesbeziehung das *Bleiben* zu einem zentralen Begriff wird. Im Johannesevangelium kann *bleiben* mit *glauben* wechseln, aber auch *unbegrenzt leben* meinen: Wer sich durch den Glauben mit Jesus Christus verbindet und in der von ihm vorgelebten Liebe bleibt, der bleibt in Jesu Liebe: »Bleibet in mir und ich in euch!« *(Joh 15,4)* – das ist der Weg zum Leben. Oder theologisch verallgemeinert: »Gott ist Liebe, und wer in der Liebe bleibt, der bleibt in Gott und Gott in ihm.« *(1. Joh 4,15 f.).* Gegenüber der Vorzeit hat sich allerdings die innere Ausrichtung geändert: *Liebe, Hingabe* führt zum Bleiben, nicht ein Weg, der um des Ruhmes willen womöglich andere zu Opfern macht, wie noch das Gilgamesch-Epos erzählt.

Einflüsse unterschiedlicher Gedächtnisspuren auf den christlichen Teil der Bibel: ägyptische Einflüsse

Manfred Görg hat die »Bilder des christlichen Credo« systematisch daraufhin untersucht, wo und welche Wurzeln sie im alten Ägypten haben[21]. Görg konzentriert sich bei seinen Arbeiten auf die »bildimmanente Struktur« dessen, was Menschen in der Begegnung mit Gott wahrgenommen (»geschaut«) haben. Er geht davon aus, daß insbesondere dort, wo es um elementare Themen wie Geburt und Tod geht, auch elementare Erfahrungen bildhaft erinnert werden. Die Bildebene verlange *nicht* nach einer theologischen Interpretation, sondern sollte als elementare Vorstellung akzeptiert werden. Die Bilder stammen natürlich aus menschlichen Erfahrungen, können aber in eine Wahrnehmung Gottes »im Schauen« einfließen und dabei neu erlebt werden. Görg formuliert damit Einsichten, die zu den Ergebnissen der Wahrnehmungstheorie passen. Der Wahrheitsgehalt der Bilder des christlichen Credos wird damit nicht aufgegeben; vielmehr wird derjenige, der sich auf die Bildebene einläßt, selbst »in seiner Ganzheit und Leibhaftigkeit in Anspruch« genommen[22]. Mit anderen Worten: Es kommt zu einer wirklichen Begegnung. Dabei geschieht nach Görg etwas, was auch denjenigen widerfahren ist, deren Gotteswahrnehmungen uns schriftlich überliefert worden sind: ein Offenbar-*Werden* von etwas, was bis dahin verborgen gewesen ist[23].

An 15 Aussagen des apostolischen Glaubensbekenntnisses deckt Görg die bildhaften Strukturen auf, die aus dem altägyptischen Denken innerhalb der hellenistischen Weltkultur Einfluß auf die Sprache des christlichen Glaubens genommen haben. Als besonders beeindruckend empfinde ich die Kapitel, die folgende Themen behandeln[24]:
- die ägyptischen Triaden (wie Osiris-Isis-Horus), die auf das Trinitätskonzept der christlichen Gotteslehre eingewirkt haben;
- die Rolle des Pharao als Gottessohn und Vermittler zwischen Gott und Menschen, die in dem Gottessohn Jesus Christus – neben allen jüdischen Wurzeln – eine, wie ich es nennen möchte, neue Wahrnehmungsgestalt annehmen;
- die Personifikation der Gottesmutterschaft in den Göttinnen Isis und Hat-

---

21. Görg (1998a).
22. Ebenda, S. 22.
23. Görg spricht von »›Offenbarung‹ im Prozeß«: ebenda, S. 17.
24. Ebenda, S. 59-158.

hor, die mit den öffentlichen und privaten Kulten der Gottesmutter in Ägypten die »Grundlagen zu einer Marienfrömmigkeit« legt;
- die Fahrt des Gottes Re mit der Sonnenbarke in die Sphäre der Nacht und des Todes, um die Mächte der Finsternis zu besiegen und den neuen Tag heraufzuführen, die im Hinabsteigen Christi in das Reich des Todes am Karsamstag wiederkehrt;
- den Mythos und Kult des Osiris, der unschuldig getötet wird und wieder aufersteht, ja, zum Gott der Auferstehung wird, der in den Erzählungen von Jesu Christi Tod und Auferstehung durchscheint;
- die Vorstellung vom Weltenrichter, die mit dem wiederkommenden Christus eine Neubelebung erfährt.

Ich kann die Liste noch ergänzen um die Tatsache, daß die am Anfang der Bergpredigt Jesu überlieferten »Seligpreisungen« *(Mt 5,2-10)* eine literarische Form aufnehmen, die besonders gern in den Texten der Amarna-Zeit – und zwar bezogen auf den Pharao Echnaton – verwendet worden ist. Dabei wird die Seligpreisung gerne mit einem Weheruf über diejenigen Menschen verbunden, die das Gegenteil des gepriesenen Handelns tun[25]. Auch diese Verbindung ist biblisch belegt: in der Fassung der Bergpredigt bei Lukas *(6,20-26)*. Wie in Ägypten geht es darum, Menschen vor die Entscheidung zu stellen und sie durch die Perspektive von Seligpreisung und Weheruf zu motivieren, den guten Weg zu wählen.

Diese frappierenden Einflüsse bedeuten nicht, daß sie unverändert übernommen worden wären. Es ist vielmehr so, wie wir es auch von der Übernahme der griechischen Mythen in die griechischen Tragödien bei Aischylos, Sophokles und Euripides her kennen: Der »Stoff« wird erinnernd übernommen, aber in der reflektierenden Erinnerung an entscheidenden Stellen umgestaltet, um die neue Botschaft gerade durch die Anknüpfung an den alten Stoff vermitteln zu können. Ähnlich können wir uns auch den Transfer von Mythen und Kultsagen aus ägyptischen Göttererzählungen oder aus anderen Bereichen denken. Sie sind mit der Jesus-Christus-Geschichte zu einer neuen Erinnerungsgestalt verschmolzen worden, wie wir sie dann im Glaubensbekenntnis verdichtet finden. Ohne diesen und andere Verschmelzungsprozesse hätte die Jesus-Christus-Geschichte niemals in der ganzen Mittelmeerwelt Fuß fassen können. Dafür sehen wir uns noch ein Beispiel an, das die Konturen des Christus-Bildes in der späthellenistisch-römischen Welt in besonderer Weise geprägt hat.

---

25. J. Assmann (2000c), 112-117.

Zweiter Teil: Notwendige Abschiede von überlieferten Glaubensvorstellungen

Der alte und der neue »Heiland der Welt« – die Begegnung des frühen Christentums mit dem griechisch-hellenistischen Asklepios-Kult

Die großen griechischen Tragödien belegen, wie damals die individuellen, vor allem seelischen Leiden der Menschen wahrgenommen worden sind. Diese Entwicklung wird dafür gesorgt haben, daß auch der *therapeutische Aspekt* der Religionen immer bedeutsamer wurde. Der griechische Gott *Asklepios*[26] hat sich nach den mythischen Überlieferungen in seiner irdischen Existenz dadurch hervorgetan, daß er seine vom Zentauren *Chiron* gelernte Heilkunst so weit verfeinerte, bis er Menschen vom Tod auferwecken konnte. Asklepios etablierte sich in der hellenistischen Welt – vom 5. Jahrhundert vor Christus an – als *der therapeutische Gott schlechthin*. *Sophokles* ist der erste Priester des Asklepios in Athen gewesen und hat ihm in seinem Wohnhaus den ersten Altar errichtet. In seinen Tragödien ist zu erkennen, wie sich der Mensch als Individuum von den allgewaltigen Göttern gerade dadurch emanzipiert, daß er sich auf seine Leiden beruft[27].

Mehrere hundert Heiligtümer, die zugleich Heilstätten waren, sind von Epidauros aus im Mittelmeerraum entstanden. Seit 293 v. Chr. war Asklepios auch auf der Tiber-Insel in Rom zu Hause, nachdem er wegen einer Pest vom römischen Senat herbeigerufen worden war. Von dort aus hat er seinen Siegeszug durch das römische Reich – wie vorher schon durch den griechisch-hellenistischen Bereich – angetreten. Die Parallelen zu Jesus, von denen ich hier nur ganz wenige nenne, sind unübersehbar. Auch Jesus hat nach dem Bericht der Evangelien Menschen geheilt und Tote auferweckt – und ist gerade deshalb von seinen religiösen Gegnern getötet worden. Auch Jesus ist nicht im Tod geblieben, sondern auferstanden; ja, der Auferstandene sammelt sich selbst seine Gemeinde. Besonders wichtig ist, daß schon Asklepios den Titel »Heiland der Welt« getragen hat. Inwieweit die vielen Übereinstimmungen bereits das Ergebnis von Verschmelzungsprozessen beider Überlieferungsströme sind, ist erst ansatzweise untersucht worden. Daß Asklepios und Christus sich in besonderer Weise der leidenden Menschen annehmen, ist unverkennbar. Asklepios wird dabei von *Hygieia* unterstützt, und Jesus später von seiner – besonders wegen ihres persönlichen Erbarmens mit leidenden Menschen geliebten – Mutter *Maria*.

Erich Dinkler hat nachgewiesen, welchen Einfluß insbesondere die Asklepios-Skulpturen auf den sich langsam herausbildenden Christustypus der Kunst ge-

---

26. Vgl. dazu Graf (1997) und Ley (1997). Die textlichen Überlieferungen sind zusammengestellt worden von E. J. und L. Edelstein (1945). Mit Carsten Colpe bin ich mir sicher, daß aus diesem Material mühelos auch ein *Asklepios-Evangelium* hätte geschrieben werden können, wenn sich dieses literarische Genus den Asklepios-Jüngern nahegelegt hätte.
27. Jörns (1988c), S. 198-210.

habt haben: »Der Christustypus, der sich mit dem Beginn der Spätantike und vor der konstantinischen Wende ... zeigt«[28] und »auch ohne ikonographischen Kontext vom Betrachter erkannt werden kann«[29], vereinigt »neben den Zügen des Asklepios-Kopfes die Bedeutungszusätze des frontal Sitzenden und des mit der Rolle als Beauftragter, auch als Erfüllung von Verheißung Qualifizierten. Ein Höchstmaß an Würde, Weisheit und Heilsverheißung ist ikonographisch zum Ausdruck gebracht und damit der älteste bekannte Christustypus der Kunst ausgestattet.«[30] Auffallend sind auch Übereinstimmungen zwischen Asklepiosdarstellungen, die ihn zeigen, wie er durch Handauflegung heilt, und entsprechenden Darstellungen Jesu Christi[31]. Sie deuten darauf hin, daß Jesus in die Spur des therapeutischen Gottes getreten ist. *Eugen Biser* hat davon gesprochen, daß »die Selbstbezeichnung Jesu als Arzt die einzige ist, die er lebensgeschichtlich für sich in Anspruch nahm«[32]: »Nicht die Gesunden, sondern die Kranken brauchen den Arzt *(Mk 2,17)*«.

Aber wer in demonstrativen Zeichenhandlungen dann auch *Tote auferweckt*, verlangt von den Menschen, daß sie ihr Weltbild korrigieren. Denn einer, der Tote auferweckt, bringt die Weltordnung durcheinander, die auf dem Prinzip beruht, daß Götter unsterblich und Menschen sterblich sind. Asklepios, der die Grenze zwischen beiden durchbrochen hatte, ist von seinem Großvater Zeus durch einen Blitz getötet worden. Dazu paßt, was das Johannesevangelium zu berichten weiß: daß die religiösen Autoritäten in Jerusalem den Entschluß gefaßt haben, Jesus zu töten, *nachdem* er den Lazarus von den Toten auferweckt hatte *(Joh 11,45-50.53)*. Daß es bei der Totenauferweckung um eine Grenzüberschreitung Jesu geht, wissen seine Freunde und Feinde. Die einen sehen darin den *neuen therapeutischen* Gott am Werk, die anderen aber sehen in der Auferweckung des toten Lazarus eine Verletzung der Grenze zwischen Gott und den Menschen und darum eine Verletzung der Majestät Gottes.

Zu Gottes Majestät gehörte es für Juden unbedingt, daß er in keiner Weise mit den Menschen vermischt werden durfte – also Gottes absolute Jenseitigkeit. Und die war bereits durch das Bekenntnis der Christen verletzt worden, in Jesu Geburt sei Gottes Logos *Fleisch*, ja, sei Gott *Mensch* geworden *(Joh 1)*. An diesem Punkt haben sich die Geister geschieden. Die einen konnten ihre jüdischen oder griechischen Vorstellungen mit den Jesus-Erzählungen verbinden, die anderen konnten es nicht. So sind nebeneinander *disparate* Jesus-Bilder entstanden.

28. Dinkler (1980), S. 38.
29. Dinkler, ebenda, S. 9.
30. Dinkler, ebenda, S. 38.
31. Dinkler, ebenda, S. 34 f. – Auch *Orpheus* ist in Darstellungen vom Ende des 3. Jh. an mit Christus verschmolzen worden: so als »guter Hirte« und als Christus mit der Leier: DNP 9, Sp. 56 f.
32. Biser (2000), S. 282.

Daß Gott in der Jesus-Christus-Überlieferung auf Jesu Seite tritt, so daß er von den Toten aufersteht[33], verdankt sich nicht griechischem, sondern ägyptischem Einfluß. Hier wirkt der altägyptische Osiris-Mythos nach. In ihm hat Gott schon eine therapeutische, den Menschen zugewandte Funktion, die bewirkt, daß der Tod und die – durch die Liebe der Isis bewirkte[34] – Auferstehung des Osiris den 42 Gauen Ägyptens, also gewissermaßen »allem Volk«, zugute kommen. »Grundlegend für jedes Reden von Auferstehung, das sollten wir nie aus dem Auge verlieren, ist (also) der Osirismythos.«[35]

Die frühe Kirche hat Asklepios ausschließlich als Konkurrenten Jesu Christi wahrgenommen und bekämpft und seine Heil-Heiligtümer niedergemacht[36] – oder beerbt wie dasjenige auf der Tiberinsel in Rom, das allerdings dem Asklepios bis ins 4. Jahrhundert n. Chr. gedient hat. Angesichts der weitgehend unerforschten Zusammenhänge bleibt einstweilen nur die Vermutung, daß Asklepios und Jesus sich *zu ähnlich* waren. Die Zerstörung der heiligen Therapiestätten des Asklepios und der Hygieia könnte dann erfolgt sein, weil die Christen lange nichts Vergleichbares an Therapiestätten anzubieten hatten. Manches spricht sogar dafür, daß mit dem Kampf gegen Asklepios und seine Heil-Heiligtümer auch Wurzel und Verwurzelung des Christentums im Therapeutischen ausgerissen worden sind, so daß es »die Sache der Heilung ... an die wissenschaftliche Medizin abgetreten und sich selbst auf die Kultivierung des Seelenheils zurückgezogen hat.«[37]

*Der Reichtum der universalen Wahrnehmungsgeschichte Gottes
ist noch zu entdecken*

Die christliche Bibel als die alleinige Basis des Glaubens ansehen zu wollen, läßt sich nicht halten. Denn als jüdisch-christlicher Doppelkanon folgt sie einer *interreligiösen* Gedächtnisspur, die inmitten anderer verläuft, an die sie anknüpft und mit denen sie unlösbar verbunden, ja, ohne die sie nicht zu denken ist. Sie ist Dokument einer weitläufigen Kommunikation von Glaubenserfahrungen und Wahrnehmungen Gottes; und trotzdem ist sie nur ein Segment im Spektrum des durch die Religionen *gebrochen* wahrgenommenen göttlichen Lichtes. Die Bibel als einzige Quelle des Glaubens zu bezeichnen, würde bedeuten, sie

---

33. Auch Asklepios wirkt nach seinem gewaltsamen Tod weiter. Es gibt aber keine Auferweckungserzählung. Asklepios setzt sich gewissermaßen bei seinen Anhängern selber durch.
34. Hier ist die besondere Rolle der Frauen in den biblischen Ostererzählungen schon vorgeprägt.
35. Görg (1998a), S. 134.
36. Rengstorf (1953).
37. Biser (2000), S. 283.

nachträglich aus dieser Kommunikation herausschneiden und ihr eine Originalität zusprechen zu wollen, die sie von ihrem geschichtlichen Werden her nicht hat.

Sehen wir die jüdisch-hellenistisch-christliche Gedächtnisspur mit allen anderen in einer universalen Wahrnehmungsgeschichte Gottes zusammen, so erfordert diese Zusammenschau eine neue, interreligiös ansetzende Theologie. Diese muß auf zwei Axiomen aufbauen. *Axiom 1: Reden wir von Gott, sprechen wir von einer unteilbaren Einheit. Axiom 2: Die vielfältigen Gottes- und Transzendenzvorstellungen sind aus der Begegnung der Menschen mit Gott unter geschichtlich-kulturellen Bedingungen entstanden und werden sich weiterentwickeln.* Wir können nicht verlangen, daß diese Vielfalt nach unseren Objektivitätsregeln in sich widerspruchsfrei sein müßte. Denn in allen Lebensvorgängen gehört logisch Widersprüchliches so unbedingt zusammen, daß nur die Verbindung bzw. Zusammenschau der *widersprüchlichen* Teile ein lebendiges Ganzes ausmacht[38]. Ich stimme einem Urteil Carsten Colpes zu, daß »die unsägliche Mühe, die in den Dogmatiken auf das Schriftprinzip verwendet wird, ein überflüssiger Kräfteverschleiß am untauglichen Objekt« sei[39]. Heute geht es darum, den in den Kanons »stillgestellten Überlieferungen« vorurteilslos zu begegnen, sie in das kommunikative Gedächtnis einzubeziehen und so zu »verflüssigen«. Dann werden wir sehen, was unser Selbstverständnis beeindruckt. Die bisherige Annahme der Kirchen, durch Anziehen der dogmatischen und disziplinarischen Zügel halten zu wollen, was sich löst, ist ein Irrtum – nicht zuletzt deswegen, weil der Geist *selbst* die Wahrnehmungsgeschichte Gottes weitertreibt.

Theologien müssen Konstruktionen von Wirklichkeit riskieren, die die veränderte kulturelle Situation und die universale Wahrnehmungsgeschichte Gottes ernst nehmen

Theologische Entwürfe können hinterfragt werden, auch wo sie kirchlich dogmatisiert worden sind

Religionen sind »Modelle ..., an denen der Mensch versucht, sich selbst und die Welt zu deuten. Modelle sind nicht die Wirklichkeit. ... Wenn sich die Weltsicht ändert, sollten auch Religionen den Mut haben, neue Modelle zu kreieren oder die alten neu zu interpretieren, weil sie sonst den Menschen mehr verbauen als

---

38. S. o. S. 27, Anm. 5, und neuerdings Barbour (2003), S. 167. 172-175. 236-240, zum Denkweg der Komplementarität.
39. Colpe (1987), S. 90.

ihnen einen Weg zu öffnen.«[40] Es wird uns kaum noch bewußt, welchen Mut biblische Autoren bei der theologischen Konstruktion von Wirklichkeit gehabt haben. Zu sagen, daß die jüdische Oberschicht im 6. Jahrhundert v. Chr. ins Exil nach Babylon habe gehen *müssen, weil Israel den Bund mit seinem Gott Jahwe verlassen hatte*, ist eine kühne Konstruktion der Propheten gewesen. Ähnlicher Mut war nötig, um im 1. Jahrhundert n. Chr. ein neues Bild der Wirklichkeit zu entwerfen, in dem Jesus Christus, als inneres Ziel der alten jüdischen Überlieferungen verstanden, das Zentrum bildete und schließlich sogar als Weltenrichter am Jüngsten Tage wieder erwartet wurde. Mut war nötig dazu, weil der Glaube an die Gottessohnschaft, ja, *Gottheit*, Jesu bekanntlich noch nicht einmal von allen neutestamentlichen Schriften und Gemeinden geteilt worden ist. Die Rede von der »klaren Gottheit«[41] Jesu hätten jedenfalls nur wenige frühchristliche Gemeinden hingenommen. Daran denkt niemand, wenn er dieses schöne Weihnachtslied singt. Aber Theologien sind immer schon Entwürfe gewesen und haben alte Traditionen und neue Glaubenserfahrungen zu bewerten und zusammenzufügen versucht. Auch die Zusammenstellung des Kanons ist aufgrund von vielerlei theologischen Entscheidungen über Mitte und Grenzen des theologisch Gemeinten zustande gekommen. *Es ist also nicht so, daß die Offenbarungsqualität der Bibel die Voraussetzung von Theologie gewesen wäre, sondern umgekehrt ist es: in Verbindung mit biblischen Schriften von Offenbarung zu reden, ist schon das Produkt theologischer Reflexion.*

Mut zu neuen Konstruktionen haben zu Beginn unserer Zeitrechnung aber auch nichtchristliche Autoren und Initiatoren gehabt. *Dieter Georgi*[42] hat die These vertreten, »das Evangelium des Augustus, die ›*Res Gestae Augusti*‹, (sei) ein nicht nur politisches, sondern eindeutig auch theologisches Dokument« gewesen und dem Paulus auf seinen Missionsreisen überall in griechischer Übersetzung begegnet. In den »*Res Gestae Augusti*« spielen Begriffe eine Rolle, die für Paulus zentral sind wie *Gerechtigkeit (dikaiosune)* und *Treue, Glaube (pistis)*. Georgi schließt daraus, daß die Paulusbriefe eigentlich nicht ausgelegt werden können, ohne zu berücksichtigen, daß das Evangelium des Augustus den Leserinnen und Lesern der Paulusbriefe genauso wie ihrem Autor bekannt gewesen ist. Außerdem habe die vom römischen Dichter *Vergil* (70-19 v. Chr.) neu gefaßte Aeneas-Sage durch Augustus einen kanonischen Charakter bekommen und als offizielle Gründungsideologie der Stadt Rom fungiert. »Die Aeneis des Vergil erhielt in den Lehrplänen der Schulen schnell einen der Ilias und Odyssee des Homer gleichen Rang. Sie wurde so etwas wie das Neue Testament im Verhältnis zu den homerischen Epen, die gleichsam die Rolle eines Alten

---

40. Jäger (2000), S. 7.
41. Vgl. den Choral »Lobt Gott, ihr Christen alle gleich«: Evangelisches Gesangbuch Nr. 27,4. »Klar« spielt auf die göttliche Herrlichkeit an.
42. Georgi (2002)

Testaments für die Caesarenreligion einnahmen. Schließlich ersetzte die Aeneis sogar das doppelte Epos des Homer, die Bibel des Hellenismus.«[43]

Angesichts dessen, was es zur Theologie als Konstruktion von Wirklichkeit zu sagen gibt, müssen wir auf jeden Fall aufhören, von Offenbarung und von »Offenbarungsempfängern« so zu reden, als gehe es um eine Nachrichtenübermittlung zwischen Sendern und Empfängern[44]. Meine Kritik richtet sich damit auch gegen die theologische Standardrede von *Wort* (scil. Gottes) und *Antwort* (scil. des Menschen). Denn schon in der Gestalt des *wahrgenommenen* Wortes ist der »antwortende« Mensch nach allem, was es von der Wahrnehmungstheorie her zu begreifen gibt, mit enthalten. *Auch das Denkschema Wort-Antwort verdeckt, daß es im Glauben um die Beziehung zwischen Gott und uns Menschen geht.* Theologische Entwürfe sind gegenüber dieser Beziehung immer sekundär. Sie können diskutiert und kritisiert werden, ohne daß die grundlegende Beziehung zu Gott bzw. zu Jesus Christus in Frage gestellt werden müßte. Denn ob die Selbstprädikation Jesu, *der* Weg und *die* Wahrheit und *das* Leben zu sein *(Joh 14,6)*, ja, *die* Auferstehung und *das* Leben *(Joh 11,25)*, wahr *ist*, läßt sich mit keiner wie auch immer gearteten Denkanstrengung behaupten oder wirklich widerlegen. Erst die eigene Auferstehungserfahrung wird allen Zweifel am Auferstehungsglauben aufheben können. In Worten läßt sie sich nicht vorwegnehmen.

Schwer ist der Umgang mit Bibelstellen gemacht worden, die ihre eigene Dogmatisierung bereits durch kirchliche Redaktion erhalten haben. Den Prozeß einer bis zur dogmatischen Bewertung führenden Erinnerungsarbeit kann uns die bereits behandelte Bekenntnis-Szene von Cäsarea Philippi *(Mt 16,13-17)* zeigen.

Wir erinnern uns: Als Jesus seine Jünger fragt, für wen ihn »die Leute« halten, antworten sie: »Etliche für Johannes den Täufer[45], andere für Elia, noch andere für Jeremia oder einen (anderen) der Propheten.« Die »Leute« verbinden Jesus in ihrer wahrnehmenden Erinnerungsarbeit mit geläufigen Gestalten aus Vergangenheit und Gegenwart und gewinnen so ihre Vorstellung von Jesus. Als Jesus danach seine Jünger nach *ihrer* Vorstellung fragt, antwortet Simon Petrus stellvertretend: »Du bist der Christus, der Sohn des lebendigen Gottes.« Petrus präsentiert damit bereits ein *kirchliches* Bekenntnis, das aus der von den »Leuten« benutzten Typologie völlig herausfällt. »Christus« als griechische Übersetzung des jüdischen Messias-Titels ist zwar noch traditionell. Aber die Zusammenstellung mit dem Bekenntnis »Sohn des lebendigen Gottes« *verbindet den Christus Jesus bereits als Sohn mit dem Vatergott.* Das unterstreicht die folgende

---

43. Georgi, ebenda; Zitate S. 38. 39 f.
44. Nach Barbour (2003), S. 193, sind die *»göttliche Offenbarung* und *die menschliche Reaktion* ... immer unentwirrbar miteinander verbunden.«
45. Der war inzwischen von Herodes hingerichtet worden (Mt 14,1-12).

Seligpreisung *(V. 17)*, mit der Jesus das Bekenntnis des Petrus kommentiert: »Jesus antwortete und sprach zu ihm: Selig bist du, Simon Petrus, Sohn des Jona; denn Fleisch und Blut haben dir das nicht geoffenbart, sondern mein Vater in den Himmeln«. Wenn aber nicht »durch Fleisch und Blut«, dann natürlich *durch den heiligen Geist*. Damit ist die Brücke zur dreigliedrigen Gottesformel vom Ende des Evangeliums (Mt 28,19) schon deutlich zu greifen. Und der Titel »Sohn (des lebendigen) Gottes« für Jesus Christus ist gewissermaßen letztinstanzlich festgeschrieben.

Petrus beruft sich für sein Bekenntnis *(Mt 16,16)* nicht mehr auf eine Prophetengestalt aus dem kulturellen Text der jüdischen Bibel, wie es die jüdischen »Leute« tun, sondern auf *Offenbarung durch Gott selbst*. Ja, die Beglaubigung dieses Bekenntnisses als von Gott geoffenbart spricht derjenige, dem es gilt, sogar selbst aus: Jesus Christus. *Er offenbart, daß der Christusglaube Wahrnehmung göttlicher Offenbarung ist;* er redet also (schon) unmittelbar aus Gottes Wissen, an Gottes Statt. Da ist das Dogma als Sprachform schon vorgeprägt. Und wenn *er* dann denjenigen seligpreist, der die Gedächtnisspuren der jüdischen Messiasgestalt mit der Jesus-Christus-Geschichte im Glauben bereits »überschrieben« hat, dann ist das zugleich die formulierte Bekenntnisbasis für die christliche Kirche mit dem Juden Jesus als zentraler Wahrnehmungsgestalt Gottes.

Das Petrusbekenntnis und Jesu dogmatisierende Rede schaffen ein neues Gedächtnis, das fortan im kirchlichen Gottesdienst erinnert werden *muß* – wie die Abendmahlsworte auch: »Solches tut zu meinem Gedächtnis«. Jesus Christus selbst begründet hier nicht nur den Christusglauben, sondern auch die Kirche als »sichtbare Religion«, die auf Petrus – und dem von ihm vorgesprochenen Bekenntnis – als »Fels« ruhen soll[46]. Mit anderen Worten: Wortwörtliche Offenbarung, der Offenbarer und die Kirche als Garantin der rituellen Rezitation des offenbarten Grundbekenntnisses mit Petrus als dem späteren »Stellvertreter Christi auf Erden« legitimieren sich gegenseitig. *Und damit ist ein geschlossenes Sicherungssystem etabliert, das die neue Bekenntniswahrheit vor Zweifel oder gar theologischer Kritik schützen soll*. Das ist schlüssig in sich und schließt den Zirkel. Aber dieser systemische Zirkel schließt auch die darin Eingeschlossenen von anderen Kulturen, ihren kulturellen Texten und anderen theologischen Möglichkeiten, Jesus zu verstehen, ja, *vom lebendigen und gegenwärtigen Geist Gottes ab* und unterbindet Rückfragen. Selbst dem Geist Gottes darf nun – etwas salopp formuliert – nur noch einfallen, was sich im Rahmen des Dogmas bewegt. Auch *wir* Heutigen bleiben insofern ausgeschlossen, als wir mit den verwendeten Hoheitstiteln für Jesus kaum noch das verbinden können, was die Gemeinde des Matthäus mit ihnen ausdrücken wollte.

---

46. »Du bist Petrus, und auf diesen Felsen will ich meine Kirche bauen, und die Pforten des Totenreiches werden nicht fester sein als sie.« (V. 18)

Obwohl diese Szene so dicht komponiert ist, daß alles zueinander paßt und gewissermaßen schon weit aus dem Kontext des historischen Jesus heraus- und in den Kontext der nachösterlichen Kirche hineinragt, konnte diese theologische Konstruktion des Matthäusevangeliums nicht für sich beanspruchen, die verbindliche literarische Fixierung der neuen Zentralperspektive zu sein. Darüber klärt ein Blick in die Synopse der vier Evangelien auf, in der wir die Parallelüberlieferungen des Petrus-Bekenntnisses nebeneinander lesen können. Denn bei Markus sagt Petrus nur: »Du bist der Christus« *(8,29)*. Der Artikel vor »Christus« signalisiert, daß es zwar auch um ein Christus-Bekenntnis, aber nicht um ein rituell wiederholbares Bekenntnis geht. Noch weiter entfernt von der matthäisch-kirchlichen Überlieferung ist Lukas *(9,20)*. Da antwortet Petrus auf Jesu Frage, für wen die Jünger ihn halten, weitab von jeder liturgischen Sprache ganz in der Syntax der Frage: »für den Christus Gottes«. Weder Markus – als wohl älteste Quelle – noch Lukas bringen irgendeinen der Legitimation dienenden Zusatz zu diesem Grundbekenntnis. Sie sichern seine geglaubte Wahrheit also nicht durch einen behaupteten Offenbarungserweis ab, sondern sie leisten nicht mehr und nicht weniger als eine bibel-theologische Einordnung Jesu Christi in die jüdisch-hellenistische Gedächtnisspur.

Hier wie in vielem anderen auch weicht das Johannesevangelium von den drei anderen Evangelien in einem richtungsweisenden Punkt ab. Auch bei Johannes spielen schon kirchliche Erfahrungen in die Rahmenszene hinein, aber es sind *negative* Erfahrungen: Viele Jünger haben Jesus den Rücken gekehrt, weil sie seine »harten« Reden nicht ertragen konnten *(6,66)*. Und so fragt er diejenigen, die noch bei ihm ausharren, ob nicht auch sie weggehen wollen. Das dann von Petrus stellvertretend für alle gegebene Bekenntnis zu Jesus hat nun einen anderen Klang – es geht um Treuebekundung – und auch eine ganz neue Begründung bekommen: »Simon Petrus antwortete ihm: Herr, wohin sollen wir gehen? Du hast Worte des ewigen Lebens, und wir haben geglaubt und erkannt, daß du der Heilige Gottes bist.« *(6,68f.)* Sie bleiben – das ist das Neue an der Szene bei Johannes – aufgrund ausdrücklich thematisierter *eigener Glaubenserfahrung und -erkenntnis*[47]. Die Wahrheit, die sie bei Jesus hält, ist offenbar geworden in Erfahrungen mit »den Worten ewigen Lebens«, die sie in ihren Lebenskontexten erinnert haben: Er hat sich als *der Weg* erwiesen, auf dem sie *die Wahrheit*, ja, *das* verheißene *Leben* mit unbegrenztem Horizont (»ewiges Leben«) gefunden haben. Das ist glaubwürdige Rede.

In der Reformation wird die Erkenntnis, daß Wahrheit nicht außerhalb selbstbezogener, also von Menschen bezeugter Glaubenswahrheit zu haben

---

47. Daß auch bei Johannes betont wird, daß der Glaube auf Gottes Tun zurückgeht (6,44.65), ändert nichts an der neuen Bedeutung, die die Glaubenserfahrung der Jünger hier bekommt.

und zu hören ist, auf die *Wahrheit des Evangeliums* als der christlichen »Verdichtung« des Wortes Gottes bezogen. Und dann besagt diese Erkenntnis, *daß nur das gepredigte Wort Gottes wirklich Evangelium ist.* Hier ist insofern noch eine Radikalisierung gegenüber Johannes geschehen, als nun die *Zeitgenossenschaft der Zeugen* zum Kriterium wird: Die Predigt – oder sagen wir allgemeiner – das Glaubenszeugnis eines Zeitgenossen, das den im Geist gegenwärtigen Jesus Christus bekennt, *kann* im Ohr und Herzen eines angesprochenen Menschen als menschliche Gestalt des Evangeliums, als wahres Wort Gottes, wahrgenommen werden. Es kann! *Eine unmittelbare Evidenz*[48] *als Wort Gottes hat aber auch Predigt dadurch, daß sie gehalten wird, noch nicht.* Das wissen nichtkirchliche wie kirchliche Predigthörerinnen und -hörer im übrigen nur zu gut.

Überholte dogmatische Urteile können überwunden werden, wenn ihre kulturell bedingten Anteile »überschrieben« werden

Dogmen sind reflektierende Glaubensaussagen einer Gesamtkirche. Sie versuchen, den jüdisch-christlichen Doppelkanon und widersprüchliche Auslegungen aus dem Interesse an kirchlicher Einheit zusammenzuhalten. Und natürlich ist es immer auch um Herrschaftsansprüche im Kampf darum gegangen, wer sich durchzusetzen vermochte. Dogmen sind also die theologisch-reflektierte Wahrnehmungsgestalt von vorausgegangenen Überlieferungen eines bestimmten Teils der Wahrnehmungsgeschichte Gottes. Sie sind da besonders *glaubwürdig,* wo sie darauf verzichtet haben, widersprüchliche Erfahrungen widerspruchsfrei zusammenzubringen, und zum Beispiel sagen, Jesus Christus sei *zugleich* wahrer Mensch und wahrer Gott. Dogmen sind da besonders *problematisch,* wo sie die Gläubigen darüber im unklaren lassen, von welchen ungesagten Grundannahmen (impliziten Axiomen) sie ausgehen, welche kulturbedingten Vorstellungen mit ihnen abgewehrt und welche gestützt, und vor allem, welche Fragen beantwortet werden sollten. Sie vermitteln gerne den Eindruck, andere als die in ihnen behandelten Erfahrungen und Themen wären für den Glauben nicht von Bedeutung. Gerade darum muß jede christliche Gemeinschaft die *heute* in ihrer Mitte gemachten Glaubenserfahrungen ernst nehmen als Erfahrungen der Gegenwart Gottes. Eine kirchliche Gemeinschaft, die aufgrund eigener Glaubenserfahrungen bestimmte kirchliche Dogmen um der eigenen Glaubwürdigkeit willen in Frage stellt, ist diesen Dissens der Kirche schuldig.

Die Bildung der *Dogmen* gehört also in die Auslegungsgeschichte des Doppelkanons Bibel hinein. Die so ungeheuer unfriedlich verlaufene Dogmen-

---

48. Vgl. Jörns (1995).

geschichte belehrt uns bei näherem Hinsehen darüber, daß es nicht allein um den Streit über Spitzfindigkeiten und phantasievolle gedankliche Konstruktionen gegangen ist. Vielmehr zeigt sich auch in den großen dogmatischen Auseinandersetzungen, die in der Alten Kirche beginnen, jene Kraft wirksam, die den Pluralismus der Wahrnehmungsgeschichte Gottes innerhalb und außerhalb der biblischen Gedächtnisspuren bestimmt: das Prinzip der kulturellen und biographischen Kohärenz aller Wahrnehmungen. Ich kann es auch so ausdrücken: Es zeigt sich der gestaltgebende Druck, den die in der jeweils eigenen sozialen Biographie gelernten Wahrnehmungsmuster auf alle Erinnerungsarbeit ausüben. Daß dieser Druck auch die *theologische Arbeit an den Dogmen* bestimmt und für Streit und Verwerfungen gesorgt hat, hängt damit zusammen, daß die Denk*voraussetzungen* theologischer Grundfiguren, die *Axiome*, ihrerseits von der kulturellen und biographischen Kohärenz geprägt werden. Dafür liefert *Umberto Ecos* Roman »Baudolino« auf geistreiche und zugleich unterhaltsame Weise viel Material. Daß sich das römische Weltreich nach Jahrhunderten in ein west- und ein oströmisches Reich gespalten hat, geht auf dieselben kulturellen Divergenzen zurück, die später dann zur Spaltung der Kirche in die Orthodoxie und den römischen Katholizismus geführt haben – von dem sich wiederum der Protestantismus abgelöst hat.

Auch heutige, scheinbar immer noch unüberwindbare dogmatische Differenzen zwischen den getrennten Kirchentümern haben keinesfalls nur *rein theologische* Gründe. Sondern die theologischen Differenzen haben in vielem immer noch ihre Wurzeln darin, daß sie *mehr oder minder verdeckt unterschiedlichen Gestalten des kulturellen Gedächtnisses verpflichtet* sind. Ein brisantes Beispiel im Streit der Konfessionen kann das beleuchten: der Grundsatz der römisch-katholischen und der orthodoxen Kirchen, das *Priesteramt* Männern vorzubehalten[49].

Im Hintergrund dieses Grundsatzes steht das jüdische Priestergesetz der Tora[50], wie wir es im 3. und 4. Buch Mose finden. Frauen sind danach vom Priesteramt ausgeschlossen. Das Priesteramt auszuüben, stellt – wie in allen mit Opfern verbundenen Kulten – besonders hohe Anforderungen an die kultische Reinheit der Priester. Da nach den Reinheitsgesetzen die menstruierende Frau als »unrein« gilt, scheidet sie für das Amt grundsätzlich aus – zumal sie Eigentum ihres Mannes ist und auch deshalb nicht das Amt einer königlichen Beamtin übernehmen kann, das mit einem Priesterinnenamt verbunden wäre. Da die

---

49. Vgl. Wörterbuch der feministischen Theologie (1991), S. 328-330.
50. Das 3. Buch Mose behandelt in Kap. 1-7 Opfer-, in 8-10 Priester- und in 11-15 Reinheitsgesetze. Der Opferkult hat zentrale Bedeutung, wie die Stellung der entsprechenden Gesetze am Anfang zeigt. Zur Priester- und Altarweihe gehört das Opfer eines »Sühnopferstieres« und eines »Einweihungswidders«: 3. Mose 8: Priesteramt und blutiges Sühnopfer gehören zusammen.

weibliche Sexualität in anderen Kulturen anders bewertet worden ist und es dort auch Priesterinnen gab, sind die genannten Reinheitsvorstellungen ein *Spezifikum jüdischer Kultur*. Es liegt am Blut – und doch wieder nicht am Blut schlechthin, denn die Priester mußten sich ja mit Schürzen bekleiden, weil das Opfern eine so blutige Tätigkeit war. Es liegt am *weiblichen Menstruationsblut*. Und dies ist anders, weil es von den Töchtern Evas stammt, die in der Sündenfallgeschichte dem Mann als verführte Verführerin zum Verhängnis geworden ist.

Dies haben konkurrierende Kulturen damals ganz anders gesehen, und dies sehen die protestantischen Kirchen seit einigen Jahrzehnten auch anders. Doch im römisch-katholischen und orthodoxen Priesterkonzept lebt jenes Ausschlußkriterium fort, wobei es sich längst mit anderen Elementen verbunden hat, die aber alle in dieselbe Richtung weisen – und gestützt werden durch das Gebot des Apostels Paulus, daß Frauen in der Versammlung der Gemeinde zu schweigen haben *(1. Kor 14,33b-35)*. Doch auch Paulus rekonstruiert ja nur in christlichem Kontext die untergeordnete Stellung der Frau in der *jüdischen* Kultur. Daß ihr auch Jesus gefolgt sei, weil er keine Frau in den Zwölf-Apostel-Kreis berufen habe, so daß die katholische Kirche ihrerseits ihrem Herrn gehorsam darin folgen müsse, Frauen auszuschließen[51], stellt eine katholische Argumentationskette dar. Sie kann weder vor der Exegese standhalten noch berücksichtigt sie, daß auch der Zwölferapostolat eine jüdisch beeinflußte *Konstruktion* ist, die sich an den zwölf Stämmen Israels orientiert und also wiederum primär dem Gesetz kultureller Kohärenz gehorcht. Mit Jesu Gottesverständnis und der daraus entspringenden Kritik an jüdischer religiöser Kultur läßt sich jene Argumentation jedenfalls nicht verbinden. Und auch die von Lukas mitgeteilte Lebenspraxis Jesu widerspricht jenen Gedanken. Denn Lukas sagt, Jesus sei bei seinen Wanderungen unterwegs gewesen, »und die Zwölf begleiteten ihn und einige Frauen, die von bösen Geistern und Krankheiten geheilt worden waren« – und dann nennt er ihre Namen *(Lk 8,1-3)*.

Wenn die römisch-katholische und die orthodoxe Kirche an ihrer Position festhalten wollen, müssen sie sagen können, warum sie weiterhin gerade an *diesem* Punkt Regelungen der jüdischen Priester- und Reinheitsgesetze folgen, als ginge es dabei um das Befolgen eines höheren Gebotes. Denn sie orientieren sich ja auch sonst nicht sklavisch am jüdisch-biblischen Priestergesetz, zu dem – um nur ein Beispiel zu nennen – auch bestimmte *blutige* Opferpraktiken gehören. Das heißt: Sie wählen sonst sehr wohl aus. Indem sie aber Frauen den Zugang zum Priesteramt verwehren und ihnen keine liturgisch selbständige Rolle – wie das Predigen in der Messe – zugestehen, bleiben sie in

---

51. So die vatikanische Erklärung »Zur Frage der Zulassung der Frauen zum Priesteramt« von 1977.

einem schweren Dissens zur veränderten kulturellen Rolle und Würde von Frauen in unserer Gesellschaft. Sie diskriminieren Frauen. Diese Diskriminierung können sie nur aufheben, wenn sie anerkennen, daß der *kulturelle* Einfluß, der auf das jüdische Priestergesetz und des Paulus Gebot eingewirkt hat, kein substantiell *theologisches* Element gewesen ist. Dann werden sie frei dazu, das Priesterrecht und das liturgische Recht dem heutigen kulturellen Konsens über die Würde der Frau und ihre soziale Stellung anzupassen. Parallel dazu könnten sie dann kulturgeschichtlich bedingte Anteile des Problems, die mit dem jüdischen Priesterverständnis zusammenhängen, genauso wie die erwähnte Blutopferpraxis selbst endgültig in die Religionsgeschichte hinein verabschieden.

Die Verwerfungen von »Heiden« und »Juden« in der Bibel stellen eine Herausforderung dar, die mit entschiedenen Mitteln beantwortet werden muß

Ein anderes schwerwiegendes Problem stellen für alle Kirchen die im Kanon enthaltenen Verwerfungsurteile dar. Sie betreffen im jüdischen Teil der Bibel »andere Völker« oder »Heiden« und im rein christlichen Teil der Bibel vor allem Juden, aber auch »Heiden«. *Daniel J. Goldhagen* hat im Oktober 2002 bei der Präsentation seines Buches »Die katholische Kirche und der Holocaust«[52] folgende Ansicht vertreten: Während Nichtchristen »das tragische Problem der christlichen Bibel benennen dürfen – daß ein Buch, das zu so viel Gutem anregt, weiterhin so viele Vorurteile verbreitet –, muß die Lösung des Problems aus den Reihen der Kirche und der Christen selbst kommen.« *Im Rahmen dessen, was ich hier behandelt habe, kann die Lösung des Problems innerhalb des christlichen Teils der Bibel nur in einer Revision des Bibeltextes bestehen.* Sie müßte von einer Kommission erarbeitet werden und wenigstens die krassesten Antijudaismen *einklammern*. In dieser Kommission müßten auch Juden vertreten sein. Mit »Einklammerung« meine ich, daß zumindest auf die Verlesung solcher Textstellen in Gottesdiensten verzichtet wird. Denkbar wäre für mich aber auch, sie aus einer revidierten Textfassung herauszunehmen und in einen »Apparat« unter dem Text zu verweisen. Das entspräche der gängigen Praxis bei wissenschaftlichen griechischen Ausgaben des Neuen Testamentes, die unter dem fortlaufenden Text einen »Apparat« mit Textvarianten und Textergänzungen enthalten. Sie verzeichnen Handschriften, die von der Exegese aufgrund einer Abwägung historischer Fakten als jeweils – gegenüber der abgedruckten Fassung – *spätere* Varianten eingestuft worden sind. Die von mir vorgeschlagene *Einklammerung* würde nun allerdings aufgrund einer *neuen theologischen* Beurteilung zustande

---

52. Goldhagen (2002).

kommen. Ganz aus der gedruckten Fassung dürften diese Antijudaismen aber nicht verschwinden, weil sie als historische Dokumente folgenden Generationen verständlich machen können, aus welchen – eben auch biblischen – Quellen sich der Antijudaismus genährt hat, und daß Heilige Schriften nicht dagegen gefeit sind, haßsäenden und todbringenden Vorurteilen zu folgen.

Es gibt aber auch Gründe, die jüdischen Gesprächspartner im jüdisch-christlichen Dialog zu fragen, ob sie Daniel Goldhagens Anfrage an das Neue Testament und die Kirchen nicht prinzipiell zu verstehen und auch auf Verwerfungen anderer Völker und Andersgläubiger in der *jüdischen* Bibel zu beziehen vermögen. Damit meine ich Überlieferungen, die in geschichtlicher Perspektive betrachtet, einen Haß des jüdischen Gottes auf Nicht-Juden verkündet und – nach den einleuchtenden Thesen von *Jan Assmann*[53] – den Haß der Verworfenen hervorgerufen haben. Bei dem Problem Monotheismus und Gewalt gehe es »ebenso um das Erleiden wie um das Ausüben von Gewalt ... Ebenso steht es mit dem Haß.«[54] Assmann bezieht seine Monotheismus-Kritik nicht auf den Monotheismus als Idee, sondern darauf, daß dieses religiöse Konzept in direkter Verbindung mit Gewalt durchgesetzt worden ist. Er geht zwar nicht davon aus, daß die großen Massaker tatsächlich in der im jüdischen Teil der Bibel erzählten Form stattgefunden haben[55]. Aber zu Recht findet Assmann »keinerlei historischen oder theologischen Erkenntnisgewinn darin, diese den biblischen Texten eingeschriebene Semantik der Gewalt leugnen zu wollen. Monotheismus ist Theoklasmus[56]. So sieht er sich selbst, so stellt er sich in den biblischen Texten dar, und so hat er sich historisch ausgewirkt.« Assmanns Folgerung stimme ich zu: »Wir sollten uns lieber darüber Gedanken machen, wie wir mit dieser Semantik der Gewalt umgehen, als sie einfach abzustreiten und den Monotheismus als die Religion einer universalen Bruderliebe zu verklären.«[57] Da es sich bei den angesprochenen Überlieferungen um Teile der *jüdischen* Bibel handelt, sollten die Kirchen darüber das Gespräch mit den Juden suchen. Weil das »Alte Testament« aber auch Teil der christlichen Bibel ist, wäre es denkbar, solche Identifikationen Gottes mit physischer und psychischer Gewaltanwendung gegen andere Völker und Andersgläubige aus einer revidierten Fassung innerhalb der christlichen Bibel im oben angesprochenen Sinn »ein-

---

53. J. Assmann (2003), S. 35-37.
54. Ebenda, S. 35.
55. Ebenda, S. 36. Assmann denkt an folgende Massaker: 2. Mose 32-34; 1. Kön 18; 2. Kön 23,1-27; Esra 9,1-4; 10,1-17.
56. »Zerstörung von (fremden) Götter(bilder)n«. In Israel gehört diese Abgrenzung zum Grundbekenntnis zu Jahwe hinzu, wie es in unserer christlichen Fassung des 1. Gebotes auch noch festgehalten ist: »Ich bin der Herr (Jahwe), dein Gott. Du sollst keine Götter haben neben mir.« (2. Mose 20,2; 5. Mose 5,6). Assmann hat vorgeschlagen, statt von einem Monotheismus vom *Monojahwismus* zu sprechen (ebenda, S. 59).
57. Ebenda, S. 36 f.

zuklammern«. Würden die Christen mit der angeregten »Einklammerung« jedenfalls im eigenen Bereich beginnen, könnten sie Juden und auch Muslimen ein Beispiel geben, eine – natürlich ebenfalls – schmerzhafte Relecture ihrer heiligen Schriften zugunsten der Einsicht zu erwägen, daß alle heiligen Schriften zur universalen Wahrnehmungsgeschichte Gottes gehören.

Die Leidensgeschichte der Menschheit verlangt Entwürfe für den einen »Himmel« und die eine Erde und nicht die Reproduktion alter Partialwelten

Ich teile die Ansicht nicht mehr, daß es die Aufgabe der neutestamentlichen Exegese sei, »die kanonisch gewordenen Schriften als diejenigen auszulegen, die für das Christentum in aller historischen Relativität Orientierung und bleibender Maßstab sind.« Richtig ist, den Kanon als eine entscheidende »Etappe innerhalb des historischen Prozesses der Herausbildung des Christentums« anzusehen[58]. Aber richtig ist eben auch, die Herausbildung des Christentums als nur *eine* Gedächtnisspur in der universalen Wahrnehmungsgeschichte Gottes zu begreifen. Daß die neutestamentlichen Schriften die Aufgabe hätten, für das Christentum aller Zeiten »Orientierung und bleibender Maßstab« zu sein, kann schon angesichts ihrer pluralistischen Verfassung nicht einleuchten. Das Neue Testament ist als *reflektierte Wahrnehmung* der Begegnung von Gott und Mensch zu verstehen, wie sie in der Jesus-Christus-Geschichte erzählt worden ist. Was wir von dieser Wahrnehmung und Reflexion heute noch lesen können, gibt uns einen Einblick in eine ungefähr 70 Jahre dauernde mündliche und schriftliche Kommunikation des Evangeliums. *Darin ist das Neue Testament eine unersetzbare Urkunde und Heilige Schrift. Wenn aber diese Dokumente als Maßstab für das Christentum generell angesehen werden sollen, heißt das, die Art, in der das Evangelium damals kommuniziert und reflektiert worden ist, selbst zum Evangelium zu machen.* Sie wird dadurch nicht nur mit der Jesus-Christus-Geschichte selbst gleichgesetzt, sondern auch aus ihrem konkreten Ort in der Geschichte herausgenommen. Beides aber kann nicht länger die Aufgabe von Theologie sein. Die sehe ich eher darin, das Evangelium von seinen Kommunikationsformen zu unterscheiden und einen Entwurf zu riskieren, der ernst damit macht, daß Jesus Christus die Gottesvorstellungen der Vergangenheit als *neuer Gott* abgelöst hat.

Als modellhaft dafür können wir die Zug um Zug vor sich gehende Ablösung des Evangeliums der unbedingten Liebe Gottes von nationalreligiösen und anderen ethnozentrischen Verengungen ansehen, die sich im christlichen Teil der Bibel erkennen läßt. Zu dieser Ablösung gehört vor allem die Absage an tödliche Gewalt als Mittel eines »Heilshandelns« Gottes. Die Evangelien zeigen, wie

---

58. Beide Zitate bei Schröter (1999), S. 18 f.

schwer es den Anhängern Jesu gefallen ist, die nationalreligiösen jüdischen Messias-Hoffnungen, die sie auf Jesus übertragen hatten, zu ändern – also umzuschreiben. Denn sehr viele Juden hatten wohl, wie *Judas*, darauf gehofft, mit Jesus die römische Besatzungsmacht vertreiben zu können. Doch sie mußten bald erkennen, daß *er nicht* dieser nationale Befreier sein wollte. Sie mußten mit ansehen, wie er sich ohne jeden Widerstand gefangen nehmen und verhöhnen ließ, und waren von seinem gewaltlosen Auftreten bitter enttäuscht[59]. Ja, auch für Jesus selbst hat Gott im Schweigen zu seiner Hinrichtung am Kreuz ein anderes Gesicht als erwartet gezeigt *(Mt 27,46)*: er hat sich von ihm verlassen gefühlt. Um so weniger konnten seine Jüngerinnen und Jünger *Gott* mit diesem Tod in Verbindung bringen; deshalb sind sie Karfreitag geflohen *(Mt 26,56)* oder haben Jesus verleugnet wie Petrus *(Mt 26,69-75)*. Erst der Auferstandene hat die Verstörten und Versprengten wieder gesammelt, hinter den aus Angst verschlossenen Türen hervorgeholt *(Joh 20,19-23)*. Von ihm lernen sie, die Gedächtnisspuren der Enttäuschung umzuschreiben, *Gottes neues Gesicht wahrzunehmen:* Er hat die Gewalt gegen Jesus nicht wieder mit Gewalt verhindert, weil er ihr selbst abgeschworen hat[60]. Seine wirkliche Macht hat er *nicht in der Gegengewalt,* sondern in der Auferstehung Jesu gezeigt[61]. Das ist in der Tat ein neuer Gott.

Ein theologischer Entwurf, der die Christologie in diesem Sinn konsequent weiterführt, sprengt die Grenzen des Kanons von innen, obwohl die Richtung in der Christologie des Johannesevangeliums bereits angelegt ist. Dieser Entwurf muß die Begegnung von Gott und Menschen, wie sie in der Jesus-Christus-Geschichte erzählt worden ist, aber auch im Horizont der universalen Wahrnehmungsgeschichte Gottes erinnern, wie sie nur zusammen mit anderen Religionen zu finden ist. Dabei sollen die anderen Überlieferungen nicht christlich vereinnahmt werden, also *nicht* christologisierend ausgelegt werden wie bisher[62]. Vielmehr geht es darum, die Geschichte ernst zu nehmen, durch deren Verlauf wir (überwiegend) *christlich* und andere *anders* Gläubige geworden sind. Wenn wir nun aber unsere eigenen mit fremden Überlieferungen zusammen auf uns beziehen wollen, müssen wir sie mit unserer Biographie in Verbindung bringen, mit unseren bisherigen Glaubenserfahrungen *zusammen* erinnern. Und die haben nun einmal mit der Jesus-Christus-Geschichte zu tun. Von ihr können wir nicht absehen, ohne unsererseits so zu tun, als könnten wir die Geschichte überspringen. Lassen wir es in dem neu in Gang gesetzten Erinnerungsprozeß dazu kommen, daß sich unsere Gedächtnisspur mit zumin-

---

59. Lk 24,21; Apg 1,6.
60. Vgl. Mt 26,53.
61. Vgl. dazu ausführlich Jörns (2000), S. 319-328.
62. Die EKD-Schrift zu den Weltreligionen (2003c) hat diese Perspektive leider nicht deutlich genug verlassen.

dest einer anderen verbindet, können wir davon ausgehen, daß sich beide gegenseitig auszulegen beginnen und durch beide hindurch ein »Gesicht« Gottes wahrnehmbar wird, das uns bisher verborgen geblieben ist.

Was Bibel und christlicher Glaube mit Wahrheit zu tun haben. Thesen

Auf welche Weise haben dann aber Bibel und christlicher Glaube mit Wahrheit zu tun? Ich formuliere dazu eine Thesenreihe.
• Der jüdisch-christliche Doppelkanon ist die uns vertraute Gedächtnisspur in der universalen Wahrnehmungsgeschichte Gottes, aber nicht die einzige. Primär ist in dieser ganzen Geschichte, daß Menschen bezeugen, Gott begegnet zu sein. Entsprechend bezieht sich die grundlegende Bindung des Glaubens auf Gott selbst »und nicht auf das Christentum oder irgendein anderes Glaubenssystem«[63]. Die religiösen Erfahrungen der Menschen bezeugen, daß die Begegnungen mit Gott über die Schaffung und Schließung aller Kanons hinausgehen. Die Begegnungen mit dem einen Gott liegen vor aller schriftlichen Bezeugung. *Ihr Kriterium ist Authentizität, nicht Wahrheit.* Sie stellen einen prinzipiellen Vorbehalt gegen alle Formen der Selbstabschließung von Textkanons und Religionsgemeinschaften gegeneinander dar.
• In den jüdisch-christlichen Gedächtnisspuren und in ihrer systematischen Erinnerung sind während der ganzen Kirchengeschichte kulturelle Einflüsse wirksam gewesen, die die Wahrnehmungs- und literarische Erinnerungsgestalt beeinflußt haben. Die Verästelungen der Theologien und Kirchentümer, die im biblischen Pluralismus angelegt sind, sind ebenfalls nicht ohne die kulturellen Anteile zu denken, die das selbstbezogene Erinnern geleitet haben. Sie können sich als bewußte Kriterien, aber auch als eher im Unbewußten wirksame implizite Axiome, zeigen.
• *Es gibt keine Theologie, die in dem Sinn »reine Theologie« wäre*, daß sie vom jeweiligen Zuschnitt des kulturellen Gedächtnisses *unabhängig* von Gott reden könnte. Denn die Wahrheit dieses Redens von Gott wird nicht durch gedankliche Schärfe und Systematik allein, sondern zuerst durch die Wahrnehmungen von Menschen wahr, die Gott in ihren konkreten Lebensbezügen und ihrer kulturellen Heimat begegnet sind.
• Der interreligiöse Doppelkanon Bibel verbindet die ursprünglich ägyptische, dann auch jüdische Gedächtnisspur des Monotheismus mit einem Kapitel der Wahrnehmungsgeschichte Gottes, das durch die Gestalt des irdischen und auferstandenen Jesus Christus bestimmt wird. Zu dem mit ihm unlösbar verbundenen *Evangelium* gehören *sieben Grundaussagen:* 1. Das Verhältnis Jesu zu

---

63. Barbour (2003), S. 192, hier *Basil Mitchell* referierend.

Gott gründet in der *Geisteskindschaft* Jesu. In diese Kindschaft zu Gott werden auch die Christen durch den Geist Gottes (in der Taufe) hineingeführt. 2. Das Verhältnis Jesu Christi zu uns gründet in *Gottes Liebe,* die in Jesu Menschsein, in seiner Hinwendung zu den Menschen, in seinem Standhalten gegenüber der Bedrohung mit dem Tod und in der Auferstehung Gestalt annimmt. Das mit der Hinrichtung Jesu verbundene Sühnopfer- und Erlösungsdenken ist davon als ein unspezifisches Deutungsmuster abzuheben[64]. 3. Das Evangelium von Jesus Christus überwindet die im jüdischen Monotheismus angelegte kategoriale Unterscheidung zwischen Juden und Heiden. Durch Gottes Liebe steht *allen Menschen* der Zugang zu ihm offen[65]. 4. Das Evangelium von Jesus Christus ist, wie die Verbindung von Semitischem und Hellenistischem im 1. Jahrhundert zeigt, *kulturüberschreitend* angelegt. Es vermag deshalb auch heute neue Glaubenserfahrungen zu integrieren und feiert diese Grenzüberschreitungen programmatisch am Pfingstfest *(Apg 2).* 5. Das Evangelium von Jesus Christus *befreit die Gottesbeziehung von völkischer und nationaler Bindung,* weil sie allen Menschen unabhängig von ihrer Herkunft und ihren bisherigen religiösen Bindungen in der Geisteskindschaft eine *direkte* Gottesbeziehung anbietet[66]. 6. Das Evangelium von Jesus Christus bezeugt das Christentum als *therapeutische* Religion. Es verbindet Heil und Heilung untrennbar. 7. Das Evangelium Jesu Christi wird auch in einer *Bildersprache* angemessen kommuniziert, wie sie sich vor allem im ägyptisch-hellenistischen Bereich[67] bewährt hat.

• *Wahrheit hat einen festen Zusammenhang mit Wahrnehmungen* und selbstbezogener Erinnerungsarbeit: sie *wird* in denen wahr, die sie erreicht. *Wahrheit »gibt es« nicht ohne den Beziehungsaspekt.* Das gilt, obwohl Wahres in der reflektierenden Erinnerungsarbeit und der dabei entstehenden Sprachgestalt sehr abstrakt erscheinen kann. Wahrheit läßt sich zurückführen auf Wahrnehmungen, kann also nur sagen, was der Geist Gottes zuvor schon wahr gemacht hat, indem er wahrzunehmende Zusammenhänge hergestellt hat. Verabsolutierend und beziehungslos von »der Wahrheit« zu reden, entspricht nicht dem Eigentlichen des Wirklichen, dem Geist.

• Die Glaubenswahrheit, daß Jesus Christus eine neue, integrationsfähige Wahrnehmungsgestalt Gottes ist, wird in der Christentumsgeschichte bis heute von den meisten Christen nur in der *persönlichen Glaubensbeziehung* zu Jesus (Christus) verifiziert. Die dogmatischen Festlegungen dieser Wahrheit und insbesondere Aussagen über das interne Verhältnis Jesu Christi zu Gott (Vater)

---

64. Theißen (2003), S. 133, spricht davon, der christliche Glaube basiere auf »zwei Grundaxiomen: dem Monotheismus und dem Glauben an einen Erlöser.« Beide Axiome stellen *keine* christliche Besonderheit dar! Zum Abschied von der Sühnopfertheologie s. u. Kapitel 8.
65. Gal 3,26-4,7.
66. Röm 8,12-17; Gal 4,6f.
67. Darauf hat vor allem Manfred Görg hingewiesen.

und zum Heiligen Geist fallen je nach der kulturellen und religiösen Herkunft sehr unterschiedlich aus. Bedauerlicherweise hat die Kirche immer wieder versucht, in ihrem Geltungsbereich den auf Änderungen drängenden Druck außer Kraft zu setzen, der von der sich wandelnden Gestalt des kulturellen Gedächtnisses ausgeht. Die Zersplitterung der Kirchentümer, die sich über Jahrhunderte hin dann doch vollzogen hat, zeigt, daß diese Strategie nur sehr bruchstückhaft aufgegangen ist. Denn die unsichtbare Religion des kulturellen Gedächtnisses läßt sich nicht von Dogmen außer Kraft setzen. Die ungeheure Wut, mit der die Kirche ihre Ketzer verfolgt hat, spiegelt diese Wahrheit auf ihre Weise.

• Dadurch, daß sich das Christentum in sehr unterschiedlichen *kulturellen* Rahmenbedingungen entwickelt hat, hat sich eine *spirituelle* Vielfalt herausbilden und auf die konfessionelle Vielfalt bis heute einwirken können. Sie wäre verloren gegangen, wenn es – ganz hypothetisch gedacht – zu einer uniformen Weltkirche und zu einer von ihr monokulturell dominierten Weltgesellschaft gekommen wäre. Die Dankbarkeit für diese Vielfalt schließt allerdings zweierlei ein: *Die volle gegenseitige Gleichstellung der Kirchen untereinander aus der Erkenntnis heraus, daß Glaubenswahrheit perspektivisch geprägte Wahrheit ist; und die ungehinderte Möglichkeit, die Kirchenzugehörigkeit zu wechseln, wenn die Spiritualität einer anderen Konfession einem Menschen eher zusagt als seine bisherige.*

• Glaubenswahrheiten werden allein dadurch, daß ein Mensch in eine Religionsgemeinschaft hinein geboren und erzogen wird, nicht wahr oder gültig. Aber ohne die Zugehörigkeit zu einer Religionsgemeinschaft (»sichtbaren Religion«) können Menschen keinen Zugang zu den spirituellen Schätzen und rituellen Praxen finden, die in den unterschiedlichen Gedächtnisspuren der Wahrnehmungsgeschichte Gottes auf der Erde aufbewahrt werden. Obwohl Religionen denen, die sich auf sie einlassen, durch ihre Riten und Schriften einen Zugang zur Wahrheit eröffnen können, darf nicht übersehen werden, daß andere Religionen andere Zugänge vermitteln. *Für alle Zeit fertige Wahrheiten bietet keine Religion.* Das hat sehr früh der Vorsokratiker Xenophanes von Kolophon (570 bis 475 v. Chr.) formuliert: »Die Götter haben den Sterblichen durchaus nicht von Anfang an alles enthüllt, sondern erst nach und nach finden diese suchend das Bessere.«[68] Ähnlich klingt, was Jesus seinen Jüngern im Johannesevangelium sagt: »Noch vieles habe ich euch zu sagen, aber ihr könnt es jetzt nicht ertragen. Wenn aber jener kommt, der Geist der Wahrheit, wird er euch in die ganze Wahrheit leiten.« *(16,12f.)*[69]

---

68. Xenophanes, Fragment DK 21 B 18 (Die Vorsokratiker [1987], S. 222).
69. Und vorher, 16,4, sagt er ihnen im Blick auf seinen Tod und im Blick darauf, daß auch sie werden leiden müssen: »Jedoch von Anfang an habe ich euch dies nicht gesagt, weil ich bei euch war«.

- Solange die unterschiedlichen Kulturen mit geographisch relativ geschlossenen Regionen auf der Erde verbunden gewesen sind, war es wegen der kulturellen Kohärenz auch wenig sinnvoll, diesen Rahmen verlassen zu wollen. Dadurch wäre die Fähigkeit zur religiösen Kommunikation erheblich eingeschränkt oder unmöglich gemacht worden (von anderen Sanktionen ganz zu schweigen). Doch die kulturelle Kommunikation auf der Erde geht – wenn auch oft im Schlepptau von Wirtschaft und Politik und dadurch zur Uneigentlichkeit verzerrt – voran und entwickelt sogar gewisse, die Völkergemeinschaft verbindende Standards. Zu ihnen zählen die Menschenrechte einschließlich der Rechte von Frauen und Kindern und Minderheiten – wenn auch leider oft nur auf dem Papier – und eine gemeinsame Verantwortung für das Weltkulturerbe, und anderes. Damit verbunden wird sich auch so etwas wie eine wachsende »Schnittmenge« aus bislang inkohärenten Teilstrukturen des kulturellen Gedächtnisses bilden und als unsichtbare Religion die Sozialstrukturen aufeinander zubewegen. Die »Erklärung zum Weltethos«, von *Hans Küng* und *Karl-Josef Kuschel* initiiert, zielt in diese Richtung[70]. Doch wird auch dieser Prozeß niemals dahin führen, daß eine kulturuniforme Weltgesellschaft zustande käme. Aber so viel muß möglich werden: daß nicht nur der Konfessions-, sondern auch der Religionswechsel mit Respekt begleitet werden wird. Wobei jeder für sich selbst wissen muß, ob und wie er die Balance zwischen kultureller und konfessorischer Kohärenz zustande bekommt und hält.
- Das Evangelium von Jesus Christus lädt dazu ein, Gott und Welt zu unterscheiden, aber zugleich zusammenzudenken. Gerade deshalb sind die Texte und ihre Auslegung kein Selbstzweck. Denn Texte sind literarische, jeweils spezifisch zeit- und kulturbezogene Erinnerungsgestalten unmittelbarer Erfahrung. Und die will *heute wie damals* im Gespräch von Zeitgenossen besprochen und *gemeinsam* gefunden werden. Die Wahrheit der christlichen Überlieferungen wird sich für die Menschen daran erweisen, ob sie ihnen helfen, ihr »autobiographisches Gedächtnis« neu zu strukturieren. Deswegen liegt es nahe, daß wir in Zukunft mit in dieses Gespräch aufnehmen, was Menschen heute von Gott wahrnehmen – einschließlich solcher Wahrnehmungen, die Theologen als »Kraut und Rüben« erscheinen, weil sie keiner traditionellen Systematik folgen oder gar nur Fragen sind. Aber was wie »Kraut und Rüben«, also wie ein wahlloses Durcheinander, aussieht, hat trotzdem eine innere Syntax; und die müssen wir erst einmal verstehen, ehe wir das Ganze beurteilen können.
- Jede »Antwort bleibt nur als Antwort in Kraft, solange sie im Fragen verwurzelt ist«[71]. In der Bibel sind in großer Variation Antworten auf Fragen gegeben worden, die sich *damals* gestellt haben. Die Briefliteratur des Neuen Testamen-

---

70. Küng/Kuschel (1993).
71. Heidegger (1950), S. 58.

tes ist dafür genauso beredt wie die Evangelien, die auf die Frage geantwortet haben, wer denn Jesus für den Glauben sei. Das große Problem des Kanons ist, daß er viele der uns heute umtreibenden Fragen gar nicht oder nur höchst mittelbar zu beantworten vermag, weil es sie damals noch gar nicht gab. Zu sagen, die Bibel habe alle Fragen der Menschheit beantwortet, ist ungeschichtlich und lieblos gegenüber den heute lebenden Menschen.

• In beiden Teilen der Bibel enthaltene Verwerfungen von Völkern und Religionen oder Andersgläubigen sind eine überaus belastende Hypothek für Juden und Christen innerhalb der Kultur- und Religionsgeschichte geworden – nicht zuletzt in ihrem Verhältnis zueinander. Daß solche Verwerfungen auch bei anderen Religionen zu finden sind, erhöht ihren Anspruch auf Glaubwürdigkeit in keiner Weise, sondern mindert ihn eher noch weiter, weil Jesus Christus Gott als den unbedingt Liebenden offenbar gemacht hat. Die vielen Verfluchungen und Verwerfungen belegen ja doch zuerst, daß die Religionen über lange Zeit hin *nicht* in der Lage gewesen sind, ihre Verantwortung für den Frieden zu erkennen und wahrzunehmen. Mit der Sprache der Gewalt verbundene Verwerfungen kann ich jedenfalls nicht als Teil der Wahrheit Gottes ansehen, denn sie drücken nicht die Liebe Gottes aus, sondern widersprechen ihr.

• Obwohl eine Reihe von Partien der Bibel heute zumindest von liturgischer und pädagogischer Praxis »ausgeklammert« werden müssen, ist die *Bibel weiterhin Heilige Schrift*. Sie steht in dieser Würde und Funktion neben den heiligen Schriften bzw. Kanons anderer Religionen. Allerdings *wird* die Bibel, genau genommen, erst dadurch geheiligt, zur heiligen Schrift, daß sie Menschen zum Glauben hilft, ihnen die vertrauensvolle Gottesbeziehung vermittelt. Wenn ein Buch sich als heilig und kostbar erweist, schließt es sich aber nicht in sich selbst ab. Es will von seinen Leserinnen und Lesern in ihrer jeweiligen Gegenwart »zu Ende erzählt« und das heißt auch: weitergeschrieben werden können[72].

• Niemand ist daran gehindert, auch andere religiöse Überlieferungen als biblische heilig zu nennen, sofern sie ihn dem Heiligen nähergebracht haben. Er kann Gott preisen dafür, daß es sie gibt, und sie mit aller Ehrfurcht und Dankbarkeit anderen gegenüber mit eigenen Worten zu Ende erzählen. Denn »heilig« ist ein Gottesprädikat und weist auch in der Verbindung mit einer Schrift nicht auf diese selbst, sondern auf *Gott*.

---

72. Was ich meine, hat Christoph Ransmayr in seinem Roman »Die letzte Welt« mit Ovids »Metamorphosen« eigenwillig vorgeführt: Ransmayr (1991), S. 287. Walter Neidhart (Erzählbücher, 1975-1997) hat biblische Erzählungen und Eugen Biser die Briefe des Apostels Paulus in diesem Sinne aufgenommen und zum Teil sehr kritisch »zu Ende« geführt: Biser (2003), S. 245 ff.

Zweiter Teil: Notwendige Abschiede von überlieferten Glaubensvorstellungen

Der Abschied Jesu und die Zukunft der Wahrheit

Dogmen werden von Offenbarungsreligionen mit dem Anspruch tradiert, absolute, in sich geschlossene und daher unbezweifelbare Wahrheit zu sein. Sie verbreiten den Anspruch, die *ganze* Wahrheit oder zumindest die für Menschen erreichbare Wahrheit *ganz* zu kennen. Die *Einsicht, daß Dogmen zeitbedingte Antworten auf zeitbedingte Fragen gegeben haben und daher notwendig vorläufige Aussagen sind,* paßt in dieses Konzept nicht. Denn es akzeptiert ja die geschichtlichen Bedingungen unserer Wahrnehmungen *nicht*. Vor diesem Hintergrund lohnt es sich, einen Aspekt der Rede Jesu Christi näher zu beachten, die im Johannesevangelium die »Abschiedsreden Jesu« einleitet *(16,3-15).* Denn den Jüngern, die von der Aussicht auf das Alleingelassenwerden deprimiert sind, sagt er, er werde jetzt zu dem gehen, der ihn gesandt habe. Er wisse, daß sie traurig sind, aber er sage ihnen »die Wahrheit«. Und die Wahrheit laute: Dieser Abschied ist notwendig, »ist gut für euch ... Denn wenn ich nicht fortgehe, wird der Beistand *(Paraklet)* nicht zu euch kommen; wenn ich aber gehe, werde ich ihn zu euch senden. ... Wenn aber jener kommt, der Geist der Wahrheit, wird er euch in die ganze Wahrheit leiten ... auch das Zukünftige wird er euch verkündigen.« Anders gesagt: Ihn, Jesus Christus, nicht gehen lassen zu wollen, bedeutete, an der Nabelschnur des Lehrer-Jünger-Verhältnisses bleiben zu wollen. Das aber hätte beide in eine tödliche Verklammerung mit der gemeinsam erlebten Vergangenheit geführt und alle kommenden Menschen von ihnen kategorial abgeschnitten. Indem Jesus Christus »geht«, vertreibt er sie aus dem Quasi-Paradies der idealen Ursprungsszene heraus und hinein ins wirkliche Leben in der nun beginnenden Zeit der Kirche. Die Parallele zur Vertreibung von Adam und Eva aus dem Paradies ist eklatant.

Der bei Johannes redende Jesus Christus zerstört die irrige Annahme, die Ursprungsszene hätte uns einen unmittelbaren Zugang zur Wahrheit eröffnet, wären wir »dabei« gewesen. Denn auch in der Unmittelbarkeit der um Jesus versammelten Jüngerschar *war die Wahrheit nicht unmittelbar greifbar.* Die »ganze Wahrheit« stand für die Jünger Jesu während ihres kurzen gemeinsamen Weges[73] aus, weil der Tod und die Auferstehung Jesu noch ausstanden und vor allem die Situation noch nicht da war, auf die Jesus nur vorausdeuten konnte: die Zeit ohne seine leibhaftige Gegenwart. Und als sie ohne den irdischen Jesus waren, standen für jeden von ihnen der eigene Tod und die erhoffte eigene Auferstehung aus, also auch wieder das »Zukünftige«. Aber der »Geist der Wahr-

---

73. Im Grunde geht es um die Zeit in Nazareth in Galiläa, in der er sich als erwachsener Mann seiner Berufung sicher wird, den Weg von Galiläa nach Jerusalem zum Passafest und die Jerusalemer Ereignisse, die kirchlich in der Karwoche erinnert werden. Ein dreiviertel Jahr mag das gedauert haben, maximal. Denn es gibt keine Nachrichten, daß Jesus als Erwachsener mehr als einmal in Jerusalem gewesen wäre.

heit«, der »Tröster«, so verheißt ihnen Jesus, werde sie inmitten der notwendigen Abschiede leiten. Denn der verheißene Geist »bringt neue, lebendige Offenbarung – auch über das hinaus, was Jesus in der Vergangenheit gesagt hat.«[74] Er wird die Christen »die ganze Wahrheit lehren«. Und dazu gehört: Er wird auch »das Zukünftige verkündigen« *(Joh 16,13)* – eine Aufgabe, die fortwährend nötig ist, weil die Wahrheit mit dem sich wandelnden Leben ihre Gestalt verändert.

Lebenswahrheit, das heißt: Wahrheit, die für das *ganze* Leben und seine Veränderungen bis in das Sterben hinein reicht, durch alle Abschiede, Anomien und Neuanfänge hindurch, läßt sich in keinem Heute vorwegnehmen. Sie muß in *allen* Stationen von Leben erst gefunden und gelebt werden. Sie wird prozeßhaft wahr. Und damit wird das offene Feld Leben angesprochen, das vom *Geist* bewegt wird. Der »Geist der Wahrheit« soll Menschen in der Nachfolge Jesu Christi befähigen – so können wir der Rede entnehmen –, in der neuen Unmittelbarkeit der Gegenwart Gottes im Geist *selbständig* zu leben und *dadurch* den Auftrag des Auferstandenen zu erfüllen: »Wie mich der Vater gesandt hat, so sende ich Euch.« *(Joh 20,21)* Die *ganze* Wahrheit ist in diesem Leben nicht zu haben, denn sie schließt die Auferstehung ein. Die ganze Wahrheit wartet also auf der Rückseite des letzten Abschiedes im irdischen Leben. Sie gehört zu dem, was Menschen wahrnehmen *sollen* – wenn »das Vollkommene kommen« wird *(1. Kor 13,10)*. Wahr-Nehmen und Wahr-Werden gehören im tiefsten zusammen. »Und an jenem Tage werdet ihr mich nichts (mehr) fragen« *(Joh 16,23)*. Bis dahin aber bleibt es beim Fragen nach der ganzen Wahrheit, bleibt auch die Wahrheit von Glaubensaussagen immer eine *bedingte* Wahrheit. Und das bedeutet, daß Glaubensaussagen einerseits historischer und theologischer Kritik und andererseits der Frage nach ihrer Glaubwürdigkeit ausgesetzt bleiben. Daran ändert auch eine kirchliche Dogmatisierung nichts.

---

74. Theißen (2000), S. 279.

4. Abschied von Erwählungs- und Verwerfungsvorstellungen[1]

Glaubt man dem Artikel »Erwählung« in einem gewichtigen theologischen Fachlexikon, dann ist Erwählung ein Thema allein der jüdischen und christlichen Theologie und läuft auf Prädestination hinaus. Das Signal ist deutlich. Denn unbehandelt bleiben: was sich religionswissenschaftlich zum Thema Erwählung sagen läßt[2], der religionspsychologische Hintergrund und die Wirkungsgeschichte von biblischen und außerbiblischen Erwählungsvorstellungen, aber auch die Tatsache, daß sich einzelne Menschen und Gruppen, ja, sogar ganze Nationen, erwählt oder verworfen fühlen und dies ihre Umgebung auch wissen lassen. Schließlich hätte auch nahegelegen, Konsequenzen für den Umgang von Theologie und Kirche mit dem Stichwort »Erwählung« aufzuzeigen und dabei durchaus auch die politische Landschaft mit im Blick zu behalten.

Ein Rückblick in die Religions- und Kirchengeschichte wäre Anlaß genug zu *theologischer Kritik* an der Erwählungsvorstellung und ihrer Verbindung mit dem Ethnozentrismus gewesen. Denn da hätte reflektiert werden können, welche Folgen der Glaube, vor anderen erwählt worden zu sein, für das Zusammenleben von Völkern, Religionen, Weltanschauungen und Lebensstilen hat – vor allem, wenn er sich mit dem Anspruch verbindet, Gott und Wahrheit zu kennen. Aber auch die tägliche Erfahrung hätte Anlaß genug sein können zu bedenken, wie viele Menschen unter der Vorstellung leiden, *nicht* erwählt, sondern verworfen, oder doch zumindest ungewollt und ungeliebt zu sein in diesem Leben; und wie viele andererseits ihren Glauben, erwählt zu sein, blutig haben bezahlen müssen, weil die anderen ihrem Haß auf die Bevorzugten freien Lauf gelassen haben. Daß es immer wieder *Kriege* gegeben hat, weil Erwählungsvorstellungen miteinander konkurrierten, stellt eine besonders schlimme Seite des Themas dar.

Ich konzentriere mich im folgenden auf den religionsgeschichtlichen und -psychologischen Hintergrund und eine theologische Kritik der Erwählungsvorstellung. Vorher aber gehe ich auf die Wortgruppe ›erwählen‹, ›Erwählung‹ im gegenwärtigen Sprachgebrauch ein, um einen Erfahrungszusammenhang anzusprechen, auf den sich das theologische Nachdenken heute beziehen muß.

---

1. Wichtige Teile dieses Kapitels finden sich schon in: Jörns (2002).
2. Vgl. dazu aber Bauer (1990).

Die Wortgruppe ›erwählen‹, ›auserwählen‹ in heutigem Sprachgebrauch und Erfahrungszusammenhang

Das Verb ›[aus]erwählen‹ und die Substantive ›Erwählung‹, ›[Aus-]Erwählter‹ kommen im gegenwärtigen Sprachgebrauch nur noch selten und in den sprichwörtlichen Redensarten so gut wie gar nicht vor. Erfahrungen mit dem Phänomen ›[aus]erwählen‹, ›Erwählung‹ stammen für die meisten Menschen aus Lebenszusammenhängen, in denen ein Mensch aus der Mitte anderer auserwählt worden ist[3]. Geht es dagegen um Sachen oder auch um das Auswahlverfahren politischer Repräsentanten, wird von ›auswählen‹ oder nur von ›wählen‹ gesprochen. Wichtig ist, daß sich das *Er*wählen (und passivisch: das Erwählt-worden-Sein) von allem anderen Wählen und Auswählen unterscheidet, weil hier *Liebe*[4] bzw. eine besondere *Gunst* das ausschlaggebende Element ist. Dadurch aber, daß diese besondere Art von Wahl mit Liebe oder einer besonderen Gunst verbunden ist, *binden sich die Erwählenden selbst an die Erwählten.* So gesehen, gehören »(sich) jemanden erwählen« und »einen Bund mit jemandem schließen« zusammen. Darum vermag die *Ehe* als Metapher immer noch am besten auszudrücken, worum es geht. Wobei nach heutigem Eheverständnis beide Partner jeweils Erwählende *und* Erwählte sind. In ein anderes Sprachgewand gekleidet, sprechen manche auch davon, für einander ›bestimmt‹ zu sein – wobei sich dann beide als von einem zumeist ungenannt bleibenden Dritten oder auch einem unpersönlichen Schicksal auserwählt halten[5]. Wer an einen persönlichen Gott glaubt, verbindet auch die persönliche Bestimmung oder Berufung gern mit diesem Gott[6].

Jede Erwählung hat, wenn sie das Ergebnis einer wirklichen Auswahl ist, eine Rück- oder Schattenseite: Die Erwählung der einen bedeutet eine Zurückweisung oder zumindest Nicht-Beachtung derjenigen, die nicht erwählt worden sind – jedenfalls so lange die Art der Erwählung einen auch für alle anderen erstrebenswerten Status verleiht –, was zum Beispiel für die Berufung zum Propheten in Israel nicht unbedingt gilt[7]. Bei einer göttlichen Erwählung muß allerdings unterschieden werden: Die Berufung eines Menschen in ein besonderes

---

3. Der bzw. die »Erwählte« oder »Auserwählte« bezeichnete früher die Lebenspartner.
4. Vgl. biblisch bei Paulus Röm 11,28 zu den Juden: »… im Blick auf die Erwählung sind sie Geliebte …«.
5. Vgl. dazu Jörns (1999a), S. 105.
6. Pfarrer zum Beispiel; vgl. dazu Jörns, ebenda, S. 96 f. Ordination und Weihe vertiefen schon vom Formular her die Vorstellung, von Gott berufen zu sein.
7. Von Jeremia lesen wir dazu 1,4-19: seine Berufung; 7,1-8,17: aus der Tempelrede, in der er seinem Volk Furchtbares von Gott ankündigen muß; 11,18-23; 26,1-19: der Plan der Bürger, sich an Jeremia für seine Unheilsankündigungen zu rächen; 12; 15,10-21; 20,7-18: Jeremia hadert mit Gott wegen seiner Berufung und verflucht schließlich den Tag seiner Geburt; 37 und 38: Jeremias Leiden.

Amt bedeutet nicht notwendig eine Zurückweisung anderer, sondern zuerst einmal die Auswahl des am besten Geeigneten. Wo aber ein Stamm, eine Stadt oder ein Volk den Status der von dem jeweiligen Gott Erwählten hat, bedeutet dies, daß Auseinandersetzungen mit den Angehörigen dieser Gruppen auch zu Auseinandersetzungen mit ihrem Gott werden. *Kommt es zum Krieg, kämpfen im Grunde verfeindete Götter gegeneinander, und die Menschen kämpfen für sie.* Das war nach Homers Darstellung schon im Trojanischen Krieg so.

Die spezifische Beziehungsstruktur und nicht schon die Verwendung des Begriffes Erwählung (oder vergleichbarer Termini) sagt deshalb etwas darüber aus, was es mit der Erwählung im Einzelfall auf sich hat. Das ist im Verhältnis von Göttern und Völkern so, aber auch im Verhältnis von Menschen untereinander. Darum beginnt der Ehebund bei Christen mit einem Ritual, in dem sich diejenigen, die sich zuvor gegenseitig als Lebenspartner auserwählt haben, die Bereitschaft zu einer lebenslangen Gemeinschaft zusagen. Auf Zeit angelegte Verbindungen oder auch Bundesschlüsse (Allianzen) fallen in eine andere Kategorie des gegenseitigen Auswählens der Partner und folgen vor allem Kriterien der Zweckmäßigkeit.

Auch die schon angesprochene Schattenseite der Erwählung, die *Verwerfung*, taucht im sozialen Bereich auf. Denn viele Menschen machen die schwere Erfahrung, offenbar dazu ausersehen oder erwählt worden zu sein, in irgendeiner sie belastenden Weise benachteiligt oder bedrängt leben und leiden zu müssen. Wir können dabei von der extremen Grunderfahrung einer erlebten *Erwählung oder Bestimmung zum Leiden, zum dauerhaften Unglück* sprechen. Es ist selten, daß dabei Personen genannt werden, von denen diese Erwählung zum Leiden ausgeht. Werden Subjekte genannt, so vor allem das Schicksal, das Leben oder auch Gott im Sinne eines *Deus absconditus* (»verborgener, dunkler Gott«). Immer aber geht solche Extremerfahrung mit der Erinnerung daran zusammen, in der Kindheit und Jugend benachteiligt oder sonstwie übergangen worden zu sein, einen Mangel an Aufmerksamkeit und Liebe erduldet zu haben oder direkt zurückgewiesen, ja, verstoßen worden und im Leben gescheitert zu sein – als »Versager«. Neid und auch Haß auf andere, glücklichere Menschen sind dann häufige Lebensbegleiter und erzeugen oft zusätzliche Schuldgefühle. Aus allem erwächst die ständige Klage über die Ungerechtigkeit (in) der Welt, des Schicksals, des Lebens, oder auch Gottes, und aus der Gewißheit heraus, sich nicht wehren zu können, eine tiefe Resignation. Auch hierbei spielt nicht der Begriff ›Erwählung‹ (zum Unglücklichsein) die entscheidende Rolle, sondern die umklammerungsartige *Beziehung*, in der sich der einzelne Mensch festgehalten fühlt[8].

---

8. Ich beziehe mich hier auf Erfahrungen aus der psychotherapeutischen Praxis meiner Frau, Wiltrud Kernstock-Jörns.

Schließlich berichtet schon die Genesis *(1. Buch Mose)* in ihrer Sammlung menschlicher Grundkonflikte, welche fatalen Folgen es haben kann, wenn Menschengeschwister durch den Geburtsrang, durch einen göttlichen Gunsterweis oder durch eine ihnen zugedachte besondere Rolle, die sie aus der Mitte der anderen heraushebt, vorgezogen werden: Ob Abel gegenüber Kain *(4,3-16)* oder Jakob gegenüber Esau *(25,19-34; 27-33)* oder Josef gegenüber seinen Brüdern *(37,2-47,26)*: Sie müssen durch Haß und Hand derer, die sich benachteiligt fühlen, den Tod, Zurücksetzung oder jahrelange Verfolgung erleiden[9]. Es sind Geschichten, wie sie auch aus dem heutigen Leben gegriffen sein könnten, wenn man die soziokulturellen Rahmenbedingungen entsprechend anpaßt. Für heutige Leserinnen und Leser dieser Geschichten ist es oft ausgesprochen ärgerlich, daß der Gott der biblischen Patriarchen in solche Ungerechtigkeiten und Leidensgeschichten tief verwickelt ist. Zwar wissen alle, daß mit dem Leben Ungerechtigkeiten verbunden sind. Aber gerade weil viele daran schwer zu tragen haben, ist es besonders anstößig, daß ein Gott sich selbst in solche Benachteiligungen – wie diejenige von Hagar und Ismael – verstrickt, um seine Ziele zu erreichen, oder mit dem Betrüger Jakob paktiert und gerade ihn zum Verheißungsträger macht. Eine Ähnlichkeit mit Willkürakten des Göttervaters Zeus in der griechischen Mythologie drängt sich unweigerlich auf. Aber eine solche Vorstellung wollen viele mit *ihrem* Gott nicht mehr verbinden, auch wenn sie zur biblischen Überlieferung gehört. Deshalb muß gefragt werden, ob die entsprechenden Überlieferungen auch heute Bestandteil des christlichen Glaubens und der Theologie sein müssen.

Die Gottesbeziehung als Basis der Erwählungsvorstellungen

Ein Sonderfall von Erwählung liegt dann vor, wenn sie in der Theologie mit Verwerfung und beides mit Gott als Verursacher verbunden gedacht wird. Ist Liebe im einen Fall, so *Haß* im anderen das Motiv. Besonders drastisch begegnet diese Verbindung beim Propheten Maleachi (ca. 5. Jahrhundert v.Chr.) in der Form eines Gottesspruches: »Ausspruch. Wort des Herrn über Israel durch Maleachi. Ich habe euch geliebt, spricht der Herr. Und ihr fragt: ›Wieso hast du uns geliebt?‹ – Ist nicht Esau Jakobs Bruder? spricht der Herr, und doch habe

---

9. Zwar werden auch Abrahams Ehefrau Sara und ihr spätgeborener Sohn Isaak der Nebenfrau Hagar und ihrem erstgeborenen Sohn, Ismael, durch Jahwes Erwählung (21,12) vorgezogen (16; 17,15-22; 21,1-21), aber auch der mit seiner Mutter in die Wüste vertriebene Ismael erhält die an 1. Mose 12,1-3 erinnernde Verheißung, »zu einem großen Volk« zu werden (21,18). Emotional ist die Geschichte im Leser natürlich mit 1. Mose 21,21 genauso wenig abgeschlossen wie in der Geschichte derjenigen Religionen und Völker, die sich als Isaak- und Ismael-Nachfahren verstehen.

ich Jakob geliebt, Esau aber gehaßt« *(1,1-3)*. Dieser Spruch geht davon aus, daß es eine etablierte Erbfeindschaft zwischen den Isaak-Söhnen Jakob (= Israel) und Esau (= Edom) gibt. Doch er sagt darüber hinaus, daß diese Erbfeindschaft auf Jahwes liebevoller Erwählung im einen und seiner haßerfüllten Verwerfung im anderen Fall beruht. »Edom«/»Edomiter« stand damals schon »als Chiffre für jeden Israels Existenz bedrohenden Feind«[10]. Das Denkmuster ist – einschließlich einer gewissen Haßliebe zwischen beiden – später auf das Verhältnis Judäas zu Rom und in unserer Zeit auf das Verhältnis des Staates Israel zu seinen arabischen Nachbarn übertragen worden. Daß es so etwas auch zwischen anderen Völkern gegeben hat, wissen wir aus der leidvollen europäischen Geschichte nur zu gut. Das wirkliche Problem in Maleachis Gottesspruch liegt aber darin, daß sich der Gott Israels selbst in das Schema Liebe und Haß zu ganzen Völkern verwickelt hat. Aus einer anderen, nämlich religionspsychologischen, Warte kann man auch sagen, das Problem sei, daß der Gott Israels von einem Propheten *dafür in Anspruch genommen werden konnte*, durch Liebe und Haß, also Erwählung und Verwerfung, eine Feindschaft zwischen Völkern *gestiftet* zu haben. Und dann ist der Ethnozentrismus beim Namen genannt. Das Fürchterliche an dieser offenbar nicht enden wollenden Feindschaft aber ist, daß die einzelnen Menschen, die zu den beiden Gruppen gehören, durch göttliche Ursache oder mit Hilfe göttlicher Autorität buchstäblich in Sippenhaft genommen und gegeneinander unversöhnlich gemacht worden sind. Denn wenn es doch um Liebe und Haß des *Gottes* Jahwe geht – wer aus Israel, aus ›Gottes *eigenem* Volk‹ also, wollte dann gegen ihn reden?

Diese besondere Haß-Liebe-Beziehung ist die Basis einer Geschichte, die von Feindschaft bestimmt wird und nach der jüdischen Bibel erst eschatologisch, also am Ende der Menschheitsgeschichte, einzig und allein dadurch zu einem Ende kommen soll, daß alle Völker Israel, dem auserwählten Volk, unterworfen sein werden. Davon reden die Propheten Jesaja (Vgl. *14,2; 60,9-14*) und Amos *(1* und *2)*. Das Göttliche der Erwählung und Verwerfung bewirkt ihre Unaufhebbarkeit, und das heißt, daß sie erst durch einen endgültigen Sieg Israels über seine Feinde zum Ziel kommen können. Ein wirklicher Verständigungsfrieden ist damit im Grunde ausgeschlossen.

Im jüdischen Kanon ist ›Erwählung‹ kein Wort, »das das Grundverhältnis von Gott und Volk beschreibt. Vielmehr gilt umgekehrt: Jenes Grundverhältnis hat zu einem spezifischen Wortsinn von Erwählung geführt«. Seine eigentliche Bedeutung erhielt er in der Vorstellung von der Erwählung *des Volkes durch Jahwe* und der bekenntnishaften Erwählung Jahwes *durch das Volk*[11]. Die *Beziehung* ist also der Ausgangspunkt, und sie sagt auch hier, im religiösen bzw.

---

10. Weippert (1982), S. 297.
11. So resümiert Seebaß (1982), S. 188; vgl. 5. Mose 30,19 und Josua 24,22.

theologischen Kontext, das Entscheidende darüber aus, wie Erwählung zu verstehen ist.

Das Besondere an dem Erwählungsverhältnis von Gott bzw. Göttern und Volk hat *Jan Assmann* mit dem Begriff »Einzigartigkeitsbewußtsein« gekennzeichnet[12]. Er findet es sowohl im spätzeitlichen Ägypten als auch in Israel. Geprägt worden ist die Vorstellung in Ägypten und basiert auf der besonderen »Gottesnähe«, ja, »Lebensgemeinschaft Ägyptens mit den Göttern«[13]. Sie habe dazu geführt, daß eine »Heiligung des Lebens« durch rechten Lebenswandel und »die Heiligung des Landes, die Idee Ägyptens als des ›heiligsten Landes‹«[14], miteinander korrespondierten. Im Israel des zweiten Tempels findet Assmann die »nächste Parallele«, insofern auch hier ein Einzigartigkeitsbewußtsein auf der Gotte*sbeziehung* beruhe, die allerdings nicht als Wohngemeinschaft, sondern als Erwählung und Bundesschluß gedacht wurde und die die Orthopraxie (»das rechtschaffene Handeln«) in der Befolgung der Tora einschloß. »Orthopraxie heißt aber zugleich auch: Distinktion, Seklusion[15], Einzigartigkeit – also *Identität* in einem emphatischen Sinne«, bzw. »Bekenntnis zu einer ›normativen Selbstdefinition‹«[16].

Das Bewußtsein, einzigartig zu sein, ist auch bei vielen Völkern in der Weltgeschichte anzutreffen und wird gern »durch den Rekurs auf übermenschliche bzw. göttliche Instanzen zu sanktionieren« versucht. Auch insofern kann die »hebräische Erwählungsidee ... nicht Anspruch auf ... Originalität erheben.«[17] Für Ägypten *und* Israel erkennt Assmann in der bereits angesprochenen Zeit aber als Spezifikum »die Idee der Seklusion, der von hohen Mauern gegen die profane Außenwelt abgeschirmten Lebensform.« Der besondere, in Israel durch die Tora bestimmte, »Gottesweg« ist die »eherne Mauer«, die gegen die unreine Außenwelt der Fremdherrschaften schützt[18] – und abschließt. Assmann hat eine Liste der Katastrophen zusammengestellt, durch die Israel von 722 v.Chr. (Ende des Königreiches Israel) bis 70 n.Chr. (Zerstörung des zweiten Tempels) hindurchgegangen ist. Von ihr her belegt er, »was alles zusammenkommen mußte, um eine solche Verfestigung von Überlieferung und Identität hervorzubringen, wie sie im Judentum vorliegt.«[19] Dadurch habe sich der jüdische Glaube von der allgemeineren Kultur unabhängig gemacht und sein »Überdauern über alle

---

12. J. Assmann (1997), S. 197.
13. Julian, ep. III. 433 b, bei J. Assmann, ebenda, S. 197 Anm. 4.
14. J. Assmann, ebenda, S. 197.
15. »Selbstabschließung«.
16. J. Assmann (1997), S. 197f.
17. Bauer (1990), S. 338.
18. J. Assmann, ebenda, S. 198f. – Scharf abgegrenzt lebte auch die Gemeinschaft von Qumran.
19. Ebenda, S. 200. Assmann nennt auch die nachexilischen schismatischen Kämpfe als Grund.

kulturellen Wandlungen, Überfremdungen und Assimilationen hinweg ermöglicht.«[20] Dabei wirkte die Tora[21] als das »portative Vaterland« (Heinrich Heine).

Die besondere Beziehung zwischen Israels Gott und dem Volk Israel ist auch religionspsychologisch begründet. Assmann betont, daß sich das »ausgrenzende Reinheitspathos« sowohl gegen das eigene Volk wendet als auch »gegen die eigene Seele« der Juden. »Die Vorschriften der Amixia, der Nichtvermischung mit den Bewohnern des Landes, wären nicht so scharf, die Gebote der Vertreibung und Ausrottung nicht so brutal, wenn sie sich nicht gegen den ›Kanaanäer in der eigenen Brust‹ richteten.« Daher werde die ganze Ideologie der Abgrenzung und Ausgrenzung »in der Metaphorik der Ehe, der Tabuisierung des Ehebruchs und der Verführung eingeschärft. ... Der Angst vor der eigenen Verführbarkeit entspricht die ›Eifersucht‹ Jahwes, der sein Volk einschließen und abschirmen möchte wie ein orientalischer Ehemann.«[22]

Die Metaphorik der Ehe und ehelichen Liebe wird darum an einigen Stellen noch überboten durch die innige Ausdrucksweise, Israels Gott habe sein Volk »wie seinen Augapfel« gehütet *(5. Mose 32,10)*. Mit demselben Bildwort wird dem Volk beim Propheten Sacharja aber auch die endzeitliche Sammlung am Zion verheißen, trotz aller Widerstände der ungläubigen Völker – »denn wer euch antastet, tastet seinen (scil. Jahwes) Augapfel an« *(Sacharja 2,8)*. Die anthropomorphe Sprache dieser Identifizierung von Gott und Volk ist nun aber nicht nur an Innigkeit, sondern auch an Exklusivität (und Seklusivität) nicht mehr zu überbieten. Das heißt nun aber auch: Wer Jahwe angreift, greift sein Volk an. Die besondere Beziehung ist zur Schicksalsgemeinschaft geworden. Geschichte wird in Israel primär als Gottes Geschichte mit Israel verstanden. Es sind vor allem die durch Unheilserfahrungen hindurch gemachten *Rettungserfahrungen* des zweimaligen Exodus aus Ägypten und Babel sowie die im 20. Jahrhundert erfolgte Rückkehr eines jüdischen Staates nach Palästina (die ja auch als ein Exodus aus der Zerstreuung angesehen werden kann), die den Glauben Israels an seine außerordentliche Gottesbeziehung stützen. Trotzdem ist diese Perspektive inzwischen auch im Judentum umstritten[23].

Aus der prophetischen Verkündigung wird gelegentlich abgeleitet, daß es neben der Erwählung Israels eine zweite Art Erwählung gebe: die heilvolle Zuwendung Gottes zu den nicht erwählten Völkern, und dafür wird gerne der Prophet Amos *(9,7)* zitiert. Nun kritisiert diese Stelle zwar ein übersteigertes Einzig-

---

20. Ebenda, S. 196.
21. Vgl. Crüsemann (1992).
22. Ebenda, S. 212.
23. Bauer, ebenda, S. 336-338, referiert die großen Divergenzen. Der Bogen spannt sich von der amerikanischen »radical theology«, die die These vertritt, der Holocaust habe »alle klassischen Lehren des Judentums über Gott, Erwählung und das Böse ungültig gemacht«, bis zu M. Wyschogrod, der Erwählung als »carnal election« festhält, die keine Spiritualisierung erlaube.

artigkeitsbewußtsein Israels; aber aus ihr läßt sich kein Nebeneinander zweier Erwählungsvorstellungen herauslesen, höchstens eine »Relativierung der Erwählungsvorstellung« durch Amos[24]. *Martin Buber* hat aus der Stelle den Schluß gezogen, daß Israel vor Gott ohne »Geschichtsanspruch« bzw. ohne »den Anspruch auf Geschichtsversorgung«[25] dastehe. Einige Rabbiner[26] haben später die Israel-Erwählung ausdrücklich zugunsten der Nichtjuden ausgebaut, und zwar zu dem Zeitpunkt, als sie in ihre Theologie eine postmortale Existenz aufgenommen haben. An der *kommenden* Welt können danach auch »die ›Frommen der Völker der Welt‹ – mit den Juden gleichberechtigt« – teilhaben[27].

Die Bundeszusage an die gesamte Menschheit nach der Sintflut geht einher mit der Resignation des Schöpfers über die unausrottbare »Boshaftigkeit« seiner menschlichen Geschöpfe *(1. Mose 8,21)*. Aus der Mitte dieser erduldeten Menschheit wird dann Israel erwählt und erhält eine Aufgabe, die, wie *Hans Walter Wolff* so eindrücklich herausgearbeitet hat, darin besteht, Segen nicht allein für sich selbst haben zu wollen, sondern *ein Segen zu sein* für die übrige Menschheit. Erst *mittelbar* kommt also auch hier die übrige, das heißt nicht-israelitische Menschheit zum Segen *(1. Mose 12,1-3)*. Und auch diese Funktion kann von Israel nur erfüllt werden, wenn es sich dauerhaft an die Tora als Zentrum seines kulturellen Gedächtnisses bindet und so seine eigene Kultur aufrechterhält. Das aber schließt auch die Möglichkeit ein, daß Israel an seiner Aufgabe scheitert und den Segen nicht weitertragen kann[28].

Die Christen übernehmen die Erwählungsvorstellung, entgrenzen sie aber

Die Christen haben von Anfang an daran festgehalten, in einer durch die Liebe Gottes geprägten *Gottesbeziehung* zu leben, wie sie sie durch Synagoge und Tempel kennengelernt hatten. Jesus haben sie andererseits insbesondere von radikalen prophetischen und von außerjüdischen Traditionen her verstanden. Wie bei allen Revolutionen, verbinden sich also auch in der durch Jesus eingeleiteten religiösen Umwälzung *Kontinuität* und *Diskontinuität*. Das hat dafür gesorgt, daß die entstehende Kirche das Thema Erwählung zwar nicht aufgegeben, aber konsequent mit der schöpfungsbedingten Erwählung der *Menschheit*

---

24. Jörg Jeremias (1995), S. 131.
25. Buber (1950), 142 f.
26. In der einschlägigen Literatur wird immer wieder betont, »daß unter den auf Maimonides zurückgehenden dreizehn Grundlehren des jüdischen Glaubens Israels Auserwähltheit nicht erwähnt wird.« (Bauer, ebenda, S. 334)
27. So Bauer, ebenda, S. 333.
28. H. W. Wolff (1964). Die Beispielerzählungen für das Versagen stehen im 1. Buch Mose 12,10-20 und 20,1-18.

verbunden hat. Dadurch wurde Erwählung nicht mehr mit der eheartigen Beziehung Jahwes zu Israel gleichgesetzt und das Thema seines nationalen und partikularistischen Charakters entkleidet.

Aber selbst für die Protagonisten des Christentums ist es schwer gewesen zu lernen, daß Kontinuität und Diskontinuität auch in diesem Punkt nach Gottes Willen zusammengehören. Jesus, Paulus und Petrus mußten harte Lernerfahrungen durchmachen. Sie geben uns Einblick in die tiefe Krise, die der Glaube an die unbegrenzte Liebe Gottes vor allem im jüdischen Bereich ausgelöst hat.

• Von *Jesus* wird berichtet, daß er eine kanaanäische Frau, die ihn gebeten hatte, ihre Tochter von einem Dämon zu befreien, dreimal hintereinander abgewiesen hat *(Mt 15,21-28)*. Er hält ihr das ganze Repertoire der Erwählungs- und Verwerfungsvorstellung entgegen: Zuerst überhört er ihre Bitte, straft sie mit Mißachtung; dabei wird er von seinen Jüngern noch tatkräftig unterstützt (»Fertige sie ab, sie schreit uns nach!«, *V. 23*); dann zieht Jesus vom Völkischen her eine Grenze zwischen sich und ihr (»Ich bin nur zu den verlorenen Schafen des Hauses Israel gesandt«, *V. 24*); und schließlich reiht er sie in verletzender Weise unter die Verworfenen: »Es ist nicht recht, den Kindern das Brot zu nehmen und es den Hunden hinzuwerfen.« *(V. 26)* Dazu, daß Jesus dann doch das Mädchen heilt, kommt es nur, weil die Frau aus Liebe zu ihrer Tochter hartnäckig bleibt, die Demütigung einsteckt und zugleich Kohlen auf Jesu Haupt lädt. Sie antwortet ihm: »Gewiß, Herr, auch die Hunde zehren aber von den Brotfladen[29], die vom Tisch ihrer Herren fallen.« *(V. 27)* Erst da lenkt Jesus ein: »Oh Weib, dein Glaube ist groß; dir geschehe, wie du willst! Und ihre Tochter war geheilt von jener Stunde an.« *(V. 28)*.

Auch in der matthäischen Fassung der Rede, mit der Jesus seine Jünger aussendet zu predigen, zieht er dieselbe Grenze: »Geht nicht auf eine Straße der Heiden und gehet nicht in eine Stadt der Samaritaner, sondern geht vielmehr zu den verlorenen Schafen des Hauses Israel!« *(Mt 10,5f.)*. Bei Markus *(6,7-13)* und Lukas *(9,1-6; 10,1-12)* gibt es diese Grenzziehung nicht. Das Matthäusevangelium spiegelt an diesem Punkt noch sehr glaubwürdig die innere Zerrissenheit, in die die – der Herkunft nach – jüdischen Christen hineingeraten waren, nachdem die völkische Dimension des Erwählungsgedankens aufgegeben worden war.

• *Paulus* wurde – ich habe die Geschichte schon angesprochen – in seiner »Bekehrung« aus seiner bisherigen Lebensbahn herausgerissen. Er war auf dem Weg nach Damaskus, um dort unter den auswärtigen Juden Anhänger der neuen Glaubensrichtung »Der Weg«[30] ausfindig zu machen und dann als

---

29. Es geht in der Geschichte um die Fladen, mit denen man sich nach dem Essen die Hände abwusch, weil man ja die Finger zum Essen verwendete.
30. Belege für die Bezeichnung der Gemeinschaft der Christen als »Der Weg« bzw. »(Anhänger) des Weges« sind häufig: Apg 9,2; 18,25; 19,23; 22,4; 24,14.22. Die Gemeinschaft von

Gefangene nach Jerusalem zur Aburteilung zu bringen[31] *(Apg 9,1f.14).* In einer dramatischen Erzählung *(Apg 9,1-31)* wird berichtet, wie er von dem verfolgten Christus selbst verfolgt, gestellt und zur Umkehr gezwungen wird: Er wird »blind« und muß die Christusgeschichte nun aus dem Mund eines Christen *hören* und so sein Leben neu *sehen lernen.* Von da an ist Paulus (»der Kleine«), wie es »der Herr« in einem Gesicht dem Ananias sagt, Christi »auserwähltes Werkzeug, meinen Namen vor Völkern und Königen und (den) Söhnen Israels zu tragen« *(Apg 9,15).* Er wird der »Knecht Jesu Christi«, wie er sich selber nennt *(Röm 1,1 u. ö.),* sein eifrigster Missionar und Apostel – unter den »Griechen«.

- Auch *Petrus* wird gegen seinen massiven inneren Widerstand über eine Grenze hinweggeführt, die ihn festgehalten hatte *(Apg 10,9-23).* Bei ihm sind es die (Reinheits-)Gebote der Tora, die er loslassen muß. Denn sie hinderten ihn daran, mit Nichtjuden wirklich Gemeinschaft zu halten. Petrus hatte lange darauf bestanden, daß, wer Christ werden wolle, auch beschnitten sein und die Toravorschriften einhalten müsse. In einem Traum wird er vom »Herrn« selbst aus dieser Fixierung gelöst. Petrus kann man die Angst vor einem anomischen Zustand, dem Chaos, anmerken. Es hat eine Zeit gedauert, bis er und seine jüdischen Weggenossen begriffen haben, daß das »Gesetz Christi« die Tora nicht *aufgehoben*[32], sondern insgesamt unter das Liebesgebot gestellt hat: Der Mensch lebt nicht für die Tora, sondern die Tora soll dem Menschen dienen – das ist die neue Devise *(Mk 2,27).*

Da Gottes Liebe nach diesen Lernerfahrungen nun als *unbedingt* gedacht wird, wird sie auch als *unbegrenzt* verstanden. Die kategoriale Aufteilung der Menschheit in Juden und »Heiden« wird im Blick auf den Zugang zum christlichen Glauben aufgehoben. Und alles, was die nun unbegrenzte Liebe Gottes zu den – vor allem bedrängten – Menschen einschränkte, wird dann von dem »Ich aber sage euch« der Bergpredigt Jesu radikal in Frage gestellt *(Mt 5,17-7,28)*[33].

Das Thema Erwählung aber bleibt vorerst Teil des jüdischen Hintergrundes, aus dem Jesus kommt, und gerät nicht in den Vordergrund. Die Christen lernen Gott, geführt vom Auferstandenen, auf Wegen kennen, die sie zum Teil nur mühsam akzeptieren können. Auch für den neuen »Gottesweg«, dessen ethische Summe die »Bergpredigt« Jesu darstellt, gilt eine Zusage. Diese Zusage

---

Qumran am Toten Meer verbindet nach einer Selbstbezeichnung die, »die den Weg wählen« (1QS 9,17.19f.).
31. Vgl. auch die Selbstzeugnisse des Paulus, z. B. 1. Kor 15,9; Gal 1,13; Phil 3,6.
32. Gal 6,2, vgl. Röm 12,9-21; 13,8-10; vgl. Mt 5,17.
33. Das Matthäusevangelium spiegelt in diesen Grenzziehungsproblemen noch sehr glaubwürdig die innere Zerrissenheit, in die die ehemals jüdischen Christen hineingeraten waren.

knüpft an die Messiaserwählung an. Aber diese Anknüpfung geschieht bereits im Kern *antithetisch*. Denn während die Messiasvorstellung ursprünglich auf die Erwählung des *Einen* gerichtet ist, wird nun die – doch wohl schon aus der ägyptischen Königserwählung stammende – Sonderrolle des Gottessohnes aufgehoben: Wer auf den Weg des Gottessohnes Jesus geht – verheißen die Seligpreisungen –, wird selber Sohn und Tochter Gottes *(Mt 5,9, vgl. Röm 8,14):* der Messiastitel wird entgrenzt, in den Plural gesetzt und damit zugleich bestätigt *und* aufgehoben. Entsprechend wird im Vater-Unser »Vater« durch Jesus zum entscheidenden Gottes*namen* im Gebet der Christen gemacht, und ist damit nicht mehr allein Metapher. In der Pfingstgeschichte wird dieselbe revolutionäre Umgestaltung unter Bezug auf den Propheten Joel *(2,28-32)* auch noch mit dem Prophetenamt und der Geistbegabtheit vollzogen: auch sie werden entgrenzt, *allen* Christus-Bekennern und -Bekennerinnen zugesprochen.

Die neue Gemeinschaft der Christen wird folgerichtig in einem letzten Schritt vom Geist Gottes auch »offiziell« aus der völkischen Partikularität herausgeführt, wird extranational und -territorial, zumal es keinen zentralen Kultort für sie gibt. Wie für Ägypten und Israel ist auch für die Christen die Gottes*beziehung* die wahre Basis des Glaubens und des jeweils eingeschlagenen Gottes*weges* geworden. Wie in Israel ist dieses Gottesverhältnis auch für die Christen durch die Liebe Gottes bestimmt. Ja, »Gott *ist* Liebe« *(1. Joh 4,16)*. Aber dieser Gott und diese Liebe werden nicht mehr an ein bestimmtes Volk geknüpft. Gottes Liebe gilt der »Welt« *(Joh 3,16)*, wobei das griechische Wort *kósmos*, das für »Welt« steht, keinesfalls nur die gläubige Menschheit meint. Die Liebe zur »Welt« soll allen die Möglichkeit geben, zum Glauben an Jesus Christus zu kommen.

Die Tragik der Kirche: Sie bindet die Liebe und Weite Gottes wieder an eine Partialwelt: an sich selbst

Wie Ägypten und Israel ist auch die Kirche Jesu Christi, die sich als das Gottesvolk aus den Völkern versteht, in Konfrontation mit den umgebenden Kulturen und Religionen geraten. In dieser Krise ist der Erwählungsgedanke aus dem Hintergrund herausgetreten und hat ein neues Gewicht erhalten. Gerade das Bewußtsein, das »wahre Israel« zu sein und Erbe seiner Verheißungen, führte dazu, zumal die Themen *Erwählung* und *Bund* einander sachlich ergänzen. Für Jesus hatte das Thema Erwählung noch »keinen besonderen Stellenwert«[34]. Die angesprochenen Erzählungen aus dem Matthäusevangelium belegen glaubwürdig, daß Jesus über die Grenze des (einen) Volkes hinweggeführt *worden* war, weil

---

34. Eckert (1982), S. 193.

»Heiden« bei ihm Hilfe suchten. In den anderen Evangelien und bei Paulus zumal gibt es keine völkischen Beschränkungen mehr. Der neue Horizont der Kirche ist die *Welt* (des Mittelmeerraums). Aber in der Auseinandersetzung mit dem zeitgenössischen pharisäischen Judentum, der römischen Weltmacht und ihren kultischen Forderungen sowie mit hellenistischen Kulten hat sich den Christen dann offenbar doch wieder jene von den Ägyptern »erfundene« und von den Juden übernommene Distinktion und Seklusion als »Gottesweg« nahegelegt. Und wieder hat jede Rettungserfahrung das Bewußtsein gestärkt, daß Gott *mit ihnen* und zugleich *gegen* diejenigen ist, die sie als ihre Feinde ansahen. Und selbst wenn Christen um ihres Glaubens willen leiden, ja, sterben mußten, blieben sie damit auf dem besonderen »Gottesweg«, wie ihn Jesus gegangen war[35].

Wieder entsteht ein Einzigsartigkeitsbewußtsein, das zur Unterscheidung zwischen drinnen und draußen drängt und die Liebe Gottes zur ganzen Menschheit mehr und mehr einschränkt. Auch Paulus zieht um die Eucharistiegemeinde herum eine mit dem *Anathema*, dem Fluch, bewehrte neue »eherne Mauer« *(1. Kor 16,22)*. Weil die Christen die Liebe Gottes auf ihrer Seite wissen, können sie nun auch für sich der Tendenz folgen, ihre Erwählung als schon vor aller Zeit erfolgt zu verstehen *(Eph 1,4)* – ein Gedanke, der dann übrigens auch in der rabbinischen Theologie auftaucht[36]. Und je enger es von außen her wird, desto dichter wird die Gemeinschaft nach innen. Die Devise lautet nun: Jedermann Gutes tun – ja! Aber – am meisten den Glaubensgenossen! *(Gal 6,10)* Um Eucharistie und Diakonie herum zieht sich nun eine Grenze, die letztlich durch die Taufe markiert wird[37].

Doch nicht nur die Konfrontation mit einer andersgläubigen Umgebung und die dadurch bedingten *Leiden* haben zur Aktivierung des Erwählungsgedankens geführt. In dieselbe Richtung haben sich auch interne *Streitigkeiten* und endgültige *Verwerfungen* von bestimmten Lehren und Gruppen ausgewirkt. Das erinnert an Erscheinungen, wie wir sie viel früher schon in der griechischen Welt beobachten können. *Wolfgang Schadewaldt* hat nämlich für die griechische Tragödie als zentrale Motive *Leid und Streit* herausgestellt[38]. Von daher kann es erlaubt sein zu sagen, daß sich auch bei den Christen Tragik und (im modernen Wortsinn) Tragisches verbunden haben. Das gilt für die Leiden, die um der Gottesbeziehung willen von den Gläubigen zu erdulden sind *(vgl. Mt 5,10-*

---

35. Als eindrucksvolle Beispielerzählung dafür liest sich Apg 7,54-60: die Steinigung des Stephanus. Die Szene ist dem Sterben Jesu nachgestaltet: So zu sterben, heißt, ihm gleich zu werden!
36. Danach wurde »Israel vor Grundlegung der Welt zur Erwählung prädestiniert« (Bauer, ebenda, S. 333).
37. Diese Abschließung nach außen hat den Druck nach innen kräftig erhöht, der Lehre entsprechend zu leben, und hat sicher auch zu Rivalitäten in den Gemeinden geführt.
38. Schadewaldt (1991), S. 59. Aufgenommen und auf die sophokleischen Tragödien bezogen von Flashar (2000), S. 192 ff.

12!). Aber es gilt – und das ist das wirklich Tragische – vor allem dafür, daß denen, die »draußen« sind und bleiben sollen, weil sie »ungläubig« sind, die Verbindung zur Liebe Gottes abgeschnitten wird. Sie haben kein Anrecht auf die (volle) Menschenwürde. Sie werden nun – wie aus jüdischer Perspektive die »Heiden« *(Mt 15,26)* – als »Hunde« verachtet *(Offb 22,15)*[39], als fluchwürdige Feinde angesehen. Insbesondere Juden (im Achtzehngebet) und Christen (bis zum Zweiten Vatikanum in der Karfreitagsliturgie) belegen sich sehr bald mit gegenseitigen Verfluchungen, die bis in das Zentrum ihrer Liturgien rükken. Die konkurrierenden Ansprüche, von Gott erwählt zu sein, sorgen dafür, daß alle im jüdischen wie im christlichen Teil der Bibel vorhandenen Öffnungen zur ganzen Menschheit hin faktisch zugesperrt werden. Eine tragische Dauerfeindschaft entsteht. Die Erwählungsvorstellung wird von den Christen, nachdem sie mit der nötigen politischen Macht ausgestattet waren, jetzt als Alleinvertretungsanspruch verstanden und immer wieder physisch durchgesetzt: die biblischen Verheißungen gelten nur noch dem *neuen* erwählten Gottesvolk der Christen, nicht mehr den Juden.

Es hat sich also schon während des 1. und 2. Jahrhunderts n. Chr. auch mit der Kirche (in Teilen) etwas vollzogen, was sich religionsgeschichtlich im Überblick so darstellt: »Die unvermeidbare Perspektivität jeglicher Kultur führte in den meisten Fällen auf die unüberlegte Gleichsetzung der eigenen Identität mit der schlechthin menschlichen.«[40] Für die vom Auferstandenen in alle Welt geschickte Christenheit aber heißt das: Sie setzt *sich selbst* mit der Menschheit gleich. Und damit nimmt sie die Liebe Gottes für *sich* (und jeden, der zu ihr gehört) *allein* in Anspruch. Gegen die, die sich nicht zu Christus bekehren lassen, führt sie ihre eigene Erwählung als tödliche Waffe zu Felde. Viele, in denen Christen keine Menschen erkennen können, weil sie ihnen fremd sind, erhalten im Laufe der Christentumsgeschichte nicht einmal eine Chance zur Bekehrung. Das gilt für den Umgang der Conquistadoren mit Inkas und Azteken genauso wie für das Auftreten der europäischen Siedler in Amerika gegenüber den Indianern. In modifizierter Form haben die aus Holland stammenden Buren ihre Apartheidspolitik gegenüber den »Farbigen« bis kurz vor dem Ende des 20. Jahrhunderts durchexerziert. Das Erwählungsbewußtsein drückt sich gerade in den »Landnahmekriegen« aus, in denen eine Ethnie das bislang von – oder zusammen mit – anderen genutzte Land für sich allein beansprucht[41].

---

39. Im griechischen Bereich hat sich diese Tragik nicht nur auf der Bühne, sondern auch im erbarmungslosen Kampf der *Poleis* gegeneinander ereignet: vgl. Burckhardt, Zur Gesamtbilanz des griechischen Lebens, in: ders. (1982), Bd. II, S. 319 ff., bes. 361.
40. Bauer, ebenda, S. 338.
41. Diese Feststellung kann freilich auch für jüdische und muslimische Landnahmekriege gemacht werden; und sie trifft auf die palästinensisch-israelische Tragödie der Gegenwart ebenfalls zu.

Die Entdeckung, daß Gottes Liebe *allen* Menschen gilt, zu der Jesus, Paulus und Petrus über die eigenen inneren Schranken hinweggeführt worden waren, wird von der Christenheit in seiner Geschichte wieder verworfen, ja, desavouiert. Als in Deutschland der Holocaust organisiert wird, schreien die Kirchen nicht auf. Auch im Blick auf ihr Verhältnis zu den anderen Religionen bleiben sie bis ins 21. Jahrhundert hinein theologisch an jenen Grenzziehungen hängen, die den Rand des Kanons markieren.

Religionen haben über lange Zeit hin die Funktion gehabt, dem eigenen Stamm oder Volk einen übermächtigen Bündnispartner und damit Überlebensvorteile im Streit mit Konkurrenten zu sichern. Mit der Zusage des unverlierbaren göttlichen Beistandes ließ sich in ein fernes »gelobtes Land« aufbrechen, gegen übermächtige Feinde antreten oder eine auf andere Weise ausweglos erscheinende Situation durchstehen. Der Erwählungsglaube speist sich aus dem Rückblick auf eine irgendwie geartete Rettungserfahrung, die eine Gruppe mit ihrem Gott gemacht hat. Deshalb verbinden sich auch der Erwählungsglaube und der Dank für die Erwählung[42]. Der Glaube, erwählt zu sein, vermittelt in einer Welt, in der überall Feinde lauern, das Gefühl der Geborgenheit. Das macht ihn für alle sympathisch, die aus eigenen Rettungserfahrungen ebenfalls darauf schließen, daß Gott mit ihnen (gewesen) ist, ja, daß (überhaupt) ein Gott ist.

Erwählungsvorstellungen sind besonders attraktiv, weil sie aus den Rettungserfahrungen der Vergangenheit jeweils *Typologien* ableiten, die besagen, daß und wie die Hilfe Gottes *auch in der Zukunft* zu erwarten sein wird: Gott wird sich als derjenige erweisen, als der er sich in der Vergangenheit erwiesen hat. Das gibt der Hoffnung Gestalt – aber es engt die Hoffnung auch ein, und nicht nur sie. Denn durch die jeweilige Typologie wird die Gottesvorstellung selbst weitgehend auf die vorgegebenen Muster festgelegt. Damit wird Gott denen, die anderslautende Erfahrungen und Hoffnungen haben, entzogen. Diese Muster, die religionspsychologisch gut zu verstehen sind, sind trotzdem gefährlich, weil sie aus der so oder so in die Geschichte hineininterpretierten Parteinahme Gottes für die eigene Sache einen durch die partikularen Interessen definierten Gott machen.

Gott darf nicht vom Erwählungsdenken instrumentalisiert werden

Zu den im letzten Abschnitt angesprochenen Denkmustern gehört, das Verhältnis zwischen Gott und den Mitgliedern bestimmter Volks- und Glaubensgemeinschaften als ein Liebes- bzw. Eheverhältnis zu verstehen. Die Kirche als

---

42. Vgl. ähnlich auch Dietrich/Link (2000), S. 209 ff.

»Braut Christi« zu sehen, folgt im Grunde demselben Muster. Wenn aber das Gottesverhältnis nach Art einer menschlichen Liebes- und Ehebeziehung geglaubt wird, wird Gott in der (theologischen) Vorstellung ganz und gar in diese Beziehung eingebunden. Und das heißt – um im Bilde zu bleiben – auch, daß er zu anderen Partnern (Gruppen, Völkern, Religionsgemeinschaften) keine Liebesbeziehungen unterhalten darf, weil er sich ja sonst selbst des Treuebruchs schuldig machen würde. Kurzum: *Gott wird zum Gefangenen der Erwählungsvorstellung derer, die sich für erwählt halten.* Er darf nicht sein, was er nach dem Evangelium Jesu Christi *ist: unbedingte und unbegrenzte Liebe*[43]. Weil dieses Evangelium aber zentrales theologisches Axiom ist, steht es der Verbindung des Erwählungsgedankens mit der christlichen Gottesvorstellung strikt entgegen. Zu demselben Schluß führt im übrigen auch der dringende tiefenpsychologische Verdacht, der sich aus der Vielzahl letztlich konkurrierender Erwähltheitsvorstellungen nährt: daß *alle* Erwählungs- und Verwerfungsvorstellungen als Projektionen menschlicher Schutzbedürfnisse auf Gott entstanden sind.

Wer die Erwählungsvorstellung nach Art eines Liebesverhältnisses festhalten möchte, glaubt im Grunde, nur dann dieser Liebe sicher zu sein, wenn sie ihm *allein* (und seinen Glaubensgenossen) gilt und höchstens mittelbar auch anderen. Man kann dies eine narzißtisch unreife Gottesvorstellung nennen. Ein solcher Glaube traut der Liebe Gottes im Grunde *nicht*, wenn er glauben soll, daß Gott *alle* Menschen liebt. Eine derartige Grenzenlosigkeit der Liebe ist für *menschliches* Liebesvermögen wie für menschliches Liebesbedürfnis tatsächlich schwer vorstellbar. *Genau hieran zeigt sich, daß die Erwählungsidee eine anthropozentrische Falle ist:* Sie bindet Gott an das Liebesvermögen, zu dem wir fähig sind. Sie zwingt ihn in unseren Horizont und erwartet von ihm, daß er unsere Interessen auf Kosten anderer durchsetzt. Sie bedeutet, Gott *nach unserem Bilde* zu machen und zu instrumentalisieren. Im Grunde geht es ausschließlich um uns selbst und darum, unsere Ziele zu legitimieren. Und dann wird aus der anthropozentrischen schnell eine *ethnozentrische* Falle: Daß »Gott« bis in den Ersten Weltkrieg hinein auf den Koppelschlössern der preußischen Soldaten stand (»Mit Gott für König und Vaterland«), hat diesen Gedanken klar ausgesprochen. Dabei handelte es sich um die direkte Fortsetzung jenes Glaubens, der sich auch in der – Joseph im Traum eingegebenen – Namengebung für Jesus ausdrückt: »er soll *Immanuel* heißen, das ist verdolmetscht: Gott mit uns« *(Mt*

---

43. In dem Kapitel über »Gottes Wesen und Eigenschaften« sagt Härle (2000), S. 236f., die Aussage »Gott ist Liebe« (1. Joh 4,6) bringe »das Wesentliche des christlichen Gottesverständnisses zum Ausdruck.« Härle zieht aus dieser Wesensbestimmung den Schluß, daß christliche Theologie neben der Erwählung zum Heil keine Erwählung zum Unheil, also keine »doppelte Prädestination«, lehren dürfe. Trotzdem habe Gott die Sünde und das Böse auf ewig verworfen (ebenda, S. 507f.).

1,23)[44]. Weil die Erwählungsidee versucht, Gott an eine bestimmte Gruppe von Menschen zu binden, *müssen wir diese Idee aufgeben.*

So vielfältig biblisch und außerbiblisch belegt Erwählungsvorstellungen auch sind, von der unbegrenzten Liebe Gottes kann man nur glauben, daß sie die *ganze* Schöpfung meint. *Jeder* soll durch den Glauben an Jesus Christus (ewiges) Leben haben *(Joh 3,16).* In diesem Sinn sollen die Jüngerinnen und Jünger Jesu Salz der *Erde,* Licht der *Welt* sein *(Mt 5,13-16).* In der Offenheit für die Welt ist diese Vorgabe auch festzuhalten. Versuche, den Erwählungsglauben zu retten, akzeptieren nicht, daß es innerhalb der Bibel wichtige Stationen einer *Entwicklung* von Glaubensvorstellungen gibt[45]. Dabei haben sich auch die Wahrnehmungen von Gott geändert. *Die biblischen Bücher sind nicht als Kapitel einer in sich geschlossenen Dogmatik zu lesen,* die auf *einer* Ebene angesiedelt wären. Diesen Irrtum legen zwar viele Lexika nahe, die versuchen zu sagen, was »Liebe«, »Gerechtigkeit«, »Frieden« und andere Begriffe *in der Bibel* bedeuten. Da sie aber von der Idee geleitet werden, die Bibel sei eine Einheit, oder gar von dem Glauben, sie sei *als Schrift* Offenbarung, unterliegen sie mehr oder minder stark harmonisierenden Tendenzen. Sie können deshalb weder den religionsinternen Pluralismus als notwendiges Element der universalen Wahrnehmungsgeschichte Gottes würdigen noch einen theologischen Wandel anerkennen. Beides nämlich schließt ein, theologische Kritik an den Überlieferungen zu üben. Genau diese Kritik aber hat die Rede von der *Bibel als Offenbarung* immer verhindert.

Die theologische Kritik muß den Finger auf die Wunde legen, daß jeder Erwählungsglaube samt seiner Begründung aus Rettungserfahrungen eine *Schattenseite* hat. Und diese Schattenseite verdunkelt das Licht, das von der Liebe Gottes ausgeht, vor den Menschen wieder. Die Folge davon ist, daß diejenigen, die sowieso im Liebesschatten leben und auf der Seite der Verlierer oder doch verloren *Gegebenen* sind, von Gottes rettender Liebe nichts erfahren. Diese Kritik gilt auch im Blick auf Erwählungsvorstellungen, die theologisch nicht ausdrücklich – und gewissermaßen symmetrisch zur Erwählung – mit einer *Verwerfung* der Nicht-Erwählten verbunden sind. Um so deutlicher aber muß die Kritik dort ansetzen, wo der Erwählungsgedanke in wichtige Überlieferungen eingebaut worden ist und den Sinn der Textaussage auf den Kopf gestellt hat. Das Gleichnis Jesu vom Weltgericht *(Mt 25,31-45)* ist dafür in meiner Sicht ein Beispiel.

Es hat eine bedeutsame theologische Aussage: Wie sich der »König« des

---

44. Die geht wiederum zurück auf Jes 7,14. Schon der schwedische König Gustav II. Adolf hat vor der Schlacht bei Breitenfeld 1631 die Parole ausgegeben: »Gott ist mit uns«. Dieser Schlachtruf wird im Nahen und Mittleren Osten tagtäglich wiederholt.
45. Das ist im Blick auf die biographische Entwicklung der Glaubensvorstellungen in den Kinder-, Jugend- und Erwachsenenjahren ähnlich.

Gleichnisses mit den Bedürftigen und Leidenden identifiziert (»Was ihr getan habt einem meiner geringsten Brüder, das habt ihr mir getan«, *V. 40b, vgl. V. 45b*), so stellt sich Gott auf die Seite der ewigen Verlierer, die glauben, von Gott vergessen, *nicht* geliebt und *nicht* beachtet zu sein. Doch es ist ein Jammer zu lesen, wie dieses Gleichnis von der »Menschwerdung« Gottes durch die matthäische Redaktion ausgestaltet worden ist! Denn im heutigen textlichen Bestand ist die alte Erwählungs- und Verwerfungsvorstellung wieder enthalten: Die Verse 34. 41 und 46 wollen die Leser glauben machen, es gebe eine »von Grundlegung der Welt an« gültige doppelte Bestimmung der »Gesegneten« zum »ewigen Leben« und der »Verfluchten« zum »ewigen Feuer«. Als hätte Jesus nur ein altes Rollenspiel mit neuer Besetzung aufgeführt! Wir müssen uns bei unserer Auslegung also *gegen* Matthäus stellen, denn zu der von Jesus radikalisierten Vorstellung eines unbedingt liebenden Gottes paßt keine Voraberwählung oder -verwerfung von Menschen mehr. Der Zielpunkt des Gleichnisses liegt in der Selbstidentifizierung Gottes mit den Leidenden.

Wenn man sich nun allerdings Predigten über dieses Gleichnis ansieht, wird Jesu kühner Theologie sehr oft wieder die Spitze abgebrochen. Denn der Grundton vieler Predigten geht dahin, daß sie Jesu zentralen Satz verändern und so tun, als stünde da: ›Was ihr einem meiner geringsten Brüder getan habt, *das ist so, als ob* ihr es mir getan *hättet*.‹ Weil die Prediger wohl doch nicht denken mögen, daß Gott sich wirklich, und wirklich ernst und rückhaltlos, mit denen identifiziert, die *hilfsbedürftig* sind, wird das »als ob« eingefügt. Doch das Evangelium ist *ohne* »als ob« gemeint.

Im Islam[46] ist der Weg beschritten worden, das völkische Element durch die Gemeinschaft derer zu ersetzen, die sich an Gottes Gebot halten (»Observantengemeinschaft«). Damit wird in gewisser Weise an ägyptische und jüdische Vorbilder angeknüpft, die theologische Problematik aber in keiner Weise verändert. Reizvoll erscheint es dagegen auf den ersten Blick, davon zu sprechen, daß Gott die *ganze Menschheit samt der Erde* erwählt habe. Der Gedanke hat für sich, daß die von ihrer eigenen Unfähigkeit zum Frieden[47] bedrohte Menschheit dadurch vielleicht zu dem Bewußtsein finden könnte, *gemeinsam* erwählt zu sein und eine gemeinsame Verantwortung dafür zu haben, daß niemand in seinem Existenzrecht bedroht oder sonstwie benachteiligt wird. Nur: Was soll der Begriff Erwählung, wenn es keine Wahl gibt? Oder sollte eine Erwählung der Erdbewohner durch Gott sagen, wir seien vor den Bewohnern anderer Planeten auserwählt worden? Das zu sagen, läßt sich theologisch nicht begründen; außerdem träten dann dieselben Probleme wieder auf, die ich behandelt habe. Der

---

46. Vgl. Bauer, ebenda, S. 336. Dieses Modell läßt sich aber auch schon in Psalm 1 und in christlichen Schriften finden.
47. Vgl. Colpe (1992), Sp. 877-881, hier: 881.

Gedanke einer als ganzer erwählten Menschheit würde diejenigen degradieren, die möglicherweise außerhalb unseres Horizontes leben oder irgendwann einmal gelebt haben. Nachdem auf dem Mars Spuren von Wasser gefunden worden sind, ist es ja nicht mehr auszuschließen, daß dort irgendwann auch einmal Menschen oder menschenähnliche Wesen gelebt haben. Angemessen ist nur zu sagen, daß Gott seine ganze Schöpfung liebt. Unsere narzißtischen Bedürfnisse müssen sich damit zufriedengeben.

Der narzißtische Hintergrund von Erwählungsvorstellungen

Statt Erwählungsvorstellungen retten zu wollen, sollten wir uns lieber fragen, aus welchem Hintergrund sie haben *entstehen* können. Verständlich machen können wir sie uns am besten mit dem sogenannten *Narzißmus-Modell*[48]. In ihm geht es um das, was ein Mensch (vor allem) in seiner Kindheit braucht, um ein gutes Selbstgefühl zu entwickeln. Nur mit einem großen positiven Selbstgefühl nämlich ist ein Kind in der Lage, der sozialen Wirklichkeit standzuhalten, in der es ständig mit anderen verglichen wird und sich behaupten muß. Ohne die besonderen Beziehungen zu Mutter und Vater, aber auch zu anderen nahen Menschen, die ihm durch Bluts- oder Wahlverwandtschaft *fraglos* verbunden sind, kann diese dauernde Relativierung nicht ausgehalten werden. Denn jedes Kind, jeder Mensch braucht einen Überschuß an gutem Selbstgefühl. Deshalb es ist wichtig, außer Bluts- und Wahlverwandten noch andere Bündnispartner zu haben – vor allem solche mit übermenschlichen Fähigkeiten. Dazu raten die *Märchen*, die in das Lebensspiel hilfreiche Mächte wie Feen, Zauberer und gute Geister aller Art einbringen. Auf ihre hilfreiche Intervention sollen Kinder auch dann hoffen lernen, wenn die Umstände aussichtslos erscheinen. In den *religiösen* Überlieferungen einschließlich der Mythen haben göttliche Abgesandte wie Engel oder zentrale Rettergestalten oder Gott selbst diese Funktion des großen und mächtigen Bündnispartners inne. Alle Erwartungen auf Rettung und Bewahrung richten sich auf diese Gestalt(en). Im Laufe der Jugend lernt man dann, dieses riesige narzißtische Bedürfnis zu begrenzen. Man erkennt, daß die anderen die gleichen Rechte und Chancen brauchen, einen ungeteilten Anspruch auf die Achtung ihrer Menschenwürde haben wie man selbst. Und also lernt man Sozialität und – wenn es gut geht – auch, Solidarität mit denen zu praktizieren, die das Leben benachteiligt hat oder die aus einem anderen Grund nicht mithalten können. Man lernt Nächstenliebe. Fähig zu sein zur Nächstenliebe, ist Kennzeichen eines *reifen* Narzißmus, setzt aber das Bewußtsein voraus, selbst geliebt zu sein.

48. Jörns (1986), S. 41-45.

Zweiter Teil: Notwendige Abschiede von überlieferten Glaubensvorstellungen

Was für die Entwicklung einzelner Menschen und ihres Selbstgefühls gilt, kann – entsprechend variiert – auch auf das Bedürfnis von Gruppen und Ethnien übertragen werden. Ich nenne im folgenden einige Phänomene, die sich auch in diesem Bereich vom Narzißmus-Modell her verstehen lassen. In einer Welt, die anfangs wohl als offenes Feld gedacht werden kann, auf dem Auseinandersetzungen um Weideplätze[49], Wasserstellen und Ackerland, geschützte Siedlungsgelände, Verkehrswege und Häfen und nicht zuletzt um die regionalen Ressourcen ausgetragen und wo auch Menschen und Tiere geraubt worden sind, war es sinnvoll, starke Bündnispartner zu haben, irdische und himmlische. Dies um so mehr, als ja in polytheistischen Religionen der Bestand des Lebens überhaupt als von diesen himmlischen Mächten und von kultischen Handlungen abhängig gedacht worden ist. So hatte jede Stadt, jede Volksgemeinschaft ihre unmittelbare Schutzgottheit. Und kamen neue Götter auf mit Fähigkeiten, die den Sehnsüchten der Menschen besser entsprachen, wurden auch ihnen Altäre geweiht, wurde der Himmel umorganisiert, seine Ordnung nach den Erkenntnissen neuer Theologien überschrieben. Oder der eine Gott nahm eine neue Eigenschaft an[50], verschmolz mit einer anderen Gottheit, die die begehrte Fähigkeit hatte. Das eigene Überleben war das oberste Prinzip, jeder Vorteil willkommen, jede Verbesserung der Chancen mußte genutzt werden, auch auf Kosten der Nachbarn. Denn Nachbarn waren natürlicherweise immer die naheliegendste Bedrohung der eigenen Stabilität – oder aber auch der naheliegende Partner einer Allianz gegenüber Dritten. Da, wo mehrere Stämme oder Städte in größeren staatlichen Gebilden zusammenlebten, wo sie in einen zentralen Kult und einen gemeinsamen Dienst für das Herrscherhaus eingebunden waren, wurden Rivalitäten begrenzt und Kooperationsformen unterschiedlicher Art entwickelt – zumindest auf Zeit. Dabei sorgte das dynamische Kohärenzprinzip dafür, daß »irdische« und »himmlische« Sozialordnung miteinander korrespondierten. Auch das Vaterunser folgt diesem Kohärenzprinzip, obwohl nach ihm Korrespondenz in umgekehrter Richtung, vom Himmel zur Erde, hergestellt werden soll.

Es spricht zwar vieles dafür anzunehmen, daß die traditionellen Hausgötter und -geister, die sich schon bei den Vorfahren als Schutzheilige bewährt hatten, auch in offiziell monotheistischen Religionen irgendwie weiter existiert und das narzißtische Bedürfnis nach ansprechbaren Helfern in der Not befriedigt haben. Aber in monotheistischen Religionen beansprucht der Eine Gott selbst

---

49. Dazu mag als typisch die Geschichte vom Streit der Hirten von Abraham und Lot (1. Mose 13,5-12) angesehen werden – der erfreulich friedlich gelöst werden konnte: man zog auseinander. Aber eine solche Lösung setzt Ausweichmöglichkeiten voraus!
50. Auch der jüdische Gott Jahwe hat solche Verschmelzungen durchlaufen. Das Porträt, das Lang (2002) von Jahwe geschrieben hat, erzählt davon in fünf »Bildern« und listet die vielen Namen auf, die im jüdischen Kanon verwendet werden (S. 245-260).

die Rolle des persönlichen Begleiters und Helfers der Menschen. Der schon erwähnte jüdische Gottesname »Immanuel«, »Gott ist mit uns«, kann dafür stehen. Im Christentum kommt es durch die Konstruktion der trinitarischen Gottesvorstellung dazu, daß die Gläubigen sich außer an den in der Transzendenz bleibenden Vatergott auch direkt an den Sohn Jesus Christus wenden können. In seinen beiden Rollen als wahrer Gott und wahrer Mensch gehört er ganz unmittelbar zur Schicksalsgemeinschaft der Menschen hinzu. Oder sie können sich an den »Tröster« wenden, den im Geist anwesenden Gott *(Joh 14,16.26; 16,7)*. Am vielfältigsten ausgebaut worden ist das System der Nothelfer dann im römischen Katholizismus. Hier spielen neben der Trinität noch die Gottesmutter Maria und unterschiedliche Schutzheilige eine große Rolle in der privaten (und oft auch öffentlichen) Frömmigkeit. Sie sind für Ortschaften und unterschiedlichste Gruppen Ansprechpartner, weil sie einerseits aus ihrer Mitte stammen, andererseits aber vor Gott Fürbitte tun können.

Mit der im Laufe der Kulturgeschichte gewachsenen Sensibilität nicht nur für körperliche, sondern auch für seelische Leiden ist das (narzißtische) Bedürfnis nach verläßlichen Begleitergestalten gestiegen, die sich durch die Zusage einer helfenden Präsenz an Individuen und Gruppen, ja, auch an Völker und Religionsgemeinschaften binden. Dieses Bedürfnis haben Erwählungsvorstellungen über unterschiedlichste Bündnisse und kultische Praxen beantworten können. Durch sie sind aber auch die Schatten mit verbreitet worden, die sich auf die Beziehungen von Menschen und Völkern untereinander gelegt haben. Denn kongruent zu den Konkurrenzen und Grenzziehungen auf der Erde ist auch der »Himmel« über der Erde in freundliche und feindliche Zonen zerteilt worden. Dadurch ist es bis heute für die meisten Menschen fast unmöglich, durch die eigenen Interessen hindurch den *Einen* Gott als *den* wahrzunehmen, der mit seiner ungeteilten Liebe für sie *und* die anderen da ist.

Der Glaube, erwählt zu sein, kann sich auch auf alle Zukunft erstrecken. Als Beispiel dafür können wir die *Zionsverheißungen* beim Propheten Jesaja *(60-61)* nehmen: In der Heilszeit werden alle Völker der Erde zum Zion ziehen, die Fremden werden als Arbeiter Jerusalems Mauern bauen »und ihre Könige werden dir dienen«; diejenigen Völker, die diesen Fremdarbeiterdienst nicht tun wollen, »werden untergehen, und ihre Länder sollen wüste werden« *(60,10.12)*. Es ist hoch problematisch, wenn Verse aus diesem Zusammenhang – um nur diese zu nennen – als sogenannte »Texte der Verheißung« am christlichen Weihnachtsfest vor dem Weihnachtsevangelium gelesen werden. Die Verse 60,1-2 klingen zwar sehr schön[51], aber sie täuschen über den Kontext hinweg, der ganz

---

51. »Mache dich auf, werde licht, denn dein Licht kommt, und die Herrlichkeit des Herrn erscheint über dir. Denn siehe, Finsternis bedeckt die Erde und Dunkel die Völker; doch über dir strahlt auf der Herr, und seine Herrlichkeit erscheint über dir«.

aus dem Erwählungsbündnis mit dem eigenen Gott lebt und eine ethnozentrische Vorstellung der Heilszeit zeichnet; dieser Duktus wird durch die Weihnachtsgeschichte *nicht* neutralisiert, nur verdeckt. Die Verbindung zur Geburt Jesu ist rein assoziativ über Stichworte und Metaphern (»dein Licht kommt«) hergestellt. *Die der Kirche oft gestellte Frage, ob der liturgische Umgang mit solchen Verheißungen überhaupt gerechtfertigt ist, muß daher klar verneint werden.* Einmal abgesehen davon, daß wir den Juden diese Texte nicht wegnehmen dürfen – aufgrund geschichtlicher und psychologischer Erfahrung kann eine solche Perspektive nach meinem Verständnis nicht mehr als lebensdienlich bezeichnet werden, ganz gleich, von welcher Religion sie auch immer verbreitet werden mag. Übernehmen wir derartige Texte aber in die christliche Liturgie, wird das von Jesus verkündete Reich Gottes verzerrt, weil es keine ethnozentrischen Strukturen mehr hat. So schwer es auch erscheint, gewohnte liturgische Bräuche aufzugeben – es führt kein Weg daran vorbei, wenn wir mit den Lehren der Geschichte wirklich ernst machen wollen. Wenn es um die Lichtsymbolik geht, müssen wir damit anders umgehen lernen.

Die gefährlichste Form der Erwählungsidee: die Verbindung aus Ethnozentrismus/Rassismus und »heiliger« Gewalt

»Religion zeigt sich durch Interaktion und Kommunikation. Eben hierin liegt ihre Bedeutung für die Systeme einzelner Kulturen.« Man kann Religion als kulturell geprägte Interaktion mit außermenschlichen Wesen bezeichnen, wobei »die Kommunikation mit ihnen immer auch die normale gesellschaftliche Kommunikation beeinflussen, ja prägend mitgestalten und umgestalten« wird. *Walter Burkert* hat ergänzt, daß das ›Übernatürliche‹ dazu benützt wird, »bestimmte durchaus realistisch gemeinte Absichten kommunikativ durchzusetzen. Man könnte so weit gehen, das Göttliche als ›soziales Werkzeug‹ zu bezeichnen.«[52] Nirgends kommt ein Mißbrauch dieser Verbindung von Sozial-Politischem und Heiligem so drastisch heraus wie in dem Phänomen des »Heiligen Krieges«. Er äußert sich aber auch in der merkwürdigen Tatsache, daß die Phänomene, die *Rudolf Otto* als das »Heilige« kennzeichnend beschrieben hat, seit eh und je mit dem *Krieg* und *nicht* mit dem Frieden verbunden werden. Darauf hat *Carsten Colpe* hingewiesen: »Der Krieg ist etwas ›ganz Anderes‹ als das Normale, er hat seine eigene, mitreißende Energie, er ist majestätisch-übermächtig, der Mensch hat ihn nicht selbst gemacht, sondern fühlt sich ihm kreatürlich ausgeliefert. ... Man sieht, es macht keine Mühe, die *Otto*'schen Katego-

---

52. Burkert (1998), S. 19f. Für viele wird allerdings ethnisch instrumentalisiert, was der Theologe Paul Tillich mit dem »*ultimate concern*« von Religion bezeichnet hat.

rien ... auf den Krieg anzuwenden. Und nun steht man furchtbar dumm da, wenn man dasselbe für den Frieden versucht. Ein Friede, vor dem man schaudert? Ein Friede, der etwas ›ganz Anderes‹ ist?«[53] Es verschlägt mir die Sprache angesichts dieser Fragen! Und ich muß Colpe Recht geben, wenn er sagt, daß trotz aller Erfahrungen mit dem als *tremendum* (erschreckend) erscheinenden Krieg die Lehren aus der Geschichte nicht gezogen worden sind. Im Gegenteil wird mehrheitlich und im offiziellen Denken und Handeln immer noch nicht das Richtige getan. Denn das hieße ja, mit dem Falschen aufzuhören. Aber dieses Falsche geschieht weiterhin: »die falsche Glaubensfundierung, die Ideologisierung, die Magnifikation der Verteidigung vor dem Feind durch auch zum Angriff taugende Mittel«[54].

Warum der Krieg und das Heilige miteinander haben verbunden werden können, macht zum einen unser narzißtisches Bedürfnis verständlich, von dem die Rede war. Doch ein anderer Gedankengang kommt hinzu: Gilt das Leben als Gottesgabe, dann wird der Schutz des Lebens als Pflicht gesehen, gerade weil uns das Leben nicht gehört. So weit, so gut. Daß diese Schutzpflicht mehr und mehr als *heilige* Pflicht verstanden worden ist, hat ihre *Verabsolutierung* auf den Plan gerufen. Erst durch sie werden *alle* Mittel verwendbar, die Erfolg versprechen, ob sie für sich genommen moralisch akzeptabel sind oder verwerflich. Die von allen Relativierungen abgelöste Schutzpflicht läßt schließlich nicht (mehr) sehen, daß auch die Angehörigen anderer Ethnien und Hautfarben ein von Gott gegebenes Leben haben, und zweitens kommt nicht (mehr) in den Blick, daß der Schutz des Lebens gerade dann, wenn er als heilige Aufgabe verstanden wird, *nicht* mit dem Mittel systematischen Tötens wie in Angriffskriegen betrieben werden kann. Der Satz, Angriff sei die beste Verteidigung, kommt aus einem Geist, der für die eigene Gruppe prinzipielle Überlegenheit und ein Vorrecht auf Leben behauptet. Dadurch aber erweist sich dieser Geist als lebensfeindlich.

Kommt es zur kriegerischen Auseinandersetzung mit Widersachern, werden die göttlichen Bündnispartner unweigerlich in sie hineingezogen. Ja, sie erscheinen dann selbst gern als die tatsächlichen Kriegsherren, die eifersüchtig als die treibende Kraft gesehen werden *wollen* (vgl. dazu 2. Sam 24). Doch es gibt noch einen anderen Grund für diese fatale Verbindung des Krieges mit dem Heiligen. *Odo Marquard hat beschrieben, daß die große Attraktion des Krieges darin besteht, als Perversion des Festes aufzutreten:* Der Krieg wird zum »totalen Moratorium[55] des Alltags«, zum »großen Ausnahmezustand«, zum »tota-

---

53. Colpe (1984), S. 56 f.; zu den unterschiedlichen Arten, Heilige Kriege zu begründen: Colpe (1994), S. 44-62.
54. Colpe, ebenda, S. 213.
55. »Aufschub«, »Unterbrechung«.

len Fest« ⁵⁶. Marquard stützt sich dabei auf *Manès Sperber*, der schon 1983 geschrieben hatte: »Hier eine Einsicht, die sich mir seit Jahren aufdrängt: sie betrifft das Verhältnis des Menschen zu seinem tyrannischen Alltag, den er als Versklavung und als Entkernung seines Wesens empfindet. Ihm versucht er, bewußt oder unbewußt, zu entweichen. Ja, seit Jahrtausenden suchen Menschen aller Stände der täglichen Wiederkehr des Gleichen zu entfliehen – gleichviel wohin. Gewiß man kann in intimen Erlebnissen, in Liebe und Freundschaft, aber auch in intimen Zwistigkeiten Abwechslung, Flucht und Ausflucht suchen, aber nur das große Abenteuer, ein allgemeines Moratorium des Alltags, kann eine völlige Umwälzung der Lebensweise und der alles regelnden täglichen Ordnung herbeiführen ...: der Krieg.«⁵⁷ Selten ist diese Sehnsucht nach dem totalen Moratorium des Alltags in unserer Zeit so drastisch hervorgebrochen wie in den Kriegen, die zum Zerfall des jahrzehntelang zwangsbefriedeten kommunistischen Kunstproduktes »Jugoslawien« geführt haben. Weil auch dabei als Rechtfertigung etwas Heiliges dienen mußte, das der einzelne sich selbst gegenüber als transzendente Größe erlebt, hat das Ethnische, genauer: die ethnische Sauberkeit bzw. Säuberung, als Bürgerkriegsgrund herhalten müssen und die Richtung für Ethnozentrismus und Rassismus gewiesen und die tödliche Gewalt »geheiligt«. Wie von selbst haben die Religionsgemeinschaften, die zu den Volksgruppen gehören, das – in diesem Fall verhängnisvolle – Gebot der kulturellen Kohärenz befolgt und sich in dem mörderisch-totalen ›Fest‹ mit an die blutige Tafel gesetzt. Weder von islamischer noch von christlich-orthodoxer Seite aus ist dagegen energisch – das hätte geheißen: Einhalt gebietend – vorgegangen worden.

Dabei bietet sowohl die Bibel mit dem Glauben, daß alle Menschen von einem gemeinsamen Ahnherrn abstammen (Monogenesie), als auch der Koran eine gute Grundlage dafür, die Menschheit als eine einzige *Familie* und die bekannten Unterschiede als ›familieninterne‹ Differenzierungen anzusehen. Eine Koran-Sure *(49,13)* sagt: »O ihr Menschen, Wir haben euch von einem männlichen und einem weiblichen Wesen erschaffen, und Wir haben euch zu Verbänden und Stämmen gemacht, damit ihr einander kennenlernt. Der Angesehenste von euch bei Gott, das ist der Gottesfürchtigste von euch.«⁵⁸ Auch hier gilt der Grundgedanke der Monogenesie. Differenziert wird allein nach dem Maß der Ehrfurcht vor Gott. Wichtig ist mir die Zielvorstellung, die der Koran im Auge hat. Man muß zur Interpretation der Sure – zumal in ihr von der Erschaffung des Menschen *von Mann und Frau* (!) die Rede ist – hinzunehmen,

---

56. Marquard (1989), S. 686. Die Fastnachtsbräuche haben auch einen anarchischen Zug in sich, der ihre Attraktivität untermauert. Aber sie sind kalendarisch und durch den Humor begrenzt, der eine Grenze zur Gewaltanwendung zieht.
57. Sperber (1983), S. 48.
58. Übersetzung A. Th. Khoury (2004).

daß »kennenlernen«, »erkennen« im Hebräischen wie im Arabischen auch eine besonders intensive Form des gegenseitigen Kennenlernens meinen kann: die sexuelle Gemeinschaft von Mann und Frau *(vgl. 1. Mose 4,1)*. Das Kennenlernen wie das Erkennen haben dabei eine *doppelte* Richtung: Im Erkennen des Partners kommt es auch zu einer Intensität des *Selbst*erkennens, wie sie ohne diese Form menschlicher Begegnung nicht möglich wäre. Von daher deute ich die Sure so: Es gibt unterschiedliche »(Volks-)Verbände und Stämme«, damit die einzelnen Verbände und Stämme bzw. die zu ihnen gehörenden Menschen zu einer Selbstwahrnehmung kommen können, die sie ohne die Begegnung mit einem von ihnen unterscheidbaren Gegenüber nicht erlangen würden. Ich erinnere noch einmal an *Martin Bubers* Grundaussage zum Verhältnis von Ich und Du: »Ich *werde am Du.«* Somit gehört auch und gerade die grenzüberschreitende Begegnung mit den Fremden zur Selbstwerdung hinzu.

Von Kindesbeinen an haben wir Angst vor allem Fremden und verlieren diese Angst sehr langsam – genau so langsam, wie das Vertrauen zu anderen Menschen wächst. *Das Gebot der Amixia aber,* der Nichtvermischung mit Angehörigen anderer Stämme, Völker und Religionsgemeinschaften, *hat Menschen nach dem gerade Behandelten in der Position einer sehr geschwächten Selbstwahrnehmung festgehalten.* Denn wenn Menschen nicht in andere Völker, Religionsgemeinschaften und Kulturen hinein heiraten, sich mit anderen Menschen nicht wirklich verbinden dürfen, nehmen sie im Grunde immer wieder nur den Gleichgesinnten, kulturell Gleichartigen wahr. Sie gewinnen aber keine Wahrnehmung von sich selbst, die durch einen ihnen zugewandten wirklich *anderen* hindurch gegangen wäre. Sie leben auf dieser Ebene *ohne Du.* Daß Juden, Christen und Muslime sich im Laufe der Geschichte trotz der Öffnungen in ihren heiligen Schriften den Fremden gegenüber mehr oder minder strikt abgeschottet haben, ist das Ergebnis der Unterscheidung zwischen Wahrheit und Lüge, die monotheistische Religionen kennzeichnet. Mit dieser Unterscheidung haben sie für sich selbst Vorrechte, für die anderen aber einen Status der Minderwertigkeit und geminderten Rechte festgesetzt.

Ich halte es zumindest als Vergleich für angemessen zu sagen, daß die monotheistischen Religionen durch ihr Denkschema »hier Wahrheit – da Lüge« und durch das Gebot der Nichtvermischung *in den Inzest geraten sind und auch eine inzestuöse Theologie betreiben.* Es wird Zeit, daß es zu Vermischungen kommt, die diese Form von Inzest beenden. Denn die Kulturgeschichte hat gezeigt, daß dort, wo sich Kulturen und Religionen nahe gekommen sind und vermischt haben, neue kulturelle Entwicklungen in Gang gekommen sind. Als Beispiele dafür können der Hellenismus der Mittelmeerwelt oder die Begegnung von Islam und Christentum in Spanien, die Mischkulturen auf Kreta und Sizilien gelten, aber auch – als noch kleines, aber wichtiges Pflänzchen – die erst im vergangenen Jahrhundert zustande gekommene Begegnung zwischen dem

ZEN-Buddhismus und der Kontemplationspraxis in benediktinischen Klöstern.

Theologische Kategorien wie »Erwählung durch Gott« müssen heute theologisch-kritisch behandelt werden. Es ist nun einmal wahr, daß nicht zuletzt unter Berufung auf biblische Zeugnisse von göttlicher Erwählung und Gewaltanwendung Menschen für Land und Volk, für partikulare Wertvorstellungen und religiöse Wahrheiten ohne Rücksicht auf das Leben von anderen Menschen – und schon gar von Tieren – gekämpft haben. Dabei spielt es *nur intern* eine Rolle, ob als erwählendes Subjekt ein Gott oder – wie in Hitlers Nationalsozialismus – die unpersönliche »Vorsehung« geglaubt worden ist. *Von den Opfern aus gesehen* ist das immer ein *sekundärer* Faktor gewesen. Und selbst in der weit sanfteren Version von Erwählungsvorstellung, in der eine bestimmte Lebensart, eine bestimmte Moral, ein bestimmtes Gesellschaftsmodell als allein mit Gottes Willen übereinstimmend verstanden werden, ist bis heute oft genug lieblose Arroganz im Spiel. Leider hat auch sie Kraft genug, zwischen Völkern und anderen Nachbarn Unfrieden zu verbreiten. Und weil das Denkmodell im Hintergrund der Erwählungsidee immer wieder die eheliche Gemeinschaft ist, gehört es zu den Pflichten der Erwählten, den mit ihnen in einer Schicksalsgemeinschaft lebenden Gott mit zu verteidigen. Nicht zuletzt deshalb ist die Erwählungsidee in der Geschichte oft genug dazu benutzt worden, sich der Verantwortung für Unterdrückung, Gewaltherrschaft, Rassismus und verweigerte Versöhnung zu entziehen[59].

Wir brauchen eine Didaktik zur Entwöhnung von Erwähltheitsbedürfnissen

Der Abschied von einem *religiös* begründeten Ethnozentrismus kann sich allerdings nur langsam vollziehen und verlangt eine differenzierte *Didaktik*. Auf einer ersten Stufe kann es darum gehen, das Verbindende unter denen herauszustreichen, die sich auf dieselbe Heilige Schrift berufen: »Wenn es überzeugend gelänge, ... transparent zu machen, warum sich Protestanten und Katholiken, Lutheraner und Orthodoxe, Baptisten und Methodisten, aber auch Mormonen, Neuapostolische und Zeugen Jehovas in verschiedener Weise auf dieselbe Schrift beziehen, so wäre das ein Beitrag zur Verständigung in einer pluralistischen Gesellschaft.«[60] Dieses von *Gerd Theißen* genannte Programm könnte ich mir als eine Grundaufgabe des schulischen Religionsunterrichtes

---

59. Die Nationalkirchen sind in ihrer Verbindung von christlichem Glauben und nationalem Partikularinteresse immer schon von der Konstruktion her versucht, Heil und nationale Wohlfahrt einander gleichzusetzen – und oft genug dieser Versuchung erlegen.
60. Theißen (2003), S. 254.

im vereinten Europa vorstellen. Die Menschen in Nordirland würden davon profitieren. Ich möchte das Programm aber um zwei Stufen erweitern: Wo Angehörige unterschiedlicher Religionen nebeneinander leben, müßte es gelingen, diejenigen füreinander sensibel zu machen, deren Heilige Schriften letztlich auf ein und derselben Gedächtnisspur liegen: also die sogenannten »abrahamitischen« Religionen der Juden, Christen und Muslime, deren Überlieferungen bis auf den Erzvater Abraham zurückführen. Auf einer dritten Stufe des Problems geht es um das Miteinander von abrahamitischen und nichtabrahamitischen Religionen. Hier kann nur noch der Gedanke als Brücke dienen, daß alle Religionen in die universale Wahrnehmungsgeschichte Gottes hineingehören. Mit ihm muß sich die Überzeugung verbinden, daß die Menschen der Erde zu *einer* Familie gehören. Vor dem Hintergrund einer solchen Didaktik könnte der Gedanke einer *Heilsgeschichte* Gottes mit den Menschen in Zukunft nur verantwortet werden, wenn er von jeder Form exklusiver Bindung an Ethnien, Rassen oder Religionsgemeinschaften befreit wird. Aber wollten ihn seine Anhänger dann noch?

Das heißt, wir müssen die alten Überlieferungen in transkultureller Kommunikation *so* erinnern, daß wir das Überlieferte auf das wachsende Bewußtsein beziehen, zu *einer* Menschheit zu gehören. Dieses Bewußtsein prägt mehr und mehr unser Menschen- und Weltbild. Aber wir müssen unsere religiösen Überlieferungen und die darin wirksamen theologischen Axiome gegenüber der Geschichte verantworten – und öffentlich korrigieren lernen. Für mich gehört dazu der Glaube an die Einheit Gottes und daran, daß seine Liebe ausnahmslos allen Geschöpfen gilt. Diese Liebe ernst zu nehmen, ist der erste Schritt aus den Gefangenschaften von Erwähltheitsbewußtsein und Ethnozentrismus heraus.

Von dem Glauben, daß Gott *Einer* ist für alle und alles Geschaffene, für das uns Bekannte wie für das Unbekannte, für das uns Vertraute wie für das Fremde, und zu glauben, daß dieser Eine Gott selbst unbedingte *Liebe* ist und als *Geist* die Wirklichkeit zusammenhält – das ist ein Credo, mit dem der alte Hang zu Erwähltheitslehren überwunden werden kann. Von diesem Glauben aus ist es möglich, die vielen Variationen von Gottesvorstellungen, Nothelfern und Begleitern als Gestalten zu verstehen, die innerhalb der universalen Wahrnehmungsgeschichte Gottes gewissermaßen das uns zugewandte Gesicht Gottes zeigen sollen. Wir müssen aber durch sie *hindurch* auf den Einen *blicken*. Denn ohne den Glauben an die Einheit Gottes sind alle himmlischen Helfer nur Projektionen unserer Schutzbedürfnisse. Das diesem Glauben angemessene *Gebet* ist das Vaterunser, insofern es alle Bitten in die *eine* aufnimmt, daß Gottes Wille geschehe »*wie im Himmel, so auf Erden*«. Denn dabei wird der Anspruch aufgegeben, uns Gott auf Kosten anderer dienstbar zu machen.

Wir werden lernen müssen, ohne die narzißtisch-abgründige Attraktion von

Erwählungsvorstellungen an Gott zu glauben und uns an seiner unbedingten Liebe zu allen Geschöpfen genug sein zu lassen. Durch sie kommen nicht nur wir, sondern auch die anderen, selbst die Fremden und die anderen Religionen, zu ihrem Recht. Das schließt ein, daß *wir* ihnen das Recht darauf lassen, Wahrheit zu kennen, die ihnen hilft, zu leben und zu sterben. Eine größere gibt es sowieso nicht und – eine, die *die* Wahrheit wäre und also darüber, auch nicht. Wir werden lernen, uns unsere authentischen Wahrheiten zu erzählen.

Das lateinische Wort *hostis*, das von der Wurzel her *Fremder* bzw. *Feind* und *Gast* zugleich bedeutet[61], weist uns den Weg aus dem Ethnozentrismus und seinen gewalttätigen Formen. Das doppelgesichtige Grundwort will, daß man die Fremden zumindest mit Gastfreundschaft ehrt und das Gastmahl mit ihnen teilt. Gastmähler sind Festmähler, gerade weil durch sie nicht nur der Alltag, sondern auch die traditionellen Feindschaften temporär ausgesetzt werden und eine Friedenswirklichkeit vorweggenommen wird, die noch nicht ist. Damit wird die Gastfreundschaft, wird aber auch das wirkliche Fest zur Wegweisung. Denn nur vom wirklichen Fest her gibt es eine Hoffnung darauf, daß die Flucht aus dem aufreizenden Alltag einer durch Industrie und Internet immerwachen Welt nicht wieder neu in den Krieg, in das *schreckliche* und totale Moratorium des Alltags, drängt, um eine Zäsur zu erleben.

Ein Nachwort zum Stichwort »antiselektionistische Ethik«

Für die religiös begründete Erwählungsvorstellung ist wesentlich, daß ein übermenschlicher Autor die Erwählung verfügt hat. Sie muß transzendent begründet sein, damit die Erwählten die absolute Gültigkeit ihrer Erwählung vertreten können. In einer Variante der Erwählungsvorstellung, die ich schon angesprochen habe, werden Erwählung und Verwerfung parallel gedacht[62]. Hierbei kommt die Erwählung oder auch Bestimmung der einen einer *Selektion zum Guten* gleich und die Verwerfung der anderen einer *Selektion zum Bösen* – wobei, gemessen an der Liebe, Nichtbeachtung auch zum Bösen gehört.

In der Biologie beobachten wir auf unterschiedlichsten Ebenen eine Selektion, die ganz ohne Emotionen geschieht: sie wählt dasjenige Exemplar einer Gattung aus, das die besten Chancen hat, zu überleben und sich dann selbst einmal arterhaltend fortzupflanzen. Geläufig ist die Redensart, diese Selektion ziele im Positiven auf die Stärkeren in einer Population und im Negativen auf die jeweils Schwächeren. Daß wir Menschen nicht vor jeder Empfängnis und

---

61. Tworuschka (1990).
62. Mal 1,2 f.: »Ist nicht Esau Jakobs Bruder? spricht der Herr, und doch habe ich Jakob geliebt, / Esau aber gehaßt«.

Geburt zittern müssen, ob das Kind, das kommen wird, mißgestaltet sein wird oder nicht, verdanken wir der biologischen Selektion mit ihrer ambivalenten Wirkweise. Sie sorgt mit einer unglaublich hohen Wahrscheinlichkeit dafür, daß Deformiertes oder Nicht-Lebensfähiges zugunsten des (wahrscheinlich) Lebensfähigen aus dem Entwicklungsgeschehen ausgeschieden wird. Insofern ist diese Form von Selektion selbst ein staunenswerter Teil des Lebens.

Einen schrecklichen Klang hat der Begriff Selektion durch den *Holocaust* an Juden in den deutschen Konzentrationslagern erhalten: Auf den Rampen, an denen die Juden aus den Eisenbahnwaggons entladen wurden, fand eine Selektion furchtbarer Art statt: hier wurde entschieden, wer vergast wurde und wer in die Arbeitslager kam. Wer heute das Wort Selektion verwendet, kommt an dieser Erinnerung kaum vorbei. Denn hier hat Selektion nur noch *eine* Bedeutung: die Auswahl zum Verderben.

Gerd Theißen[63] hat die These vertreten, daß die Verkündigung von Sündenvergebung und Gnade die Aufhebung jenes Selektionsdruckes bedeute, der mit der Vorstellung vom (Jüngsten) Gericht und der Scheidung der Guten und Bösen als Verhängnis über der Menschheit gelastet habe. Bei Jesus aber sei die Schwelle von biologischer zu kultureller Evolution überschritten worden. Denn Jesus fördere nicht die Familiensolidarität um ihrer selbst – und das heißt: um der genetischen Verwandtschaft – willen. Wo die Bindung an die Maßstäbe des Evangeliums es erfordert, müssen seine Jünger den Bruch mit der Familie vollziehen (vgl. *Mk 3,31-35)*. Ja, sie sollen diejenigen lieben, die sie als ihre Feinde ansehen *(Mt 5,43-48)*. Theißen formuliert den Gedanken, daß »die Verminderung von Selektionsdruck das heimliche Programm aller Kultur« sei. Und obwohl er eingesteht, daß dieses Thema nicht erst mit Jesus aufgekommen ist, sieht er Jesus in der »verborgenen Mitte« aller Kultur. Von dieser Mitte aus findet er Verbindungslinien zu anderen Religionen: Er interpretiert die Erwählung Israels durch Jahwe als antiselektionistisch, insofern Israel ohne diese Erwählung dem Druck der Großmächte schon früh zum Opfer gefallen wäre. Und er stellt über das Element des Antiselektionistischen eine intensive Verbindung vom Christentum zum Buddhismus her. Theißen hat mit dem Stichwort *Verminderung des Selektionsdrucks in der Welt* einen Maßstab gefunden, mit dem er Religionen bewertet. Denn in dem »Übergang von der biologischen zur kulturellen Evolution« sieht er die »Schwelle von einer alten zu einer neuen Welt«[64].

In Theißens Skizze tauchen als Kräfte, die über jene Schwelle treiben, *Sündenvergebung* und *Gnade* auf. Außerdem stellt er das Neue Testament insgesamt unter das Axiom der *Erlösung*[65]. Alle drei Begriffe aber sind von dem religiösen

---

63. Theißen (2003), S. 247 f.
64. Theißen (2003), S. 250, geht auf die wohltätigen Seiten der biologischen Selektion nicht ein. Darum bleibt seine Skizze fragmentarisch.
65. S. dazu meine Kritik vor allem in Kapitel II 8.

System her gedacht, von dem Theißen sich eigentlich abheben will. Denn alle hängen in der Tiefe mit einer »Sünde- und Gehorsamskultur«[66] zusammen und stellen nur deren Entschärfung, nicht deren Überwindung dar. Als die Kräfte, die wirklich in eine neue Welt treiben, erscheinen sie mir nicht. Diese kommen eher in den vorchristlichen *therapeutischen* Kulten zum Vorschein, an die Jesus angeknüpft hat und die sich mit seinem Heiland-Sein verbinden. Deshalb würde ich auch hier lieber elementar reden und von der Liebe Gottes als der treibenden Kraft sprechen. Sie ist es, die jede ethnisch-genetische oder kulturelle Vorrangstellung des jeweils Eigenen ad absurdum führt (Familie, Stamm, Volk, Hautfarbe, Kultur, Religion). Und allein *sie* bewirkt, daß selbst der »Sünder« seine ungeschmälerte und unverlierbare Würde neben dem »Gerechten« hat. Die Liebe Gottes stellt sie um der Liebe wie um des Lebens willen gleich. Ärgerlich ist das nur für den, der auf andere herabsehen will, um das Leben gut zu finden *(vgl. Mt 20,1-15)*. Mit dem Gerechten freut sich Gott, weil er gerecht ist und das tut, was dem Leben dient; mit dem, der dazu noch nicht oder nicht mehr in der Lage ist, leidet Gott und versucht, ihm aufzuhelfen; denn der bleibt ja vielen vieles schuldig, was sie brauchen. Beide inneren Verbindungen sind Liebesäußerungen, und sie fallen so aus, wie es der inneren und äußeren Situation der Menschen entspricht. Im Blick auf den Selektionsdruck, der knechtet, ist Liebe in der Tat antiselektionistisch, spricht sie frei und stellt sie gleich. Im Blick auf alle von uns als deprimierend erlebten Schwächen und Versäumnisse sucht sie aufmerksam, wem sie nachgehen, auf wen sie warten und wen sie wieder aufrichten muß *(Lk 15)*. Das geht über eine reine Anti-Tätigkeit hinaus. Deshalb ist es vielleicht sinnvoller, den Gründen nachzugehen, die in jener deprimierenden Weise zum Negativen hin selektieren *lassen*. Da geht es heute vor allem um Strategien der *Optimierung* und der *Kapitalverzinsung,* und mit ihnen verbunden, der Verdrängung und Weg-Rationalisierung von Menschen und Arbeitskräften. Die Folgen sehen wir heute mehr als früher im Blick auf die Ernährung der Menschheit und auf dem Arbeitsmarkt. Und auch daran, daß Regionen der Erde, die weder Öl noch Gas oder andere Rohstoffe anzubieten haben, kein wirkliches Interesse in der Politik finden.

---

66. J. Assmann (2000c), S. 152.

5. Abschied von der Vorstellung einer wechselseitigen Ebenbildlichkeit von Gott und Menschen

Nichts beschäftigt den Menschen so sehr wie er selbst. Die Kunst- und Literaturgeschichte vor allem zeugen davon. Insofern geht durch die Kulturgeschichte ein narzißtischer Grundzug hindurch. Doch das ist nur die eine Seite, und eine moderne Perspektive. Denn auf der anderen Seite ging es für die Menschen unendlich lange um die Frage, wie sie überleben können – als Stämme, als Völker, als einzelne. Und für viele ist das immer noch das wichtigste und alltägliche Problem. Um Mittel zum Überleben hat die menschliche Phantasie gekreist und sich dazu Werk- und Denkzeuge aller machbaren Art ersonnen. Dabei haben die Menschen auch zu würdigen gewußt, daß Götter und Göttinnen in diesem Überlebenskampf ihre Partner waren. Überall gab es deshalb einen besonderen Stand, der den kultischen Umgang mit den Göttern gestaltete. Besonders in Krisenzeiten sind Menschen über lange Zeit hin bereit gewesen, den Göttern und Göttinnen Opfer zu bringen, die sie von ihren wichtigsten Ressourcen genommen haben: Früchte, Tiere – und in der äußersten Not auch ihre eigenen Kinder.

Es ist also kein Wunder, daß der Mensch im Mittelpunkt des menschlichen Denkens steht. Alles fängt bei *seinen* Wahrnehmungen an, alle Reflexionen und gedanklichen Konstruktionen müssen wieder an diese Wahrnehmungen zurückgebunden werden. Nur so können wir miteinander kommunizieren. Insofern kommen wir um einen erkenntnistheoretischen Anthropozentrismus nicht herum[1]. Zu einem Problem wird der Anthropozentrismus da, wo wir die mit unseren Wahrnehmungen verbundene Zentralposition und -perspektive einerseits unsere Gottesbilder und andererseits unsere Bewertung der übrigen Geschöpfe bestimmen lassen. Der notwendige Abschied von anthropozentrischen Verengungen betrifft diese beiden Problemkonstellationen. Ich werde in diesem Kapitel die biblische Rede von der Gottebenbildlichkeit des Menschen behandeln und gehe im nächsten Kapitel (6) auf unser Verhältnis zu den Mitgeschöpfen ein.

Abweichend von der üblichen Praxis erweitere ich die Rede von der *Gottebenbildlichkeit des Menschen* auf die Vorstellung von einer *wechselseitigen Ebenbildlichkeit von Gott und Menschen*. Denn die Analyse wird zeigen, daß die Vorstellung von der Gottebenbildlichkeit des Menschen sekundär ist gegen-

---

1. Körtner (2002), S. 532, 12 f.

über der Vorstellung der Menschenebenbildlichkeit Gottes bzw. der Göttinnen und Götter und deshalb zusammen mit dieser gesehen werden muß.

In der Ebenbildlichkeit geht es zuerst einmal um die Gestalt Gottes und die Gestalt des Menschen.

Bei den meisten Völkern verstehen sich die Menschen als von Gott geformt, und bei vielen als nach Gottes Bild erschaffen

Daß der Mensch nach Gottes »Bild« geschaffen, Gottes Ebenbild sei, geht in der biblischen Tradition auf eine Passage in der ersten Schöpfungsgeschichte zurück. Am sechsten Tag werden zuerst die an die Erde gebundenen Tiere geschaffen *(1. Mose 1,24f.)*. Danach heißt es:

»*(26)* Und Gott sprach: Lasset uns Menschen[2] machen nach unserem Bilde, uns ähnlich; die sollen herrschen über die Fische im Meer und die Vögel des Himmels, über das Vieh und alles Wild des Feldes und über alles Kriechende, das auf der Erde sich regt. *(27)* Und Gott schuf die Menschen nach seinem Bilde, nach dem Bilde Gottes *(älohim)* schuf er sie; und schuf sie (pl.) als Mann und Frau. *(28)* Und Gott segnete sie und sprach zu ihnen: Seid fruchtbar und mehret euch und füllet die Erde und machet sie euch untertan und herrschet über die Fische im Meer und die Vögel des Himmels, über das Vieh und alle Tiere, die auf der Erde sich regen.«

Im zweiten Schöpfungsbericht *(1. Mose 2,7.15)* ist der den Menschen betreffende Teil viel kürzer und sagt nichts darüber, ob es eine Ähnlichkeit zwischen dem geformten Menschen und seinem Schöpfer gibt. Auch sein Verhältnis zur übrigen Schöpfung wird nicht durch seine *Herrschaftsrolle*, sondern als *Auftrag* beschrieben, die Erde zu *bebauen und zu bewahren;* der Mensch soll Kulturarbeit leisten, wie es das dem Wort *Kultur* zugrundeliegende lateinische *colere* meint:

»*(7)* Da bildete Gott Jahwe den Menschen aus Erde vom Ackerboden und hauchte ihm Lebensodem in die Nase; so ward der Mensch ein lebendes Wesen. *(15)* Und Gott Jahwe nahm den Menschen und setzte ihn in den Garten Eden, daß er ihn bebaue und bewahre.«

In der ersten Schöpfungsszene wird da, wo wir von »Bild« reden, das hebräische Wort *zäläm* verwendet. Es bezeichnet das plastische wie das gemalte Bild, das Abbild und das Kultbild anderer Götter, nur gelegentlich auch den Schein, der vom Original wahrgenommen wird *(Ps 39,7)*. In anderen Schöpfungserzählungen gibt es verwandte Vorstellungen. Schon der besonders mitgeteilte *Ent-*

---

2. Das im Hebräischen verwendete Wort *adam* ist hier ein Kollektivum und bedeutet so viel wie »Menschheit«. Es wird nie im Plural gebraucht und bezeichnet die Menschheit als die durch Gottes Odem beseelten Erdenwesen; *adam* kann aber auch den einzelnen Menschen und den Mann bezeichnen.

schluß, Menschen zu schaffen, ist einer der Züge, »die im Zusammenhang der Schöpfungserzählung überall auf der Erde begegnen können.«[3] Das hat damit zu tun, daß die Erschaffung der Menschen ursprünglich eine selbständige Gattung von Erzählungen bildete. »Das Bilden des Menschen aus Lehm oder Ton ist wahrscheinlich das häufigst begegnende und am weitesten verbreitete Schöpfungsmotiv überhaupt. Wir treffen es in den primitiven Kulturen, aber genauso auch in den großen Hochkulturen.«[4] Der andere, ganz häufig begegnende Zug betrifft die Art, nach welchem »Modell« die Menschen vom Schöpfer *gemacht* werden: *nach seinem eigenen göttlichen Vorbild.*

Drei Beispiele dafür will ich nennen. In der ägyptischen Lehre für König Merikare[5], die in der Zeit ca. 2100 v. Chr. entstanden und 600 bis 800 Jahre später aufgeschrieben worden ist, heißt es:

»Wohlversorgt sind die Menschen, das Vieh Gottes. / Um ihretwillen hat er Himmel und Erde geschaffen / und für sie den Gierigen des Wassers vertrieben. / Er hat die Luft geschaffen, damit ihre Nasen leben können. / *Seine Abbilder sind sie, aus seinem Leibe genommen.*«

Der ägyptische Töpfergott Chnum, der »Meister der Töpferscheibe«, wirkt auch als Schöpfergott, der nach einem Modell einen Menschen bildet. Bei den Eingeborenen auf Nias/Indonesien hat *James G. Frazer* ein Epos kennengelernt, in dem die Erschaffung des Menschen nach dem Modell des göttlichen Schöpfers wie folgt geschildert wird: Der oberste Gott Luo Zaho badete »in einem himmlischen Quell ..., der seine Gestalt in dem klaren Wasser wie in einem Spiegel zurückwarf. Als er so sein Bild im Wasser sah, nahm er eine Handvoll Erde so groß wie ein Ei und bildete daraus eine Figur, wie das Volk der Nias sie von ihren Ahnen herzustellen pflegt. Dann legte er sie auf die Waagschale und wog sie, er wog auch den Wind und brachte ihn an die Lippen des von ihm geschaffenen Gebildes ...«[6].

Aus den Parallelen können wir schließen, daß die beiden Schöpfungserzäh-

---

3. Westermann (1976), S. 51. Auch im Koran hält Gott Allah nach Sure 2,30-39 »Rat im Himmel und setzt seine Absicht, Menschen zu erschaffen, gegen den Einspruch der Engel durch; er gebietet den Engeln, sich vor Adam niederzuwerfen.« (H.-M. Barth [2001], S. 500) A. Th. Khoury übersetzt Sure 2,30: »Und als dein Herr zu den Engeln sprach: ›Ich werde auf der Erde Nachfolger einsetzen.‹ Sie sagten: ›Willst Du auf ihr einen einsetzen, der auf ihr Unheil stiftet und Blut vergießt, während wir dein Lob singen und deine Heiligkeit rühmen?‹ Er sprach: ›Ich weiß, was ihr nicht wißt.‹« Die Engel kennen also schon die schlimmen Erfahrungen der Menschheitsgeschichte, die mit dem Brudermord beginnen.
4. Westermann, ebenda, S. 48.
5. Weisheitsbücher (1998), S. 153. Dieselbe Stelle bei Westermann, ebenda, S. 49. Im Gilgamesch-Epos wird Enkidu von der Göttin Aruru als *Ebenbild des Gottes Anu* geschaffen (Westermann, ebenda, S. 52). Schrott (2003) übersetzt die Stelle mit »*was Anu befahl*« (1. Tafel, II, 30.33).
6. Quelle für beide Zitate ist: Westermann, ebenda, S. 51.

lungen in 1. Mose 1 und 2 im Blick auf die *Erschaffung des Menschen aus Erde nach göttlichem Bild* nichts Neues erzählt haben; sie geben – insbesondere in Israels Umgebung – geläufige Vorstellungen wieder. Diese besagen im Kern, daß der Schöpfer und das Geschöpf in einer die Gestalt einschließenden Beziehung zueinander stehen. Dabei spielt offenbar die Kenntnis des Töpferhandwerks eine Rolle, wobei ein Modell oder auch das erinnerte Bild der Ahnen die Gestalt vorgibt. Aber auch das Spiegelbild des Schöpfers kann das Modell abgeben. Auf eine noch einmal andere Spur hat mich die bei Westermann zitierte Übersetzung jener Stelle aus der Lehre des Merikare geführt: »Seine Ebenbilder sind sie, aus seinem Leibe hervorgegangen.«[7] Denn da kann man durchaus an eine *Zeugung* des Menschen durch Gott denken. Wie wenig dieser Gedanke in die Irre führt, wird klar, wenn wir 1. Mose 5,1-3 lesen. Das ist der Beginn einer großen Genealogie, die die Priesterschrift ursprünglich direkt an ihren Schöpfungsbericht *(1,1-2,4a)* angeschlossen hatte. Da heißt es:

»Als Gott die Menschen schuf, machte er sie Gott ähnlich; *(2)* als Mann und Frau schuf er sie. Und er segnete sie und gab ihnen den Namen Adam, damals als sie geschaffen wurden. *(3)* Als Adam 130 Jahre alt war[8], *zeugte er einen Sohn, ihm selbst ähnlich, nach seinem Bilde;* den hieß er Seth.«

Von dieser Stelle aus können wir die Gottähnlichkeit des Menschen jedenfalls mit der Ähnlichkeit von Vater und Sohn sehr dicht zusammensehen, ohne deshalb gleich von einer *physiologischen* Abstammung des Menschen von Gott reden zu müssen. Denn das Wort für »Bild« ist dasselbe, das auch schon in 1. Mose 1,27 verwendet wird *(zäläm)*. Machen wir eine Anleihe bei unserer Umgangssprache, dann sind nicht nur der Sohn oder die Tochter »ganz der Vater« oder »ganz die Mutter«, sondern eben auch der Mensch »ganz sein Schöpfer«. Der von der Einheitsübersetzung benutzte Begriff »Abbild« trifft das ganz gut. Der Mensch versteht sich nicht allein aus sich selbst. Unser Selbstverständnis braucht Herkunft. Das betrifft die Herkunft der Individuen genauso wie die Herkunft der Menschheit. *Die Aussage von der Gottebenbildlichkeit oder Gottähnlichkeit scheint mir in diesem Sinn vor allem eine Aussage über die eigene Herkunft und das eigene Selbstverständnis zu sein: beide re-flektieren den Schöpfer.*

Viele jüdische Ausleger der Schöpfungserzählung betonen aber, die Formu-

---

7. Westermann, ebenda, S. 49.
8. Am ältesten ist nach den biblischen Erzählungen Methusalah geworden: 969 Jahre (1. Mose 5,27); Abraham wurde »nur« noch 175 Jahre (1. Mose 25,7). Und Ps 90,10 lesen wir: »Unser Leben währet 70 Jahre, und wenn es hoch kommt, so sind es 80 Jahre«. Die großen Zahlen am Anfang erklären sich so: Im Hebräischen bedeutet 1000 dasselbe wie »ewig«. Da nur Gott unsterblich ist, darf keiner der sterblichen Menschen 1000 Jahre alt werden. Die Gottähnlichkeit läßt sie aber anfangs nahe herankommen. Sehr schnell pendelt sich dann die Lebenszeit bei dem uns bekannten Maß ein.

lierung »Bild *Gottes (älohim)*« müsse von Psalm 8,6 her verstanden und auf die himmlischen Wesen in Gottes Hofstaat bezogen werden: »Du machtest ihn wenig geringer als *älohim*«, als gottähnliche Wesen bzw. *Engel*, also. Sie wollen damit die Außerweltlichkeit Gottes ausdrücken, was auch dem Islam am Herzen liegt: daß Gott keine nachbildbare Gestalt hat, und daß also die Menschen nicht aussehen wie Gott. Die geschlechtliche Ausdifferenzierung nach Mann und Frau in 1. Mose 1,27 sagt im Kontext der Gott- bzw. Älohimebenbildlichkeit: Die Menschen entsprachen entweder den ebenfalls geschlechtlich differenziert vorgestellten »Engeln«, oder aber *der Schöpfer hat selbst das Männliche und das Weibliche in sich*. Daß er deshalb als *androgyne Gestalt* vorgestellt werden müßte, ist eine anthropomorphe Übertreibung.

Auch im Islam ist der Mensch ein *in seiner Gestalt geformtes Geschöpf Gottes*. »Der Koran spricht mehrfach von der Schöpfung des Menschen. Besonders wichtig ist die erste Offenbarung in Sure 96: Der Mensch ward aus Staub und dann einem Blutstropfen, ʿalaq, geschaffen.«[9] Außerhalb des Korans wird überliefert, daß der erste Mensch, Adam, aus Lehm geschaffen war und daß Gott ihn »vierzig Tage mit Seinen beiden Händen geknetet habe, bevor Er ihm von Seinem Odem einblies«[10]. Anders als in der jüdischen Schöpfungsgeschichte ist dabei aber *nicht* von einer Gottebenbildlichkeit oder Gottähnlichkeit die Rede, »denn – nichts ist Gott gleich!«[11] Aber ein außerkoranisches Gotteswort (Hadith) weiß: »Mein Himmel und Meine Erde umfassen Mich nicht, aber das Herz Meines gläubigen Dieners umfaßt Mich.«[12]

Von den Aufgaben her, die der Mensch gegenüber der Schöpfung Gottes in seinem Dienst zu erfüllen hat, spiegelt er bei Juden und Muslimen Gott nicht nur auf Gott zurück, sondern zugleich in die Welt hinein: er ist im Tenach wie im Koran gegenüber allen Geschöpfen der Gott stellvertretende *Herrscher (1. Mose 1,28)* oder *Kalif (Sure 2,30 khalifa)*. Auch wenn wir berücksichtigen, daß der Islam eine auf der Bild- und Gestaltebene angesiedelte Gottebenbildlichkeit zurückweist, so ist doch nicht zu bestreiten, daß *die von beiden Religionen geglaubte Stellvertreterfunktion des Menschen eine funktionale Gottebenbildlichkeit meint*. Damit wird ausgesagt, wie sich der Mensch in seiner Umgebung versteht: Gott ähnlich. Wenn Gott in Analogie zu irdischen Herrschern dargestellt wird, so ist das verbindende Element die Herrscherrolle. *Es spricht vieles dafür, daß den Menschen ihre Gottebenbildlichkeit so wichtig geworden ist, weil*

---

9. A. Th. Khoury übersetzt Sure 96,1 f.: »1 Lies im Namen deines Herrn, der erschaffen hat, 2 den Menschen erschaffen hat aus einem Embryo.«
10. Schimmel (1995), S. 227.
11. H.-M. Barth (2001), S. 500. Schimmel (1995), S. 224, weist aber auf einen Ausspruch außerhalb des Korans (Hadith) hin: »Gott schuf Adam ... nach Seinem Bilde«, wobei das Wort »Seinem« auch auf Adams (also: *seine*) Form bezogen werden könne.
12. Schimmel (1995), S. 279.

Gott das Recht hat, Menschen und Tiere zu töten. Ist der Mensch zum Stellvertreter Gottes eingesetzt, muß er seine Vollmacht auch durch das Töten ausüben. So sieht es das Konzept der jüdischen Bibel für die Zeit nach der Sintflut vor *(1. Mose 9,2).* Da ist nicht einmal mehr ein schlechtes Gewissen gegenüber den Mitgeschöpfen angebracht, wie es die Jägervölker hatten. *Denn im Töten ist der Mensch Gott.* Fortan korrespondiert der herrscherlichen Gottebenbildlichkeit des Menschen das Tier – als Nahrungsmittel. Wer das Sein-Wollen-wie-Gott kritisieren will, muß sich zuerst mit der biblischen Bevollmächtigung zu töten auseinandersetzen[13].

Nun ist der Mensch aber nicht nur Gottes Stellvertreter auf der Erde, sondern auch sein *Diener* (im Islam: Sklave). Indem er sich in dieser doppelten Weise versteht, weiß er von einer großen *Differenz* oder Spannung in seiner Existenz. Hinzu kommt die Differenz zwischen dem Bild, wonach und wozu er geschaffen ist, und der Wirklichkeit seines Lebens. Sie wird in den Religionen unterschiedlich gesehen und bewertet. Geläufig ist die Ansicht, die Gottebenbildlichkeit sei die Basis der Ethik.»Die Gottebenbildlichkeit des Menschen besteht nach *jüdischem* Verständnis vorrangig im Bereich des *Ethischen.* ›Jenes Gottgleichen‹, das unendlich entfernt ist vom Gleichsein mit Gott, ist das Ziel menschlichen Daseins; der Mensch soll es dadurch erreichen, daß er seine Ebenbildlichkeit vollendet.«[14] Diese Ansicht hat im christlichen Teil der Bibel allerdings keinen Rückhalt. Und sie ist wegen des an uns Menschen angelegten göttlichen Maßes zudem höchst problematisch.

Das *Christentum* hat dadurch, daß es seine eigenen Überlieferungen mit dem jüdischen Kanon zusammengeschlossen hat, keine eigene *Erzählung* von der Erschaffung der Welt. Die Vorstellung einer Gottebenbildlichkeit greift das Neue Testament aber doch an einigen Stellen auf und wandelt sie entscheidend um. Paulus bezeichnet ganz traditionell (nur!) den *Mann* als Gottes Bild *(eikón)* und die Frau als des *Mannes* Bild *(1. Kor 11,7)* – eine Auslegung der zweiten Schöpfungserzählung, unter der unendlich viele Frauen in der Geschichte dann zu leiden gehabt haben[15]. Aber Paulus spricht an anderer Stelle auch von der Herrlichkeit Christi, die kein Ungläubiger sehen kann *(2. Kor 4,4).* Und er erläutert diese Doxa (»Herrlichkeit«) Christi damit, daß er *Gottes Bild (eikón)* ist. Die Christen aber haben an der Gottesbildlichkeit Christi teil, die nun allerdings als *Christus*bildlichkeit weitergespiegelt wird zu den Menschen hin. Sie tragen nicht nur in der irdischen Nachfolge *Christi Bild* an sich, sondern auch in der Auferstehung: »wie wir das Bild des irdischen getragen haben, so werden wir auch das Bild des himmlischen tragen« *(1. Kor 15,49).* Denn diejenigen, die

---

13. Anders EKD (2003c), S. 11-13.
14. H.-M. Barth (2001), S. 497. Die Kursivierungen stammen von mir.
15. Das gilt, obwohl Paulus diese steile Aussage wieder etwas abmildert durch den Hinweis, daß auch Männer durch Frauen geboren werden (V. 12).

Gott lieben, die »hat er vorherbestimmt, gleichgestaltet zu sein dem *Bild seines Sohnes*, damit er der erste Erstgeborene sei unter vielen Brüdern.« Diese Gedanken des Paulus kehren in einem wesentlich weiter gefaßten Rahmen in einem späten Hymnus *(Kol*[16] *1,15-18[20])* wieder. Da heißt es von Jesus Christus:

(15) Er ist das Bild des unsichtbaren Gottes, / der Erstgeborene der ganzen Schöpfung; / *(16)* denn in ihm wurde alles geschaffen im Himmel und auf der Erde, das Sichtbare und das Unsichtbare, / sowohl Throne als auch Herrschaften, / sowohl Gewalten als auch Mächte: / alles ist durch ihn und auf ihn hin geschaffen worden. *(17)* Und er ist vor allem / und alles hat in ihm seinen Zusammenhalt, / *(18)* und er ist das Haupt des Leibes der Kirche: Er, der der Anfang ist, der Erstgeborene von den Toten, damit er in allem der Erste sei.

Auffällig ist: Gott wird ausdrücklich als unsichtbar und damit auch als nicht abbildbar bezeichnet. Jesus Christus ist in einem ganz anderen Sinn als irgendwelche Götterbilder *das Bild,* die Ikone, Gottes: als der »Erstgeborene der ganzen Schöpfung« tritt er hier *vor* die geschaffene sichtbare Welt und setzt ihr damit das Maß. »Bild des unsichtbaren Gottes« meint hier, daß er mit seinem ganzen Leben die Abkunft und Herkunft des Lebens von Gott sichtbar gemacht hat. Erst er. Und darum gehört er an den Anfang von allem, vor Adam. Aber V. 18b sagt auch, daß er als der Erstgeborene von den Toten *die Zukunft des Lebens* ist. So hält er alles zusammen, vom Anfang und vom Ende her. Er ist der, »der die Welt im Innersten zusammenhält« *(V. 17b).* Da kann man schon von einer Christo-Kosmologie sprechen. *Ich denke deshalb, daß wir hier letztlich doch einen Gegenentwurf zur Schöpfungsgeschichte (1. Mose 1 f.) vor uns haben.* Und die neue Schöpfungs*erzählung* ist in dem zu sehen, was die Evangelien von Matthäus, Lukas und Johannes erzählen: das Leben Jesu von seiner Empfängnis und Geburt an bis zu seiner Hinrichtung und seiner Auferstehung von den Toten. *Jesus Christus ist hier kein statisches, sondern ein bewegtes Bild des unsichtbaren Gottes: Gottes Wahrnehmungsgestalt.* Ein lebendiges Bild ist er, das in der Bewegung seines Lebensweges die Wahrheit des Lebens erzählbar – und für Gläubige in der Nachfolge erfahrbar gemacht hat.

Das Johannesevangelium drückt es so aus: »Das Wort ward Fleisch und wohnte unter uns, und wir sahen seine Herrlichkeit, eine Herrlichkeit, wie sie der einzige Sohn vom Vater hat, voll Gnade und Wahrheit.« *(1,14)* Gerade, indem er ganz *Mensch* ist, ist er – um noch einmal an die Umgangssprache anzuknüpfen – auch ›ganz der Vater‹: *Gottes* Sohn. Diese Vorstellung ist in der Gottessohnschaft der ägyptischen Pharaonen angelegt worden[17]. Sie wurde auf die

---

16. Schweizer (1976), S. 26 f., denkt beim Verfasser an den »Apostelgehilfen« Timotheus, ohne daß es hier Sicherheit gäbe.
17. Görg (1998a), 117-121.

jüdischen Könige übertragen, die bei ihrer Inthronisation von Gott Jahwe adoptiert wurden *(Ps 2)*. Nach ihrem und nach ägyptischem Vorbild wird dann Jesus, das *Menschenkind*, als Gottes Sohn verstanden. Diese andere Identität erwirbt er in den Vorstellungen der frühen Christen entweder durch die Auferweckung von den Toten *(Röm 1,4)*, durch Adoption vor seinem Auftreten (in seiner Taufe: *Mk 1,9-11*), dadurch, daß er zugleich mit seiner leiblich-biologischen Entstehung von Gottes Geist gezeugt wird *(Mt 1,18; Lk 1,35)*, oder er ist von Ewigkeit her als Logos sogar selber Gott *(Joh 1,1)*. Bei Matthäus und Lukas wird nicht nur das Menschsein am Gottsein und das Gottsein am Menschsein reflektiert, *sondern das wahre Menschsein Jesu Christi wird nun ›genetisch‹ von Gott hergeleitet:* der wahre Mensch Jesus Christus ist Menschenkind aus Fleisch und Blut und zugleich *Gotteskind durch den Schöpfer Geist*.

Doch dabei bleibt das Neue Testament nicht stehen: Was für Jesu Christi Gotteskindschaft gilt, wird auch auf alle diejenigen übertragen, die sich von Gottes Geist »treiben« lassen: sie sind alle Gottes Söhne und Töchter *(Röm 8,14)*. Denjenigen, die an seinen (Jesu Christi) Namen glauben, »denen gab er Anrecht darauf, Kinder Gottes zu werden.« *(Joh 1,12)* Und Johannes betont, daß diese Kindschaft daher rührt, daß sie »nicht aus Blut noch aus Fleischeswillen noch aus Manneswillen, sondern aus Gott gezeugt sind« *(1,13)* – also aus Geist. Kaum jemand wird den Gedanken der geistgezeugten Gotteskindschaft heute noch biologistisch mißverstehen wollen – weder im Blick auf Jesus Christus noch im Blick auf uns, die Christen.

Die Menschen haben sich Gott vorgestellt nach dem Bild, nach dem er Menschen (und Tiere) geschaffen hat

Die Gottebenbildlichkeit des Menschen darf nicht für sich behandelt werden. Das entspräche nicht den Erkenntnissen, die wir aus den von Menschen gemachten Wahrnehmungen Gottes haben. Um uns ihnen zu nähern, müssen wir uns gewissermaßen die Rückseite der *Gott*ebenbildlichkeit des Menschen ansehen: die *Menschen*ebenbildlichkeit Gottes. Denn es darf »nicht verschwiegen werden, daß im weiteren Hintergrund unseres priesterschriftlichen Satzes von der Gottesbildlichkeit des Menschen die Vorstellung von Jahwes *Menschengestalt* steht.«[18] Die Kunstgeschichte gibt durch die große Zahl von Kultbildern reichlich Auskunft davon, wie sich Menschen ihre Göttinnen und Götter – und oft auch ihre eigenen Ahnen – vorgestellt haben: nach ihrem, der Menschen, Bild. Längst bevor Heilige Schriften verfaßt und überliefert worden sind, hat es kultisch genutzte bildliche Darstellungen gegeben. Diese Kultbilder dienten

---

18. V. Rad (1961), S. 46. Die Kursivierung ist von mir.

dem Zweck, die für die Menschen nicht faßbare lebendige Wirklichkeit Gottes im Bild präsent zu haben. Denn die Menschen wollten anbeten, huldigen und Gaben darbringen. Dazu brauchten sie einen Ort, an dem die verehrte Gottheit erreichbar, ja, *in* ihrer Mitte und *als* ihre Mitte präsent ist. Diesen Ort markiert das Kultbild.

Das Entzogensein kann aber auch damit zu tun haben, daß sich Menschen durch ihren Tod der Gemeinschaft der Lebenden entzogen haben. Sollen sie trotzdem einen sichtbaren Platz unter ihnen behalten, müssen auch die Ahnen im Bild vergegenwärtigt sein. Philippe Ariès hat »Bilder zur Geschichte des Todes« vorgelegt, die diesen Wunsch nach Gegenwart in der europäischen Friedhofskultur belegen[19]. Viel älter sind die in Volterra und anderen Museen ausgestellten Zeugnisse der Etrusker, die – vornehmlich auf Sarkophagen – die durch den Tod aus der Gemeinschaft entführten Menschen im Bild und also in der Sichtbarkeit gehalten haben. Daß die christlichen Kirchen lange Zeit über den Gräbern der Märtyrer gebaut worden sind, hat nicht nur mit dem hellenistischen Heroenkult zu tun, sondern gewiß auch mit der Hoffnung, sie mittels ihrer Gebeine (oder auch nur winzigster Teile davon) *in* der Mitte der Gemeinde und zugleich *als* ihre Mitte präsent zu haben.

Woher aber haben die Menschen das *Modell* genommen, um *Götter* und *Göttinnen* darstellen zu können? Die Antwort kann empirisch gefunden werden, weil Götter und Menschen überwiegend gleich dargestellt worden sind: »Sich die Götter menschengestaltig vorzustellen, scheint die privilegierte Form von Gottesvorstellungen zu sein.«[20] Daß diese Form anderen vorgezogen worden ist, erkläre ich mir jedenfalls damit, daß *die eigenen Götter eine unmittelbare Beziehung zur eigenen Lebenswelt und Lebensart haben mußten*. Das aber heißt, daß die Götter auch in einer *Gestalt wahrgenommen* worden sind, die dem Aussehen der Menschen entsprach. Die anthropomorphen Götterbilder »bilden« die Menschen auf die Götter »ab«[21]. Das ist so geblieben, wie die christliche Ikonographie bezeugt: die *gestalthafte Seite* der Wahrnehmungsgestalt Gottes und transzendenter Wesen wie der Engel[22] haftet am Menschenbild. Aber auch nicht-menschliche Lebewesen kamen in antiken Religionen auf diese Weise ganz oder in wichtigen Charakteristika dafür in Frage, als Modelle für Götterdarstellungen zu dienen. Denn wo Tiere und Menschen sich eine gemeinsame Lebenswelt teilten, lag es nahe, nicht nur menschengestaltige, sondern auch

---

19. Ariès (1984).
20. Gladigow (1993), S. 41.
21. Der jüdische Philosoph Philo von Alexandrien (ca. 15 v.Chr.-ca. 50 n.Chr.) hat die Ansicht vertreten, daß von Gott zunächst ein Bild entstehen mußte, das seinerseits als Muster für den Menschen diente (Bauer-Aland [1988], Sp. 449). Die Doppelspiegelung sieht auch er, wenngleich er beim Götterbild beginnt.
22. Vgl. Ohlbaum (1994).

tiergestaltige Gottesvorstellungen zu entwickeln. Dabei wurde der Grundgedanke verfolgt, daß jede Art von Lebewesen einen Stammvater bzw. eine Stammutter haben muß. Außerdem findet sich eine überaus große Vielfalt von Mischgestalten, in denen sich menschliche und tierische Stärken verbinden und potenzieren. Am bekanntesten sind wohl die unterschiedlichen Zentauren und die ägyptischen Sphingen. Doch auch »die androgyne Gestaltung von Göttern« und »die Fähigkeit zur Metamorphose« kann eine »Kumulation von göttlichen Möglichkeiten wiedergeben.«[23] Polytheistische Religionen konnten auf diese Weise die ganze Lebenswelt im »Himmel« abbilden.

Wenn aber die Götter nach Modellen der Menschen und anderer, zur Lebenswelt der Menschen gehörender Lebewesen vorgestellt und bildnerisch gestaltet worden sind, liegt es nahe, jene Erkenntnisse damit zu verbinden, die wir im Nachdenken über die Gottebenbildlichkeit des Menschen gewonnen haben. Denn da haben wir ja gesehen, daß – zumindest nach 1. Mose 5,1-3 – die Menschen *zugleich* als nach Gottes Bild geschaffen *und* nach dem Bild des jeweiligen menschlichen Vaters gezeugt verstanden werden können. *Strukturell* verwandt sind Aussagen von Jesu Christi – und durch ihn vermittelt auch unserer, der Christen – *doppelter Kindschaft*. Wenn nun Menschen Göttinnen und Götter bildnerisch nach menschlichem Modell gestalteten, taten sie nichts anderes, als ihre *Herkunft darzustellen und zu idealisieren*. Es geht um die *eine* Beziehung, nur die Perspektive wechselt. Im einen Fall wird der Blick von den Herkünften her auf die Gegenwärtigen gelenkt, und im anderen Fall von ihnen aus auf die Herkünfte zurück. Die göttliche Herkunft transzendiert die menschliche Existenz zur Gotteskindschaft, aber nur die leibliche menschliche Gestalt der Gotteskinder macht die göttliche Herkunft gestalthaft wahrnehmbar und im (plastischen) Bild darstellbar. Dabei können dann die künstlerischen Aussagen über die eigene Herkunft *so* ausfallen, daß alle auf *gemeinsame* Stammeltern zurückgeführt werden (Monogenesie); oder aber man glaubt, daß es mehrere »Stammlinien« und Stammeltern gibt (Polygenesie).

So oder so: Beide Modelle von Ebenbildlichkeit und beide Vorstellungen von unserer Herkunft sind auch dann, wenn sie theologisch überarbeitet worden sind, *mythische* Denkfiguren. Indem die Götter den Menschen in vielerlei Weise überlegen sind, sind sie nie nur Abbilder von der äußerlichen Gestalt her, sondern auch Wunschbilder menschlichen Lebens. Deshalb muß die Kritik an jener wechselseitigen Spiegelung noch zu Wort kommen, die es in der Religionsgeschichte gegeben hat.

---

23. Gladigow, ebenda.

Schon früh beginnt die Kritik an der Gottebenbildlichkeit des Menschen und an der Darstellbarkeit Gottes im Kultbild

Als Belege für eine Kritik an der wechselseitigen Ebenbildlichkeit von Göttern und Menschen wähle ich die Reform des ägyptischen Pharaos *Amenophis IV. Echnaton*, das *Bilderverbot* im Dekalog und Aussprüche des griechischen Vorsokratikers *Xenophanes* von Kolophon aus. *Echnaton* hat in seiner religiösen Revolution in der zweiten Hälfte des 14. Jahrhunderts v. Chr. den Polytheismus mit den vielgestaltigen Göttinnen und Göttern abgeschafft und einen Monotheismus eingeführt, der von einer zentralen Gestalt getragen wird: von *Aton*, dargestellt als Sonnenscheibe, deren Strahlen auf die Königsfamilie fallen. »Zum ersten Mal in der Weltgeschichte läßt sich hier aus der Nähe miterleben, wie ein Gott entsteht. Es ist, als träte der Aton aus der überlieferten Gestalt des Sonnengottes plötzlich hervor und streife rasch auch die letzten Eierschalen dieser Entstehung ab.« Keinerlei menschen- oder tier- oder mischgestaltige Götterdarstellungen sind mehr erlaubt, »und nur noch die Hände, die von der Sonne ausgehen, erinnern an die frühere menschliche Gestalt.«[24] Die sichtbare und darstellbare, den Menschen zugewandte Seite des Strahlenatons stellt den Pharao mit seiner Frau dar. An ihn sollen die Menschen sich wenden – so wie der Pharao sich im Gebet an Aton wendet. Aton ist zwar unpersönlich verstanden, und trotzdem wird er von Echnaton in den Sonnenhymnen angeredet. *Insofern* kann die religiöse Revolution des Echnaton als Vorläuferin der islamischen Gottesvorstellung gelten. Denn in ihr verbinden sich ebenfalls eine theologisch definierte *Unpersönlichkeit* Allahs und eine *erlebte*, im Gebet wie im Lobspruch angesprochene *Person* Gottes[25]. Die Abkehr Echnatons von den polytheistisch vorgegebenen Kultbildern in menschlicher oder tierischer Gestalt stellt aber auch eine prototypische Vorprägung dessen dar, was wir später dann mit dem jüdischen Verbot von Kultbildern in jeglicher Gestalt vorfinden[26].

Im *Judentum* gibt es zwar die Überlieferung von der Gott- bzw. *Älohim*-Bildlichkeit der Menschen als Aussage über die Herkunft der Menschen und ihre Rolle in der Schöpfung. Aber es hat im Jerusalemer Tempel kein Kultbild Jahwes gegeben. Der Dekalog verbietet nicht nur die Darstellung Gottes, sondern auch die Darstellung anderer Lebewesen als *Kultbild (2. Mose 20,4f.)*. Gott Jahwe war im Jerusalemer Tempel durch die sein Wort real repräsentierenden Torarollen

---

24. Hornung (2001), S. 45, 54.
25. Schimmel (1995), S. 278 f.
26. Ebeling (1979), I, S. 385, geht insofern von falschen Voraussetzungen aus, als er das Bilderverbot als »in den Religionen der Antike einzig« dastehend bezeichnet. Recht hat er aber, wenn er den Zusammenhang des Bilderverbotes nicht nur mit dem Schöpfungsglauben, sondern auch mit dem Erwählungsglauben »offensichtlich« nennt (ebenda).

gegenwärtig, die deshalb im Tempelgottesdienst eine entsprechende Verehrung genossen haben und in den Synagogen bis heute genießen. Das Judentum geht dabei nicht von einer Unpersönlichkeit Jahwes aus, sondern von seiner Außerweltlichkeit. Daher ist Jahwe nicht darstellbar. Abgewehrt werden sollen im Judentum wie im Islam außerdem Versuche, über die Kultbilder Macht auf Gott und Menschen auszuüben. Hier setzt das *Bilderverbot* an. Die späte jüdische Schrift »Weisheit Salomos« persifliert den hellenistischen Bildkult nicht nur, sondern verwirft ihn, weil sie ihn auf den Totenkult – im Sinne des Heroenkultes – und den Herrscherkult zurückführt[27].

Bei Xenophanes von Kolophon[28] (570-475 v. Chr.) fällt die Kritik an den menschengestaltigen Götterstatuen in den griechischen Tempeln schon ausgesprochen bissig aus:

»Die Äthiopier behaupten, ihre Götter seien stumpfnasig und schwarz,
die Thraker, blauäugig und blond.«

»Wenn aber die Rinder und Pferde und Löwen Hände hätten
und mit den Händen malen könnten und Bildwerke schaffen wie Menschen,
so würden die Pferde die Götter abbilden und malen in der Gestalt von Pferden,
die Rinder in der von Rindern, und sie würden Statuen meißeln
ihrer eigenen Körpergestalt entsprechend.«

»Ein einziger Gott ist unter Göttern und Menschen der Größte,
weder der Gestalt noch der geistigen Kraft nach
sterblichen Menschen vergleichbar.«

Xenophanes hat gesehen, daß die Menschenebenbildlichkeit der Götter ausdrückt, wie die Menschen ihre Götter wahrnehmen: als ihre eigene Herkunft. Das drückt sich bis in die Hautfarbe hinein aus – und ist noch heute so, wie wir zum Beispiel von den Christusdarstellungen afrikanischer oder asiatischer Christen lernen können. Seiner, des Xenophanes, Idee von dem *Einen* Gott, dem nichts und niemand gleich ist, kommen die jüdische und islamische Gottesvorstellung sehr nah; auch sie verwerfen ja ausdrücklich eine menschengestaltige Götterdarstellung.

Die antike und gegenwärtige Kritik an gestalthaften Götterdarstellungen erfaßt aber noch nicht die ganze Realität gelebter Religion. Denn ich habe ja schon erwähnt, daß der ägyptische König zwischen dem unpersönlichen Aton und den Menschen eine *Mittlerrolle als Gottessohn* innehatte. Auch in Israel ist der König, vor allem David, in einer solchen Mittlerrolle zwischen dem außerweltlichen Gott Jahwe und den Menschen verstanden worden. Nur ist er in kei-

---

27. J. Assmann (2003), S. 42-47.
28. Xenophanes, Fragmente DK 21 B 16; B 15; B 23 (Die Vorsokratiker [1987], S. 222f. 224).

nerlei Weise angebetet oder sonstwie mit göttlichen Attributen ausgestattet worden – außer daß auch er vermutlich schon als »Gottes Sohn« inthronisiert worden ist. David ist jedenfalls der Prototyp des jüdischen Nationalmessias geworden. Im Christentum insgesamt gleicht aber die Situation weit weniger der jüdischen Konstellation als derjenigen, die Echnatons Revolution in Ägypten hervorgebracht hatte. Denn Jesus Christus wird selbst da, wo er nicht wirklich als Gott geglaubt wird, doch als der *eine* Gottessohn und Heilsmittler von den Christen angebetet, und zugleich als derjenige dargestellt, der zu seinem himmlischen Vater betet. Muhammad, im *Islam* der Prophet schlechthin, übernimmt zwar auch eine Mittlerrolle zwischen dem unsichtbaren Gott und den Muslimen. Aber weder verkörpert er Allah noch darf er von den Muslimen angebetet werden.

Die menschlichen Mittlergestalten haben es jedenfalls mehreren Religionen erlaubt, Gott und Menschen kategorial voneinander zu unterscheiden – und trotzdem miteinander verbunden sein zu lassen. Daß die Vorstellung einer wechselseitigen Ebenbildlichkeit die Beziehung zwischen Menschen und Gott immer wieder beeinflußt hat, hängt allerdings noch mit zwei Phänomenen zusammen, die ich bisher nur am Rand erwähnt habe: mit göttlichen Erscheinungen und mit dem Gebet. *Erscheinungen (Epiphanien) und Gebete sind die beiden Grundelemente der Kommunikation zwischen Gott und Menschen.* Sollen Menschen verstehen, was göttliche Erscheinungen zu bedeuten haben und der erscheinende Gott ihnen ausdrücklich mitteilen will, sind die Menschen auf ihre Wahrnehmungsmöglichkeiten angewiesen. Sie *sehen* und *hören* – und (be)*fühlen* sehr gelegentlich auch[29] –, was ihnen entgegenkommt. Dabei ist es jetzt nicht wichtig, ob dies im Wachzustand oder in Visionen geschieht. Und umgekehrt können sich Menschen Gott nur *mitteilen*, wenn sie reden oder sich in anderer Weise expressiv äußern oder aber bestimmte Gesten vollziehen und dabei zusätzliche Mittel einsetzen. Zu diesen Mitteln gehören – wo es üblich ist – auch Opfergaben jeder Art. Alles, was innerhalb dieser Kommunikation in den Bereich der Sprache eingeordnet werden kann, setzt Anrede voraus – und damit ein Gegenüber, das über dieselben Kommunikationsorgane verfügt wie der jeweils Redende. Und das Gegenüber muß einen Namen haben. »Der Eigenname der Götter erlaubt einen ›Umgang‹ mit Göttern im Medium von Sprache und nach den Regeln verbaler Kommunikation.«[30]

Wir müssen allerdings wieder lernen, daß die Beziehung zu Gott keinesfalls nur aus Formen verbaler und nonverbaler Kommunikation besteht. Die Mystik hat neben diesen liturgisch nutzbaren Möglichkeiten, mit Gott in Beziehung zu

---

29. 1. Mose 32,24-29; Joh 20,27. Natürlich werden gelegentlich auch die anderen Sinne verwendet; aber in unseren Überlieferungen spielen sie nur eine untergeordnete Rolle.
30. Gladigow (1993), S. 44.

sein, ganz andere gefunden, die der an der Philosophie geschulten Theologie aber wesensfremd sind. Außerdem sind die Mystik und die zur ihr gehörende *Kontemplation* ganz und gar nicht an definitorischen Abgrenzungen gegenüber anderen Religionen interessiert. Sie gehen vielmehr davon aus: »Es gibt nur eine Erste Wirklichkeit, nur eine Wahrheit, nur einen Berg, auf den viele Wege führen. Wer diesen Berg besteigt, erfährt, was alle Religionen eint. ... Und er stellt fest, daß sie unabhängig von ihrem gemeinsamen Ziel auch gemeinsame Grundstrukturen aufweisen. So empfehlen fast alle spirituellen Wege für den Anfang die Sammlung auf einen Fokus, an den das unruhige und herumstreunende Bewußtsein gebunden wird.« Das kann durch das Atmen geschehen, durch einen Laut, ein Wort, eine Litanei. Sie dienen nicht als Gegenstände des Nachdenkens, sondern es geht darum, mit ihnen eins zu werden. Die zweite, allen gemeinsame Grundstruktur ist nach *Willigis Jäger* »die Bewußtseinsentleerung: Man versucht, nichts von dem anzunehmen, was in dem an und für sich leeren Bewußtseinsraum auftaucht. Man läßt alles vorbeiziehen – wie ein Spiegel, der alles reflektiert, sich aber mit nichts identifiziert.« Bei Johannes vom Kreuz wird dies »als ›liebendes Aufmerken‹ oder reine Aufmerksamkeit« bezeichnet[31].

Die theologische Definition oder auch nur Beschreibung göttlicher Eigenschaften vermag also immer nur *eine* Seite des Beziehungsgefüges Mensch-Welt-Gott zu erfassen. Hinzu kommt, daß sich die menschlichen Wahrnehmungsmöglichkeiten während der Lebensjahre über die psychosexuellen und intellektuellen Entwicklungsstufen hin erheblich verändern. Und was für die biographische Entwicklung gilt, gilt abgewandelt auch für den alltäglichen Kreislauf vom Schlaf und Traum über die Wachträume zu Höhepunkten des Bewußtseins, zu wieder abfallender Konzentration und schwächeren Bewußtseinszuständen bis hin zur Rückkehr ins Vor- und Unterbewußte. Trotzdem tun wir immer so, als gäbe es eigentlich nur eine einzige Stufe menschlichen Selbst-, Welt- und Gottesverständnisses – nämlich diejenige des gebildeten Erwachsenen, des Bewußtseins und des Reflexionsvermögens. Angesichts auch dieser merkwürdigen Perspektivverengung ist es von großer Bedeutung, daß mittlerweile Untersuchungen darüber vorliegen, *was Kinder glauben*[32]. Liest man diese und andere Quellen religiöser Selbst- und Weltdeutung[33], erfährt man, wie we-

---

31. Jäger (2000), S. 119.
32. Ich verweise beispielhaft auf Arnold/Hanisch/Orth (1997) und Orth/Hanisch (1998). In unserer Berliner Erhebung von 1992 haben wir ebenfalls große Unterschiede zwischen Jugendlichen und der Durchschnittspopulation festgestellt: vgl. B. Dieckmann/C. Maiello, Glaube und Lebensalter. Zusammenhänge religionssoziologischer Merkmale mit dem Lebensalter, in: Jörns/Großeholz (1998), S. 53-79, sowie J.-M. Lischka/C. Großeholz, Glaube und religiöse Orientierungen von 17-19jährigen Gymnasiastinnen und Gymnasiasten, in: ebenda, S. 127-164.
33. EKD (1998); Zulehner/Hager/Polak (2001a); Jörns (1999a).

nig repräsentativ die gebildeten kirchennahen Erwachsenen für das sind, was tatsächlich im Land geglaubt wird. Deshalb müssen wir den dogmatisierten genauso wie den nicht-dogmatisierten Vorstellungen gegenüber immer eine gewisse Distanz wahren und uns auf jeden Fall davor hüten, aus ihnen ein definitives Wissen über Gott abzuleiten. Vielleicht kommt noch die Zeit, in der es zum Standard gehören wird, theologische Aussagen nach den Einflüssen zu differenzieren, die von unterschiedlichen Lebensaltern und Lebenssituationen auf das Wahrnehmungsgeschehen ausgehen.

Der Gedanke der Ebenbildlichkeit schränkt die wahre Universalität Gottes ein und fördert den Mißbrauch tödlicher Gewalt

Das hat sich gezeigt: Es ist nicht richtig, wenn wir immer nur von der Gottebenbildlichkeit des Menschen reden und so tun, als gehe es dabei primär um eine theologische Denkfigur. Die Ebenbildlichkeits-Vorstellung ist vielmehr eine Wahrnehmungsgestalt. Von ihr können wir sinnvoll nur reden, wenn wir zugleich von der Menschenebenbildlichkeit Gottes sprechen. Deshalb sollten wir künftig *von der wechselseitigen Ebenbildlichkeit von Gott und Menschen reden*, wenn wir das behandelte Phänomen ansprechen wollen. Dann erst zeigt sich auch die ganze Problematik, die sich damit verbindet.

Auch wo es nicht erlaubt ist, Gott darzustellen, drängt sich unser menschliches Selbstverständnis, von Gott zu kommen, in unsere Vorstellungen von Gott und von den anderen Geschöpfen hinein. Für den gläubigen Menschen ist die Gottesbeziehung so bedeutend, daß wir uns durch sie innerhalb der ganzen Schöpfung als privilegiert zu verstehen gelernt haben. Als typisch dafür soll gelten, was in der katholischen Lehre so formuliert worden ist: »daß alles auf Erden auf den Menschen als seinen Mittel- und Höhepunkt hinzuordnen ist«[34]. Auch in evangelischer Dogmatik lese ich: »Wahr ist: Die ganze Bibel *ist* für den Menschen. Sie *ist* humanistisch und stellt den Menschen an die Spitze der übrigen Geschöpfe.« Der »neuzeitliche, glaubenslose Humanismus« denke dagegen zu niedrig vom Menschen. »Denn er leugnet, daß der Mensch unter allen Geschöpfen sogar in der besonderen Würde der Rede- und Hörgemeinschaft mit Gott steht, ja, gerade *hieraus* seine besondere Würde zieht und darüber selbst eine bestimmte Analogie zum Göttlichen darstellt.«[35] Hier ist die anthropozentrische Sicht des ganzen Lebens auf den Punkt gebracht worden und spricht dieselbe Sprache wie eine Erwählungstheologie[36]. Von den vielen Pro-

---

34. *Gaudium et spes*, bei: Starke (1992), Sp. 368.
35. Gestrich (2001), S. 150.
36. Ebeling (1979), I, S. 385, stellt den Zusammenhang von Bilderverbot, Schöpfungsglauben und Erwählungsglauben als »offensichtlich« heraus.

blemen, die sich mit dieser *Selbst-Privilegierung des Menschen* verbinden, spreche ich im folgenden einige an.

Diese Selbstprivilegierung mit der *menschlichen Sprache* zu begründen, überrascht nicht angesichts der Bedeutung, die das *Wort* im Hebräischen und der *Logos* im Griechischen haben. Stellt man neben die beiden Kulturen allerdings die ägyptische und die in ihr entwickelte *Sprache der Bilder*, nimmt sich eine reine Wort-Kultur schon nicht mehr so einzigartig und überlegen aus. Außerdem wissen wir immer noch viel zu wenig davon, wie sich Tiere und Pflanzen untereinander verständigen, und so gut wie gar nichts davon, wie sich Gott mit den übrigen Geschöpfen verständigt, um uns so hoch erheben zu können. In den zitierten dogmatischen Aussagen wird wie selbstverständlich unterstellt, daß es keine intensivere und bessere Verständigung als diejenige gäbe, die wir in der wortgebundenen Sprache (»Rede- und Hörgemeinschaft«) benutzen. Aber genau diese unhinterfragte Absolutsetzung des Eigenen stellt das wirkliche Problem des Anthropozentrismus und des Ethnozentrismus dar. Es reicht bis in die Bibel hinein.

Davon zeugt, wie wir Theologen normalerweise *Bilder* unterschätzen. Manfred Görg hat die These vertreten, daß alle Bemühungen darum, den vermeintlichen Sinngehalt der Bilder »in die Sprache der begrifflichen Differenzierung und theologischen Gedankenspiele« zu transponieren, der Bildsprache nicht gerecht werden: Der Drang, die Bibel argumentativ zu benutzen und »den bildhaften Wendungen des Credo die Anbindung an biblische Wendungen und Vorstellungen zu sichern, ist respektabel, bleibt aber ein Torso, solange nicht auch die Bildsprache der Bibel in ihrer Eigendynamik erkannt und transparent gemacht wird.«[37] Mit der Privilegierung der *Wortebene* in der Kommunikation zwischen den Menschen genauso wie innerhalb der Mensch-Gott-Welt-Beziehung sind nicht nur die Intellektualisierung und Überverbalisierung gefördert worden. Im Gegenzug sind *unsere Ausdrucks- und Wahrnehmungsfähigkeiten so geschrumpft*, daß wir den Bildern keine vollwertige Aussage mehr zutrauen, sofern sie nicht zuvor übersetzt worden sind in *Sprache*.

Wie die Mensch-Gott-Beziehung wegen der – vermeintlich auch von Gott benutzten! – menschlichen Sprache *privilegiert* worden ist, sind alle nicht der menschlichen Sprache fähigen Wesen von der Theologie *unterprivilegiert* worden. Hier rächt sich, daß Theologie bislang nichts von Wahrnehmungsvorgän-

---

37. Görg (1998a), S. 15. Man kann mit der nötigen Vorsicht erwägen, ob die Bildersprache der Ägypter und die *Biblia pauperum* – also die mit alt- und neutestamentlichen Bilderfolgen ausgemalten Kirchen und Bücher – nicht verwandt sind. – Auch *Martin Urban* (2002) hat versucht, über das Verstehen der alten und neuen *Bilder* zu erklären, wie »die Welt im Kopf entsteht« (ebenda, S. 103-206), und die These gewagt: »Die Sprache ist ein Gefängnis« (224-227). Urban schließt an Erkenntnisse des Linguisten *Benjamin Lee Whorf* (1897-1941) an, die sich mit der Wahrnehmungstheorie Viktor v. Weizsäckers decken, aber die *sprachlichen* Vorprägungen stärker betonen.

gen hat wissen wollen. Sonst würde sie die Sprache ganz zu den *Wahrnehmungsmitteln* des Menschen rechnen und nicht gleich als exklusives Kommunikationsmedium zwischen Gott und Menschen postulieren. So aber hat man fast den Eindruck, der biblische Gott habe selbstverständlich auch Hebräisch gesprochen. Immerhin geht aber noch die Geschichte vom »Sündenfall« davon aus, daß Gott, Menschen und Tiere miteinander »reden« und sich verstehen können – und zwar auch noch *nach* der Vertreibung aus dem Paradies! Eine ähnliche Dreiecksunterhaltung wird von dem Seher Bileam, seiner Eselin und einem Engel Jahwes berichtet *(4. Mose 22,22-35)*. Darum geht es allein: um das *Verstehen* und *Verstandenwerden*. Mündliche und schriftliche Sprache sind kein Selbstzweck oder Hoheitsattribut.

Was im Blick auf die Unterprivilegierung der Mitgeschöpfe der Menschen gilt, gilt auch für Menschen, die unsere eigene Sprache nicht fließend zu sprechen verstehen. Das griechische Wort für »stottern«, »nicht fließend Griechisch sprechen können«, ist in unser Wort »Barbar« eingegangen! So ist die *eigene* Muttersprache, die ja immer nur eine Regionalform der *menschlichen* Sprache darstellt, schließlich sogar zum Kriterium dafür geworden, wem wir (aus der eigenen Perspektive) die volle Menschenwürde zusprechen oder verweigern. An diesem Punkt gehen Anthropozentrismus und Ethnozentrismus wieder ineinander über. Deswegen ist es an der Zeit, die Mensch-Gott-Beziehung zurückzubringen in den Gesamtzusammenhang des Lebens. Dazu gehört es, die Bedeutung der Wortebene zurückzufahren und uns in der Theologie auch anderen Kommunikations-, Wahrnehmungs- und Erkenntniswegen zuzuwenden.

Wir haben gesehen, daß die Vorstellung einer Gottebenbildlichkeit oft genug dazu geführt hat, daß die menschlichen und nicht-menschlichen Geschöpfe *polygenetisch* hergeleitet worden sind. Denn je nach Hautfarbe, Sprache und Lebensgewohnheiten der Menschen, und natürlich je nach ihrer Gattung unter den Tieren konnten die Geschöpfe von jeweils eigenen göttlichen Stammeltern hergeleitet werden. Auf diese Weise wird nicht nur die Erde in getrennte oder gar konkurrierende Lebensbereiche aufgeteilt, sondern auch der »Himmel« darüber. Der Gedanke, alle von *einem* Stamm herzuleiten *(Monogenesie)*, und diesen einen Stamm auch mit *einem* Gott zu verbinden *(Monotheismus)*, wird durch die anthropozentrischen *und* ethnozentrischen Verengungen und die daran gebundenen Wahrnehmungsgestalten Gottes erheblich erschwert, wenn nicht gar unmöglich gemacht. Jeder Absolutheitsanspruch, auch der christliche, wirkt in dieselbe fatale Richtung.

Doch niemand sollte denken, dies sei ein Problem mangelnder Reflexionsfähigkeit. *Carsten Colpe* hat beklagt, daß auch in der Religionswissenschaft ein *Eurozentrismus* der Gottesvorstellungen anzutreffen sei[38]. Das Kategorien-

---

38. Colpe (1989), Sp. 286f.

system, das bei Vergleichen unterschiedlicher Religionen angewendet wird, ist immer noch stark von europäisch-christlichen Gottesvorstellungen bestimmt. Dadurch fehlt der Wissenschaft die Offenheit, andere Wahrnehmungsgestalten Gottes und religiöse Systeme wirklich zu verstehen. Hier wirkt sich der Druck zur kulturellen Kohärenz äußerst problematisch aus: eben ethnozentrisch. Kulturelle Kohärenz sorgt dafür, daß Kommunikation innerhalb der eigenen Kultur gelingt. Aber dadurch kann kulturelle Kohärenz auch abgrenzen und ausgrenzen. Weil das so ist, muß das *religiöse* Erbe der Menschheit nach und nach genauso in das kommunikative Gedächtnis der *Menschheit* einbezogen werden, wie es bereits mit dem sogenannten Weltkulturerbe geschieht. Erst, wenn auch für das religiöse Erbe der Menschheit eine gemeinsame Verantwortung entsteht, wird diesem Ziel näher zu kommen und darauf zu hoffen sein, daß sich ein *kulturelles Gedächtnis der Menschheit bildet*. Voraussetzung dafür, daß eine solche Verantwortung wachsen kann, ist allerdings die Überzeugung der Religionen, Filiationen einer universalen Wahrnehmungsgeschichte Gottes auf der Erde zu sein. Und das schließt die Bereitschaft ein, die unterschiedlichen Überlieferungen der Religionen genauso wie die unterschiedlichen Menschenrassen – im Mythos gesprochen – aus *einer* Herkunft herzuleiten. Nur dies würde sich auch naturwissenschaftlich verständlich machen lassen.

Die Ebenbildlichkeitsvorstellungen der Menschen behindern die Universalität Gottes noch auf anderen Ebenen. Indem *Heilsgeschichte* als Geschichte Gottes mit den *Menschen* verstanden wird, ist der Weg vom darin wirksamen Anthropozentrismus zum Ethnozentrismus und zum Geozentrismus nicht mehr weit. So hat es sich ergeben, daß Juden und Christen je auf ihre Weise die biblische *Spur* der universalen Wahrnehmungsgeschichte Gottes als *die* Wahrnehmungsgeschichte Gottes (»Heilsgeschichte«) überhaupt verstanden haben. *Sie haben nie ernsthaft danach gefragt, auf welche Weise die fremden Spuren der universalen Wahrnehmungsgeschichte Gottes mit Gottes Universalität zusammenhängen.* Statt dessen versuchen sie bis heute, alles aus der eigenen Gedächtnisspur herzuleiten. Die anderen Erdbewohner – »Fremdvölker«, »Heiden«, Tiere, Pflanzen – werden der »Heilsgeschichte« Gottes mit den Menschen nur *mittelbar* zugeordnet und das heißt: sie werden ihr theologisch *untergeordnet*.

Weil die Ebenbildlichkeitsvorstellungen der Menschen seit eh und je inhaltlich durch die (eigenen) Bilder vom Menschen gefüllt werden, bestimmen sie auch das jeweils wirksame *kulturelle Gedächtnis*. Das hat natürlich Auswirkungen auch auf die favorisierte Form der Gesellschaftsordnung, da das kulturelle Gedächtnis als unsichtbare Religion alle Bereiche des Lebens beeinflußt. Die großen Auseinandersetzungen, die gegenwärtig im Nahen und Mittleren Osten im Blick auf eine politische Neuordnung geführt werden, spiegeln dramatisch, wie weit die Welt davon entfernt ist, ihre Wertvorstellungen aus einem *gemeinsamen* kulturellen Gedächtnis zu beziehen. Einen Weg dahin werden wir aber nur finden, wenn sich die drei Mittelmeeranrainer-Religionen Christentum, Islam und Judentum auf einen Kanon von Werten verpflichten, zu dem sie durch gemeinsam bewahrte Überlieferungen Zugang haben. Das Projekt »Weltethos« könnte hier Wegweisung geben. Die Erwähltheitsvorstellungen, die alle Religionen aus der Vergangenheit der großen Konkurrenz- und Überlebenskämpfe mit sich herumschleppen, stehen dem allerdings immer wieder bewußt oder unbewußt im Wege. An diesem Punkt laden die Religionen Schuld auf sich.

Die letzte problematische Erbschaft der Ebenbildlichkeitsvorstellungen von Gott und Menschen betrifft unser Verhältnis zur übrigen Schöpfung und damit die Ethik. Durch die Gottebenbildlichkeitsvorstellung hat sich der Mensch die Rolle des Herrschers gegenüber seinesgleichen (als Richter) und den Mitgeschöpfen angeeignet, und er demonstriert dieses Recht, indem er Menschen, Tiere und Pflanzen tötet. Der Gedanke, daß er der *Bewahrer* der Schöpfung sein soll, ist immer als weniger attraktiv angesehen worden. Hinzu kommt, daß durch die Vaterrolle des überlieferten biblischen Gottes das Gott-Sein des Sohnes immer im Schatten geblieben ist. Dadurch ist aber auch die Bereitschaft des Sohnes, den Geschöpfen zu dienen und mit ihnen zu leiden, selten wirklich als *Gottes Bereitschaft und Fähigkeit zu dienen und zu leiden* identifiziert worden. Gott konnte davon unabhängig Gott sein und an den alten Herrscher-Attributen festhalten. Dadurch blieb auch die Gottebenbildlichkeit ein gespaltenes Signal für das Selbstverständnis des Menschen. Er konnte zwischen Herrschen und Dienen wechseln, wie es ihm beliebte.

Wir können Gott nicht auf personale Kategorien festlegen

Persona ist im Lateinischen ein Begriff, der ursprünglich Antlitz, Maske und den Rollenträger im Bühnenspiel bezeichnet: der Mensch *redet, tönt,* durch die Maske *hindurch* (lat. *personare*). Dabei geht es *nicht* um das Individuum, sondern um eine jeweils bestimmte soziale Funktion und Bedeutung. Die christliche Theologie hat den Begriff aufgegriffen, um auszudrücken, wie sie sich das Verhältnis von Gott-Vater, Gott-Sohn und Gott-Heiliger Geist denkt. Das Nachdenken über Gottes und insbesondere Christi Person-Sein hat aber immer auch dazu geführt, daß die Theologen unser, der Menschen, Person-Sein mit reflektiert haben. Darin muß auch eine Auswirkung des Ebenbildlichkeitsdenkens gesehen werden. Auf diese Weise ist jedenfalls ›Person‹ zu einem zentralen Begriff der christlichen Anthropologie geworden. Von dem Philosophen Boëthius (um 480-523) stammt die Definition, Person sei »der unteilbare Selbstand eines geistigen Wesens«[39].

---

39. Husslik (1992), Sp. 1131.

Doch diese Person-Begrifflichkeit führt, wie der Begriff der Unteilbarkeit (daher: »Individuum«) anzeigt, auch in schwere Probleme. Der Gedanke der Unteilbarkeit vermittelt nämlich die Vorstellung von einem in sich abgeschlossenen Wesen. Das aber trifft auf den Menschen gerade nicht zu, weil er nicht nur ein *individuelles*, sondern zugleich auch eine *soziales* Wesen ist. Individualität und Sozialität durchdringen sich so intensiv, daß sie zwar theoretisch unterschieden, aber nicht getrennt werden können. Sie bilden eine *komplementäre* Einheit. Ihre innere Kohärenz, heißt es in der Sprache *Viktor von Weizsäckers*, »zerreißt«, wenn ein Mensch einem anderen Menschen – oder natürlich auch Gott – begegnet und diese Begegnung als ihren *Eindruck* in sich *aufnimmt*. Er muß nun seine innere Welt neu strukturieren. Diese Tätigkeit aber ist das, was Geist tut.

Nehmen wir die Grundbedeutung von *persona* noch einmal auf, dann kann die Rede vom Person-Sein Gottes nur die menschlichen Wahrnehmungsgestalten »Vater« und »Sohn« meinen, also gewissermaßen die »theistische Maske«, durch die wir aufgrund unserer schriftlichen Überlieferungen gelernt haben, von Gott zu reden. Er spricht zu uns durch diese aus unserer Vorstellungswelt stammende »Maske«. Doch das erlaubt es *nicht*, daß wir über die Brücke der doppelten Ebenbildlichkeit unser modernes Personbewußtsein und unser Individualitätsverständnis in Gott implantieren und dann wieder von ihm herleiten dürften. Wenn wir ihn nach Menschenart anreden, müssen wir wissen, daß wir ihn uns trotzdem nicht als Menschengestalt vorstellen, geschweige denn sagen dürfen: Gott sieht aus wie wir, oder wir wie er. Wir reden ihn wie ein menschliches Du an, weil wir *für das Gebet* gar keine Alternative zur Verfügung haben. Für die Kontemplation braucht man allerdings anthropomorphe Gestaltkonfigurationen nicht.

Ist Gott Geist, so ist die alte und neue Kritik an einer bildlich-gestalthaften Gottesvorstellung seit Pharao Echnaton berechtigt und auch von uns Christen wie von den Juden und Muslimen zu beherzigen. Das heißt konkret: Alle christlichen bildlichen Darstellungen von Gott stellen menschliche Vorstellungen, vermischt mit inneren Bildern, dar, mehr nicht. Nur, wo es um den irdischen Jesus geht, haben die bildlichen Darstellungen einen gestalthaften, innerweltlichen Bezugspunkt. Doch selbst das muß noch mit dem Vorbehalt gesagt werden, daß es keinerlei authentische Beschreibung seiner irdischen Gestalt gibt und alle Jesusgestalten der christlichen Ikonographie Vorstellungen reproduzieren, die die schriftlichen Überlieferungen und ihre Auslegung durch die Künstler hervorgerufen haben. Und der, zu dem man *heute* im Gebet reden kann, ist ohnehin der Auferstandene, der neue Gott, und damit aller bildlichen Faßbarkeit entzogen.

Daß menschliche Erfahrungen und Bilder unsere Wahrnehmungsgestalten von Gott und seiner *persona* bestimmt haben, hat sich fatal auf die Beziehung der Geschlechter und auf die gesellschaftliche Rolle der *Frau* ausgewirkt. Denn die *persona* Gottes ist im jüdischen Jahwe-Glauben ursprünglich eine *männliche* Rolle. Entsprechend ist der erste Mensch, Adam, auch ohne daß es ausdrücklich gesagt werden muß, ein *Mann*. Die Frau wird aus seiner Rippe gemacht, wird als ein Neben- oder Zusatzprodukt des Mannes verstanden, wie die (zweite) Schöpfungsgeschichte des Jahwisten unterstreicht *(1. Mose 2,18-23)*. Die Zürcher Bibel *Zwinglis* und auch *Luther* haben jene Stelle, an der Adam Eva das erste Mal sieht und ihr einen – seinen – Namen gibt, deshalb von den dahinter stehenden Vorstellungen ganz richtig wiedergegeben: »sie soll Männin heißen, denn vom Mann ist sie genommen.« *(V. 23)* Die Ebenbildlichkeitsvorstellung hat dann immer ganz selbstverständlich vom Mann Adam auf die Männlichkeit Gottes zurückschließen lassen. Dadurch gerät die Frau in Unterordnung und Abhängigkeit *(1. Mose 3,16)* vom Mann, ja, durch die Sündenfallgeschichte auch in das Zwielicht der verführbaren Verführerin *(1. Mose 3,1-7)* – zumal die kanaanäischen Fruchtbarkeitsgöttinnen Gott Jahwe immer ein besonderer Dorn im Auge gewesen und von der jüdischen Theologie bekämpft worden sind. Aus der Stelle 1. Mose 1,27[40] hat man immer schon – und nicht erst aus feministischer Perspektive – ableiten können, daß der Schöpfer das Weibliche und das Männliche *in sich selbst* hat. Und doch ist diese Tatsache erst am Ende des 20. Jahrhunderts wieder ins Bewußtsein der Theologie geraten – dank der Frauen!

Die Mystik als Weg in eine Zukunft, in der wir Menschen uns *menschlich* sehen lassen können

Es beeindruckt mich sehr, wieviel Gemeinsames es zwischen der Wahrnehmungstheorie Viktor von Weizsäckers und der wieder entdeckten Mystik gibt. In einem wichtigen Erlebnis waren von Weizsäcker die Grenzen zwischen Subjekt und Objekt fließend geworden. Er erkannte dadurch, daß die Aufgabe, ein Objekt wahrzunehmen, das außerhalb von uns ist, durch eine andere Aufgabe abgelöst werden könnte: durch die Frage, warum Subjekt und Objekt überhaupt *auseinandertreten* und nicht auch für unsere Wahrnehmung eine *Einheit* bilden. Ich zitiere ihn noch einmal: »Wie also wird es möglich, daß ich nicht dieses Ding bin, das Ding nicht ich ist? Die Negation also will jetzt begriffen werden.« Seine Antwort lautet: »Die Negation ist es (also), in der schmerzvoll das Ich vom Nicht-Ich sich trennt, Subjekt und Objekt auseinandertreten ... Die Ureinheit von Subjekt und Objekt *und*[41] deren Auseinandertreten durch

---

40. »Gott schuf die Menschen nach seinem Bilde, nach dem Bilde Gottes schuf er sie, und schuf sie als Mann und Frau«. Ich übersetze *adam* hier als Kollektivum pluralisch.
41. Kursivierung von mir.

Verneinung machen zusammen die Beschreibung der menschlichen Existenz aus.«[42]

Übertragen wir von Weizsäckers Frage und Antwort auf die Beziehung von *Gott und Welt*, dann entsteht die Einsicht, daß wir die Aufgabe der Theologie nicht darin sehen können, Gott zu *erkennen*[43]. Wir müssen fragen, ob all die anthropomorphen Bilder von Gott in Wahrheit Ahnungen einer Einheit von Gott und *Welt* sind, weil Gott alles umfaßt und ist. Ich habe *Welt* kursiviert, um deutlich zu machen, *daß es bei der neuen Fragestellung nicht mehr um die privilegierte Beziehung Mensch-Gott gehen kann, die die übrigen Geschöpfe abermals ausschlösse*. Denn dann hätten wir keine wirklich neue, sondern eine geringfügig modifizierte Neuauflage der alten Fragestellung.

In seinem »Hyperion oder der Eremit in Griechenland« hat *Friedrich Hölderlin* (1770-1843) zu diesem Sein Gottes, das die ganze »Natur« einschließt, über die *Schönheit* einen Zugang gefunden:

»Der Mensch ist aber ein Gott, so bald er Mensch ist. Und ist er ein Gott, so ist er schön. ... Denn im Anfang war der Mensch und seine Götter Eins, da, sich selber unbekannt, die ewige Schönheit war. – Ich spreche Mysterien, aber sie sind.«[44]

Über den Trümmern Athens stehend, sagt Hyperion:

»Es wird nur Eine Schönheit seyn; und Menschheit und Natur wird sich vereinen in Eine allumfassende Gottheit.«[45]

Noch einen anderen Zugang zur Überwindung der Subjekt-Objekt-Trennung möchte ich ansprechen, wie ich ihn durch *Jacques Lacan* und *Rainer Maria Rilke* kennengelernt habe. Lacan sagt:

»Auf dem Felde des Sehens gliedert sich alles zwischen zwei Polen, die in einem antinomischen Verhältnis zueinander stehn – auf seiten der Dinge gibt es den Blick, das heißt, die Dinge blicken mich/gehen mich an, und ich wiederum sehe sie. In diesem Sinne ist das Wort des Evangeliums aufzufassen – *Sie haben Augen und sehen nicht.* Und sehen was nicht? – eben dies: daß die Dinge sie anblicken/angehn.«[46]

Ich finde in diesem Gedanken jene Realität wieder, die *Carl Friedrich von Weizsäcker* mit der Definition angesprochen hat, daß »das Eigentliche des Wirklichen Geist« ist. Weil alle Dinge und Wesen vom Geist miteinander in Beziehung gehalten werden, ›geht uns eigentlich alles an‹, kommt alles auf uns zu, dem wir begegnen. Daß wir davon nicht viel wahrnehmen, liegt unter anderem an der anthropozentrisch bedingten Eingeschränktheit unseres Sehens: Wir se-

---

42. V. v. Weizsäcker (1986), S. 81
43. Kurt Hübner hat das mit Nachdruck betont: (2001), S. 9.
44. Hölderlin (1984), S. 110.
45. Hölderlin, ebenda, S. 124.
46. Lacan (1994), S. 78 f.

hen zuerst und zuletzt und überall uns selbst und haben darum größte Mühe, wirklich wahrzunehmen, was außerhalb von uns ist und anders ist, als wir sind. Da zeigt sich der Mensch als ein auf sich selbst fixiertes Wesen. Wo wir verstehen lernen, daß nicht das Subjekt und das Objekt je für sich das Leben ausmachen, sondern die wechselseitige Beziehung zwischen beiden das Entscheidende ist, ändert sich das Leben. Da gewinnen wir nicht nur ›Augen für die anderen‹, wie es immer mit unterschwelligem Appell zur Nächstenliebe heißt, sondern begreifen, daß die anderen – Menschen, Tiere und Dinge – *uns sehen, Augen für uns haben.* Ist Gott Geist, sind es auch die »Augen« Gottes, die uns dann ansehen. Diese Aussage hat Sinn, gerade weil Gott keine menschliche Gestalt *ist.*

In Rilkes Gedicht »Archaischer Torso Apollos«[47] führt die überraschende Wende am Ende in denselben Gedanken, ja, noch wesentlich weiter. Der Dichter betrachtet den Torso einer archaischen Apollo-Statue im Louvre und erkennt, wie der Torso seine Gedanken lenkt. Nachdem er beide, den Torso und seine Wahrnehmungen, beschrieben hat, stellt er an ihm fest: »… da ist keine Stelle, die *dich nicht sieht.*« So eindringlich sieht der Torso Apollos den Dichter an, daß dieser nicht mehr bleiben kann, der er bis dahin gewesen ist. Das Gedicht schließt: »Du mußt Dein Leben ändern.«

Eine solche Änderung kann bedeuten, daß wir die ganzen Bemühungen, Objekte unserer Erkenntnisbemühungen zu definieren, loslassen und uns den spirituellen Erfahrungen zuwenden. In ihnen können wir wahrnehmen, daß Objekt und Subjekt, Welt und Mensch, aber auch Gott und Mensch, *beieinander* sind, und daß, was zu erfahren ist, die *Beziehung* zwischen beiden ist. Da ist, da *geschieht* das »Eigentliche des Wirklichen«: Geistes-Gegenwart als Erfahrung oder zumindest Ahnung der Einheit. In der Sprache von uns Heutigen wird dafür eher die Erfahrung einer *Geborgenheit* genannt[48]. Sie weist in dieselbe Richtung.

Die *Mystik* hat immer schon und in unterschiedlichen Religionen davon gewußt, daß meditative und kontemplative Wege zu Erfahrungen führen, zu denen die wortgebundene Denkweise niemals gelangt. Wir sollten versuchen, die in der Bibel ausgeblendeten Perspektiven Zug um Zug für uns zurückzugewinnen und dabei auch von anderen Religionen zu lernen. Die bislang am weitesten verbreitete Grenzüberschreitung von Christen ist hin zum ZEN-Buddhismus geschehen. Christliche Zen-Meister wie Willigis Jäger haben vielen Menschen helfen können, von den anthropozentrischen Verobjektivierungen und Grenzziehungen wegzukommen, die Gott und Welt, Gott und Menschen trennen oder bestimmte Gottesvorstellungen absolut setzen. Erst dann, wenn jene ver-

---

47. Rilke (1980), S. 313.
48. Jörns (1999a), S. 74-76.

abschiedet, losgelassen worden sind, kann ein Mensch jener Einheit ansichtig werden, die die Mystik als unteilbares Eines kennt. Gott und Mensch werden dabei »nicht gleich gesetzt. ... Die Hand hat zwei Seiten. Wer mit dem Verstand hinschaut, muß eine Seite nach der anderen betrachten. Von innen werden beide Seiten als Eines erfahren. Deshalb ist es zugleich eine Erfahrung der völligen Leere und der totalen Fülle.«[49]

Glauben wir, daß Gott Geist ist, daß er aber von den Menschen je nach kultureller Umgebung und Gedächtnisspur unterschiedlich wahrgenommen wird, dann ist das auch eine gute Basis für eine neue Form von *Toleranz*. Denn daraus folgt, daß wir nicht nur nicht mehr sagen können: So, wie es unsere Traditionen sagen, *ist* Gott! Sondern wir können auch nicht mehr sagen: Obwohl *nur wir* die Wahrheit kennen, gestehen wir den anderen eine Existenzberechtigung zu »und lassen sie leben«. Toleranz muß heute heißen, daß wir die anderen Religionen so intensiv kennenlernen, bis wir uns in den Augen der Anderen sehen. Dann nämlich werden wir, glaube ich, Rilke erinnernd, sagen können: ›Da ist fast keine Stelle, die dich nicht sieht. Du mußt dein Leben ändern.‹[50]

Eine wesentliche Änderung wird auf die Theologie zukommen, wenn wir auch den *Geozentrismus* loslassen werden, also die Fixierung unseres Denkens und Glaubens auf einen internen Zusammenhang von Gott und Erde, allenfalls erweitert auf Gott und unser Sonnensystem. Doch die Theologie ist nicht vorbereitet auf das Reden von einem All-Einen-Gott. Ist Gott wirklich Gott, müßte er auch mit *allen* Sonnensystemen zu tun haben. Solche Gedanken zu denken, macht es allerdings nötig, unsere uns Menschen und diese Erde privilegierenden Vorstellungen vom Leben aufzugeben. In ihnen sehen wir uns Erdenmenschen nämlich am liebsten auf Gottes Schoß sitzen und leben »wie Gott in Frankreich«. Alle Theologie ist menschliche Theologie, menschliche Konstruktion von Wirklichkeit. Gottes Universalität den ihr angemessenen Raum zu lassen, ist deshalb eine schwere, aber die notwendige Aufgabe.

Was ist nun aber mit all dem, was die Theologie bisher in der Gottebenbildlichkeit des Menschen begründet gefunden hat – von seiner Rolle als Bevollmächtigter Gottes gegenüber den Tieren angefangen bis zur Menschenwürde und zu seinem modernen Selbstverständnis als Individuum? Nichts davon bedarf der Herleitung von der Vorstellung einer Gottebenbildlichkeit des Menschen. Es gibt nichts, was nicht beim Achten auf den Weg Jesu zu finden, nichts, was nicht von der unbedingten Liebe Gottes her zu begründen wäre. Christsein heißt, sich an dem ›bewegten Bild‹ vom wahren Leben zu orientieren, wie es

---

49. Jäger (2000), S. 43.
50. Viele Menschen können mit personalen Gottesvorstellungen nichts mehr anfangen. Bei unserer Umfrage haben wir 15 % der Befragten den »Transzendenzgläubigen« zuordnen können, die zwar an transzendente Wesen und Mächte oder Energien glauben, aber ausdrücklich nicht an einen persönlichen Gott; Quelle: Jörns (1999a), 60 f. 212-215.

Jesus Christus gelebt hat. Die Würde des Menschen wird nicht kleiner, behaupte ich, sondern größer, reiner und schöner, wenn wir ›Christi Bild‹ leben – auch gegenüber den Mitgeschöpfen. Denn auf diese Weise erhalten sie ihre Schöpfungswürde zurück. Gehen wir *so* mit ihnen um, können wir uns auch wieder *von* ihnen sehen lassen. Vielleicht sagen dann Tiere auch einmal mit Staunen und nicht mehr nur mit Schrecken *(1. Mose 9,2)* untereinander, wenn sie einem Menschen begegnen, was Pilatus beim Anblick Jesu gesagt hat: »Siehe, der Mensch!« *(Joh 19,5)* Anstatt die antiken Herrschafts- und Herrschermodelle – auch und gerade in der Ethik – weiterhin zu reproduzieren, können wir dann endlich unsere Aufgabe wahrnehmen, die Erde zu kultivieren und zu bewahren *(1. Mose 2,15)*. Es ist Zeit, daß wir in der Ethik Abschied nehmen davon, uns am Gottesbild zu messen, das unsere Idealbilder repräsentiert. Es ist Zeit, daß wir das Menschenmaß akzeptieren, mit dem Jesus Christus die Gottebenbildlichkeit korrigiert hat.

Der Glaube, daß Gott Geist und Liebe ist, vermag unsere Fixierung auf die Vorstellungen von Personalität zu *durchschauen*. Denn er vermag hinter die Maske des Selbstseins und der Selbständigkeit zu sehen auf die transpersonale Wirklichkeit von Geist. Auch dieser Perspektivwechsel bedeutet nicht, den Menschen und seine Würde kleiner zu machen, als sie bislang in der Theologie beschrieben wurden. Nicht kleiner – wo dieser Vorwurf erhoben wird, ist sowieso immer schon ein gekränktes Selbstgefühl im Spiel! –, aber liebevoller und geistvoller können wir schon sein durch diesen Glauben.

6. Abschied von der Herabwürdigung unserer Mitgeschöpfe

»In der Dogmatik des 20. Jahrhunderts führt das Tier ein Schattendasein. Das ist um so erstaunlicher, als unter dem Einfluß der Umweltkrise das Interesse an der Schöpfungslehre und einer Schöpfungsethik in den vergangenen Jahrzehnten merklich zugenommen hat. Das Stichwort ›Tier‹ sucht man aber auch in den Entwürfen zur Schöpfungslehre meistens vergeblich.«[1] Aus der theologischen Literatur des vergangenen Jahrhunderts ragt die 1933 von *Albert Schweitzer* in Lambarene zu diesem Thema abgeschlossene Schrift »Mensch und Kreatur in den Weltreligionen«[2] als etwas Besonderes heraus. Sie bietet den Ansatz zu einer Ethik, die über das Menschliche hinaus alles Lebendige im Blick hat. Dankbar nehme ich viele Impulse daraus auf.

Die biblischen Schöpfungserzählungen flechten ein Netz von Lebensbeziehungen und kennen keine »Krone der Schöpfung«

Als Einstieg ist eine intensive Betrachtung der beiden Schöpfungserzählungen am Anfang der Bibel nötig. Denn darauf berufen sich theologische Aussagen über Mensch und Tiere (und Pflanzen) zumeist. Lesen wir die »Schöpfungsberichte«, müssen wir immer mitbedenken, daß es sich auch bei ihnen um theologische Entwürfe handelt, die aus anthropozentrischer Perspektive kommen wie ihre mesopotamischen und ägyptischen Vorlagen auch. Daß Mythen die ursprüngliche Heimat des Erzählstoffes sind, darauf weist noch der Plural: »Lasset *uns* Menschen machen nach *unserem* Bilde, *uns* ähnlich.« *(1. Mose 1,26)* Denn da redet noch ein Gott zu den Mitgliedern seines himmlischen Hofstaates, die wie Jahwe selbst *Älohim* heißen und die an mehreren Stellen mit Gott Jahwe zusammen an der himmlischen Ratsversammlung teilnehmen. »Die Vorstellung kommt vom Polytheismus her«[3], obwohl sie hier nur noch schemenhafter Hintergrund ist. Die erste Erzählung geht von der Welt her auf die *Men-*

---

1. Körtner (2002), S. 527, 48-52.
2. Schweitzer (2001), S. 177-220. Sie ist aus dem Nachlaß veröffentlicht worden. – An Schweitzers Arbeiten knüpft auch Altner (1991) an.
3. Gunkel (1910), S. 111; dort auch Belege für die himmlische Ratsversammlung: 1. Kön 22,19-22; Hiob 1; Dan 4,14; 7,10; Ps 89,8.

schen zu, die zweite geht von ihnen (bzw. zuerst von »Adam« allein) aus in die Welt hinein.

Die erste – jüngere – Erzählung *(1. Mose 1,1-2,4a)*, die priesterlichen Kreisen zugeschrieben wird, sagt vor allem, wie die einzelnen Schöpfungen und Geschöpfe mit Gott und *miteinander in Beziehung* sind. Sie flicht ein Beziehungsnetz. Schon *am 1. Tag* wird deutlich: *Schöpfung ist Unterscheidung, Ausdifferenzierung, eine makrokosmische Zellteilung* (ich hoffe, Biologen verzeihen mir den Begriff). Doch Unterscheidung ist nur möglich, weil das, was unterschieden werden kann, aufeinander bezogen ist. Nichts wird für sich geschaffen, alles hat ein unmittelbares Gegenüber, das zu ihm gehört und sein besonderes Wesen klärt: Himmel und Erde, Finsternis und Licht[4], Nacht und Tag, Abend und Morgen. Sie gehören nicht irgendwie zueinander, sondern so, wie Ich und Du in Sprache und Leben aufeinander bezogen sind. Mit dem einen Wort ist das andere im Grunde auch schon mit gesagt. Für sich genommen haben sie keinen Sinn. Der Sinn des Lebens, das kommt auch hier heraus, liegt in den Lebensbeziehungen selbst.

Einer bleibt vorerst ohne ein Gegenüber, das ihm ein Du wäre: der Schöpfer. Aber alles Geschaffene ist zu ihm in unmittelbarer *Lebensbeziehung*. Von Gott als *Schöpfer* und dem, was Welt ist, als *Schöpfung* zu reden, hat *diesen* Sinn. Dann gehen die Ausdifferenzierungen weiter: Das Wasser unter dem »Gewölbe«, das wir als Regen kennen, und das Wasser über dem »Gewölbe«, das sich sammelt, um Regen zu werden, werden voneinander durch den Himmel als Scheidewand unterschieden (2. Tag), am 3. Tag Land und Meer. Das Grün auf der Erde hat einstweilen niemanden, auf den es bezogen wäre. Am 4. Tag kommen die »Lichter« in den Blick: das Tageslicht, die Sonne, und die Nachtlichter, Mond und Sterne. Am 5. Tag schließlich werden die Wassertiere und fliegenden Tiere geschieden, und am 6. Tag setzt der Schöpfer die auf der Erde lebenden Tiere und die Menschen zueinander in Beziehung. Aber er bringt auch für sich selbst nun endlich ein Du: Wesen, die von ihm unterschieden und zugleich unmittelbar auf ihn bezogen sind – Menschen. *Geschaffen sind sie nach göttlichem Bild: als Mann und Frau*[5]. Auch sie sind *aufeinander* bezogen. Mit der Anwei-

---

4. Aber eins fällt auf: Der Schöpfer nennt nur das *Licht* gut, nicht die *Finsternis*. Weil die Sphäre der Finsternis offenbar nicht gut genannt werden kann, tritt in sie – und nur unterschieden – der *Geist Gottes* ein. Als Geist hält der Schöpfer auch zur Finsternis über der Urflut (die noch über der Erde zu denken ist) eine Beziehung. Niemand soll diesen Bereich als gott*los*, gott*leer*, ansehen. Da drängt sich sofort der Gedanke an die Nachtfahrt des ägyptischen Gottes Amun-Re in seiner Sonnenbarke auf. Er unternimmt sie allnächtlich, damit die gefährlichen Chaosmächte der Finsternis nicht das Leben gefährden. Diese Assoziation kommt nicht zufällig, denn der Sonnenlauf ist auch dem Ägypter ein »Spiegelbild der Schöpfung« gewesen, das er täglich beobachten konnte: Görg (2001), S. 15-20, hier: 17.
5. Westermann (1976), S. 221, sieht hier »die äußerst abgekürzte Fassung der je besonderen Erschaffung von Mann und Frau.« Zum Problem s. o. S. 220-222, 236 f.

sung, wie sie sich ernähren sollen, werden schließlich die Pflanzen der Erde einerseits und die auf der Erde lebenden Tiere und Menschen auf besondere Weise miteinander und mit der Erde in Beziehung gesetzt: Tiere und Menschen sollen sich von dem Grün, dem Kraut und von den größeren Pflanzen ernähren, *nicht* von Fleisch[6]. Die Schöpfungserzählung entwirft, ja, konstruiert eine Friedensordnung. Der *7. Tag* bringt allen Ruhe. Unverkennbar folgt diese Konzeption der Struktur der jüdischen Woche mit dem Sabbat als Höhepunkt. Doch das soll uns hier nicht beschäftigen.

Festzuhalten ist aber: Auf der spezifischen *theologischen* Ebene geht es in der ersten Erzählung um das *Beziehungsgefüge der Welt*. Es geht *nicht* um definierende Verobjektivierungen, an denen die alte Physik, wie ich sie noch in der Schule gelernt habe, und auch die Theologie bisher interessiert waren. Deshalb bringe ich auch an dieser Stelle ein Verständnis von Gott ins Spiel, wie ich es vom Evangelisten *Johannes (4,24)* übernommen und in Anlehnung an Carl Friedrich von Weizsäcker formuliert habe: *Gott ist Geist, das Eigentliche des Wirklichen*[7]. Denn damit ist ja gesagt, daß Gott alles in Beziehung hält: *zu sich nicht nur, sondern auch untereinander. Seele* meint nach meinem Verständnis diese *unkündbare Lebensbeziehung zwischen dem Schöpfer und seinen Geschöpfen.* Weil die Schöpfung als ganze mit Gott unlösbar verbunden ist, *ist sie auch als ganze beseelt.* Das ist der tiefste Grund der Würde, die die Geschöpfe haben.

Dieser Gedanke klingt schon in der Amarnazeit unter Pharao Echnaton in Ägypten an. In einem Hymnus an den Gott Re-Harachte sagt der »Einzige Sohn« zu seinem Vater:

»Du bist die lebendige Sonne, die unendliche Zeit ist dein Abbild; / du hast den Himmel fern gemacht, um an ihm aufzugehen, / um alles zu sehen, was du erschaffst, indem du ein Einziger bist, / aber Millionen von Leben in dir sind, um sie zu beleben – / (wie) Lebenshauch(, der) an die Nase (weht,) ist es, deine Strahlen zu sehen.«[8]

Trotz aller Unterschiede ist die Schöpfung nach der biblischen Erzählung wie nach dem ägyptischen Hymnus ein geschlossenes System. Andere Welten sind verständlicherweise nicht im Blick. Das »Werkzeug« des Schöpfers ist in 1. Mose 1 die Kraft seines Wortes (Logos): »Gott sprach: Es werde ...! Und es ward ...«. In Ägypten geschieht durch die Strahlen der Sonne, die aber bei den Geschöpfen als »Lebenshauch«, Lebensodem, an die Nase kommen und sie beleben. Wobei, was die Lebenskraft angeht, kein Unterschied gemacht wird zwischen Menschen und anderen Wesen! Durch den *Lebenshauch* kommen

---

6. Diese Schöpfungsordnung ist total vegetarisch gedacht. Das wird »später« in der Bibel korrigiert, steht aber für den Leser als in sich schlüssiger Entwurf erst einmal am Anfang da.
7. S. o. S. 125-128.
8. J. Assmann (1999), S. 216; die letzte Zeile habe ich mit einer anderen Übersetzung verbunden.

wir auf die Spur der zweiten, sogenannten jahwistischen Schöpfungserzählung *(1. Mose 2,4b-25)*, die wesentlich älter ist als die erste. In ihr finden wir keinen Hinweis auf das alleinschaffende *Wort*. Der Schöpfer *handelt unmittelbar*, mit Händen und seinem *Lebenshauch;* allenfalls gibt er eine Begründung für das, was er macht *(V. 15b.18a)*. Das wird beispielhaft erzählt bei der Erschaffung des Menschen *(2,7):* »Da bildete Gott Jahwe den Menschen aus Erde vom Akkerboden und hauchte ihm Lebenshauch (Odem) in die Nase; so ward der Mensch ein lebendiges Wesen *(näfäsch)*.«[9] Diese Stelle ist bisher für den *locus classicus* der *alttestamentlichen Lehre vom Menschen* gehalten[10] worden. Doch der ägyptische Hymnus zeigt, daß die zweite Schöpfungserzählung schon an ein weit älteres Wissen davon anknüpft, woher die Lebenskraft des Menschen kommt und wie seine Lebensbeziehungen zum Schöpfer zu denken sind.

Doch nach beiden, der ägyptischen Sonnentheologie Echnatons wie der jahwistischen Schöpfungstheologie, *haben nicht nur die Menschen den Lebenshauch des Schöpfers bekommen, sondern alle lebenden Wesen*. Durch ihn sind sie »lebendige Wesen«. Um es mit einem anderen ägyptischen Hymnus Echnatons auf den Punkt zu bringen: »Man lebt durch dich.«[11] Ohne diesen Lebensodem sind sie nur der von der Erde genommene Leib. Und sie werden wieder dazu, wenn sie den Lebensodem »aushauchen«. Auch der Jahwist sagt, daß Gott Jahwe »alle Tiere des Feldes und alle Vögel des Himmels« aus Erde geformt habe *(1. Mose 2,19)*. Da er sie dem Menschen dann aber als lebendige Wesen vorführt, um von ihm ihre Namen zu erhalten, ist stillschweigend bei jeder Tierart dieselbe Prozedur hinzuzudenken, die beim Menschen als ›Einhauchen des Lebensodems in die Nase‹ beschrieben wird[12]. Die viel später schreibende Priesterschrift hat das jedenfalls auch schon so verstanden, weil sie Wassertiere *(1. Mose 1,20f.)*, Landtiere *(1,24)*, Tiere überhaupt *(9,10.12.15)* und sogar Menschen und Tiere zusammen als Lebewesen mit jenem Begriff bezeichnet, durch den bislang gern die Menschen aus allen anderen Geschöpfen *herausgehoben* werden wollten: als Wesen mit einer *näfäsch (9,16)*. Im Islam ist sogar der »Atemhauch«, »der *nasfas ar-rahman*, der ›Odem des Allerbarmers‹, ... sozusagen die Substanz der Schöpfung«. *Annemarie Schimmel* hat es für angemessen gehalten, das »plötzliche Hervorbrechen des Gotteshauches ... geradezu als mystische Parallele zur *Big-Bang*-Theorie« zu bezeichnen[13].

Doch was heißt das, daß der Mensch – wie das Tier – eine »lebendige *nä-*

---

9. Luther hat übersetzt: »Und also ward der Mensch eine lebendige Seele«. H. W. Wolff (1973), S. 142, vgl. 43 f. 97 f., hat gemeint, »lebendige Person« übersetzen zu sollen.
10. V. Rad (1961), S. 61.
11. J. Assmann (1999), S. 222: aus dem »Großen Sonnenhymnus« Echnatons. Gott wird angeredet auch als »der große Lebendige JATI« (S. 217).
12. Die Erschaffung der Pflanzen wird am kürzesten erzählt. Auch da wird man sich aber einen vergleichbaren Schöpfungsakt der Formung und Verlebendigung denken müssen.
13. Schimmel (1995), S. 282 f.

fäsch« nicht nur *hat,* sondern *ist? Näfäsch* bezeichnet »das Organ der vitalen Bedürfnisse, ohne deren Stillung der Mensch nicht weiterleben kann«[14]. Ursprünglich meint das Wort *Gurgel, Schlund, Kehle,* und zwar von Menschen wie Tieren. Wie in den verwandten semitischen Sprachen bezeichnet auch im Akkadischen und im Ugaritischen die Grundform *nfsch* ein großes, mit den vitalen Bedürfnissen verbundenes Bedeutungsspektrum, das von *Kehle* bis zu *Appetit* und *Begehren, Sehnen* über *Atem* zu *Gemüt, Leben* und *Person* führt. Alles zusammen beschreibt Menschen und Tiere als *bedürftige Wesen*[15] – das ist der entscheidende Punkt. Sie brauchen viel, was sie nicht in sich selbst haben. Und weil sie in dieser Weise bedürftig sind, sind sie verletzlich – und auf Hilfe angewiesen. Darum sind sie in Lebensbeziehungen hinein geschaffen. Daß der einzelne Mensch *Hilfe* zum Leben braucht, wird ausdrücklich von Gott Jahwe konstatiert: »Und Gott Jahwe sprach: Es ist nicht gut, daß der Mensch allein sei. Ich will ihm eine Hilfe schaffen, die zu ihm paßt.« *(2,18)* Diese Hilfe sucht der Mensch bei den Tieren vergeblich, die ihm der Schöpfer vorführt *(2,20).* Deshalb macht der Schöpfer dem Menschen aus einer seiner Rippen eine Frau *(2,21f.).* Er erkennt sie als die gesuchte Hilfe und findet sich in ihr wieder: »Diese ist nun endlich Gebein von meinem Gebein und Fleisch von meinem Fleisch. Die soll ›Frau-Mensch‹[16] heißen, denn vom Menschen ist sie genommen.« *(2,23).* In einem großen Blick über den Rand des »Paradieses« hinaus heißt es weiter: »Darum verläßt der Mann Vater und Mutter und hängt an seiner Frau, und sie werden ein Leib sein.« *(2,24)* Das Getrennte vereinigt sich.

Eine besondere Stellung des Menschen in der Schöpfung ist bisher noch nicht zu erkennen gewesen. Auch der *Segen,* den die Menschen vom Schöpfer erhalten, kann sie nicht begründen. Denn den erhalten die Tiere in Wasser und Luft als Fruchtbarkeits- bzw. Fortpflanzungssegen schon am 5. Tag, *vor* den Menschen. Erst die den Menschen zugewiesene *Aufgabe,* sich die Erde untertan zu machen und »über die Fische im Meer und die Vögel des Himmels, über das Vieh und alle Tiere, die auf der Erde sich regen«, zu *herrschen,* hebt ihn heraus aus den übrigen Geschöpfen *(1,28).* Die Schöpfung ist ein geschlossenes System, aber durch diese Herrschaftsaufgabe, die Verantwortung gegenüber dem Beauftragenden einschließt, wird das System transparent zur Transzendenz Gottes. Und umgekehrt »herrscht« der transzendente Gott auf der Erde durch die beauftragten Menschen. *Sie* sollen über die Tiere herrschen und sie sollen das Land »bebauen und bewahren« *(2,15).* Bei genauem Hinsehen erweist sich die Sonderstellung *des* Menschen also als kollektive Sonderstellung *der* Menschen. Vorausgesetzt wird dabei, daß die – letztlich kulturelle – Funktion, die den Men-

---

14. H. W. Wolff (1973), S. 37.
15. H. W. Wolff, ebenda, S. 30.
16. Ich entnehme diesen Begriff dem Dialekt der Menschen, die ich als Pfarrer im Hunsrück kennengelernt habe.

schen übertragen wird, zur »Bewahrung« der Schöpfung nötig ist. »Adam ist zum *Hüter* des Paradieses bestellt«[17]. Will man daraus eine Anthropologie ableiten, so läuft sie auf eine *Pastoralanthropologie* hinaus[18]: *die »Sonderstellung« des Menschen ist allein mit der ungeheuren Aufgabe verbunden, die Lebensbeziehungen in der Schöpfung Gottes, in die die Menschen selbst hineingehören (!), zu fördern und zu bewahren – und zwar zugunsten aller:* der Tiere, Pflanzen und Menschen und schließlich auch *Gottes*.

Denn einige biblische Stellen reden auch von Gottes *näfäsch*[19]. Das ist nicht überraschend, wenn wir die anthropozentrische Perspektive berücksichtigen und die Tatsache, daß, was zur Sprache gebracht werden soll, in *menschliche* Sprache muß. Wenn Jesaja aus der Perspektive Gottes sagt, der »Gottesknecht« sei der, »an dem meine *näfäsch* Wohlgefallen hat« *(42,1)*, oder wenn von der Gefahr geredet wird, daß sich Gottes *näfäsch* von jemandem »entfremde«, so daß er sich an ihm rächen könnte, dann sind die »letzten Tiefen der Lebendigkeit Gottes« angesprochen[20] – nach Menschenart. Da geht es um intensivste Zuwendung Gottes zu Menschen oder um seine zornerfüllte oder gar angewiderte Abwendung von ihnen. Und dann ist es wohl erlaubt zu sagen, daß Gott an den Lebensbeziehungen zu seinen Geschöpfen mit seiner *näfäsch* selber Anteil hat. Das ist menschlich, wie gesagt. Aber ist es auch heute noch sinnvoll, so zu reden? Nicht, wenn man daraus ableiten wollte, so *sei* Gott. Sinnvoll aber kann es bleiben, durch alle menschliche Denk- und Sprachperspektive hindurch eine Botschaft wahrzunehmen, die uns Menschen erreicht. Und die lautet in diesem Fall: Gott selbst hat sich dazu entschieden, nicht allein zu sein, sondern *mit* der Welt. *Weder ist die Welt gott-los noch Gott welt-los.* Das Beziehungsgefüge Welt, das wir naturwissenschaftlich erforschen können, hat mit ihm zu tun. Gott ist von seiner Schöpfung zu unterscheiden, aber er gehört trotzdem in sie hinein. Er hält sie – als Geist – nicht von außen zusammen, sondern von innen. Das ist ein respektabler Weltentwurf, von dem aus wir unsere Welt betrachten und bestimmte andere biblische und heutige Weltentwürfe einer theologischen Kritik unterziehen können.

---

17. Bernhart (1987), S. 29.
18. Jörns (1986), S. 17-28: der Mensch als Hüter (Hirte) der lebendigen Schöpfung.
19. Seebaß (1986), Sp. 551-552.
20. Bei Seebaß, ebenda, Sp. 551. Es geht um Stellen wie Jes 1,14; Jer 15,1 und Jer 5,9.29; 9,8; Ez 23,8; Sach 11,8; 3. Mose 26,11.30).

Theologie darf die Schreckensherrschaft der Menschen über die Tiere nicht rechtfertigen und Tiere nicht von Gottes Zukunft ausschließen

Daß wir Menschen uns selbst lange Zeit als die »Krone der Schöpfung« gesehen haben, hat mit dem Weltentwurf der Schöpfungserzählung wenig, um so mehr aber mit anthropozentrischer Perspektivverengung zu tun. *Wir haben unsere Sicht der Welt vor die Welt gesetzt und uns den Mitgeschöpfen entfremdet. Wir sind ihnen gegenüber, auf Distanz zu ihnen, getreten.* Albert Schweitzers Kampf für eine Ehrfurcht vor dem Leben geht von der immer wieder geäußerten Klage aus, daß Judentum und Christentum keine Ethik geschaffen haben, die über das Menschliche hinaus alles Lebendige im Blick hat. Was hier versäumt worden ist, kann auch der engagierteste Tierschutz nicht ersetzen – so unersetzlich er gerade wegen des Versagens der biblischen Religionen ist. Sofern es biblische Überlieferungen mitverursacht haben, müssen wir uns vom Geist dieser Überlieferungen verabschieden und zu unserer Verantwortung finden.

Eine Ursache für unsere Entfremdung von den Mitgeschöpfen ist in der Art zu finden, *wie* wir Menschen über die Schöpfung *herrschen*. Durch sie ist die Beziehung zwischen Menschen und Tieren zu einer unendlichen Unglücksgeschichte geworden, die vor allem zu Lasten der Tiere und Pflanzen geht und sich nicht zuletzt im Artensterben äußert. Im Neuen Testament wird das »Seufzen der Kreatur« als bekannt vorausgesetzt, aber trotzdem nicht dazu aufgefordert, das Menschenmögliche zu ihren Gunsten zu tun. Eine Änderung der Verhältnisse wird erst für die kommende Welt erhofft. So lesen wir es bei Paulus *(Röm 8,19-23)*. Auf die nicht-menschlichen Lebewesen bezogen, sagt er: »Denn wir wissen, daß alles Geschaffene insgesamt seufzt und sich schmerzlich ängstigt bis jetzt.« *(V. 22)* Von *Jesus* weiß Matthäus *(12,9-14)* da schon Anderes, Unmittelbares, zu berichten: Als Beispiel dafür, daß es erlaubt sei, am Sabbat Gutes zu tun, hält Jesus seinen Gegnern ein tatkräftiges Eintreten für leidende Tiere als die gebotene Menschlichkeit vor: »Welcher Mensch ist unter euch, der ein Schaf hat und, wenn es am Sabbat in eine Grube fällt, es nicht ergreift und herauszieht?« Zwar fährt er fort, daß der Mensch um vieles wertvoller sei als ein Schaf, und deshalb ein Kranker am Sabbat geheilt werden dürfe – aber trotz dieser Asymmetrie von Mensch und Tier ist Jesus bereit, das jüdische Sabbatgebot (in der pharisäischen Auslegung) eines Tieres wegen in Frage zu stellen – und sich dafür und für die Heilung eines Kranken den Ratschluß seiner Gegner einzuhandeln, ihn ins Verderben zu bringen *(V. 14)*. Hier leuchtet eine Ethik auf, die nicht nur Hingabe fordert, sondern selber hingabebereit ist. Auch im Gleichnis vom verloren gegangenen Schaf *(Lk 15,1-7)* spricht Jesus von ihr. Er vergleicht seine Aufgabe mit dem Hirten, der dem *einen* von hundert Schafen, das sich verlaufen hat, nachgeht und es dann – wie es unzählige Künstler dargestellt haben – auf der Schulter nach Hause trägt. Er sucht es nicht, »weil es ein

Stück Besitz darstellt, sondern weil er es liebt und vor dem Schicksal, das seiner in der Einöde der Wüste wartet, bewahren will.«[21]

Die Empörung der Gegner wird nur verständlich, wenn wir bedenken, daß sie sich auf biblische Ordnung und Gottessausprüche, also traditionell gesagt: auf Offenbarung, berufen können. Da ist vor allem die Verfluchung der Schlange durch Gott Jahwe selbst am Ende der Paradieszeit *(1. Mose 3,14f.)*: Weil die Schlange Eva dazu verführt hatte, den Apfel vom Baum des Lebens zu nehmen und Gottes Verbot zu übertreten, wird sie bestraft: »Da sprach Gott Jahwe zur Schlange: Weil du das getan, bist du verflucht vor allem Vieh und vor allen Tieren des Feldes ... Und ich will Feindschaft setzen zwischen dir und dem Weibe und zwischen deinem Nachwuchs und ihrem Nachwuchs; er wird dir nach dem Kopf treten, und du wirst ihn in die Ferse beißen«. Die Ausleger sprechen von einer Ätiologie oder Arché: Die Erzählung wolle sagen, woher etwas kommt, was die Leser in ihrer Welt kennen. Hier gehe es um die unheimlichen Eigenschaften der Schlange (als Gattung), mit denen sie uns überlegen ist und durch die sie uns gefährdet; »aber in ihr und ihrem rätselhaften Verhältnis zum Menschen« werde »zugleich das Verhältnis des Menschen zum Bösen, mit dem er sich eingelassen hat, anschaubar.«[22]

Ich wähle eine andere Perspektive und finde, daß in dieser Geschichte *und* ihrer Auslegung der *Anthropozentrismus* auf ganz erstaunliche Weise Regie führt. Denn es geht im Zentrum von 1. Mose 3 um das gestörte Verhältnis der *Menschen* zu ihrem Schöpfer, und es geht um das Böse, das auf einmal in Gottes Schöpfung ist und dieses Verhältnis zu stören vermochte. Bestraft wird dafür aber – buchstäblich exemplarisch – »die Schlange«. In *sie* wird nämlich die Einflüsterung projiziert, die der Mensch von seinem eigenen Begehren her gehört hatte: »Und das Weib sah, daß von dem Baume gut zu essen wäre und daß er lieblich anzusehen sei und begehrenswert, weil er klug machte.« *(1. Mose 3,6)* Die in ihrer Art dem Menschen unheimliche Schlange zieht die Unheimlichkeit der Einflüsterung des Begehrens auf sich: Die Schlange trägt die Schuld! Daß *sie* mit dem Bösen identifiziert und dafür bestraft wird, auch das ist exemplarisch für den Umgang des Menschen mit seinen inneren Antrieben, unter denen er

---

21. Schweitzer (2000), S. 140 f.
22. V. Rad (1961), S. 74 f. Daß dies eine sehr einseitigende Wahrnehmung der Schlange in ihrem Verhältnis zum Menschen ist, klärt die Erzählung von der »ehernen Schlange« (4. Mose 21). Die ist nämlich schon Symbol der *Heilkraft*, die das Gift der Schlange – in der richtigen Dosierung und als Medikament verwendet – für die Menschen haben kann. Seit ca. 600 v. Chr. hat der Heil-Kult des Asklepios die Schlange erst in der griechischen und dann in der hellenistischen Welt als Symbol genutzt – eine Praxis, die die Ärzteschaft weltweit bis heute mit dem Asklepios- bzw. Äskulapstab beibehalten hat. – Nach Gradwohl (1986), S. 45-51, ist die Schlange in der jüdischen Auslegung »Versucher« wie Hiob 1, also der Satan. Daß dies eine »Demythologisierung« bedeute (S. 45), vermag ich nicht zu sehen.

leidet. Doch die Schuld sucht und straft er bei anderen. Dafür ist die Geschichte exemplarisch – genauso wie das wütende Strafmaß: die Verfluchung. Und damit kein Zweifel aufkommen kann an der Objektivität dieser Übertragungsgeschichte, tritt Gott Jahwe in ihr als Richter auf, der die Straftat benennt und das Strafmaß festsetzt. Zwar müssen auch die Menschen die Folgen ihres Handelns tragen; aber sie werden nicht verflucht *(1. Mose 3,16-24).* Die in der Erzählung Regie führende Anthropozentrik des Denkens diktiert auch die Asymmetrie der Folgen des »Sündenfalls« zu Lasten der Tiere.

Der Mythos vom »Sündenfall«, der an die ältere zweite Schöpfungsgeschichte anknüpft, erzählt vom Übergang ins Jetzt unserer Welt. Denn wir leben nicht mehr im Paradies. Daß wir unsere Entfremdung gegenüber den Mitgeschöpfen allerdings nach der Lesart dieses Mythos verstehen und akzeptieren sollen, kann der nötigen theologischen Kritik nicht standhalten. Diese Kritik richtet sich gegen die Art und Weise, in der Gott Jahwe in die anthropozentrische Sicht eingespannt wird und sie sanktionieren muß – kurz: gegen ihre Theologie. Sie berücksichtigt aber auch, daß für den Bibelleser, der ja die priesterschriftliche Schöpfungserzählung als erste liest, durch 1. Mose 3 das wunderbar filigrane Netz der Lebensbeziehungen scheinbar vom Schöpfer selbst wieder zerstört wird. Dabei geht es nicht um den vorgeblichen Verlust einer Unsterblichkeit des Menschen. *Gerhard von Rad* hat zu Recht betont, daß keine Rede davon sein kann, daß er sie je besessen hätte[23]. Sondern es geht darum, daß *die Lebensgrundlage aller Lebewesen nun abhängig gemacht wird von einer Neuregelung der Beziehung zwischen Gott und Menschen.* In Anknüpfung an das Verbot, vom »Baum der Erkenntnis des Guten und des Bösen«[24] zu essen *(1. Mose 2,16f.)*[25], hängt nun das Wohl und Wehe der ganzen Schöpfung vom Gehorsam oder Ungehorsam der Menschen gegen Gottes Gebote bzw. Verbote ab.

Die dahinter stehende jüdische Theologie gibt sich zu erkennen, nach der die Tora jener »Weg des Lebens« ist, den die altägyptische Religion in anderer Weise kannte: als Basis der Ma'at, also eines Lebens in Gerechtigkeit. Das Problem der in der Sündenfallgeschichte erkennbaren Konstruktion von Wirklichkeit liegt darin, daß alle anderen Lebewesen in das Verhältnis von Gott und Menschen einbezogen werden. Daß Gott als Geist alles Geschaffene *unmittelbar* im Leben hält, gerät so aus dem Blick. Diese Verbindung besteht nach dem Weltentwurf der ersten Schöpfungserzählung ganz *unabhängig* vom Menschen. *Nun aber*

---

23. V. Rad, ebenda, S. 65. 76f.
24. Daß diese Bezeichnung eine versucherische Ausstrahlung hat, ist immer schon aufgefallen. Wobei natürlich vorausgesetzt wird, daß sie der im Grunde doch nichtsahnende Mensch überhaupt verstehen kann!
25. »Und Gott Jahwe gebot dem Menschen und sprach: Von allen Bäumen im Garten darfst du essen; nur von dem Baum der Erkenntnis des Guten und des Bösen, von dem darfst du nicht essen; denn sobald du davon ißt, mußt du sterben.«

werden Tiere und Pflanzen in Haftung genommen für den Ungehorsam der Menschen gegen Gottes Gebot, also auch auf diesem Weg vom Menschen abhängig gemacht. *Das bedeutet eine theologische Deformation des Weltverständnisses der ersten Schöpfungserzählung.* Sie muß trotzdem – dieser Schluß ist unumgänglich – im Interesse der Priester gelegen haben; denn sie haben den jüdischen Kanon in seine heutige Fassung gebracht. Ihr Interesse hängt mit der Rolle zusammen, die Tora und Opfer im Tempelkult hatten: Tiere mußten als Opfertiere in den kultischen Umgang mit Gott einbezogen werden können.

*Religions*psychologisch läßt sich diese Deformation auch als Reflex auf den Verlust des Paradieses verstehen. Der den anderen Geschöpfen entfremdete Mensch macht die Tiere, exemplarisch die Schlange, für den Verlust verantwortlich – und verflucht sie durch den Mund des Schöpfers. Die ewige Feindschaft, von der nun die Rede ist, drückt die Angst der Fluchenden vor den Verfluchten aus. Denn sie sind Ausgestoßene der Schöpfung geworden. *Theologisch* kann diese Neuordnung des Verhältnisses von Menschen und Tieren nicht durch den Hinweis gerechtfertigt werden, daß wir Menschen tatsächlich schlecht mit ihnen umgehen und sie so vielfältig unter uns leiden müssen. Das ist ein Schuldkapitel, das in der theologischen *Ethik,* also auf einem anderen Blatt, steht und zu behandeln ist, weil es von *unserer Lieblosigkeit gegenüber den Tieren* spricht. Der Grund dafür aber, daß in der Neukonstituierung des Verhältnisses von Mensch und Tier nach dem Sündenfall nun eine ewige *Feindschaft* regieren soll, und daß das Wohl und Wehe der Tiere und Pflanzen von *unserer* Gesetzestreue abhängig gemacht werden, ist das Ergebnis einer theologischen Anthropozentrik. Sie gibt den Auswirkungen unseres Handelns eine unendliche Bedeutung. *Tiefen*psychologisch kann man durchaus hier von unbewußt wirksamen Allmachtsphantasien sprechen. Auch die sind gewiß ein Ausdruck der tiefen Bedürftigkeit des Menschen, von der das hebräische Wort *näfäsch* weiß. *Aber sie dürfen nicht konstitutiv sein für eine theologische Weltbetrachtung.* Denn dabei wird die Basis des »Schöpfungsfriedens« verlassen, die *Gottes Geist selber ist.* Der *Schöpfungs*friede kommt *nicht* erst dadurch zustande, daß Gottes Gebote gehalten werden.

Doch diese nach*paradiesische* Perspektivverengung wird in das nach*sintflutliche* Weltbild der Bibel übernommen und dort noch weiter verschärft *(1. Mose 9,2):* Die Beziehungen der Lebewesen werden (in der Redaktion der Priesterschrift) zum dritten Mal geordnet, und nun wird auch die emotionale Seite jener Beziehungsstörung zwischen Menschen und Tieren gleich mit verordnet: Die Menschen sollen sich vermehren; und »Furcht und Schrecken vor euch komme über alle Tiere der Erde«. In der Luft, auf dem Land und im Wasser *soll des Menschen Herrschaft nun buchstäblich Schreckensherrschaft* sein. Das »Seufzen der Kreatur«, von dem Paulus später spricht, beginnt – auf Anordnung Gottes. Doch der »Fall ins Jetzt« geht noch eine Stufe tiefer als beim Sündenfall, denn nun wird noch ein anderes Element des theologischen Weltentwurfes vom Anfang aufgegeben. War dort davon die Rede, daß wir Menschen über die Tiere herrschen und die Erde »bebauen und bewahren« sollen, so wird nun eine drastische Sprache der Nicht-Bewahrung gewählt: Noah und seinen Söhnen wird im Blick auf die Tiere gesagt: »In eure Hand sind sie gegeben«. Damit klar ist, was das heißt, wird hinzugefügt: »Alles, was sich regt und lebt, das sei eure Speise; wie das Kraut, das grüne, gebe ich euch alles. Nur Fleisch, das seine *näfäsch*, sein Blut, in sich hat, sollt ihr nicht essen.« *(9,3)* Das Töten der Tiere wird sanktioniert. Und wieder erweist sich der Anthropozentrismus als Regie führend, wenn Menschen Tiere nach Gutdünken – und nicht nur zu Opferzwecken – töten dürfen, *Menschenblut* aber generell *nicht* vergossen werden darf, und zwar weder von Tieren noch von Menschen. *Da* erst, in der geforderten Rechenschaft für das Töten von Menschen, *scheint* wieder eine Gleichbehandlung von Mensch und Tier vorzuliegen. Doch der Schein trügt. Denn es darf ja nicht übersehen werden, daß auch hier der Mensch sich selber als wichtigstes Geschöpf sieht, und zweitens, daß die Gleichbehandlung *de facto* eine Ungleichbehandlung darstellt. Denn Tiere töten Menschen nicht aus sogenannten »niederen Motiven« wie Habgier oder dergleichen, sondern nur zum Zweck ihrer Ernährung, oder wenn sie sich angegriffen fühlen!

Zum Glück gibt es einige, wenn auch ganz wenige Stellen in der jüdischen Bibel, die der sanktionierten Schreckensherrschaft über die Tiere das Bild einer besseren Zukunft gegenüberstellen. Beim Propheten Jesaja sprechen zwei Überlieferungen von »einem neuen Himmel und einer neuen Erde« *(11,1-10; 65,17-25)*. Die erste gipfelt in dem Satz: »Der Säugling wird spielen am Loch der Otter, und nach der Höhle der Natter streckt das kleine Kind die Hand aus. Nichts Böses und nichts Verderbliches wird geschehen ...«. In dem neuen Friedensreich ist die alte Fluchfeindschaft zwischen Menschen und Schlangen überwunden; ja, Gott durchweht alles mit seinem Geist: »denn voll ist das Land von Erkenntnis des Herrn« *(11,8f.)*. Die zweite, viel jüngere, nimmt die erste Überlieferung auf, schränkt aber das übernommene Bild schon erheblich ein: Von einem friedlichen Miteinander von *Menschen und Tieren* ist keine Rede mehr, sondern nur noch von einem friedlichen Umgang der Tiere miteinander. Und die Schlange bekommt noch einen deutlich strafenden Blick des Propheten ab, indem ihr der »Staub der Erde« als Futter zugewiesen wird.

Die stärkste Verformung aber können wir am Ende des *christlichen* Teils der Bibel, in der Offenbarung des Johannes lesen. Sie bietet eine noch einmal überarbeitete Version jener erwarteten Neuschöpfung der Welt aus neuem Himmel und neuer Erde *(21,1-22,5)*. Aber: *In dieser neuen Welt gibt es keine Tiere mehr.* Die scheinbare Ausnahme, »das Lamm«[26], ist durchgängig Metapher für den

---

26. Offb 21,14.22.23.27; 22,1.3.

auferstandenen, zur Rechten Gottes sitzenden Jesus Christus. Das »himmlische Jerusalem« glitzert zwar über und über von Edelsteinen, aber die Menschen sind mit Gott, der in einer an das Zelt der Wüstenzeit erinnernden »Hütte« in ihrer Mitte lebt, allein in dieser schönen neuen Welt. Zwischenbemerkungen lassen darauf schließen, daß sich die anthropozentrische Sicht der Tierwelt auf das Äußerste verschärft hat; sie gehören nun offenbar pauschal zum Unreinen. »Irgend etwas Unreines« aber wird in die neue Welt nicht »eingehen«. »Und nichts dem Fluch Verfallenes wird es mehr geben« *(22,3)*. Man kann davon sprechen, daß hier die Artenvielfalt der Lebewesen mit den Mitteln anthropozentrischer Theologie endgültig ausgemerzt worden ist. Mit dazu beigetragen hat, daß der Apokalyptiker sich einer Bildersprache bedient, in der die endzeitlichen Gegenspieler Christi genauso wie Christus (»das Lamm«) selbst mit Tiergattungen benannt werden: Satan ist »der Drache«, »die alte Schlange« *(12,9; 20,2)*, und eins seiner Geschöpfe ist »das Tier«, in dem sich die antichristliche Gewaltherrschaft des römischen Kaisers (Domitian?) verkörpert. Er ist der Buhle der »Hure Babylon«, und dies das Pseudonym für die Metropole Rom. So viel damit auch erklärt werden kann, so täuschen solche Erklärungen doch nicht darüber hinweg, daß diese Tiergattungen überhaupt nur als Eponyme für Widergöttliches haben verwendet werden können, weil sie vom Verfasser der Johannesoffenbarung längst im Bereich des »Unreinen« angesiedelt waren. Es ist bemerkenswert, daß in keinem der von mir eingesehenen Kommentare zu dieser christlichen Apokalypse ein Wort des Erstaunens oder gar Bedauerns zur Ausmerzung der Tiere aus dem erwarteten Reich Gottes zu finden ist – ja, nicht einmal diese Tatsache wird erwähnt. Da kann man nur froh sein, daß Martin Luther in seiner (ersten) »Vorrede« zu diesem Buch harte theologische Kritik geübt und gesagt hat: »Endlich meine davon jedermann, was ihm sein Geist gibt, mein Geist kann sich in das Buch nicht schicken, und ist mir dies Ursache genug, daß ich sein nicht hochachte«[27].

Daß es zu solch massiven Einschränkungen von Würde und Lebensrecht der Tiere innerhalb der jüdisch-christlichen Gedächtnisspur hat kommen können, kann allerdings nicht allein aus dem Wandel theologischen Denkens erklärt werden. Neue Theologien entstehen, wenn sich die Lebensverhältnisse geändert haben. Was 1. Mose 9,2 angeht, so mußte die dem Priestertum verbundene Theologie eine legitime Basis dafür schaffen, daß nach der Rückkehr aus dem babylonischen Exil im wieder erbauten Jerusalemer Tempel auch *wieder Tiere im Opferkult getötet werden konnten*. Innerhalb der Tora regelt das 3. Buch Mose *(Leviticus)* diesen Kult deshalb im Detail. Wir können davon ausgehen, daß

---

27. Luther (2002), S. 3104 (Vorrede zur Offenbarung Johannes [1522]). In der Fassung von 1530 findet sich dieser Satz nicht mehr. Luther bemängelt das Fehlen der Tiere aber leider auch nicht.

der Opferkult auch für den jüdischen Gottesdienst die ursprüngliche Basis gewesen und der opferlose Synagogengottesdienst (aus Schriftlesung, Psalmgesang, Gebet) als ein Produkt der tempellosen Zeit anzusehen ist. Der Opfergedanke hat das liturgische Denken im jüdisch-christlichen Bereich aber so stark geprägt, daß auch die christliche Kirche die Opferterminologie übernommen, auf die Hinrichtung Jesu angewandt und im Formular der Messe seinen Tod als zu erinnerndes Opfer verankert hat[28].

Mit dem jüdischen Passafest ist immer die Praxis verbunden gewesen, daß nicht nur im Tempel, sondern auch in den Familien gefeiert und das Opferlamm zu Hause gegessen wurde. Auch außerhalb der jüdischen Opferpraxis war es bei Tieropfern üblich, daß die feiernden Menschen unmittelbar am Verzehr der geopferten Tiere beteiligt worden sind. Die Zahl der Opfertiere ist dann der Menge der Feiernden angepaßt worden. Damit aber habe ich auch schon den zweiten Grund genannt, der die Priester veranlaßt hat, die Theologie zu ändern: die Praxis, *Fleisch* als Nahrungsmittel zu verwenden. Daß diese Praxis über lange Zeit auf Festtage beschränkt gewesen ist, müssen wir immer mit bedenken. Denn trotz aller theologischen Rechtfertigungsversuche ist den Opferkulten anzumerken, daß die Opferer außerhalb Israels von der Grenzüberschreitung gegen das Leben der Tiere, das ihnen *nicht* gehört, und also gegen den »Herrn der Tiere«, wissen[29]: »Das Tieropfer schließt das Festmahl nicht nur ein, sondern besteht ganz wesentlich aus diesem. Solch ein Fest läßt sich aus der Praxis der alten Jäger herleiten, die die am höchsten geschätzte Nahrung beschafften und dabei den Schrecken des Tötens und die Sorge um den Fortgang des Lebens zu verarbeiten hatten.«[30]

Für das innere Beziehungsnetz zwischen Menschen und anderen Lebewesen bedeutete also nicht erst das Hinauswerfen der Tiere aus der zukünftigen Welt *(Offb 21f.)*, sondern bereits ihre Übergabe in die Hände der Menschen *(1. Mose 9,2)* eine *endgültige Herabstufung zu Wesen minderen Lebensrechts und minderer Würde*. Denn diese Ordnung nimmt der uralten Tötungshemmung ihren *heiligen* Grund. Ein vom Menschen wirklich unabhängiges Lebensrecht und eine vom Menscheninteresse wirklich unabhängige Würde, die sie von Gott durch die *näfäsch* haben, gibt es nicht mehr für Tiere. *Ihnen ist die Seele genommen worden.* Für das, wozu sie mehr und mehr gebraucht worden sind, durften sie auch besser keine Seele haben – brauchen auch wir sie seelen*los*. Das hat später zur Folge gehabt, daß *Augustin* und *Thomas von Aquin* an *Aristoteles* anknüpfen und urteilen konnten, auf Tiere sei moralisch keine Rücksicht zu nehmen. *Descartes* hat sie sogar mit seelenlosen Maschinen verglichen. Selbst das deutsche

---

28. Jörns (1992b), S. 325.
29. Burkert (1990a), S. 21.
30. Burkert (1998), S. 182.

Recht konnte Tiere bis 1986 (!) als *Sachen* behandeln. Erst seit 1986 werden sie im deutschen Tierschutzrecht als *Mitgeschöpfe* bezeichnet, für deren Wohlergehen der Mensch Verantwortung trägt – sofern seine Interessen nicht dagegen stehen[31]. Und die sind, trotz aller unverkennbaren Fortschritte, nach wie vor dominierend. Eine wirkliche Wende im Verhältnis von Menschen und anderen Geschöpfen wird nicht allein dadurch zu erreichen sein, daß das Liebesgebot der christlichen Ethik auf Tiere und Pflanzen ausgedehnt wird – so dringend nötig das ist. Aber die Basis muß eine neue theologische Lehre von den Tieren und Pflanzen legen, die ihnen ihre Seele zurückgibt[32].

Die Ehrfurcht vor dem Leben als Heilmittel gegen die »geistige Krankheit« der Menschen

»Heutzutage besteht ein Mangel an Denken, der charakterisiert ist durch Verachtung des Lebens. Wir führten Kriege um Fragen, die durch vernünftige Überlegungen hätten gelöst werden können. Niemand hat dabei gewonnen. Der Krieg tötete Millionen von Menschen, brachte Leiden über Millionen von Menschen und brachte Leiden und Tod über Millionen von unschuldigen Tieren. Warum? Weil wir nicht die vernünftigste Denkweise der Ehrfurcht vor dem Leben besaßen. Und weil wir sie nicht besitzen, fürchtet jedes Volk jedes andere, und jedes verursacht jedem anderen Furcht. Wir sind alle miteinander geistig krank, weil es uns an vernünftiger Denkweise fehlt. Es gibt kein anderes Heilmittel als die Ehrfurcht vor dem Leben, und zu ihr müssen wir gelangen.«[33] Als Schweitzer diese Sätze geschrieben hat, 1933, begannen schon die Vorbereitungen für die Shoa und für das größte Massensterben von Menschen und Tieren, das die Kriegsgeschichte kennt. Deshalb reicht es nicht mehr aus zu sagen, daß wir ja am Anfang der Bibel einen so wunderbaren Weltentwurf haben, und daß nach Paulus die ganze Schöpfung auf die Erlösung wartet. Daß die Tiere die »unbeweinte Kreatur« sind, wie *Joseph Bernhart* gesagt hat, betrifft das Jetzt und fragt – gerade weil die Bibel so ist, wie sie ist – nach *unserer* heutigen Theologie und Ethik.

Denn es kann ja nicht so weitergehen, daß das Christentum dabei stehen bleibt, »das Gebot der Liebe, weil es so überliefert ist, nur für das Verhalten zu den Menschen gelten zu lassen«. Wir müssen vielmehr, wie Schweitzer es schon für unumgänglich gehalten hat, der Autorität der Bibel an dieser Stelle »die

---

31. Körtner (2002), S. 531.
32. Ende Mai 2004 hat das österreichische Parlament die Schutz- und Lebensrechte der Tiere deutlich verbessert. Warum ist das nicht auch in Deutschland möglich?
33. Schweitzer (2001), S. 421. Die Ehrfurcht vor dem Leben fordert auch das Weltethos-Projekt.

schuldige Achtung versagen.« Daß von Jesus und Paulus[34] keine die Tiere ausdrücklich einschließende Ethik überliefert ist, hat sich in verhängnisvoller Weise ausgewirkt: »Die Ansicht, daß die Ethik es nur mit dem Menschen und nicht auch mit den Geschöpfen zu tun habe, gilt nicht nur als vernunftgemäß, sondern auch als christlich.«[35] Genau diese christliche Denkweise ist unterschwellig für die »geistige Krankheit« verantwortlich, die Albert Schweitzer diagnostiziert hat. In der Auslegung des »Magnificat« hat Luther den sich in dieser geistigen Krankheit meldenden Anthropozentrismus treffend beschrieben: »Alle Tiere lassen sich begnügen und dienen Gott mit Liebe und Lob, nur das schalkhafte, eigennützige Auge des Menschen, das ist unersättlich und ist doch ungeeignet dazu, daß es möchte voll werden: um seines Undanks und Hochmuts willen, daß es obenan sitzen und der Beste sein will; es will nicht Gott ehren, sondern von ihm geehrt sein«[36]. Schärfer kann man anthropozentrische Selbstüberhebung in ihrer wahren Intention nicht kennzeichnen.

Immerhin haben manche Heiligen – und nicht nur Franz von Assisi[37] – trotz aller Zurückweisung der Tiere durch die Theologie ein liebevolles Verhältnis zu ihnen gehabt[38]. Im vorchristlichen Volksbrauch[39], der in modifizierter Form bis heute fortlebt, konnte es im norddeutschen Bereich üblich sein, daß das Vieh Weihnachten in die gute Stube geführt oder das Festmahl bei ihnen im Stall gegessen wurde. Zumindest bekamen sie in irgendeiner Form einen Anteil an der Festfreude – wie die Haustiere zumeist noch heute. Sogar den Bäumen wurde eine Speise an den Stamm gelegt. Zu christlichen Zeiten hat man sich dann darauf berufen können, daß Ochse und Esel es sich nach vielen bildlichen Darstellungen am Stroh der Krippe haben wohlsein lassen dürfen. Die genannten Bräuche sind aus der Gewißheit entstanden, daß die übrigen Geschöpfe keinesfalls unbeseelte Sachen sind, sondern beseelte Lebewesen, und daß Gottes Heilshandeln für sie genauso gilt wie für uns. Der Volksglaube hat sich von der theologischen Ausquartierung der Tiere aus dem Himmel wenig beeindrucken lassen, auch wenn er als Aberglaube vermaledeit worden ist.

In unserer religionssoziologischen Umfrage[40] haben wir 1992 erfahren, daß die dogmatisch bis ins 20. Jahrhundert hinein allgemeingültige Anschauung,

---

34. Röm 8,19-23 schließt zwar alle Geschöpfe in die Erlösungsgewißheit ein, doch eine Ethik gegenüber den Tieren hat Paulus daraus nicht abgeleitet. Die Ausnahme, die es für Jesus gibt, habe ich erwähnt.
35. Schweitzer (2001), S. 363f.
36. Luther (2002), S. 3556 (Das Magnificat verdeutscht und ausgelegt [1521]).
37. Schweitzer (2000), S. 144. Schweitzer bemängelt auch bei Franziskus, daß er das Mitleiden mit den Tieren nicht in ein Gebot gefaßt hat.
38. Bernhart (1987), 176 ff. Dem Einsiedler Goderich an der Wear wird sogar »ein besonderes Verhältnis zu den Schlangen zugeschrieben« (ebenda, S. 176). Ausführlich auch: Vischer (1997), S. 300 f.
39. Bächtold-Stäubli (1938/1941/1986), Bd. 9, Sp. 889-892.
40. Jörns (1999a), S. 44f. 118f. 142f. In eindeutig katholisch sozialisierten Bereichen hat die

wonach *nur Menschen eine Seele* haben, weder in der Bevölkerung allgemein noch in der evangelischen Pfarrerschaft großen Rückhalt hat: wenig mehr als 10% der befragten Berliner teilten diese Ansicht. Ein Viertel sagte, *Menschen und (viele) Tiere* haben eine Seele. In den westlichen Bezirken Kreuzberg (28%) und Wannsee (37%) und unter der evangelischen Pfarrerschaft und den Theologiestudierenden (ca. 50%) war der Anteil derer, die die *ganze Schöpfung* für *beseelt* halten, noch deutlich höher. Nur noch ein Viertel der Pfarrer bleibt bei der die Tiere exkludierenden These, daß nur der Mensch eine Seele habe. Besonders interessant ist für uns gewesen, daß diejenigen, die mit Tieren leben, prozentual eher zu den gläubigen Menschen gehören als diejenigen, die keine Tiere im Haushalt haben[41].

Trotz dieser hoffnungsvollen Anzeichen einer sich vollziehenden Veränderung hat *Lukas Vischer* Recht: »Es braucht einen tiefgreifenderen Kurswechsel« als nur kleine Korrekturen. »Die fundamentale Frage nach der Gemeinschaft von Mensch und Tier« und Pflanzenwelt muß von neuem gestellt werden. Für Vischer ist dafür die kleine Notiz wichtig, die im Kontext jenes vierzigtägigen Wüstenaufenthaltes steht, in den Jesus vom Geist Gottes selbst geschickt worden war: »Und er lebte mit den (wilden) Tieren« *(Mk 1,13).* Von den Evangelisten weiß nur Markus davon. Was so aussieht wie eine Anknüpfung an die Schöpfungserzählungen und Jesaja, kann auch eine Beschreibung dessen sein, was »Wüste« im Semitischen meint: die unbehauste, für Menschen unbewohnbare Wildnis[42]. Mir will scheinen, daß jener griechische Mythos Einfluß auf diese Notiz gehabt hat, der sagt, daß Buben in die Wildnis, in den vorkulturellen Bereich mußten, um sich auf das Leben in der Zivilisation vorzubereiten. Im Leben mit den Tieren und Pflanzen lernten sie in einer Initiationszeit Kräfte kennen, mit deren Hilfe sie später dem Leben standzuhalten vermochten. *Chiron,* der Kentaur, der selbst die Verbindung von Wildnis und Kultur verkörpert, war der Lehrmeister. Bei ihm ist nicht nur *Apollon* in die Schule gegangen, sondern auch sein gelehrigster Schüler ausgebildet worden: der spätere therapeutische Gott *Asklepios.* Markus könnte also in die römisch-hellenistische Welt die Botschaft vermittelt haben, daß Jesus *nach* der Taufe und *vor* seiner Wirksamkeit eine vierzigtägige Initiationszeit in der Wildnis durchgemacht hat, in der er »die Wildnis in sich selber« kennengelernt und seine »kulturelle Natur« hat ergänzen können. »Für uns Angehörige der modernen Zivilisation, die wir meist mehr *haben,* als wir *sind,* ist die Erfahrung jenes ›wilden‹ Teiles unserer Person kaum mehr vertraut«, so daß wir ihm keinen Wirklichkeitscharakter mehr zugestehen und die mythische Rede davon als »illusionäre Projektion«

---

alte These von der Seelenlosigkeit der Tiere weit größeren Rückhalt als in evangelisch geprägten: Jörns/Großeholz (1998), S. 323 (F 76).
41. Jörns (1999a), S. 44 f.
42. Jörns (1988b).

abtun⁴³. Fest steht aber, daß Jesus nach der Rückkehr aus der Wüste weiß, was er zu tun und zu sagen hat. Zu diesem Wissen hat der Geist Gottes gewiß, aber auch das Sein mit den Tieren beigetragen. Die »Versuchung« hat ihn mit dem Grund, der ihn trägt, und den Mitgeschöpfen in unmittelbare Berührung gebracht. Da noch gesagt wird, daß die Engel Jesus in jenen vierzig Tagen dienten *(Mk 1,13)*, scheint in der »Ursprungsgeschichte des Evangeliums von Jesus Christus, dem Sohn Gottes« *(Mk 1,1)*, als Vorschein »ein neuer Himmel und eine neue Erde« auf. Und diesmal gehören Tiere dazu – und mit ihnen Pflanzen, das versteht sich von selbst.

Aus dem Behandelten ziehe ich nun eine Reihe von *thesenartigen Konsequenzen:*
• Die Ehrfurcht vor dem Leben hat in der Mitteilung, daß Jesus am Beginn seines Weges 40 Tage mit (wilden) Tieren zusammen war *(Mk 1,13)*, ihre Verknüpfung mit dem Evangelium Jesu Christi. *Unser Leben ist nicht als Leben gegen die Tiere und Pflanzen oder über ihnen gedacht, sondern soll mit ihnen geführt werden.* Soweit die anthropozentrische Wirklichkeit dem entgegensteht, steht das Evangelium der Wirklichkeitskonstruktion unserer Zeit fundamentalkritisch entgegen.
• Die Ehrfurcht vor dem Leben wächst aus dem Glauben, daß die Fülle des Lebens ohne die Gemeinschaft aller Geschöpfe nicht zu finden ist, weder in dieser noch in einer anderen Welt. Tiere und Pflanzen sind nicht als Kulisse des Menschenlebens geschaffen, sondern lassen nur zusammen mit uns die Lebensfülle und Weite der Schöpfung erkennen. Ein Lobpreis Gottes, der die Mitgeschöpfe ausschließt, ist defekt, er verunehrt den Schöpfer. *Denn alle Geschöpfe sind durch die Lebensbeziehung beseelt, die Gott, der Geist und Liebe ist, zu ihnen hat.*
• Sofern es überhaupt einen Sinn hat, von einer *zukünftigen* Welt in den Konturen *dieser* Welt zu reden, *gehören Tiere und Pflanzen zu einer zukünftigen Welt genauso hinzu wie wir Menschen.* Das zu glauben, legen die Weltentwürfe von 1. Mose 1, Jesaja 11 und Markus 1 nahe. Wenn wir Tiere und Pflanzen nicht darin haben wollten, müßten wir auch uns aus dieser Zukunft streichen. Alles Leben kommt aus Gottes Lebensgeist, ist polymorph, und keine Gattung der Schöpfung kann für sich beanspruchen, wichtiger als die anderen zu sein. Der Auftrag zu »herrschen«, ist ein Dienstauftrag, dient dem Bewahren der Schöpfung, rechtfertigt keinerlei Willkür von Menschen gegen Tiere oder Pflanzen.
• Aus dem von Jesus erwähnten Beispiel, daß ein Schaf in die Grube gefallen ist und selbstverständlich auch am Sabbat gerettet werden muß *(Mt 12,9-14)*, sowie aus dem Gleichnis von der liebevollen Suche des Hirten nach dem ver-

---

43. Duerr (1979), S. 82 f. Es fällt auf, daß Markus nichts von einem Fasten Jesu sagt.

irrten Schaf *(Lk 15,1-7)*, können wir das Liebesgebot auch so formulieren: *Liebe Menschen und Tiere und Pflanzen wie dich selbst; denn alle sind Geschöpfe Gottes.*

Die Texte aus den Evangelien ergänze ich durch Auszüge aus der chinesischen Schrift *Kan Ying P'ien,* dem »Buch von den Belohnungen und Strafen«, das Albert Schweitzer als von einer »in ihrer naiven Innerlichkeit ergreifenden Ethik« zeugend gelobt hat. Es handelt sich um 212 Laotse zugeschriebene Sprüche, ungefähr aus dem 11. Jahrhundert, die im Rahmen eines Tat-Ergehens-Zusammenhanges bestimmte Verhaltensweisen positiv und negativ qualifizieren. »Unrecht begeht: wer Menschen und Tiere abhetzt und quält; – wer mit Pfeilen auf die Vögel schießt und Vierfüßler jagt; – wer Insekten aus ihren Löchern vertreibt und die Vögel, die auf dem Baume schlafen, erschreckt; – wer die Insektenlöcher verstopft und die Vogelnester zerstört; – wer trächtige, weibliche Tiere tötet und Vogeleier zerbricht. Seid menschlich mit den Tieren; – tut auch den Insekten, den Pflanzen und den Bäumen nicht weh.«[44] Diese Ethik schließt, wie vor allem der letzte Satz deutlich macht, die Tiere in eine vom Mitgefühl geprägte Humanität ein.

- *Eine christliche Tierethik muß sich von anthropozentrischen Weltentwürfen abwenden und eine biozentrische Ausrichtung nehmen*[45]. Neben dem Grundsatz, daß Tiere durch den Geist Gottes beseelt sind wie wir, muß in der Neufassung der Tierethik *beim Leiden der Tiere angesetzt werden:* sie muß *pathozentrisch* denken, vom Leiden ausgehen und auf das Leiden antworten.

Auf eine solche Wende zu hoffen, setzt ein geschichtliches Paradigma voraus, von dem wir als Hoffnungsgrund ausgehen können. Für mich gibt es gute Gründe zu sagen, daß sich in der griechischen Kultur ein neues Verständnis vom Menschen hat durchsetzen können, als das Leiden der einzelnen und ihre individuelle Würde »entdeckt« wurden. Diese Wende markieren die griechischen Tragödien, vor allem diejenigen des Sophokles[46]. Parallel zu dieser Entdeckung hat sich auch das Verhältnis der Götter zu den Menschen gewandelt: Sie nahmen sich als Therapeuten der menschlichen Leiden an, traten auf ihre Seite, gaben die Rolle der Willkürherrscher auf. Ich hoffe, daß wir Menschen, die wir das Leben der Tiere und Pflanzen heute noch mehr als früher in der Hand haben, über die Leiden der Tiere zurück zur Entdeckung ihrer Würde finden[47]. Erst dann wird es eine Chance geben, daß wir ihnen zu freundlichen, *hilfsbereiten* Mitgeschöpfen werden. Damit spreche ich eine notwendige Per-

---

44. Schweitzer (2001), S. 64-68, das Zitat: 67.
45. Altner (1991), S. 31-115.
46. Jörns (1988c).
47. Der Träger des Literaturnobelpreises 2003, der Südafrikaner *John Maxwell Coetzee*, hat mit seinem Buch »Das Leben der Tiere« (2000) auch den Grundsatz vertreten, daß sich unser Verhalten an der Würde der Tiere orientieren müsse.

spektivveränderung an: *Wir müssen uns von den Tieren und Pflanzen als ihre Mitgeschöpfe ansehen lassen.* Zwar sehen wir gerne Tiere an: im Fernsehen, im Zoo, und auch die Haustiere. Aber lassen wir sie *uns* ansehen? Können wir uns denn überhaupt vor ihnen sehen lassen? Können wir den Gedanken ertragen, daß Jesus Christus uns eines Tages sagen wird: »Was ihr getan habt einem der Tiere, das habt ihr mir getan«? Erst, wenn wir die Blickrichtung auf diese drastische Weise ändern, kommen die Probleme richtig heraus.

• *Die Opfer, die wir uns von den Tieren gegen ihren Willen bringen lassen, erweisen uns als Willkürherrscher nach Art früher Göttergenerationen.* Im Unterschied zur Antike können wir uns heute nicht mehr vorstellen, daß Gott (Menschen oder) Tiere geopfert haben möchte. Nachdem die Opfer für Gott weggefallen sind, *sind wir mit unserer Tieropferpraxis die einzigen, die noch Blutopfer wollen und ungehindert bringen.* Diese Praxis äußert sich in artwidrigen Zucht- und Lebensbedingungen und da, wo »Tiere zum vermeintlichen Nutzen des Menschen willentlich Leiden ausgesetzt oder getötet werden. Hierbei ist nicht nur an die direkte Tötung von tierischen Individuen, sondern auch an die Verdrängung von Arten im Kampf um natürliche Ressourcen mit der Folge eines heute rasant beschleunigten Artensterbens zu denken.«[48] Hinzu kommen Umgangsweisen, die die Individualität von Tierleben von vornherein ausblenden: Massentierhaltungen und -schlachtungen, die industrielle Verarbeitung von Tieren als Rohstoff für Pharmazeutika, ihre Nutzung zur Erforschung von Krankheiten und Heilmitteln. Auch wo gute Gründe für diese Praxis vorgebracht werden, ist jede dieser Umgangsweisen mit beseelten Geschöpfen trotzdem ein Kapitel *menschlicher Schuldgeschichte,* das mit seiner anthropozentrischen Sicht des Lebens zusammenhängt. Auch die Jagdpraxis läßt sich nur in begrenztem Umfang mit der Hege und Pflege des biologischen Gleichgewichts der Natur rechtfertigen.

• Besonders schwer wiegt die Bereitschaft, auf die Schöpfungswürde der Tiere und Pflanzen überzugreifen, wo durch Genmanipulationen neue Geschöpfe erzeugt und dafür Patentrechte beansprucht werden. *Auch dies bedeutet den Einstieg in eine Götterrolle, die der Vergangenheit angehört.* Dabei stellt die sogenannte »Humanisierung von Tieren«, durch die zum Beispiel »transgene Schweine« erzeugt werden, die anthropozentrische Willkür am klarsten heraus: Tiere werden verändert und *de facto* als partielle Mischwesen von Mensch und Tier erzeugt, um ihnen dann Organe entnehmen und sie Menschen einpflanzen zu können. Aber auch ohne solche »Humanisierungs«- Praxen stellt das Projekt der *Xenotransplantation* einen Übergriff auf die Schöpfungswürde der Tiere dar, wie Wiltrud Kernstock-Jörns im Minderheitsvotum einer ökumenischen

---

48. Körtner (2002), S. 532, 27-30.

Denkschrift festgehalten hat[49]. Wir Menschen dürfen unsere Lebenswünsche nicht in dieser Weise durch Deformation der Mitgeschöpfe erfüllen. Wo wir sie für unsere Ernährung verwenden, weil wir keinen anderen Ausweg sehen, muß das Schuldhafte dieses Tuns deutlich werden. Es gebietet eine Beschränkung auf das nach strengsten Maßstäben Notwendige.

• Der antike Zusammenhang von Opfer (für einen Herrn oder eine Herrin der Tiere) und Festmahl ist genauso verlorengegangen wie die Bindung des Tierfleischverzehrs an ein (Opfer-)Festmahl. Vielleicht noch wichtiger ist, daß die Tötung der Tiere ganz überwiegend in der *Verborgenheit* quasi-industrieller Anlagen geschieht, und daß das Fleisch der Tiere zu einem großen Prozentsatz so weiterverarbeitet wird, daß es nicht mehr als Tierfleisch zu erkennen ist. Es wird zermahlen und umgepreßt und, derartig denaturiert, von Menschen und Tieren als Nahrung genutzt. Gemessen an den Skrupeln, Tiere zu töten und ihr Fleisch zu essen, die die Riten der alten Jägerkulturen vermitteln[50], ist das ein die Mitgeschöpfe entwürdigender Umgang.

Der Welt- und Lebensentwurf von 1. Mose 1, Jes 11 und Mk 1 sowie das implizite Gebot, die Nächstenliebe auf Tiere auszudehnen, in Lk 15 sind ausgesprochen *kontrafaktisch zu unserer Zivilisation*. Aber das heißt nicht, daß die biblischen Entwürfe hinfällig wären, weil sie nicht »realitätsgerecht« dächten. Ich gehe vielmehr davon aus, daß es 1. Mose 1 und Jes 11, aber auch Mk 1 und die anderen wegweisenden Überlieferungen gibt, weil sich Menschen aus theologischer Verantwortung mit diesen Fakten nicht haben abfinden wollen. *Sie sind aus dem Unbehagen in der Kultur der damals wie heute durch Anthropozentrik verzerrten Lebenswelt entstanden, also fundamentalkritisch gemeint.* In dieser kritischen Funktion müssen sie auch gegen biblische Überlieferungen gestellt werden, die bereits eine entsprechend verzerrte Weltsicht teilen. Zu diesen rechne ich die – meiner Überzeugung nach wegen des Bedarfs an Opfertieren zustande gekommene – rückhaltlose Freigabe der Tiere für unsere Ernährung *(1. Mose 9,3)*. Dies um so mehr, als sie erst aufgrund der »menschlichen Bosheit« *(1. Mose 6,5)* gilt, also wieder anthropozentrisch begründet wird. Damit wird Gott Jahwe unterstellt, er habe Tiere generell zu schuldlosen Opfern menschlicher Bosheit gemacht![51] Diese Sicht der Dinge kann ich von den genannten fundamentalkritischen Stellen her nicht mehr akzeptieren. Sätze wie 1. Mose 9,3 würde ich daher gerne künftig »ausgeklammert«[52] sehen.

49. Kernstock-Jörns (1998).
50. Massenzio (2001).
51. Härle (2000), S. 426 f., stimmt 1. Mose 9,3 dagegen zu und urteilt über die Tiere: »Zu ihrer (schöpfungsgemäßen bzw. durch die Sünde bedingten) Bestimmung gehört es, um der Erhaltung des Daseins von anderen willen ihr Leben hergeben zu müssen.«
52. Härle (2000), S. 246 f., parallelisiert die Rolle der Pflanzen als Nahrung für Menschen und Tiere und der Tiere als Nahrung für Menschen, ohne auf den inneren Widerspruch zwischen 1. Mose 1,29 f. und 1. Mose 9,3 einzugehen.

- Ein Rückzug auf »die« Schöpfungstheologie oder »die« biblische Sicht der Dinge hilft also nichts. Wir müssen von klaren Prämissen ausgehen und unsere Überlieferungen danach bewerten. Die Hauptfrage an unsere Kultur – als Frage an die Kommunikation des kulturellen Gedächtnisses – ist, ob wir einen *anthropozentrischen oder einen biozentrischen Lebensentwurf* als unser kulturelles Erbe ansehen und weitergeben wollen. Gehen wir vom anthropozentrischen Lebensentwurf ab, müssen wir auch den Umgang mit Tieren als eines der großen Schuldkapitel in der Menschheitsgeschichte erkennen – und entschiedene Abhilfe schaffen. Die Vorstellung von der Gottebenbildlichkeit der Menschen hat das Bewußtsein, daß wir Menschen vor anderen Geschöpfen erwählt sind, bestärkt. Dadurch können wir nicht mehr wahrnehmen, daß Gott für alle gleichermaßen Gott ist, daß *alle* Lebewesen seine Geschöpfe sind, und *er* uns in allen und aus allem ansieht. Aus solchen Deformationen muß unser Menschenbild heraus.
- Daß *auch die Pflanzen unserer bewahrenden Fürsorge bedürfen*, sagt der Auftrag, die Schöpfung zu bewahren *(1. Mose 2,15)*, genauso wie der Hinweis Jesu darauf, daß Gott die Lilien des Feldes herrlicher kleidet, als König Salomo sich gekleidet hat *(Mt 6,26-29)*. Da wir von den Leiden der Pflanzen noch sehr wenig wissen oder zumindest zur Kenntnis genommen haben, ist es besonders schwer, die bewahrende Fürsorge für sie als unseren Auftrag einsichtig zu machen. Daß sie auf menschliche Handlungen nicht nur an ihnen selbst, sondern auch in ihrer Umgebung reagieren, ist wohl erwiesen[53]. Entscheidet man sich für eine vegetarische Lebensweise, werden Pflanzen die wesentliche Nahrungsquelle. Auch dann leben wir allerdings auf Kosten anderer.

Es gibt viele wichtige Vorschläge, eine bio- und pathozentrisch ansetzende Verantwortungsethik voranzubringen, die der Ehrfurcht vor dem Leben entspricht, wie Albert Schweitzer sie vom Christentum eingefordert hat. Mein eigener Beitrag versucht, neben einer theologischen Kritik an schwerwiegenden biblischen Weichenstellungen das anzusprechen, was Kirchen in unserer Gesellschaft tatsächlich jetzt schon tun können. Dazu gehört ganz sicher, das Kirchenjahr als eine Festfolge zu gestalten, die den Wechsel von Festzeit und Fastenzeit beachtet. Denn das Fasten und gar eine vegetarische Ernährung[54] können jene Einsicht ausdrücken, daß wir tagtäglich auf Kosten anderer Geschöpfe leben und dadurch Schuld auf uns laden. Außerdem können die Kirchen das Zusam-

---

53. Tompkins/Bird (1995).
54. K. Barth (1951), S. 404, hat das Argument gelten lassen, daß vegetarische Ernährung (für die er den Begriff »Vegetarismus« verwendete) »eine eigenmächtige Vorwegnahme dessen darstelle, was Jes 11 und Röm 8 als das Dasein in dem neuen Äon, dessen wir hoffen, beschrieben wird.« Aber er hat hinzugefügt: »Man sehe nur zu, daß man sich ihm gegenüber durch eigene Gedankenlosigkeit und Herzenshärtigkeit trotz seiner Schwächen nicht doch ins Unrecht setze.«

menleben von Menschen und Tieren und Pflanzen fördern und so dazu ermuntern, durch eigene Erfahrungen die anthropozentrische Verengung unseres Lebens zu durchbrechen.

Eine Liturgie für die Beerdigung von Haustieren

Viele Menschen leben mit Haustieren, und gläubige Menschen neigen eher als nichtgläubige zu dieser Art von Hausgemeinschaft. Mag sein, daß der Glaube, daß Gott der Schöpfer ist, im Hintergrund steht[55]. Sterben die Haustiere, die alle einen Namen haben und somit in die personalen Lebensbeziehungen der Menschen eingebunden sind, werden die meisten hilflos, auch wenn sie vorher Gott um Hilfe für ihre Tiere gebeten haben. Von den Kirchen gibt es – trotz der vielfältig praktizierten Tiersegnungen und (umstrittener) Gottesdienste für sie – keine Hilfen zu dieser Art von Trauer, und schon gar nicht dazu, ein Tier zu beerdigen: »Abzulehnen sind auf jeden Fall kirchliche Handlungen auf Tierfriedhöfen. Sie ließen sich selbst unter Berufung auf Röm 8 theologisch nicht rechtfertigen, sondern wären ein Anklang an außerchristliche Tierkulte und somit Ausdruck eines nachchristlichen Synkretismus.« Was so apodiktisch daherkommt, verbreitet Vorurteile und Ängste und paßt nicht zu der einleitenden Aussage, wonach Tiere theologisch als »Gegenstand« »auch des Heilshandelns Gottes zu betrachten« seien[56]. Die distanzierende sprachliche Fassung dieses Satzes signalisiert ohnehin, daß Tiere hier nicht als von Gott beseelte Mitgeschöpfe der Menschen gesehen werden. Wenn eine Schule des Islam (Mu'tazeliten) dagegen sagt, daß Tiere im Jenseits für Unrecht entschädigt werden sollen, das sie im Diesseits von Menschen erlitten haben[57], dann wird eher erkennbar, daß Gott zu den Tierindividuen eine bleibende unmittelbare Beziehung hat.

Dies zu bezeugen, ist an sich schon Grund genug, Tiere einer Bestattung »unter Gottes Wort und Gebet« zu würdigen. Aber es geht auch darum, Gott zu danken für das mit einem Tier Erlebte und dafür, daß wir durch ein Tier eine ganz andere Lebensperspektive als die menschliche wahrnehmen können. Damit Christen eine solche Beerdigung im Rahmen eines allgemeinen Priestertums aller Gläubigen *selbständig* durchführen und einen für Tier und Mensch würdigen Abschied nehmen können (sofern es die gesetzlichen Bestimmungen am Ort zulassen), müssen die Kirchen ihnen mit einem Formular helfen. Für

---

55. Jörns (1999a), S. 44f.
56. Körtner (2002), S. 532, 33-35. 44-47.
57. H.-M. Barth (2001), S. 303. Die Tieropfer (ebenda, S. 655) gehören allerdings auch zum Islam und legen eine kultisch geregelte Tiertötung fest.

die Beerdigung eines Katers im Familienkreis habe ich die folgende Liturgie entworfen:

Liturgie für die Beerdigung eines Haustiers

Der Leib des Tieres wird zu seinem Grab gebracht und hineingelegt

Sprecher/in 1: Alles Leben kommt von Gott.
Dafür danken wir ihm:
für unser Leben genauso wie für das Leben von N.N.

Sprecher/in 2: N.N. ist ein Teil unseres Lebens gewesen.
Er/sie hat uns das Leben in einer schönen Gestalt gezeigt,
die uns erfreut und unseren Alltag bereichert hat.

Hier können die an der Beerdigung Teilnehmenden Erinnerungen einfügen.

Sprecher/in 1: Wir danken Gott für alles, was N.N. unserem Leben voraus hatte.
Durch die Zeit mit ihm/ihr haben wir Gewißheit darüber erlangt,
daß nicht allein wir Menschen eine Seele haben.
Wir bedauern, wenn wir N.N. Leid zugefügt haben,
und bitten unseren Schöpfer um Vergebung.
Wir hoffen auf eine Zeit,
in der wir gegenseitig unsere Sprachen verstehen werden.

Sprecher/in 2: Beim Prediger Salomo lesen wir (Ende Kap. 3):

»(Denn) es geht dem Menschen wie dem Tier / Wie dieser stirbt / so stirbt auch das Tier./ Sie haben alle einerlei Lebensodem / und der Mensch hat dem Tier nichts voraus. / Denn es ist alles eitel. Es fährt alles an einen Ort zurück, / es ist alles von Erdenstaub gemacht / und wird wieder zu Erdenstaub. Wer weiß / ob der Odem der Menschen aufwärts fährt / und der Odem des Tieres nach unten fährt?«

Hoffnung auf eine Zukunft haben wir, weil Gott zu uns auch über den Tod hinaus in Beziehung bleiben will. Er kennt die Freuden und Leiden aller Geschöpfe und nimmt sich ihrer an.

Sprecher/in 1: (Am Grab stehend, zum Tier gewandt)
Von Erde bist du genommen
zu Erde sollst du wieder werden.
(Mit drei Erdwürfen verbunden die nächste Zeile:)
Erde zur Erde / Asche zur Asche / Staub zum Staube.
Die Erde sei dir Ruhestatt und neuer Mutterschoß.
Deine Zukunft liegt in Gottes Hand.

Alle: Vater unser im Himmel …

7. Abschied von der Vorstellung, der Tod sei »der Sünde Sold«[1]

Viele Abschiede müssen wir im Leben hinnehmen oder selbst vollziehen. Wenn uns ein geliebter Mensch verläßt, kann sich das ganze Leben ändern, eine Welt zusammenbrechen, wie wir sagen. Gelingt es uns dann, wirklich zu trauern, können wir die vertraute Gestalt von Leben nach und nach loslassen und uns dem veränderten Leben wieder zuwenden. Die größte Krise aber erleben wir, wenn wir anfangen, die Erkenntnis, daß *das* Leben begrenzt ist, auf unser eigenes Leben zu beziehen. Erst sie wirft die Frage auf, ob wir die Abschiede im Leben, von denen der Tod der letzte ist, als *notwendige* Abschiede und Übergänge begreifen oder aber bekämpfen wollen. Dabei hängt alles davon ab, wie wir unsere Sterblichkeit verstehen. Im Christentum gilt bisher, daß der »Tod der Sünde Sold« ist: Strafe Gottes für den als Sünde verstandenen Ungehorsam der Menschen, der seit Adam und Eva in der Welt ist. Diese Vorstellung hat den Tod verunstaltet und zu einem Feind gemacht, gegen den wir einen aussichtslosen Kampf führen.

Das Leben beginnt und endet mit notwendigen Abschieden

Die Kirchen haben heute wieder viel mit Segenshandlungen an den großen Stationen des Lebens zu tun. Sie sind spezialisiert auf diese »Passageriten«[2]. Aber schon in der altkirchlichen Dogmatik hatte der Taufritus nichts mit einem Übergang innerhalb des natürlichen Lebenslaufes zu tun. Solange (nur) Erwachsene getauft wurden, fiel die Taufe mit dem Eintritt in die Gemeinde des neuen Gottesvolkes und mit einer Absage an die bisherige Lebensweise zusammen. Es ging mithin um eine *spirituelle Wieder*geburt. Als sich im 4./5. Jahrhundert mehr und mehr die Erbsündenlehre durchsetzte, wurde die Taufe als Befreiung von der Erbsünde verstanden. Die christlichen Theologen waren vor allem an der *Heilsgeschichte* Gottes mit den Menschen und daran interessiert, jedes Kind in sie einzugliedern. Die kreatürliche Existenz geriet in den Hinter-

---

1. Dieses Kapitel nimmt einige Gedanken auf, die ich in der akademischen Gedenkfeier für Walter Neidhart am 12. Dezember 2002 in der Theologischen Fakultät der Universität Basel vorgetragen habe. Vieles darin haben Walter Neidhart und ich in den letzten Jahren vor seinem Tod diskutiert.
2. Neidhart (1997).

grund und mit ihr die Sorgen und Hoffnungen der Eltern und übrigen Angehörigen, die es natürlich trotzdem aus Anlaß der Geburt eines Kindes gab. Es ist hochinteressant, daß Rainer Albertz in der Frühgeschichte Israels[3] ein vergleichbares Phänomen festgestellt hat. Auch damals hatte für die Theologen ein heilsgeschichtliches Konzept Vorrang vor den elementaren Lebens- und Glaubenserfahrungen, die im Zusammenhang mit der eigenen Geburt und mit der Geburt von Kindern gemacht worden sind. Und so rückten das theologische Konzept und die familiäre Lebenswelt auseinander; denn die Gottesbeziehung des *einzelnen* ist seit je tief im Kreatürlichen, in der Schöpfung verankert und im familiären Alltagsleben.

Erfahrungen mit Gott werden immer als Geschichten erzählt. Am besten erzählen kann, wer selbst darin vorkommt: eine Frau, die lange auf ein Kind gehofft, dabei ihre Hoffnung auf Gott gesetzt hat und deren Wunsch dann endlich in Erfüllung gegangen ist, oder jemand, der völlig davon überrascht worden ist, Mutter oder Vater zu werden. Sie haben mit Schwangerschaft und Geburt eine das Leben verändernde Erfahrung mit Gott gemacht und können davon authentisch berichten – wie Sara von der Geburt ihres Isaak *(1. Mose 21,1-7)*, Hanna von der Geburt ihres Samuel *(1. Sam 2, 1-10)*, Maria von der Geburt ihres Jesus *(Lk 1,46-55)* und Zacharias von der Geburt seines Johannes *(Lk 1,68-79)*. Heil ist hier *konkret*, ein Kapitel kreatürlich-elementarer Lebensgeschichte, auch wenn die konkrete Lebensgeschichte bereits in einen heilsgeschichtlichen Rahmen eingestellt worden ist. Doch Gotteserfahrung und Lebenserfahrung fallen auch dann noch durch das konkrete Ereignis einer Geburt zusammen. Da ist im Prinzip kein Priester, kein Theologe nötig, um zwischen beiden eine Verstehensbrücke zu bauen, denn da gibt es einen *unmittelbaren* Lebensbezug[4], eine eigene Glaubenserfahrung, die erzählen macht und dazu befähigt, die Erzählungen anderer zu verstehen. Gerd Theißen hat in der Schlußbetrachtung zu seiner Theorie des Urchristentums herausgearbeitet, daß die Plausibilität der urchristlichen Religion gerade darauf beruht habe, daß sie drei Evidenzquellen hatte: Erfahrung der Welt, die Übereinstimmung mit dem Selbst und die Übereinstimmung mit anderen Menschen[5]. Das aber heißt für die heutige Theologie, daß sie ihre Arbeit nur glaubwürdig tun kann, wenn sie die elementar-kreatürliche Ebene des individuellen Lebens wahrnimmt und Gott in ihr seelsorgerlich zur Sprache bringt. Dazu helfen kann die Kategorie des »notwendigen Abschieds«. Denn mit ihr fällt es leichter, die Dimension des Kreatürlichen wirklich als *theologische* und nicht nur als biologisch-anthropologische Kategorie zu verstehen. Das aber bedeutet, daß schon die kreatürliche Existenz mit einer Heilszusage verbunden werden muß.

3. Albertz (1992).
4. Vgl. Jörns (1995).
5. Theißen (2000), S. 385-411.

Es ist merkwürdig, daß die kreatürliche Dimension vom Interesse an der Heilsgeschichte so zurückgedrängt worden ist. Denn der trinitarische Gott wird ja im ersten Artikel des apostolischen Glaubensbekenntnisses bezeugt als »Gott, der Vater, der Allmächtige, *Schöpfer des Himmels und der Erde,* ...«. Aber offenbar ist die Erlösungslehre theologisch als viel bedeutsamer empfunden worden. Der Blick richtete sich kaum noch zurück, sondern voraus auf die für die Endzeit erwartete Wiederkehr Christi und eine kommende *neue* Schöpfung. *Entsprechend gibt es im Kirchenjahr kein Fest, das dem Wunder der Schöpfung gewidmet wäre.* Das Erntedankfest, das sich anthropozentrisch mit unserer Ernährung befaßt, ist dafür wahrlich kein Ersatz. Erst das 20. Jahrhundert hat – und zwar mehr unfreiwillig als freiwillig – die Erkenntnis hervorgebracht, welche fatalen Folgen für unsere »Umwelt«, die Erde, sich mit der Vernachlässigung der Schöpfung und der sie betreffenden Theologie durch die in der Welt politisch dominanten Christen verbunden haben. Doch nicht nur die Umwelt, sondern auch die Leiblichkeit und Sexualität der Menschen und die eigene Würde der Tiere sind als Folge der verschobenen Gewichte mißachtet worden.

Mit der theologischen Kategorie des *notwendigen Abschieds* kommen wir an die großen Krisen des Lebens heran. Abschied ist ein wesentliches Element irdischen Lebens, weil irdisches Leben sterbliches Leben ist. Seit dem Altertum ist deshalb die *ars vivendi* mit der *ars moriendi* in eins gesetzt worden. Es geht darum, »abschiedlich leben« zu lernen[6]. Auch im Blick auf eine theologische Kategorie des notwendigen Abschieds wäre es zu eng gedacht, wenn wir bei Abschied nur an den vom Tod erzwungenen Abschied denken würden. Er betrifft vielmehr alle Übergänge im Leben, die mit den großen Wenden zu tun haben, zumindest also die Geschlechtsreife, die Partnerwahl und Heirat, die Geburt von Kindern, den Tod von Angehörigen und das eigene Sterben in seinen individuell unterschiedlich verlaufenden Phasen. Das heißt, bei diesen Übergängen sind nicht nur der neue Horizont und die mit ihm verbundenen Schwierigkeiten im Blick, sondern auch und gerade der Abschied von den bisherigen Lebenszusammenhängen und dem in ihnen geführten Leben. Deshalb begleiten wir diese Übergänge im *Erleben* mit Trauer, Leid, Schmerz und Unlust. Aber es kommen noch jene Ängste hinzu, die sich mit der Tatsache verbinden, daß das neue, veränderte Leben als eine *terra incognita*, als unbekanntes Land, vor uns liegt. Gerade aber, weil Leben abschiedlich gelebt werden muß, ist Jesu Christi Satz »In der Welt habt ihr Angst« *(Joh 16,33)* eine liebevolle Grundwahrnehmung menschlicher Existenz. Schon daraus resultiert ihre theologische Bedeutung. Denn Angst wahrzunehmen und den Geängstigten zu Hilfe zu kommen, sind zwei elementare Seiten heilvollen Handelns.

6. Kast (1982 = 2002).

Die »Vertreibung aus dem Paradies« hat nichts mit unserer Sterblichkeit zu tun

Notwendig sind die Abschiede, von denen ich rede, weil dann, wenn sie nicht vollzogen würden, buchstäblich unhaltbare Zustände konserviert würden. Dann müßten wir vom geborenen Menschen sagen, er habe Herkunft, aber keine Gegenwart und keine Zukunft, mithin auch keine Geschichte. Es wäre eben nur von jenen »Adamiten«, »Erdlingen«, zu reden, die ohne Selbstbewußtsein in einem geschützten, aber zugleich verschlossenen Garten Eden wie im Uterus lebten und von denen man weiß, woher sie kamen und an welcher Nabelschnur ihr Leben hing. Um Menschen zu werden, wie *wir Menschen* sind, war der Abschied aus dem, was von uns heute niemand mehr als »Paradies« erleben würde, notwendig – das wissen biblischer Vertreibungsmythos, Medizin, Tiefenpsychologie und manche Philosophen[7] in gleicher Weise. Unser aller Vertreibung aus jenem »Paradies« war und ist notwendiger Abschied *ins Leben*, kürzer: *lebensnotwendiger Abschied* gewesen. Hebammen, die ja schon *in* unserem Leben sind und die die einzelnen Neugeborenen in dieses Leben »heben«, nennen diese Phase am Eingang ins Leben wie die Ärzte auch: »Austreibung«.

Wie es gewesen wäre ohne jene Ver- bzw. Austreibung aus dem sogenannten Paradies, weiß die Volksweisheit mit dem Zerrbild des Paradieses, dem Schlaraffenland, dem Land der »müßig gehenden Schlaffen«[8], drastisch zu kennzeichnen. Auf einer anderen, kulturanthropologischen Ebene müßten wir vom Paradies als von einem perpetuierten Embryonalzustand reden – und wüßten sogleich, daß ungeborene Embryonen sich in ihrem »Paradies« zu Tode wachsen würden, gäbe es die Austreibung nicht. Der Körper des Menschen ist so beschaffen, daß die Frauen ihre Kinder nicht in sich behalten können, ohne daß beide daran sterben. *So* ist der Frauenkörper geschaffen, und jeder von uns hat ihn als seine erste irdische Heimat *so* erlebt. Deshalb ist die Austreibung die *Vertreibung ins Leben und zum Leben*. Mit der im biblischen Mythos erzählten Vertreibung aus dem Paradies durchschneidet der Schöpfer die während der Paradieszeit noch nicht gekappte *Nabelschnur* zum Geschöpf Mensch, damit dieser nun selbständig leben kann. Alle Idealisierungen des Lebens im Paradies, wie sie lange üblich gewesen sind, gehen an dieser Wahrheit vorbei.

Wir können und müssen aber noch eine Stufe weiterdenken. Denn der Schöpfungsglaube meint ja nicht allein den *Kosmos* von »Himmel und Erde« und die *Gattungen* der Geschöpfe, die die Schöpfungserzählung nennt. Der Glaube an Gott, den Schöpfer, sagt auch, daß Gott innerhalb der fortdauernden

---

7. Allen voran Ernst Bloch (1968).
8. Abgeleitet wird das deutsche Wort »Schlaraffe« von *slur* und indogermanisch *slev* »schlaff«: Das Schlaraffenland ist das Land der »schlaffen Müßiggänger«.

Geschichte der Erde jedes einzelne Geschöpf einschließlich jedes einzelnen Menschen *geschaffen hat:* »Ich glaube, daß mich Gott geschaffen hat samt allen Kreaturen ...« bekennt Luther in der Erklärung des ersten Artikels des Glaubensbekenntnisses. Entsprechend sagen manche, vorwiegend späte, biblische Zeugen, daß Gott sie, die einzelnen Menschen, die Gezeugten und Geborenen, *geschaffen* habe[9]. Also schließt ein zeitgemäßer Schöpfungsglaube ein, daß die eben beschriebene *Vertreibung ins Leben und zum Leben zur Schöpfung des Menschen durch Gott hinzugehört.* Sie gehört *unmittelbar* und nicht nur mittelbar zur Schöpfung des Menschen durch Gott, und zwar von der ersten Zeugung und Geburt eines Menschen an bis zur Geburt Jesu und bis zu allen Geburten heute und morgen.

Die Vertreibung ins selbständige Leben verdient als Schöpfungsakt die Beurteilung »gut für uns« *(vgl. Joh 16,7).* Spricht der Schöpfungsmythos von der Gattung Mensch inmitten der anderen *geschaffenen* Gattungen von Lebewesen als Gottes *Geschöpfen,* so verändert sich mit der »Vertreibung aus dem Paradies« die Perspektive. Nun kommt die *Zeugung und Geburt der Geschöpfe* zur Sprache *(1. Mose 4,1f.).* Der im Nicänischen Glaubensbekenntnis ausgesprochene Gegensatz zwischen »geschaffen« und »geboren« wird damit zwar nicht aufgelöst, aber in eine *komplementäre* Verbindung überführt und eingebettet. Sie ist – innerhalb der Theologie – diejenige Form des Denkens, die alles Leben in der Verbindung und zugleich klaren Unterschiedenheit von Gott und Mensch sieht. Das Ökumenische Konzil von *Chalcedon* (451) hat die komplementäre Denkform benutzt, um den jahrhundertelangen Streit um die beiden Naturen Jesu Christi (»wahrer Gott« und »wahrer Mensch«) zu beenden, und festgelegt, daß beide Aussagen *zugleich* gelten[10].

An dieser Stelle aber ist es nötig zu betonen, daß zu diesem Fortgang der Schöpfung – es geht um mehr als nur um ihre Erhaltung! – *auch das Sterben hinzugehört, und zwar von Anfang an*[11]. Es ist nirgends in den beiden Schöpfungserzählungen gesagt, daß irgendeins der geschaffenen und vom Schöpfer belebten Wesen als unsterbliches geschaffen worden wäre. Sie alle sind »von

---

9. Vgl. dazu u. a. Jes 43,1.7.15; Mal 2,10; Hi 31,15; Ps 89,8; 104,30; Koh 7,14; Sir 7,31 (»Liebe den, der dich geschaffen hat!«); 32,17; 1. Kor 11,9; Hebr 10,5.
10. Die Kernaussagen des Konzils sind: »daß unser Herr Jesus Christus als ein und derselbe Sohn zu bekennen sei, ... wahrhaft Gott und wahrhaft Mensch ..., ... als ein und derselbe Christus, Sohn, eingeborener Herr, in zwei Naturen unvermischt, unverwandelt, ungetrennt, ungesondert erkennbar, wobei jedoch die Unterschiedenheit der Naturen um der Einung willen keineswegs aufgehoben wird, sondern die Eigentümlichkeit einer jeden Natur gewahrt bleibt und sich zu einer Person und zu einer Hypostase verbindet, nicht als in zwei Personen geteilt oder getrennt, sondern als ein und derselbe eingeborene Sohn, Gott, Logos, der Herr Jesus Christus ...« (zitiert nach Ritter [1986], Sp. 640).
11. Zum Fortgang der Schöpfung gehört auch der Zusammenhang von Evolution und *fortdauernder* Schöpfung: Barbour (2003), S. 310-348.

Erde genommen«. Der Schöpfer droht Adam – Eva gibt es noch nicht – lediglich an, er werde *in dem Moment* sterben, in dem er trotz des Verbotes vom »Baum der Erkenntnis des Guten und des Bösen« essen werde *(1. Mose 2,17).* Er sagt ihm nicht: wenn du mein Verbot übertrittst, »wirst du sterblich werden«, sondern: »mußt du sterben«[12]. Es geht beim Tod um etwas unter den Lebewesen schon Bekanntes. Die Warnung betrifft hier (wie *1. Mose 3,3)* den *Zeitpunkt* des Todes, obwohl sie dann doch nicht *sofort* wahrgemacht wird, als beide das Gebot übertreten. Aber das ist erzähltechnisch begründet: Für den Fortgang der Schöpfung und den Übergang in die Urzeit und später in die geschichtliche Zeit fehlt unmittelbar nach dem »Sündenfall« ja noch die Vertreibung aus dem Paradies und der Bericht, daß Adam und Eva sich vermehrt und somit den Fortbestand der Menschheit eingeleitet haben.

Gott Jahwe verordnet dem Adam: »Im Schweiße deines Angesichts sollst du dein Brot essen, bis du wieder zur Erde zurückkehrst, von der du genommen worden bist; denn Erde bist du, und zur Erde mußt du wieder zurück.«[13] *(1. Mose 3,19)* Die mühsame Arbeit gehört zum selbständigen Leben – *sie* kann Strafe sein, wenn man überhaupt mit diesem Begriff operieren will, nicht aber die Sterblichkeit. Der vom Erdenstaub genommene Mensch bleibt der Erde verhaftet, auch wenn er aufrecht auf ihr geht. Das ist Schöpfungswirklichkeit von Anfang an und dauert als Schöpfungsrealität fort: »zu Erde werden« und »sterben« sind im Babylonischen wie im Semitischen gleichbedeutend. *Der Tod gehört zum menschlichen Leben, ist geschöpflich und hat mit dem »Sündenfall« nichts zu tun.* Das sieht auch die jüdische Bibelauslegung so[14]. Der Mensch hat dem Tier – wie der »Prediger Salomo«, Kohelet, als Weiser sagt, »nichts voraus: Denn das Geschick der Menschenkinder ist gleich dem Geschick des Tieres ... Wie dieses stirbt, so sterben auch jene, und einen Odem haben sie alle.« *(Koh 3,19)*[15] Entsprechend ist im Gilgamesch-Epos der Tod »die Bestimmung des Menschen«, die ihn irgendwann »ereilt«, oder derjenige, »der die Menschen abknickt« wie einen Pflanzenstengel[16]. Auch wenn man von der Evolution her denkt, ist die von mir vorgetragene Sicht der »paradiesischen« Vorzeit akzeptabel: »Wir wissen, daß Tod und Leiden notwendige Bedingungen des Lebens in einer evolutionären Welt sind. Neues Leben wird nur durch den Tod des alten

---

12. V. Rad (1961), S. 65.
13. Da ist die Erdbestattung schon als Brauch vorausgesetzt: Gunkel (1910), S. 23.
14. Gradwohl (1986), S. 50: »Unsterblich wäre er ohnehin nicht gewesen«.
15. Nach Gradwohl (1989), S. 33, wird der Mensch in der jüdischen Bibelauslegung »zu einem von den Tieren unterschiedenen lebenden Wesen«, weil er die *n'schamá*, den Odem, eingehaucht bekommen habe. Dieses Wort wird von ihm mit »Seele« übersetzt. Stirbt der Mensch, kehre sie zum Schöpfergott zurück und der Leib werde wieder zu Erde. Auf Koh 3,19 geht Gradwohl nicht ein. Außerdem ist es so, daß in der Regel *näfäsch* mit »Seele« übersetzt wird.
16. Gilgamesch-Epos, 10. Tafel, V, 13; VI, 25.

möglich. Der Schmerz ist der Preis für höheres Empfindungsvermögen und oft ein Zeichen von Gefahr.«[17]

Das Bewußtsein der Endlichkeit weckt den Wunsch zu bleiben

Das Essen vom »Baum der Erkenntnis des Guten und des Bösen« hat eine Erkenntnis vermittelt, die den Menschen auf die Stufe der *Älohim* stellt, der göttlichen Wesen im Hofstaat, wie Gott Jahwe in ihrem Kreis resigniert feststellt: »Siehe, der Mensch ist geworden wie unsereiner, daß er weiß, was gut und böse ist« *(3,22).* Im übertragenen Sinn ist der alte Adam, der diese Erkenntnis noch nicht gehabt hatte, damit tatsächlich *gestorben.* Ab jetzt ist der Mensch den *Älohim* nicht nur vom Äußeren her ähnlich, sondern auch vom Erkenntnisvermögen her in seiner Umwelt gewissermaßen »ein kleiner Gott«. Das spiegelt Psalm 8,6, wenn er Gott dafür lobt, daß er den Menschen »wenig geringer denn die *Älohim* gemacht« habe. Was »wenig geringer« am Menschen ist, wird nicht an seiner Herrschaftsfülle, aber am Unterschied zu den Himmlischen deutlich, denn sie haben keine Todesgrenze vor sich. Doch am Ende von Kapitel 3 kommt überraschend noch ein anderer Baum in den Blick: der »Baum des Lebens« *(3,22.24).* Auch das Gilgamesch-Epos kennt etwas Ähnliches. Es erzählt von einer *Lebens-Pflanze,* die zu essen, dasselbe verheißt wie der »Baum des Lebens«. Utnapischtim enthüllt dem Gilgamesch ihr Geheimnis: »Ein Verborgenes, Gilgamesch, will ich dir enthüllen, / Und ein Unbekanntes will ich dir sagen: / Es ist ein Gewächs, dem Stechdorn ähnlich, / Wie die Rose sticht dich sein Dorn in die Hand. / Wenn dies Gewächs deine Hände erlangen, / findest du das Leben.« *(11. Tafel, Z. 266-270).* Auch die Früchte des *Lebens-Baumes* im Paradies würden dem, der sie ißt, Unsterblichkeit verleihen – oder aber zumindest ein »›Weiterleben‹ als Überwinden der Todesgrenze«[18]. Doch zu diesem Baum führt kein Weg mehr. Der »Engel mit dem Flammenschwert« steht davor. Als es einen Weg dahin gab, ist ihn niemand gegangen. Seit er versperrt ist, wird er gesucht.

In beiden Erzählungen – vom »Baum des Lebens« oder der »Lebenspflanze« – kommt deutlich heraus, daß der urzeitliche Mensch *kein unsterblicher Mensch* gewesen ist. Die Geschichte vom – »Sündenfall« genannten – Ungehorsam hat also mit der Sterblichkeit des Menschen ursächlich genausowenig zu tun wie die Vertreibung aus dem Paradies. Die Sterblichkeit der lebenden Wesen ist geschöpflich. Das Fazit der biblischen Erzählung lautet daher: »Die ›Erkenntnis

---

17. Barbour (2003), S. 371.
18. Westermann (1976), S. 371. Interessanterweise ist dieser »Baum des Lebens« *nicht* durch ein Verbot des Schöpfers geschützt worden.

von gut und böse‹ kann der Mensch erlangen, auch wenn sie ihm nicht nur Aufstieg, sondern zugleich Verlust bringt; das ›Leben für immer‹ ist ihm versagt.«[19] Das zu sagen, ist leicht. Das zu begreifen, dauert auch heute noch ein Leben lang.

Und damit sind wir in unserer Lebenswirklichkeit angekommen. Die »Vertreibung aus dem Paradies« macht uns die äußerste Möglichkeit und zugleich die äußerste Unmöglichkeit unserer menschlichen Existenz bewußt. Das ist ihr Sinn. Haben wir sie verstanden, können wir die Vorstellung, im Paradies hätte es unsterbliches Leben der Menschen gegeben, loslassen. Auch wo sie uns als theologische Konstruktion begegnet, ist sie als Versuch zu verstehen, unser sterbliches Menschsein im Grunde nicht zu akzeptieren. Daß es diesen Versuch seit eh und je gibt, hat mit dem »Geburtstrauma« zu tun, das wir von der Vertreibung aus dem »Paradies« ins wirkliche Leben zurückbehalten, weil wir die große Geborgenheit im Mutterschoß verlassen mußten. Aber auch die Trauer darüber, daß geliebte Menschen uns verlassen, und der Schrecken der Erkenntnis, daß auch wir wieder »zu Erde werden«, hat die Frage aufbrechen lassen, ob denn wirklich gegen den Tod kein Kraut gewachsen ist. Die Geschichte vom endgültig versperrten Weg zum »Baum des Lebens« (1. Mose 3,22-24) nimmt diese Frage auf. Ihre Antwort lautet: Weder hat es je unsterbliche Menschen gegeben, noch gibt es irgendein Mittel, durch das Unsterblichkeit auf der Erde erreicht werden könnte. Mit den Mitteln des Mythos wird der alte Mythos zu Ende geführt, indem er in die Wirklichkeit unseres Lebens *überführt* wird. Und da zieht er das vielfältige Gewand menschlicher *Bemühungen um Dauer* an. Diese Suche nach Dauer ist die tiefste Wurzel jeder Kultur[20].

Gilgamesch hat jenen »Stechdorn« zwar gefunden und in seiner Hand gehabt. Aber er schafft es nicht, ihn nach Uruk zu bringen. Auf der Heimreise frißt eine Schlange diese Pflanze auf, weil sie so gut duftet[21]. Jener Stechdorn scheint uns allen als Stachel im Fleisch zu sitzen. Denn allein die – wenn auch abgewehrte – *Vorstellung* von solcher Pflanze, solchem Baum des Lebens signalisiert: Es hätte möglich sein können, ewiges Leben zu erreichen, *nicht* Abschied nehmen zu müssen, weder von geliebten Menschen und Orten, noch vom eigenen Leben, *wenn nicht* ...! Oder aber: *wenn* ...! Obwohl niemand jenes Paradies, jenen Baum oder Stechdorn wiedergefunden hat – ein großer Wunsch, ein tiefes Begehren, ist in uns: *der Wunsch zu bleiben. Bleiben ist Leben.* Darum suchen wir, was bleibt, was nicht vergeht. Und selbst den, der *weiß*, daß er – in der Sprache des Mythos gesprochen – an jenem Engel mit dem Flammenschwert nicht vorbeikommt und von jenem Baum nicht essen kann, beschäftigt die Fra-

---

19. Westermann, ebenda, S. 370f.
20. Die buddhistische Zukunftshoffung auf ein Ende des Sein-Müssens will auch Dauer, allerdings verbunden mit einer inhaltlichen Umkehrung von Fülle in Leere.
21. Gilgamesch-Epos Tafel 11, Z. 272-291.

ge nach dem Bleiben. Denn neben dem leiblichen Tod gibt es noch einen anderen Tod, dem wir schon weit vor dem Sterben begegnen können: das Vergessenwerden, den sozialen Tod. Vergessen macht zunichte, was war und ist, denn Vergessen läßt aus allen Beziehungen herausfallen, in denen jetzt noch Leben ist *(vgl. Ps 88,6.19)*. Vergessenwerden ist schleichende Zerstörung des eigenen Seins, ist der Geist, der das Leben *nicht* zusammenhält, sondern losläßt. Alle *Feste* sind dazu da, daß wir *nicht* vergessen, sondern erinnern, daß wir dazugehören. Paradoxerweise gelingt dieses Erinnern nur dann, wenn wir an den großen Festen gleichzeitig alles Kleinliche und Kränkende *vergessen*[22].

Alle bewußt gestaltete Kultur und Religion will der Zerstörung des Lebens durch Zeitfluß und Vergessen widerstehen. Als kollektive Bemühung gehen Gedenken und Erinnern zwei Wege: den Weg der Einübung in das *kulturelle* Gedächtnis, und den Weg der vertiefenden, die eigene Biographie begleitenden Erinnerung durch das *kommunikative* Gedächtnis. Beide Wege können sich auf Vergangenes und auf Zukünftiges beziehen, oder auch auf beides zugleich. Durch die Teilhabe am kulturellen Gedächtnis halten wir Kultur mit ihren Werteordnungen und religiösen Grundorientierungen im Gedächtnis, im eigenen wie in dem unserer Kinder. *Aber sie hält auch uns* – im Gedächtnis, und damit im Leben: im Gespräch der Zeitgenossen und, wenn es gut geht, auch derer, die nach uns kommen. Denn wenn es gut geht, prägen wir uns dem kommunikativen Gedächtnis des Lebens ein wenig ein, auch über uns hinaus. Kleine Ein- und Überleitungsfloskeln deuten darauf hin: ›Wie meine Mutter zu sagen pflegte‹; ›wie es bei uns zu Hause üblich ist‹; ›wie ich erzogen worden bin‹, und so weiter. Wenn eines Menschen nicht mehr gedacht wird, ist die Erinnerungsspur zu ihrem Ende gekommen, hält einen Menschen nichts mehr im irdischen Leben. Das schmerzt, ist Todeserfahrung. *Im Gedächtnis sein dagegen ist Bleiben.* Und so haben die Menschen als einzelne wie als Gruppen immer wieder und auf unterschiedlichsten Wegen versucht, ins Gedenken zu kommen und im Gedächtnis der Menschen zu *bleiben*. Dazu gehören die Hoffnungen, die sich mit Nachkommenschaft, großen Taten, Kunst- und Bauwerken verbinden oder mit anderen Dingen, die von Dauer sind. In ihnen äußert sich die positive kulturelle Dynamik des Todes, ohne die unsere Kulturen ärmer wären, als sie sind.

---

22. Die Doppelgesichtigkeit des Vergessens hat Harald Weinrich (1997) beschrieben.

Die Rede vom Tod als der »Sünde Sold« verunstaltet den Tod zum Strafverhängnis und verleitet uns zu einem aussichtslosen Kampf

Die Vorstellung stammt aus einem Verständnis von Glauben als Gehorsam

Das haben wir Älteren gelernt, von Kindesbeinen an: »der Tod ist der Sünde Sold«, ist ein Strafverhängnis, das wir Adam und Eva und eigentlich sogar der Schlange »verdanken«. Das läßt sich im Kindergottesdienst und Firmungsunterricht zwar gut erzählen, verbreitet aber eine fatale Sicht unserer Sterblichkeit und zugleich ein höchst problematisches Gottesverständnis[23]. Denn dieser Gedanke setzt ja einen Gott voraus, der die ganze Menschheit in Haftung nimmt dafür, daß die ersten Menschen einen göttlichen Befehl mißachtet haben. Wenn wir glauben, daß Gott Liebe ist, ist die Vorstellung von einem Schöpfer obsolet, der nach eigenem Urteil alles »gut« oder gar »sehr gut« gemacht hat, und den seine Geschöpfe dann doch aufgrund ihres Ungehorsams dazu bringen, daß er sie mit Sterblichkeit bestraft, aus seiner Nähe vertreibt und dann – von wenigen Musterexemplaren abgesehen – in der Sintflut ersäuft *(1. Mose 6-8)*. Das ist die Sprache der Mythen, die etwas davon erzählen, wie die Welt geworden ist, wie wir sie kennen. Aber uns *theologisch* verpflichtende Aussagen können wir aus diesem Mythos nicht ableiten. Sie führten zu einem System, das sagt: Die Menschen haben Gott böse gemacht, und nun müssen sie sehen, wie sie ihn wieder gütig stimmen. Und wenn ihnen das nicht gelingt, muß Gott selbst dafür sorgen, daß er uns wieder gut sein kann.

Da müssen wir uns die manchmal ironisierende Relecture des biblischen Sündenfalls und seiner Folgen durch *Ernst Bloch* schon gefallen lassen. Es gehe um eine Schöpfung, »von der ihr Hersteller ... sagt, nachdem er, mehr als zufrieden, das Gemachte sah, dies alles sei gut, sogar sehr gut. Sobald sich das nicht so zufriedenstellend herausstellte und bewährte, wurden Sündenböcke erfunden von der Schlange bis zur Rotte Korah und weiter. Wonach denn alle Übel der angeblich vollendeten Welt als Strafe, die nicht grauenhaft genug sein konnte, erschienen und dadurch den Schöpfer von ihnen entlasteten.«[24] Bloch trifft einen Zusammenhang, den Paulus so formuliert hat: daß »die Sünde durch *einen* Menschen in die Welt gekommen ist und durch die Sünde der Tod«. Der Tod ist dann »auf *alle* Menschen übergegangen, weil sie alle gesündigt

---

23. Auch bei den »Naturvölkern« gibt es Mythen, die den Verlust der Unsterblichkeit auf »bedenkliche moralische Unzulänglichkeiten« der Menschen (wie Raub, Inzest, Vergewaltigungen etc.) zurückführen, »so daß Gott es schließlich nicht mehr mit ansehen konnte und ihnen zur Strafe das ewige Leben nahm.« Der Tod wird als ein Fremder betrachtet, in anderen Mythen auch als das Böse schlechthin: K. E. Müller (2002), S. 468-471.
24. Bloch (1975), S. 209. Damit spielt Bloch auf Offb 21,1-22,5 an.

haben«[25] *(Röm 5,12)*. Doch die Rede des Paulus ist damit keinesfalls beendet, denn er stellt dem Weg, auf dem der Tod in die Welt gekommen ist, die »überreiche Gnade« entgegen, die wir durch Jesus Christus haben. Adam und Christus sind Typ und Antityp. In vielfacher Variation wird dieselbe Gegenüberstellung von Paulus vorgetragen und dann doch so verdichtet: »Also kam es nun, wie es durch eines einzigen (Menschen) Übertretung für alle zur Verurteilung kam, so auch durch eines einzigen gerechte Tat für alle Menschen zur Gerechtsprechung, die Leben gibt.« *(5,18)* Die Tora, an deren Forderungen alle jüdischen Menschen seit Mose gemessen worden sind, habe im übrigen die Übertretung bzw. Sünde noch größer gemacht *(5,20)*. Die kürzeste Fassung des Gedankens folgt dann Röm 6,23: »Denn der Sünde Sold ist der Tod; die Gnadengabe Gottes aber ist das ewige Leben in Christus Jesus, unserm Herrn.« Das heißt, um an den Anfang des Gedankengangs zurückzugehen: *der Tod ist für Paulus erst als Strafe für den Ungehorsam der ersten Menschen in die Welt gekommen; Adam ist nach seiner Vorstellung nicht als sterbliches Wesen geschaffen worden.*

Dieses Verständnis der Sterblichkeit hat, wie wir gesehen haben, weder in den beiden Schöpfungsgeschichten noch in 1. Mose 3 einen wirklichen Rückhalt. Denn die Sterblichkeit hängt ja mit dem »Material« zusammen, aus dem der Mensch gemacht ist: er ist von *Erde* genommen und muß wieder zu Erde werden. »Die Annahme, daß es erst durch die Sünde Tod und Sterben in der Welt gebe, ... ist aber auch in systematisch-theologischer Hinsicht nicht zu halten. Dafür spricht vor allem ...: Die Schöpfung hat in allen ihren Elementen die Signatur der Endlichkeit und des Vergehens.« Das heißt, nun positiv gewendet: »Sterblichkeit und Tod an sich gehören zum irdischen, geschöpflichen Dasein des Menschen (wie der anderen Lebewesen) und sind als solche zu bejahen, anzunehmen und ins Leben zu integrieren.«[26]

Trotzdem hat sich das Dogma von der Erbsünde, zu der die Sterblichkeit als Straffolge gehört, hartnäckig gehalten, vor allem im katholischen, aber auch im

---

25. Käsemann (1974), S. 139f., betont zu Recht und gegen Augustins Lehre, daß der Apostel in 5,12 eine »Erbfolge von Sünde und Tod im strengen Sinn des Wortes nicht kennt«, denn im zweiten Teil der Argumentation wird ja die Tatsünde »aller« einzelnen Menschen als Begründung dafür genannt, daß der Tod auf alle übergegangen ist: jeder einzelne wird wegen seiner Sünde mit dem Tod bestraft – *wie* Adam und Eva, aber eben nicht *wegen* Adam und Eva. Auch nach *heute* vorherrschendem *jüdischem* Schriftverständnis gibt es keine »Erbsünde«, »die Adams und Evas Schuld für alle künftigen Generationen übertragen hätte«: Gradwohl (1986), S. 49. Paulus folgt im übrigen, was die ambivalente Argumentation von Röm 5,12 angeht, der jüdischen Schrift »Apokalypse des Baruch« 54,15f.: »Denn weil Adam zuerst gesündigt und über alle den vorzeitigen Tod gebracht hat, so hat doch auch jeder von denen, die von ihm abstammen, jeder einzelne sich selbst die zukünftige Pein zugezogen« (bei Käsemann, ebenda, S. 140).
26. Härle, ebenda, S. 487f. Nach Härle *vergifte* die Sünde aber den Tod als »Drohung ewiger Verdammnis«.

evangelischen Bereich. Dafür sind letztlich Paulus und der Kirchenvater Augustin, der sich auf Paulus beruft, verantwortlich. Wollen wir Paulus begreifen, müssen wir *das religiöse System* betrachten, innerhalb dessen er seine Anschauung vom Zusammenhang von Sünde und Tod entwickelt hat. Dieses religiöse System ist im wesentlichen durch das Verständnis von Sünde bestimmt. In rabbinischer Theologie wird es so beschrieben: »Was gut ist, Segen und Leben bringt, ist also die Liebe zu Gott im Gehorsam gegen sein Gebot, was böse ist, schadet, Fluch und Tod bringt, der Ungehorsam.« Und dies wird exemplifiziert an der Geschichte vom Sündenfall: »Die Erkenntnis davon ist für den ersten Menschen die durch sein Verhalten gegenüber dem Verbot gewonnene Erfahrung.«[27] Ich halte es für mehr als problematisch zu sagen, der Zusammenhang von Sünde bzw. Ungehorsam einerseits und Fluch und Tod andererseits sei *erfahrbar* (geworden). Erfahrbar ist nur die Sterblichkeit, nicht aber jener Zusammenhang, weder bei uns noch gar bei Adam und Eva. Der Zusammenhang von Ungehorsam gegen Gottes Gebot und unserer Sterblichkeit als kollektiver wie individueller Folge setzt ein Denken in der Kategorie der »corporate personality« voraus und ist eine theologische *Konstruktion*. Sie kommt aus der Hochschätzung der Tora, die den Gehorsam gegenüber »Gottes Gebot« absolut – und das heißt: als »Weg des Lebens« – versteht. In dieser absoluten Geltung und unbegrenzten Reichweite erinnert dieses theologische Konzept an Vorstellungen, wie Jan Assmann sie mit dem Stichwort »Erlösung durch Gerechtigkeit« für Ägypten und die *Ma'at* beschrieben hat[28] und wie wir sie aus dem Islam in Verbindung mit dem Koran kennen[29]. Durch dieses Konzept werden die Übergänge zwischen Begriffen wie *böse, Ungehorsam, Sünde, Fluch* und *Tod* fließend. Oder anders ausgedrückt: alles wird vom *Tod* her bzw. auf ihn hin gedacht – wie umgekehrt in der Verbindung von *gut, Segen* und *Leben* alles auf das *Leben* hin tendiert. Alle einzelnen Begriffe haben also in sich schon die Tendenz zur Totalität und verlieren dadurch ihre eigene Kontur.

Hier liegt für mich das entscheidende Problem. Denn diesem Denken haftet in seiner inneren Grenzenlosigkeit auch etwas Hybrides an. Den Vorwurf der Hybris belege ich mit eben der Vorstellung, die Sterblichkeit sei erst durch die Sünde in die Welt gekommen und nicht ein schöpfungsbedingtes Kennzeichen aller Geschöpfe. Denn in der Vorstellung vom Tod als der »Sünde Sold« wird dem Ungehorsam der Menschen die Macht zugesprochen, Gottes Schöpfung verändert zu haben! *Der Ungehorsam wäre letztlich derjenige, der aus (angeblich) unsterblich geschaffenen Menschen sterbliche Wesen gemacht und damit die vom Schöpfer selbst gut, ja, sehr gut genannte Schöpfung deformiert hätte!* Das ist kein

---

27. Gradwohl (1986), S. 41.
28. J. Assmann (2001), S. 491-500.
29. Schimmel (1990), S. 51-64.

akzeptabler Gedanke. Ausgeweitet worden in die Totalität hinein ist dabei der Grundgedanke, daß Gott Ungehorsam gegen das als Heilsweg verstandene Gesetz mit Unheil, ja, Tod, bestraft. Für diesen Gedanken stellt die biblische *Sintflutgeschichte* die Modellerzählung dar. Da sie den jüdischen Autoren als mesopotamischer Mythos schon vorgelegen hatte, könnte die mit der Sündenfallgeschichte verbundene Vorstellung, der Tod sei wegen der Sünde da, als Vorstufe zur Sintflutgeschichte konzipiert worden sein. Sie hätte die Aufgabe gehabt, verständlich zu machen, daß und warum die (angeblich) unsterblich geschaffenen Menschen im ersten Schritt sterblich und im zweiten durch die Sintflut vernichtet wurden: *wegen des Ungehorsams.* Also beginnend, stellten die biblischen Erzählungen, die *nach* der priesterschriftlichen Schöpfungserzählung *(1,1-2,4a)* folgen, die didaktisch klug begründete Mahnung an die Leser/innen und Hörer/innen der jüdischen Bibel dar, der Tora als dem Weg zu Heil und Leben in unbedingtem Gehorsam zu folgen.

In sehr ähnlicher Weise hat die am Opferkult interessierte Endredaktion der jüdischen Bibel in die Geschichte vom Brudermord Kains an Abel *(1. Mose 4,1-16)* eingeflochten, wie man *der Tora entsprechend zu opfern hatte:* In der Erzählung sieht Gott das Opfer Abels ohne Begründung *gnädig* an *(V. 4)* – denn Abel bringt ein *Tieropfer* dar, wie es am neuen Tempel in Jerusalem geboten war; Kains Opfer verwirft Gott ohne Begründung *(V. 5)* – denn der bringt *Feldfrüchte* dar, die *nicht* mehr geopfert werden sollten, nachdem es wieder einen Tempelopferkult gab. Die in der Erzählung fehlenden Begründungen für Gottes scheinbar willkürliches Verhalten stehen also – *in der Tora!* Die in beiden Fällen erkennbare didaktische Konzeption wird verständlich vor dem Hintergrund, daß die Tora im Synagogen- wie im Tempelgottesdienst regelmäßig verlesen worden ist.

Paulus kontrastiert zwar die Tora als Heilsweg mit der durch Christus erworbenen Gnade, die die Herrschaft des Gesetzes abgelöst habe. Und dennoch dürfen wir nicht übersehen, daß Paulus dabei das *System des Gehorsamsglaubens nicht aufgegeben* hat: »Denn wie durch den Ungehorsam des einen Menschen die vielen als Sünder behandelt wurden, so werden auch durch den Gehorsam des *einen* die vielen als Gerechte behandelt werden« *(Röm 5,19).* Nur weil Christus »gehorsam bis zum Tode, ja, zum Tode am Kreuz« gewesen ist *(Phil 2,8),* hat er »den vielen« Gottes Gnade erworben. So wichtig andere Aussagen in den paulinischen Briefen auch sind, die von dem tiefen Vertrauensverhältnis sprechen, das wir zu Gott als Vater (aufgrund des vom irdischen Jesus im Vaterunser gesprochenen »Abba«: *Röm 8,15)* haben können: für die Gnade Gottes uns gegenüber ist für Paulus der *Gehorsam Jesu* bis zum Tod am Kreuz der entscheidende Grund. Berücksichtigen wir, welche Bedeutung ein Abschnitt wie der Christus-Hymnus *(Phil 2,5-11)* in der christlichen Unterweisung und Predigt hat, dann rückt die Kategorie des Gehorsams auch heute noch sehr schnell ins Zentrum der Gottesbeziehung und sorgt dort für jenes Mißverständnis, das

Eugen Biser schon mehrfach angesprochen hat: daß aus dem Glauben, der Gott von seiner Liebe her *versteht*, ein »Gehorsamsglauben« wird. Aber der Gehorsam ist »nur ein Element, nicht schon das Ganze des Glaubens«[30]. *Gehorsam ist nicht die Mitte des Glaubens, sondern Vertrauen.* Das gilt um so mehr, als alle religiösen Systeme, die im Zentrum den Gehorsam gegenüber einer Rechtsordnung lehren, in der Versuchung stehen, den Gott geschuldeten Gehorsam auf sich selbst, die religiöse Institution, zu ziehen und so als Herrschaftsinstrument zu mißbrauchen. Dabei werden die Menschen vor dem Gesetz *vereinzelt*, aus ihren sozialen Beziehungen herausgenommen, um den Lebensmut gebracht[31]. Ganz entsprechend kann *Sünde* im Zentrum *nicht* Ungehorsam gegen Gebote oder Verbote sein. Wenn wir den Begriff »Sünde« trotz aller ihn belastenden Vorstellungen überhaupt weiter verwenden wollen, ist es wohl weit besser, »Sünde« im Umschlag von Ur-Vertrauen in Mißtrauen, von kreatürlicher Angst in dämonische Angst wirksam zu sehen[32]. Oder: sie zeigt sich darin, daß der Mensch sich selbst, Mitmenschen oder Mitgeschöpfen die unhinterfragbare Würde bestreitet, die er durch Gottes Liebe hat[33].

Ich gehe davon aus, daß sich *Sünde* vor allem im Wunsch nach der Dimension des Totalen, des absolut gesetzten Ganzen, äußert. Gemessen am Totalen und Ganzen kann der Mensch weder vor sich selbst bestehen, noch können es andere vor ihm – auch Gott nicht. Gott wird deshalb vom Menschen mit der Forderung nach absoluter Gerechtigkeit verfolgt. *Sie ist aber nichts anderes als die Rückprojektion der Forderung nach totalem Gehorsam. Beide Forderungen sehe ich als lebensfeindlich an. Deshalb sind sowohl die Forderung nach totalem Gehorsam als auch der Zwang, identisch sein zu müssen*[34], *und die organisierte Jagd nach dem Ganzen*[35] *in sich sündige Vorstellungen. Das heißt: sie sind Versündigungen am Leben.* Dieses Problem zu beleuchten und aufzuspüren, wie die Forderung nach totalem Gehorsam Menschen ums Leben bringen, beziehungslos machen kann, scheint mir eine dringliche Aufgabe der Kirchen und anderer

---

30. Biser (2000), S. 29. 183. Woher dieses Glaubensverständnis ins frühe Christentum gekommen ist, darüber klärt Apg 6,7 auf: In dem Kurzbericht, daß nach der Zerstörung des Tempels viele jüdische Priester in die christliche Gemeinde gekommen seien, heißt es, sie seien »dem (scil. christlichen) Glauben gehorsam geworden«. Die Expriester setzen Glaube und Gehorsam gleich.
31. Niemand hat davon mehr zu sagen gewußt als Franz Kafka, zum Beispiel in der Kurzgeschichte »Vor dem Gesetz« oder in dem Roman »Das Schloß«.
32. Härle (2000), S. 456-492. Problematisch daran ist, daß dieser Umschlag in Mißtrauen und dämonische Angst Produkt einer falschen Erziehung oder anderer traumatisierender Einflüsse sein kann.
33. Gestrich (1989), S. 231-236 (Thesen). 196-298.
34. H. Luther (1992), S. 171.
35. Adorno (1951), S. 57: »Das Ganze ist das Unwahre.« Denn, interpretiere ich, wer *ganz* sein will, kann nicht mehr lebendig ein, schließt sich gegenüber dem Leben ab, das ja ein In-Beziehungen-Sein durch Geist ist (s. o. S. 125-127). Der »totale Krieg« war und ist die Inkarnation des Bösen.

Religionsgemeinschaften zu sein. Sie muß mit entschiedener theologischer Kritik an entsprechenden biblischen Überlieferungen und Sündenlehren beginnen.

Wir dürfen dem menschlichen Ungehorsam gegen Gottes Gebot im Blick auf unsere Sterblichkeit also nicht zuviel Ehre erweisen und ihn nicht zum zweiten Schöpfer machen, der eine vorgeblich dagewesene Unsterblichkeit zunichte gemacht hätte. *Sterblichkeit ist geschöpflich, und insofern unser und aller anderen Kreaturen Schicksal.* Aber gerade darum können wir der Zusage Jesu Christi folgen, daß wir in der durch Gottes Geist und Liebe lebendigen Lebensbeziehung auch durch den wirklichen Tod hindurch bleiben. Im Blick auf den von Paulus geglaubten Zusammenhang von Sünde und Tod aber können wir heute ihm gegenüber jene Freiheit reklamieren, die er Petrus gegenüber im Blick auf die Beschneidung reklamiert hat: Paulus war davon überzeugt, daß, wer Christ sein will, *nicht* vorher Jude geworden sein müsse *(Gal 1,11-3,9).* Ebenso gehe ich davon aus, daß *wir,* um Gottes Liebe glauben zu können, nicht vorher in den jüdischen Gehorsamsglauben eingetaucht sein müssen. Es geht um anderes: Die Erkenntnis, daß unsere Sterblichkeit von Gott geschaffen ist, führt uns zur Solidarität mit allen sterblichen Wesen: Menschen und Tieren und Pflanzen auch. Sie leitet uns dazu an, bei den aufgezählten *kulturellen* Mitteln zu bleiben, um unsere Grenzen ein wenig zu transzendieren und zugleich Verantwortung für die Zukunft zu übernehmen. Damit schaffen wir – begrenzte – Dauer, ohne die Dimension der Totalität anzustreben. Was jenseits der Grenze liegt, ist Gottes Sache.

Statt gegen den als Strafe mißverstandenen Tod zu kämpfen, können wir den Tod als wichtigstes Argument für das Leben nehmen

Der totale Kampf gegen den Tod kann als folgenschweres Ergebnis der theologischen These verstanden werden, daß der Tod ein Strafverhängnis oder gar Fluch sei. Denn der wütende Widerstand dagegen ist noch etwas anderes als der Wunsch zu bleiben. Der Kampf gegen den Tod äußert sich in unserer Gesellschaft zuerst einmal darin, daß der Tod aus dem Leben verdrängt worden ist. Die Krankenhäuser, die ursprünglich – wie der Name es sagt – zur Behandlung von Krankheiten gedacht waren, sind zu Sterbehäusern geworden. Denn daß jemand zu Hause stirbt, ist eher die Ausnahme. Das bedeutet, daß auch den Ärzten, der Medizin und der Pharmaindustrie nicht nur der Kampf gegen Krankheiten, sondern mehr und mehr auch der Kampf gegen den Tod aufgebürdet worden ist. So wird es verständlich, warum in den letzten Jahrzehnten viele neue Methoden ersonnen worden sind, um den Tod medizinisch hinauszuschieben – von der Organtransplantation über die Genmanipulation bis hin zum Konzept des therapeutischen Klonens. Stirbt ein Mensch im Krankenhaus, müssen sich die Ärzte für ihr Scheitern im Grunde entschuldigen, oft genug auch rechtfertigen. Deswegen tun sie aus *ihrer* Sicht gut daran, den Angehörigen die Lage der Sterbenden *so* darzustellen, daß diese den Tod ihrer Angehörigen als *Erlösung* verstehen und akzeptieren. Ich bin sicher, daß die Wörter *Erlösung* und *erlösen* heutzutage am häufigsten im Zusammenhang mit Sterben und Tod gebraucht werden. *Der Tod ist der heimliche Erlöser geworden.* Diese Qualifizierung wäre nicht denkbar, wenn nicht der Tod im allgemeinen als der schlimmste *Feind* betrachtet würde. Erst, wenn der Kampf aussichtslos geworden ist, kommt es zur Umarmung, dazu, sich mit ihm zu arrangieren – und das ist der letzte Versuch, ihn als *Feind* zu *verdrängen*, unsichtbar zu machen.

Schließlich zeugt die Art, wie wir mit den *Toten* umgehen, von der tiefen Verstörung, in die der totale Kampf gegen den Tod uns geführt hat. Wir wollen es nicht wahrhaben, daß *der Tod zum Leben hinzugehört, ja, der letzte Abschied ins Leben ist*. Mit unglaublicher Eile werden die Leichen aus den Häusern geholt, als stürben alle an der Pest. Kaum einer weiß noch, daß es sein Recht ist, einen Toten einen Tag lang zumindest in der Wohnung zu behalten oder ins Haus zu holen, um in Ruhe Abschied nehmen zu können. Gerade dieser Abschied muß frei von aller Hetze sein – für die Angehörigen wie für die Toten. Kaum jemand weiß noch, daß sich an Sterbenden und an Gestorbenen Veränderungen zeigen, die wahrzunehmen, zum Abschied helfen. Seit alters hatten sich deshalb das Recht der Toten auf *Totenruhe* und die Pflicht der Lebenden zur Toten*wache* entsprochen. Durch das Anschauen des Totengesichtes und das Meditieren der Empfindungen, die dadurch ausgelöst werden, konnte sich auch das Bild des Gestorbenen in den Zurückbleibenden wandeln, konnte sich der Abschied langsam vollziehen. Wer einen Menschen, dessen Gesichtsausdruck ihm vertraut gewesen ist, im Sterbeprozeß und über das Sterben hinaus begleitet, erfährt das *memento mori* als eine heilsame Botschaft. Die Art, in der in unseren reichen Ländern mit den Toten zumeist umgegangen wird, ist ohne Ruhe und Besinnung. Dazu gehört die so häufig zu hörende Mahnung schlechter, wenn auch wohlmeinender Seelsorger und Bestatter, man solle sich den Toten oder die Tote besser nicht mehr anschauen, um sie als Lebende im Gedächtnis zu behalten. Die letzte irdische Spur wird schließlich im anonymen Grab oder der Seebestattung verwischt.

Aber es gibt zum Glück inzwischen auch wieder Bestatter, die mit liebevoller Phantasie einen menschwürdigen Abschied ermöglichen. Die Kirchen können von ihnen lernen – und von den Nachfahren der sogenannten Naturvölker, zu denen es ja genügend kulturelle und religiöse Verbindungen gibt. Sie werden in der Theologie leider viel zu spärlich genutzt[36]. *Jürgen Thiesbonenkamp* hat aus

---

36. Wichtig sind für mich die Arbeiten von Heinrich Balz (1998) und Theo Sundermeier (1996) geworden.

seinen Erfahrungen als Pfarrer in Kamerun und Deutschland den Vorschlag entwickelt, den Lebensbezug stärker zu beachten, der sich mit dem afrikanischen *Totengedenken* verbindet. In einem sogenannten »Trauerdiakonat« will er versuchen, die institutionell und personell auf unterschiedliche Institutionen verteilten Rollen zu integrieren, die bei uns im Zusammenhang von Sterben, Tod, Trauer und Bestattung eine Rolle spielen – und sich aus institutionellen und ökonomischen Gründen mehr und mehr verselbständigt haben[37].

Indem wir die Sterblichkeit als geschöpflich akzeptieren, entfällt jedenfalls die innere Nötigung, uns gegen den Tod als Strafverhängnis zu empören. Gott hat seit Jesus Christus nichts mehr zu tun mit Rache- und Strafgedanken oder gar mit Vernichtungsstrategien. Wir können aber auch Vorstellungen von einem Schöpfer verabschieden, von dem kein Theologe je hat einleuchtend machen können, wieso die Schöpfung »sehr gut« gewesen sei und dennoch im Menschen die todbringende Sünde lauere, von der wir dann erlöst werden müßten. Durch diese merkwürdige theologische Gedankenkette sind nicht nur die *Sexualität* und die bei der Fortpflanzung empfundene *Lust* diskreditiert worden, ohne die der Fortbestand der Menschen- und Tierwelt gar nicht zu denken ist. Zugleich sind die *Frauen* von den Männertheologen herabgewürdigt worden, insofern die Frau in der Sündenfallgeschichte als die verführte *Verführerin* erscheint und der Mann ganz und gar als das verführte *Opfer*. Daß die Schlange, das Tier, das sich sprachlich nicht wehren kann, ganz und gar böse *Täterin* ist, die die Menschen zum Mißtrauen verführt, unterstreicht noch einmal den durchsichtigen Versuch der Gehorsamstheologie, den ungehorsamen Menschen als den *Verführten* hinzustellen, als den *entschuldigten Schuldigen*. Schlange und Frau aber werden der Verführung des Mannes *beschuldigt*. Das theologische Fazit daraus ist, ganz anthropozentrisch, diesmal allerdings im Sinn von »mannzentriert« verstanden: *der Mann-Mensch wird zum Herrn der Tiere – und zum Herrn der Frau eingesetzt (1. Mose 3,16)*. Die aber wird von Gott Jahwe dazu verurteilt, auf diese Herrschaft nicht etwa mit Widerspruch zu reagieren, sondern so: »Nach deinem Mann wirst du verlangen«.

Das sind Perspektiven auf das Leben, denen mit Nachdruck widersprochen werden muß und die aus christlicher Glaubensdidaktik heute »ausgeklammert« werden sollten. Denn in ihnen gibt ein Denken den Ton an, das Ungehorsam, Sünde und Tod so nahe aneinanderrückt, daß sie immer wieder als faktisch gleichgesetzt verstanden worden sind. Durch diesen alles überlagernden Ton ist verlorengegangen, wie wichtig in kultureller und anthropologischer Sicht ein Mythos ist, der den Übergang von einer vorgeschichtlichen Phase der Menschheit in das geschichtliche Leben erzählt. Und der davon weiß, daß das Menschenleben weit entfernt ist von einer Art »intrauteriner Harmonie«, wie sie die Tie-

---

37. Thiesbonenkamp (1998), S. 434-439. 445-447.

fenpsychologie für die *vorgeburtliche* Zeit des Menschen ausgemacht hat. Das Leben ist neben allem Glück ein »Mühselig- und Beladensein« *(Mt 11,28-30).* Und das hat im tiefsten Grund gerade damit zu tun, daß unser Leben ausgespannt ist zwischen zwei große Sehnsüchte. Weil wir schon durch einen Abschied ins Leben kommen und nur durch weitere Abschiede hindurch die Fülle des Lebens (»hier und dort«) erreichen können, sehnen wir uns in Krisen *zurück* dahin, woher wir kamen. Dazu, daß wir uns *voraussehnen* dahin, wo wir noch ganz anders leben werden, als wir bis zum letzten notwendigen Abschied leben, kann uns der Tod als »das überzeugendste Argument für das Leben«[38] helfen. Wird dieses Argument akzeptiert, kann der Tod im doppelten Sinn ein Tor zum Leben werden.

Was Menschen heute vom Tod als Strafverhängnis denken

In unserer 1992 durchgeführten Umfrage hatten wir die Aussage angeboten »Wir Menschen sind sterblich, weil es am Anfang der Menschheitsgeschichte den großen ›Sündenfall‹ gegeben hat«[39]. Die höchste Zustimmung hat diese Aussage mit 22% in einem ganz überwiegend katholischen Dorf im Hunsrück gefunden. Im evangelischen Nachbardorf haben nur 10% zugestimmt. Am niedrigsten war die Akzeptanz unter Gymnasiasten der 12. Klasse in Stadt und Land (zwischen 0% und 5%) und in drei Berliner Bezirken, und zwar im Westen (6-7%) wie im Osten (4%). Die größte Überraschung haben wir aber in der evangelischen Pfarrerschaft erlebt: im ehemaligen Westteil Berlins haben nur noch 13% der Pfarrerschaft jenen Satz akzeptiert, im Ostteil der Berlin-Brandenburgischen Landeskirche 12%. *Die Pfarrerinnen und Pfarrer gehen also davon aus, daß die Sterblichkeit geschöpflich ist.* Ich hoffe, sie lehren und predigen es auch deutlich so. Allerdings sollten sie dann auch wissen, daß sie einige wesentliche Punkte der traditionellen Erlösungslehre revidieren müssen.

Der Tod als Tor zu einem anderen Leben

Tiefgehende Abschiede eröffnen eine neue Lebensperspektive, wenn wir nicht allein ihre destruktive Seite anschauen, sondern beachten, daß aus erlebten Todeszuständen die Kraft erwachsen kann, den Weg in neue Lebensbeziehungen

---

38. K. E. Müller (2002), S. 462.
39. Jörns (1999a), S. 136f. 254; Jörns/Großeholz (1998), S. 224f. Auch unsere *Krankheiten* werden zumeist nicht mehr als Strafe Gottes verstanden; 69% der Befragten sehen sie als Ergebnis unserer Lebensweise an: Jörns (1999a), S. 134-137.

zu suchen. Den Mut dazu finden wir um so leichter, je sicherer wir wissen, daß wir mit offenen Armen empfangen werden. Davon spricht der Auferstehungsglaube. Und das »Gleichnis vom verlorenen Sohn« *(Lk 15,11-32)* ist dafür eine wichtige Parabel: Der Sohn findet ins Leben zurück, weil er weiß, daß der Vater auf ihn wartet. Die tiefgreifenden Erfahrungen, die sich mit den großen und notwendigen Abschieden im Leben verbinden, hat man früher nicht erst dem Ernstfall der Krise überlassen. Man verstand es, sie als *mortificatio* und *vivificatio*, als Erfahrungen mit dem Sterben und Zurückfinden ins Leben, zu beschreiben und durch geistliche Übungen wie das Fasten vor den großen Festen *einzuüben*. Nehmen wir die notwendigen Abschiede an den großen Wendepunkten unserer sozialen wie unserer kreatürlichen Existenz in dieser Weise wahr, helfen sie uns, über das bisherige Leben hinauszukommen und nicht zu zerbrechen, wenn wir die bisherige Lebensbasis verabschieden müssen. Von diesem Ansatz her können wir an den genannten Übergängen auch theologisch sinnvoll – und das heißt: evangeliumsgemäß – *von* den Übergängen reden und aus ihrem Anlaß rituell handeln. Auf einen Satz gebracht, heißt das Programm dazu: *Die Abschiede an den Übergängen des Lebens sind notwendig, um in einer anderen Lebenskonstellation jeweils eine neue Seite des Lebens selber kennen und leben zu lernen, die uns bisher nur von anderen Menschen bekannt war.* Mit dem Durchleben von Abschieden und orientierungslosen Durchgangsphasen und mit dem Hineinfinden in neue Lebenskonstellationen wachsen wir Station für Station in die Fülle von Leben hinein, die uns schöpfungsgemäß zugedacht ist. Mit dem letzten notwendigen Abschied im Sterben werden wir auch den irdischen Kontext von Leben verlassen und transformiert in eine alle bekannten Formen übersteigende Gestalt von Leben.

Dazu aber muß aus *dem* Tod, den wir nur von anderen Menschen kennen, *unser* Tod werden. Und dazu müssen wir unsere Toten wirklich tot sein lassen. Das ist leichter gesagt als getan und muß in unserer Lebenszeit *eingeübt* werden. Die vielen kleinen und großen Abschiede, all die »kleinen Tode« und sozialen Tode, die wir im Leben erleben, bereiten uns darauf vor, bis wir gelernt haben, daß die Kunst zu leben in die Kunst zu sterben, die *ars moriendi*, führt. Der Tod ist ein Tor, weil er der Abschluß der großen Transformation *(1. Kor 15,52b)* auf der uns erkennbaren Seite ist und zugleich eine Öffnung darstellt, durch die wir hindurchgehen – aber nicht als Kollektiv, sondern jeder für sich. Möglich und glaubwürdig ist diese Vorstellung von Verwandlung nur, weil wir glauben, daß Gott als Geist zu allem Leben durch alle Verwandlungen hindurch eine unverlierbare Beziehung behält als »der schöpferische Partizipierer in der kosmischen Gemeinschaft«[40]. Die Prozeßtheologie folgt diesem Ansatz.

---

40. Barbour (2003), S. 456(-458). Baudler (1989), S. 134, sagt, es werde sich als Erfahrung zeigen, »daß dieses Ende das größere Leben ist.«

Die beste Antwort aber auf die den Tod verunstaltende These, er sei ein Strafverhängnis, ist die Antwort, die Gott mit der Botschaft von der Auferstehungshoffnung gibt: *Durch die Auferstehung sind sterbliche und gestorbene Menschen des lebendigen Gottes Zeitgenossen, mit ihm gleichzeitig.* Das gilt von ihm aus, weil er zu allen Geschöpfen eine Lebensbeziehung durch den Geist hat. Und das gilt von uns aus als geglaubte Wirklichkeit, sofern wir uns dessen im Geist bewußt werden. *Der Gedanke einer leibhaftigen Auferstehung ist für diesen Glauben allerdings absolut hinderlich*, weil er das *zukünftige* Leben an die »von Erde genommene« Gestalt des *jetzigen* Lebens binden, mithin dieses Leben nicht wirklich loslassen, nicht aus ihm heraus, will. Angemessen ist eher die Vorstellung von einer *Verwandlung* – sofern wir nicht versuchen, sie auf konkrete Vorstellungen festzulegen. Nur dies ist gewiß: Diese Verwandlung schließt den wirklichen Tod und die Verwesung des Leibes ein. Aber gerade so ist das Sterben der notwendige Abschied hinein in unsere Zukunft[41], sei sie Fülle – oder voll von Leere, wie es die Mystik sieht.

---

41. Bei K. E. Müller (2002), S. 476, ist zu lesen, daß (manche) »Naturvölker« davon reden, daß Gestorbene im Totenreich als »Neugeborene« ankommen.

8. Abschied vom Verständnis der Hinrichtung Jesu als Sühnopfer und von dessen sakramentaler Nutzung in einer Opfermahlfeier

Die Stichwörter Hinrichtung, Opfer eines Menschen, Sühne und Sünde rufen in uns alte Vorstellungen, innere Bilder und Gedanken wach, die wir auf unterschiedlichen Ebenen damit verbinden. Sie müssen vor einer theologischen Kritik traditioneller Opfertheologie wahrgenommen werden.

Kontexte, die Denken und Fühlen beim Stichwort Sühnopfer beeinflussen

Wer darüber nachdenkt, wie der Tod Jesu zu verstehen ist, geht im allgemeinen nicht nur von biblischen Texten aus, sondern auch von Lebenszusammenhängen. Dabei werden *innere* Bilder von dem, was auf Golgotha geschehen ist, wichtig. Oder der Gekreuzigte und die kirchlichen Liturgien des Abendmahls bzw. der Eucharistie[1] fallen uns ein und besonders die Formeln, die bei der Kommunion gesprochen werden: »Nimm hin und iß: Christi Leib; nimm hin und trink: Christi Blut«. Auch die Darstellungen des Gekreuzigten spielen in unseren Vorstellungen eine große Rolle: der Crucifixus, der im Zentrum aller Kirchen zu finden ist – von den Kirchen der Reformierten abgesehen, die diese Darstellungen aufgrund des Bilderverbotes *(2. Mose 20,4)* ablehnen. Er »predigt« auch dann vom Kreuz herab, wenn die Pfarrerinnen und Pfarrer schweigen. Je nachdem, aus welcher kunstgeschichtlichen Epoche die Christusdarstellungen stammen, sehen sie uns mitleiderregend, vorwurfsvoll leidend oder gar weltverachtend an, oder sie laden uns ein, uns in unseren Leiden verstanden zu fühlen. Die in uns entstandenen inneren Bilder von dem Menschenopfer auf Golgotha begleiten jedenfalls so oder so unser Nachdenken darüber, was diese grauenhafte Hinrichtung denn mit Gott und mit dem zu tun haben kann, was wir einander und Gott schuldig geblieben sind und was formelhaft mit dem Begriff *Sünde* angesprochen wird.

Da es aber bei Jesu Sterben um eine Hinrichtung geht, die am Ende eines Prozesses verhängt worden ist, reden in allen Rückfragen an die kirchlichen Deutungen »des Kreuzes« auch unsere heutigen *Rechtsvorstellungen* mit. Die

---

1. Ich spreche, um diese Doppelung künftig zu vermeiden, vom Herrenmahl.

Todesstrafe ist in den Staaten der europäischen Union inzwischen abgeschafft worden. Da sie in den USA, in Rußland, China und anderen Staaten weiterhin besteht und vollstreckt wird, regt sich in Europa immer wieder ein heftiger Widerstand gegen diese Rechtspraxis, die nicht mehr unseren Vorstellungen von Menschenwürde entspricht. Dabei geht es nicht darum, ob die Todesstrafe für bestimmte Verbrechen als äußerstes Strafmaß angemessen ist oder nicht. *Die Todesstrafe kommt vielmehr als Strafe überhaupt nicht mehr in Frage.* Es gibt keinen Rechtsgrund und kein Rechtsgut, die es rechtfertigen könnten, Menschenleben irgendeinem Zweck zu unterwerfen, und sei er, für sich genommen, noch so gut. Dieser Grundsatz liegt auf derselben Linie, auf der die Genfer Konventionen, angeregt 1864 durch *Henri Dunant*, das Leben der Verwundeten, Kriegsgefangenen und der Zivilbevölkerung in Kriegs- und Nachkriegszeiten schützen sollen[2]. Das sind Standards, die bei uns keiner mehr aufgeben will. Auch sie prägen unsere Empfindungen mit, wenn von einer Hinrichtung und ihrer religiösen Interpretation die Rede ist.

Täglich erreichen uns Nachrichten, die von Kriegs*opfern*, von *Opfern* terroristischer Anschläge und von Straßenverkehrs*opfern* berichten. Dazu gehören ebenfalls Bilder, und zwar ganz überwiegend von unschuldig Getöteten, die bei Kriegen, bei terroristischen Aktionen und im System Straßenverkehr um bestimmter Ziele willen gewollt oder wenigstens hingenommen werden. Auch da reden wir von *Opfern* und bringen diese Ereignisse und Bilder in einen Zusammenhang mit dem religiösen *Opfer*. Alle diese Opfer hängen schließlich mit der Anwendung tödlicher Gewalt zusammen, die das uns Kostbarste, das Menschenleben, zerstört. Es geht um *Menschenopfer*, die einem höheren Zweck oder Ziel dargebracht werden: der Landesverteidigung, der Prävention möglicher Angriffe, »Heiligen Kriegen« oder der weitgehend ungebremsten Automobilität[3]. Diese Nachrichten sind ungerufene, aber präsente Kontexte dieses Kapitels. Sie wecken teils unser Mitleid, teils unser Grauen oder auch unsere Wut über gesellschaftliche Konstellationen. Aber in einer bestimmten Schicht unserer Wahrnehmung signalisiert uns das Wort *Opfer* auch Resignation: »Das muß so sein, leider«. Moderner, eben wirtschaftlich denkend, gesprochen heißt die resignative Parole: »Alles hat seinen Preis!«. Und in dieser Perspektive kann dann die Tötung von Menschenleben doch wieder als zweckdienlich erscheinen.

Ich habe mir angewöhnt, nicht mehr die kirchliche Sprache zu benutzen,

---

2. Sie werden auch »Rotkreuz-Konventionen« genannt. Nach dem Zweiten Weltkrieg wurden 1949 und 1977 Verträge geschlossen, die auf eine Anpassung dieses humanitären Völkerrechts an die Veränderungen von Kriegstechnik und Kriegführung, auch in Bürgerkriegen, zielen. Die Empörung in Europa über das Konzentrationslager in Guantanamo für ehemalige Talibankämpfer erklärt sich aus demselben Rechtsempfinden.
3. Vgl. Jörns (1992a).

Zweiter Teil: Notwendige Abschiede von überlieferten Glaubensvorstellungen

nicht mehr vom *Kreuz Christi* zu reden, sondern ausdrücklich von der *Hinrichtung Jesu*. Und wo die Opferterminologie auf Jesu Tod angewendet wird und zur Debatte steht, wie in diesem Kapitel, muß deutlich gesagt werden, daß es nicht um ein in der Antike übliches Tieropfer geht, sondern um ein *Menschenopfer*, das zur Zeit Jesu nirgends mehr üblich gewesen ist. Ich benutze die kirchliche Sprache nicht mehr, weil die gewohnten liturgischen und dogmatischen Formeln im allgemeinen dafür sorgen, daß das historische Geschehen dieses Sterbens und Todes eher unsichtbar gemacht wird. In kirchlichen Abhandlungen wird niemals und in theologischen außerordentlich selten von einem *Menschenopfer* oder von *Jesu Hinrichtung* gesprochen. Das belegt, wie weit das kirchlich-theologische Denken dieses Geschehen bereits aus der Geschichte herausgenommen und in das spezifische religiöse System eingebaut hat, dessen Zentrum das Sakrament des Herrenmahls ist. Wir müssen aber auch deshalb vom letzten Mahl und vom christlichen Sakrament reden, weil sich zeigen wird, daß die Sühnopfertoddeutung der Hinrichtung Jesu in einem festen Zusammenhang mit der Deutung des letzten Mahles als Opfermahl steht.

Ich beginne mit einem Rückblick in die Religionsgeschichte. In ihr läßt sich das *Grundmuster aller blutigen Opferhandlungen und Opfermahlfeiern* finden. Es läßt sich aber auch zeigen, daß die Struktur des Opferrituals schon auf die Darstellung der Passion Jesu und auf die Gestalt der Einsetzungsworte Jesu beim letzten Mahl mit den Jüngern Einfluß gehabt hat. Allerdings hat dieser Einfluß nicht *alle* frühchristlichen Deutungen der Hinrichtung Jesu und auch nicht alle Mahlvorstellungen geprägt. Davon wird in einem eigenen Abschnitt zu sprechen sein. Erst wenn wir diesen Befund differenziert betrachtet und nach den Gründen für sich zeigende Entwicklungen gefragt haben, können wir zu der kultanthropologischen Frage kommen, ob das Opferritual wirklich »der Struktur der menschlichen Seele« entspricht[4] *(S. 23)*. Von diesem Befund her und vor dem Hintergrund der genannten Kontexte können wir dann auch fragen, ob es heute noch glaubwürdig ist, die Hinrichtung Jesu mit dem Sühnegedanken oder einer anderen an das Opfer eines Menschen gebundenen Erlösungsvorstellung zu verbinden.

---

4. Ich lehne mich bei den folgenden Ausführungen an Burkert (1983) an. Kursiv gesetzte Seiten-Zahlen in Klammern weisen auf Seiten dieses Buches hin.

Die Struktur des Opferrituals ist auf die Darstellung der Passion Jesu und des letzten Mahles übertragen worden

Der Dreischritt des Opferrituals: Nehmen – Schlachten – Teilen

Der Begriff und die Praxis des blutigen *Opfers* stammen aus alter religiöser Tradition. Dabei ist es ratsam, »religiös« durchaus im unspezifischen Sinn des Begriffes zu verstehen. Von lateinisch *operari* (»handeln«) kommend, drückt er aus, daß Menschen aus ihrem elementaren Interesse an der Bewahrung oder Rettung des Lebens *einer Gottheit gegenüber handeln*. Und da alles, was einer Gottheit gegenüber getan wird, *heilig* heißt, ist auch das blutige Opfer *heiliges Handeln*, lateinisch: *sacrificium*. In der antiken Umwelt der ersten Christen, bei Juden, Griechen und Römern, war diese Opferpraxis gang und gäbe. *(S. 16f.)* Der Gott ist aber in dieser Vorstellungswelt nicht nur der abwartende Empfänger des Opfers gewesen, sondern derjenige, »der das Opfer ›treibt‹«. Es muß ja tun, was es nicht will, und diesen fremden Willen dann schließlich akzeptieren. In der Tragödie des Aischylos »Agamemnon« heißt es von Kassandra: »Gleich einer vom Gott getriebenen Kuh schreitest du guten Mutes zum Altar.« *(S. 17)* Im 1. Buch Mose *(22,1-19)* verlangt Gott Jahwe von Abraham, ihm seinen Sohn zu opfern. Und auch da hören wir weder von Abraham noch von der Mutter Sara einen Widerspruch, nur eine zaghafte Frage Isaaks, wo denn das Schaf (Lamm) sei. Abraham antwortet, Gott selbst werde für ein Tier sorgen.

Die griechische Opferpraxis – deren Einfluß wir in der griechisch sprechenden frühen Christenheit viel mehr beachten müssen als bisher geschehen[5] – macht etwas deutlich, was Burkert als Paradox bezeichnet hat, was ich aber lieber als *komplementär verbundene Gegensätze* ansehen möchte: Das Tieropfer, das einem *Gott* dargebracht wird, zielt vom Verlauf her auf das *gemeinsame Essen* des Fleisches durch die *Menschen*, die das Opfer veranstalten. »›Für die Götter‹ werden auf den Altären die Knochen des Opfertiers, von Fett bedeckt, verbrannt, auch die Gallenblase[6], den Rest aber, das ganze gute Fleisch, nimmt die fromme Gemeinde zu sich im festlichen Mahl.«[7] Während im Tempelkult in Jerusalem das Holocaust, das vollständige Verbrennen der Opferschafe, üblich war, blieb das Opfer*mahl* bei den Griechen ein konstitutiver Teil der ganzen Opferhandlung. *(S. 22)* Im jüdischen Opferkult aus Anlaß des Pesachfestes ist es allerdings auch üblich gewesen, im *Anschluß* an das Opfer im Tempel *in den*

---

5. So auch Canzik-Lindemaier (1990), S. 348.
6. Zu ergänzen ist, daß auf dem Opferaltar das Tierblut vergossen und in die Erde geleitet worden ist.
7. Wie bei manchen archaischen Gruppen, die Fleisch nur im Rahmen eines Opfermahls gegessen haben, verbietet auch 3. Mose 17,3 f. das Schlachten von Tieren außerhalb eines Opferzeremoniells.

Häusern die (im Tempelbezirk) geschlachteten Passalämmer zu essen. Diese Praxis wurde auch ohne den (70 n. Chr. zerstörten) Tempel beibehalten und von den Christen sowohl in blutiger Form mit dem Osterlammessen als auch in unblutiger Weise mit den in Lammform gebackenen »Osterlämmern« aus Teig übernommen. Wenn wir auf die *doppelte Richtung* des Opferhandelns achten, geschieht das Opfer *zugunsten Gottes und der Opfernden*. Die Menschen profitieren also von ihrem »heiligen Tun« genauso wie der Gott, dem es gewidmet ist. Das gilt dann besonders, wenn es sich um ein Sühnopfer handelt. Am Ende aber hat das ganze Ensemble aus Opferritual und Opfermahl einen die Gottheit, die Menschen und Tiere verbindenden gemeinsamen Nutzen: *das Leben wird gestärkt*, und man vergewissert sich, daß das Zusammenwirken von Gott und Mensch – und in gewisser Weise auch vom Tier – dafür eine wesentliche Voraussetzung ist. So ist es den vielen Variationen der Opferkulte abzulesen. Auch die berühmte »vielbrüstige« Artemis der Epheser zeigt in Wirklichkeit eine Statue der Göttin, der im Opferritual dargebrachte Stierhoden umgehängt worden sind. *(S. 23)* Auf diese Weise sollte die Göttin als »Herrin der Tiere« geehrt werden und die Tierart erhalten bleiben – nicht zuletzt als Nahrungsquelle der Menschen.

Die einzelnen *Schritte* der Gesamthandlung des blutigen Opferrituals können wir nun folgendermaßen beschreiben *(S. 26f.)*:

Nehmen: Das Opfertier wird nach ganz bestimmten Kriterien ausgesucht und – natürlich gegen seinen Willen – gefangen genommen und zum Opferaltar geführt. Daß die Opfernden dem Opfertier gegenüber Schuldgefühle hatten, zeigt folgende Tatsache: Bisweilen wird das schlechte Gewissen in »Unschuldskomödien« besänftigt, in denen das Opfer beklagt und »die Verantwortung für seinen Tod anderen, Fremden, aufgebürdet wird.« *(S. 24)* Oder es wird so getan, als sei es selber schuld an seinem Tod[8].

Schlachten: Das Opfertier wird geschlachtet, sein Blut vergossen; dann wird es so zerlegt, wie es der Fortgang der Zeremonie vorschreibt: das ›für die Götter‹ Bestimmte wird in der Brandopferhandlung verbrannt, das für die Menschen Bestimmte aufbewahrt für den dritten Schritt; der Gottheit wird auf diese Weise Dank und Ehre erwiesen. Bei manchen Jägervölkern werden die Knochen der Tiere, insbesondere die Schenkel und der Schädel, *nicht* verbrannt, sondern in unzerbrochenem Zustand bestattet.

Teilen und Essen: Das dem Festmahl der Opfergemeinde zugedachte Fleisch wird unter den Teilnehmenden verteilt. Das Teilen sorgt für eine gerechte Sozi-

---

8. Burkert (1990a), S. 22 f.: Bei den Buphonia in Athen brachte man einen Ochsen dazu, vom Zeusaltar einen Gerstenkuchen zu essen; und für dieses Sakrileg wurde er sofort mit der Axt bestraft. Nach dem Opferfestmahl wurde dann noch Gericht gehalten und die Schuld am Tod des Ochsen weitergeschoben – bis zum Schlachtmesser, das zur Strafe im Meer versenkt wurde.

alstruktur und zugleich für eine von Neid und Kampf um die Filetstücke freie Festfreude; die Gemeinschaft der Opfernden wird physisch und im Zusammenhalt gestärkt.

Außer dem Motiv, die Lebensbasis zu sichern, kann es bei den Opferhandlungen auch darum gehen, durch Tieropfer offene oder verborgene *Schuld zu sühnen* oder drohende äußere Gefahren – bis hin zu sich anzeigenden Naturkatastrophen – abzuwenden. Auch *Dankopfer* sind üblich gewesen.

Die Darstellung der Passion Jesu folgt dem Dreischritt des blutigen Opferrituals[9]

Walter Burkert hat schon vor längerer Zeit einen Zusammenhang zwischen der alten christlichen Opfertheologie und dem *griechisch-hellenistischen* Opferkult hergestellt. Meine Beobachtungen zur literarischen Konzeption der Passionsgeschichte bestätigen diesen Zusammenhang. Sie zeigen nämlich, daß die in den drei skizzierten Schritten des blutigen Opferrituals beschriebene Struktur die Darstellung der Passion Jesu beeinflußt hat. Dazu paßt, daß alle Evangelien Jesu Prozeß und Hinrichtung sowie seine Auferstehung mit dem jüdischen Pesachfest zeitlich in direkte Verbindung bringen; dadurch ist der Rahmen des blutigen Opferrituals vorgegeben *(Mk 14,1a*[10]*)*. Das Schlachten der Passalämmer am jüdischen Pesachfest war zwar von sich aus nicht mit der Kategorie der *Sühne* verbunden. Aber das Tamidopfer, das bis zur Zerstörung des Tempels 70 n. Chr. auch am Pesachabend vollzogen worden war, ist ein *Sühnopfer* gewesen[11]. Offenbar hat, vom Datum her, das eine das andere Schlachtopfer überlagert und das gesamte Opfergeschehen mit dem Sühnegedanken verbunden. Völlig aus dem Rahmen sowohl eines jüdischen als auch eines griechischen Opferrituals am Beginn unserer Zeitrechnung fällt allerdings, daß es im christlichen Opferritual um das Sterben eines *Menschen* geht. *Weder der jüdische noch einer der hellenistischen Opferkulte kannte in dieser spätantiken Phase noch Menschenopfer!* Es ist deshalb nicht anzunehmen, daß die Übertragung des Opferrituals auf die häufig praktizierte Hinrichtung eines Menschen in der 2. Hälfte des 1. Jahrhunderts allgemein akzeptiert worden ist. Dennoch, die Struktur des blutigen Opferrituals ist deutlich zu erkennen:

Nehmen: Noch vor dem Pesachfest beratschlagen die jüdischen Autoritäten,

---

9. Ich führe im folgenden exegetische und liturgiegeschichtliche Untersuchungen fort, die ich 1991 vorgetragen (Jörns [1992b]) und aus denen ich 1995 die theologischen Konsequenzen gezogen habe: Jörns (2000), bes. S. 313-326.
10. Ich gebe nur die Stellen im – ältesten – Markusevangelium an. Wichtige Abweichungen der anderen Evangelisten zitiere ich gesondert. Im übrigen empfehle ich den Leserinnen und Lesern noch einmal herzlich, eine Synopse der Evangelien zu benutzen.
11. Wilckens (1998), S. 41.

»wie sie ihn mit List festnehmen und töten könnten.« *(Mk 14,1b)* Bei Johannes geht dem Entschluß *(11,53)* die spektakuläre Auferweckung des Lazarus durch Jesus voraus *(11,1-46)*. Die Gefangennahme Jesu wird im Garten Gethsemane in einer Nacht- und Nebelaktion ausgeführt *(Mk 14,43-50)*. Es folgt der Prozeß, bei dem die römische Besatzungsmacht eingeschaltet wird, die allein eine Hinrichtung verfügen kann.

An die von Burkert beschriebene »Unschuldskomödie« erinnert die Geste, die der römische Statthalter Pilatus demonstrativ vollzieht: Er »nahm Wasser, wusch sich vor dem Volk die Hände und sagte: Ich habe keine Schuld am Tod dieses Gerechten; sehet ihr zu.« *(Mt 27,24)*. Nach dem Lukasevangelium haben Pilatus und König Herodes aber auch an Jesus nichts gefunden, was des Todes würdig wäre: Jesus ist also unschuldig *(23,4.14f.)*. Selbst die Verleugnung Jesu durch Petrus *(Mk 14,66-72)* stellt einen Versuch dar, unschuldig aus diesem Geschehen herauszukommen. Eine *scheinbare Trauer* um den Hingerichteten drücken die Soldaten in der Spottszene unter dem Kreuz aus *(Mk 15,16-20)*.

Schlachten: Die Opfertötung findet in der Hinrichtung Jesu am Kreuz statt *(Mk 15,20b-41)*. Der Leib Jesu wird nicht verbrannt, sondern in *heilem* Zustand bestattet *(Mk 15,42-47)*.

Teilen und Essen: Etwas, was dem Verteilen und Essen des »Opfertieres« entspricht, ist in mehreren Handlungen zu finden. Zuerst einmal geschieht es unmittelbar in der »Opferszene« dadurch, daß die Soldaten Jesu Kleider unter sich verteilen *(Mk 15,24b)*. Bei Markus haben wir im Nachtrag *(16,9-20)* die Notiz, daß der Auferstandene die Jünger beim *Essen* besucht *(16,14)*; davon ist ausführlicher bei Lukas *(24,28-31)* die Rede, wobei hier der Auferstandene sogar als Hausvater auftritt und – wie beim letzten gemeinsamen Mahl vor der Hinrichtung – ihnen das Brot bricht (V. 30). Die genannten Handlungen und Notizen müssen aber noch ergänzt werden um den Bericht vom *Abendmahl*. Darauf komme ich im nächsten Abschnitt zu sprechen.

Die Tatsache, daß die drei Schritte des alten Opferrituals in der Passion Jesu wiederzuerkennen sind, zeigt zusammen mit der Datierung der Passion auf das jüdische Pesachfest, daß *die Wahrnehmung* des Paulus und der Evangelisten *vom Opferritual dahin gelenkt worden ist, Jesu Hinrichtung als Opfervorgang zu verstehen*. Das Opferritual bot sich als Wahrnehmungsmuster an, weil schließlich in Jerusalem zur Zeit des Todes Jesu und weitere 40 Jahre lang ein blühender Tieropferkult bestanden hat. Sein Formular bot die Möglichkeit, die von Jesu Anhängern zuerst einmal als Scheitern und Katastrophe verstandene Hinrichtung (vgl. *Lk 24,19-21) mit einem positiven Sinn* zu verbinden[12]. Bedenken wir, daß die Evangelien in den frühchristlichen Gottesdiensten in Abschnitten (»Perikopen«) verlesen worden sind, dann läßt sich ermessen, daß diese litera-

---

12. Ähnlich auch: Gestrich (2001), S. 357.

rische Struktur der Todes-Überlieferung das Bewußtsein der Christen tief geprägt hat.

Daß das Deutungsmuster übernommen worden ist, heißt allerdings auch, daß in der *assoziativen Verbindung* der Hinrichtung Jesu mit einem Opfer ganz und gar *nichts spezifisch Christliches zu finden ist, keinerlei christliche Theologie.* Für diese Übertragung gilt, was Walter Burkert so formuliert hat: Wir sollten »die Bedeutung von ›Glauben‹ und Erklärung in der Religion nicht überbewerten. Bis hin zu den Anfängen des Christentums und weit darüber hinaus lag die Rechtfertigung der Religion in der Tradition: Riten werden durchgeführt ›nach Väterart‹, … ; dies ist auch der Grund dafür, daß es anscheinend so wenig Änderungen gab im Ritual zwischen dem Paläolithicum und den Griechen, über Zehntausende von Jahren hinweg.« Das Wesentliche habe dabei in der »Wirkung des Ritus auf die Gesellschaft« gelegen. Nach Burkert müssen wir »das rationalistische Vorurteil aufgeben, als sei zuerst ein Begriff oder Glaube vorhanden gewesen, der in einem zweiten Schritt zu einer Handlung führte. Primär ist das Verhalten«[13] – und die genannte gesellschaftliche Funktion des Rituals.

Das anfangs direkt am jüdischen Pesachfest gefeierte *christliche Passafest*, das unsere Feste Gründonnerstag, Karfreitag und Ostern zusammenschließt[14], ist demnach in doppelter Weise von der »Väterart« vorgegeben gewesen: von dem – auf Jesu Hinrichtung übertragenen – uralten Schlachtopferritual und von der jüdischen Pesachtradition. Lediglich über die Identität des »Opfertiers« und über die Auferstehungsfeier kommt *vom Inhalt her etwas spezifisch Christliches* hinein. Denn das christliche Passafest wird vom Gedächtnis der Kreuzigung und vor allem von der Auferstehung Jesu am Ostermorgen als seinem Zielpunkt her bestimmt. Doch auch hier sollten wir noch vorsichtig sein mit der Meinung, schon originär christliches Gedankengut vor uns zu haben: Bei den Buphonia in Athen wurde der im Opfer getötete Ochse anschließend »ausgestopft und an einen Pflug geschirrt – er ist sozusagen auferstanden.«[15] Die Theologie ist aber – wie vor allem Paulus zeigt – hauptsächlich mit der Modifikation des traditionellen Opferrituals beschäftigt gewesen. Dessen Prägekraft hat schließlich auch die Struktur der »Einsetzungsworte« bei der Mahlfeier bestimmt. Und die sind wiederum der Schlüssel zum Verständnis des Sterbens Jesu geworden.

13. Burkert (1990a), S. 23.
14. Über lange Zeit hin sind später Karfreitag (mit dem Vorabendfest Gründonnerstag) und Ostern als eher getrennte Feste gefeiert worden. Als ich Kind war, galt Ostern als katholisches, Karfreitag eher als (zentrales) evangelisches Fest. Im Zuge der vom Zweiten Vatikanischen Konzil in Gang gesetzten Liturgiereform ist das *Triduum Sacrum*, die Einheit der genannten Feste, und seine Funktion als *Achse des Kirchenjahres* von beiden Kirchen wieder entdeckt worden: Jörns/Bieritz (1989b).
15. Burkert (1990a), S. 23.

Der Dreischritt prägt auch die »Einsetzungsworte« des letzten Mahles Jesu und weist es als Festmahl der Opferhandlung zu

Im Aufbau der Verba Testamenti (wörtlich: »Worte des [neuen] Bundes«), mit denen Jesus das letzte Mahl mit seinen Jüngern[16] einleitet, begegnen die Stichworte der drei Schritte des archaischen Opferrituals wieder. Ich zitiere sie nach der von Markus *(14,22-25)* überlieferten Form und gebe zuerst das Brotwort wieder:

Nehmen: »Und als sie aßen, nahm er das Brot, ...«.

Schlachten: »sprach das Dankgebet darüber, brach es, ...«; im Dankgebet kommt in der Anrede an Gott das »Darbringen« zum Ausdruck, das beim Tieropfer im Schlachten und entsprechenden Gebeten geschieht.

Teilen und Essen: »... gab es ihnen und sagte: Nehmet!« *(V. 22)* Bei Matthäus ist die Aufforderung »nehmet!« um den weiteren Imperativ »esset!« ergänzt *(26,26)*. Bei Lukas *(22,19)* und Paulus *(1. Kor 11,25)* kommt eine dritte Aufforderung hinzu: »Das tut zu meinem Gedächtnis.«

Im Blick auf den Wein finden wir:

Nehmen: »Und er *nahm* den Kelch, ...«

Schlachten: »... sprach das Dankgebet darüber ...«

Teilen und Essen: »... und gab ihnen denselben; und sie tranken alle daraus.« *(Mk 14,23)*

Nach jüdischem Vorbild spricht Jesus als »Hausvater« seiner Jünger auch »Deuteworte«, mit denen beim abendlichen Essen ein Bezug zur jüdischen Heilsgeschichte hergestellt wurde. Dieses Element einer Mnemotechnik wird bei Paulus und Lukas ausdrücklich auf Jesus selbst bezogen (»zu *meinem* Gedächtnis«). Bei Markus ist ein Deutewort sowohl zum Brotwort – »Das ist mein Leib« *(V. 22)* – als auch zum Kelchwort gestellt: »Das ist mein Blut des Bundes, das für viele vergossen wird.« *(Mk 14,24)*. Mit den Stichworten »Bund« und »für viele vergossen« wird schon die theologische Bedeutung des Abendmahls angesprochen, also hinübergeleitet in die ja erst *nach* Ostern aufgenommene Praxis der Gemeinde, Jesu Gedächtnis im Mahl zu feiern und dabei der Bedeutung seiner Hinrichtung als Sühnopfer für die Sünden der Menschen *(Mt 26,28)* zu gedenken. Mit dem Abendmahl konnten die Christen die ihnen aus anderen Kulten geläufige Opferfestmahl-Praxis fortsetzen.

Alle vier Überlieferungen vom letzten Mahl sind in das *Passionsgeschehen* eingeordnet worden[17]. Damit wird deutlich ausgedrückt, daß das letzte Mahl

---

16. Hahn (2002), II, S. 533, sagt, die Mahlfeier sei »sowohl hinsichtlich ihres Ursprungs als auch ihrer Ausgestaltung eine genuin christliche Feier« (S. 533). Das kann ich nicht nachvollziehen.
17. Bei Paulus wird der Bezug durch die Einleitung hergestellt: »Unser Herr Jesus Christus, in der Nacht, da er verraten wurde, nahm er ...« (1. Kor 11,23).

und die Hinrichtung Jesu zusammengesehen worden sind. Die Feier des letzten Mahles steht nicht für sich. Sie gehört sowohl vom literarischen Zusammenhang als auch von der inneren Sequenz jenes Dreischritts her in das Gesamtgeschehen der Opferhandlung hinein, wie sie Juden und Griechen ohne Mühe sowohl im Passionsbericht als auch in den Einsetzungsworten haben wiedererkennen können. *Sie ist jenes kultische Festmahl, das die Opferhandlung als Gesamtgeschehen abschließt.* Dieser Schluß ist für mich zwingend, weil die bislang zum dritten Schritt *Teilen und Essen* zusammengestellten Beobachtungen im Grunde nur *Andeutungen* einer kirchlichen Festmahlspraxis enthielten, aber keinen Hinweis auf ein solches Festmahl selbst. Daß der Bericht vom letzten Mahl in der Passions- und Ostergeschichte *vor* der Kreuzigung steht, geht darauf zurück, daß das »Herrenmahl« als von Jesus Christus *selbst* eingesetzt verstanden worden ist und auch so verstanden werden *sollte.*

Am Ende dieses Abschnitts halte ich ein *Paradox* fest: *Das Zentrum der traditionellen christlichen Theologie und Erlösungslehre – das Opfergeschehen und seine sakramentale Zueignung im eucharistischen Mahl – ist wesentlich bestimmt von dem Dreischritt des uralten Opferrituals und von der jüdischen Sühnopfervorstellung.* Auch das theologisch behauptete *Sühnegeschehen* und die *gemeinschaftsstiftende Bedeutung* der Mahlfeier[18] sind *traditionelle* Vorstellungen, die wir als *vorchristlich* ansehen müssen.

Das Johannesevangelium und die Didaché kennen eine opferfreie Mahlfeier – haben sich aber in der Kirche nicht durchgesetzt

Es ist überaus interessant, daß der vom Opferfestmahl geprägte Blick auf die Leidensgeschichte Jesu Christi nicht von allen frühchristlichen Überlieferungen geteilt wird. Innerhalb des Neuen Testamentes ist es das Johannesevangelium und außerhalb die Didaché, die von ganz anderen Wahrnehmungsmustern geleitet werden.

---

18. Burkert (1990b), S. 93, hat auch schon die Frage gestellt, »inwieweit in den Mysterien das christliche Ritual doch vorgeprägt ist, in diesem Fall die Feier des Abendmahls.« Es ist gut denkbar, daß sich bei der Ausbreitung des Christentums in den römisch-hellenistischen Bereich hinein die von mir skizzierte Vorprägung und die von Burkert erwogene verbunden und potenziert haben.

Das Johannesevangelium deutet die Hinrichtung Jesu nicht als Sühnopfer und führt mit der Fußwaschung ein eigenes Sakrament ein

Eine nebensächlich klingende Stelle im *Johannesevangelium* hat mich immer schon aufhorchen lassen. Wie ich inzwischen gelernt habe, zeigt sie Verbindungen sowohl zu Opferpraktiken archaischer Jägervölker als auch zur Bestattungspraxis im Alten Ägypten *und* zu jüdischen Vorschriften auf. Von den römischen Soldaten, die die Kreuzigung als Hinrichtungsart gewöhnt waren, heißt es bei Johannes: »Als sie aber an Jesus kamen, zerschlugen sie ihm die Schenkel nicht, da sie sahen, daß er schon gestorben war.« (19,33) Zur Begründung wird das »Schriftwort« (natürlich ohne genaue Quellenangabe) zitiert: »Kein Knochen soll an ihm zerbrochen werden« (V. 36). Diese merkwürdige Vorschrift, daß ein Schenkelknochen nicht zerbrochen werden darf, sondern als *ganzer* verbrannt oder bestattet werden muß, finden wir biblisch belegt[19]. Sie stimmt überein mit dem, was die Altertumsforschung von archaischen Jägeropfern herausgefunden hat. Zum einen muß das *Verbrennen* von Knochen in Parallele gesehen werden zu ihrer *Bestattung* an heiligem Ort[20]. Zum anderen gilt für beide Opferformen, daß die Knochen vorher *nicht* gebrochen worden sein dürfen. Dahinter stand die Überzeugung, mit den intakten Knochen »gleichsam den Wesenskern des getöteten Tieres zu bewahren bzw. zurückzugeben an eine Lebensmacht, die über das Jagdwild verfügt« und die dafür sorgen kann, daß die Tiere als Gattung erhalten werden – also gewissermaßen wieder auferstehen. Der Brauch zeigt damit, daß es um die *Bewahrung des Lebens* geht. Doch auch bei den alten Ägyptern, die Palästina ja viel näher waren, galt die Überzeugung, daß Menschen nur dann am künftigen Leben teilhaben konnten, wenn sie mit *vollständigem* Leib – einschließlich heiler Knochen – bestattet worden sind. Wer das Skelett eines Bestatteten im Grab zerstörte, beraubte ihn damit auch seiner postmortalen Zukunft.

Im Zusammenhang der Passion Jesu hat die Notiz bei Johannes eine Bedeutung, die ohne diese alten Rituale nicht zu verstehen wäre: *Daß Jesu Schenkelknochen bei der Kreuzigung nicht – wie es sonst zur Beschleunigung des Sterbens üblich war – zerbrochen worden sind, sichert Jesu Möglichkeit aufzuerstehen.* Der Verfasser dieses »Berichtes« über Jesu Hinrichtung war sowohl in der griechisch-hellenistischen Opferpraxis als auch in der ägyptischen Bestattungsart und der jüdischen Überlieferung, die er ausdrücklich zitiert, gut bewandert. Offenbar hat er auf die Zweifelsfrage antworten wollen, ob Jesus angesichts der an ihm vollstreckten Hinrichtungsart überhaupt habe auferstehen *können!*

---

19. 2. Mose 12,46, 4. Mose 9,12 und Ps 34,21.
20. Afrikanische Bestattungspraxen, bei denen der Schädel des Verstorbenen unter der Hütte der Familie begraben wird, wären hier auch zu vergleichen.

Weil ihm so viel an der Auferstehung Jesu als Ziel seines »Weges zum Vater« *(Joh 13,1)* gelegen hat, durfte hier kein Zweifel aufkommen. Die Passions- und Ostergeschichte steht bei Johannes, abweichend von den Synoptikern, im Zusammenhang einer viel größeren neuen Komposition, die er den »Weg zum Vater« nennt. Er beginnt mit der Fußwaschung in Kapitel 13 und endet mit den Erfahrungen, die die Jünger mit dem Auferstandenen machen. Insofern hat Johannes auch den Rahmen der Hinrichtung verändert und die Opfersprache der Struktur, in der die Passionsgeschichte auf ihn gekommen war, *bis zur Unkenntlichkeit aufgebrochen.*

Zu diesem Eingriff in das ihm Überlieferte gehört vor allem, daß Johannes den Bericht vom letzten Mahl Jesu aus der Überlieferung nicht nur herausnimmt, sondern *streicht*[21]. *Johannes überliefert als einziger Evangelist kein letztes Mahl, das den Tod Jesu deutet,* und also auch *keine Ursprungsszene für ein Sakrament zur Vergebung der Sünden.* Das große Mahl, von dem Johannes berichtet, steht noch vor den Abschiedsreden *(Kap. 14-16),* dem hohepriesterlichen Gebet *(Kap. 17)* und der eigentlichen Passions- und Ostergeschichte *(18-20[21])* und wird mit der ausdrücklichen Zeitangabe »*vor dem Passa*« *(13,1)* versehen. Vom Rahmen der eigentlichen (und in vielem mit den Synoptikern parallelen) Leidensgeschichte ist es also deutlich getrennt und hat einen völlig anderen Sinn als das letzte Mahl bei Paulus und den Synoptikern: Das Mahl *(Joh 13,1-15)* leitet jenen »Weg zum Vater« ein, der direkt auf *Ostern* zielt und nicht auf ein Opfer. Im Mahl steht das Essen selbst deshalb gar nicht im Mittelpunkt, sondern die *Fußwaschung,* die Jesus an seinen Jüngern vornimmt. Mit ihr gibt er ihnen ein »Beispiel«[22], »damit ihr tut, wie ich euch getan habe« *(13,15).* In der Fußwaschung nimmt das Gebot der Liebe, von dem später *(13,31-35)* die Rede ist, eine nachvollziehbare und zugleich sinnfällige Gestalt an. Indem Jesus den Jüngern die Füße wäscht, *stiftet er einen Ritus,* den sie nicht nur fortsetzen können, wenn sie wollen, sondern den sie fortsetzen *sollen,* ja, um ihrer Seligkeit willen fortsetzen *müssen:* »Ein Knecht ist nicht größer als sein Herr, noch ein Gesandter größer als der, der ihn gesandt hat.« *(V. 16)* Damit wird an die unerhörte Weitergabe des Christus-Amtes an die Jünger erinnert, die der Auferstandene vornimmt *(20,21).* Denn dort gibt er ihnen in einer neuen Schöpfungshandlung den Geist Gottes und sendet sie als seine Gesandten in die Welt: »Wie mich der Vater gesandt hat, so sende ich euch.«[23] Der Inhalt der Gesandtschaft ist »ein neues Gebot«: »daß ihr einander lieben sollt, wie ich euch geliebt habe, damit auch ihr einander lieben sollt. Daran wird jedermann erkennen, daß ihr meine Jünger seid, wenn ihr Liebe untereinander habt.« *(13,34f.)* Wie

---

21. Darauf, daß Johannes auch kein Vaterunser und keine Gleichnisse Jesu überliefert, habe ich bereits früher hingewiesen.
22. Griechisch: *hypódeigma,* das wie *parádeigma* das *Beispiel* und *Vorbild* meint.
23. Joh 20,21 knüpft an 3,16f. an.

Jesus Christus von sich gesagt hat »Wer mich sieht, sieht den Vater« *(14,9)*, so sollen die Christen künftig sagen können: ›Wer uns sieht, sieht Jesus Christus, ja, den Vater‹. Das gilt aber nur, wenn sie sein Beispiel der Liebe übernehmen und bereit sind, sich gegenseitig Schuld zu vergeben *(20,23)*. »Wenn ihr dies wißt – selig seid ihr, wenn ihr es tut.« *(13,17)*

Daß Johannes die Szene vom letzten Mahl mit den die Opfertoddeutung enthaltenden Einsetzungsworten nicht übernommen hat, macht für mich den Schluß unumgänglich, *daß Johannes dieses Sakrament mit dem Opferbezug nicht gewollt hat.* Den Grund dafür sehe ich darin, daß die sich entwickelnde kirchliche Deutung der Hinrichtung des Menschen Jesus als Sühnopfer am Anfang des 2. Jahrhunderts n. Chr. innerhalb seiner kulturellen Umwelt zumindest peinlich war, wenn nicht gar abstoßend gewirkt hat. Außerdem konnte ein solches Sakrament *egoistisch mißbraucht werden*. Es konnte – und kann noch heute – dazu verleiten, daß ein Mensch durch die Teilnahme an der Mahlfeier mit seinem Gott ins Reine kommen will, ohne das »Beispiel der Liebe« ernst zu nehmen, das Jesus gegeben hat. Wenn wir dagegen die *Fußwaschung als zentrales Sakrament* des Johannesevangeliums verstehen, dann tritt jenes Beispiel seiner dienenden Liebe ins Zentrum. Durch die Fußwaschung drücken die Christen aus, daß sie die Gemeinschaft mit ihrem Herrn als Fortsetzung seines Weges verstehen. Im Evangelium leitet die Fußwaschung den »Weg zum Vater« ein. Am Ziel angekommen, wird Jesus Christus *als neuer Gott* aus dem Tod erstehen. Thomas sagt dann das erste *christliche* Gottesbekenntnis zu ihm: »Mein Herr und mein Gott« *(20,28)*[24]. Für die Christen bedeutet die Teilnahme an der Fußwaschung, ihrem Gott auf dem von ihm gegangenen Weg zu folgen.

Das Mahl, von dem *nach* der Auferstehung in einem *Nachtrag* zum Johannesevangelium berichtet wird *(21,1-14)*, kann von der dabei gegessenen Speise her *nicht* als ein Opferabschlußmahl verstanden werden. In dem Mahl des Auferstandenen mit seinen Jüngern wird nämlich *Fisch* und kein Fleisch gegessen und nichts getrunken. Der Nachtrag greift auf die Geschichte vom Fischzug des Petrus zurück, die Lukas überliefert hat *(5,1-11)*. Er verbindet sie mit einer der wunderbaren Speisungsgeschichten und zugleich mit einer Auferstehungsgeschichte, wie wir sie ebenfalls bei Lukas *(24,41-43)* finden[25]. Aber es gibt keinerlei Bezug zu Jesu Christi Tod! *Es geht nur um den Auferstandenen und die Versorgung der Seinen.* Die Aufforderung zum Essen »Kommt, haltet das Mahl!« *(V. 12)* ist zu allgemein, um sakramentale Sprache genannt werden zu können. Fazit: Eine assoziative Zusammenschau dieses Mahls mit der Hinrichtung Jesu als Opfer ist nicht möglich. Also können weder das große Mahl *(Joh 13)* noch

---

24. Diesen wichtigen Zug der johanneischen Theologie hat die Orthodoxe Kirche aufgenommen. Sie stellt in ihren Kirchen den auferstandenen neuen Gott, den Pantokrator (»Allherrscher«) dar, nicht den Gekreuzigten.
25. Nach Lk 24 ißt *Jesus* den Fisch demonstrativ: Es soll zeigen, daß er *leiblich* auferstanden ist.

das Fisch-Mahl mit der Stiftung des kirchlichen Mahl-*Sakramentes* in Verbindung gebracht werden; denn das gründet ja nun einmal inhaltlich in der blutigen Opferhandlung.

Ich gehe also davon aus, daß der Evangelist Johannes ein Sakramentsverständnis *abwehren* wollte, wie es die Kirche am Beginn des zweiten Jahrhunderts in vielen Gegenden längst zu feiern begonnen hatte. Dagegen scheint zu sprechen, was wir innerhalb der großen »Brotrede« *(Joh 6)* an drastischen Aufforderungen Jesu haben, sein Fleisch zu essen und sein Blut zu trinken: »Wer mein Fleisch ißt und mein Blut trinkt, hat ewiges Leben, und ich werde ihn auferwecken am Jüngsten Tage. Denn mein Fleisch ist wahre Speise und mein Blut ist wahrer Trank.« *(6,54f.)* Es ist oft vermutet worden, daß (auch) hier eine spätere kirchliche Redaktion eingegriffen und das Mahlsakrament ein- und also nachgetragen hat, weil sein Fehlen schon als ärgerlich empfunden worden war. Die Stichworte Brot und Manna könnten den Anlaß dafür geliefert haben[26]. Für mich spricht alles dafür, daß hier Eucharistiesprache nachträglich interpoliert worden ist.

Johannes geht es um Jesu *Worte*, in denen er als Logos zu »haben« ist. Das bestätigt die häufig bei Johannes begegnende Ausdrucksweise, daß die Menschen *»meine Worte«* in sich hörend aufnehmen und in sich bewahren *(12,47.48)*, sie in sich wohnen, ja, bleiben lassen, ihnen in sich Raum geben[27] möchten. Zu dem großen Kapitel von der Fußwaschung stellt die Formulierung »Wer mich liebt, wird mein Wort halten« *(14,23)* die Verbindung her. Darum läßt sich Jesus auch nicht von den Leuten zum König machen, die begeistert sind von der Speisung der Fünftausend *(6,15)*. Neben dem Mißverständnis, man gewönne durch ein Mahlsakrament an ihm Anteil, drohte hier ein anderes. Er weist die Menge zurück: »Müht euch nicht um die Speise, die vergeht, sondern um die Speise, die ins ewige Leben bleibt!« *(6,27)*. Und als sie diese Speise von ihm haben wollen, »die der Welt Leben gibt« *(6,33)*, antwortet er: »*Ich bin das Brot des Lebens; wer zu mir kommt, wird nicht hungern, und wer an mich glaubt, den wird nicht dürsten.*« *(6,35) Dieses Brot sieht Johannes nicht mit dem Mahl-Sakrament verbunden.* Sondern es geht um seine Worte und den Glauben an sie bzw. ihn – denn *seine Worte sind jene Speise, die der Welt Leben gibt.* Das Johannesevangelium, so schließe ich, hat natürlich die sakramentale Erinnerung des letzten Mahles gekannt, einschließlich der Einsetzungsworte. *Aber es hat das letzte Mahl eliminiert und das »Brot des Lebens« entsakramentalisiert.*

---

26. E. Haenchen folgt 1980 der These von der Redaktion, U. Wilckens (1998) geht dagegen genauso von der Einheit des Textes aus wie K. Wengst (2000), der S. 248 einräumt, früher eine kirchliche Redaktion vermutet zu haben. Heute habe für ihn der vorliegende biblische Text einen »Vorsprung«. Aber Wengst sagt auch, daß der Wandel seines Urteils anzeige, »daß hier keine wirklich gesicherte Entscheidung möglich ist.«

27. Joh 5,38; 8,37; 15,7.

Johannes hat also in seiner Arbeit an der Überlieferung *eine klare theologische Kritik an der Opfer- und Sakramentstheologie der sich bildenden Kirche geübt.*

Bleibt noch eine letzte selbstkritische Rückfrage: Wie ist es mit dem berühmten Wort Johannes des Täufers, der, als er Jesus sieht, von ihm sagt: »Siehe, das Lamm Gottes, das die Sünde der Welt wegnimmt« *(1,29)?* Der Maler *Matthias Grünewald* hat uns diese Szene mit seinem Isenheimer Altar ins Gedächtnis geschrieben. Und da hat sie sich mit dem Dogma fest verbunden. Weist also »Lamm Gottes« etwa nicht eindeutig auf einen *Sühne*tod am Kreuz voraus? Es ist schon immer von den Exegeten bemerkt worden, daß Johannes für »Lamm« das ungewöhnliche Wort *ámnos* verwendet, und auch, daß das Passalamm der Juden ursprünglich nichts mit Sühne zu tun hatte. Deshalb ist es für mich mehr als zweifelhaft, daß »das Lamm Gottes, das der *Welt* Sünde wegnimmt« (bzw. wegträgt), vom jüdischen Opferkult *(3. Mose 16)* her gedeutet werden müßte. Nach den erarbeiteten Zusammenhängen deute ich den Titel »Lamm Gottes, das die Sünde der Welt wegnimmt« anders. Es geht nicht um die *Sünden* (im Plural!) der Gläubigen, sondern um *die Sünde (im Singular!) der Welt in Gestalt ihrer Gottferne und Geistferne,* in die sie hineingeraten ist. Durch das Hineinkommen des Logos in menschliches Leben *(1,14) stellt Gott eine neue Beziehung zur ganzen Welt her.* Mit ihm kommt das Leben in die Welt, das nicht vergeht. Wer Jesus Christus als den Geistgesandten erkennt, »der *hat* das ewige Leben« *(17,3).* Insofern Jesus aber die Gottferne an sich selbst auf seinem Weg zum Vater als *Haß* ertragen *(15,18-25)* und sogar die Hinrichtung erduldet hat, ist er hingabebereit gewesen, also *lammfromm.* Die Gewalt seiner Gegner beantwortet er nicht wieder mit Gewalt. Indem Johannes die Deutung der Hinrichtung als Opfer zurückweist, hält er auch Gott aus dessen uralter Verwicklung in das System von Gewalt und Gegengewalt konsequent heraus.

Dazu hatte ihn sein Vater aus Liebe in die Welt »gegeben« *(3,16).* Von einem durch Gott initiierten Opfertod Jesu ist hier nicht die Rede: »Also hat Gott die Welt geliebt, daß er seinen einzigen Sohn gab, damit jeder, der an ihn glaubt, nicht verlorengehe, sondern ewiges Leben habe.« Der von vielen hergestellte Opferbezug ist in den Text *hineingelesen,* und zwar vom 1. Johannesbrief her. Da wird nämlich gesagt, Jesus sei »das Sühnopfer für unsere Sünden, aber nicht nur für die unseren, sondern auch für die der ganzen Welt.« *(2,2)* Beim *Evangelisten* Johannes wird *nicht* die Opferterminologie »dahingeben« verwendet, sondern einfaches »geben«: Gott gab ihn in der »Fleischwerdung« des Logos in die Welt. Parallel dazu redet er davon, daß Gott ihn in die Welt »gesandt« habe *(3,17).* Kein Wort spricht von Opfer oder Sühne. Gott »gab ihn« bei seiner Geburt in die Welt, damit die Menschen durch den *Glauben* an ihn, an seine *Worte,* ewiges Leben finden.

Am Schluß des ganzen Brot-Kapitels sagt Jesus Christus: »Der Geist ist es, der lebendig macht, das Fleisch hilft nichts; die Worte, die ich zu euch geredet habe, sind Geist und Leben« *(6,63)*. Als ihn viele Jünger verlassen und nur noch die Zwölf übrigbleiben, erklären sie ihm, warum nicht auch sie weggehen wollen: »Du hast Worte ewigen Lebens« *(6,68)*. Um sie geht es. Ein Sakrament, das *jeder für sich alleine essen kann*, lenkt davon eher ab. Das Sakrament der Fußwaschung aber weist auf Jesu Weg der dienstbereiten Liebe. Und sie ist der entscheidende Dienst an der Welt.

Die »Lehre der Apostel« (Didaché) kennt eine Mahlfeier ohne Bezug zu Jesu Tod, ohne Einsetzungsworte und Sühnegedanken

Die Apostellehre, griechisch Didaché, ist um die Wende vom 1. zum 2. Jahrhundert geschrieben worden, vielleicht in Ägypten, vielleicht in Syrien-Palästina. In Ägypten war sie jedenfalls sehr früh verbreitet[28]. Sie enthält eine Art Kirchenordnung, in der »ein Weg des Lebens und ein Weg des Todes« *(1,1)* beschrieben werden, und sehr detaillierte Anweisungen für die liturgische Praxis. Da wird das Vaterunser (mit Doxologie am Schluß) als das zentrale Gebet genannt *(8,2-3)*. In Kapitel 9 geht es um die »Eucharistie«. Das Verb, das dazu gehört, heißt »Dank sagen« und wird in der Didaché ebenfalls mehrfach verwendet.

(1) Was die Eucharistie betrifft, so sagt folgendermaßen Dank:
(2) Zuerst in Bezug auf den Kelch:
Wir danken dir, unser Vater,
für den heiligen Weinstock Davids, deines Knechtes,
den du uns offenbart hast durch Jesus, deinen Knecht.
Dir gehört die Herrlichkeit *(dóxa)* in Ewigkeit.
(3) In Bezug auf das Brot aber (sagt folgendermaßen Dank):
Wir danken dir, unser Vater,
für das Leben (und die Erkenntnis)[29],
das du uns offenbart hast durch Jesus, deinen Knecht.
Dir gehört die Herrlichkeit in Ewigkeit.
(4) Wie dies (Korn) zerstreut war auf den Bergen
und zusammengebracht ein Brot geworden ist,
so soll deine Kirche zusammengebracht werden
von den Enden der Erde in dein Reich!
Denn dir gehören die Herrlichkeit und die Kraft in Ewigkeit.

In Kapitel 10 wird ein Dankgebet mitgeteilt, das ausdrücklich *nach dem Sättigungsmahl* gesprochen werden soll. In ihm heißt es:

Du, allmächtiger Herrscher,
hast alles geschaffen um deines Namens willen,

---

28. Niederwimmer (1989), S. 79 f.
29. Niederwimmer (1989), S. 180, nimmt diese Lesart in den Text auf.

Speise und Trank hast du den Menschen zum Genuß gegeben,
uns aber hast du geistliche Speise und Trank geschenkt
und ewiges Leben durch Jesus, deinen Knecht. *(V. 3)*

Von der Angabe »nach dem Sättigungsmahl« her hat die zitierte »Eucharistie« einen eigenen Typ Mahlfeier[30] dargestellt, der sich von dem bei Paulus und den Synoptikern überlieferten Typ deutlich dadurch unterscheidet, daß es in dieser Liturgie zwar Brot und Kelch (Wein) samt dazu gehörenden Eucharistiegebeten gibt, aber keine Einsetzungsworte und keinerlei Bezug zum Tod Jesu. Außerdem ist die Mahlfeier mit einem wirklichen Essen verbunden, aber nicht identisch gewesen. Deshalb – und wegen der vielen anderen Bezugnahmen auf jüdische Mahlfeiern – ist es angezeigt, diese Mahlfeier mit dem jüdischen Nachtischsegen als Vorlage in Verbindung zu bringen. In Didaché 10,3 wird ein deutlicher Unterschied gemacht zwischen dem »allen Menschen zum Genuß« gegebenen Essen (»Speise und Trank«) und der der Gemeinde geschenkten »geistlichen Speise und Trank«. *Beide gehören aber insofern zusammen, als es sich um Gaben handelt, die die Menschen von Gott empfangen und ihm nicht darbringen bzw. opfern.*

Diese unblutige Gabenfeier läßt sich religionsgeschichtlich folgendermaßen herleiten. Wir können davon ausgehen, daß es im westsemitischen und im griechisch-römischen Bereich »ein doppeltes Opfersystem« gegeben hat: »Es gibt blutige Opfer *vor* dem Tempel, ohne eine sichtbare Präsenz des Gottes, ... und Opfer *im* Tempel, vor dem Kultbild, die Speisen im Schema von Gabendarbringungen ›vorlegen‹.«[31] Im Laufe der Zeit ist man aber mehr und mehr dazu übergegangen, die Speisegaben nicht mehr als »Ernährung« der Götterbilder zu verstehen, sondern als Gaben, die *die Götter den Menschen geben*. Die »Opfer«-Handlung wird dadurch im Kern ihres Wesens zu einer *Dankopfer*handlung verändert, für die das Wort *Opfer* eigentlich gar nicht mehr paßt.

In Kapitel 14 der Didaché gibt es noch Anweisungen für die am Sonntag zu feiernde Eucharistie:

(1) An jedem Herrentag (Sonntag) versammelt euch, brecht das Brot und sagt Dank, indem ihr dazu eure Übertretungen bekennt, damit euer »Gott dargebrachtes Gebet«[32]

---

30. So schon Hans Lietzmann in seiner Arbeit »Messe und Herrenmahl« von 1926, und neuerdings Canzik-Lindemaier (1990), S. 348 f., und Bieritz (2004), S. 294. Die von Bieritz, S. 297 f., mitgeteilten Versuche von J. Roloff und H. B. Meyer, die Mahlfeier der Didaché dennoch im Sinne der paulinisch-synoptisch begründeten, kirchlich gewordenen Eucharistiefeier zu deuten, stellen Umdeutungen des Didaché-Textes mit dem Ziel dar, die Überlieferung auch auf der Ebene der Quellen zu vereinheitlichen. Es ist merkwürdig, wieviel Energie darauf verwendet worden ist, die Quellenlage zu nivellieren, anstatt ihre Vielfalt herauszustellen.
31. Gladigow (1998), S. 10.
32. Damit übersetze ich griech. *thysía*, was *Opfer*, aber auch das dargebrachte *Gebet* heißen

rein sei. (2) Jeder aber, der Streit mit seinem Nächsten hat, soll nicht mit euch zusammenkommen, bis sie sich ausgesöhnt haben, damit euer Gebet nicht entweiht werde!

Wichtige Unterschiede zu der – täglichen? – Feier von Didaché 9 und 10 sind das zur Eucharistieliturgie hinzugehörende Schuldbekenntnis und die Anweisung, in der Gemeinde bestehenden Streit vor der Mahlfeier durch Aussöhnung zu schlichten. Auf diese Weise wird ausdrücklich verhindert, daß die Mahlfeier egoistisch dazu mißbraucht werden könnte, das Gottesverhältnis der einzelnen zu bereinigen und darüber die Beziehungen der Menschen untereinander zu vergessen. Wenn man unter dem »Gebet« die *Eucharistiegebete einschließlich des Vaterunser* versteht, hat diese Anweisung zur Versöhnung hier auch ihre Verankerung: denn da wird ja die Bitte um die Vergebung der eigenen Schuld mit der eigenen Bereitschaft verknüpft, denen zu vergeben, die einem selbst etwas schuldig geblieben sind. An diesem Punkt ist die Didaché dem johanneischen Mahlverständnis mit dem Gebot, »einander zu lieben«, sehr nahe. Aber auch darin, daß sie eine starke eschatologische Ausrichtung auf das kommende Reich Christi und so zugleich auf die eigene Auferstehung der Gläubigen hat, bezeugt die Didaché mit ihrer Eucharistiefeier eine Nähe zum opferlosen Mahl des Johannesevangeliums. Allerdings führt Johannes mit der Fußwaschung einen ganz anderen *Ritus* ein und benutzt in der Mahlfeier keine jüdische Vorlage. Daß in der Didaché der Gedanke, Jesu Leib und Blut zu sich zu nehmen, fehlt, wird sich von den jüdischen Vorlagen her erklären, weil im Judentum jeder Blutgenuß streng verboten war *(3. Mose 17,10-14)*. Insofern können wir hier das Prinzip der kulturellen Kohärenz wirksam sehen – zumal es auch bei Griechen und Römern keine Mysterienmahlfeiern gab, bei denen Blut getrunken worden wäre[33]. Die Didaché zeigt, daß gegenseitige Vergebung und Versöhnung keineswegs fehlen mußten, wenn der Opfergedanke fehlt. Für sie reichte das Vaterunser als Basis der Vergebung aus. Wir sollten zu diesem Typ von Mahlfeier zurückkehren!

In der Gesamtkirche wird die Sühnopfertheologie dominant, weil sie sich sakramental nutzen und mit unterschiedlichsten Erwartungen verbinden läßt

Die frühen Kirchenväter haben die implizite Kritik des Johannesevangeliums und der Didaché an der Mahlfeier des paulinischen Typs offenbar nicht gehört, auch wenn sie zum Teil an Johannes angeknüpft haben. *Ignatius von Antiochien*, der seine Briefe während der Regierungszeit Kaiser Trajans (110-118) oder kurz

---

kann. In der frühen Kirche, in der es keine Opfer gab, ist diese spiritualisierte Bedeutung des Wortes gemeint (so auch Canzik-Lindemaier, ebenda, S. 348).

33. Canzik-Lindemaier, ebenda, S. 350. Dasselbe gilt für Ägypten.

danach geschrieben hat, also wenig später als Johannes sein Evangelium, deutet die *Mahlfeier* von der Inkarnation des Logos im Fleisch her. Und Justin, der nur eine Generation später als Johannes, also noch vor der Mitte des 2. Jahrhunderts schreibt, sagt in seiner Apologie *(66,2)* ebenfalls,»daß die eucharistische Speise Fleisch und Blut des Fleisch gewordenen Jesus sei.«[34] Ignatius hat die Instrumentalisierung der Heilswirkung – in sich ganz folgerichtig – auf die Spitze getrieben, indem er das Brot der Mahlfeier dann ein »*phármakon athanasías*« (eine »Unsterblichkeitsarznei«) nennt, ein »Gegengift, das den Tod verhindert, aber zum Leben in Jesus Christus für immerdar führt« *(IgnEph 20,2*[35]*)*. Der Sprachgebrauch geht wohl auf ein Heilmittel zurück, das die ägyptische Heilgöttin Isis erfunden haben soll. Einfluß auf den Sprachgebrauch des Ignatius gehabt haben kann aber auch der Ruhm eines anderen Heilmittels mit dem Namen »Unsterblichkeit« *(athanasía)*. Es wurde mit dem pontischen König Mithridates VI. Eupator Dionysos (120-63 v. Chr.) in Verbindung gebracht und »diente als Allheilmittel gegen Gifte, giftige Bisse und Beschwerden der inneren Organe«. Auch dies wurde gern als *phármakon* bezeichnet. Wie verbreitet der Ruhm solcher Heilmittel war, zeigt, daß auch Seneca (4-65 n. Chr.) den Schierlingsbecher des Sokrates ein *medicamentum immortalitatis* (»Medikament der Unsterblichkeit«) nennt[36] und dabei natürlich nur die paradoxe Wirkung des Giftes im Blick hat, die Sokrates – auf dem Weg über die Schriften Platons – ins kulturelle Gedächtnis des Abendlandes aufsteigen und so unsterblich werden ließ.

Daß sich dieser Sprachgebrauch im hellenistischen Bereich, vor allem nach dem Ende des jüdischen Tempelkultes 70 n. Chr., rasant hat ausbreiten können, spricht dafür, daß es überall eine Suche nach solchen »Medikamenten« gegeben hat. Wenn jedenfalls Ignatius das Eucharistiebrot nun »Arznei zur Erlangung der Unsterblichkeit« nennt, dann hat er an die im römischen Weltreich verbreitete Sehnsucht nach Unsterblichkeit angeknüpft und die Mahlfeier in Konkurrenz zu jenen anderen Pharmaka gestellt. *Dafür* – für den Wunsch nach unvergänglichem Leben – konnte er durchaus an das Johannesevangelium anknüpfen. Denn in keinem anderen Evangelium wird derart häufig und direkt auf den Wunsch nach »ewigem Leben« eingegangen. *Dafür* allerdings, den Grund einer solchen Hoffnung in einem Sakrament zu sehen, das man sich essend und trinkend einverleibt, konnte sich Ignatius *nicht* auf Johannes berufen, wie ich zu zeigen versucht habe. Ewiges Leben verheißt *Johannes* allein dem, der Jesu *Worte* in sich aufnimmt und in ihnen bleibt, also auch danach

---

34. Wilckens, ebenda, S. 105. Wilckens vertritt allerdings die Meinung, daß Johannes die Eucharistie positiv zitiere. Für mich unerklärlich ist, wie Wilckens von Kap. 6 aus eine Verbindung zum Erlösungsgedanken im Sinne der Sühne herstellen kann (ebenda, S. 106).
35. Schoedel (1990), S. 171.
36. Schoedel, ebenda, S. 174 f.

handelt. Es geht bei Johannes also nicht, um es pointiert auszudrücken, um eine *punktuelle* Verbindung mit Jesus Christus, sondern um eine kontinuierliche. Früher hat man dafür den Begriff der »Nachfolge« verwendet.

Die Idee, Jesu Sterben sakramental zu nutzen, fiel in der hellenistischen Welt auf fruchtbaren Boden. Die Vorstellung von einer Speise, die unvergängliches Leben vermittelt, läßt sich bei den Griechen bis auf Homer zurückverfolgen und ist in Mesopotamien und Ägypten ebenso anzutreffen. Die Religionsgeschichte ist voll von Beispielen dafür, daß man glaubte, durch das Verzehren bestimmter pflanzlicher Produkte (Korn vor allem) oder auch Tiere eine innige Verbindung zur Gottheit zu bekommen, die das Leben repräsentiert. Das »Heilige Essen« ist ein wesentlicher Bestandteil von Mysterienkulten gewesen und hat kultisch geordnet, was die Mythen zum Teil als wilde, orgiastische Szenen aus der Vorzeit, also im Imaginären, schildern[37]. Die Überzeugung, daß durch heiliges Essen und Trinken ein direkter, sakramentaler Zugang zu göttlichen Gütern offenstehe, hat sich dadurch verbreitet. So wird die Mahlfeier Zug um Zug zu einem Mittel, durch das sich die Christen einen Zugang zu ihrer persönlichen Erlösung und zum ewigen Leben sichern können, und zwar auch ohne Jesu Liebesgebot zu beachten. Denn nun ist es auch möglich, die Erbsünde durch das Altarsakrament zu bekämpfen. Buß- und Beichtpraxen werden vorgeschaltet und sorgen für den würdigen Genuß des Sakramentes.

Gegen Ende des 1. Jahrhunderts zeigt sich ein differenziertes Bild im Blick auf die Mahlfeier und die Sühnopferdeutung der Hinrichtung Jesu

Ich fasse die bisherigen Beobachtungen und die Gründe zusammen, die zu einer Ausdifferenzierung der Mahlfeiermodelle geführt haben.
– *Paulus und die Synoptiker* verbinden die Hinrichtung Jesu mit dem letzten Mahl, bei dem das Sakrament von Brot und Wein eingesetzt wird. Das Mahl wird aber zugleich zum hermeneutischen Schlüssel für das Verständnis der Hinrichtung Jesu. Dafür sorgen die »Einsetzungsworte«, die die Hinrichtung Jesu mit einem für die Christen positiven Sinn verbinden: es ist ein von Gott selbst gegebenes Sühnopfer zugunsten der Menschen gewesen. Sein Tod hat einen »neuen Bund« gestiftet und geschieht »für die vielen« *(Mk 14,24)* oder »für euch« *(1. Kor 15,24)* zur Vergebung der Sünden. *Warum* dieser Tod aber von Gott aus sein *mußte*, wird damit auch gesagt: nur so, also mit dem Opfertod des Gottessohnes und Menschen Jesus Christus, konnte die als notwendig angesehene Versöhnung Gottes mit der Welt bewerkstelligt werden. Maß-

---

37. Im Dionysoskult wurden, dem Mythos zufolge, Stiere zerrissen, zerteilt und gegessen, die den Gott und seine unbändige Lebenskraft selbst darstellten.

geblich ist also das »Motiv der stellvertretenden Sühne zur Vergebung der Sünden.«[38] Das schließt bestimmte Vorstellungen von Gott und vom Menschen und ihrer Beziehung zueinander ein, auf die ich noch zu sprechen kommen werde.
- *Das Johannesevangelium* bricht den Rahmen der Passion als Opferhandlung auf, streicht die Mahlfeier als Todesgedächtnis und Begründung eines Sakramentes zur Vergebung der Sünden. Statt dessen verbindet es ein *vor* dem Passa gefeiertes Mahl Jesu mit den Jüngern mit dem neuen Ritus der Fußwaschung, in dem das Beispiel der dienstbereiten Liebe, das Jesus selbst gegeben hat, symbolisch weitergegeben werden kann. Einen positiven Bezug zu Jesu Tod gibt es hier nicht. Im Gegenteil: Die Bereitschaft zu sterben, die der »lammfromme« Sohn des Vaters zeigt, kontrastiert mit der alten Blutfrömmigkeit, mit der seine entweder haßerfüllten oder strategisch klug vorgehenden Gegner ihn töten. Johannes geht es um Jesu »Weg zum Vater« und darum, daß Jesus Christus am Ende dieses Weges als der neue Gott aufersteht.
- In der *Didaché* ist eine jüdisch beeinflußte und »Eucharistie« genannte Mahlfeier belegt, die vom Dank für die Lebensgaben Brot und Wein bestimmt ist. Sie kann als Fortführung der Mahlgemeinschaft gesehen werden, die Jesus mit den Seinen pflegte. Diese Mahlfeier hat *keinen* Bezug zu Jesu Tod und beruft sich *nicht* auf ein Sühnopfer, vermittelt also auch keine Vergebung der Sünden. Außer den eucharistischen Gebeten gehören zu dieser Mahlfeier offenbar das Vaterunser und die *gegenseitige* Vergebung der Sünden. Eine Verbindung von Mahlfeier und Sättigungsmahl scheint es auch gegeben zu haben.

Daß sich derart unterschiedliche Typen von Mahlfeier haben entwickeln können, ist möglich geworden,
1) weil die *ursprünglichen Überlieferungen von der Hinrichtung Jesu* noch ohne jede dogmatische Interpretation dieses Todes gewesen sind. Denn lesen wir die Berichte von der Hinrichtung und dem Tod Jesu ganz für sich, und das heißt: ohne auf das letzte Mahl und die ihm zugewiesenen Einsetzungsworte des Sakramentes zu sehen, dann *sagen sie nichts dazu, wie Jesu Tod zu verstehen und ob bzw. welche Wirkung für andere davon ausgehen könnte*. Daß das so ist, wird in der Opferdebatte kaum einmal erwähnt und zeigt doch, daß *alle Deutungen »nur« Wahrnehmungsgestalten der Hinrichtung Jesu sind*. Schon deshalb kann die Deutung der Hinrichtung Jesu als Sühnopfer keinen Anspruch darauf erheben, die objektiv richtige und gültige Wahrnehmung zu sein;
2) weil Paulus und die Synoptiker genauso wie Johannes, die Didaché und andere bei der Wahrnehmung und literarischen Gestaltung der Passions- und

---

38. Hahn (2002), II, S. 539.

Ostergeschichte sowie bei der Ausgestaltung der Mahlfeier *den Regeln kultureller Kohärenz gefolgt sind:* Ihre Deutungen entsprechen den Vorstellungen, die in ihrer jeweiligen Umgebung vorherrschend waren oder zumindest akzeptiert werden konnten;
3) weil alle von anfangs sehr unterschiedlichen Vorstellungen von Gott, von den Menschen und vom wechselseitigen Verhältnis von Menschen und Gott ausgegangen sind.

Der letzte Punkt ist deshalb von besonderer Bedeutung, weil er darauf hinweist, daß das eben skizzierte Nebeneinander von Todesdeutungen und Mahlfeiern damit zu tun hat, daß es *rivalisierende Vorstellungen* gab. Sie haben um die Vorherrschaft in der Frage gerungen, ob Todesdeutung und Mahlverständnis mit dem Sühnopfergedanken verbunden sein sollten oder nicht. Diese tiefgehende Kontroverse beschäftigt aber auch heutzutage noch – oder wieder – Menschen innerhalb und außerhalb der Kirche heftig und macht einen großen Teil der Glaubwürdigkeitsproblematik aus. Deshalb soll ein kurzer Rückblick in die Opfergeschichte dazu helfen, diese Kontroverse besser beurteilen zu können. Denn es zeigt sich, daß sie im Zentrum mit einer Kontroverse über die *Gottesvorstellung* zu tun hat.

Die christliche Sühnopfertheologie ist im Blick auf den geschichtlichen Wandel der Opfer- und Gottesvorstellungen anachronistisch

Wenn wir uns theologisch-kritisch mit der Opfervorstellung und ihrer Übertragung auf die Hinrichtung Jesu und die Mahlfeier beschäftigen wollen, müssen wir den inneren Zusammenhang zwischen Opfertheologie und Gottesvorstellung beachten. Dazu dient der folgende Überblick.

Die christliche Sühnopfertheologie stellt innerhalb der Entwicklungsgeschichte der Opfervorstellungen einen Anachronismus dar

Die Entwicklungsgeschichte der Opfervorstellungen führt von Göttern, die – zumindest in Notzeiten – Menschenopfer annahmen, hin zu massiver Kritik an jeder Art von blutigem Opfer. Innerhalb dieser Entwicklungsgeschichte gibt es *Schwellengeschichten,* wie ich sie nenne. Sie markieren krisenartige Übergänge innerhalb der Gedächtnisspur einer Religion. *Sie erzählen Geschichten, in denen ein bis dahin geübter Brauch oder eine Vorstellung abgelöst worden sind, weil sie aus bestimmten Gründen nicht mehr fortgeführt werden konnten.* Zu ihnen gehört die Menschenopferszene, die am Anfang der Bibel überliefert wird *(1. Mose 22,1-14).* Sie ist ursprünglich am Übergang von der vorgeschichtlichen zur geschichtlichen Zeit anzusetzen: Abraham macht sich daran, den einzigen und lange ersehnten Sohn, Isaak, seinem Gott als Brandopfer zu opfern – und zwar auf dessen Befehl hin. Den Hintergrund dazu bildet der Anspruch von Gott Jahwe: »Weihe (= opfere) mir alle Erstgeburt bei den Israeliten, alles, was zuerst den Mutterschoß durchbricht, unter den Menschen und unter dem Vieh; mir gehört es.« *(2. Mose 13,2)* Der Erzähler vermittelt den Eindruck, daß dieser Anspruch ihres Gottes allen Beteiligten bekannt ist; sie fügen sich in das unerbittliche Muß, obwohl Vater und Mutter so lange auf diesen Sohn gehofft und ihn – wie ein Wunder – erst im hohen Alter bekommen hatten. Er wird vom Vater gefesselt[39] und auf den Altar gelegt. Erst als der Vater das Schlachtmesser schon zum tödlichen Stoß erhoben hat, werden er – und die Leser – erlöst: Gott selbst gebietet durch einen Engel Einhalt und stellt einen Widder als Ersatzopfer für den Sohn in die Szene. Die Geschichte endet: »Und Abraham gab diesem Ort den Namen ›Gott sieht‹, von dem man [noch] heute sagt ›Gott läßt sich sehen‹« *(22,14)*[40].

Viel ist über diese doppelte Namengebung gerätselt worden. Bleibt man in der Geschichte, so geht es beim ersten Namen vielleicht darum, was Gott im Herzen der Eltern und des Knaben an Angst »gesehen« hat, so daß er die grausame Praxis der Menschenopfer irgendwann beendete und durch Tieropfer ersetzte. Aber auch dann geht es auf der Seite der Menschen um das, was Abraham und Sara samt ihrem Sohn im glücklichen Ende der Geschichte *gesehen* haben – und die Leser und Leserinnen mit ihnen sehen *sollten:* ein anderes »Gesicht Gottes« als das, das sie vorher kannten. Insofern ist hier wirklich eine markante *Schwelle* überschritten worden. Die Erzählung besagt, daß *Menschenopfer* in frühisraelischen Stämmen Brauch gewesen sind, daß sie aber spätestens von der Zeit an durch *Tieropfer* abgelöst wurden, seit diese Geschichte erzählt worden ist. Damit konnte sie tiefsitzende Ängste unter Eltern und Kindern beruhigen; denn Kinder- und Menschenopfer ragten zu Beginn unserer Zeitrechnung dort wie in anderen Kulturen durch entsprechende Mythen noch in die Gegenwart hinein[41]. Außerdem blieb der Anspruch von Gott Jahwe darauf, daß ihm alle Erstgeburt geopfert werden müsse, in der Tora unaufgekündigt. Trotzdem hat sich in dieser Schwellengeschichte ein *neuer, ein anderer Gott* »sehen lassen«, der von seinem grausamen Recht keinen Gebrauch mehr macht.

Da die Evangelien in der *hellenistischen Welt* geschrieben worden sind, darf

---

39. Die Geschichte wird – weil das Opfer nicht vollzogen worden ist – heute nicht mehr als »Opferung Isaaks«, sondern als »Bindung Isaaks« bezeichnet.
40. Übersetzung von Westermann (1981), S. 431.
41. Scheid (1999). Auch in Ägypten werden Menschenopfer in geschichtlicher Zeit nicht erwähnt, ihr »Vorhandensein in vor- und frühgeschichtlicher Zeit ist jedoch erkennbar«, eine Darstellung »auf einem späten Altar in Tell Edfu« nachgewiesen: Helck/Otto (1999), S. 186 f.

nicht unerwähnt bleiben, daß bei den mit der jüdischen Überlieferung nicht Vertrauten ein Mythos ungefähr gleichen Inhalts sicher wesentlich bekannter gewesen ist: Die Geschichte von der Opferung der *Iphigenie*. Die Geschichte ist vor allem durch große Tragödien bekannt geworden und gehörte im 1. Jahrhundert n. Chr. genauso zum Bildungsgut wie heute. Man kennt sie aus den »Sagen des klassischen Altertums« von *Gustav Schwab*, und *Goethe* hat sie 1787 in der »Iphigenie auf Tauris« als ein hoffnungsvolles Kapitel der Menschheitsgeschichte, als einen Sieg der Humanität, gefeiert. Die dem Achilleus zugesprochene Iphigenie war von Agamemnon der Artemis geopfert worden, um die durch eine große Windstille verzögerte Abfahrt der Griechen nach Troia zu ermöglichen. In einigen Versionen des Mythos rettete Artemis die Iphigenie aber im letzten Moment dadurch, daß sie sie durch ein Hirschkalb, einen Bär, Stier oder ein *Eidolon* (»Trugbild«) ersetzte[42]. Auch hier ist die Göttin aus dem Rahmen des *alten* Mythos »herausgefallen« und hat – immer noch an der Schwelle zur Jetztzeit der Erzähler – eine neue Ursprungslegende dafür initiiert, daß es keine Menschenopfer mehr gab, sondern nur noch Tieropfer. Diese Abweichung vom alten Mythos, in dem Iphigenie tatsächlich geopfert worden war, bedeutete *für die Beziehung der Menschen und Göttin zueinander nicht weniger als einen Quantensprung*. Denn wo eine solche Geschichte einmal erzählt und gehört worden ist, kann der alte Mythos für die eigene Religion nicht mehr als Maßstab akzeptiert werden. Insofern sind auch hier Göttin und Menschen einander nähergekommen. Sie haben füreinander ein ›neues Gesicht‹ bekommen.

In Israel ist *der* Gott noch einmal als ein ganz anderer, neuer, erfahren worden, der seinem Volk durch den Propheten *Hosea* (zwischen 755 und 725 v. Chr.) sagen ließ: »... an Liebe habe ich Wohlgefallen und nicht an Schlachtopfern, und an Gotteserkenntnis mehr als an Brandopfern« *(Hos 6,6). Dieser Gott wollte gar keine Opfer mehr dargebracht bekommen, nichts Drittes mehr zwischen sich und den Menschen haben*. Ihm ging es um das Herz der Menschen und um ihre *unmittelbare* Gottesbeziehung, um das Tun der Gerechtigkeit und Barmherzigkeit. Auch diese Schwelle stellt innerhalb der Geschichte der Opfervorstellungen und -praxis einen Quantensprung dar. Die *prophetische Opfer- und Kultkritik*[43] ist verwandt mit entsprechenden Tendenzen in der Weisheitsliteratur[44]: »Recht tun ist dem Herrn lieber als Opfer« *(Spr 21,3)*. Ich spreche sie summarisch an, denn sie markieren eine Schwelle nicht nur im Blick auf die

---

42. Johnston (1998), Sp. 1096. – Daß es solche Opfer auch in anderen Kulturen der Mittelmeerwelt gegeben hat, ist zum Beispiel in minoischer Zeit für Archánes auf Kreta und in phönizischer Zeit für Karthago (heute in Libyen) und für die Insel Mozia (vor Marsala, Sizilien) belegt worden: Burkert (1983), 17 f.
43. Am 4,4 f.; 5,21 ff.; Hos 4,4 ff.; 6,6; 14,2 f.; Jes 1,10 ff. sowie Jer 7,7 ff.; Jes 43,23 ff.; Ez 20,39 u. a.; vgl. Janowski (1990), Sp. 882.
44. Vgl. Janowski (1990), ebenda.

Änderung von Ritualen, sondern auch im Blick auf die »Entwicklung von Gesellschaft und Gottesvorstellung«, wie *Bernd Janowski* betont hat[45]. Modern gesagt: Das Wirklichkeitsverständnis hatte sich geändert und drängte auf dem Weg der kulturellen Kohärenz auf eine Änderung auch der Opferpraxis. Der Glaube vieler war dahin, Opfer könnten durch ihren Vollzug etwas Lebensdienliches von Gott erzwingen oder gar die sozialen Verhältnisse verändern. Der Rückblick auf die Opfergeschichte hatte dies die Propheten und Weisheitslehrer damals schon gelehrt. Janowski spricht darüber hinaus die bereits in weisheitlichen Texten der Bibel beginnende »Spiritualisierung« der Opfer- und Kultbegriffe an. Er nennt diese Entwicklung exemplarisch in der »Geschichte der Sühnevorstellung mit der Ersetzung des Sühnekults durch nichtkultische Sühnemittel (Fasten, Almosen, Gebet)«[46]. Sie habe schließlich dazu geholfen, daß Israel den Verlust des Opferkults im Tempel 70 n. Chr. hinnehmen konnte. Aber dieser Hinweis darf nicht darüber hinwegtäuschen, daß der Opferkult zur Zeit Jesu am Jerusalemer Tempel in voller Blüte stand und die Priesterschaft auch theologisch das Feld beherrschte.

Da wir es im Neuen Testament mit Schriften zu tun haben, die in *Griechisch* gedacht und verfaßt worden sind, müssen wir auch bei diesem Thema damit rechen, daß griechische Schriften wie diejenigen der Vorsokratiker das Denken gebildeter Christen beeinflußt haben. Von *Empedokles* (485-425 v. Chr.), dem Sizilianer aus Agrigent, ist eine massive Kritik an den blutigen Opfern seiner Zeit überliefert, die ich hier einfüge. In den von Theophrast mitgeteilten Bruchstücken heißt es in einer Beschreibung des goldenen Zeitalters, auf das Empedokles *gehofft* und das er in einer unerreichbaren Vorzeit schon einmal verwirklicht gesehen hat:

»Bei ihnen gab es noch keinen Gott des Krieges *(Ares)* oder des Schlachtgetümmels *(Kydoimos)*, keinen König Zeus oder Kronos oder Poseidon, sondern Königin war die Liebe *(Kypris)*. Sie suchten sie mit frommen Gaben huldvoll zu stimmen, mit gemalten (Opfer)tieren und wundersam duftenden Salben, durch Opfer von lauterer Myrrhe und duftendem Weihrauch, und auf den Boden gossen sie Spenden aus gelbem Honig. Da wurde kein Altar mit greulichem Stierblut besudelt; sondern das galt damals bei den Menschen als der größte Frevel, einem anderen Wesen das Leben zu rauben und seine edlen Glieder hinunterzuschlingen.«[47]

Empedokles hoffte – von *Pythagoras* beeinflußt – auf ein Zeitalter der Liebe, in dem der Haß zurückgedrängt sein würde. Man hat deshalb auch von einer *mystischen* Religiosität des Empedokles gesprochen. Seine Kritik am blutigen Op-

---

45. Ebd.
46. Janowski (1990), Sp. 883.
47. Die Vorsokratiker (1968), S. 246 f. Hier liegt nicht nur Opferkritik vor, sondern zeigt sich auch eine vegetarische Programmatik.

fer und seine »Predigt«[48] der Gewaltlosigkeit sind in der griechisch-hellenistischen Welt nicht ohne Wirkung geblieben, wie seine literarischen Bezeugungen bei anderen Autoren zeigen. In Deutschland hat Empedokles vor allem den studierten evangelischen Theologen und Dichter *Friedrich Hölderlin* erreicht und zu seinem Trauerspiel »Der Tod des Empedokles« inspiriert.

Auf der Linie der prophetischen und weishheitlichen Kritik am Opfer liegt auch *Jesu Christi Kritik,* wie sie sich vor allem in der Bergpredigt *(Mt 5-7)* spiegelt. Wieder geht es darum, daß die Menschen weder zwischen sich und ihre Mitmenschen noch zwischen sich und Gott etwas Drittes stellen sollen. Jesus radikalisiert das Tötungsverbot, indem er schon den Zorn auf den Mitmenschen und die verachtende Beschimpfung als von dem Verbot gemeint bezeichnet *(Mt 5,21f.).* Wer Gott ein Opfer bringen will, ohne sich vorher mit einem Menschen, »der etwas gegen dich hat«, ausgesöhnt zu haben, brauche das Opfer gar nicht zu beginnen. »Laß deine Gabe vor dem Altar liegen und geh zuerst hin und versöhne dich mit deinem Bruder, und dann komm und bring deine Gabe dar!« *(5,23f.)* Der äußere Ritus hilft nichts vor Gott, »der ins Verborgene sieht« *(6,18),* wenn das »Herz« nicht dabei ist. Das »Herz« ist gefragt, Liebe, Barmherzigkeit und all das, was in den »Seligpreisungen« bei Matthäus *(5,3-10)* und Lukas *(6,20-26)* in unglaublicher Dichte zusammengestellt ist. Die kultische blutige Opferung liegt dem gegenüber auf einer anderen Ebene, *lebt ganz und gar von dem stellvertretend zwischen Mensch und Gott gestellten Tier- oder Menschenopfer.* Aber diese Art von Stellvertretung weist Jesus zurück. Er traut den Menschen durchaus zu, daß sie gemäß der Bergpredigt handeln können, und fordert es auch von ihnen *(Mt 7,24-27).* Daß (auch) Christen sich trotzdem gegenseitig vieles schuldig bleiben, was sie einander an Liebe schuldig sind, macht die gegenseitige Vergebung so wichtig *(Mt 18,21-35)* – bis hin zur Feindesliebe *(Mt 5,43-48).*

Indem die Kirche aus Jesu elendem Sterben am Kreuz ein von Gott gewolltes Sühnopfer für die Sünden der Menschen gemacht hat, ist sie wieder zurück zum Anfang der Opfergeschichte gegangen: zum *Menschenopfer.* Doch damit ist mehr geschehen als nur die Rückkehr zu einer alten Terminologie.

Die Sühnopfertheologie ist auch im Blick auf den geschichtlichen Wandel der Gottesvorstellungen anachronistisch

Vergleichen wir die vertrauensvolle Beziehung zu Gott, die Jesus hatte, mit derjenigen, die Abraham und Sara oder auch die Familie der Iphigenie *vor* den berühmt gewordenen Opferhandlungen erlebt hatten, dann ermessen wir, wie

---

48. Die Vorsokratiker (1987), S. 390.

dramatisch sich beim Wandel der Opfervorstellungen auch die Gottesvorstellungen gewandelt haben. Der *Quantensprung* als Meßeinheit ist dafür gerade angemessen. Denn schon *der* Jahwe und *die* Artemis, die ursprünglich ein Menschenopfer verlangt hatten, sind im Grunde andere Götter gewesen als *der* Jahwe und *die* Artemis, die die Angst und Erniedrigung der Menschen gesehen und daraufhin die Menschenkinder durch das Hineingeben eines Tieres in die Opferhandlung ausgelöst hatten. Keine der Familien wäre jemals freiwillig wieder zu einem Gott zurückgekehrt, der ein Menschenopfer von ihnen will und annimmt.

Doch das zu sagen genügt noch nicht. Wir dürfen bei diesen Entwicklungen nämlich nicht übersehen, daß Jahwe und Artemis zwar das Menschenopfer durch ein Tieropfer ersetzt, *aber an dem Anspruch auf ein blutiges Opfer festgehalten haben*. Worum es bei der geforderten Opferung Isaaks gegangen ist, warum sie nötig gewesen ist, erzählt die Geschichte nicht. *Sie ist allein am Gehorsam Abrahams interessiert und stellt dafür ein extremes Beispiel dar.* Würde heute jemand derartiges mit Menschen machen, um ihren Gehorsam zu erproben, würde man das allerdings und zu Recht *menschenverachtend* nennen. Bei Iphigenie wissen wir, daß König Agamemnon dem Brauch folgte, in extremen Notsituationen ein Mädchen zu opfern, um *unerkannte* Schuld durch diese äußerste Gabe zu tilgen, die man sich vom Herzen riß. So wird es, vermutet man, auch in Archánes auf Kreta gewesen sein, als man ca. 1600 v. Chr. die große Katastrophe nahen wußte und versucht hat, mit dem Menschenopfer das Schicksal der Zerstörung in letzter Minute und mit dem äußersten Mittel abzuwenden. Doch das ungeheure Ereignis des Bebens und Brandes (?), der Flutwelle (?), hat die Opfernden und den Geopferten dann bei der Handlung begraben. Auf Kreta gab es erst viel später wieder einen kultischen Neuanfang.

Die Jahwe- und die Artemispriesterschaften aber haben die neue *Tieropferpraxis* über Jahrhunderte hin fortgeführt. Theologischer Grundsatz für eine solche Praxis ist der Gedanke, daß es Zustände gibt, die nur durch blutige Opfer gesühnt werden können. Ob der Gott oder die Göttin selber diese Opfer »geben« oder nicht, ist sekundär gegenüber dem Grundgedanken einer Angemessenheit, der besagt, daß nur Gleiches mit Gleichem behandelt werden kann: todeswürdige Verfehlungen der Menschen können nur durch das Töten eines Menschen und ersatzweise eines Tieres »geheilt« werden. Die Instanz, die das so verlangt, ist der Gott, die Göttin, selbst. Sie können durch ein Gesetz – wie bei Jahwe die Tora – vertreten werden. Das Grundschema der Sühnopfer aber heißt: Der Mensch muß durch das menschliche oder tierische Opfer das labile Gleichgewicht des Lebens wieder herstellen, das durch übermäßige Schuld erheblich gestört sein kann. Gott selbst gibt zwar dem Menschen schließlich die Tiere, die ihm als stellvertretende Opfer für die Sünden der Menschen dargebracht werden sollen. *Aber auch diese Stellvertretung ändert nichts daran, daß der Gott oder die Göttin mit einem anderen, unblutigen Opfer nicht zufrieden gestellt werden könnten.* Ich kann diese theologische Basis auch so formulieren: *Der entsprechende Gott oder die entsprechende Göttin sind aus sich selbst heraus nicht in der Lage, eine solche Gefährdung oder Verletzung des Gleichgewichts ohne ein blutiges Opfer wieder herzustellen.* Sie sind Gefangene jenes Denkens, nach dem bestimmte Verschuldungen der Menschen eigentlich todeswürdig sind und nur durch Töten gesühnt werden können. Das Menschenopfer gehört in diesen Rahmen hinein.

Auch der Grund für die Kritik der israelitischen Propheten und Weisen am Opfer lag nicht darin, daß die Opferpriester unordentlich geopfert hätten. Hauptsächlich zielte ihre Kritik darauf, daß diese Opferpraxis an ihrer eigenen Botschaft *vorbei* vollzogen wurde. Denn sie verkündeten von dem sie beauftragenden Gott, daß er den Menschen *aufgrund seiner Liebe* gewogen sei, aber von den Menschen Gerechtigkeit und Barmherzigkeit erwarte, also ein vom *Herzen* ausgehendes Denken und soziales Handeln. Die Menschen sollten die Not ihrer Mitmenschen ernst nehmen und nicht nur den eigenen Vorteil sehen *(Amos 5,10-15).* Dem gegenüber boten die Opferpriester den Menschen an, ihre Zuflucht in der sofort wirksamen Entsühnung durch Tieropfer zu suchen. Die Menschen konnten sich also nicht nur freikaufen, sondern eine Ebene umgehen, an der den Propheten und Weisen im Zentrum ihrer Botschaft gelegen war: *die innere Beziehung zu Gott.* Weil diese Beziehung jeden einzelnen Menschen betrifft und sich niemand darin vertreten lassen kann, haben sich die Kritiker gegen den Entsühnungsautomatismus der Opferpraxis gewandt: »Denn so spricht der Herr zum Hause Israel: Suchet mich, auf daß ihr lebet, und suchet nicht Bethel«, den Opferort *(Amos 4,4).* Der Gott, den Propheten wie Amos und Hosea verkünden, ist ein von Liebe bestimmter Gott, der für Gerechtigkeit kämpft, der aber durchaus fähig ist, den Menschen seine Liebe ohne ein Tieropfer entgegenzubringen und ihnen ihre Schuld zu vergeben. Er hat sich, so schließe ich, aufgrund einer eigenen Wandlung selbst aus der Gefangenschaft der Opferlogik befreit.

Allerdings haben die Propheten sich mit ihrer Kritik am Opferkult in Israel genausowenig durchsetzen können wie Empedokles in Magna Graecia oder in der hellenistischen Welt. Im Gegenteil: die Tendenz ist dahin gegangen, immer häufiger und vor allem immer mehr Tiere zu opfern. Daß »Hekatomben« geopfert wurden, also 100 Stiere bei einem einzigen Opferfest, ist sprichwörtlich geworden und hat es wohl nötig gemacht, daß allein zu Opferzwecken eine frühe Art von Massentierhaltung eingerichtet worden ist. Auch der Jerusalemer Tempel ist noch im 1. Jahrhundert n. Chr., also kurz vor seiner Zerstörung, in großem Stil ausgebaut worden. Seine Priesterschaft hat die Endredaktion der jüdischen Bibel besorgt und dabei auch die Weichen dafür gestellt, daß dem Opferkult, von dem sie letztlich lebte, der entsprechende Platz im zentralen

Kult zukam. Damit ist aber auch die *Gottesvorstellung wieder in der Opfertheologie verankert* worden – wogegen die Propheten so leidenschaftlich gekämpft hatten.

Jesu Christi Haltung zum Opfer, seine Übernahme der Kult- und Opferkritik der Propheten und der Weisheit, hängt ganz und gar von der *Gottesbeziehung* ab, in der er sich geborgen wußte und in die er auch seine Jünger und Jüngerinnen hineingeführt hat. Das eindrucksvollste Dokument seiner vom Vertrauen in die Liebe Gottes bestimmten Beziehung ist das Vaterunser. Der Mönch *Prosper von Aquitanien* hatte Recht, wenn er den Grundsatz aufgestellt hat, daß das Vaterunser als Grundstein des christlichen Gottesdienstes auch den Glauben der Christen bestimmen müsse. Anders ausgedrückt: Das Vaterunser, das Jesus seine Jünger gelehrt hat, ist nicht nur ein wichtiges Gebet. Es ist *das Fundament des christlichen Glaubens*[49].

Von seiner Gottesbeziehung her hat Jesus den Kampf der Propheten und Weisheit dagegen, daß die Menschen zwischen sich und Gott ein Drittes stellen, das sie vertreten soll, wieder aufgenommen. Doch mit diesem Kampf ist er ausgerechnet an Paulus und der christlichen Kirche gescheitert.

Die kirchliche Sühnopfertheologie und die darauf basierende Mahlfeierpraxis widersprechen der Verkündigung Jesu

Die wechselnden Subjekte in dem auf Jesu Sterben übertragenen Opferritual geben Auskunft darüber, welchem theologischen Zweck es dienen sollte

Betrachten wir die Ausformungen der christlichen Opfertheologie, so kommen wir den mit ihrer Hilfe beabsichtigten Aussagen am besten nahe, wenn wir fragen, wer jeweils als das Subjekt des Handelns erscheint.

Zumeist ist *Gott selbst* das Subjekt. Er bringt seinen Sohn als Opfer dar. Sein Opfer wird gedanklich mit dem – bis 70 n. Chr. – im Tempel vollzogenen Sühnopfer verbunden, das für die unerkannten Sünden des Volkes dargebracht wurde. Dabei handelt Gott als *Opferherr und als Empfänger des Opfers zugleich* auf der Linie seines eigenen Gesetzes. Paulus knüpft an das in der »Bindung Isaaks« *(1. Mose 22)* eigentlich intendierte Menschenopfer an und findet so seine Wahrnehmungsgestalt der Hinrichtung Jesu: Das Kreuz drücke aus, daß Gott *für* uns ist. Denn er habe seinen Sohn nicht verschont, sondern »ihn für uns alle hingegeben« und uns mit ihm »auch alles« geschenkt *(Röm 8,31 f.)*. Das Sterben Jesu ist Opfergabe Gottes zu unseren Gunsten, ja, Ausdruck seiner grenzenlosen Liebe *(Röm 8,38 f.)*. Wie jedes Opfer hat auch dieses eine beabsichtigte Wirkung:

---

49. Jörns (1988a), S. 16.

»Denn Gott versöhnte in Christus (d. h. durch seinen Opfertod) die Welt mit sich selbst, indem er ihnen ihre Übertretungen nicht (mehr) anrechnete« *(2. Kor 5,19)*. Ist Gott Opferherr und Empfänger des Opfers, so ist Jesus das Opfer (engl. *victim*), und die *Wirkung* Versöhnung.

Paulus spricht im Galaterbrief *(2,20)* in einem persönlichen Bekenntnis aber auch davon, daß Jesus »mich geliebt und sich für mich dahingegeben hat«. Da ist nun *Jesus das Subjekt seiner eigenen Opferung geworden*. Auf derselben Linie liegt der *Hebräerbrief*. Auch er spricht davon, daß Jesus sich selbst hingegeben, sich selbst zum Opfer gebracht habe. Der Hebräerbrief verwendet eine ausgefeilte Kultopfersprache, die ihm das Wahrnehmungsmuster leiht. Er sieht Jesus in der Rolle des Hohenpriesters, und in diesem Amt konkurriert er mit den Hohenpriestern am Jerusalemer Tempel, die dort täglich das Sühnopfer (Tamidopfer) vollziehen mußten. Jesus überragt den jüdischen Priesterdienst aber bei weitem, weil Jesus als Hoherpriester *sich selbst* für die Sünden des Volkes »ein für alle Mal« geopfert hat[50]. Durch dieses Opfer hat er »eine ewige Erlösung erlangt« *(9,12)*. Im Hebräerbrief ist der Hingerichtete hinter der Kultterminologie nicht mehr zu erkennen, ist er ganz in den alten Horizont der kultischen Entsühnung zurückgenommen worden.

Der Hebräerbrief wird gerne für die These in Anspruch genommen, Jesu Opfertod habe alle Opfer überflüssig gemacht – so zum Beispiel von der Evangelischen Kirche in Deutschland[51]. Diese These übersieht allerdings, daß der Hebräerbrief genauso wie Paulus und alle anderen, die damals und heute den Tod Jesu als Sühnopfer deuten, *das hinter dem Sühnopfer stehende Gottesbild übernehmen und letztlich verifizieren:* Auch wenn Jesu Opfer das letzte und »ein für allemal« dargebrachte gewesen sein und alle Opferkulte überflüssig gemacht haben soll, kann es diese Funktion ja nur erfüllt haben, wenn es ein wirkliches Opfer gewesen ist, Gott es als geboten angesehen und angenommen hat. Und da sich inzwischen alle Dogmatiker einig sind, daß Gott selbst dieses Opfer den Menschen gegeben habe, damit sie es ihm darbringen, müßte *Gott selbst* dann mit diesem Opfer wieder an den Anfang der blutigen Opfergeschichte zurückgegangen sein – bis zu den Menschenopfern sogar. Deren Begründung hätte er erneut unterschrieben haben wollen. Und die könnte angesichts des Todes Jesu ja nur lauten: Die Menschheit insgesamt ist eigentlich des Todes würdig. Anstatt diesen Tod in einer kosmischen Katastrophe zu verfügen, nehme Gott den Menschensohn, ja, den Gottessohn Jesus als Sühnopfer an und gebe sich damit zufrieden, sei versöhnt, und lasse die Menschen leben. Auf diese Weise, sagt die darin steckende Logik, versöhne Gott »in Christus die Welt mit

---

50. Hebr 7,27; 9,12.26.27.28.
51. In der »Orientierungshilfe« zum Abendmahl: EKD (2003b), S. 39. Auch die folgenden, von mir hinterfragten biblischen Deutungen des Todes Jesu werden von der EKD-Schrift bestätigt: S. 38-42.

sich selbst, indem er ihnen ihre Übertretungen nicht (mehr) anrechnete und in uns das Wort von der Versöhnung legte« *(2. Kor 5,19)*. Er hätte mit diesem Opfer dann bekundet, daß er doch durch nichts anderes versöhnt werden könne als nur so, und daß die alte Logik der Entsprechung von Vergehen und Strafe als Gottes eigene Logik unverändert gälte. Ja, durch das auf dem Sühnopfer basierende Sakrament hätte er außerdem allen Christen zur allsonntäglich einzulösenden Pflicht gemacht, durch ihren Glauben an die sündenvergebende Wirkung dieses Sakraments ihrerseits jene Logik zu beglaubigen. Aber – mit all dem hätte Gott die Predigt seiner Propheten, die von einer aus Gottes Liebe kommenden Vergebung gesprochen haben, und vor allem die Predigt und das Lebenszeugnis seines Sohnes von Gottes *unbedingter* Liebe *widerrufen*. Er hätte der Opferlogik *gegen Jesus* Recht gegeben, ihn ihr – und jetzt stimmt der Begriff im heutigen Sprachgebrauch tatsächlich und uneingeschränkt – *geopfert*.

Im Johannesevangelium gibt es interessanterweise noch weit vor der Hinrichtung Jesu eine Stelle, die genau dieses Verständnis von Opfer spiegelt. *Dabei ist ein Dritter das Subjekt:* der jüdische Hohepriester Kaiphas. Er, lesen wir, macht den Vorschlag, Jesus in der eben genannten Bedeutung des Wortes »opfern« zugunsten des Volkes töten zu lassen: »Es ist besser …, wenn ein Mensch für das Volk stirbt und nicht das ganze Volk umkommt« *(11,50)*. Kaiphas denkt an das *Volk*, und das ist seines Amtes. Im Griechischen heißt *leiturgía*, von dem unser Wort *Liturgie* her stammt, »die Sache des Volkes betreiben«. Er handelt als der Hohepriester also pflichtgemäß, wenn er eine solche Liturgie inszeniert[52]. Daß er auch »prophetisch« handelt *(V. 51)*, kann man im Sinne einer politischen Strategie deuten. Er rät, Jesus töten zu lassen, um das Volk vor einer unkalkulierbaren Aggression der römischen Besatzungsmacht zu bewahren. *Genau genommen opfert er Jesus ihr und einem politischen Frieden.* Es geht um ein Tauschgeschäft. Von Gott ist in diesem Zusammenhang gar keine Rede. Dem entspricht dann auch das Verfahren: die römische Form der Hinrichtung durch Kreuzigung. Mit dieser Hinrichtungsart wird der – in Kaiphas' Augen – sektiererische Jesus, den viele für den »Sohn Gottes« halten, als politisches Opfer benutzt – und zugleich entwürdigt. Das Volk erhält aber von Pilatus den anderen »Sohn des Vaters«, *Bar-Abbas*, wiederum im Tausch *(Joh 18,40)*.

Während Kaiphas Jesus ganz in einen politischen Rahmen gestellt hat, nimmt *Paulus* Jesu Hinrichtung aus dem geschichtlichen Zusammenhang und stellt ihn in ein traditionelles Sühnopferkonzept hinein. Als *er* seine Briefe schreibt, verfahren die Priester in Jerusalem und der ganzen hellenistischen Welt noch nach diesem Konzept. Wenn er daran anknüpft, hat das nur einen

---

52. Der Begriff »Liturgie« heißt dann so viel wie »Dienst« für den Staat und ist im politischen Kontext keinesfalls ungewöhnlich: selbst die römischen Beamten bezeichnet Paulus als »Liturgen Gottes« (Röm 13,6).

Sinn: daß er den Adressaten seiner Missionsbriefe den Tod Jesu innerhalb dieses funktionierenden Kultes und der sie tragenden Kultur verständlich machen wollte. Diese Kultur nenne ich mit einem von Jan Assmann geprägten Begriff eine »Sündekultur«. Eine Sündekultur stellt gegenüber einer »Schuldkultur« insofern eine Steigerung dar, als die Sünde »das Heil aufs Spiel setzt« [53]. Jede Übertretung ist ein Bundesbruch und bedarf in der priesterlichen Theologie der Sühnung – durch ein Opfer.

Ohne an diesem opfertheologischen Hintergrund prinzipiell etwas zu ändern, setzt Paulus Jesu Hinrichtung (er spricht immer verkürzt vom »Kreuz«) als das unüberbietbare Sühnopfer für die Versöhnung Gottes mit der ganzen Welt in das Konzept ein. Für ihn, der ganz in den Strukturen der Sündekultur dachte, war es unvorstellbar, daß eine christliche Kirche ohne ein Pendant zum jüdischen Sühnopferkult auskommen könnte. So stellte er Jesu Tod ins Zentrum seiner Theologie als *das* Opfergeschehen, das den Sühnopferkult am Jerusalemer Tempel nach seiner Meinung weit überbot. Als Sühnopfer ließen sich Jesu Sterben und Tod Jesu aber auch mit der jüdischen Knecht-Jahwe-Tradition *(Jes 52,13 – 53,12)* zusammensehen, wie es Lukas dann auch getan hat *(24,25-27)*. Von jenem Unbekannten heißt es: »Er war doch durchbohrt um unserer Sünden, zerschlagen um unserer Verschuldungen willen; die Strafe lag auf ihm zu unserem Heil, und durch seine Wunden sind wir genesen« *(Jes 53,5)*. Unüberbietbar war Jesu Opfertod aber auch darin, daß es ein *Menschenopfer* war. Dies erfüllt nämlich die Logik der Sündekultur und ihrer Sühnopferpraxis *unmittelbar:* das durch Sünde verwirkte Menschenleben muß durch die Tötung eines Menschenlebens gesühnt werden. Denn der Anspruch von Gott Jahwe richtet sich auf die menschliche Erstgeburt. Das Tieropfer vermochte dem nur *mittelbar,* auf dem Gnadenweg, gerecht zu werden. So erklärt sich der Rückgang an den Anfang der Opfergeschichte von der Idee her, den jüdischen Opferkult zu überbieten.

Das sind eindrucksvolle Bezüge. Sie geben ein geschlossenes theologisches System zu erkennen und machen verständlich, daß es eine so große Ausstrahlungskraft gehabt hat auf die Wahrnehmung der Hinrichtung Jesu. Und trotzdem führt für mich kein Weg an dem Schluß vorbei, daß diese Todesdeutung und ihre Fortführung im Meßopfer der Verkündigung Jesu tief widersprechen. Weil das so ist, muß ich die Frage, ob diese Deutung »Jesu *ganze Person* in der Sache angemessen erschließt, so daß die verschiedenen Bezüge und Wirkungen Jesu zusammenstimmend erfaßt sind«, entschieden verneinen[54].

---

53. J. Assmann (2000c), S. 152, vgl. 149-153. 174-179.
54. Gestrich (2001), S. 357, bejaht diese Frage genau so entschieden. Nun kann allerdings die Rede von den »Wirkungen« Jesu so weit gefaßt sein, daß die gesamte kirchliche Dogmatik bis zur Gegenwart das Bild ausfüllt und alle Widersprüche erdrückt. Aber das hätte ja wenig Sinn. Ratlos bin ich über Gestrichs Ansicht, die Rede vom Opfertod Jesu müsse sich

Während ich die innere Logik des Sünden-Sühnopfer-Versöhnungs-Konzeptes referiere, bin ich betroffen darüber, was die Theologie und insbesondere die sogenannte Erlösungslehre mit Jesu grauenhaftem Sterben am Kreuz angestellt, wie sie es theologisch funktionalisiert haben. Vor allem bin ich auch über mich selbst erschüttert, daß ich jahrzehntelang diesem theologischen Konzept und dem darin enthaltenen Gottesverständnis – trotz immer wieder wach gewordener Zweifel – gefolgt bin. Nichts von diesem ganzen Konzept und seiner letztlich doch wieder auf eine Aufrechnung hinauslaufenden inneren Logik kann ich wirklich mit Gott in Verbindung bringen, wie ich ihn durch Jesu Predigt und beharrliche Liebe zu den Menschen kennengelernt habe. Nichts an diesem Konzept macht diese große und zugleich einfache, weil *un*bedingte Liebe Gottes glaubwürdiger[55]. Im Gegenteil: *Nur ohne* ein solches Sühnekonzept ist mir Gottes Liebe glaubwürdig. So reizvoll der Stellvertretungsgedanke auch ist: sofern auch er mit der Hinrichtung Jesu und einem Gott verbunden gedacht wird, der dieses Opfer *zu seiner Versöhnung mit der Welt* den Menschen gegeben und dann von ihnen angenommen hat, verliert er jeden Reiz für mich. Das liegt daran, daß das Sühnopfer-Versöhnungskonzept mit einem Gottesbild verbunden ist, das Gottes Liebe gerade *nicht un*bedingt, sondern *bedingt* sein läßt durch eine blutige Sühneleistung. Gottes Liebe, die Jesus weit gemacht hatte, ist durch dieses theologische Konzept wieder zurückgeschraubt worden in ein Bedingungsgefüge. In ihm wird das Verhältnis Mensch-Gott im tiefsten Grund vom Gehorsam gegen ein göttliches Gesetz bestimmt *(Phil 2,6-8)*. Im Kern seiner Logik wird Gottes Liebe dabei vom menschlichen Gehorsam abhängig gemacht, ja, gefangen gesetzt. Angesichts dieser Fesselung Gottes zitiere ich, von einer Kapitelüberschrift Eugen Bisers angeregt[56]: »Bindet ihn los!« *(Joh 11,44)* Doch sehen wir uns die Botschaft Jesu daraufhin näher an.

»weniger an den historischen Fakten rund um die Hinrichtung Jesu« bewähren. Ich finde, es ist höchste Zeit, die historischen und religionsgeschichtlichen Fakten und die Theologie endlich wieder miteinander in Beziehung zu bringen.

55. Das ist auch der Grund dafür, daß ich meine Äußerungen zum Thema Sühnopfer drastisch geändert habe. Einen Vortrag vor lutherischen Bischöfen, den ich 1990 veröffentlicht hatte (Jörns [1990]), habe ich zehn Jahre später insofern widerrufen, als ich der »homöopathischen Logik« nicht mehr zu folgen vermochte (Jörns [2000]). Michael Heymel (2003) beruft sich in seinem Aufsatz auf diese früheren Gedanken, obwohl er auch den Widerruf zur Kenntnis genommen hat.
56. Biser (2000), S. 252.

Die zentrale Botschaft Jesu von der unbedingten Liebe Gottes widerspricht einer Deutung seines Todes als Sühnopfer

Das von Johannes mit der Fußwaschung eingeführte neue, opferfreie Sakrament folgt theologisch der Vergebungsbitte im Vaterunser[57]: »Und vergib uns unsere Schuld, wie auch wir vergeben (haben) unsern Schuldigern« *(Mt 6,12)*. Die von Gott empfangene vergebende Liebe an die Mitmenschen weiterzugeben, das ist die elementarisierte Übersetzung der Bitte »Dein Wille geschehe, wie im Himmel, so auf Erden«. In beiden Bitten steckt fundamentale Kritik am Sühnopfer. Denn das sich im Vaterunser aussprechende Gottvertrauen setzt *ganz,* und das heißt: *ausschließlich,* und *das* allein bedeutet: *wirklich* auf Gottes Liebe und glaubt ihr. *Tertium non datur* – dieser Satz gilt auch hier und heißt: Außerhalb dieses gläubigen Vertrauens gibt es keine Kommunikationsebene zwischen Jesus und Gott, zwischen den Christen und Christus. *Da ist jeder Sühnopferkult nicht nur überflüssig, sondern widersinnig.* Er würde bedeuten, daß Gottes Liebe, wie sie Jesus gelebt und verkündet hat, doch wieder *nicht geglaubt* – und das heißt: nicht ausschließlich *ihr* geglaubt – würde. Statt dessen würde auf ein Opfer gesetzt werden können, durch das man dann Gottes Versöhnung mit der Welt gewissermaßen objektiv festmachen, buchstäblich in Brot und Wein materialisieren und sich einverleiben könnte.

Es gibt kein einziges Wort Jesu, in dem er sich zu der in der jüdischen Bibel ja hinreichend beschriebenen kultischen Opferpraxis positiv geäußert hätte. Im Gegenteil. Er zitiert den vom Propheten Hosea den Israeliten ausgerichteten Gottesspruch: »Barmherzigkeit will ich und keine Opfer« *(6,6)*. Und er hat von niemandem Opfer gefordert. Wichtig ist ihm aber die Fähigkeit gewesen, loslassen zu können, was ein Denken und Handeln aus Liebe verhindert. Doch das hat nichts mit einem Plädoyer für kultische Opfer oder gar den Sühnegedanken zu tun. Die sogenannte »Tempelreinigung« *(Mk 11,15-19)* ist zwar keine unmittelbare Kritik am Opfer, aber eine herbe Kritik an der realen *Opferpraxis* im Tempel und ihrer Kommerzialisierung. Indem er gegen die vorgefundene »Räuberhöhle« die eigentliche Bestimmung des Tempels als »Bethaus« stellt, kann auch diese wohl zum historischen Jesus gehörende Szene durchaus als Opferkritik gewertet werden. Das einzig kultisch wegweisende Wort für die Jünger wird jene Hoffnung gewesen sein, die er am Ende des letzten Mahles geäußert hat: nach seinem Tod im »Reich Gottes« das Mahl wieder feiern zu können *(Mk 14,25)*. Daß sie in der Zwischenzeit das Mahl ohne ihn halten und dabei seiner gedenken sollten, entsprach jüdischer Praxis und der Intensität ihres gemein-

---

57. Auch Baudler (1989), S. 119-124, setzt beim »Abba« des Vaterunser an und nennt Jesu Gott den »Abba«, d.h. den »lieben Vater im Himmel«.

samen Weges. Das zu tun, ist auch heute noch sinnvoll – aber nur *ohne* den Opfergedanken.

Die ganz *neue Perspektive*, die sich mit Jesu Christi Leben und Weg verbindet, kommt für mich ins Bild, wenn wir Jesus im Johannesevangelium als eine Art Hoherpriester mit seinem Vater und denen reden hören, die an ihn glauben. Auch hier werden ein Gegenkonzept zum Hohenpriester in Jerusalem und eine Liturgie *für* Menschen (»die Seinen«) entworfen. Von einem ›Ort‹ her, der gegenüber »d(ies)em Kosmos« schon ein Jenseits ist, sagt er, gewissermaßen im Übergang von hier nach dort, denen, die noch in der Welt sind: »In der Welt habt ihr Angst[58]; aber seid getrost, ich habe die Welt *besiegt* (überwunden)« *(16,33)*. Ich höre dieses Wort *neníkeka* (»ich habe besiegt«) zusammen mit dem letzten Wort, das der sterbende Jesus am Kreuz sagt: »Es ist zum Ziel gekommen (vollbracht)[59]« *(19,30)*. Das *letzte* Wort des Irdischen ist zugleich das *erste* Wort des Auferstandenen. Es ist schon vom Ziel des Weges her geredet, das er im ausgehaltenen Leiden am Kreuz erreicht hat. *Besiegt* hat Jesus durch sein Vertrauen auf Gott alles, was ihn vom Weg zum Vater hat abhalten wollen. *Vor allem aber hat er die deprimierende Furcht der Welt vor dem Tod besiegt.* Seine Kraft, im Vertrauen auf die Liebe des Vaters den Weg zu ihm zu Ende gehen zu können, bestätigt die Tiefe der Wahrheit, die in dem kleinen Satz steckt: »Furcht ist nicht in der Liebe, sondern die vollkommene Liebe treibt die Furcht aus.« *(1. Joh 4,17f.)*

In einem religiösen System, das »Sündenbewußtsein und Heilsangebot« verklammert[60] hat, ist die Liebe Gottes immer durch die Furcht vor dem ewigen *und* dem irdischen Tod konterkariert worden. Und weil der Tod selbst als »der Sünde Sold« verstanden worden ist, konnte Paulus den Christen sogar androhen, daß der »unwürdige« Genuß des Abendmahls das Gericht bedeuten, ja, auf magische Weise Krankheit und Siechtum nach sich ziehen werde *(1. Kor 11,27-32)*. Wer mit solchen Lehren predigt, benutzt seelische Foltermittel eines Systems, das totalen Gehorsam fordert, indem es den Christen die Angst vor Gottes Gericht *de facto* als Teufel an die Wand malt *(1. Kor 11,27-34)*.

In der Zeit, in der ich Pfarrer gewesen bin (1968-1978), haben mir einige Frauen und Männer in der Gemeinde erzählt, daß sie aufgrund dieser latenten Bedrohung nur zweimal im Jahr zum Abendmahl gegangen sind, und dies auch nur mit großer innerer Unruhe. Denn des Paulus Drohung lag ständig als Schatten über dem Herrenmahl – und hat in der Kirchengeschichte ja nicht

---

58. Das griechische Wort an dieser Stelle meint auch »deprimierende Furcht«, »Trübsal«: *thlípsis*.
59. Ich setze die geläufige Übersetzung in Klammern. Ich wähle »es ist zum Ziel gekommen«, weil es ja im Bauplan des Johannesevangeliums seit Joh 13,1 um Jesu Weg zum Vater geht. Und der ist mit dem überstandenen Leiden zum Ziel gekommen.
60. Biser (2000), S. 255.

nur im Hunsrück dazu geführt, daß die Atmosphäre beim Herrenmahl eher einer Trauerveranstaltung als einem von der Nähe des liebevollen Gottes geprägten Gemeinschaftsmahl gleicht. *Daß Jesus von Paulus wieder in dieses System mittels der Sühnopfertheologie zurückgeholt worden ist,* stellt einen tragischen Vorgang dar. Tragisch deshalb, weil Paulus offenbar aufgrund seiner Vorprägung nicht hat wahrnehmen *können,* daß Jesus auch *die Gottesvorstellung* aus der Herrschaft eines religiösen Systems befreit hat, das die Liebe Gottes und die mit ihr verbundene Würde der Menschen vom menschlichen Gehorsam – und ersatzweise von der Hinrichtung eines Menschen – abhängig gemacht hatte.

Wir müssen uns heute entscheiden, ob wir Jesu Christi Weg und Verkündigung oder weiterhin einer Theologie folgen wollen, die das Evangelium in einem zentralen Punkt widerruft. Daß für die Mehrheit der frühchristlichen Autoren diese Deutungsmuster noch gültig gewesen sind, ist deutlich genug zu erkennen und mit dem Gesetz der Kulturkohärenz zu erklären. Aber gerade deshalb haben sie keine die Christenheit für alle Zeit bindende Gültigkeit. Sonst wären sie ein neues Gesetz, das uns im Glauben zu erfüllen auferlegt wäre. Für diejenigen, die darin gelebt und daran geglaubt haben, hat es auszudrücken vermocht, was *sie* als *Erlösung* verstanden haben. Aus heutiger theologischer Verantwortung, wie ich sie wahrnehme, sehe ich *das zur Sühnopfertheologie gehörende religiöse System aber als durch Jesus Christus beendet* an. Auch die damit verbundene Gottesvorstellung selbst ist für mich ein abgeschlossenes Kapitel. Mir ist es nicht mehr möglich, an Jesus Christus als (neuen) Gott zu glauben und ihn zugleich mit einem religiösen Konzept zur Deckung bringen zu wollen, gegen das Jesus Christus – als Jude – in wesentlichen Punkten angegangen ist.

Für mich ist der Glaubens- und Hoffnungsgrund nicht das Kreuz Jesu, sondern seine Auferstehung. In ihr ist sein Weg zum Ziel gekommen. Von dieser Wahrheit her tröstet Jesus Christus die Seinen in ihrer Lebens- und Todesangst *(Joh 16,33).* Mit welcher Ursache, wenn doch nicht Sühne den Grund liefert? Weil er mit dem besiegten Kosmos (griechisch: »Welt«) auch den dazugehörigen »Heiligen Kosmos« der unsichtbaren Religion besiegt hat, innerhalb dessen sich Gott, wie alle Welt, in das System einer Lebenssicherung verwickelt hatte, das aus Gewalt und Gegengewalt besteht. Jesus erreicht sein Ziel, das Sein beim Vater, weil er auf Gegengewalt verzichtet und damit den *circulus vitiosus,* den unheilvollen Kreislauf, durchbricht. Die Sühnopfertheologie als Basis einer christlichen Erlösungslehre widerspricht dem im Grunde. Denn sie sagt, Gott selbst habe die Gewalt der Kreuzigung Jesu initiiert. Sie läßt also die Gewalt nicht los. Doch sie läßt auch den Gewaltherrscher-Gott nicht los – trotz aller überlieferten Zeugnisse von Gottes Liebe, trotz der Mahnung des Paulus, nicht mehr dem *»Schema dieser Welt« (Röm 12,2)* zu folgen.

Von der zentralen Botschaft einer unbedingten Liebe Gottes her gibt es keinen Anlaß anzunehmen, daß Jesus selbst seinen Tod in irgendeiner Hinsicht als etwas angesehen hätte, was den Seinen oder gar der Welt im Sinne eines Sühnopfers nützen sollte[61]. Daß dieser Tod *unumgänglich* für ihn geworden war, hat er bald gesehen und im Garten Gethsemane noch unmittelbar vor seiner Gefangennahme im Gebet mit seinem Vater im Himmel darum gerungen, ob er ›flüchten oder standhalten‹ sollte *(Lk 22,39-46)*. Das ist deshalb eine glaubwürdige Geschichte, weil sie keinen Heros zeigt, sondern die Stunde seiner Anfechtung. Wie schwer ihm die Entscheidung standzuhalten, gefallen ist, hat Lukas wie kein anderer der Evangelisten zur Sprache gebracht: »Es erschien ihm aber ein Engel vom Himmel und stärkte ihn. Und er geriet in angstvollen Kampf und betete noch anhaltender; und sein Schweiß wurde wie Blutstropfen, die auf die Erde fallen.« *(22,43 f.)* Das ist kein Nazarener-Stil, sondern eine ungewöhnlich nahe, ungeschminkte »Aufnahme« Jesu in seinem letzten freien Moment. Doch eine Flucht hätte bedeutet, seine eigene Botschaft zu verraten, um sein Leben zu retten. Darum nimmt er das Leiden auf sich – wie unendlich viele Menschen vor und nach ihm auch, die vor dieser Wahl gestanden haben und ihren Weg zu Ende gegangen sind.

Warum die Kirche Jesu letztes Mahl und seine Hinrichtung trotzdem vom Sühnopfergedanken her gedeutet hat

»Wenn man sich die befreiende Wirkung der Distanzierung Jesu vom Opfer- und Sühnekomplex vergegenwärtigt, drängt sich fast unabweisbar die Frage nach den Gründen auf, die zur Wiederbelebung des traditionellen Konzeptes führten.« Eugen Biser hat diese Frage so beantwortet: »Sie sind vermutlich zeit- und religionsgeschichtlicher Art.«[62] Nun hat Biser nicht das 1., sondern das 20. Jahrhundert im Blick, wenn er von zeit- und religionsgeschichtlichen Ursachen für eine Wiederbelebung des Sühnegedankens durch die Kirche spricht. Aber seine Antwort kann ich durchaus auch auf die äquivalenten Vorgänge im 1. Jahrhundert beziehen[63]. Meine Antworten gebe ich, das bisher Behandelte zum Teil aufnehmend, wieder in ausführlichen Thesen.

• Die von Biser gestellte Frage ist so dringlich, weil die Übertragung der von Jesus verworfenen Sühnopfervorstellung auf sein eigenes Sterben das Revolutionäre seiner Botschaft und seines Lebens wieder verdunkelt hat. Dafür sind – neben allen schon genannten Gründen – bestimmte Gesetzmäßigkeiten verantwortlich gewesen, die mit dem *Einfluß kultureller Kohärenzbestrebungen*

---

61. So auch Biser (2000), S. 258.
62. Biser (2000), S. 254.
63. Im Blick auf einige der im folgenden genannten – vermutlichen – Gründe für eine Anknüpfung der ersten Christen an das Sühnopferkonzept beziehe ich mich dankbar auf ein Gespräch, das ich am 3. April 2004 mit Eugen Biser gehabt habe.

auf die menschliche Wahrnehmung zu tun haben. Vereinfacht gesagt, sorgen diese Gesetzmäßigkeiten dafür, daß religiöse Neuerungen, wie sie mit dem Auftreten Jesu verbunden waren, ja, nur mit Hilfe traditioneller Muster wahrgenommen und überliefert werden können. Ist der Revolutionär – in diesem Fall Jesus – nicht mehr da, brechen unter denen, die ihm nachfolgen, die Auseinandersetzungen darüber aus, wie das *interne* Verhältnis von Altem und Neuem, Tradition und Innovation, oder: von Wahrgenommenem und Wahrnehmungsmustern, zu sehen und zu gestalten ist. Das neutestamentliche und das frühkirchliche Schrifttum belegen, daß sich die religiöse Tradition weitgehend durchgesetzt hat. Die aus der Kombination von Gottes- und Menschenbild gestützte unsichtbare Religion der jüdischen Sünde- und Gehorsamskultur hat die Jesus-Christus-Überlieferung gerade da, wo Jesus selbst sie verlassen hatte, wieder nach ihrem Bilde umgeformt. Die frühen Erinnerungsspuren wurden wieder mit traditionellen Vorstellungen überschrieben. Dieser Prozeß läßt sich nirgends so deutlich wie in der Geschichte der christlichen Liturgie erkennen. Trotz des Johannesevangeliums und der Zwölf-Apostellehre (Didaché), trotz des Gottesdienstmodells, wie es bei Paulus in Umrissen erkennbar ist *(1. Kor 11 u. 14)*, prägte sich die Opfervorstellung mit unaufhaltsamer Dynamik dem christlichen Gottesdienst wieder auf und führte zur Messe. Dreh- und Angelpunkt dabei war die als Opferfestmahl gedeutete Mahlfeier[64]. Sie konnte auch das Vakuum ausfüllen, das 70 n.Chr. durch den Wegfall des jüdischen Versöhnungsfestes entstanden war

• Die Übernahme des Sühnopferschemas sicherte der Christengemeinde ein Äquivalent zum jüdischen und hellenistischen Opferkult, ohne den sich die meisten frühen Christen wohl keine Religionsgemeinschaft denken konnten. Außerdem konnten sie damit aus der Depression herauskommen, in die sie der Tod Jesu als Scheitern und Katastrophe gestürzt hatte[65]. Indem sie das negative Ereignis als Sühnopfer für die eigenen Sünden, ja, für die Sünden der ganzen Welt interpretierten, gewann der Tod Jesu eine positive Bedeutung. Über die Teilnahme an der als Opfermahlfeier verstandenen Eucharistie konnte zudem jeder Sündenvergebung erlangen – auch ohne selbst den Jesus-Weg dienender Liebe *(Joh 13,34f.)* zu gehen.

• Die Übernahme des Opferrituals aus dem kulturellen Gedächtnis der Alten Welt bot aber auch den bisherigen Anhängern von hellenistischen *Mysterienreligionen* einen Zugang zum Christentum an. Denn zu einem Opferritual gehörte ja auch das Festmahl hinzu, durch das man eine unmittelbare Gemeinschaft

---

64. Vergleichbares läßt sich im Blick auf die religiöse Revolution studieren, die der ägyptische Pharao Echnaton im 14. Jh. v.Chr. inszeniert hatte. Denn unter seinen Nachfolgern sind viele seiner Neuerungen, allen voran der mit der Sonne verbundene Monotheismus, wieder zurückgenommen worden. Trotzdem ist auch vieles geblieben: Hornung (2001), S. 125-138.
65. Biser (1997), S. 67f.

mit der jeweiligen Gottheit und zugleich einen gemeinschaftsstiftenden Impuls fand. Beides ließ sich mit dem als Opferfestmahl gedeuteten letzten Mahl erreichen. Wer darüber hinaus glaubte, daß beim Herrenmahl durch die Einverleibung des Leibes (und Blutes) Christi auch ein materieller Anteil an Gottes Sein zu bekommen sei, konnte im Mahl auch seine Sehnsucht nach einem Mittel stillen, das ihm Unsterblichkeit schenken würde.

• Die jüdische und hellenistische Opferpraxis hatte längst scharfe Kritik ausgelöst, ehe Jesus auftrat. Ich kann mir gut vorstellen, daß die frühchristliche Theologie mit der Botschaft, der Opfertod Jesu sei das alle anderen Opfer überbietende Sühnopfer und damit das Ende aller blutigen Tieropfer gewesen, bei diesen Kritikern viel Zustimmung gefunden hat. Ihnen wird ein Opfer*erinnerungskult* lieber gewesen sein als ein Opferkult.

• Daß aber nicht nur bei Paulus, sondern auch bei den nach der Tempelzerstörung im Jahr 70 schreibenden neutestamentlichen Autoren der Sühnopfergedanke eine so große Rolle gespielt hat, könnte noch mit Hilfe einer Notiz erklärt werden, auf die mich *Eugen Biser* aufmerksam gemacht hat. In der Apostelgeschichte *(6,7)* heißt es nämlich in einer summarischen Feststellung des Lukas: »Und das Wort Gottes wuchs, und die Zahl der Jünger mehrte sich in Jerusalem sehr, und eine große Menge der Priester wurden dem Glauben gehorsam.« Es handelt sich wahrscheinlich um Priester vom zerstörten Tempel, die ihre Lebensgrundlage verloren hatten und zur Gemeinschaft der Christen konvertiert waren. Auf jeden Fall deutet schon die Formulierung, daß sie »dem Glauben gehorsam« geworden waren, darauf hin, daß diese Priester »kaum von Lukas erfunden« worden sind[66]. So, wie sie Glauben mit Gehorsam identifiziert haben, haben sie bei den Christen eine Möglichkeit gefunden, ihre Opfervorstellungen weiter pflegen zu können, wenn auch ohne die Tieropferpraxis. Auch diejenigen, die das griechische Wort *pistis*, das die Theologie durchgängig mit *Glaube* übersetzt, vom römischen Hintergrund her als *Treue, Gehorsam* verstanden haben, werden sich bei diesen Expriestern verstanden gefühlt haben.

Entspricht das blutige Opfer der Struktur der menschlichen Seele?

Der Altphilologe *Walter Burkert* hat in vielen Veröffentlichungen die These vertreten, daß das blutige Opfer »der Struktur der menschlichen Seele«[67] entspreche und immer eine wichtige Rolle in der Gesellschaft gespielt habe. Denn ›Heilige Gewalt‹, also kultisch kanalisierte und auf Ausnahmesituationen innerhalb

---

66. Pesch (1986), S. 230. Ungefähr 8000 Priester haben zur Zeit Jesu zum Tempel gehört!
67. Burkert (1990a), S. 23.

einer sozialen Gruppe beschränkte Gewalt, könne einen Beitrag zum Frieden und zur Gerechtigkeit leisten. Sie habe eine reinigende, kathartische, Funktion: Im »sakral abgesicherten Raum erhalten Vernichtungsinstinkte und Tötungslust freien Lauf, um dann aus Erschrecken und Schuldgefühl eine erneute, geheiligte Ordnung aufzubauen. Das Erlebnis der Gewalt prägt die Schranken des Rechts ein.«[68] Das Gesetz, das Burkert in der menschlichen Seele dabei wirksam sieht, kann man auf die Formel bringen: Kathartische Gewalt verhindert unreine Gewalt. Opferrituale haben demnach eine psychohygienische und zugleich eine soziohygienische Funktion. Die darin steckende Logik hat mich immer beeindruckt, und ich habe am Anfang des Kapitels ja belegt, daß der Dreischritt dieses Rituals die literarische Struktur der Passionserzählung und der Einsetzungsworte beim Abendmahl geprägt hat[69]. Dieses Ritual läßt sich mit dem Sündenbock-Ritual, wie es *René Girard* beschrieben hat, gut verbinden[70]. Im Sündenbock-Ritus projiziert eine Gemeinschaft in einem als Übertragung zu beschreibenden Akt in ihrer Mitte geschehene, aber unerkannte Schuld auf einen Bock. Er wird dann verflucht und verjagt und trägt diese Schuld über die Grenze der Gemeinschaft hinweg in ein tödliches Draußen. Dadurch befreit er die Gemeinschaft von der ihr drohenden sühnenden Strafe. Das Opfertier ist »Ausgestoßener und Retter zugleich«[71] und stirbt einen Stellvertreter-Tod. Viele unserer Kirchenlieder zum Karfreitag beschreiben Jesu Leiden nach diesem Wahrnehmungsmuster. Die Gestalt des »Knechtes Jahwes« *(Jes 53)* und die paulinische Kreuzestheologie stellen dabei das verbindende Zwischenglied dar. Kanalisierung der Aggression und Kanalisierung der Bestrafungsangst sind die in den beiden Ritualen wirksamen Motive.

Obwohl die Konzepte, für sich genommen, einleuchtend sind, können sie *nur* begründen, warum sie sich *damals*, bei der Wahrnehmung der Hinrichtung Jesu, aufgedrängt haben: sie waren in der Umgebung allgegenwärtige Praxis. Sie können aber nicht dazu dienen, auch heute als maßgebliche Wahrnehmungsmuster verwendet zu werden. Dafür gibt es zwei Gründe. *Zum einen:* Burkerts und Girards Theorien setzen voraus, daß sich die Opferrituale *öffentlich* vollziehen und allen Beteiligten erlauben bzw. sogar von ihnen erzwingen, einen Blick in den Abgrund der menschlichen Seele zu tun. Die Zeiten aber sind vorbei, daß blutige Opfer- oder solche Ausstoßungsrituale inmitten einer umgrenzten Gesellschaft vollzogen worden sind. Die Opfer, die sich die heutige Gesellschaft nimmt, sind anonym, nicht öffentlich. Selbst die »Gaffer« auf den Autobahnen sehen zumeist nur Rettungsaktionen. Tiere werden zwar in nie

---

68. Burkert (1990a), S. 82. Mit diesem Satz läßt sich natürlich auch die Todesstrafe rechtfertigen.
69. S. auch schon Jörns (1992b), S. 326-331.
70. Burkert (1983), S. 35 f.
71. Burkert (1983), S. 34.

gekannter Zahl für unsere Ernährung getötet, aber versteckt hinter Mauern. Und auch diejenigen, die unser Staat abschiebt, lassen sich nur begrenzt mit den alten Sündenböcken identifizieren, da die Abschiebung ebenfalls versteckt vonstatten geht. Weder die Kreuze in Kirchen und Schulen noch drastische Todesszenen in Passionsspielen und -filmen können in einer TV-Gesellschaft noch jenes Erlebnis vermitteln, von dem Burkert spricht. Denn die TV-Gesellschaft, die Sterbeszenen massenhaft industriell produziert und Kriege als TV-Ereignisse präsentiert, läßt heute der Seele keine Chance mehr, über der Betrachtung von Tötungsszenen sich selbst zu erkennen. Unsere Wirklichkeit ist so weitgehend inszeniert, daß jeder von uns Mühe hat, Wirklichkeit von Fiktion zu unterscheiden. Angesichts dieser Entwicklung könnten die alten Rituale, sollte man sie irgendwo wieder ins Leben rufen wollen, ihre alten Funktionen nicht mehr erfüllen. Es scheint mir völlig offen zu sein, was – gäbe es solche Rituale – mit der durch sie angeregten Aggression und Angst dann tatsächlich würde.

Zum anderen finde ich es inzwischen sehr problematisch, so zeit- und kulturunabhängig von der *Struktur der menschlichen Seele* zu reden, wie es Burkert tut. Daß Menschen und Tiere (eine) Seele haben, ja, Seele *sind*, heißt für mich, daß alle Geschöpfe durch den Geist eine unverlierbare Beziehung zu Gott haben. Entsprechend hat »die Seele« aber auch Anteil am Wandel der Gottesvorstellungen. Ändert sich die Gottesvorstellung, ändert sich auch das, was die Seele als zu ihr passend empfindet. Da Jesus uns gelehrt hat, Gott voller Vertrauen zu begegnen, sind Angstabwehrrituale im Blick auf Gott genauso fehl am Platz wie ein Sühnopferritual oder dessen kultisches Gedächtnis. Denn das hatte ja nur so lange einen Sinn, als Gottes Liebe und Geist noch nicht das klare und unbedingte Zentrum des Gottesglaubens waren, sondern Gott selbst eine angsterregende, absolute Unterwerfung fordernde Gestalt war. Es bleibt also dabei: Die Hinrichtung Jesu Christi muß von den Deutungsmustern, die seine Botschaft und sein Leben verzeichnet haben, unterschieden – und befreit werden.

Die Sühnopfervorstellung steht heute dem Evangelium von Jesus Christus im Wege und muß verabschiedet werden

Ich verbinde nun wichtige Ergebnisse dieses Kapitels mit den im ersten Abschnitt angesprochenen Kontexten unserer Lebenswelt und mit ergänzenden Überlegungen. Über Thesen, die den notwendigen Abschied von der Sühnopfervorstellung begründen, hinaus mache ich Vorschläge, wie wir künftig die Hinrichtung Jesu erinnern, Sündenvergebung im Gottesdienst praktizieren und das christliche Mahl im Gottesdienst feiern können.
• Die spätantike römisch-hellenistische Welt ist das Musterbeispiel einer pluralistischen Mischkultur gewesen, die niemals auf einen einheitlichen Nenner

hat gebracht werden können. Die unterschiedlichen Evangelien genauso wie die sehr bald auseinanderlaufenden Liturgien[72] und Theologien rund ums Mittelmeer herum belegen, daß jede in dieser pluralistischen Welt lebendige Strömung – sofern sie ins Christentum eingeflossen ist – die Hinrichtung Jesu und die Mahlfeier *selbstbezogen erinnert* hat[73]. Die damals entstandenen Wahrnehmungsgestalten des letzten Mahles Jesu mit seinen Jüngern und der Hinrichtung Jesu können weder in andere Kulturen einfach übernommen noch als für alle Kulturen und Zeiten gültige Deutungen der Hinrichtung Jesu und der letzten Mahlfeier ausgegeben werden. Sie müssen sowohl historischer als auch theologischer Kritik unterzogen und daraufhin befragt werden, ob sie sich mit unserer heutigen kulturellen Situation und mit *dem* verbinden lassen, was wir an Jesus Christus als grundlegend für das Christentum wahrnehmen.

• Die Sühnopfervorstellung vermag in keiner ihrer überlieferten Formen, in denen sie mit der Hinrichtung Jesu verbunden worden ist, mehr oder Wichtigeres zu sagen, als was die Verkündigung Jesu und die Botschaft von seiner Auferstehung sagen. Durch Jesu Botschaft und Leben haben wir gelernt zu begreifen – und müssen es in vielem wohl noch viel intensiver lernen –, daß Gott *unbedingte* Liebe ist. Allein in dieser, auch Gott zum *Mitleiden* bewegenden Liebe, ist Gottes Gerechtigkeit begründet. Weil Gott seine Geschöpfe liebt, kann er auch den *einzelnen* Menschen leiden, und zwar selbst dann, wenn er vielen vieles schuldig bleibt in seinem Leben. *So verstehe ich Rechtfertigung*. Alle Liturgien, die zwischen Menschen und Gott etabliert worden sind, müssen sich in ihrer Existenzberechtigung daran messen lassen, ob sie dieser Glaubenserkenntnis gerecht werden. Die Deutung der Hinrichtung Jesu als Sühnopfer für die Sünden der Welt[74] und das Verständnis des Herrenmahls als Opfermahl können dieser Anforderung *nicht* gerecht werden. Sie wollen mehr, als die Liebe Gottes von sich aus – und das heißt unabhängig von der Hinrichtung Jesu – gibt.

• Die Liebe Gottes ist nicht als »plane Idee der Liebe Gottes«[75] zu diskreditieren, sondern endlich als volle und unbedingte Liebe zu würdigen. Diese Liebe hat Jesus gelebt – bis hin zur Fähigkeit, seine Feinde leiden zu können[76]. Durch sie hat er Gott aus der Verwicklung in das überlieferte System von geheiligter Gewalt und Gegengewalt befreit. Alles, was Paulus zur schenkenden

---

72. Bieritz (2004), S. 336 ff.
73. S. o. S. 127-129.
74. In der dogmatischen Form geht sie auf Anselm von Canterbury (1033-1109) zurück.
75. Ebeling (1979), II, S. 224.
76. Kaum jemand hat diese Liebe so leidenschaftlich beschrieben wie *Friedrich Nietzsche*. Zu seinem »Verhalten am Kreuz« schreibt er: »Und er bittet, er leidet, er liebt *mit* denen, *in* denen, die ihm Böses tun.« (Nietzsche, S. 1197) Auf diese Stelle hat mich Eugen Biser aufmerksam gemacht.

Liebe Gottes geschrieben hat, läßt sich auch ohne den Bezug auf die Hinrichtung Jesu sagen! Ja, ohne diese theologische Einvernahme des elenden Leidens Jesu käme die grundlose Liebe Gottes dabei noch viel strahlender, freier hervor. Es kann zu denken geben, daß die Opfervorstellung in das Apostolische Glaubensbekenntnis keinen Eingang gefunden hat. Gott *ist* Liebe und Geist; mehr zu glauben, bedarf es auch nicht. Ich freue mich zu lesen, daß Wolfgang Huber, Bischof der Evangelischen Kirche von Berlin-Brandenburg und derzeit Ratsvorsitzender der Evangelischen Kirche in Deutschland, im April 2004 seinen persönlichen Abschied von der Sühnopferdeutung der Hinrichtung Jesu ausgesprochen hat[77]. Das läßt hoffen.

• Die Sühnopfertod-Theologie und das eucharistische Opfermahl als Sakrament der Sündenvergebung sind die Basis eines religiösen Systems geworden, das wir *Erlösungsreligion* nennen. Das Christentum als Erlösungsreligion verspricht, uns Menschen aufgrund des Leidens Christi und durch unsere Teilnahme am Sakrament von unserem sündigen Wesen und von der daraus resultierenden Sterblichkeit zu erlösen[78]. Sie will Anteil an der »Frucht des Sterbens« Jesu geben. Ich glaube dagegen, daß Jesus Christus uns Menschen von dieser Art Erlösungsglauben gerade erlösen wollte, indem er uns in eine vertrauensvolle Beziehung zu Gott geführt hat. Durch seinen Geist hat und behält Gott eine unverlierbare Lebensbeziehung zu uns. Dafür steht der Begriff *Seele. Das* uns glauben zu machen, ist die durch Jesus geschehene Erlösung. Aber die hat nichts mit seiner Hinrichtung zu tun. *Der Tod, auf den wir zugehen, wird in der großen Transformation »verschlungen«, in die uns die Auferstehung führt.*

• Die Sühnopfertheologie zerstört die Direktheit der Beziehung zu Gott, die Jesus uns eröffnet und im Vaterunser mit den wesentlichen Gedanken ausgestaltet hat. In dieser durch den Geist Gottes bestehenden Beziehung ist Jesus Christus auf seinem irdischen Weg gegangen, in ihr ist er als neuer Gott auferstanden. Da liegt die tiefe Revolution begründet, die Jesus in die Religionsgeschichte gebracht hat. Wir gehen hinter sie zurück, wenn wir die alten, aus den Opferkulten stammenden Wahrnehmungsmuster nach wie vor im

---

77. Auf der Berlin-Brandenburgischen Synode am 23. April 2004: »Ich persönlich habe die Vorstellung, Gott sei auf ein Menschenopfer angewiesen, um den Menschen sein Heil zuteil werden zu lassen, mit meinem Glauben an Gottes Güte nie vereinbaren können. Diese bereits im 12. Jahrhundert von Anselm von Canterbury vertretene Auffassung sagt, Gott lasse seinen Zorn nur dadurch besänftigen, daß ein Mensch sein Leben verliere. Immer wieder habe ich mich gefragt, ob ein solches Bild von einem im Grunde rachsüchtigen Gott nicht einen Angriff auf Gottes Ehre selbst enthält. Unsere Generation, die insgesamt die Aufgabe hat, eine Theologie ›nach Auschwitz‹ zu entwickeln, muß auch an dieser Stelle neue Wege gehen.« Ich danke Albrecht Rademacher für den Hinweis auf diese Rede.
78. Die gern benutzte »Spendeformel«: »Christi Leib / Christi Blut stärke und bewahre dich (im rechten Glauben) zum ewigen Leben« macht aus dem Herrenmahl eine Unsterblichkeitsarznei.

christlichen Kult benutzen. Im Beten des Vaterunsers lernen wir, daß wir Gottes Liebe und Geist vertrauen können. Das ist als Basis des Glaubens genug. Da Jesus Christus selbst unser Gott ist, ist auch seine *Stellvertreter- und Mittlerrolle* in dieser neuen direkten und unmittelbaren Gottesbeziehung aufgehoben worden.

• Der Begriff *Gnade* – zumal mit dem Zusatz »um des Kreuzes Christi willen« – hat für mich im Zusammenhang der Sühnopfertheologie einen furchtbaren Klang. Denn Gnade bedeutet dabei doch, daß Gott uns zuwende, was Christus uns am Kreuz in einem elenden Sterben erworben habe. Die dahinter stehende Gottesvorstellung ist geprägt von einer Gerechtigkeit, die im Grunde Unerbittlichkeit ist: Einer mußte die offene Schuld begleichen: »Das menschliche Leben in seiner Schuld- und Todverfallenheit ... kommt nur durch Hingabe von Leben in Ordnung und zum Frieden, durch ein Heil also, das das Moment des Todes in gewisser Weise in sich schließt.«[79] Weil Gott unerbittlich darauf besteht, daß sein Gesetz erfüllt wird, nimmt er Jesu unschuldiges Sterben als stellvertretende Erfüllung an. Nur aufgrund dessen *kann* er überhaupt gnädig sein. Wäre er gnädig aus Liebe, bedürfte er des Opfers nicht, hätte er es weit von sich gewiesen. Ich glaube, daß dieser Gott starb, als Jesus als neuer Gott auferstand.

• Damit ich nicht mißverstanden werde: Natürlich wollen alle Weisungen göttlichen Rechts wie die Tora ursprünglich dazu helfen, daß der schon im alten Ägypten beschriebene »Weg des Lebens« von den Menschen gefunden wird. Das Problem liegt da, wo Jesus Christus es gesehen hat: »Das Gesetz ist um des Menschen willen da, und nicht der Mensch um des Gesetzes willen.«[80] Mit anderen Worten: Die Forderung nach absolutem Gehorsam verkehrt den lebensdienlichen Sinn des göttlichen Rechts in einen menschenfeindlichen und knechtenden. Die aus dem Sühnopfer Christi uns zufließende Gnade durchlöchert dieses lebensfeindlich gehandhabte Recht zwar, unterwirft es aber nicht prinzipiell der Liebe. Doch das hatte Jesus getan und zum Grundsatz erhoben. Von diesem Grund-Satz her sagt er von sich selbst, daß er *Herr über den Sabbat*, also über das Gesetz, ist (Mk 2,28). Die Sühnopfertheologie aber hat, indem sie – als hätte es Jesu Botschaft nie gegeben – auch heute noch von der durch Sünde bedingten Todesverfallenheit unseres Lebens spricht, den absoluten Anspruch des Gesetzes doch wieder zum Herrn über Jesus Christus und uns gemacht. Das müssen wir nicht länger akzeptieren.

• In der Theologie wird der Gedanke betont, Gott habe Jesus den Menschen als Opfergabe *hingegeben,* damit sie ihn Gott opfern konnten, um ihr Opfer- und

---

79. Ebeling (1979), II, S. 222.
80. Mk 2,27. Ich habe das Wort Sabbat durch Gesetz ersetzt, weil ich nicht eine Teilbestimmung, sondern das Gesetz als ganzes anspreche.

Sühnebedürfnis zu befrieden; und er habe das Opfer dann gnädig angenommen[81]. Dieser Gedankengang ist nicht nur artifiziell. Er liest sich wie ein äußerst bemühter Rettungsversuch, ein Deutungsmodell festzuhalten, zu dem zwar jeder Jerusalemer Tempelpriester und ein pharisäisch geschulter Jude wie Paulus einen kulturkohärenten Zugang hatten. Aber weil jene »Sündekultur«, aus der das Denkmodell stammt, nicht mehr unsere ist, kann der Zugang zu diesem Modell nur noch historisierend-künstlich hergestellt werden. Ich kann nicht nachvollziehen, was in der Dogmatik ernsthaft als große Chance schon der jüdischen Opferpraxis so beschrieben wird: es sei um »Gewährungen Gottes« gegangen, von »Gott den Menschen hilfreich eingeräumte Möglichkeiten, um Dank abzustatten, um sich von Schuld zu lösen und trotz (und vor allem *mit*) der problematischen menschlichen Freiheit *durch neue Verbindung mit Gott* ›im Blutstrom des Lebens‹ verbleiben zu dürfen.«[82] Wenn Gestrich weiter sagt, das Lebens-Opfer Jesu habe »die kultischen Opfer überschießend und überfließend kompensiert: Es vermag allein an ihrer aller Stelle zu treten«[83], dann stellt er Jesu Hinrichtung in die den Sühnopferkult bedingende *Gottesvorstellung* und Entsühnungspraxis *zurück*. Die aber läßt sich in Kürze so zusammenfassen: »Bei den Blutriten liegen anscheinend rechtliche Vorstellungen zugrunde. Durch Schuld verwirktes Leben, das des Opferers, wird durch die Darbringung eines anderen Lebens von der verdienten Strafe freigekauft. ›Durch das Leben bewirkt es Sühne‹ (V. 11b) wäre der genaueste Ausdruck dieser Lehre.«[84] Im Unterschied zu Gestrich möchte ich weder Jesu Sterben und Tod auf diese Weise in einen Handel mit Gott hineingegeben sehen[85] noch – über einen geglaubten Anteil daran – mein Leben und Sterben. Da Gott Liebe und Geist *ist*, habe ich keinen Grund mehr, mein Leben, in dem ich vielen vieles schuldig geblieben bin, deswegen als »todgeweiht«[86], als »verwirkt«, anzusehen.

• Wenn ich denn überhaupt den Begriff des »Geweiht-Seins« gebrauchen will, dann berufe ich mich auf die Verkündigung Jesu und sage, daß er mein Leben

---

81. Vgl. zu diesem Gedanken: Gestrich (2001), S. 354-359.
82. Gestrich, ebenda, S. 359, beruft sich auf 3. Mose 17,11: »Denn die Seele des Fleisches ist im Blut, und ich habe es euch für den Altar gegeben, daß man euch damit Sühne erwirke; denn das Blut ist es, das (durch die in ihm wohnende) Seele Sühne erwirkt.« Gerstenberger (1993), S. 220, rühmt, diese und parallele Stellen zum *Blut* seien »theologische Aussagen von ungewöhnlicher Dichte, Reflektiertheit und Eindringlichkeit«. Das ist offenbar Geschmackssache. Ich finde eine Äußerung des Vorsokratikers *Empedokles* (5. Jh. v. Chr.) interessanter: »Das, was den Menschen beherrscht *(to hegemonikón)*, ist weder im Kopf noch in der Brust (d. h.: im Herzen), sondern im Blut.« (bei: Die Vorsokratiker [1987], S. 460).
83. Gestrich, ebenda, S. 359.
84. Gerstenberger (1993), S. 221.
85. Gerstenberger, ebenda, zitiert Edward E. Evans-Pritchard: »Durch das Opfer schließt der Mensch eine Art Handel mit Gott ab«.
86. Gestrich, ebenda, S. 357.

der Liebe Gottes geweiht hat und mein Denken von jedem Tauschhandelsmodell hat befreien wollen. Anstatt des Enthusiasmus, mit dem heute wieder für die Sühnopfertheologie plädiert wird, halte ich es für geboten, daß sich die Theologie mit *anderen gegenwärtigen Opferpraxen* befaßt: mit den Kriegsschauplätzen der Erde genauso wie mit dem Krieg auf unseren Straßen und dem Krieg gegen Tiere. Ich gehe davon aus, daß die auf diese oder jene Weise als Opfer gebrachten Menschen und Tiere durch die seit zwei Jahrtausenden verbreitete Sühnopferdeutung der Hinrichtung Jesu den meisten Menschen bewußt oder unbewußt als legitimiert erscheinen. Denn wenn *Gott* zu heiligen Zwecken ein Menschenleben hat geopfert werden lassen, und wenn die *Kirchen* ihrerseits unendlich viele Menschen als Ketzer oder Hexen um der Ehre Gottes willen haben töten dürfen, dann müssen sich alle diejenigen im Recht fühlen, die zu irgendwelchen großen, »übergeordneten« oder gar heiligen Zwecken auch heute den Tod von Menschen und Tieren einplanen. Die mit der Sühnopferdeutung der Hinrichtung Jesu verbundene kirchliche Lektion ist tief internalisiert worden. Die Kirchen haben – von den sogenannten »Friedenskirchen«[87] abgesehen – den Weg der absoluten Gewaltlosigkeit, den Jesus Christus gegangen ist, niemals wirklich ernst genommen. Sie waren durch die Sühnopferlehre im Grunde auch immer daran gehindert. Aber das darf so nicht bleiben. Für die Instrumentalisierung von tödlicher Gewalt soll sich niemand mehr auf Gott berufen dürfen. Darum ist der Abschied von der Sühnopferdeutung der Hinrichtung Jesu notwendig.

• Nicht immer hat sich die Sühnopfervorstellung in derjenigen Gestalt verbreitet, nach der Jesu Sterben die Sünden der Welt gesühnt und so für unsere Versöhnung mit Gott gesorgt habe. Als gedankliche Figur hat sie auch eine Methode der Lebenssicherung beeinflußt, bei der bis in die Neuzeit hinein wichtige Grundelemente des Sühnopfers benutzt worden sind. Sie haben grausame Rituale geprägt, auf die Theodor Storm in seiner 1888 geschriebenen Novelle »Der Schimmelreiter« aufmerksam gemacht hat[88]. Sie erzählt davon, daß Arbeiter, die einen neuen Deich am Meer bauen, in den Deich einen kleinen Hund werfen. Von dem Deichgrafen aufgefordert, den Hund wieder herauszuholen, weigern sie sich und sagen ihm als Erklärung: »Soll Euer Deich sich halten, muß was Lebiges hinein! … Ein Kind ist besser noch; wenn das nicht da ist, tut's wohl auch ein Hund!« Ein solches Opfer gehört zu den apotropäischen Opfern, mit denen Unheil abgewendet werden soll. Auch hinter ihnen steht der Sühnegedanke. Was einmal begonnen hat mit der Absicht,

---

87. Als (historische) Friedenskirchen werden angesehen: Mennoniten – einschließlich der Amish und Hutterer –, die »Kirche der Brüder« – auch die »Böhmischen Brüder« – und die Quäker. Sie haben um der Nachfolge Christi willen Kriegsdienst und oft auch Kriegssteuern abgelehnt und sind darüber vielfach zu Märtyrern der Neuzeit geworden.
88. Alle Quellenangaben bei: Jörns (1990), S. 72-74.

Gott wegen eines geschehenen Frevels zu versöhnen, ist irgendwann ausgedehnt worden auf alle möglichen vergangenen, gegenwärtigen und zukünftigen Übertretungen und also auch als präventive Maßnahme zur Lebenssicherung gehandhabt worden. Die darin expandierende Logik ist in sich schlüssig – und instrumentalisiert zugleich Gott. Genau genommen denkt sie aber die Sühnopfervorstellung der Kirchen nur zu Ende und macht etwas Lebenspraktisches daraus: sie zwingt Gott, gemäß der Logik der Entsprechung, die Gleiches mit Gleichem behandeln will, die Opfernden vor Unheil oder auch nur Nachteilen zu bewahren.

• Diese Logik haben sie am Kreuz gesehen und im kirchlichen Unterricht gelernt: Alle Menschen sind eigentlich des Todes würdig; nur weil Jesus unsere Sünden auf sich genommen hat und getötet worden ist, ist Gott uns Menschen gnädig geworden. Selten wird so deutlich wie hier, welche verheerende Wirkung die Sühnopferlogik im Grunde gehabt hat. Die Kinderopfer alter Zeiten waren die absolute Ausnahmehandlung in Ausnahmesituationen. Im »Schimmelreiter« ist das Opfer aber schon Kalkül und Bestandteil der Lebenssicherung geworden. Das aber konnte nur geschehen, weil der Gott im Hintergrund eine angsterregende Gestalt gewesen ist. Daß Gott Liebe *ist*, war für die Deicharbeiter wie für unendlich viele Menschen in vielen Jahrhunderten ein Fremdwort. Schuld daran gewesen ist nicht nur die Verkündigung der Kirche, sondern auch ihr Umgang mit den Menschen, der wenig bis gar nichts von einer Liebe Gottes hat fühlbar werden lassen, sondern eher die Gestalt eines Moloch verkündet hat. Aus der Frohbotschaft war die Drohbotschaft geworden. Damit muß Schluß sein. Der in Jesus Christus begegnende Gott ist keiner, der uns durch ein Menschenopfer mit sich versöhnt hätte. Gott ist uns aus Liebe und im Geist verbunden. Mehr zu glauben, bedarf es nicht. Alles andere ist nicht nur Ballast, sondern steht dem Evangelium im Wege[89].

• Sehen wir uns das uralte Opferritual und die zuweilen dazugehörende »Unschuldskomödie« noch einmal an, können wir durchaus erwägen, ob es da nicht subtile Parallelen gibt. Die theologischen Argumente, Gott selbst habe Jesus Christus den Menschen hingegeben, damit sie ihn wiederum Gott als Menschenopfer darbringen konnten, läuft ja auch auf eine Unschuldskomödie hinaus: die Schuld an Jesu Tod wird letztlich auf Gott geschoben. Unwesentlich variiert gilt dasselbe für die Version, Jesus Christus habe sich aus freiem Willen Gott für die Sünden der Welt opfern lassen. Doch beide Argumente sind Irrwege. Denn *Menschen* haben ihn umgebracht, und hätte er in Rom gelebt, wäre er auch dort umgebracht worden. An den Juden lag es nicht, sondern daran, daß Jesus Christus darauf bestanden hat, daß Gott und Men-

---

89. Vgl. Mt 5,37.

schen durch die Liebe und den Geist Gottes eine *unmittelbare* Beziehung zueinander haben. Kein religiöses Ritual sollte mehr dazwischen treten, das die unbedingte Liebe Gottes wie bisher an Bedingungen knüpft und den Menschen wieder erlaubt hätte, sich vor Gott durch Opfergaben oder fromme Leistungen vertreten zu lassen.

• Weit vor den Männertheologen hat die Avantgarde der *feministischen Theologie* die Richtung beschrieben, in der sich theologisches Denken – weg von der Opfertheologie – bewegen muß. Ich zitiere Dorothee Sölle: Das Christentum habe »vielfach einen Gott verkündigt, der Unschuldige leiden macht und sie zu Straf-, Läuterungs- und Prüfungszwecken quält. Einen allmächtigen, omnipotenten Herrn, der das Leiden ändern könnte, wenn es ihm beliebte, der es aber vorzieht abzuwarten.« An dieser Gottesvorstellung sei auch die klassische Theodizeefrage orientiert, die fragt: Wie kann Gott das Leiden in der Welt zulassen? Diese Frage sei nicht zu beantworten, sondern zu überwinden – durch neue Fragen. Und die lauten so: »Wie lange werden *wir* das Leiden der Armen noch zulassen? Warum war Gott so allein in der Zeit der Shoa ...? Wo waren Gottes Freundinnen und Freunde damals? Und wann werden wir am Schmerz der mit den Geschöpfen leidenden Gottheit Anteil haben? Warum fällt es uns so schwer, Gott nicht als Herrschaft, sondern als Leben, als Freude und Schmerz zu denken?«[90]

• Die Hinrichtung Jesu Christi ist uns nur im Zusammenhang mit seiner Auferstehung überliefert. Hätte es die Auferstehung Jesu Christi nicht gegeben, hätte vermutlich nach seinem Tod kaum noch jemand von ihm geredet. In der Auferstehung Jesu Christi sind seine Botschaft von der unbedingten Liebe Gottes und sein Weg als der Weg des Lebens bestätigt worden – gegen die Macht des Todes, die man mit der Hinrichtung gegen ihn aufgeboten hatte. Gott ist bei diesem Tod in keiner Weise als Handelnder im Spiel gewesen. Der Abschied von der Sühnopfertheologie schließt die Absage an ein religiöses System ein, das lehrt, Gott setze tödliche Gewalt gegen seine Geschöpfe als (letztes) Mittel strategischer Heilsplanung ein. Gott ist Liebe und Geist, und niemand soll sich mehr für solche Strategien auf Gott berufen dürfen.

• Keine Religion der Welt hat die Menschheit dazu gebracht, daß alle Menschen sich gegenseitig, aber auch Tieren und der übrigen Schöpfung, die nötige Ehrfurcht und (Nächsten-)Liebe erweisen. *Keine Religion der Welt wird das in Zukunft erreichen, denn jede individuelle Lebensentfaltung schließt bei Menschen und Tieren Übergriffe auf das Leben anderer ein. Dazu, daß es so und nicht anders ist, hat sich Gott in der Schöpfung entschieden. Er will in den Menschen ein wirkliches Gegenüber haben, will, daß sie frei handeln können. Das hat nichts mit einer Beherrschung durch Sünde zu tun,* auch wenn *daraus*

---

90. Sölle (1991), S. 242 f.

Schuld entsteht. Aber weil das so ist, müssen wir unser Leben lang lernen, für das Zusammenleben mit anderen auf den unterschiedlichsten Ebenen der Nähe und Ferne Formen zu finden, die lebensdienlich sind und nicht lebensfeindlich.

• Weil Übergriffe auf das Leben anderer und von anderen auf unser Leben mit *Leiden* verbunden sind, sollen wir dem Beispiel Jesu Christi *(Joh 13,15)* folgen und Verantwortung dafür übernehmen, daß die *Leiden*, die wir Menschen uns und anderen Geschöpfen zufügen, minimalisiert und die Wunden geheilt werden. Ethik beginnt mit dieser Solidarität. Sie schließt Feindesliebe ein, weil unsere persönlichen, familiären, wirtschaftlichen oder politischen Feinde ein Lebensrecht haben wie wir. Das Christentum muß sich selbstkritisch fragen, ob die bisherige Botschaft von der in Jesu Christi Hinrichtung *von Gott selbst* erbrachten Sühneleistung nicht die Leiden in der Welt kräftig gefördert hat. Denn wenn Gott mit tödlicher Gewalt paktiert und der Mensch Bevollmächtigter Gottes ist, muß der Mensch dasselbe tun dürfen. Wenn wir aber von irgend etwas Erlösung brauchen, dann von der suchtartigen Neigung dazu, überall – und selbst da, wo es um das heilvolle Handeln Gottes geht – Gewalt als ultima ratio zu rechtfertigen. In dieser Sucht taucht immer wieder die alte Verehrung des »Stiergottes« auf, durch den die frühe Menschheit lernte, tödliche Gewalt in ihr Verhalten zu integrieren und kultisch zu sanktionieren[91].

• Kein auf Gewalt gegründetes Ritual kann uns von der suchtartigen Neigung zur Gewalt erlösen. Wohl aber weist ein Ritual wie die Fußwaschung in die richtige Richtung: als Einübung der dienstbereiten Liebe aneinander. Glaube, Liebe und Hoffnung in der Nachfolge Jesu Christi müssen sich heute so – oder ähnlich – äußern: »Wir können die sozialen Bedingungen, unter denen Menschen vom Leiden getroffen werden, verändern. Wir können uns selber ändern und im Leiden lernen, statt böser zu werden. Aber auf all diesen Wegen stoßen wir an Grenzen, die sich nicht überschreiten lassen. Nicht nur der Tod ist eine solche Grenze, es gibt auch Verdummung und Desensibilisierung, Verstümmelung und Verwundung, die nicht mehr rückgängig gemacht werden können. Die einzige Form des Überschreitens dieser Grenzen besteht darin, den Schmerz der Leidenden mit ihnen zu teilen, sie nicht allein zu lassen und ihren Schrei lauter zu machen.«[92] Als Zeugnis der leidensfähigen Gewaltlosigkeit Gottes ist das Kreuz glaubwürdig.

---

91. Baudler (1989), S. 132.
92. Sölle (1973), S. 217.

Opferfreie Möglichkeiten, die Hinrichtung Jesu zu erinnern

Die Frage, wie wir in Zukunft liturgisch mit der Hinrichtung Jesu umgehen können, kann in Verbindung mit dem Gedanken der Schwellengeschichte beantwortet werden. Denn wir können Karfreitag, Karsamstag und Ostern, das christliche Passafest oder Triduum sacrum[93], als eine der großen *Schwellengeschichten* der Religionsgeschichte feiern. Sie enthält in sich mehrere Dimensionen und erzählt den *Übergang*:
- *weg* von einer Kultur der todeswürdigen Sünder und Sünderinnen und *hin* zu einer Kultur der Gottes- und Geisteskindschaft der Geschöpfe Gottes;
- *weg* von einer Gottesvorstellung, die die Sünde- und Gehorsamskultur repräsentiert und von dem Erlösungskonzept getragen wird, und *hin* zu einem neuen, der Gewalt absagenden Gott, der in Jesu Christi Auferstehung erstanden ist;
- *weg* von einer auf das Gesetz als Weg des Lebens, auf Gehorsam und Entsühnung der Übertretungen durch das blutige Opfer (und stellvertretende Riten) zentrierten Kommunikation mit Gott und *hin* zu einer vertrauensvollen Kommunikation, wie sie das Vaterunser ausspricht;
- *weg* von einem Tauschhandelsdenken und *hin* zu einer Glaubenspraxis, die an Jesu Christi dienst- und hingabebereite Liebe anschließt;
- *weg* von einem Sakramentsverständnis, das Gottes Gegenwart dem Mißverständnis der Verdinglichung aussetzt, und *hin* zu einem Sakrament, das Gottes Lebensgaben feiert;
- *weg* von einem Verständnis von Versöhnung, das in Sühnekategorien denkt, und *hin* zu einem Verständnis von Versöhnung, das unsere Berufung auf die Würde der Söhne und Töchter Gottes bezeugt;
- *weg* von einem Verständnis von *Gnade*, das an die Vorstellung gebunden ist, Gott sei nur aufgrund des in Jesu Christi elendem Sterben erworbenen Verdienstes vergebungsbereit geworden und zur Liebe fähig, und *hin* zu einem Evangelium, das Gottes voraussetzungslose Liebe feiert.

In einem großen *gottesdienstlichen Dreischritt* kann dann das *Triduum sacrum* in neuer Gestalt begangen werden:

Karfreitag als Tag, an dem sich die unsichtbare Religion der Alten Welt mit der Hinrichtung Jesu Christi zu wehren versucht hat gegen sein Zeugnis von der unbedingten Liebe Gottes;

Karsamstag als der Tag, an dem Jesus Christus hinabsteigt in das Reich des Todes; er trägt – sagt dieser *descensus ad inferos* – die Botschaft von der Liebe Gottes aus der Sphäre der Lebenden auch in die Sphäre der Toten hinein;

Ostermorgen als Feier der Auferstehung Jesu Christi als neuer Gott, der die

---

93. Jörns/Bieritz (1989), S. 582-584.

ihm nachfolgenden Menschen in die Würde der Gotteskindschaft einsetzt; als Geisteskindschaft äußert sie sich in der Vollmacht zur gegenseitigen Sündenvergebung, die ohne Amtspriester in der gottesdienstlichen Versammlung der Gemeinde als Ausübung des *allgemeinen* Priestertums aller Gläubigen vollzogen wird[94].

Bei der *Feier des Karfreitags* können folgende Gedanken in Liturgie und Predigt ausgestaltet werden:

– Karfreitag ist der Tag, an dem Jesus Christus es wahr gemacht hat, daß Gott unser sterbliches Leben nicht nur besucht hat, sondern sich mit uns verbinden wollte. Dadurch hat er die im (Mono-)Theismus vollzogene *absolute Trennung von Gott und Welt aufgehoben*.

– Als Jesus Christus leiden muß, schlägt er nicht nach »Väterart«[95] zurück und führt schon gar keinen ›Erstschlag‹, um sein Leiden zu verhindern. Indem er Haß mit Liebe und Leiden beantwortet, weist er uns Menschen auf den Weg des Friedens. Mit der Vergebung vom Kreuz herab für seine Peiniger macht er das Gebot der Feindesliebe glaubwürdig. Das Sühnopferkonzept denkt Frieden als eine Funktion von Gewalt und kann den Kreislauf der Gewalt nicht durchbrechen, denn es heiligt ja die Gewalt. Diese große Auseinandersetzung markiert Karfreitag: Zwischen Jesus Christus als gewaltlosem Lebensweg und einer Erlösungsreligion nach »Väterart«.

– Jesu Verlassenheitsschrei am Kreuz ist der Schrei, in den alle Gewaltopfer dieser Welt einstimmen können, denn er ist schon vor und nach Jesus herausgeschrieen worden und wird auch da herausgeschrieen, wo kein Gott angeredet wird. Doch die, die an Gott glauben, können ihre Verlassenheit so wie Jesus nur herausschreien, wenn sie auch wissen können, daß Gott sich selbst *nicht* in das mit ihnen geschehende Unrecht verwickelt und dadurch selbst korrumpiert hat. Die Würde des Menschen und der anderen Geschöpfe ist von Gott gewollt und geachtet. Jesus Christus als der neue Gott ist durch keine lebensverachtende Strategie zu bestechen, so erfolgreich sie auch sein könnte. Das lehrt die Versuchungsgeschichte[96].

– Wo das Schema der Welt zerbricht, ist Chaos, ist der Abgrund offen, alles bodenlos. Dafür gibt es keine Liturgie mehr[97]. Auch in diesen Abgrund hinein trägt der Gekreuzigte das Angesicht des mitleidenden Gottes und die Zu-

---

94. Das Thema der Geisteskindschaft spielt natürlich auch an Pfingsten eine zentrale Rolle. Deshalb könnte Pfingsten auch als Fest der Beauftragung zum allgemeinen Priestertum gefeiert werden.
95. Damit zitiere ich Burkert (1990a), S. 23, der sagt: »Riten werden durchgeführt ›nach Väterart‹, κατὰ τὰ πάτρια«.
96. Mt 4,1-11 und Parallelen.
97. Karsamstag ist deshalb bis heute ein (fast) liturgieloser Tag.

versicht, daß alles Leben in einer großen Transformation verwandelt werden wird[98]. Der *Karsamstag* kann ein Tag werden, an dem Christen in Krankenhäuser und Heime gehen und den dort lebenden Menschen diese Zuversicht vermitteln.

– Der Gekreuzigte ist das menschliche Denk- und Gedächtnismal für alle Gewaltopfer, die tagtäglich irgendwelchen Zielen und Werten gebracht werden, für alle gewaltsam Getöteten der Welt. Jesus repräsentiert am Kreuz auch die modernen Menschenopfer unserer Gesellschaft, die auf den Straßen unserer unbegrenzten Automobilität gebracht werden[99], die massenhaft verbrauchten Tieropfer der Forschung und Kosmetik. Der Crucifixus schreit das Leiden von Menschen – und stellvertretend auch von Tieren – den Gewaltherrschern der Welt ins Gesicht. Aber nicht nur ihnen, sondern uns allen. Denn er spiegelt unsere Versuchungen, unseren Vorteil gezielt – und das heißt durch den Einsatz von seelischer oder körperlicher oder struktureller Gewalt – gegen andere Menschen und Tiere durchzusetzen und ihre Leiden in Kauf zu nehmen. An der dazu gehörenden Umgangssprache ist verräterisch, welche Hoheit wir den Zielen und Werten, die die Opfer »nötig machen« bzw. »fordern«, einräumen.

– Nur dann kann das Kreuz ein solches Denkmal und Gedächtnismal für alle Unrecht Leidenden sein, wenn sie nicht mehr den Verdacht haben müssen, Gott könnte sich aufgrund irgendwelcher *Heilsstrategien* ihrer Leiden bedienen, sie funktionalisieren, wie es die Sühnopferlehre mit Jesu Tod getan hat. Der Glaube, daß Gott Liebe ist, schließt jede Instrumentalisierung eines Menschenlebens aus. Es ist inzwischen modern geworden, solche vermeintliche Gewalttat Gottes durch eine tiefenpsychologisch untermauerte Aggressionstheorie für tunlich zu halten. Gerade darum wird es zur künftigen Erinnerung der Hinrichtung Jesu gehören, auch sublime Formen zurückzuweisen, in denen die Opferterminologie genutzt wird. Denn dabei geht es immer darum, religiöse Legitimierung für höchst weltliche Geschäfte zu beanspruchen. Diese »Funktion der Opfermetaphern in der modernen Sprache, der Militärsprache zumal, liegt auf der Hand ... Selbst die nur verbale Sakralisierung des Tötens im Kriege setzt das allgemeine Tötungsverbot und die Angst vor dem eigenen Sterben religiös außer Kraft, verhindert Kritik,

---

98. Baudler (1989), S. 51, hat das, was an Ostern geschehen ist, so formuliert: »Der Ausgelieferte, das hilflose Wesen, ruft nach der Mutter, dem Vater, und dieser neigt sich, beseelt vom Lebensatem des Kindes, der sich in dessen Rufen ausdrückt, rettend dem Kinde zu.« Auch Baudler betont also, daß Auferstehung nicht nach dem Denkmuster zu verstehen ist: Der alte Gott sieht erst dem Tod Jesu zu und auferweckt den Toten dann. Der Sterbende selber hat vielmehr die Kraft, die Gott in und zu seiner Auferstehung »beseelt«. Dasselbe drücke ich aus, indem ich vom auferstehenden neuen Gott spreche.
99. Jörns (1992a).

entlastet von Schuldgefühlen und erzeugt Akzeptanz von Gewalt bei Tätern und Getroffenen.«[100] *Das Kreuz aber ist das Symbol der Gewaltlosigkeit.*
- *Liturgisch* könnten die genannten Elemente des Gedenkens die Stationen eines neu zu konzipierenden *Kreuzweges* sein. Er wäre für lokale, regionale, nationale und kosmopolitische wichtige Leidensstationen offenzuhalten und nicht wie das bisherige Kirchenjahr ausschließlich an den Weg Jesu Christi zu binden. Denn sein Weg sollte und wollte ja unsere Augen für die Leiden und Schönheiten der Welt öffnen. Die im »Evangelischen Gottesdienstbuch« am Karfreitag verwendeten biblischen Sprüche, Tagesgebete und Lieder sind weitgehend vom Sünde- und Gehorsamsdenken bestimmt und Ausdruck der Sühnopfertheologie – mit Ausnahme von Psalm 22, den Jesus Christus am Kreuz nachgesprochen hat: »Mein Gott, mein Gott, warum hast du mich verlassen?« Dieses (neue) Gottesdienstbuch ist dringend revisionsbedürftig – vor allem in dem Teil, der das Abendmahl und den Karfreitag betrifft. Eine Formulierung wie die im Dankgebet enthaltene »durch seinen Tod haben wir Vergebung der Sünden« vertritt die Sühnopfertheologie in Reinkultur[101].
- Genauso dringend notwendig ist eine neue Gestaltung der *Herrenmahlsworte*. Denn in ihnen ist die Sühnopfertheologie verdichtet, und mit ihrer Rezitation wird sie ständig reproduziert.

Überlegungen und Vorschläge für eine opferfreie Mahlfeier

Das mit der Deutung der Hinrichtung Jesu Christi als Opferhandlung interpretierte Herrenmahlsverständnis hängt mit der Unterstellung zusammen, der Tod Jesu Christi sei zur Vergebung unserer Sünden notwendig gewesen. Genauso notwendig sei deshalb auch die Teilnahme am Mahl. Diese diene aber auch dazu, Zugang zum ewigen Leben zu bekommen. Dabei ist es von untergeordneter – wenn auch Konfessionen trennender – Bedeutung, *wie* der Zusammenhang von Brot und Leib und Wein und Blut im Herrenmahl zu denken ist, und wer die sogenannten Elemente austeilt. Entscheidend für das Sakrament ist der Zusammenhang zwischen den »Elementen« Brot und Wein und Jesu Christi Leib und Blut überhaupt. Daß die Vorstellung, Jesus zu essen und sein Blut zu trinken, heute viele – vor allem Frauen – abstößt, ist gut zu verstehen, auch ohne daß der Kannibalismusvorwurf ausgesprochen wird.

Warum ich dieses Mahlverständnis nicht mehr teilen kann, habe ich dargelegt. Als Grund dafür, eine opferfreie Mahlfeier vorzuschlagen, kommt aber die

---

100. Canzik-Lindemaier (1990), S. 355.
101. Evangelisches Gottesdienstbuch (2000), S. 169. 615 u. ö. Innerhalb der Abendmahlsgebete taucht auch die Erwählungsvorstellung stark akzentuiert auf: so z. B. S. 643.

Tatsache hinzu, *daß die Vergebung der Sünden in den Evangelien in keiner Weise an das letzte Mahl gebunden worden ist.* Jesus vergibt die Sünden durch die unmittelbare Zusage außerhalb jedes kultischen Rahmens *(Mk 2,5)* und erwartet das auch von den Jüngern[102]. Das Johannesevangelium legt besonderes Gewicht darauf, daß die Jünger die Gesandtschaft des Sohnes Gottes als Gottessöhne und -töchter weiterleben sollen. Zu ihrer Beauftragung gehört ganz zentral die Vollmacht, Sünden zu vergeben. Auch da ist von keinerlei kultischer Bindung die Rede. Die Vollmacht verleiht ihnen der Heilige Geist *(Joh 20,22f.).*

Diese Überlegungen münden in folgende Vorschläge, die ich skizzenartig beschreibe. Außerdem biete ich eine opferfreie Fassung der sogenannten »Einsetzungsworte« an. Ich überschreibe dabei die traditionelle Fassung.

• *Vor der Mahlfeier* soll – ganz im Sinn der Didaché – die *Vergebung dessen geschehen, was wir Gott und was wir uns gegenseitig im Leben schuldig bleiben.* Der dazu dienende liturgische Akt muß *von der Mahlfeier abgelöst werden,* damit Denken und Fühlen bei der Mahlfeier nicht durch Stichwortassoziationen zum alten Sühnopfermodell zurückgeleitet werden. Angemessen ist ein liturgischer Akt, in dem sich die am Gottesdienst Teilnehmenden *gegenseitig* bekennen, Gott, Menschen, Tieren und der übrigen Schöpfung Aufmerksamkeit, Liebe und lebensbewahrende Phantasie schuldig geblieben zu sein. Diesem Bekenntnis folgt dann die Bitte an Gott, uns seiner Liebe im Geist gewiß zu machen, und als dritter Teil die wechselseitige Lossprechung. Sie beruft sich wiederum auf nichts anderes als die unbedingte Liebe Gottes. Dabei können sich zwei Gruppen *antiphonisch* gegenüberstehen, oder aber auch Vorbeter und Gemeinde. So habe ich es in der »Komplet«, dem liturgischen Nachtgebet, kennengelernt und viele Jahre mit Berliner Studentinnen und Studenten geübt. Die Schlichtheit und Würde einer solchen Feier läßt etwas spüren von der Würde der Kinder Gottes, mit der sie vom Auferstandenen beauftragt sind. Das Bewußtsein, in der Gegenwart des Gottes zu sein, der Liebe und Geist ist, schafft einen angstfreien Raum und eine Atmosphäre, die nichts mehr mit einer Trauerfeier zu tun haben.

• Die Liturgiegeschichte aller Kirchen bietet unterschiedliche Modelle für ein solches *Ritual des Schuldbekennens und Lossprechens von Schuld.* Die Beichtformulare bieten sich in gewisser Weise an. Wichtig ist auch hier, daß die verwendete Sprache nicht sofort wieder in einen assoziativen Rahmen zurückfällt, der mit der Sündekultur identisch ist und wie von selbst in Sühnegedanken hinüberschwenken läßt. Im Zentrum muß der Gedanke stehen, daß Gottes Liebe aus ihrer eigenen grundlosen Unbedingtheit Schuld vergibt und keinerlei Ursache oder Gegenleistung wie ein Opfer voraussetzt. Jede Verbindung der Sün-

---

102. Die Vollmacht, zu binden und zu lösen (Mt 16,19; 18,18), schließt die Sündenvergebung ein (Mt 18,21-35).

denvergebung mit Gewalt, gar tödlicher Gewalt gegen Menschenleben, muß ausgeschlossen sein. Gerade in diesem Kontext ist es wichtig, die kulturelle Kohärenz mit unseren heutigen Wertvorstellungen zu beachten. Denn »Rituale sind ... sichtbare Verknüpfungs- und Orientierungselemente einer einheitlichen symbolischen Wirklichkeitsdeutung.«[103] Fußte die Sündenvergebung weiterhin auf einem Menschenopfer, sanktionierte sie diese Opfer als tragendes Element der Wirklichkeit auch weiterhin. Wir brauchen aber Rituale, die sich aus dieser unseligen Verquickung lösen und zugleich das allgemeine Priestertum ernst nehmen.

• Folgt eine Mahlfeier, sollte dieses Ritual des Schuldbekennens und Lossprechens von Schuld auf jeden Fall vor der Mahlfeier *abgeschlossen* sein. Eine *Mahlfeier mit Brot und Wein* ist trotz der Absage an die Sühnopfertheologie vorstellbar. Zum Glück haben wir ja sowohl in der Didaché als auch im Johannesevangelium Mahlfeiern in unserer Überlieferung, die ohne den Bezug zu Jesu Tod, ohne Sühnopfervorstellung und ohne eine innere Koppelung mit der Sündenvergebung auskommen. Beide sind aber entsprechend den geistlichen und soziokulturellen Rahmenbedingungen vor Ort zu gestalten.

• Geht der Ritus nach der *Didaché*, so kann das Brot als »Brot des Lebens« und der Wein als »Wein der Liebe« gereicht werden. Es ist aber auch denkbar, diese »Elemente« zu erweitern um »Steine (der Erde)« und »Blumen (der Zärtlichkeit)«, wie ich es schon in einer neuen Mahlfeier erlebt habe.

• Die Mahlfeier mit einer *Fußwaschung* kann exemplarisch an wenigen Teilnehmerinnen und Teilnehmern vollzogen werden, sie kann aber auch – bei Freizeiten etwa – alle einbeziehen. Aus Erfahrung weiß ich, welche wichtige ästhetische Erfahrung sich damit verbindet, die Füße anderer Menschen anzufassen und zu waschen. Es ist kein Zufall, daß dieses Ritual als Beispiel für die dienstbereite Liebe ausgedacht worden ist. Die »Einsetzungsworte« können aus dem Johannesevangelium *(Kap. 13)* ausgewählt werden.

• Davon unabhängig schlage ich noch einen anderen Typ von Mahlfeier vor. Bei ihm sollen *Einsetzungsworte* verwendet werden, die eine relativ große Nähe zu den gewohnten Formularen haben, ohne allerdings den Sühnopfergedanken aufzunehmen. Es geht im Gegenteil darum, den Tod des unschuldig hingerichteten Jesus als exemplarisch für alle Leidenden und Gemarterten, für alle aus strategischen Gründen geopferten und verbrauchten Leben von Menschen und Tieren zu erinnern. Jeweils ein konkretes Schicksal könnte dann – in Übereinstimmung mit den Nachrichten aus der Welt oder aufgrund anderer Daten – mit Jesu Leiden verbunden werden. Die Worte zu Brot und Wein lenken die Gedanken vom Tod zum Leben, indem sie die Auferstehung Jesu als Überwindung des Todes und seine Gegenwart als Kraft ansprechen, die

---

103. Soeffner (1989), S. 179.

Gottes Liebe bezeugt. Bei diesem Vorschlag bleibt die große Nähe zum bisherigen, von der Sühnopfertheologie bestimmten Formular ein Problem. Andererseits kann diese Nähe zur Ursprungsszene auch ein Vorteil sein. Bei diesem Typ von Mahlfeier ist es aber besonders wichtig, daß der Ritus des Schuldbekennens und -vergebens vorher abgeschlossen worden ist. Denn nur dann kann das Mißverständnis vermieden werden, die Hinrichtung Jesu ermögliche erst göttliche und menschliche Vergebung.

An seinem letzten Abend hielt Jesus Christus mit denen, die ihm nahe waren, das Mahl.
Er reichte ihnen Brot, dankte Gott für seine Liebe und sagte ihnen: Nehmet hin und eßt. So, wie dieses Brot, wird mein Leib zerbrochen werden. »Aber der Geist ist es, der lebendig macht. Das Fleisch hilft nichts. Die Worte, die ich zu euch geredet habe, sind Geist und sind Leben.« (Joh 6,63)
Er gab ihnen auch den Kelch mit Wein, dankte Gott und sagte ihnen: Nehmet hin und trinkt. So, wie dieser Wein, wird mein Blut vergossen werden. »In der Welt habt ihr Angst; aber seid getrost, ich habe die Welt des Todes überwunden.« (Joh 16,33)
»Gott ist Liebe. Wer in der Liebe bleibt, der bleibt in Gott und Gott in ihm.« (1. Joh 4,16b) In der Gewißheit, daß der unschuldig gekreuzigte Jesus Christus in unsrer Mitte ist, denken wir an Menschen und Mitgeschöpfe, die heute leiden: .... [104]. Jesus Christus berge sie in seiner Liebe. Uns gebe er Kraft, daß wir uns untereinander Gottes Nähe bezeugen.
Der Herr ist nahe!

Die Kirche hat in ihrer Frühzeit begriffen, daß sie nicht nur eins der Evangelien überliefern durfte, sondern daß es diese vier sein mußten. Genauso müssen die Kirchen wieder lernen zu akzeptieren, daß nebeneinander unterschiedliche Typen von Mahlfeiern praktiziert werden. Den keine der inner- und außerbiblischen Mahlfeiern kann, historisch betrachtet, als die eigentlich richtige und verbindliche angesehen werden. Was genau Jesus bei seinem lezten Mahl getan und gesagt hat, weiß niemand. Ökumene verlangt keine theologische oder liturgische Monotypie, sondern erweist der Fülle und Vielfalt des Geistes Gottes Referenz. Auch die Erinnerung des letzten Mahles Jesu Christi muß den vielerlei Gedächtnisspuren folgen dürfen, die es in der Christenheit hinterlassen hat und noch bilden wird. *Eine vom Opfergedanken völlig befreite Feier der Eucharistie, wie sie uns die Didaché überliefert hat, kann im übrigen auch die Basis für eine ökumenische Mahlfeier sein.* Denn sie bleibt außerhalb der traditionellen theologischen Streitigkeiten und setzt auch kein Weihepriestertum voraus.

---

104. Hier können dann Namen von einzelnen oder Gruppen eingesetzt werden, die unter seelischer und körperlicher Gewalt gelitten haben oder noch leiden.

Dritter Teil:
Auf dem Weg zu einem glaubwürdigen Christentum

Im dritten Teil geht es darum, Kriterien eines glaubwürdigen Christentums und einige Projekte zu beschreiben, die wir uns vornehmen sollten. Sie erscheinen mir von heute aus gesehen als sinnvoll und realisierbar zugleich – vorausgesetzt, der Wille ist da, diesen Weg zu beschreiten. Es geht also um Kriterien und *Pia desideria*, meine »frommen Wünsche«.

Ich rede auch in diesem Teil vom *Christentum* und nicht von einer christlichen Konfession oder Kirche, weil ich festhalten will, daß die Konfessionen und Kirchentümer Wahrnehmungsgestalten und Sozialformen *einer* Religion sind, die ihr Zentrum in der Gottesbeziehung zu Jesus Christus hat. Keine einzelne Kirche kann – trotz anderslautender Ansprüche – die christliche Religion in sich umfassend darstellen. Der notwendige Abschied von diesem kirchlichen Alleinvertretungsanspruch ist durch die Analysen im zweiten Teil begründet worden. Er schließt offene Übergänge zwischen den Kirchen und Konfessionen ein. Deshalb ist es auch nicht sinnvoll, eine christliche Einheitskirche anzustreben. Vielmehr muß sich jede einzelne Kirche und Konfession mit ihrer institutionellen Gestalt, ihrer Lehre und Geschichte der Frage nach der Glaubwürdigkeit aussetzen.

1. Kriterien eines glaubwürdigen Christentums

Religiöser Glaube ist zwar »immer *Bekenntnis*. Aber die *Einheit* dieses Geschehens wird als Kommunikation erzeugt und nicht als (unvermeidlich prekärer) Bewußtseinszustand der Beteiligten.«[1] Umgekehrt gilt dann aber auch, daß die Einheit durch alles eingeschränkt wird, was das Kommunikationsgeschehen einschränkt. Anders formuliert: *Verordnete* Einheit im Glauben ist keine Einheit. Einheit entsteht aus einem Kommunikationsprozeß, in den überlieferte und heute gemachte Glaubenserfahrungen sowie die kulturellen Rahmenbedingungen unseres Lebens einfließen und offen miteinander vermittelt werden. Daraus kann ein glaubwürdiges Bekenntnis werden. Ohne ein solches Bekenntnis von Zeitgenossen, die ihren Glauben selber als glaubwürdig *erfahren* haben, kann es kein glaubwürdiges Christentum geben.

Die Frage nach der Glaubwürdigkeit des Christentums betrifft aber nicht nur die Kirchen und ihre Mitglieder. Denn die Frage nach überzeugenden Kriterien für Glaubwürdigkeit taucht ja auch dann auf, wenn in einer pluralistischen Gesellschaft neue Glaubensvorstellungen oder gar Religionen angeboten werden. Dann steht die Frage da: Sind sie es wert, daß Menschen sich auf sie einlassen? Nehmen wir das Wort »glaubwürdig« ernst, spricht es genau diese Kernfrage an. Doch was für »andere« Religionen gilt, muß als Grundfrage auch an die eigene Religion gerichtet werden, die für die Angehörigen anderer Religionen ja auch eine »andere« und für Menschen ohne Religionszugehörigkeit immer nur eine unter vielen ist. Es ist wie mit der Existenz als Ausländer. Der Satz »Jeder ist ein Ausländer. Fast überall« enthält die Provokation, sich auf eine Außenbetrachtung einzulassen. Daß Christsein in Europa immer noch bedeutet, der Mehrheitsreligion anzugehören, steht einem solchen Wechsel der Perspektiven entgegen – und erklärt zugleich, warum wir das Christentum bisher weitgehend von der Frage nach seiner Glaubwürdigkeit verschont haben. Seine vielen Horizontverengungen zeigen allerdings, daß ihm diese Schonung nicht besonders gutgetan hat. Da ist viel nachzuholen. Die folgenden Kriterien wollen als Stationen auf dem Kreuzweg einer schonungslosen Selbstkritik dienen. Ich formuliere die Kriterien im Indikativ. Denn sie auszusprechen, heißt ja schon, sie wirksam werden zu lassen.

1. Ein glaubwürdiges Christentum weiß seine *Wurzeln* zu würdigen. Es tut nicht so, als ob Religion und Glaube mit der frühen Christenheit und ihren Schriften

---

1. Luhmann (2002), S. 42.

begonnen hätten. Deshalb legt es in einer Art literarischer Archäologie seine religiösen und kulturellen Wurzeln offen und lädt auch seine Mitglieder, »die Gläubigen«, ein, sich an dieser Erinnerungsarbeit zu beteiligen. Da die Wurzeln des Christentums sowohl in die jüdische Religion als auch in mesopotamische, ägyptische, griechisch- und römisch-hellenistische Religionen hineinreichen, vermag diese religiöse Archäologie das Bewußtsein zu vermitteln, in eine weit gefächerte Kulturgeschichte eingebettet zu sein. Das hilft Brücken zu bauen und ist der fundamentale Beitrag dazu, daß Religionen untereinander ein Zusammengehörigkeitsbewußtsein entwickeln. Von ihm können die in der Welt so dringend benötigen Friedensimpulse ausgehen.

2. Ein glaubwürdiges Christentum weiß, daß seine sich vielfältig verzweigende Geschichte aus der Notwendigkeit entstanden ist, Religion in Übereinstimmung mit kulturellen Strukturen auf der Erde zu leben. Es geht davon aus, daß es eine *universale Wahrnehmungsgeschichte Gottes* gibt, die sich in unterschiedlichen, kulturkohärenten Gedächtnisspuren manifestiert hat und weiter manifestieren wird. Es beachtet diese Zusammenhänge, weil auch Jesus Christus in eine konkrete geschichtliche Situation hinein geboren worden ist und seitdem unter den kulturellen Bedingungen menschlicher Existenz in sehr unterschiedlichen Gestalten wahrgenommen wird. Inkarnation schließt das Sein in unseren Lebensbedingungen ein. Kein Dogma vermag die Inkarnation Gottes aus diesen Bedingungen herauszunehmen.

3. Ein glaubwürdiges Christentum bezieht den Begriff *Offenbarung* – als Selbstmitteilung Gottes – nicht mehr exklusiv auf die in der Bibel dokumentierte jüdisch-christliche Gedächtnisspur. Es gesteht auch anderen Religionen zu, wirkliche Selbstmitteilungen Gottes wahrgenommen zu haben und noch wahrzunehmen, auch wenn diese Religionen dem christlichen Selbstverständnis als Religion nicht entsprechen. Die positive Unterstellung, daß Gott auch die anderen Religionen – und nicht nur das Christentum – gewollt hat, ist nicht zu widerlegen. Ein glaubwürdiges Christentum weiß deshalb zu anderen Religionen mehr zu sagen als das Bedauern, daß es sie gibt. Da es vor und neben Juden und Christen andere Religionen gegeben hat und gibt, verlangt der Glaube an die Gottheit und Einheit Gottes positive Aussagen zur Vielfalt der Religionen und Kulturen. Ein glaubwürdiger Glaube tut alles dazu, daß seine Glaubensvorstellungen interkulturell und interreligiös besprochen und verstanden werden können.

4. Aus der Tatsache, daß die christliche *Bibel ein interreligiöser Doppelkanon* ist, weiß ein glaubwürdiges Christentum aus unmittelbarer Anschauung um die verschlungenen Wege der Geschichte Gottes mit den Menschen. Gerade weil die Juden sich mit den Christen in wesentlichen Punkten nicht einigen können und kein gemeinsames Glaubensbekenntnis haben, können Christen die Bibel auch zusammen mit dem Koran lesen, ohne daß Christen und Muslime ein gemein-

sames Bekenntnis haben müßten. Christen können das, weil sie wissen, daß die jüdisch-christliche Gedächtnisspur der universalen Wahrnehmungsgeschichte Gottes im Koran in einzelnen Überlieferungen – wenn auch verändert – aufgenommen worden ist[2].

5. Ein glaubwürdiges Christentum identifiziert die Gottesbeziehung der Christen mit ihrer Beziehung zu Jesus Christus. Er ist an Ostern als ihr Gott auferstanden. Alle vorherigen oder parallel verlaufenen Wahrnehmungen Gottes sind, aus christlicher Perspektive betrachtet, durch die Erfahrungen mit dem irdischen und auferstandenen Jesus Christus nicht ausgelöscht, aber tiefgreifend überschrieben worden. Sein Leben, Sterben und Auferstehen kann von unterschiedlichen religiösen Deutungsmustern her verstanden werden. Ein glaubwürdiges Christentum legt die für seine eigenen zeitgenössischen Aussagen maßgebenden Prämissen und impliziten Axiome offen und verlangt dasselbe von anderen Religionen.

6. Ein glaubwürdiges Christentum ist als Religion nicht auf den Typ einer Erlösungsreligion festgelegt, weil es sich dabei um ein christlich unspezifisches Religionsmodell handelt. Es teilt nicht mehr ein Menschenbild, das von der Vorstellung dominiert wird, Ungehorsam gegen biblische Gebote sei des Todes würdig. Unsere Sterblichkeit gehört zur Schöpfung Gottes, ist nicht der »Sünde Sold«. Ein glaubwürdiges Christentum bindet die heilsame Liebe Gottes weder an irgendein Opfer noch an andere Leistungen. Sie ist grundlos, bedingungslos und grenzenlos. Sie bestimmt auch die Gottesbeziehung und den Wert aller Geschöpfe. Im mosaischen Gesetz festgeschriebene archaische Ansprüche Gottes (Jahwes) darauf, daß ihm die Erstgeburt von Menschen und Tieren geopfert werden müsse, haben für Christen nur noch eine religionsgeschichtliche Bedeutung. Sie müssen deutlich »eingeklammert« werden.

7. Ein glaubwürdiges Christentum holt Gott heraus aus den antiken Verwicklungen der Götterwelt in das System von Gewalt und Gegengewalt, in dem sich menschliches Machtstreben äußert. Gott paktiert nicht mit tödlicher Gewalt

---

2. Christoph Luxenberg, der Verfasser des von vielen Muslimen als Streitschrift angesehenen Buches »Die Syro-Aramäische Lesart des Koran. Ein Beitrag zur Entschlüsselung der Koransprache«, 2. überarb. Aufl. Berlin 2004, geht davon aus, daß der Koran eigentlich »ein syro-aramäisches liturgisches Buch mit Auszügen aus der (scil.: christlichen Heiligen) Schrift zur Verwendung im christlichen Gottesdienst« gewesen sei. »Der Koran war von Anfang an nicht als Grundlage einer neuen Religion gedacht. Er setzt vielmehr den Glauben an die Schrift voraus und hat insoweit nur eine arabische Vermittlerrolle.« Zitiert aus einem Interview mit dem Autor in: Süddeutsche Zeitung, Nr. 45, vom 24. 2. 2004, S. 15. – Eine der gravierenden Veränderungen besteht darin, daß die Muslime bestreiten, daß Jesus Christus gekreuzigt worden ist. Den Juden werden in Sure 4 allerlei Vorwürfe gemacht, unter anderem »weil sie sagten: ›Wir haben Christus Jesus, den Sohn Marias, den Gesandten Gottes, getötet.‹ – Sie haben ihn aber nicht getötet, und sie haben ihn nicht gekreuzigt, sondern es erschien ihnen eine ihm ähnliche Gestalt.« (4,157; Übersetzung von A. Th. Khoury).

gegen Menschen und Tiere. Deshalb darf auch die Art, in der Gottes Gegenwart im Gottesdienst gefeiert wird, nicht an die Hofhaltung antiker Herrscher erinnern. Tiefgreifende Revisionen liturgischer Texte und der Gesangbücher sind nötig, die die alte Herrschaftssprache und ein Menschenbild entfernen, das ständig eine Sünde- und Gehorsamskultur reproduziert.

8. Was früher dem einen Gottessohn vorbehalten war, hat Jesus Christus allen Christinnen und Christen zugesprochen: die Vollmacht, einander Schuld zu vergeben. Ein glaubwürdiges Christentum geht davon aus, daß diese Vollmacht den Verzicht auf den Gedanken einschließt, Christen oder christliche Kirchen oder »christliche Völker« hätten irgendwelche Vorrechte vor anderen. Die Vollmacht, einander Schuld zu vergeben, ist eine Wahrnehmung göttlichen Willens für *alle* Menschen und soll der Verständigung, Versöhnung und dem Frieden unter Menschen und Völkern dienen. Sie steht jedem offen, der sie weitergeben will, und verlangt keine Teilnahme am Abendmahl.

9. Ein glaubwürdiges Christentum ist bereit, seine – in Kirchentümern und Konfessionen konkret gewachsene – soziale Gestalt und seine Lehre vor der Geschichte zu verantworten. Das schließt die Bereitschaft ein, die eigene Geschichte öffentlich zu befragen, wenn sie sich als fragwürdig erwiesen hat. Aber auch die Fähigkeit gehört dazu, theologische Kritik an Glaubensvorstellungen zu üben, die sich als Potentiale des Unfriedens im Zusammenleben der Kulturen und Völker erwiesen haben.

10. Jedes Dogma kann in einem glaubwürdigen Christentum prinzipiell hinterfragt und widerrufen werden – trotz aller sinnvollen theologischen Systematik, die auf Zusammenhänge achtet. Was für die Dogmatik gilt, gilt für Religionen als Glaubenssyteme auch. Sie sind »Modelle«, »an denen der Mensch versucht, sich selbst und die Welt zu deuten. Modelle sind nicht die Wirklichkeit.« Wenn sich die Weltsicht ändert, können »auch Religionen den Mut haben, neue Modelle zu kreieren oder die alten neu zu interpretieren, weil sie sonst den Menschen mehr verbauen als ihnen einen Weg zu öffnen.«[3] Entscheidendes Kriterium ist nicht eine absolut gesetzte Wahrheit, sondern die Authentizität der Wahrnehmungen, auf denen eine Religion aufbaut.

11. Ein glaubwürdiges Christentum nimmt nicht nur schriftlich überlieferte Glaubenszeugnisse ernst, sondern auch heute gemachte Gotteserfahrungen – da Gott als im Geist gegenwärtig geglaubt wird. Es ermutigt deshalb Menschen dazu, eigene Glaubenserfahrungen anderen mitzuteilen – auch wenn es sich dabei um Erfahrungen handelt, die das Schweigen Gottes und das Leiden unter der Ungerechtigkeit der Welt betreffen. Von ihnen aus läßt sich im Gespräch klären, ob früher gegebene Antworten dazu helfen, eigene Antworten zu finden. So, wie überlieferte Texte theologisch authentisch und daher vielfältig sind,

---

3. Jäger (2000), S. 7.

muß auch der Glaube der einzelnen Menschen in sich wandelnden Lebenssituationen authentisch sein, zu ihnen passen. Glaube ist keine fertige Form, in die Menschen kriechen müßten. Ein glaubwürdiger Glaube ist trotz seines Rückbezuges auf überlieferte Glaubenszeugnisse kein normiert-normierender, sondern ein lebendiger, wandlungsfähiger Glaube.

12. Daß das Christentum für Menschen glaubwürdig ist, hängt davon ab, wie Kirchen mit Christen umgehen. Wieviel liegt ihnen an der Mündigkeit und Mitverantwortung? Fragen sie nach heutigen Gottes- und Glaubenserfahrungen? Wie helfen sie Gläubigen, ihren Glauben mit Bezug auf ihre Lebenswirklichkeit angemessen reflektieren zu können? Das schließt heute ein, über die Grenzen der eigenen Konfession und Religion hinaus fragen und denken zu lernen. Suchen Theologen das Gespräch mit Nichttheologen? Räumen sie ihnen dasselbe Recht zu urteilen ein, das sie für sich selbst in Anspruch nehmen? Ein glaubwürdiges Christentum zeigt sich darin, daß Laien-Christen in den Kirchen Mitverantwortung für die Gestalt ihres Glaubens übernehmen können. Keiner muß sich einen Glauben als fertiges Gebäude aufdrängen lassen, als wäre er zeitunabhängig. Es ist besser, eine einzige Glaubensaussage aus vollem Herzen machen zu können, als zehn lediglich zu zitieren – obwohl es wichtig ist, daß uns Zitate »einfallen« können.

13. Ein glaubwürdiges Christentum hat mit Gott, Menschen, übrigen Geschöpfen und dem Kosmos zu tun und glaubt, daß alles Leben in einem großen Zusammenhang steht. Die Kräfte, die alles zusammenhalten, sind Gottes Liebe und Geist. Liebe und Geist fließen in der Fähigkeit zusammen, sich rückhaltlos auf das Leben einzulassen. Glaube weiß, daß sich zwischen Schöpfer und allem Geschaffenen ein Beziehungsgeschehen vollzieht, das auch andere Welten einschließt. In diesem Sinn ist ein glaubwürdiges Christentum ein sowohl über anthropozentrische und ethnozentrische Zäune als auch über geozentrische Grenzen hinweg ›liebenswürdiger‹ Glaube: er gesteht allem, was lebt, seine eigene Würde und Seele – das heißt: eine unmittelbare Gottesbeziehung – zu.

14. Ein glaubwürdiges Christentum schließt den Menschen aufgrund des genannten Beziehungsgeschehens die Grenze zwischen Welt und Gott auf, so daß sie – in biblischer Sprache ausgedrückt – »den Himmel offen sehen« können (Joh 1,51). Unglaubwürdig ist ein Christentum, das Menschen durch Angst vor Liebesverlust und durch Androhung von Strafen zu Gott führen will. Damit schließt es »das Reich der Himmel vor den Menschen zu« *(Mt 23,13)*. Der »offene Himmel« aber ist das mit der Beziehung zwischen Gott, Menschen und anderen Geschöpfen verbundene Versprechen des Lebens, das Jesus erneuert hat[4]. Gott und Welt bleiben voneinander unterscheidbar, aber sie sind nicht

---

4. Lk 10,27 f.: »Du sollst Gott ... lieben und deinen Nächsten wie dich selbst. ... Tue das, so wirst du leben.«

mehr gegeneinander abgegrenzt, sondern offen füreinander, ja, ganz und gar aufeinander bezogen. Ein glaubwürdiges Christentum ist ein in seinem Horizont mystisches Christentum.

15. Ein glaubwürdiges Christentum will sozial verantwortet werden. Die Liebe zu Gott und die Liebe zu Menschen und Tieren sowie die Verantwortung für das Sozialwesen gehören zusammen. Die beiden »Tafeln« der Zehn Gebote spiegeln das genauso wie die Bergpredigt Jesu. Der Verfasser des 1. Johannesbriefes hat diesen Gedanken in dem Satz zusammengefaßt: »Wenn jemand sagt: Ich liebe Gott, und haßt seinen Bruder, der ist ein Lügner« *(4,20)*. Denn »Gott ist Liebe« *(4,16)*. Die erwartete menschliche Gegenliebe meint kein heroisches Liebesgefühl. Nächstenliebe reagiert auf eine evidente Hilfsbedürftigkeit, wie sie Hans Jonas in seinem »Prinzip Verantwortung« beschrieben hat[5].

16. Davon, daß Sexualität zur Sozialität menschlicher Existenz hinzugehört, geht ein glaubwürdiges Christentum aus. Es versteht sie als eine Schöpfungsgabe, die uns nicht allein zur Fortpflanzung, sondern auch zur Freude gegeben ist. Wie alles, was im Miteinanderleben von Bedeutung ist, ist Sexualität ambivalent und mißbrauchbar. Sie darf weder nur von ihrer biologischen Funktion noch allein von ihrer Verbindung mit Lust her gesehen werden. Ein glaubwürdiges Christentum widerruft die Verteufelungen der – vor allem weiblichen – Sexualität durch jüdisch-christliche Überlieferungen. Sie haben die Leiblichkeit des Menschen insgesamt diskreditiert und das Schöpfungswerk Gottes in seiner Würde beschädigt. Kulturelle Vorstellungen antiker Gesellschaften, durch die das Priesteramt dem männlichen Geschlecht vorbehalten worden ist, sind durch die Verkündigung Jesu aufgehoben worden.

17. Ein glaubwürdiges Christentum wird auch die wissenschaftlich-theologische Ausbildung der Pfarrerschaft aus bisherigen Verengungen befreien. Der Pflichtstudiengang in den evangelischen und katholischen Fakultäten vermittelt Theologen ein nur auf die jüdisch-christliche und kirchliche Gedächtnisspur der universalen Wahrnehmungsgeschichte Gottes begrenztes Blickfeld. Pfarrerinnen und Pfarrer müssen aber die Fülle und Weite der Wahrnehmungen Gottes in der Religionsgeschichte wenigstens in Grundzügen kennen und zusammen mit den jüdisch-christlichen beurteilen können. Ein glaubwürdiges Christentum gibt seiner Pfarrerschaft einen »Geschmack fürs Universale«.

18. Ein glaubwürdiges Christentum wird über die historische zur theologischen Kritik an den Überlieferungen des Christentums und anderer Religionen gelangen. Es lehrt Theologie als produktive Wissenschaft zu betreiben und nicht als überwiegend reproduktive und vermag dadurch den Graben zu überwinden zwischen historischer Erkenntnis und heutiger Glaubenssituation. Es wird dabei die kulturell vermittelten Vorstellungen von Menschen, Mitgeschöp-

---

5. Jonas (1982), S. 234-236.

fen und Sozialordnungen im kritischen Blick haben und die neuen ethischen Herausforderungen selbstbewußt annehmen – sich also nicht nur mit sichtbarer Religion, sondern auch mit unsichtbarer Religion und den Übergängen zwischen beiden Religionsformen befassen. Diesen Dienst ist christliche Theologie auch den anderen Wissenschaften an den Universitäten schuldig.

19. Ein glaubwürdiges Christentum nimmt ernst, daß Krieg und Frieden in der Geschichte nicht zuletzt vom Umgang mit religiösen Problemen abhängig gewesen sind. Darum muß der Staat in Europa schulischen Religionsunterricht erteilen und dabei vorrangig eine religiöse Bildung vermitteln, die der pluralistischen kulturellen und religiösen Situation in Europa gerecht wird. Diese Art von Religionsunterricht muß Pflichtfach sein, wobei die im Lande vertretenen Religionen sich darin selbst darstellen können sollen. Die in Deutschland übliche Bindung des ganzen Religionsunterrichtes an einzelne Religionsgemeinschaften oder Konfessionen ist dem genannten Ziel eher hinderlich, zumal sie die Grenzen zum kirchlichen Unterricht verwischt. Dessen Aufgabe ist es, den zu einer Kirche gehörenden Kindern die Umrisse und Wurzeln der eigenen Glaubensgemeinschaft zu vermitteln und mit ihnen zu erarbeiten, was den eigenen Glauben mit anderen Religionen und Konfessionen verbindet und was sie unterscheidet.

20. Der Übergang von den europäischen Nationalstaaten alter Prägung in die Europäische Union, den wir zur Zeit erleben, bietet auch den Religionsgemeinschaften eine große Chance: Sie können diesen Weg mitgehen und sogar befördern, wenn sie innerhalb der eigenen Theologien sämtliche Ethnozentrismen ausmerzen. Ein glaubwürdiges Christentum wird zwar anerkennen, daß es auch in Zukunft vielfältige Verbindungen zwischen Kulturen und Religionen in den europäischen Bundesländern geben wird. Aber das Evangelium von Jesus Christus hilft dazu, alle Verquickungen von ethnischen oder gar nationalistischen Interessen mit diesem Evangelium aufzudecken und aufzugeben. Das gilt auch für viele kirchliche Feste, in denen aufgrund alter lokaler Überlieferungen unselige, zum Teil mit Waffengewalt erzwungene Verquickungen von einzelnen Ethnien und dem Christentum leider immer noch (festlich) erinnert werden. Mit dieser Arbeit am religiösen Gedächtnis Europas können die Kirchen der Welt einen Friedensdienst leisten und neue Feste einführen, in denen des friedlichen Systemwechsels in Deutschland 1989 und in anderen Ländern dankbar gedacht wird.

2. Arbeit am religiösen Gedächtnis der Menschheit als vor uns liegende Aufgabe

Sowohl das von Jan Assmann beschriebene *kulturelle Gedächtnis* als auch Thomas Luckmanns Konzept der *unsichtbaren Religion* meinen die Gesamtheit der Werte und Normen, die das Welt-, Menschen- und Gottesbild in unterschiedlichen kulturellen Regionen der Erde prägen. Obwohl das kulturelle Gedächtnis damit theoretisch das ganze Lebensspektrum betreffen kann, halte ich es für sinnvoll, zusätzlich von einem *religiösen Gedächtnis der Menschheit* zu sprechen. Diese Formulierung drückt aus, daß es zum einen um die spezifisch religiöse Sinnschicht geht, und zum anderen, daß diese Form von kollektivem Gedächtnis alle Menschen angeht. Denn alle Menschen haben nicht nur mit Kultur, sondern auch mit Religion zu tun – und sei es auf der *via negativa* durch die Absage an Gott, den Atheismus. Es gibt neben – oder in – dem Weltkulturerbe eben auch ein Weltreligionserbe.

In diesem Arbeitsvorhaben soll es darum gehen, ein Bewußtsein der Dankbarkeit und der gemeinsamen Verantwortung für das vielfältige religiöse Erbe der Menschheit zu entwickeln. Dabei geht es nicht nur um jene Überlieferungen, die zur biblischen Gedächtnisspur gehören, sondern um Überlieferungen aus *allen* Gedächtnisspuren der universalen Wahrnehmungsgeschichte Gottes. Alle Religionen gehören zu einer Ökumene, die die universale Wahrnehmungsgeschichte des Einen Gottes spiegelt. Weniges von dem großen Erbe ist uns in Europa heute schon wirklich zugänglich. Das hat mit den Sprachen zu tun, in denen die vielen heiligen Schriften geschrieben sind und die wir nicht beherrschen, aber auch mit ihrem enormen Umfang. Deshalb muß die Arbeit am religiösen Gedächtnis der Menschheit in einer ersten Phase damit beginnen, ein Archiv der heiligen Schriften der Menschheit zusammenzustellen durch Sammeln, Sichten und Übersetzen. Diese Phase betrifft jenen Teil des religiösen Gedächtnisses, den wir das Speichergedächtnis nennen können. Erst wenn dieses Archiv gewachsen und zugänglich sein wird, kann als zweite Phase eine »Archäologie der literarischen Kommunikation«[1] beginnen. Ich verstehe darunter eine Forschung, die nach Verbindungen und Beeinflussungen zwischen den differenten Gedächtnisspuren der Wahrnehmungsgeschichte Gottes und ihren literarischen Dokumentationen fragt.

Beide Phasen der Arbeit setzen eine Kooperation derer voraus, denen die

---

1. Vgl. zu dem Stichwort A. und J. Assmann (1987).

heiligen Schriften gehören. Hinzu kommt nach der in Kapitel II 3 gefundenen Einsicht ein Arbeitsgang, der die Sakralbauten sichtet und dokumentiert, die zu den einzelnen Gedächtnisspuren gehören. Denn auch sie haben ja Kanon-Charakter, der sich besonders im Zusammenspiel von Riten bzw. Liturgien und Baukörpern ausdrückt. Deswegen gehört zu der Phase der Sammlung und Sichtung auch eine Dokumentation der Riten bzw. Liturgien in ihren inneren Strukturen.

In einer dritten Phase erst kann es darum gehen, die alten Überlieferungen in einem Prozeß des selbstbezogenen Erinnerns auf unser heutiges Leben zu beziehen, also sie verstehen zu wollen. Dazu gehört eine neue, eben nicht nur literarische Kommunikation derer, die mit den jeweiligen Überlieferungen *unmittelbar*, also durch kultischen Gebrauch, und *mittelbar*, durch Studium und Interpretation, zu tun haben. Dazu könnte *ein interreligiöses Kloster* wesentliche Impulse beisteuern. In ihm sollten Menschen aus unterschiedlichen Religionen und Spiritualitäten für kürzere oder längere Zeiträume zusammen leben, arbeiten und sich so gegenseitig verstehen lernen. Dadurch, daß sie in ein gemeinsames geistliches Leben Elemente einbringen, die aus ihrer jeweiligen spirituellen Praxis stammen, können sie eine spirituelle Gastfreundschaft leben, die der Arbeit am religiösen Gedächtnis der Menschheit angemessen ist. Denn der Universalität dieses Projektes entspricht ja auch die Einsicht, daß Gott oder ein Absolutes *allen seinen menschlichen Wahrnehmungsgestalten gegenüber* transzendent ist. Ob die Jesus-Christus-Geschichte eine ist, die Menschen Gott näher bringt, wird sich dabei erweisen können.

Für das, worauf ich hoffe, kann die Kommunität von Taizé ein Beispiel geben. Denn sie hat erfahrbar gemacht, wie fruchtbar es für alle Beteiligten ist, wenn traditionelle Grenzen durch das Vertrauen auf den einen Gott und seinen Geist überschritten werden. Wollen wir über die hochstilisierten Gegensätze[2] hinwegkommen, müssen wir den Reichtum erfahren, der sich für uns öffnet, wenn wir an den Spiritualitäten anderer teilhaben – und andere an unserer Spiritualität teilhaben lassen. Voraussetzung dafür ist allerdings, daß wir den Geist Gottes als die Kraft achten, die alles, was lebt, zusammenhält. Und dazu gehören ja auch die Religionen und ihre unterschiedlichen geistlichen Schätze.

---

2. Als unangenehm empfinde ich in dem EKD-Text (2003c), S. 15, die rhetorische Frage »an die konkreten Erscheinungsformen anderer Religionen, ob ihre besonderen religiösen Erfahrungen sie tatsächlich zur *Offenheit* für das Ereignis der Wahrheit, die mit Recht *Gottes* Wahrheit zu heißen verdient, befähigen.« Da hätte der Ausschuß außer dem später in Parenthese folgenden salvatorischen Hinweis auf »die Irrwege des Christentums« die eigene Kirchen- und Theologiegeschichte gründlicher anschauen und eine kritische Arbeit am eigenen religiösen Gedächtnis und den darin wirksamen Ethnozentrismen vornehmen können. Sie sind noch heute wirksam, wenn man sieht, wie ein theologischer Ausschuß an der bisherigen Bilanz der exegetischen Forschung, wie Ulrich Luz, Rainer Albertz und andere sie vorgelegt haben, so schnurstracks vorbei argumentiert.

In einem interreligiösen Kloster könnten wir Christen uns mit der Frage konfrontiert sehen, was wir – außer großen Ansprüchen auf *die* Wahrheit – den anderen Religionen eigentlich zu bieten haben. Solange wir die anderen Religionen gewissermaßen in einen Raum stellen, den wir von den uns geläufigen theologischen und philosophischen Axiomen her schon längst vermessen haben, gestehen wir ihnen die eigene Gotteserfahrung nicht wirklich zu. Das aber heißt, daß wir auch Gott bzw. dem Absoluten nicht zugestehen, sich von ihnen anders als von uns wahrnehmen zu lassen. Das sieht in der Begegnung zwischen dem ZEN-Buddhismus und christlicher Kontemplation anders aus, wie sie Willigis Jäger und andere leben und vermitteln. Da habe ich den Eindruck gewonnen, daß niemand mehr absichern muß, was der Geist tun muß oder darf, sondern alle darauf warten, daß der Geist tut, was *er* will. Ganz sicher gibt es eine Verständigung mit anderen Religionen in dem Glauben, daß Gott Geist ist. Wenn Paulus an denjenigen Stellen, an denen er vom Geist spricht, sagt, daß er von »*des Herrn* Geist« rede, ist das authentisch innerhalb seiner religiösen Vorstellungen gedacht. Wichtig aber ist, *was* er von diesem göttlichen Geist sagt: »Wo aber der Geist des Herrn ist, da ist Freiheit.« *(2. Kor 3,17.19)*

Ich bin dessen gewiß: Eines Tages wird es dazu kommen, daß Menschen aus unterschiedlichsten Kulturen und Religionen ihre Wahrnehmungen Gottes bzw. des transzendenten Absoluten angstfrei und aufmerksam kommunizieren werden. Dabei und dadurch werden dann die alten Gedächtnisspuren noch einmal gründlich überschrieben werden. Und dann wird nicht nur ein sehr weit reichendes *kulturelles* Gedächtnis, sondern auch ein adäquates *religiöses* Gedächtnis den Menschen als geistliche Quelle zugänglich sein. Heute erwecken die Religionen dadurch, daß sie theologisch, aber auch durch die Verquickung mit völkischen, politischen und wirtschaftlichen Interessen, gegeneinander abgeschottet worden sind, in vielem noch den Eindruck, wir lebten gar nicht in *einer* Welt. Das wird sich ändern.

Selbstverständlich kann ich nur Skizzen für die mir vorschwebende Arbeit am religiösen Gedächtnis der Menschheit vorlegen. Aber es ist Zeit, solche Skizzen zu riskieren. Sie machen Ernst damit, daß es nur *einen* Gott und eine *universale* Wahrnehmungsgeschichte dieses Gottes gibt, zu der alle Religionen als differente Gedächtnisspuren gehören. Alle haben uns allen womöglich etwas Hilfreiches über Gott und die Welt zu sagen – was zu allermeist erst noch herauszufinden ist. Die Vielfalt der Spuren von dem *einen* Gott her sehen zu lernen, den keine Religion allein in sich fassen kann, darum geht es mir bei der zu skizzierenden Arbeit. In diesem Sinne betrieben, soll sie ein Beitrag zur Verständigung der Religionen und zum Frieden in der Welt werden. Ich weiß dankbar, daß es viele gibt, die sich dieser Arbeit in dem einen oder anderen Aspekt schon lange verschrieben und Wichtiges geleistet haben. Dabei spielen diejenigen eine besondere und tragende Rolle, die sich der Mystik zugewandt haben. Ich nenne dafür noch einmal *Willigis Jäger*, aber auch *Michael von Brück*. Die Mystik hat sich als eine – wenn ich es so ausdrücken darf – natürliche Brücke zwischen den Religionen erwiesen. Ihr geht es im Letzten nicht um Lehre und »die« Wahrheit, sondern um eine Beziehung zum Absoluten.

Auf einen möglichen Einwand gegen das Projekt will ich noch in der Einleitung eingehen. Jan Assmann hat die Ansicht vertreten, von *Gedächtnis* könne im kulturellen Sinn nur geredet werden, solange es einen Bezug jenes »Speichers« namens Gedächtnis zu einer sozialen Größe gebe. Fehle jeder Bezug zu einer wie weit auch immer gefaßten, kollektiven Identität, sei es nicht mehr sinnvoll, überhaupt von einer »Gedächtnisförmigkeit der Kultur« zu reden[3]. Denn zum Gedächtnis gehören Menschen, die es im Zusammenhang einer offenen Kommunikation benutzen und dabei strukturieren. Zweifellos gibt es keine soziale Größe mit der von Jan Assmann angesprochenen kollektiven Identität, die zu dem religiösen Gedächtnis der Menschheit paßte außer der Menschheit selbst. Da es der Menschheit aber trotz der – sich primär ökonomisch vollziehenden – Globalisierung an einer wirklich verbindenden Kommunikation und folglich auch an einer Wir-Identität mangelt, kann ich *die Menschheit* nur als eine Hoffnungs-Größe mit in meine Überlegungen einbeziehen. Es läßt sich durchaus hoffen, daß die sich weltweit ausdehnende Kommunikation der Wissenschaftler, der interessierten Mediennutzer und Reisefähigen auch auf der *sozialen* Ebene eine Gemeinschaft in dem Sinne bilden wird, daß sich die Zahl der an der Kommunikation Beteiligten ausweitet und die Qualität der Kommunikation deutlich zunimmt. Denn dann können vergessene, verdrängte oder – aus der Perspektive einzelner Religionen – unbekannt gebliebene Bereiche des kollektiven religiösen Gedächtnisses der Menschheit erschlossen und kommunikativ »umgeschrieben« werden. Und immer mehr Menschen werden sich gemeinsam dafür einsetzen können, daß ethnozentrische und rassistische Inhalte des religiösen Gedächtnisses und bestimmte Typen ihrer nationalistischen Erinnerung keinen prägenden Einfluß mehr auf die Gestalt der Religionsgemeinschaften und die von ihnen gelenkten Sozialisationsprozesse haben. So dürfen die Kreuzzüge, die Genozide an Azteken und Inkas, an Indianern und Juden und die Versklavung von Afrikanern, aber auch die vielen Schlachten der konfessionell bedingten Kriege – um nur diese zu nennen – im christlichen Bereich nicht mehr zustimmend oder gar verherrlichend erinnert werden.

---

3. J. Assmann (2000a), S. 43.

Die Arbeit am religiösen Gedächtnis der Menschheit muß bei der eigenen Religion beginnen

Alles, was wir glauben, bezieht sich auf erlebte, erzählte, wieder und wieder erinnerte und natürlich auch theologisch reflektierte *Wahrnehmungsgestalten* von Gott. Doch auch, wo wir uns auf *eigene* Glaubenserfahrungen berufen, sind diese nichts anderes als unsere eigenen Wahrnehmungsgestalten Gottes. In ihnen sind wir selbst und die uns prägende Kultur bereits mit enthalten, wobei die eigene Glaubenstradition diese Kultur ihrerseits schon mit geformt hat. Mit dem Wandel der Zeit wandelt sich im Prozeß des immer neuen selbstbezogenen Erinnerns auch die Gestalt des Wahrgenommenen und dessen, was wir Wahrheit nennen können. Wahrheit ist nicht von den Bedingungen der Wahr*nehmung*, und Wahrnehmung nicht vom Prinzip der kulturellen Kohärenz zu trennen. Darum ist es besser, von *Authentizität* als von Wahrheit zu reden, wo es um Glaubenserfahrung und ihre Reflexion geht.

Die Bereitschaft, zwischen dem Wahrgenommenen (*der* Wahrheit) und der Wahrnehmungsgestalt, die Menschen in bestimmten Zeiten und nach den Regeln kultureller und biographischer Kohärenz davon in sich bilden, zu unterscheiden, ist die *Voraussetzung für die Arbeit am religiösen Gedächtnis* der Menschheit. Darum muß innerhalb der eigenen Gedächtnisspur der Wahrnehmungsgeschichte Gottes zuerst einmal nach *dieser* Bereitschaft gefragt werden. Sie ist innerhalb des kirchlichen Christentums vorläufig noch kaum zu erkennen. Als Beispiele dafür gehe ich in diesem Abschnitt noch einmal auf die von der Evangelischen Kirche in Deutschland herausgegebene Schrift »Christlicher Glaube und nichtchristliche Religionen«[4] und auf die Instruktion des Papstes zur Eucharistie-Enzyklika (2003/2004) ein.

Etwas von der angesprochenen Bereitschaft zu differenzieren hätte ich mir von der Schrift der EKD sehr gewünscht. Sie redet insbesondere von *der Wahrheit* noch so, als gäbe es sie *neben* Gott als eigenständige Größe in der den Christen zugänglichen Offenbarung[5]. Aber es gibt keine Objektivität im Blick auf das Wahrgenommene. Was wir wahrnehmen, enthält uns und unsere Vorstellungsmuster mit. Das belegen – ich komme noch einmal darauf zurück – mit aller Deutlichkeit schon innerhalb des Neuen Testamentes die Evangelien mit ihren gravierenden Unterschieden in der Sicht des Verhältnisses von Gott (Vater) und Jesus Christus zueinander sowie des letzten Mahles und der Hinrichtung Jesu Christi. Die Bibel als interreligiöser Doppelkanon ist in ihrer ganzen

---

4. EKD (2003c). Der Titel hält ein Vorurteil fest: Als gehe es bei uns um Glauben und bei den anderen um Religion. Zwar wird mehrfach im Text von der christlichen und den anderen Religionen geredet, aber der Begriff *Glaube* bleibt den Christen vorbehalten.
5. Insbesondere in Abschnitt 3.2, S. 14-17.

religionsgeschichtlichen Weite *keine* Basis für ein quasi objektives Reden von Wahrheit. Sie ist aber ein in seiner Vielfalt kaum zu überbietendes Zeugnis von authentischen Glaubensvorstellungen.

Man kann zwar sagen, daß der christliche Glaube aus einer »Wahrheitserfahrung hervorgeht« – was natürlich auch für den Glauben der Muslime und Juden gilt. Aber die Grenze zwischen einem authentischen Glaubenszeugnis und einem ethnozentrischen Totalitätsanspruch wird weit überschritten, wenn die EKD-Schrift formuliert, »daß der christliche Glaube aus der über die ganze Welt entscheidenden Wahrheitserfahrung hervorgeht«[6]. Angemessen wäre es zu sagen gewesen, daß (ein Teil der) Christen in der Begegnung mit Jesus Christus zu dem Glauben gekommen sind, er beziehungsweise *sein Sühnopfertod* habe für die ganze Welt eine alles entscheidende Heils-Bedeutung. Und man hätte hinzufügen müssen, daß diese Glaubensanschauung aus einem bestimmten kulturellen Hintergrund stammt und eine theologische Konstruktion darstellt, mit deren Hilfe der schreckliche Tod Jesu Christi als etwas Heilvolles verstanden werden konnte. Aber das wird nicht gesagt, und auch kein Wort dazu, daß die Sühnopferdeutung der Hinrichtung Jesu längst umstritten ist. Statt dessen wird in formelreicher Rede behauptet, das Zentrum des (evangelischen) Glaubens sei in der »Offenbarung des lebendigen, von der Sünde errettenden Gottes in Jesus Christus« zu sehen. Umfragen und viele Gespräche mit Pfarrern auf Pfarrkonventen und mit Menschen in den Gemeinden weisen in eine andere Richtung. Sie begründen meine These, daß die Mehrheit der Christen und auch der (zumindest evangelischen) Pfarrerinnen und Pfarrer inzwischen die Sühnopfer- und Erlösungstheologie nicht mehr teilt[7]. Das Entscheidende sehen sie darin, daß der für seine Botschaft von der unbedingten Liebe hingerichtete Jesus Christus von den Toten auferstanden ist. *Ostern* ist für sie also das eigentliche Zentrum des Glaubens und nicht Karfreitag.

Das Kreuz als christliches Symbol kann für die Bereitschaft stehen, die Liebe Gottes auch durch den radikalen Verzicht auf Gewalt und die Fähigkeit, dafür zu leiden, zu bezeugen. Natürlich spielt die Vergebung der Sünden auch dann eine gewichtige Rolle (vgl. *Joh 20,23*). Aber sie wird nicht mehr an ein Menschenopfer gebunden. Würde man also mit allem offengelegten Wissen um die historischen und kulturellen Bedingtheiten biblischer und natürlich reformatorischer Aussagen mit Menschen im eigenen Land und aus anderen Religionen reden, würde man wohl besser verstanden und besser verstehen. Man würde *glaubwürdig* reden – so nämlich, wie man unter Theologen auch redet. Dabei ginge es nicht um eine Ermäßigung *der* Wahrheit zur »Teilwahrheit«, wie

---

6. EKD, ebenda, S. 14.
7. Ich verweise auch hier noch einmal auf das »Bischofswort« des EKD-Ratsvorsitzenden Huber am 23. April 2004 vor der Berlin-Brandenburgischen Synode.

der EKD-Text pauschal allen Abweichlern hochmütig unterstellt[8], sondern um *Aufrichtigkeit*. Diese Aufrichtigkeit schulden wir der Welt.

Wir schulden sie ihr noch aus einem anderen Grund. Wir müssen nämlich vor der Welt einen Zusammenhang schonungslos aufdecken, den wir viel zu spät erkannt haben: daß Gott dadurch, daß er von vielen biblischen Überlieferungen bis hin zur Passionsgeschichte Jesu Christi mit tödlicher Gewalt als *Verursacher* in Verbindung gebracht worden ist, immer wieder neue tödliche Gewalt hat legitimieren müssen – sofern der Zweck nur »heilig« war. Das Kreuz wurde zum Siegesfanal pervertiert, zur Lanze gegen alle Feinde der Kirche: »Heiden«, Ketzer, Hexen. Die Kirche selbst ist dabei zur geschlossenen Heilsanstalt geworden, in die man durch die Säuglingstaufe eingewiesen wurde und in der man sich im wesentlichen gehorsam zu verhalten hatte. Vieles davon gilt noch heute – weil immer noch viel zu viele Christen dazu erzogen werden, Gehorsam mit Glauben gleichzusetzen.

Allen Religionen der Erde ist zuzubilligen, daß sie Gott bzw. das Absolute aufgrund *authentischer Wahrnehmungen* bezeugen. Das ist der eigentliche Ausgangspunkt meiner Überlegungen. Wie Gott Einer und das Absolute unteilbar ist, gehören alle Religionen in eine unteilbare *Ökumene* hinein. Das aber bedeutet auch, daß überall da, wo Gott in *irgendeiner* Gestalt *geglaubt* wird, immer wirklich *Gott* bezeugt wird – auch wenn die jeweils wahrgenommene Gestalt Gottes den Angehörigen anderer Religionen fremd ist oder von ihnen abgelehnt wird. Jeder Glaube an Gott bezeugt die auch ohne unseren Willen bestehende Ökumene der Religionen, so tief der Graben – vom eigenen Selbstbild aus gesehen – zwischen ihnen auch sein mag. Denn nicht die einzelnen Religionen konstituieren diese Ökumene, sondern Gott selbst und die die Wahrnehmungsmuster mit prägenden Kulturen. *Gott* konstituiert die Ökumene der Religionen, indem er sich zu den Menschen in Beziehung setzt und von ihnen wahrnehmen läßt, ja, sich diesen Wahrnehmungen preisgegeben hat und weiter preisgibt. Und die *Kulturen* konstituieren sie, weil sie noch vor aller Theologie bereits im Wahrnehmungs- und Erinnerungsgeschehen erheblich dazu beitragen, daß und wie sich die Wahrnehmungsgestalt Gottes ausdifferenziert. Als Teil dieses Geschehens wirkt das Prinzip der *biographischen* Kohärenz auf den Prozeß des selbstbezogenen Erinnerns von Traditionen kräftig ein. *Das Bekenntnis zur Einheit und Einzigkeit Gottes schließt demnach das Bekenntnis zu einer Ökumene der Religionen ein.* Es ist bei ihr wie mit der Einheit der christlichen Ökumene: sie ist eine in vielem erst im Glauben faßbare Größe, die von dem im Geist gegenwärtigen Gott zusammengehalten wird – allen Trennungen und Gegensätzen zwischen den sichtbaren, institutionalisierten Religionen zum Trotz.

Was für die Religionen gilt, gilt natürlich auch für die *heiligen Schriften* der

---

8. EKD, ebenda, S. 14.

Religionen. Sie dokumentieren als – nicht nur literarische – Kanons die differenten Gedächtnisspuren, in denen die universale Wahrnehmungsgeschichte Gottes verlaufen ist und verläuft. *Geschichte* ist als Dimension dabei ernst zu nehmen. Denn alle Kanons und ihre Filiationen dokumentieren in sich selbst oder in ihrer Ausdifferenzierung eine geschichtliche Entwicklung. Doch sie tun mehr als nur dies. Sie bezeugen auch, daß alle Götter und Göttinnen, die wir religionsgeschichtlich beschreiben können, ihre jeweiligen Vorgänger und Vorgängerinnen hatten. *Alle Götter sind aus vorhergehenden Göttern hervorgegangen.* Genauer gesagt heißt das: alle Götter *sind neue Wahrnehmungsgestalten des früher anders wahrgenommenen Gottes*. Doch sie enthalten, um als Götter erkennbar zu sein, wichtige Wesenszüge ihrer Vorgänger. Selbst in der religiösen Revolution des Pharaos Echnaton, in der er den traditionellen polytheistischen Götterhimmel durch eine das Sonnenlicht repräsentierende Scheibe ersetzt hatte, ist das so gewesen. Die Hymnen, die sich mit seiner Revolution verbinden, können alles das rühmen, was vorher *einzelnen* Göttern gegenüber lobpreisend oder klagend ausgesprochen worden war. Aber auch der jüdische Gott Jahwe[9] ist genauso wenig wie der am Ostermorgen aus dem Tod erstandene Gott der Christen, Jesus Christus, als *Deus ex machina* auf der Bühne der Religionsgeschichte erschienen, sondern hervorgegangen aus Vorläufern. Dazu gehören bei Jesus Christus sowohl jüdische Messias-Vorstellungen als auch griechische Vorstellungen vom therapeutischen Heiland Asklepios, ägyptische Vorstellungen vom getöteten und auferstandenen Gott Osiris sowie vom mythischen Sänger Orpheus.

Bei den Übergängen von einer Wahrnehmungsgestalt Gottes zur anderen geht es immer um eine komplementäre Verbindung aus Diskontinuität und Kontinuität. Das Neue, Diskontinuierliche, gibt Antwort auf neue Fragen, die veränderte Zeitläufte mit sich gebracht haben. Das Kontinuierliche macht das Neue verständlich und kommunizierbar. Dem nachzugehen, ist die vorrangige Aufgabe einer Arbeit am religiösen Gedächtnis der Menschheit. Das ist eine spannende, uns Zug um Zug in der Kultur- und Religionsgeschichte beheimatende Arbeit, die unseren Glauben nicht zerstört, sondern beziehungsreicher macht als bisher. Sie befreit uns von der Angst, die *Gestalt* der Gottesvorstellung sei entscheidend und gegen jeden Wandel zu verteidigen – obwohl doch die *Beziehung zu Gott* das Entscheidende ist, das uns im Leben und im Sterben trägt.

Die Ökumene der Religionen hat also nicht nur eine synchrone Dimension des zeitgenössischen *Nebeneinanders*, sondern auch eine diachrone Dimension des *Nacheinanders*. Klarmachen kann man sich das am Wandel der Gottesvor-

---

9. Vgl. dazu Lang (2002). Lang hält als Religionswissenschaftler sorgfältig historische Rekonstruktion und den Glauben auseinander. Ich bemühe mich, im Interesse eines glaubwürdigen Christentums, beides zu verbinden.

stellungen innerhalb der ungefähr 1500 Jahre, die wir als biblische Zeit bezeichnen können. Jede Gottesvorstellung verhält sich dabei zu den Vorläuferinnen so, wie sich Jesus Christus zu dem jüdischen Vater-Gott verhalten hat, von dem er sagt: »Wer mich sieht, sieht den Vater« *(Joh 14,9)*. Die Christen haben nach der Begegnung mit Jesus Christus den überlieferten Gott in vielem anders wahrgenommen als die Juden. Denn zu seiner geschichtlichen, in den Evangelien wahrgenommenen Besonderheit[10], hat zum Beispiel gehört, daß Jesus Christus *Heil und Volk* nicht mehr unmittelbar miteinander verbunden gesehen hat. Hinzu kommt die Absage an jede Form von Gewalt und die Relativierung aller göttlichen Gebote durch die unbedingte Liebe Gottes. Den Kriegsgott Jahwe konnten die frühen Christen mit dieser neuen Wahrnehmungsgestalt Gottes deshalb nicht mehr verbinden. Es ging ihnen darin wie vorher schon dem Dichter und Priester Sophokles innerhalb seiner Kultur. Er hatte im 5. Jahrhundert v. Chr. den therapeutischen, die Leiden der Menschen ernst nehmenden Gott Asklepios in Athen eingeführt und parallel dazu den Kriegsgott Ares in seinen Tragödien bekämpft. Der gehörte für ihn unwiederbringlich in die Vergangenheit, weil er sich als Fluch für die Menschen erwiesen hatte[11]. Bei Sophokles und Jesus Christus werden also religiös-theologische Lehren aus der Geschichte gezogen. Sie fließen in die Vorstellung vom neuen Gott der Christen ein. Das belegt nicht zuletzt die – schon erwähnte – Tatsache, daß die ersten Christusdarstellungen sich an Asklepios-Darstellungen orientiert haben[12]. An solchen Erkenntnissen darf dogmatisches Reden heute nicht mehr vorbeigehen.

Arbeit am religiösen Gedächtnis meint einen Prozeß, in dem wir uns mit Schrift oder Bild oder Bau gewordenen Wahrnehmungen und Erfahrungen aus der Religionsgeschichte neu in Beziehung setzen. *Neu* heißt: in einem Diskurs, der die bisherigen Verengungen des Denkens, die durch die Fixierung auf die jeweils eigene Gedächtnisspur zustande gekommen sind, aufbricht. Auch deshalb muß die Arbeit am religiösen Gedächtnis der Menschheit bei der eigenen Religion beginnen. Wir müssen im Umgang mit dem uns Vertrauten lernen, bestimmte Grundeinsichten anzuwenden. Erst wenn wir in der Lage sind, die Erkenntnisse der Wahrnehmungs- und Erinnerungsvorgänge mit *dem* Prozeß in Verbindung zu bringen, in dem sich die Überlieferungen der eigenen Gedächtnisspur und ihre späteren dogmatischen Auslegungen *inhaltlich gewandelt* haben, können wir anderen Religionen offen begegnen. Denn nur un-

---

10. EKD (2003c), S. 16, hebt einmal hervor, daß es eine »geschichtliche Besonderheit Jesu Christi« gibt, die »unüberholbar« sei: daß »*er* unter keinen Umständen zu Feindschaft und tödlichem Streit treibt.« Denn das heißt doch auch, daß von ihr her selbst gegen dogmatische Urteile argumentiert werden *muß*, die diese Besonderheit irgendwelchen ethnozentrischen Denkfiguren geopfert haben.
11. So vor allem in der Tragödie »Aias«. Die Abkehr vom Krieg spielt aber auch bei den anderen Tragödien wie der »Antigone« eine große Rolle.
12. Dinkler (1980).

ter der genannten Voraussetzung werden wir vor uns selbst eingestehen, daß auch Wahrheit eine sich mit den Veränderungen der Geschichte wandelnde Gestalt hat. Und erst, wenn wir wirklich zur Kenntnis nehmen, wie stark sich die nebeneinander und nacheinander verlaufenen Gedächtnisspuren der universalen Wahrnehmungsgeschichte Gottes gegenseitig beeinflußt haben, werden wir nicht mehr versuchen, Wahrheit nur in der Überlieferungs- und Wirkungsgeschichte der *eigenen* heiligen Schrift finden zu wollen. Wir werden erkennen, daß in den getrennten Spuren der universalen Wahrnehmungsgeschichte des *einen* Gottes sehr verwandte Probleme aufgetreten sind, wenn sich strukturell verwandte Umwälzungen in der Kulturgeschichte vollzogen haben. Es kann sein, daß wir noch sehr viel mehr davon erfahren werden, wie sich unsichtbare und sichtbare Religion im Verlauf größerer geschichtlicher Zeitspannen zueinander verhalten. Da Religionen nicht nur durch die Religions-, sondern auch durch die Kriegsgeschichte miteinander verbunden sind, werden sie durch eine solche Arbeit am religiösen Gedächtnis auch viel besser als jetzt verstehen, welche Mechanismen sie immer wieder dazu getrieben haben, in Ethnozentrismen hineinzugeraten, heilige Kriege auszurufen und Gott zu instrumentalisieren.

Kommunikation ist »Teil einer interaktiven Geschichte. In diesem Sinn besteht das kommunikative Gedächtnis immer in Formen der Verlebendigung von Vergangenem, das in diesem Prozeß nie bleibt, was es war.« Harald Welzer[13] zitiert dazu Martin Walser: »Solange etwas ist, ist es nicht das, was es gewesen sein wird.« Wir wissen also gar nicht mehr, wie etwas ohne unsere Erinnerung daran gewesen ist. Wir kennen nur das Erinnerte. Aber auch *der* Schluß läßt sich daraus ziehen: Jedes *gemeinsame* Erinnern sorgt dafür, daß Vergangenes in einer Weise verändert (»überschrieben«) wird, durch die alle an der Erinnerungsarbeit Beteiligten *so* damit umgehen können, daß sie die Erinnerung nicht voneinander trennt oder gar gegeneinander aufbringt. Welcher Segen darauf liegt, haben gemeinsame christlich-jüdische Bemühungen deutlich gemacht, die Wurzeln des Antisemitismus zu erforschen. Aber er zeigt sich auch bei Versuchen, den jüdisch-christlichen Doppelkanon Bibel im Dialog auszulegen. Wenn wir in diese Erinnerungsarbeit darüber hinaus die Kulturwissenschaftler noch ganz anders als bisher einbeziehen, werden sich die Schätze der Vergangenheit in einer Weise entfalten, von der wir heute nur träumen können. Denn noch hindern uns – offiziell jedenfalls – dogmatische Vorgaben eigentlich aller Religionen daran, die Gotteswahrnehmungen fremder religiöser Gedächtnisspuren auf den eigenen Glauben zu beziehen, also mit dem »eigenen« Gott direkt in Verbindung zu bringen. Hier kann nur eine geänderte Kommunikation dafür sorgen, daß das, was inzwischen längst *neben* den offiziellen Wegen der Glaubenseinübung an freiem Transfer von Gotteserfahrungen geschieht, ir-

---

13. Welzer (2002), S. 221.

gendwann auch offiziell mit der einen universalen Wahrnehmungsgeschichte Gottes verbunden werden wird. Geschieht es nicht, besteht die Gefahr, daß die großen Religionsgemeinschaften zwar für die Initiationsriten als Agenten des Heiligen begehrt, aber inhaltlich für die Menschen belanglos sein werden.

Jeder Wandel der Gottesvorstellungen schließt notwendige Abschiede ein. Trotzdem ist es sinnvoll, eine Bibel zu haben, in der alte Wahrnehmungsgestalten Gottes überliefert werden, an die niemand mehr glaubt. Ich denke an Vorstellungen von Gott als gewalttätigem Kriegsherr und Schutzgott, wie sie während der sogenannten Landnahmekriege in Israels vorstaatlicher Zeit entwickelt worden und auch bei fast allen anderen Völkern anzutreffen sind. Denn sie belegen, daß das in der Bibel dokumentierte Neben- und Nacheinander sehr unterschiedlicher Gottesvorstellungen eine *Entwicklungsgeschichte* spiegelt, die parallel zur Entwicklungsgeschichte der Kulturen verlaufen ist. Nur wenn wir glauben, daß die sich wandelnden Gottesvorstellungen in ihrer zeit- und kultur*abhängigen* Gestalt den einen Gott gemeint haben, können wir einen Kanon wie den biblischen überhaupt *als heilige Schrift akzeptieren*. Das zu sagen, heißt aber nicht, daß wir unsere heutigen Vorstellungen von Gott und vom Menschen, von den Mitgeschöpfen und vom Weltall mit frühen oder auch späteren biblischen Vorstellungen *identifizieren* müßten. Die Bibel ist für uns Heutige über weite Strecken hin Teil des religiösen *Gedächtnisses* der Menschheit. Als solche aber *bindet* sie uns nicht im Glauben, sondern hat sie eine reine *Bildungs*funktion. Daß trotzdem beim Lesen oder Hören »Funken« einer Gottesbegegnung überspringen können, die uns tief berühren, ist damit nicht ausgeschlossen. Aber das gilt für die Begegnung mit altägyptischen oder griechischen Spuren des religiösen Gedächtnisses der Menschheit auch – mag es sich dabei um Texte, bildliche Darstellungen oder Tempelbauten handeln. Denn sie alle zeigen uns Facetten der universalen Wahrnehmungsgeschichte Gottes.

Wir wären aber keine Christen, wenn innerhalb dieser vielen Spuren die eine Spur, in der die Geschichte Jesu Christi erinnert wird, nicht einen besonderen Platz hätte. Für mich hat sie diesen Platz aber nicht aufgrund einer dogmatischen Qualifizierung, sondern allein aus der immer neuen Begegnung mit dem durch Jesus Christus bezeugten glaubwürdigen Gott. In seinem Leiden und Tod ist er mir so nah wie keine andere Gestalt Gottes. Und als Auferstandener ist er mir voraus als Hoffnungsgrund des Lebens. Darin kann ich die Liebe Gottes, kann ich Gott als Liebe und Leben schaffenden Geist erkennen. In der Gewißheit, daß Gott seine Geschöpfe begleitet und durch alle Abschiede des Lebens und Sterbens hindurch zu sich in Beziehung hält, kann ich Neugeborene genauso wie Leidende und Sterbende ansehen, unter Menschen und Tieren. Ich muß sie und mich in Gedanken aber nicht mehr in ein religiöses System hineindenken, das unser ohnehin sterbliches und schweres Leben wegen unseres immer wieder erkennbaren Ungehorsams gegen Gottes Gebote zusätzlich als *verloren* und *des Todes würdig* verunstaltet. Diese negative Sicht des Menschen paßt nicht zum »*cantus firmus* des Geistes, der vom Evangelium ausgeht«. Denn der »*begrüßt das Dasein jedes Geschöpfes Gottes und damit auch das Dasein jedes Menschen einer anderen Religion*«[14], und zwar *uneingeschränkt*. Deshalb paßt der im Evangelium Jesu Christi redende Geist der Liebe Gottes auch nicht zu dem Gedanken der *Erbsünde* und der auf ihm aufbauenden *Erlösungsvorstellung*. Die ist nur nötig, wenn man – gegen Gottes Schöpfergeist – die Erbsündenlehre und ein absoluten Gehorsam forderndes Gesetz als Zentrum des kulturellen Gedächtnisses akzeptiert. Paulus hatte jene Sünde- und Gehorsamskultur bereits als unsichtbare Religion mit der Muttermilch eingesogen und eine sichtbare Religion nur als Erlösungsreligion denken *können. Martin Luther* hat seine Theologie bei Paulus festgemacht, weil er durch dessen Kreuzestheologie eine Möglichkeit gesehen hat, den verzweifelt und mit allen Mitteln der Buße und frommen Leistung vergeblich gesuchten *gnädigen Gott* zu finden. Denn auch ihm war in seiner kirchlichen und theologischen Sozialisation *kein unbedingt liebender* Gott vermittelt worden.

Zu Jesu Christi Leben und Verkündigung gehört das, was die *Rechtfertigungslehre* meint. Von Jesu Gleichnis vom »verlorenen Sohn« *(Lk 15,11-32)* ausgehend, verstehe ich sie so: Gott unterscheidet zwar zwischen seiner Liebe zu uns Menschen und dem, was wir ihm und unseren Mitgeschöpfen gegenüber schuldig bleiben. Aber für das schuldig Gebliebene spricht er den Menschen das Lebensrecht nicht ab. Weil er uns liebt, kann er uns auch als Schuldiggewordene leiden, erleiden. *Um uns auf diese Weise lieben und leiden zu können, braucht Gott aber gerade kein »Heilsereignis« wie den Tod eines Menschen*. Seine Liebe ist grundlos, bedingungslos und grenzenlos. Und darin ist sie wirklich *göttliche* Liebe. Die jüdisch-christliche Variante von Erlösungsreligion hat der Liebe Gottes diese göttliche Unbegrenztheit und Unbedingtheit niemals zugetraut. In ihr ist immer noch eine Gotteswahrnehmung dominant, die von einem tiefen Mißtrauen der Priestertheologen gegenüber den Menschen ausgeht. Dieses Mißtrauen spiegelt sich im genauso tiefen Mißtrauen der Menschen gegenüber einem unberechenbaren Gott. Dazu paßt, daß das Erlösungsdenken an Tauschvorstellungen gebunden ist. Unsere Seele entwickelt sie, solange sie noch meint, mit Gott handeln zu müssen: um seine Hilfe zu bekommen, macht sie Gott kleine und große Gelübde. Sie kommen aus der Angst vor der Gewalt des Mächtigen, von dem man weiß, daß er allen mißtraut.

Dieses Mißtrauen hat die Seelen unendlich vieler Menschen vergiftet, weil die Kirchen es für sich übernommen und selbst den »Gläubigen« gegenüber prak-

---

14. EKD (2003c), S. 12. Leider folgt die EKD-Schrift dann diesem schönen Gedanken nicht, sondern bleibt in einem ängstlichen Duktus hängen. Die Ängstlichkeit stammt aus dem Versuch, sichern zu wollen, was nicht zu sichern ist. Aber das Evangelium wird nur durch ein uneingeschränktes Vertrauen in die Liebe Gottes verbreitet.

tiziert hatten. Wehren können wir uns dagegen, indem wir uns auf die vertrauensvoll-herzliche Anrede des Vaterunsers berufen, die Jesus Christus nachzusprechen empfohlen hat. Christen können Gott ohne Angst und voller Vertrauen auf seine unverlierbare Liebe hin ansehen und anreden. *Das Angst einflößende Gottesbild hat Jesus Christus aus der Welt schaffen, uns vom System der Erlösungsreligion erlösen wollen.* Die Priester, die damals die Angst geschürt hatten, um sie dann mit ihrem Kult therapieren zu können, sind seine natürlichen und schärfsten Gegner geworden. Weil er *außerhalb des Kultes* Sünden vergab, heilte und gar Tote auferweckte, haben sie beschlossen, ihn zu töten. Das zu bedenken, gehört auch zur Arbeit am religiösen Gedächtnis!

Es ist Zeit, daß die Christen Jesus Christus als der neuen und glaubwürdigen Gestalt Gottes in Kirche und Theologie *den* Raum geben, der ihm zukommt. Das beginnt damit, daß wir alles ausklammern, was Gottes Liebe durch ein überholtes religiöses System wieder verunstaltet hat. Solche Verunstaltungen können wir überall da erkennen, wo Kirchen ihre religiösen oder theologischen Normen über das gesetzt haben, was Jesus Christus den Menschen zugedacht hatte. Das Beispiel schlechthin dafür ist das Abendmahl.

Die Enzyklika *Ecclesia de eucharistia* des Papstes vom April 2003 und die Instruktion *Redemptionis sacramentum* (»Das Sakrament der Erlösung«) vom 25. März 2004 gehen freilich einen anderen Weg als den von mir beschriebenen. Sie »umrahmen«, daran muß erinnert werden, den im Sommer 2003 in Berlin veranstalteten ersten Ökumenischen Kirchentag und die dabei gemachten Erfahrungen mit dem Wunsch der Christen, in eucharistischer Gastfreundschaft gemeinsam das Herrenmahl zu feiern. Nun hat jede Kirche natürlich ein eigenes *ius liturgicum*, kann also in liturgischen Dingen beschließen, wie sie will. Ein Problem sehe ich aber da, wo eine Kirche das Ziel verfolgt, die »Eucharistie in ihrer authentischen Gestalt als Spiegel und Zeugnis der einen und universalen Kirche zu feiern«[15]. Historisch gesehen, gibt es keine *authentische* Gestalt der Mahlfeier. Das wissen katholische Neutestamentler und Liturgiegeschichtler genauso wie evangelische. Deshalb geht schon diese Aussage weit über das hinaus, was glaubwürdig gesagt werden kann. Die biblischen Quellen enthalten keine einheitliche Überlieferung vom letzten Mahl Jesu, und die Liturgiegeschichte bezeugt im Osten wie im Westen sich schnell diversifizierende Formen kirchlicher Mahlfeiern. Die von den Kirchen heute verwendeten liturgischen Texte sind jeweils das Ergebnis vielschichtiger theologischer Rekonstruktion *und* Konstruktion. Wenn die römisch-katholische Kirche von der »Eucharistie in ihrer authentischen Gestalt« spricht und diese »als Spiegel und Zeugnis der einen und universalen Kirche« bezeichnet, so begründet sich diese Authentizität

---

15. Kardinal Lehmann in seiner einführenden Information und Stellungnahme vom 24. 4. 2004 im Internetportal der Katholischen Kirche in Deutschland.

allein im Anspruch der römisch-katholischen Kirche, selber die eine und universale Kirche zu sein. Sie folgt damit dem Denkmuster des Ethnozentrismus, der stets das Eigene für das Allgemeine hält. Denn sie kennt zwar das geschichtliche Werden ihrer kirchlichen Eigenheit, tut aber trotzdem so, als verdiente nur die seit dem Zweiten Vatikanischen Konzil entstandene jetzige Gestalt der (katholischen) Eucharistie als Opfer[16] das Prädikat »authentisch«, und als wäre nur dieser Mahltyp legitim gegenüber den Überlieferungen.

Die Instruktion von 2004 versucht mit einer Vielzahl von Vorschriften, eine bestimmte, theologisch gewollte Wahrnehmungsgestalt der Eucharistie zu sichern. Man spürt in allen Paragraphen die Angst vor Veränderungen. Es ist ein in seiner Detailversessenheit verzweifelt anmutender Sicherungsversuch, der mit Warnungen vor Verstößen gegen die Norm und der Androhung von Strafen bewehrt worden ist. Darüber hinaus aber werden alle Katholiken dazu aufgerufen, von der liturgischen Norm abweichende Handlungen – »Mißbräuche« und vor allem »schwerere Delikte« wie die »verbotene Konzelebration des eucharistischen Opfers zusammen mit Dienern« anderer Kirchen (Nr. 172c) – über den Diözesanbischof (Nr. 184) der zuständigen vatikanischen Kongregation zu melden. Daß alle Vorschriften eingehalten und »alle Mißbräuche vollständig korrigiert werden«, sei »eine sehr wichtige Aufgabe, und alle sind ungeachtet der Person zur Verwirklichung dieser Aufgabe gehalten.« (Nr. 183) Ich empfinde diese Instruktion als traurigen Rückgriff auf ein Instrumentarium totalitärer Systeme, das einer Kirche unwürdig ist. Die römische Kirche will ihre Mitglieder zu Denunzianten machen und die Priester mit einer sie in der Messe bespitzelnden Gemeinde konfrontieren. Würde meine Kirche etwas Derartiges veröffentlichen, würde ich zu öffentlichen Protesten gegen sie aufrufen. Offen ist, wie lange Christen bereit sein werden, sich von dieser oder einer anderen Kirche Vorschriften machen zu lassen, die eine eucharistische Gastfreundschaft oder gar eine gemeinsame Feier des Herrenmahls verbieten. Die immer wieder zu lesende Aussage »Leider ist ein gemeinsames Mahl der Christen noch nicht möglich« verlangt zu Unrecht Respekt für einen Zustand, in dem kirchliche Instruktionen *über* die Einladung Jesu Christi zur Mahlfeier und zu seinem Gedächtnis gestellt werden. Der Maßstab dafür ist Jesu Christi Wort, daß der Mensch nicht für den Sabbat, sondern der Sabbat für den Menschen geschaffen ist *(Mk 2,27).*

---

16. Die Instruktion spricht von der »Eucharistie, die nicht nur ein Gastmahl ist, sondern auch und vor allem ein Opfer« (S. 22).

Arbeit am religiösen Gedächtnis als Kampf um die Erinnerung

Die Arbeit am religiösen Gedächtnis der Menschheit hat noch eine andere Dimension, für die ich das Stichwort vom »Kampf um die Erinnerung« aufgreife, das Alexander Mitscherlich[17] geprägt hat. Es soll in unserem Kontext darauf hinweisen, daß diese Arbeit auch eine *analytische* Dimension hat. Sie ist der Archäologie vergleichbar und hat als Grundaufgabe, im Gedächtnis die überschriebenen Spuren eines vielfältigen Erinnerungsgeschehens aufzudecken, für das ich den Begriff des *selbstbezogenen Erinnerns* übernommen habe. Bei allem Erinnern nämlich benehmen wir uns nicht wie Archivare, die Daten der Vergangenheit katalogisieren und abspeichern. Durch unser Erinnern formen wir das Vergangene vielmehr so um, daß es sowohl zu unserer eigenen Biographie – wie *wir* sie sehen – als auch zu unserem sozialen Umfeld paßt. Das ist notwendig und legitim, damit wir anderen Menschen sagen können, was uns das Vergangene heute bedeutet, und wie wir uns im Spiegel des Erinnerten selbst verstehen gelernt haben. Was für Individuen gilt, gilt aber auch für kollektive Subjekte wie Kirchen und andere Religionsgemeinschaften, die eine ausgeprägte Wir-Identität zusammenhält.

Dieses selbstbezogene Erinnern sorgt dafür, daß *frühere* Spuren des Erinnerten nur noch schwer zugänglich sind. Wir verdecken oder verdrängen alte Spuren, die nicht mehr zu unserer Lebenssituation passen. So wissen Erwachsene sehr bald nur noch wenig von ihrem »Kinderglauben« und dem, was sie sich damals alles von Gott und uns ausgemalt haben. Um da wieder heranzukommen, bedarf es schon eines analytischen Kampfes um die Erinnerung. Dieser »Kampf« gelingt im angesprochenen Beispiel besonders gut, wenn wir bei Kindern und Enkeln Ähnliches wahrnehmen und dadurch alte, vergessene Bilder in uns wieder auftauchen sehen. *Diese* Erinnerungsarbeit ist wichtig, weil wir durch sie unsere Kinder und Enkel besser verstehen können. Aber wir verstehen durch diese Arbeit auch uns selbst besser. Denn im Wechsel von Tag und Nacht, von Bewußtsein und Unterbewußtsein, durchlaufen wir ja Phasen der Wahrnehmung, die uns auf den unterschiedlichsten Ebenen sowohl mit aktuellen als auch mit längst überschriebenen Spuren unserer Vergangenheit verbinden. Dabei tauchen die verdrängten Gedächtnisspuren wieder auf.

Auch dies gilt nicht nur für Individuen und individuelle Lebensgeschichten, sondern auch für die kollektive Erinnerung. Völker erinnern auf diese selbstbezogene Weise auch Kriege und ihre Ursachen. Europa ist voll von Triumphbögen, die diese Perspektive festhalten. Immer ist Gott dabei in die eigene Sicht einbezogen, auf der *eigenen* Seite gewußt worden. Wer und was Kriege ausgelöst hat, wurde dabei nicht unbedingt von den geschichtlichen Tatsachen her ent-

---

17. Mitscherlich (1975).

schieden, sondern vom völkischen Selbstbild und vor allem von *dem* Bild her, mit dem die Herrscher in der Geschichte erinnert werden wollten. Da wurde schnell Recht in Unrecht und Unrecht in Recht umgeschrieben. Auch in diese Umschreibungen wurde Gott stets mit einbezogen. Bei allen Siegesfeiern waren die Kirchen präsent, haben die Dankgebete formuliert und auf dem Umweg über den Himmel die begehrten Teile der Erde für das eigene Volk beansprucht. Doch es darf nicht vergessen werden, daß Religionsgemeinschaften als Erzählgemeinschaften auch ihre *eigenen* Siege über Glaubensfeinde entsprechend dargestellt haben. Wo die eigene Seite Gott für Sieg oder Rettung gedankt hat, waren aber auf der anderen Seite Niederlage und Untergang zu beklagen. Nur die eine ist natürlich mit dem »eigenen« Gott in Verbindung gebracht worden. Die Erforschung solcher Vergangenheiten müssen von den Völkern und Religionen in der Arbeit am religiösen Gedächtnis der Menschheit *gemeinsam* aufgedeckt werden, auch wenn dabei gegen vielerlei Verdrängungsmechanismen buchstäblich angekämpft werden muß. Israel hat mit der Art, wie es den Verlust seiner staatlichen Selbständigkeit und das babylonische Exil theologisch aufgearbeitet hat, der Welt ein eindrucksvolles Beispiel der Arbeit am eigenen religiösen Gedächtnis gegeben.

Wir Christen können der Frage nicht mehr ausweichen, warum die Kirchen Jesu Christi so anfällig dafür (gewesen) sind, ethnozentrische Vorstellungen zu entwickeln und der Gewalt zu huldigen. Gehen wir ihr nach, stoßen wir auf die Verwicklung Gottes in blutige Gewalttat, wie sie mit dem von der Sühnopfertheorie gedeuteten Crucifixus als Symbol immer noch allgegenwärtig ist. Wenn doch unser Heil – wie jene Theorie sagt – nach Gottes Willen aus blutiger Gewalt entstanden ist, muß sie im Fall des Falles auch zu anderen Belangen gerechtfertigt sein. *Das ist eine verheerende Botschaft, die nicht weiter verbreitet werden darf.* Theologische und tiefenpsychologische Arbeit am religiösen Gedächtnis hat deshalb die Aufgabe, zu erheben, welche Faktoren dazu beigetragen haben, daß Jesus Christus im selbstbezogenen Erinnern der Kirchen so entstellt worden ist, daß sie selbst in seinem Namen Gewalt haben üben können. Der Crucifixus muß als Symbol göttlicher Gewalt überschrieben und künftig als Symbol des Leidens verstanden werden, auf das Gott mit seinem Mitleiden und der Auferstehung reagiert hat.

Ähnlich dringlich wird zu untersuchen sein, warum wir Deutsche nach wie vor gegenüber einer Erforschung der *germanischen* Kultur und Religion so reserviert sind. Daß der »christliche« Weihnachtsbaum aus der nordischen Wintersonnenwendfeier stammt, ist an dieser Stelle zu wenig gewußt. Wir können aber nicht weiterhin so tun, als wären sie gar nicht unsere geschichtliche Herkunft. Wir schämen uns ihrer[18] und sehen unsere Heimat viel lieber im Mittel-

---

18. Maier (2003) hat eine gute Voraussetzung dafür geschaffen, daß wir uns mit diesem Teil

meerraum. Auch dieses Faktum muß mit verdrängten religiösen Gedächtnisspuren zu tun haben, die uns zum Teil immer noch faszinieren und zum andern Teil erschrecken. Eine archäologische Arbeit am religiösen Gedächtnis Mittel- und Nordeuropas könnte zum Vorschein bringen, daß unsere Herkünfte im Keltischen und Germanischen durchaus Ansehnliches enthalten. Was auch immer zum Vorschein kommen wird, es wird in seinem Einfluß auf die Gestalt des Christentums in dieser Region der Erde genauso zu betrachten sein wie ägyptische, jüdische und hellenistische Einflüsse auf das frühe Christentum in Palästina.

Der Kampf um die Erinnerung wird aber auch dazu dienen müssen, Zerrbilder geschichtlicher Phänomene zu korrigieren, wie sie die Bibel enthält und als Vorurteile weiter verbreitet. Als Beispiel nenne ich die Stadt Babylon. Gleich in drei biblischen Erzählungen symbolisiert sie Negativtugenden: in der Geschichte vom Turmbau zu Babel tritt sie als frevelhafte Himmelsstürmerin auf *(1. Mose 11,1-9)*, in dem Erzählkreis von der babylonischen Gefangenschaft Israels ist sie das Symbol der Fremdherrshaft *(2. Könige 24f.)*, und schließlich taucht sie in der Offenbarung des Johannes als Deckname für die Metropole Rom auf und ist nun »die große Hure« geworden, die den Erdkreis verführt *(18,1-19,10)*. Vielleicht hat auch dieser Hintergrund Einfluß darauf gehabt, daß die beiden Golf-Kriege einer von frommen amerikanischen Präsidenten geführten westlichen Allianz gegen die arabisch-muslimische Welt gerade den Irak getroffen haben.

Diese und andere Aufgaben zu verfolgen, wird die Erkenntnis fördern, daß sich die konkrete Gestalt der Religionen in den unterschiedlichen Regionen der Erde aus dem Zusammenspiel von Gotteswahrnehmung und kulturkohärenten Gestaltungselementen ergeben hat. Auch diejenigen Einflüsse dürfen nicht ausgeblendet werden, die daher rühren, daß Theologen und Theologinnen immer eine Theologie betreiben, die mit der Art der Gottesbeziehung korrespondiert, die sie in ihrer Kindheit internalisiert hatten. Das bedeutet, daß der kulturelle und lebensgeschichtliche Faktor viel ernster zu nehmen ist als bisher. Es ist zu hoffen, daß Theologie und Kulturwissenschaft einschließlich der Religionswissenschaft und -psychologie in Zukunft viel intensiver als bisher zusammenarbeiten werden.

Ich setze auf den Diskurs, aufs Zuhören, Schauen und Antworten, aufs Lernen von den Erfahrungen anderer. Das Bewußtsein der Religionen, daß Gott und Transzendenzerfahrungen zu unserer Wirklichkeit gehören, wird gegenüber denen, die die Wirklichkeit *ohne* Gott verstehen, eine Wir-Identität der

---

des Weltreligionserbes wieder beschäftigen. Der Dämon der nationalsozialistischen Okkupation der germanischen und nordischen Überlieferungen kann auf diese Weise am besten vertrieben werden.

Unidentischen vorantreiben. Der Weltrat der Kirchen ist sicher kein hinreichendes Beispiel für die dafür benötigte Institution. Und das gemeinsame Friedensgebet der Religionen in Assisi auch nicht. Aber Fingerzeige in die richtige Richtung sind beide gewiß. Herauskommen müßte so etwas wie ein *Ökumenischer Rat der Religionen*. Er hätte dafür zu sorgen, daß zwischen den Religionen eine Kommunikation in Gang kommt, die man als eine institutionalisierte selbstkritische »Dauerreflexion«[19] der religiösen Überlieferungen im Kontext der Kulturgeschichte bezeichnen könnte.

---

19. Schelsky (1965).

3. Pia Desideria: Fromme Wünsche

Ein Kanon aus den Kanons

Der Religionswissenschaftler *Joachim Walch* hat einmal empfohlen, nichtchristliche Bibeln zu lesen, und sein Kollege *Friedrich Heiler* hat »unbekümmert von ›Bibeln der Menschheit‹ oder ›Menschheitsbibeln‹« gesprochen und darunter das kanonische Schrifttum der Religionen verstanden[1]. Das ist eine weite, angemessene Horizontbeschreibung. Hans-Martin Barth sieht den Nutzen einer solchen Lektüre aber darin, daß die »Begegnung mit außerchristlichen kanonischen und heiligen Schriften ... die Wahrnehmung des spezifischen Profils der Heiligen Schrift« (Bibel) schärfe und zugleich auf Gemeinsamkeiten aufmerksam mache. Barth verordnet gleich eine strikte Leseanweisung: die außerchristlichen kanonischen Schriften seien »von Jesus Christus her und auf ihn hin zu lesen.«[2] Er knüpft an den reformatorischen Grundsatz *Sola scriptura* (»allein [durch] die Schrift«) an. Sich »allein« auf die Bibel zu beziehen, sei für Christen deshalb unerläßlich, weil sich der trinitarische Zusammenhang der Gottesvorstellung »nur von ihr her erschließt und gegen Mißdeutungen schützen läßt.«[3] Das ist genau so gedacht, wie der zitierte EKD-Text redet. Oder anders, als Frage formuliert: Erlaubt es das trinitarische Dogma, das doch von dem einen und wahrhaftigen Gott in universaler Perspektive redet, tatsächlich nicht, diesem Gott zuzugestehen, daß er sich auch in den anderen heiligen Schriften hat wahrnehmen lassen? Ich finde eine Gottesvorstellung nicht glaubwürdig, die hier nein sagt. Zumindest ist sie dann revisionsbedürftig.

Ich gehe davon aus, daß die anderen kanonischen Überlieferungen und großen »kulturellen Texte« der Menschheitsgeschichte kulturkohärente Wahrnehmungsgestalten des *einen* Gottes sind. Sie können von Christen durchaus für sich gelesen und müssen nicht unter das Joch einer dogmatischen Lesehilfe gestellt werden. Denn wenn sie zu unterschiedlichen Gedächtnisspuren der einen universalen Wahrnehmungsgeschichte Gottes gehören, ist der Geist Gottes auch in ihnen wirksam gewesen – und zwar in derselben kulturkohärenten *Mittelbarkeit* wie in der Bibel. Der Bezug zur Geschichte Jesu Christi vollzieht sich dann *nicht* aufgrund einer dogmatischen Hermeneutik, nach der – überspitzt formuliert – jeder Satz mit Christus anfangen oder enden muß. Das haben wir

---

1. Bei H.-M. Barth (2001), S. 181. Der Cellist Mischa Maisky hat am 12.3.2004 in der NDR-Talkshow bekannt, die Cello-Sonaten von Johann Sebastian Bach seien seine Bibel.
2. H.-M. Barth, ebenda, S. 221.
3. H.-M. Barth, ebenda, S. 222.

Pfarrer viel zu lange mit den jüdischen Texten des Alten Testaments gemacht. In den entsprechenden Predigten bekamen die Predigthörerinnen und -hörer dann nach oft sehr schönen, die Texte wirklich wahrnehmenden Auslegungen noch den »christologischen Schwanz« der Predigt zu hören, der um des dogmatischen Grundsatzes willen angehängt werden mußte. Das ist weder denen gerecht geworden, die in diesen Texten zur Sprache gekommen sind, noch Jesus Christus, insofern diese Art von Appendix-Dogmatik auf eine Zensur früherer Gotteserfahrungen hinausläuft.

Ist Jesus Christus für einen Menschen wichtig geworden, wird er nicht dadurch verdrängt, daß er den Sonnenhymnus von Echnaton, babylonische, hinduistische oder griechische Mythen liest, sich in ägyptische, hinduistische, buddhistische oder griechische Tempel begibt und sie samt den bildlichen Darstellungen auf sich wirken läßt. Kommen kundige Erläuterungen hinzu, erhöht sich der Gewinn aus solchen Begegnungen. Mich haben Begegnungen mit fremden religiösen Traditionen zumeist in der Gewißheit bestärkt, *Gottes* Spuren in menschlicher Wahrnehmung zu begegnen. Sie haben meine Vorstellungskraft von Gottes Weite und Fülle bereichert und mich staunen lassen darüber, in welcher Vielfalt sie sich spiegelt. Die Dankbarkeit für dieses Staunen kann nun seinerseits kein Dogma mehr verdrängen. Je länger ich mich mit bestimmten nichtchristlichen Überlieferungen befasse, desto mehr fangen sie und die Jesus-Christus-Geschichte an, sich gegenseitig auszulegen. Ich kann die vielen Perspektiven erkennen, die auch in den anderen Religionen nach und nach eingenommen worden sind und sich gegenseitig überschrieben haben. Mit einem Satz: Ich entdecke immer mehr Züge der *gemeinsamen* Geschichte, die Gott mit den Menschen und die Menschen mit Gott in der Vielfalt der Kulturen durchlebt haben. Und immer geht es darum, wie das Leben gefunden werden kann – auch dadurch, daß wir loslassen, was wir bisher krampfhaft festgehalten haben *(Mk 8,35)*. In der Begegnung mit den anderen Religionen kommt für mich heraus, daß auch unsere impliziten Axiome keine absoluten Vorgaben sind.

Deswegen habe ich den frommen Wunsch, daß Menschen aus unterschiedlichen Religionen sich zusammenfinden mögen, um einen *Kanon aus den Kanons* zusammenzustellen. Ich finde, es ist dringlich, mit einem solchen Projekt innerhalb der Arbeit am religiösen Gedächtnis der Menschheit jetzt zu beginnen und es nicht auf das Ende der Zeiten zu verschieben. Im »Himmel« brauchen wir keine Bibel oder andere Kanons mehr[4]. Mir geht es nicht um einen Kanon *der* Kanons. Das wäre jenes religionsgeschichtliche Archiv, von dem ich schon ge-

---

4. Vgl. Theißen (2003), S. 251 f., hat die Vision geäußert, eine »himmlische Akademie der Wissenschaften« könnte »am Ende der Zeiten« aus allen Traditionen und Büchern einen »ewigen Kanon« schaffen. Darin müßten auch Texte aus anderen Religionen, aber nicht unbedingt die ganze Bibel enthalten sein.

sprochen habe. Doch auf ein solches Archiv zielt mein Vorschlag an dieser Stelle nicht[5]. Es geht mir um eine Textausgabe, die für die Hand interessierter Menschen gedacht und die auch lesbar ist. Sie soll ausschnitthaft dokumentieren, daß die unterschiedlichen religiösen Gedächtnisspuren, die wir kennen, die eine universale Wahrnehmungsgeschichte Gottes spiegeln.

Ein Kanon *aus* den Kanons könnte möglicherweise so strukturiert sein, wie ich es in den drei Modellen vorschlage. Es könnten aber auch ganz andere Strukturen gewählt werden, sofern sie der genannten Aufgabenstellung gerecht werden. Die drei Modelle folgen dem Gedanken, eine für Mitteleuropäer sinnvolle Zusammenstellung zu bieten. Sinnvoll heißt, die Texte müssen im Rahmen unserer kulturellen Vorgaben – natürlich mit Hilfe entsprechender Erklärungen – auch verstanden werden können. Alle drei Typen sehen wirkliche *Öffnungen* hin zu nichtchristlichen Überlieferungen vor.

Typ A enthält als *Grundbestand auszuwählende Überlieferungen*[6] *des jüdischen und christlichen Teils der Bibel*. Mit ihnen werden aufgrund der vorliegenden exegetischen Forschungen außerbiblische Überlieferungen verbunden, die entweder als Vorstufen die jüdisch-christlichen Schriften beeinflußt haben oder die sie vom jeweiligen Thema her synthetisch oder auch antithetisch ergänzen. Dabei ist darauf zu achten, daß die auf diese Weise hergestellten Brücken zu anderen Religionen nicht nur in historischer Perspektive von Bedeutung sind. Sie dürfen also nicht dem Ehrgeiz folgen, besonders viele Schöpfungsgeschichten oder ähnliche Parallelüberlieferungen zu erfassen. *Typisch* müßten sie sein, den Perspektivwechsel deutlich machen, der mit dem Hinüberwechseln in eine andere Gedächtnisspur der Wahrnehmungsgeschichte Gottes verbunden ist. Aber einige Texte müßten auch in die heute benutzten Kanons anderer Religionen hineinführen – also zum Beispiel diejenigen Überlieferungen des Korans aufnehmen, die die Abraham-Geschichte oder aber auch Jesus Christus betreffen und natürlich andere als die gewohnten Abraham- und Jesus-Bilder vermitteln. Ohne eine solche Öffnung wäre das Projekt ohne Sinn.

Typ B erzählt als *Grundtext die Jesus-Christus-Geschichte in einer Art Evangelien-Harmonie*. Diese sollte nicht neu geschrieben, sondern aus den kanonischen Evangelien und einigen anderen Jesus-Überlieferungen zusammengestellt werden, auch in einander widersprechenden Parallelüberlieferungen. So kann schon am Basistext deutlich vermittelt werden, daß auch Jesus Christus bereits innerchristlich »nur« als Wahrnehmungsgestalt in unterschiedlichen

---

5. Vgl. zu den Größenordnungen Colpe (1987), S. 87-92: Es geht um mehrere tausend Bände.
6. Es hat keinen Sinn, in dieser Skizze Vorschläge dafür zu machen, welche Schriften der Bibel konkret ausgewählt werden sollten. Jede dazu nötige Einzelentscheidung müßte mit anderen Einzelentscheidungen abgestimmt werden und verlangte deshalb nach einem detaillierten Gesamtkonzept. Dazu ist hier nicht der Ort.

Perspektiven gefunden werden kann. Die Jesus-Christus-Geschichte kann dann synoptisch verbunden werden mit Texten, die die jüdische Messias-Vorstellung, Vorstellungen vom therapeutischen Gott und Heiland, vom sterbenden und auferstehenden Gott als Hoffnungsgrund für die Menschen, von einer Erlösung der Menschen durch Opfer, von der Seele als der Beziehung alles Lebendigen zu Gott, von der Gerechtigkeit als Weg des Lebens in Ägypten, im Judentum und anderen Religionen usw. enthalten. Aber auch mit den Lehren der Weisheit, den Erfahrungen der Mystik sowie mit religiös fundierten Dramen wie den griechischen Tragödien kann die Jesus-Christus-Geschichte verbunden werden. Hinzu kommen – exemplarisch vermittelt – die Wirkungen, die Jesus Christus sowohl in der Theologie- und Frömmigkeitsgeschichte als auch in der Kunst der Welt bis zur Gegenwart ausgelöst hat. Damit ist gesagt, daß auch die *kritische* Rezeption der Jesus-Christus-Überlieferungen einen Platz bekommen muß.

Typ C geht von *Motiven oder Themen aus, die in allen Religionen vorkommen.* Sie drücken den *Lebensbezug des Glaubens* aus. Da geht es um duale Grunderfahrungen mit Tod und Leben, Licht und Finsternis, Gut und Böse, Gerechtigkeit und Ungerechtigkeit, aber auch mit männlichem und weiblichem Lebensverständnis. Die großen Regeln für das Zusammenleben der Menschen und der Völker gehören in diesen Kanontyp genauso hinein wie Gebete aus den unterschiedlichsten Lebenssituationen, die vermitteln, was als Heil und was als Unheil verstanden wird, was als Glück und was als Unglück gilt. Die Festkalender der einzelnen Religionen und die Grundstruktur der Feste, das Zusammenspiel von offiziellem Kult und häuslichen Feiern, Praxen der Meditation und Askese, Riten an den großen Lebensstationen Geburt, Initiation, Heirat, Tod gehören dazu. Wichtig ist, daß hierbei nichtliterarische Kanons mit berücksichtigt werden: Bildprogramme der Ägypter genauso wie Reproduktionen von Tempeln, die die darin ausgedrückten eigenen Gottes- und Lebenserfahrungen vermitteln. Schließlich muß das Zusammenspiel von kultischen Formen, Musik, Tanz und bildnerischer Kunst berücksichtigt werden. Und weil es in allem um den Lebensbezug des Glaubens geht, müssen auch Rechtscorpora aus der Religionsgeschichte dokumentiert werden.

Alle Kanontypen müssen mit sorgfältigen Registern und Glossaren versehen sein und Kommentare enthalten, die Auswahl und Art der Präsentation erklären, lesbar machen. Sie sollten aber auch die expliziten Axiome aufdecken, die hinter den jeweiligen Überlieferungen erkennbar sind. Erst von diesen Axiomen her lassen sich ja viele Überlieferungen in ihren kulturellen Hintergründen einordnen und wirklich verstehen.

Ein Kanon aus den Kanons kann und soll auch dazu genutzt werden, daß in den Gottesdiensten daraus vorgelesen wird, um die Vielfalt der Gedächtnisspuren der einen Wahrnehmungsgeschichte Gottes zu bezeugen. Natürlich setzt das voraus, daß der verlesene nichtchristliche Text auch verstanden und zugleich mit den biblischen Texten verbunden werden kann, die zum jeweiligen Datum gehören. Da wird der Predigt noch eine neue Aufgabe zuwachsen. *Ich denke, daß interreligiöse Predigthilfen die angemessene Antwort auf diese Herausforderung sein werden.* In der Christnachtsfeier habe ich mehrfach Texte verlesen, die zeigen, wie groß die Sehnsucht der Menschen nach *Licht* seit eh und je gewesen ist, und wie die Religionen darauf geantwortet haben. Ein solcher Kanon hätte aber auch in einem staatlichen Religionsunterricht seinen natürlich Platz, in dem es darum geht, die Religionen zu verstehen.

Ein Festjahr für Weltbürger als Basis einer lebensfreundlichen Kultur

Odo Marquard hat in seiner »Kleinen Philosophie des Festes« indirekt an die Kirchen appelliert, sich wieder verstärkt der Festkultur zuzuwenden, und zwar gerade weil »der Sonntag seine Kraft verliert«. Der Krieg als »Perversion des Festes ruft – als Gegenmittel – nach dem Fest.«[7] Selbst der Massentourismus und ein wirklicher Rhythmus zwischen Wachen und Schlafen erscheinen Marquard als Remedien gegen die Sucht nach dem totalen Moratorium. »Denn der Mensch ist das exzentrische Lebewesen, das ohne das Fest nicht auskommen kann. Entweder feiert der Mensch Feste, oder er sucht sich schlimme Ersatzformen des Festes: bis hin zum Krieg.«[8] Wenn irgend jemand aus der Geschichte eine besondere Verantwortung dafür trägt, daß dieser Drang in den Festersatz umgelenkt wird in die Feier *wirklicher* Feste, dann die Religionsgemeinschaften. Denn sie sind aus den behandelten Gründen deutlicher erkennbar in die Ursachen des Ethnozentrismus, in die Heiligung von tödlicher Gewalt und von Kriegen verwickelt gewesen als alle anderen gesellschaftlich wirksamen Gruppen. Insofern sich im kulturellen Gedächtnis aus dieser Geschichte auch sprachliche Spuren erhalten haben – wie die unglaublich vielen Militarismen[9] zeigen –, haben sie auch eine besondere Verantwortung dafür, daß diese Spuren verschwinden. Hier wartet Arbeit auf die Predigtlehrer, aber natürlich auch auf die Deutschlehrer in den Schulen und Rhetoriklehrer in den Führungsetagen der Konzerne.

Die Hauptaufgabe bleibt, durch die Pflege der Festkultur *lebensdienliche* Un-

---

7. Marquard (1989), S. 690. Nachdem das 3. Jahrtausend mit einem bislang für undenkbar gehaltenen Terroranschlag am 11.9.2001 in New York und Washington und mit dem Angriffskrieg im Irak begonnen hat, hat dieser Ruf wieder an Ernst gewonnen.
8. Marquard, ebenda, S. 691.
9. Wie häufig reden wir bei besonders schönem Wetter von einem »Bombenwetter«, bei Aufstellungen von »Reih' und Glied«, bei Gruppen von »Truppen«, geben beim Aufbruch den »Marschbefehl«, stehen »stramm«, achten auf »den Vordermann«, »nehmen aufs Korn«, »schießen ab«, »knallen ab«, »unterminieren«, »stellen einen »Schlachtplan auf«, sprechen spontan »wie aus der Pistole geschossen« etc.

terbrechungen des Alltags zu schaffen. Ich habe für das, was dabei herauskommen müßte, einmal den Begriff eines »Kirchenjahres für Weltbürger«[10] gewählt, weil eine lebendige Festkultur offen sein muß auch für diejenigen, die keiner Religionsgemeinschaft angehören. Mittlerweile halte ich es für besser, den Entwurf eines solchen Festjahres von der Dominanz durch das Wort *Kirchenjahr* zu befreien. Der Begriff *Festjahr* erlaubt es viel besser, die vorhandenen Feste und mit ihnen verbundenen religiösen Traditionen der in der europäischen Kultur beheimateten Religionen zusammenzusehen. Bei ihnen werden wir den Einstieg nehmen müssen, wenn wir innerhalb der ganzen Gesellschaft(en) Europas auf eine Neubelebung der Festkultur hoffen wollen. Denn noch haben die Religionsgemeinschaften eine Festkultur, auch wenn sie in vielem schon abgebröckelt ist oder sich umstrukturiert. Wenn ein Festkalender in die Gesellschaft hinein ausstrahlen soll, kann das nur dadurch geschehen, daß die einzelnen Feste in der Art, wie sie gefeiert werden, selber in die Gesellschaft hinein ausstrahlen. Wahr ist auch, daß sich die Verwurzelung einer Religion in der jeweiligen Gesellschaft vor allem daran ablesen läßt, ob und wie die traditionellen Feste gefeiert werden. Nur lebendige Festpraxen sind einladend, das ist nun einmal so. Weil es immer noch lebendig gefeiert wird, hat sich das christliche Weihnachtsfest längst auch unter Nichtchristen etabliert. Wobei die Art, wie es dann begangen wird, oft mit dem Sinngehalt des Festes nur noch von ferne zu tun hat. Aber es ist besser, daß überhaupt ein Fest gefeiert und der Alltag bei den meisten Bürgerinnen und Bürgern unterbrochen wird, als daß die von Marquard beschriebene Suche nach den gefährlichen Formen von totaler Unterbrechung beginnt.

Sehen wir auf die Struktur der Feste und den Kreis derer, die sie feiern, gibt es ausgesprochen *personenbezogene Feste* und solche, die die *Gesamtheit* der *Gesellschaft* oder aber eine *Religionsgemeinschaft* betreffen. Die personenbezogenen Feste haben mit den in der Biographie eines Menschen angesiedelten Daten – wie Geburt, Hochzeit, Jubiläen, Tod – zu tun. Die *die Gesamtheit betreffenden Feste* sind in dem weltlichen Kalender verankert – wie vor allem der Jahreswechsel, bestimmte Feste in den vier Jahreszeiten und natürlich regionale, nationale und inzwischen vermehrt auch internationale Feiertage. Die *religiösen Feste und Feiertage* orientieren sich an dem jeweiligen Festkalender und an den von ihm festgelegten Zeitenfolgen. Im christlichen Kirchenjahr[11] sind das der Oster- und der Weihnachtsfestkreis und die damit verbundenen, vorgeschalteten Fastenzeiten und nachgeschalteten Festwochen oder auch Folgefeste. Hinzu kommen die besonderen Zeiten für Gebete und gemeinsame Gottesdienste an

---

10. Jörns (1993).
11. Jörns/Bieritz (1989b).

den heiligen Tagen und Jubiläen der Gebäude, in denen sich die religiösen Gemeinschaften versammeln.

Von großer Bedeutung ist, daß die personenbezogenen Feste mehrfach mit den die Gesamtheit betreffenden Festkalendern verbunden sind. So wird das Weihnachtsfest sowohl im Gemeindegottesdienst gefeiert als auch – nach sehr unterschiedlichen privaten Riten – in den Häusern und Familien. Etwas abgeschwächt gilt dies auch für die Feier der Taufe und für die Bestattung, also für die kirchlichen Feiern aus Anlaß der Geburt und des Todes. Denn auch bei beiden Anlässen gibt es in der Regel neben der kirchlichen noch eine Familienfeier. Etwas anderes kommt hinzu. In unserer Berliner Untersuchung haben 45% der Befragten das Weihnachtsfest als ihnen wichtig bezeichnet, 27% haben auf dieselbe Frage den Geburtstag oder ein persönliches Jubiläum genannt[12]. Da das Weihnachtsfest mit der Geburt eines Kindes zu tun hat, stehen sich die beiden am häufigsten genannten Feste inhaltlich nahe. Hinzu kommt, daß wir in einer anderen Frage herausgefunden haben, daß die Befragten am häufigsten die Geburt eines Kindes als diejenige Erfahrung bezeichnet haben, die sie im Leben am meisten berührt hat. Bei den Frauen liegt gleichauf die Erfahrung mit dem Tod eines nahen Menschen (jeweils 46%). In einer österreichischen Studie haben die Befragten sogar zu 55% die Geburt eines Kindes und zu 52% den Tod eines nahen Menschen genannt[13]. Bei beiden Erfahrungen geht es in elementarer Weise ums Leben. Deshalb leuchtet es ein, daß das Osterfest als Tag der Auferstehung vom Tod und das Weihnachtsfest in denjenigen Bezirken unserer Umfrage, die der christlichen Tradition noch sehr nahe stehen (Pfarrerschaft und Landbevölkerung), als ungefähr gleich wichtig angesehen worden sind. Alle anderen Feste haben weit weniger Bedeutung für die Befragten gehabt.

Das Fazit aus den angesprochenen Zusammenhängen heißt für mich, daß die großen Lebenserfahrungen der Menschen in einem Festjahr für Weltbürger ganz anders berücksichtigt werden müssen als bisher. Hier äußern sich elementare Interessen, auf die die Religionen mit viel Phantasie in der Wahrnehmung der Menschen und ihrer konkreten Lebenssituation eingehen müssen. Dazu paßt das Stichwort der *Weltbürgerschaft*. Denn ein Festkalender, der einladend wirken will, muß auf die Lebenswelt der Menschen eingehen. Und zwar so, daß die reale Kultur erreicht wird, in der sie leben. Diese Alltagskultur wird von den personalen Lebensbeziehungen mehr als von allem anderen bestimmt[14]. Übergeht eine Weihnachtspredigt, daß es bei diesem Anlaß um die Geburt eines Kindes geht, wird sie kaum die Erwartungen der Menschen treffen.

---

12. Jörns (1999a), S. 117.
13. Zulehner/Hager/Polak (2001a), S. 39.
14. Vgl. Jörns (1999a), S. 95-119.

Ein Festjahr für Weltbürger stellt eine Verbindung her zwischen der unsichtbaren Religion, die für die große Mehrheit einer Gesellschaft den kulturellen Rahmen absteckt, und den sichtbaren Religionen, die in dieser Gesellschaft vertreten sind bzw. in sie hineinwirken. Entscheidend ist, daß an bestehende Festpraxis angeknüpft werden kann. Das Bestehende zu kultivieren und für Außenstehende zum Mitfeiern zu öffnen – darum geht es. Und insofern stellt das Festjahr für Weltbürger eine gewisse Parallele zu dem vorgeschlagenen Kanon aus den Kanons dar. Die Religionen haben eine Verpflichtung dazu, sich transparenter, verständlicher zu machen. Und sie haben gegenüber der weitgehend säkularisierten Gesellschaft die Aufgabe, allen Menschen friedliche und festliche Moratorien des Alltags anzubieten. Eine (katholische) Predigtzeitschrift[15] hat die gute Idee gehabt, einen Sonderband herauszubringen, in dem die Feiertage und religiösen Traditionen der Christen, Juden und Muslime so behandelt werden, daß die Kirchgänger zum einen wieder wissen, worum es bei den *eigenen* Festen geht, zum anderen aber auch, was die anderen Religionen an *ihren* Festen feiern.

Ein Fest fehlt in den Festkalendern der Kirchen seit je: ein wirkliches *Schöpfungsfest*. Ich halte es für sinnvoll, an antike Traditionen wieder anzuknüpfen und das Neujahrsfest als Schöpfungsfest zu feiern. Da der Jahreswechsel in Europa den Charakter eines großen Volksfestes angenommen hat, sollte dieser Termin genutzt werden, um die Schöpfung als Lebensgabe zu feiern. Auch hierbei geht es theologisch um die Rückbesinnung auf unsere Herkunft. Deshalb habe ich in Sylvestergottesdiensten in der letzten Zeit als zentralen Text eine biblische Schöpfungsgeschichte verlesen. Ich kann mir gut vorstellen, daß auszugsweise auch andere Schöpfungserzählungen zur Sprache kommen könnten. Gerade weil am Jahreswechsel so viele Wünsche ausgesprochen werden, ist es naheliegend, an diesem Termin des Weltanfangs und Lebensanfangs zu gedenken. Denn »Zukunft braucht Herkunft«[16] – diesen schönen Ausspruch von Odo Marquard kann ich auch in diesem Zusammenhang zitieren. Wer Sylvester als Schöpfungsfest feiert, sollte sich nicht scheuen, überzuleiten in die mitternächtliche Begrüßung des Neuen Jahres, wie sie nun einmal hierzulande gefeiert wird.

Schließlich müßte in einem Festjahr für Weltbürger ein Tag vorgesehen werden, an dem die in einem Land vertretenen Religionsgemeinschaften *die Schrecken der Religionskriege* und die unsäglichen Verwicklungen der Religionsgemeinschaften in die Kriegsgeschichte aufarbeiten. Es müßte ein Trauertag der Religionen sein, der ihre Scham und ihre Verantwortung für das Geschehene

---

15. »Der Prediger und Katechet« (E. Wewel Verlag, München). Schriftleiter ist Hubert Brosseder.
16. Marquard (1981), S. 78.

deutlich macht. Ein *positives* festliches Erinnern können die Religionen dadurch inszenieren, daß sie für einen neuen Typ »Heiligenkalender« Namen und Biographien beisteuern, die interreligiöses Lernen in den Dienst am Leben stellen. Von uns Christen kann jetzt schon der Impuls ausgehen, an allen Festen Gastfreundschaft gegenüber Andersgläubigen zu praktizieren.

Glossar

Ätiologie: Im Mythos eine Erzählung, die sagen will, wie ein den Lesern bekannter Tempel, Ort oder auch Brauch in mythischer Zeit entstanden sind. In der Bibel ist z. B. 1. Mose 28,10-22 die Ä. für die alte Kultstätte in Beth-El.

Apostolikum: »Apostolisches Glaubensbekenntnis«. Die heutige Fassung stammt aus dem 7. Jahrhundert, hat aber Vorläufer. Das A. schweigt zu Jesu irdischem Leben und sagt nichts Dogmatisches über seine Heilsbedeutung aus. Gesprochen wurde es ursprünglich nur von den Gläubigen am Beginn des eucharistischen Teils der Messe nach Schriftlesung und Predigt. In den orthodoxen Kirchen wird es nicht benutzt. Der Brauch, es im Gottesdienst gemeinsam zu sprechen, ist erst durch den Kirchenkampf im Dritten Reich (wieder) üblich geworden.

Arché: Eine A. (Plural: Archaí) ist eine mythische Erzählung, die sagt, wie ein bestimmter Brauch entstanden ist und wer der erste war, der ihn eingeführt hat. Wie bei der Ätiologie kann man von einer Ursprungslegende sprechen.

Archetypen: Nach C. G. Jung gibt es im kollektiven Unterbewußten bestimmte »Urbilder«, die in unterschiedlichsten Kulturen (auch Träumen) vorkommen. Bekannte Archetypen sind die Urbilder von Mann und Frau (*Animus* und *Anima*), der alte Weise, der Zauberer oder Medizinmann, die Hexe, der Teufel etc.

Asklepios: Griechisch-hellenistischer Heilgott. Mit A. und seiner Begleiterin Hygieia setzt sich in Griechenland der Glaube durch, daß Götter auf Seiten der Menschen stehen. Sie nehmen die Leiden der Menschen wahr und fördern so die Entwicklung zur individuellen Würde der Menschen. In den Heil-Heiligtümern des A. wurde ein Heilschlaf- und Traumdeutungsverfahren entwickelt, das psychotherapeutische Medizin vorwegnimmt. Zugleich bereiteten die Asklepios-Schüler auf Kos und anderswo den Weg in die naturwissenschaftliche Medizin (Hippokrates).

Axiom: Eine Grundannahme, die nicht mehr hinterfragt, sondern bei allen Denkvorgängen als gültig vorausgesetzt wird. In diesem Buch gilt das A., daß Gott seine Geschöpfe bedingungslos liebt.

Bergpredigt: Dem Matthäus 5,1 genannten Ort entsprechend bezeichnete Komposition von Reden Jesu (Mt 5,3-7,27), die ein durch das Evangelium verändertes Recht lehren. Eingeleitet werden sie durch die »Seligpreisungen«, die das neue Recht mit dem wahren Menschsein verbinden. Bei Lukas (6,20-49) findet sich eine wesentlich kürzere Version, die die Armut als

Weg des Evangeliums denkt und neben Seligpreisungen auch Wehe-Rufe enthält. Sie wird »Feldrede« genannt.

Bibel: »Das Buch« der Christen ist ein *Doppelkanon.* Er enthält die Heilige Schrift der Juden, den *Tenach,* und christliche Schriften, die sich in vielem auf die jüdischen beziehen. Um den – in christlicher Perspektive bestehenden – inneren Zusammenhang auszudrücken, wird der erste Teil der Bibel nach traditionellem Sprachgebrauch als »Altes Testament« und der zweite Teil als »Neues Testament« bezeichnet. Da ich den interreligiösen Charakter der christlichen Bibel deutlich machen und das Eigene des Tenach respektieren will, spreche ich vom *jüdischen* und vom *christlichen Teil der Bibel.*

Bibliodrama: Eine Methode der Bibelauslegung, die das Geschehen auf eine Gruppe von Auslegenden bezieht, die sich mit einzelnen Spielfiguren in der Handlung identifizieren. Der Gedanke ist, so ein besseres Verständnis erzählerischer biblischer Texte und seiner selbst zu finden.

Calvinismus: Auf den Genfer Reformator Johannes Calvin zurückgehende Ausprägung reformatorischer Theologie. In ihr spielt die vorzeitliche Erwählung von Menschen zu Heil oder Unheil eine wichtige Rolle.

Credo: Das christliche Glaubensbekenntnis ist trinitarisch gegliedert und wendet sich an Gott Vater, Jesus Christus, den Sohn, und an den Heiligen Geist. Nach seinem Anfang »Ich glaube«, lat. *credo,* hat es seinen Namen. Es wurde vom Taufbewerber bei der Taufe gesprochen. An hohen Feiertagen wird das Nicänische Glaubensbekenntnis verwendet (benannt nach dem Konzil von Nizäa im Jahr 325).

Christologie, christologisch: Theologische Aussagen, die die besondere Stellung Jesu Christi im Heilshandeln Gottes mit den Menschen betreffen.

Deuteronomium: Einerseits das 5. Buch Mose, andererseits ist damit eine bestimmte Theologie und ihre literarische Dokumentation gemeint, die am Ende des babylonischen Exils im Südreich Juda entstanden ist und das theologische Reformprogramm für den Neuanfang nach der Rückkehr aus Babel enthält. Im Mittelpunkt steht die Verehrung des einen Gottes Jahwe. Das D. deutet das Exil als Strafe Gottes für den Abfall des Volkes von seinem Gott. Kern des D.s ist das Gesetzescorpus 5. Mose 12-26.

Didaché: Die D. gehört als »Lehre der zwölf Apostel« zu den Schriften der Apostolischen Väter und ist in der 1. Hälfte des 2. Jahrhunderts entstanden. Die D. verwendet viele sehr alte Überlieferungen zum Gemeindeleben.

Distinktion: Eine abgrenzende Definition durch klare Unterscheidung von sachlichen oder bedeutungsmäßigen Gegensätzen.

Dogma, Dogmatik, dogmatisch: Ein Dogma meint nach röm.-kath. Verständnis eine auf Offenbarung gründende Wahrheit, die als verbindlich zu glauben gelehrt wird. In den evangelischen Kirchen haben die »Bekenntnisschriften« der Reformation und die altkirchlichen Konzilsbeschlüsse eine derartige

Verbindlichkeit, sofern sie biblisch begründet sind. Die Dogmatik reflektiert überlieferte und gegenwärtige Glaubenserfahrungen und versucht, einen Zusammenhang zu formulieren.

Doxologie: Eine Form des Lobpreises, die häufig Hymnen oder Erzählungen von Gottes Wohltaten abschließt. Im Weihnachtsevangelium (Lk 2,14) steht die wohl bekannteste: »Ehre (sei) Gott in der Höhe und Frieden auf Erden …«.

Enzyklika: Päpstliches »Rundschreiben«, in dem aktuelle Fragen der kirchlichen Lehre, Moral oder Verkündigung für die römisch-katholische Kirche verbindlich geregelt werden. In den protestantischen Kirchen gibt es nichts Vergleichbares, da die Synoden der einzelnen Kirchen selbständig im Rahmen der Kirchenordnungen entscheiden.

Erbsünde: Vom Kirchenvater Augustin ausgearbeitete, auf den Apostel Paulus (Römer 5,12) zurückgehende Lehre, wonach *alle* Menschen durch den Ungehorsam von Adam und Eva gegenüber dem Verbot, vom Baum der Erkenntnis des Guten und Bösen im Paradies zu essen, ihre Unschuld vor Gott und angeblich auch die Unsterblichkeit verloren haben. Da die Vererbung dieser Sünde mit der sexuellen Verbindung von Mann und Frau verbunden geschieht, und da Eva im Mythos Adam zum Ungehorsam verführt hat, sind Sexualität generell und weibliche Sexualität im besonderen diskreditiert worden.

Erhöhter: Ausdruck für den auferstandenen Jesus Christus. Der Ausdruck schließt ein ›dreietagiges‹ Weltbild (oben Himmel, unten Erde, darunter Hölle) und die Vorstellung von der Himmelfahrt Jesu ein.

Ethnozentrismus: Einstellung, die die ausschließlich positiv beurteilten Eigenschaften der eigenen Gruppe zum Maßstab für die Beurteilung anderer erhebt und so diskriminierend ist. Als besondere Formen des E. erscheinen Erwähltheitsvorstellungen, der Nationalismus und der Rassismus.

Eucharistie, eucharistisch: Altkirchlicher Ausdruck für die sakramentale Mahlfeier im christlichen Gottesdienst. Der griechische Begriff darin bedeutet *Danksagung* und nimmt den Anfang der Mahlgebete auf, in denen die Heilstaten Gottes dankbar erinnert werden.

Evangelium: Eigene Literargattung, in der sich Elemente einer Biographie Jesu Christi und das kirchliche Zeugnis von seiner Bedeutung für den Glauben so intensiv vermischen, daß die Evangelien nicht als historische Dokumente behandelt werden dürfen. Daß *vier* Evangelien nebeneinander und nicht nur eins überliefert werden, zeigt, daß die frühe Kirche davon wußte, daß die Christusbilder der Gläubigen von ihren kulturellen und biographischen Vorprägungen mitgeprägt sind. Keins der Evangelien kann als das *richtige* gelten; alle sind authentische *Zeugnisse des Glaubens* an den auferstandenen Jesus Christus.

Exegese, exegetisch: Meint heute die wissenschaftliche Erforschung der Entste-

381

hung und Bedeutung der einzelnen Schriften innerhalb des jüdischen und christlichen Teils der Bibel. Die bei der historisch-kritischen Erforschung benutzten wissenschaftlichen Instrumentarien werden auch in anderen Wissenschaften verwendet, die mit überlieferten Textsammlungen zu tun haben (Altertumswissenschaft, Rechtswissenschaft, Religionsgeschichte).

Exil, babylonisches: 598 v. Chr. wurden entweder 4600 oder 17000 vornehmlich aus der Oberschicht stammende Judäer nach Babylon deportiert und lebten dort als halbfreie Untertanen (nicht als Gefangene). 538 übernahmen die Perser die Herrschaft und sorgten für die Rückkehr der Deportierten und den Wiederaufbau des (Zweiten) Tempels in Jerusalem (515 eingeweiht).

Gilgamesch-Epos: Babylonisches Epos aus der Mitte des 3. Jahrtausends vor Christi Geburt.

Hermeneutik, hermeneutisch: H. ist die Kunst, alte Texte zu verstehen. Dabei geht es darum, sie in ihrer geschichtlichen Situation zu hören und auf die heutige Situation zu beziehen.

Heilsgeschichte, heilsgeschichtlich: Eine theologische Konstruktion, die davon ausgeht, daß von der Schöpfung bis zum Ende des biblischen Kanons Spuren eines kontinuierlichen Heilshandelns Gottes mit Juden und Christen – und nur durch sie mit der Welt – zu erkennen sind. Heilsgeschichte schließt ein Gerichtshandeln Gottes ein. Sie geht weiter bis zum Ende der Welt und ihrer Vollendung in einer neuen Schöpfung.

Hoheitstitel: Titel, die für weltliche Herrscher oder Götter und göttliche Beauftragte verwendet worden sind. Auf Jesus bezogen ist »Christus« (»der Gesalbte«) ein solcher H. wie auch »Gottes Sohn« oder »Kyrios« (»Herr«).

Inkarnation: Jesus Christus, Gottes Sohn und schöpfungsmächtiges Wort (»Logos«), ist als Menschenkind geboren und so »in unser Fleisch und Blut« hineingekommen; vgl. Johannes 1,14.

Jahwe: Name des jüdischen Gottes, ursprünglich mit den Stämmen Israels verbunden, die am Auszug aus Ägypten teilgenommen haben. Wird im Jüdischen nie ausgeschrieben (nur die Konsonanten JHWH werden benutzt) oder ausgesprochen: dafür wird hilfsweise der Titel »mein Herr« verwendet: *Adonai.*

Jahwist, jahwistisch: Eine der »Quellenschriften« für die 5 Bücher Mose (»Pentateuch«), die bei der Endredaktion ineinander verwoben worden sind (Jahwist, Elohist, Priesterschrift). Sie heißt so, weil sie den Gottesnamen »*Jahwe* Elohim« verwendet, und wird in die frühe oder mittlere Königszeit in Israel datiert. Luther hat den Namen mit »Gott der Herr« übersetzt.

Jesus Christus: Kürzestes Glaubensbekenntnis der aus dem Judentum kommenden ersten Christen: *Jesus ist der Christus,* d.h. der von den Juden erwartete Messias. Da wir die latinisierte Form dieses zum Doppelnamen gewordenen

Bekenntnisses verwenden, gebrauche ich auch die lateinische Genitivform: Jesu Christi.

Komplementarität, komplementär: Bezeichnet (seit *Niels Bohr* und *Werner Heisenberg*) die antilogisch miteinander verbundenen Teile eines Ganzen. So meint *Mensch* zugleich *Mann* und *Frau.*

Konzil (pl. *Konzilien* oder *Konzile*): K.e und Synoden sind kirchliche Versammlungen, auf denen Glaubens- und Kirchenordnungsfragen entschieden werden. Nach katholischem Sprachgebrauch sind »ökumenische Konzilien« *Bischofs*versammlungen. Die röm.-kath. Kirche zählt insgesamt 21, die orthodoxe Kirche nur 7 (die vom 4. bis 8. Jahrhundert *vor* der Kirchenspaltung abgehaltenen). Die protestantischen Kirchen werden von *Synoden* geleitet, in der Laien die Mehrheit haben.

Kulturelles Gedächtnis: Versammelt – nach *Jan Assmann* und anderen – in sich alle Wertvorstellungen und Überlieferungen, die den Zusammenhang einer Kultur herstellen. Das K.G. stützt sich auf kulturelle »Texte«, die aber nicht nur literarischer Art sind, sondern auch Bildprogramme, Riten und Kunstwerke, in Alt-Ägypten auch die Tempel, einschließen. Davon zu unterscheiden ist das *kommunikative Gedächtnis,* das die Überlieferungen eines Zeitraums von ca. 100 Jahren in der zeitgenössischen Kommunikation lebendig hält.

Metamorphose: Gestaltwandel eines lebendigen Wesens über mehrere Stadien seiner Entwicklung, bis es die Gestalt des erwachsenen Tieres, die Imago, annimmt. Imago ist das der M. vorgegebene Endstadium. In Mythen gibt es auch den Gestaltwandel vom Menschen zum Tier und umgekehrt.

Mnemotechnik: Erlernte und von kultischen Ritualen unterstützte Technik, wichtige Überlieferungen (Texte) im individuellen und kulturellen Gedächtnis zu verankern.

Monotheismus: Der Glaube daran, daß Gott Einer ist. Judentum und Islam sind in diesem Sinn monotheistische Religionen. Wegen seiner trinitarischen Gottesvorstellung erkennen beide den M. des Christentums nicht an.

Ordination, ordinieren: Die Einführung in ein evangelisches Pfarramt (vollziehen). Die O. stellt keine Weihe dar. Die Reformation sah die *Taufe* als O. aller Christen zum »allgemeinen Priestertum aller Gläubigen« an.

Orthopraxie: Eine Lebensführung, die sich an den in einem geschriebenen oder ungeschriebenen Gesetz festgelegten Lebensregeln orientiert.

Pentateuch: Die fünf Bücher Mose. Die samaritanische Glaubensgemeinschaft (eine kleine Gruppe lebt noch in Sichem) hat den P. als Bibel. Der P. kann auch als *Tora* bezeichnet werden.

Pietismus: Bedeutendste protestantische Erneuerungsbewegung seit der Reformation. Es ging ihm um ein auf die Bibel bezogenes, um Heiligung bemühtes Leben. Der P. beginnt im letzten Viertel des 17. Jahrhunderts und dauert bis zum Ende des 18. Jahrhunderts, lebt aber heute auf unterschiedlichen Ebenen fort. Wichtig ist das Bibelstudium der Laien und die gemeinsame Bibelauslegung in den Gemeindehäusern, die erst im P. entstanden sind.

Pluralismus, pluralistisch: P. ist nicht einfach nur ein wahlloses Nebeneinander von Wertbindungen, Religionen und Kulturen. Der Begriff meint in diesem Buch, daß jede Form kultureller und religiöser Bindung eine Art Mischung darstellt aus überlieferten (quasi-objektiven) überindividuellen Elementen und lebensgeschichtlich gewachsenen Erfahrungen, die als subjektive Elemente in das individuelle Welt- und Lebensverständnis eingehen. Deshalb ist der Gedanke, Kulturen und Religionen müßten konformistisch sein, nicht nur eine Illusion, sondern lebensfeindlich.

Prädestination, prädestiniert: Von Gottes Allmacht her wird geschlossen, daß nichts dem Zufall überlassen ist, was mit uns geschieht. In der intensivsten Form sagt die P.slehre, daß Gott jedem Menschen vorherbestimmt, ob er am Ende von ihm »angenommen« wird oder nicht. Diese Lehre wird von den meisten Theologen abgelehnt, weil sie die Würde der Menschen einschränkt, insofern der Mensch hier nicht als wirkliches Gegenüber gedacht ist, das sich für oder gegen Gott entscheiden kann.

Präexistenz Jesu Christi: Seine Existenz vor der Schaffung der Welt bei Gott. In diesem Sinn wird dann auch der Anfang des Johannesevangeliums ausgelegt, in dem davon die Rede ist, daß Jesus Christus als der *Logos*, d. h. als das schöpferische Wort, nicht nur *bei* Gott, sondern der Schöpfergott selbst gewesen sei.

Priesterschrift, priesterschriftlich: Eine der Quellenschriften für die 5 Bücher Mose (und nach einigen Forschern auch für das Buch Josua). Sie wird der Priesterschaft am zweiten Tempel in Jerusalem zugewiesen und in die Zeit am Ende des Exils oder danach datiert: ca. zwischen 520 und 450 v. Chr. Sie beginnt mit der ersten Schöpfungserzählung 1. Mose 1 und verbindet die Urgeschichte der Welt mit der Urgeschichte Israels. Was zwischen Israel und seinem Gott geschieht, ist bedeutend für die Welt.

Qumran: Jüdische Sekte, die am Nordwestufer des Toten Meeres siedelte und sich von den weniger streng Gläubigen abgesondert hatte, um streng nach den Geboten der Tora leben zu können. Sie wartete auf einen Endkampf der »Himmelssöhne« aus Qumran gegen die *Söhne der Finsternis*, zu denen sie vor allem die Jerusalemer Priesterschaft rechnete.

Sadduzäer: Angehörige des Jerusalemer Priester- und Laienadels. Sie waren politisch und religiös konservativ eingestellt und lehnten damals moderne Vorstellungen wie die Auferstehung der Toten ab. Ihre Gegner waren die *Pharisäer*, unter deren Einfluß Paulus stand.

Seklusion: Eine kulturelle und soziale Selbstabschließung und Selbsteinschließung von Religionen, die durch einen Kanon von Verhaltensgeboten und

-verboten geregelt ist. Dazu gehört das Verbot, Andersgläubige zu heiraten *(Amixia)*. Im Hintergrund kann die Vorstellung stehen, als Volk, Religion oder Gruppe einzigartig oder erwählt zu sein.

Sichtbare Religion: Nach *Thomas Luckmann* die spezifische soziale Form von Religion, wie wir sie in den Religionsgemeinschaften (Kirchen) vor uns haben.

Synoptiker, synoptisch: Mit dieser Bezeichnung soll ausgedrückt werden, daß die Evangelien von *Markus, Matthäus und Lukas* den Weg Jesu Christi in vielem *gemeinsam sehen*, während Johannes einem eigenen Konzept folgt. Alle vier Evangelien sind sich aber in den Kapiteln nah, die Jesu Christi Leiden, Hinrichtung und Auferstehung erzählen. Eine *Synopse* nennt man ein Buch, das die Evangelien oder andere Parallelüberlieferungen nebeneinander abdruckt.

Theismus, theistisch: Der T. bezeichnet den Glauben an einen der Welt gegenüberstehenden, also außerweltlichen, personhaften Gott. Je nach Religionssystem gestaltet sich der T. *polytheistisch* (der »Himmel« wird von unterschiedlichen »Göttern« bewohnt) oder *monotheistisch* (es gibt nur *einen* Gott). Selbst der traditionelle *Atheismus*, der einen transzendenten Gott bestreitet, bleibt (anders als die Gott*vergessenheit*) auf den T. als Modell fixiert.

Theodizee: Die Theodizeefrage geht von Leiden und Ungerechtigkeit in der Welt aus und fragt, wie Gott dies mit seiner (unterstellten) Gerechtigkeit vereinbaren kann. In der Frage steckt schon der Zweifel, daß sie zufriedenstellend beantwortet werden könnte. Die Evidenz der Leiden ist ein Argument, vor dem sich allerdings keinerlei Vorstellung von absoluter Gerechtigkeit behaupten kann. Die Leiden müssen vielmehr mit unserer Sterblichkeit zusammengesehen und dürfen so wenig wie der Tod gegen das Leben gekehrt werden.

Theozentrisch: Ein Denken, das alles auf Gott bezieht oder von ihm ausgehen sieht. In einer streng theozentrischen Theologie kann der Mensch von sich aus nichts für sein »Heil« tun. Ihr großer Nachteil ist, daß sie Menschen (und Tiere und Pflanzen) kaum wirklich wahrzunehmen vermag.

Trinität, trinitarisch: Die christliche Fassung des Monotheismus, die die Einheit Gottes in Anlehnung an seine Wahrnehmung im Judentum (Gott, Schöpfer und Vater), in Jesus Christus (Gott, Jesus Christus, Sohn) und in der Zeit der Kirche nach Ostern (Gott, Heiliger Geist) mit drei göttlichen Wahrnehmungsgestalten (»Personen«) verbindet.

Tora: Das jüdische religiöse und zugleich »weltliche« Gesetz, wörtlich: »Lehre«, »Weisung«. Tora bezeichnet zuerst die fünf Bücher Mose, die als »schriftliche Tora« zusammen mit der im Talmud enthaltenen ursprünglich »mündlichen Tora« das jüdische Leben ordnet und trägt.

Unsichtbare Religion: Nach *Thomas Luckmann* die *unspezifische* Sozialform von

Religion, die die Wertvorstellungen und zentralen Überlieferungen einer Kultur in einem *kulturellen Gedächtnis* aufbewahrt. In dem Erziehungsprozeß vermittelt sie ein Sinnsystem und Orientierung für das Handeln. Zur *sichtbaren Religion* gibt es fließende Übergänge.

Utopie, utopisch: Vorstellungen von einer Lebenskonstellation, für die es in der jetzigen Gesellschaft und unter den herrschenden Bedingungen des Menschseins (noch) »keinen Ort« gibt.

Wahrnehmungsgestalt: Nach Viktor von Weizsäcker (1886-1957) die Gestalt der Objekte, die sich in uns während eines Wahrnehmungsvorganges bildet. Sie ist niemals identisch mit dem wahrgenommenen Gegenstand selbst, weil sie unsere Vorverständnisse und inneren Bilder vom Gegenstand mit enthält. V. v. W. unterstützte mit dieser experimentell belegten These die Abkehr von der Vorstellung, es gebe objektive Wahrnehmungen.

Literatur- und Namenverzeichnis

Die Verfasser werden in den Fußnoten zusammen mit der in Klammern gesetzten Jahreszahl zitiert. Die Seitenzahlen rechts daneben mit einem ↗ weisen auf die Seiten, an denen die Namen und Bücher in diesem Buch erwähnt werden.

Adorno, Theodor W., Minima Moralia. Reflexionen aus dem beschädigten Leben, Frankfurt/M. 1951 = 1988. ↗ S. 279
Die Weisheitsbücher der Ägypter. Lehren für das Leben. Eingeleitet, übersetzt u. erläutert v. Hellmut Brunner, Düsseldorf/Zürich 1998 (= 1988). ↗ S. 219
Albertz, Rainer, Religionsgeschichte Israels in alttestamentlicher Zeit. Erster und zweiter Teilband, Göttingen 1992. ↗ S. 95, 104-106, 267
Albertz, Rainer, Religionsgeschichte Israels statt Theologie des Alten Testaments! Plädoyer für eine forschungsgeschichtliche Umorientierung, in: Jahrbuch für Biblische Theologie 10/1995, Neukirchen 1995, 2. Aufl. 2001, S. 3-24. ↗ S. 116, 352
Altner, Günter, Naturvergessenheit. Grundlage einer umfassenden Bioethik, Darmstadt 1991. ↗ S. 242, 259
Apostolischer Stuhl, Verlautbarung Nr. 164: Instruktion Redemptionis Sacramentum. Über einige Dinge bezüglich der heiligsten Eucharistie, die einzuhalten und zu vermeiden sind, vom 25. März 2004 (Internet-Ausgabe). ↗ S. 355, 363 f.
Ariès, Philippe, Bilder zur Geschichte des Todes, München/Wien 1984. ↗ S. 225
Arnold, Sabine ↗ S. 16
Arnold, Ursula/Hanisch, Helmut/Orth, Gottfried (Hg.), Was Kinder glauben. 24 Gespräche über Gott und die Welt, Stuttgart 1997; Orth, Gottfried/Hanisch, Helmut, Glauben entdecken – Religion lernen. Was Kinder glauben, Teil 2, Stuttgart 1998. ↗ S. 230
Assmann, Aleida/Assmann, Jan (Hg.), Kanon und Zensur. Archäologie der literarischen Kommunikation II, München 1987. ↗ S. 29, 351
Assmann, Aleida (Hg.), Weisheit. Archäologie der literarischen Kommunikation III, München 1991. ↗ S. 29
Assmann, Jan, Das kulturelle Gedächtnis. Schrift, Erinnerung und politische Identität in frühen Hochkulturen, 2., durchges. Aufl. München 1997 (= 1999). ↗ S. 80, 158, 160 f., 193 f.
Assmann, Jan, Ägyptische Hymnen und Gebete, übers., kommentiert und eingeleitet, 2., verb. und erw. Aufl. Göttingen 1999. ↗ S. 70, 132, 244 f.
Assmann, Jan, Religion und kulturelles Gedächtnis. Zehn Studien, München 2000a. ↗ S. 76, 80, 86, 354
Assmann, Jan, Weisheit und Mysterium. Das Bild der Griechen von Ägypten, München 2000b. ↗ S. 31
Assmann, Jan, Herrschaft und Heil. Politische Theologie in Altägypten, Israel und Europa, München 2000c. ↗ S. 165, 216, 317
Assmann, Jan, Tod und Jenseits im Alten Ägypten, München 2001. ↗ S. 277
Assmann, Jan, Die Mosaische Unterscheidung oder der Preis des Monotheismus, München 2003. ↗ S. 84, 178, 228

Bächtold-Stäubli, Hanns, u. Mitw. v. Eduard Hoffmann-Krayer, Handwörterbuch des deutschen Aberglaubens, Bd. 9, Berlin/New York (1941) 1987. ↗S. 256

Balz, Heinrich, Weggenossen im Busch. Erzählende und theologische Briefe aus Kamerun, Erlangen 1998. ↗S. 281

Barbour, Ian G., Wissenschaft und Glaube. Historische und zeitgenössische Aspekte (RThN 1), Göttingen 2003. ↗S. 98, 169, 171, 181, 270, 272, 284

Barth, Hans-Martin, Dogmatik. Evangelischer Glaube im Kontext der Weltreligionen, Gütersloh 2001. ↗S. 32, 70f., 130, 219, 221f., 263, 369

Barth, Karl, Kirchliche Dogmatik Bd. III/4, Zürich 1951. ↗S. 70, 262

Baudler, Georg, Abschied vom Stiergott. Christliche Gotteserfahrung im Dialog mit Mythen und Religionen, München/Stuttgart 1989. ↗S. 284, 319, 334, 337

Bauer, J. Edgar, Art. Erwählung, in: Handbuch religionswissenschaftlicher Grundbegriffe, Bd. 2, Stuttgart 1990, S. 330-341. ↗S. 188, 193-195, 199f., 204

Bauer, Walter/Aland, Kurt, Wörterbuch zum Neuen Testament, 6. Auflage Berlin 1988. ↗S. 96, 225

Belting, Hans, Bild und Kult. Eine Geschichte des Bildes vor dem Zeitalter der Kunst, München 1990, 2. Aufl. 1991, Nachdruck 1993. ↗S. 131

Benn, Gottfried, Gedichte (GW in vier Bänden, hg. v. D. Wellershoff, 3. Band), 3. Aufl. Wiesbaden 1966. ↗S. 153

Berger, Klaus, Theologiegeschichte des Urchristentums. Theologie des Neuen Testaments, Tübingen 1994, überarb. u. erw. Aufl. 1995. ↗S. 104

Berger, Peter L., Der Zwang zur Häresie. Religion in der pluralistischen Gesellschaft, Frankfurt/M. 1980. ↗S. 81, 93

Bernhart, Joseph, Die unbeweinte Kreatur. Reflexionen über das Tier, 1. Aufl. München 1961, neu hg. v. Georg Schwaiger = 2. Aufl. Weißenhorn 1987. ↗S. 247, 255f.

Bieritz, Karl-Heinrich, Liturgik, Berlin/New York 2004. ↗S. 302, 327

Biser, Eugen ↗S. 15

Biser, Eugen, Einweisung ins Christentum, Düsseldorf 1997. ↗S. 145, 323

Biser, Eugen, Das Antlitz. Christologie von innen, Düsseldorf 1999.

Biser, Eugen, Die Entdeckung des Christentums. Der alte Glaube und das neue Jahrtausend, Freiburg i. Br. 2000. ↗S. 15, 40, 52f., 167f., 279, 318, 320, 322

Biser, Eugen, Der unbekannte Paulus, Düsseldorf 2003. ↗S. 136, 185

Bloch, Ernst, Atheismus im Christentum. Zur Religion des Exodus und des Reichs (GA 14), Frankfurt/M. 1968. ↗S. 269

Bloch, Ernst, Experimentum Mundi. Frage, Kategorien des Herausbringens, Praxis, Frankfurt/M. 1975. ↗S. 275

Blumenberg, Hans, Das Lachen der Thrakerin. Eine Urgeschichte der Theorie (stw 652), Frankfurt/M. 1987. ↗S. 27

Bobrowski, Johannes, Nachbarschaft, Berlin 1967. ↗S. 100

Bohren, Rudolf, Predigtlehre, 6. Aufl. Gütersloh 1993. ↗S. 146

Bonhoeffer, Dietrich, Sanctorum Communio. Eine dogmatische Untersuchung zur Soziologie der Kirche (DBW 1, hg. v. J. v. Soosten), München 1986. ↗S. 135

Bonhoeffer, Dietrich, Gemeinsames Leben. Das Gebetbuch der Bibel (DBW 5, hg. v. G. L. Müller/A. Schönherr), München 1987. ↗S. 135

Bovon, François, Das Evangelium nach Lukas (Lk 9,51-14,35) (EKK III, 2), Zürich und Düsseldorf/Neukirchen-Vluyn 1996.

Brück, von, Michael ↗S. 354

Bruhn, Manfred/Grözinger, Albrecht, Kirche und Marktorientierung. Impulse der Ökumenischen Basler Kirchenstudie, Freiburg/Schweiz 2000. ↗S. 71

Buber, Martin, Der Glaube der Propheten, Zürich 1950. ↗ S. 195

Buber, Martin, Das dialogische Prinzip, 6., durchgesehene Auflage Gerlingen 1992. ↗ S. 91 f., 126

Burckhardt, Jacob, Griechische Kulturgeschichte Bde. I-IV (dtv 6075-6078), München 1977, 2. Aufl. 1982. ↗ S. 42 f., 103, 200

Burkert, Walter, Anthropologie des religiösen Opfers. Die Sakralisierung der Gewalt, München 1983. ↗ S. 288, 309, 325

Burkert, Walter, Wilder Ursprung. Opferritual und Mythos bei den Griechen, Berlin 1990a. ↗ S. 254, 290, 293, 324 f., 332

Burkert, Walter, Antike Mysterien. Funktionen und Gehalt, München 1990b. ↗ S. 295

Burkert, Walter, Kulte des Altertums. Die biologischen Grundlagen der Religion, München 1998. ↗ S. 96, 208, 254

Burkert, Walter, Die Griechen und der Orient. Von Homer bis zu den Magiern, München 2003. ↗ S. 31

Canzik-Lindemaier, Hildegard, Art. Eucharistie, in: Handbuch religionswissenschaftlicher Grundbegriffe Bd. 2, Stuttgart 1990, S. 347-356. ↗ S. 289, 302 f., 338

Coetzee, John M., Das Leben der Tiere, Frankfurt/M. 2000. ↗ S. 259

Colpe, Carsten ↗ S. 15

Colpe, Carsten, Zur Bezeichnung und Bezeugung des »Heiligen Krieges«, in: Berliner Theologische Zeitschrift 1/1984, S. 45-57. 189-214. ↗ S. 209

Colpe, Carsten, Sakralisierung von Texten und Filiationen von Kanons, in: A. und J. Assmann (1987), S. 80-99. ↗ S. 159 f., 169, 371

Colpe, Carsten, Art. Gotteslehre 1. Gottesvorstellungen in den Religionen, in: Evangelisches Kirchenlexikon, 3. Aufl., Bd. 2, Göttingen 1989, Sp. 285-287 ↗ S. 233; Art. Opfer 1. Religionsgeschichtlich, ebenda, Bd. 3, Göttingen 1992, Sp. 877-881. ↗ S. 204

Colpe, Carsten, Der »Heilige Krieg«. Benennung und Wirklichkeit, Begründung und Widerstreit, Bodenstein 1994. ↗ S. 209

Crüsemann, Frank, Die Tora. Theologie und Sozialgeschichte des alttestamentlichen Gesetzes, München 1992. ↗ S. 194

Die Vorsokratiker. Die Fragmente und Quellenberichte übersetzt und eingeleitet v. Wilhelm Capelle, Stuttgart 1968.

Die Vorsokratiker Griechisch/Deutsch. Auswahl der Fragmente, Übersetzung und Erläuterungen v. Jaap Mansfeld (Reclams UB 10344), Stuttgart 1987.

Dietrich, W./Link, Chr., Die dunklen Seiten Gottes. Band 1. Willkür und Gewalt, Neukirchen 1995, 5. Aufl. 2000. ↗ S. 201

Dinkler, Erich, Christus und Asklepios. Zum Christustypus der polychromen Platten im Museo Nazionale Romano, Heidelberg 1980. ↗ S. 131, 166 f., 359

Duerr, Hans Peter, Traumzeit. Über die Grenze zwischen Wildnis und Zivilisation, Frankfurt/M. 1978, 3. Aufl. 1979. ↗ S. 258

Ebeling, Gerhard, Dogmatik des christlichen Glaubens, Bde. I-III, Tübingen 1979. ↗ S. 227, 231, 327, 329

Eckert, Jost, Art. Erwählung III. Neues Testament, in: Theologische Realenzyklopädie Bd. 10, Berlin/New York 1982, S. 194192-196. ↗ S. 198

Edelstein, Emma/Edelstein, Ludwig, Asclepius. A Collection and Interpretation of the Testimonies, Vol. I: Collection of the Testimonies, Vol. II: Interpretation of the Testimonies, London 1945. ↗ S. 166

Eichendorff, von, Joseph, Werke in vier Bänden, Bd. IV: Erlebtes, München 1981, S. 1489-1546. ↗ S. 44 f.

Eliade, Mircea, Geschichte der religiösen Ideen. Quellentexte, übers. u. hg. v. G. Lanczkowski, Freiburg i. Br. 1981. ↗S. 162

Engelhardt, Klaus/von Loewenich, Hermann/Steinacker, Peter (Hg.), Fremde Heimat Kirche. Die dritte EKD-Erhebung über Kirchenmitgliedschaft, Gütersloh 1997. ↗S. 50, 148

Erdmann, Elisabeth, Art. Europa, in: Der Neue Pauly, Bd. 13, Stuttgart/Weimar 1999, Sp. 1059-1064 (Wirkungsgeschichte). ↗S. 30

Evangelische Kirche in Deutschland (EKD), Studien- und Planungsgruppe der, (Hg.), Quellen religiöser Selbst- und Weltdeutung. Die themenorientierten Erzählinterviews der dritten EKD-Erhebung über Kirchenmitgliedschaft, Bd. 1 Dokumentation, Bd. 2 Interpretationen, Hannover 1998. ↗S. 50-52, 148, 230

Evangelische Kirche in Deutschland (EKD), Kirche Horizont und Lebensrahmen. Vierte EKD-Erhebung über Kirchenmitgliedschaft, Hannover 2003a. ↗S. 35, 71, 159

Evangelische Kirche in Deutschland (EKD), Das Abendmahl. Eine Orientierungshilfe zu Verständnis und Praxis des Abendmahls in der evangelischen Kirche, Hannover 3. Aufl. 2003b. ↗S. 315

Evangelische Kirche in Deutschland (EKD), Christlicher Glaube und nichtchristliche Religionen. Theologische Leitlinien, Hannover 2003c. ↗S. 13, 24, 180, 222, 352, 355-357, 359, 362

Evangelisches Gesangbuch, Berlin/Leipzig 1993. ↗S. 40

Evangelisches Gottesdienstbuch. Agende für die Ev. Kirche der Union und die Vereinigte Ev.-Luth. Kirche Deutschlands, Berlin 2000. ↗S. 338

Flashar, Hellmuth, Sophokles. Dichter im demokratischen Athen, München 2000. ↗S. 199

Fliege, Jürgen ↗S. 35

Gadamer, Hans-Georg, Hermeneutik I. Wahrheit und Methode. Grundzüge einer philosophischen Hermeneutik, Tübingen 1960/1990. ↗S. 124

Georgi, Dieter, Aeneas und Abraham. Paulus unter dem Aspekt der Latinität, in: Zeitschrift für Neues Testament 5/2002, S. 37-43. ↗S. 154, 170f.

Gerstenberger, Erhard S., Das dritte Buch Mose. Leviticus (ATD 6), Göttingen 1993. ↗S. 330

Gestrich, Christof ↗S. 15

Gestrich, Christof, Die Wiederkehr des Glanzes in der Welt, Tübingen 1989. ↗S. 279

Gestrich, Christof, Christentum und Stellvertretung, Tübingen 2001. ↗S. 231, 292, 317, 330

Gilgamesch-Epos, Das, übersetzt v. A. Schott, neu herausgegeben v. W. v. Sooden (Reclam UB 7235), Stuttgart 2003. (↗s. Stichwortregister)

Gladigow, Burkhard, Art. Gottesvorstellungen, in: Handbuch religionswissenschaftlicher Grundbegriffe, Bd. III, Stuttgart 1993, S. 32-49 ↗S. 225f., 229; Art. Kultbild, ebenda, Bd. IV, Stuttgart 1998, S. 9-14. ↗S. 302

Goethe, von, Johann Wolfgang, Goethes Werke. Hamburger Ausgabe in 14 Bänden, hg. v. Erich Trunz, Bd. 3 Dramatische Dichtungen I, München 1981. ↗S. 42

Görg, Manfred, Mythos, Glaube und Geschichte. Die Bilder des christlichen Credo und ihre Wurzeln im alten Ägypten, Düsseldorf 1992, 3. Auflage 1998a. ↗S. 31, 132, 164, 168, 223, 232

Görg, Manfred, Ein Haus im Totenreich. Jenseitsvorstellungen in Israel und Ägypten, Düsseldorf 1998b. ↗S. 31, 103

Görg, Manfred, Die Barke der Sonne. Religion im alten Ägypten, Freiburg i. Br. 2001. ↗S. 31, 243

Goldhagen, Daniel J., Die katholische Kirche und der Holocaust. Eine Untersuchung über Schuld und Sühne, Berlin 2002. ↗S. 177f.
Gradwohl, Roland, Bibelauslegungen aus jüdischen Quellen, Bde. 1-4, Stuttgart 1986 (Bd. 1); 1987 (Bd. 2); 1988 (Bd. 3); 1989 (Bd. 4). ↗S. 249, 271, 277f.
Graf, Fritz, Art. Asklepios I. Religion, in: Der Neue Pauly, Bd. 2, Stuttgart/Weimar 1997, Sp. 94-99. ↗S. 166
Grözinger, Albrecht, Stadt ohne Gott oder Die Rückkehr des Heiligen?, in: Praktische Theologie 37/2002, S. 87-99. ↗S. 36
Großeholz, Carsten ↗S. 16
Gunkel Hermann, Genesis (Göttinger Handkommentar zum Alten Testament I/1), 3. neugearb. Aufl. Göttingen 1910. ↗S. 242, 271
Härle, Wilfried, Dogmatik, 2. überarb. Aufl. Berlin/New York 2000. ↗S. 261, 276, 279
Häußling, P. Angelus ↗S. 14
Hahn, Ferdinand, Theologie des Neuen Testaments. Bd. I: Die Vielfalt des Neuen Testaments. Theologiegeschichte des Urchristentums; Bd. II: Die Einheit des Neuen Testaments. Thematische Darstellung, Tübingen 2002. ↗S. 25, 104, 294, 306
Harder, Ruth E./Olshausen, Eckart, Art. Europe, in: Der Neue Pauly, Bd. 4, Stuttgart/Weimar 1998, S. 290-294. ↗S. 30
Hartung, Harald ↗S. 15
Hauschildt, Eberhard/Schwab, Ulrich (Hg.), Praktische Theologie für das 21. Jahrhundert, Stuttgart 2002. ↗S. 120
Heidegger, Martin, Holzwege, Frankfurt/M. 1950. ↗S. 185
Heisenberg, Werner, Der Teil und das Ganze. Gespräche im Umkreis der Atomphysik, München 1969, S. 116-130 (Erste Gespräche über das Verhältnis von Naturwissenschaft und Religion, von 1927). ↗S. 27
Helck, Wolfgang/Otto, Eberhard, Kleines Lexikon der Ägyptologie, bearb. v. Rosemarie Drenkhahn, Wiesbaden 1999. ↗S. 308
Herms, Eilert, ›Pluralismus als Prinzip‹, in: ders., Kirche für die Welt, Tübingen 1995, S. 467-485. ↗S. 111
Heymel, Michael, Sühnopfer Christi – Kann man das heute noch predigen? In: Berliner Theologische Zeitschrift 20/2003, S. 196-219. ↗S. 318
Hölderlin, Friedrich, Sämtliche Werke. Kritische Textausgabe, hg. v. D. E. Sattler, Bd. 11, Darmstadt/Neuwied 1984. ↗S. 238
Hofmeister, Klaus/Bauerochse, Lothar (Hg.), Die Zukunft der Religion. Spurensicherung an der Schwelle zum 21. Jahrhundert, Würzburg 1999. ↗S. 39, 74
Hornung, Erik, Echnaton. Die Religion des Lichts, 2. Aufl. Düsseldorf/Zürich 2001. ↗S. 160, 227, 323
Huber, Wolfgang, Bischofswort auf der Synode der Ev. Kirche in Berlin-Brandenburg am 23.4.2004 (Mitteilung von A. Rademacher). ↗S. 328, 356
Hübner, Kurt ↗S. 15
Hübner, Kurt, Die Wahrheit des Mythos, München 1985. ↗S. 27
Hübner, Kurt, Glaube und Denken. Dimensionen der Wirklichkeit, Tübingen 2001. ↗S. 150, 238
Hübner, Kurt, Das Christentum im Wettstreit der Weltreligionen. Zur Frage der Toleranz, Tübingen 2003. ↗S. 156, 159
Hurschmann, Rolf, Art. Herd, in: Der Neue Pauly, Bd. 5, Stuttgart/Weimar 1998, Sp. 407-408. ↗S. 101
Husslik, Heinz, Art. Person, in: Evangelisches Kirchenlexikon, 3. Aufl., Bd. 3, Göttingen 1992, Sp. 1131-1134. ↗S. 235

Jäger, Willigis, Die Welle ist das Meer. Mystische Spiritualität, hg. v. C. Quarch, Freiburg i. Br. 2000. ↗S. 22, 36f., 170, 230, 239f., 247, 253f., 353f.
Janowski, Bernd, Art. Opfer 2. Altes Testament, in: Evangelisches Kirchenlexikon, 3. Aufl., Bd. 3, Göttingen, 1990, Sp. 881-884. ↗S. 309f.
Jeremias, Joachim, Neutestamentliche Theologie. Erster Teil. Die Verkündigung Jesu, Gütersloh 1971. ↗S. 64, 108
Jeremias, Jörg, Der Prophet Amos (ATD 24, 2), Göttingen 1995. ↗S. 195
Jörns, Ayescha ↗S. 16
Jörns, Klaus-Peter, Nicht leben und nicht sterben können. Suizidgefährdung – Suche nach dem Leben, Göttingen/Wien 1979, 2. Aufl. Göttingen 1986. ↗S. 205, 247
Jörns, Klaus-Peter, Der Lebensbezug des Gottesdienstes. Studien zu seinem kirchlichen und kulturellen Kontext, München 1988; darin: lex orandi – lex credendi – lex convivendi. Paradigma für Kirche und Theologie, S. 12-22 (= 1988a) ↗S. 314; Der Gang in die Wüste als Weg zur Predigt, S. 14-162 (= 1988b) ↗S. 257; Ecce homo: Der Ödipus des Sophokles, S. 192-210 (= 1988c). ↗S. 166, 259
Jörns, Klaus-Peter, Predigen ist Hörensagen, in: R. Bohren/K.-P. Jörns (Hg.), Die Predigtanalyse als Weg zur Predigt, Tübingen 1989a, S. 155-175. ↗S. 144, 146
Jörns, Klaus-Peter/Bieritz, Karl-Heinrich, Art. Kirchenjahr, in: Theologische Realenzyklopädie, Bd. 18, Berlin/New York 1989b, S. 575-599. ↗S. 293, 335, 374
Jörns Klaus-Peter, Der Sühnetod Jesu Christi in Frömmigkeit und Predigt, in: Zeitschrift für Theologie und Kirche. Beiheft 8: Die Heilsbedeutung des Kreuzes für Glaube und Hoffnung des Christen, Tübingen 1990, S. 70-93. ↗S. 318, 331
Jörns, Klaus-Peter, Krieg auf unseren Straßen. Die Menschenopfer der automobilen Gesellschaft, Gütersloh 1992a. ↗S. 287, 337
Jörns, Klaus-Peter, Liturgie – Wiege der Heiligen Schrift? In: Archiv für Liturgiewissenschaft 34/1992b, S. 313-332. ↗S. 138, 254, 291, 325
Jörns, Klaus-Peter, Ein Kirchenjahr für Weltbürger, in: Berliner Theologische Zeitschrift 10/1993, S. 197-210. ↗S. 374
Jörns, Klaus-Peter, Die Historisierung ›Heiliger Zeit‹ und die Frage nach unmittelbarer Evidenz religiös bedeutsamer Ereignisse, in: Pastoraltheologie 84/1995, S. 166-183. ↗S. 174, 267
Jörns, Klaus-Peter/Großeholz, Carsten (Hg.), Was die Menschen wirklich glauben. Die soziale Gestalt des Glaubens – Analysen einer Umfrage, Gütersloh 1998. ↗S. 40, 50, 54, 230, 257, 283
Jörns, Klaus-Peter, Die neuen Gesichter Gottes. Was die Menschen heute wirklich glauben, München 1997, 2. Aufl. 1999a. ↗S. 19, 39f., 50, 52, 54f., 73, 75, 94, 97, 137, 148, 189, 230, 239f., 256f., 263, 283, 375
Jörns, Klaus-Peter, Die Zuwendung des Gesunden zum Kranken: Erkennen und Erkanntwerden, in: P. Bavastro (Hg.), Gesundheit und Krankheit, Stuttgart 1999b, S. 259-296. ↗S. 153
Jörns, Klaus-Peter, Religiöse Unverzichtbarkeit des Opfergedankens? Zugleich eine kritische Relecture der kirchlichen Deutung des Todes Jesu, in: B. Janowski/M. Welker (Hg.), Opfer. Theologische und kulturelle Kontexte, Frankfurt/M. 2000, S. 304-338. ↗S. 180, 291, 318
Jörns, Klaus-Peter, Zur Notwendigkeit, von Erwählungsvorstellungen in der Theologie Abschied zu nehmen, in: Chr. Maier/K.-P. Jörns/R. Liwak (Hg.), Exegese vor Ort, Leipzig 2002, S. 177-198. ↗S. 188
Jörns, Klaus-Peter, Notwendige Abschiede in menschlicher und theologischer Existenz, in: Theologische Zeitschrift Basel 59/2003, S. 68-84. ↗S. 48

Johnston, Sarah J., Art. Iphigeneia, in: Der Neue Pauly, Bd. 5, Stuttgart/Weimar 1998, Sp. 1096-1098. ↗S. 309
Jonas, Hans, Prinzip Verantwortung. Versuch einer Ethik für die technologische Zivilisation, Frankfurt/M. 1979, 3. Aufl. 1982. ↗S. 349
Käsemann, Ernst, An die Römer (HNT 8a), 3. überarb. Aufl. Tübingen 1974. ↗S. 276
Kast, Verena, Trauern, Stuttgart 1982 (Nachdruck 2002). ↗S. 268
Kernstock-Jörns, Wiltrud ↗S. 16
Kernstock-Jörns, Wiltrud, Abweichendes Votum, in: Kirchenamt der EKD und Sekretariat der Dt. Bischofskonferenz (Hg.), Xenotransplantation. Eine Hilfe zur ethischen Urteilsbildung, Hannover/Bonn 1998, S. 25-27. ↗S. 190, 260f.
Koch, Wilfried, Baustilkunde, 22. Aufl. Gütersloh 2000. ↗S. 161
Körtner, Ulrich H. J., Art. Tier, in: Theologische Realenzyklopädie, Bd. 33, Berlin/New York 2002, S. 527-534. ↗S. 217, 242, 255, 260, 263
Knoblauch, Hubert, Religionssoziologie, Berlin/New York 1999. ↗S. 34
Koran, Der, Arabisch-Deutsch. Übersetzt und kommentiert von A. Th. Khoury, Gütersloh 2004. ↗S. 17, 210, 219, 221, 346
Krämer, Hans, Platons Ungeschriebene Lehre, in: Th. Kobusch/B. Mojsisch (Hg.), Platon. Seine Dialoge in der Sicht neuerer Forschungen, Darmstadt 1996, S. 249-275 (dort S. 273-275 eine Übersicht über die Forschungsgeschichte der Ungeschriebenen Lehre Platons). ↗S. 142
Kroeger, Matthias, Die Notwendigkeit der unakzeptablen Kirche. Eine Ermutigung zu distanzierter Christlichkeit, München 1997. ↗S. 148
Küng, Hans/Kuschel, Karl-Josef, Erklärung zum Weltethos. Deklaration des Parlaments der Weltreligionen, München 1993; verkürzt als Internet-Site. ↗S. 184
Küng, Hans, Credo. Das apostolische Glaubensbekenntnis, Zeitgenossen erklärt, München 1995. ↗S. 22, 37, 57
Lacan, Jacques, Was ist ein Bild/Tableau?, in: G. Boehm (Hg.), Was ist ein Bild?, München 1994, S. 75-89. ↗S. 238
Lang, Bernhard, Art. Kanon, in: Handbuch religionswissenschaftlicher Grundbegriffe, Bd. III, Stuttgart/Berlin/Köln 1993, S. 332-335. ↗S. 158
Lang, Bernhard, Jahwe, der biblische Gott. Ein Porträt, München 2002. ↗S. 31, 103, 105, 206, 358
Latacz, J., Art. Homeros, in: Der Neue Pauly, Bd. 5, Stuttgart/Weimar 1998, Sp. 686-699. ↗S. 103
Lau, Thomas/Voß, Andreas, Die Spende – Eine Odyssee im religiösen Kosmos, in: H.-G. Soeffner (Hg.), Kultur und Alltag (Soziale Welt, Sonderband 6), Göttingen 1988, S. 285-297.
Lenzen, Verena, Selbsttötung, Düsseldorf 1987. ↗S. 157
Ley, Anne, Art. Asklepios II. Ikonographie, in: Der Neue Pauly, Bd. 2, Stuttgart/Weimar 1997, Sp. 99f. ↗S. 166
Lichtenberger, Hermann, Art. Apokryphen 2. Neutestamentliche Apokryphen, in: Evangelisches Kirchenlexikon, 3. Aufl., Bd. 1, Göttingen 1986, Sp. 207-211. ↗S. 110
Luckmann, Thomas, Die »massenkulturelle« Sozialform von Religion, in: H.-G. Soeffner (Hg.), Kultur und Alltag (Soziale Welt, Sonderband 6), Göttingen 1988, S. 37-48. ↗S. 75f.
Luckmann, Thomas, Die unsichtbare Religion. Mit einem Vorwort von H. Knoblauch, Frankfurt/M. 1991. ↗S. 34, 75
Lüdemann, Gerd/Janßen, M., Bibel der Häretiker. Eingeleitet, übersetzt. u. kommentiert, Stuttgart 1997. ↗S. 62, 110

Luhmann, Niklas, Die Religion der Gesellschaft, hg. v. A. Kieserling, Frankfurt/M. 2002 (= 2000). ↗ S. 46 f., 344
Luther, Henning, Religion und Alltag. Bausteine zu einer Praktischen Theologie des Subjekts, Stuttgart 1992. ↗ S. 279
Luther, Martin, D. Martin Luther's Erklärung des Briefes St. Pauli an die Galater, Stuttgart 1925. ↗ S. 137
Luther, Martin, Der Kleine Katechismus, Gütersloh 1958. ↗ S. 94
Luther, Martin, Gesammelte Werke, hg. v. K. Aland (Digitale Bibliothek Bd. 63), Göttingen/Berlin 2002. ↗ S. 153, 253, 256
Luz, Ulrich, Das Evangelium nach Matthäus. 1. Teilband: Mt 1-7 (EKK I/1), Düsseldorf/Zürich/Neukirchen-Vluyn 1985; 3. Teilband: Mt 18-25 (EKK I/3), 1997; 4. Teilband: Mt 26-28 (EKK I/4), 2002. ↗ S. 130
Luz, Ulrich, Kann die Bibel heute noch Grundlage für die Kirche sein? Über die Aufgabe der Exegese in einer religiös-pluralistischen Gesellschaft, in: New Testament Studies 44/1998, S. 317-339. ↗ S. 114-120, 149, 151, 352
Maier, Bernhard, Die Religion der Germanen. Götter – Mythen – Weltbild, München 2003. ↗ S. 366
Marquard, Odo, Ende des Schicksals? In: Ders., Abschied vom Prinzipiellen. Philosophische Studien (Reclams UB 7724), Stuttgart 1981. ↗ S. 376
Marquard, Odo, Moratorium des Alltags – Eine kleine Philosophie des Festes, in: W. Haug/R. Warning (Hg.), Das Fest (Poetik und Hermeneutik XIV), München 1989, S. 684-691. ↗ S. 210, 373
Massenzio, Marcello, Art. Tier, in: Handbuch religionswissenschaftlicher Grundbegriffe, Bd. V, Stuttgart 2001, S. 199-206. ↗ S. 261
Maul, Stefan, und Vössing, Konrad, Art. Bibliothek, in: Der Neue Pauly, Bd. 2, Stuttgart/Weimar 1997, Sp. 634-647. ↗ S. 31
Menge-Güthling, Enzyklopädisches Wörterbuch der griechischen und deutschen Sprache. Erster Teil: Griechisch-Deutsch, Berlin [12]1954. ↗ S. 65
Mitscherlich, Alexander, Der Kampf um die Erinnerung, München/Zürich 1975. ↗ S. 365
Müller, A. M. Klaus, Die präparierte Zeit. Der Mensch in der Krise seiner eigenen Zielsetzungen. Geleitwort H. Gollwitzer. Einführung W. Häfele, Stuttgart 1972. ↗ S. 27, 127
Müller, Klaus E., »Denn der Tod ist der Sünde Sold« (Röm 6: 23), in: J. Assmann/R. Trauzettel (Hg.), Tod, Jenseits und Identität. Perspektiven einer kulturwissenschaftlichen Thanatologie (Historische Anthropologie 7), Freiburg/München 2002, S. 461-481. ↗ S. 275, 283, 285
Neidhart, Walter ↗ S. 15, 48, 266
Neidhart, Walter, Erzählbuch zur Bibel. Theorie und Beispiele, hg. zus. mit H. Eggenberger, Zürich/Einsiedeln/Köln u. a. 1975, [3]1979; Erzählbuch zur Bibel 2. Geschichten und Texte für unsere Zeit weiter-erzählt, Lahr/Düsseldorf/Zürich 1989; Erzählbuch zur Bibel 3. Geschichten und Texte für unsere Zeit neu erzählt. Mit didaktischen Hinweisen v. R. Starck und K. Hahn u. einem Nachwort v. G. Adam, Lahr/Zürich 1997. ↗ S. 185
Neidhart, Walter, Art. Kasualien 1.-4., in: Evangelisches Kirchenlexikon, 3. Aufl., Bd. 2, Göttingen 1989, Sp. 964-967.
Neidhart, Walter, Aporien aushalten – dennoch handeln. Gesammelte Aufsätze zur Praktischen Theologie, hg. v. Chr. Barben unter Mitwirkung von H. Ott und K. Seybold, Stuttgart/Berlin/Köln 1997. ↗ S. 266
Niederwimmer, Kurt, Die Didache (Kommentar zu den Apostolischen Vätern Bd. 1), Göttingen 1989. ↗ S. 301

Nietzsche, Friedrich, Werke in drei Bänden, hg. v. K. Schlechta. Zweiter Band, München, 2. Aufl. 1960, S. 1161-1235 (»Der Antichrist«). ⁊ S. 327

O'Daly, G., Art. Augustins Theologie, in: Evangelisches Kirchenlexikon, 3. Aufl., Bd. 1, Göttingen 1986, Sp. 326-332. ⁊ S. 75

Ohlbaum, Isolde, Aus Licht und Schatten. Engelbilder, München 1994. ⁊ S. 225

Papaderós, Aléxandros ⁊ S. 14

Pesch, Rudolf, Die Apostelgeschichte (Apg 1-12) (EKK V/1), Neukirchen-Vluyn 1986. ⁊ S.

Platon, Phaidros. Übersetzung und Kommentar von E. Heitsch (Platon Werke. Übersetzung und Kommentar. III 4 Phaidros), Göttingen 1993.

Poscharsky, P., Art. Kanzel, in: Theologische Realenzyklopädie, Bd. 17, Berlin/New York 1988, S. 599-604. ⁊ S. 35

Rad, von, Gerhard, Das erste Buch Mose. Genesis (ATD 2/4), Göttingen, 6. Aufl. 1961. ⁊ S. 224, 245, 249 f., 271

Rademacher, Albrecht ⁊ S. 16, 328

Rademacher, Albrecht/Jörns, Klaus-Peter, Antworten von Pfarrerinnen und Pfarrern der Evangelischen Kirche in Berlin-Brandenburg sowie von Berliner Theologiestudierenden, in: K.-P. Jörns/C. Großeholz (Hg.), Was die Menschen wirklich glauben. Die soziale Gestalt des Glaubens – Analysen einer Umfrage, Gütersloh 1998, S. 195-257. ⁊ S. 54-56

Ransmayr, Christoph, Die letzte Welt. Mit einem Ovidischen Repertoire, Frankfurt/M. 1991. ⁊ S. 185

Renger, Johannes, Art. Gilgamesch, Gilgamesch-Epos, in: Der Neue Pauly, Bd. 4, Stuttgart/Weimar 1998, Sp. 1072-1073. ⁊ S. 161

Rengstorf, Karl Heinrich, Die Anfänge der Auseinandersetzung zwischen Christusglaube und Asklepiosfrömmigkeit, Münster i. W. 1953. ⁊ S. 168

Rilke, Rainer Maria, Werke in sechs Bänden, Band I 2: Gedicht-Zyklen, Frankfurt/M. 1980. ⁊ S. 239

Ritter, Adolf Martin, Art. Chalcedon, in: Evangelisches Kirchenlexikon, 3. Aufl., Bd. 1, Göttingen 1986, Sp. 639-641. ⁊ S. 270

Roloff, Jürgen, Art. Bibelexegese 2. Neues Testament, in: Evangelisches Kirchenlexikon, 3. Aufl., Bd. 1, Göttingen 1986, Sp. 455-461. ⁊ S. 302

Rosien, Peter (Hg.), Mein Credo. Persönliche Glaubensbekenntnisse, Kommentare und Informationen, Oberursel 1999; H. Pawlowski (Hg.), Mein Credo Band 2, Oberursel 2000; H. Pawlowski/P. Rosien (Hg.), Mein Credo Band 3, Oberursel 2001. ⁊ S. 57

Saramago, José, Das Evangelium nach Jesus Christus. Roman, Reinbek 1995 (Nobelpreis 1998). ⁊ S. 153

Schadewaldt, Wolfgang, Die griechische Tragödie (Tübinger Vorlesungen 1966-1970), Frankfurt/M. 1991. ⁊ S. 199

Scheid, John, Art. Menschenopfer, in: Der Neue Pauly, Bd. 7, Stuttgart/Weimar 1999, Sp. 1253-1258. ⁊ S. 308

Schelsky, Helmut, Ist die Dauerreflexion institutionalisierbar? Zum Thema der modernen Religionssoziologie, in: ders., Auf der Suche nach Wirklichkeit. Gesammelte Aufsätze, Düsseldorf 1965, S. 250-275. ⁊ S. 368

Schieder, Rolf, Civil Religion. Die religiöse Dimension der politischen Kultur, Gütersloh 1987. ⁊ S. 74

Schimmel, Annemarie, Die Religion des Islam. Eine Einführung (RUB 8639), Stuttgart 1990. ⁊ S. 277

Schimmel, Annemarie, Die Zeichen Gottes. Die religiöse Welt des Islam, München 1995. ↗S. 221, 227, 245

Schoedel, William R., Die Briefe des Ignatius von Antiochien. Ein Kommentar, München 1990. ↗S. 304

Schrage, Wolfgang, Der erste Brief an die Korinther. 1. Teilband: 1 Kor 1,1-6,11 (EKK VII,1), Zürich/Braunschweig/Neukirchen-Vluyn 1991; 3. Teilband: 1 Kor 11,17-14,40 (EKK VII,3), Zürich/Düsseldorf/Neukirchen-Vluyn 1999. ↗S. 66

Schröter, Jens, Religionsgeschichte des Urchristentums statt Theologie des Neuen Testaments? Begründungsprobleme in der neutestamentlichen Wissenschaft, in: Berliner Theologische Zeitschrift 16/1999, S. 3-20. ↗S. 179

Schrott, Raoul, Gilgamesh. Epos, München Wien 2001. ↗S. 161 f., 219

Schürmann, Eva, So ist es, wie es uns erscheint. Philosophische Betrachtungen ästhetischer Ereignisse, in: M. Hauskeller (Hg.), Die Kunst der Wahrnehmung. Beiträge zu einer Philosophie der sinnlichen Erkenntnis, Kusterdingen 2003, S. 349-361. ↗S. 122, 125

Schwab, Ulrich, Wahrnehmen und Handeln. Praktische Theologie als subjektorientierte Theorie, in: E. Hauschildt/U. Schwab (Hg.), Praktische Theologie für das 21. Jahrhundert, Stuttgart 2002, S. 161-175. ↗S. 100, 309

Schweitzer, Albert, Die Weltanschauung der Ehrfurcht vor dem Leben. Kulturphilosophie III. Dritter und vierter Teil, hg. v. C. Günzler u. J. Zürcher (Werke aus dem Nachlaß), München 2000. ↗S. 249, 256

Schweitzer, Albert, Kultur und Ethik in den Weltreligionen, hg. v. U. H. J. Körtner u. J. Zürcher (Werke aus dem Nachlaß), München 2001. ↗S. 97, 242, 255 f., 259

Schweizer, Eduard, Der Brief an die Kolosser (EKK), Neukirchen-Vluyn 1976. ↗S. 223

Seebaß, Horst, Art. Erwählung I. Altes Testament, in: Theologische Realenzyklopädie, Bd. 10, Berlin/New York 1982, S. 182-189. ↗S. 192

Seebaß, Horst, Art. *naepaesch*, in: Theologisches Wörterbuch zum Alten Testament, Bd. V, Stuttgart 1986, Sp. 531-555. ↗S. 247

Soeffner, Hans-Georg, Auslegung des Alltags – Der Alltag der Auslegung (stw 785), Frankfurt/Main 1989. ↗S. 340

Sölle, Dorothee, Leiden, Stuttgart/Berlin 1973. ↗S. 334

Sölle, Dorothee, Leiden/Opfer, in: Wörterbuch der feministischen Theologie, Gütersloh 1991, S. 241-243. ↗S. 333

Sperber, Manès, Leben im Jahrhundert der Weltkriege, Frankfurt/M. 1983. ↗S. 210

Starke, Ekkehard, Art. Menschenwürde, in: Evangelisches Kirchenlexikon, 3. Aufl., Bd. 3, Göttingen 1992, Sp. 367-372. ↗S. 231

Steen, Diedrich ↗S. 16

Sundermeier, Theo, Den Fremden verstehen. Eine praktische Hermeneutik, Göttingen 1996. ↗S. 281

Szlezák, Thomas A., Mündliche Dialektik und schriftliches »Spiel«: Phaidros, in: Th. Kobusch/B. Mojsisch (Hg.), Platon. Seine Dialoge in der Sicht neuerer Forschungen, Darmstadt 1996, S. 115-130. ↗S. 144

Theißen, Gerd, Die Religion der ersten Christen. Eine Theorie des Urchristentums, Gütersloh 2000. ↗S. 65, 104, 108, 111, 114, 187, 267

Theißen, Gerd, Zur Bibel motivieren. Aufgaben, Inhalte und Methoden einer offenen Bibeldidaktik, Gütersloh 2003. ↗S. 182, 212, 215, 370

Thiesbonenkamp, Jürgen, Der Tod ist wie der Mond – niemand hat seinen Rücken gesehen, Neukirchen-Vluyn 1998. ↗S. 282

Tompkins, Peter/Bird, Christopher, Das geheime Leben der Pflanzen. Pflanzen als Lebewesen mit Charakter und Seele und ihre Reaktionen in den physischen und emotionalen Beziehungen zum Menschen, Frankfurt/M. 1977 = 1995. ↗S. 262

Tworuschka, Udo, Art. Fremder, in: Handbuch religionswissenschaftlicher Grundbegriffe, Bd. II, Stuttgart 1990, S. 446. ↗S. 214

Tyrell, Hartmann/Krech, Volker/Knoblauch, Hubert (Hg.), Religion als Kommunikation, Würzburg 1998. ↗S. 75

Ullmann, Wolfgang ↗S. 16

Urban, Martin, Wie die Welt im Kopf entsteht. Von der Kunst, sich eine Illusion zu machen, Berlin 2002. ↗S. 232

Vischer, Lukas, Mit den Tieren sein, in: Evangelische Theologie 57/1997, S. 283-305. ↗S. 256 f.

Weber, Marianne, Max Weber. Ein Lebensbild, in: M. Weber. Gesammelte Werke (Digitale Bibliothek Bd. 58), Berlin 2001. ↗S. 89

Weinrich, Harald, Lethe. Kunst und Kritik des Vergessens, München 1997. ↗S. 274

Weinrich, Harald, Tempus. Besprochene und erzählte Welt, (= 6. Aufl.) München 2001. ↗S. 82

Weippert, M., Art. Edom und Israel, in: Theologische Realenzyklopädie, Bd. 9, Berlin/New York 1982, S. 291-299. ↗S. 192

Weizsäcker, von, Carl Friedrich, Das philosophische Problem der Kybernetik, in: Hamburger Ärzteblatt 22/1968, Nr. 5. ↗S. 125 f., 238, 244

Weizsäcker, von, Viktor, Gesammelte Schriften 1. Natur und Geist. Begegnungen und Entscheidungen, Frankfurt/M. 1986 ↗ 118, 123, 234; Gesammelte Schriften 4. Der Gestaltkreis. Theorie der Einheit von Wahrnehmen und Bewegen, Frankfurt/M. 1997. ↗S. 121, 123 f., 126

Welker, Michael, Gottes Geist. Theologie des Heiligen Geistes, Neukirchen-Vluyn 1992. ↗S. 125

Welten, Peter ↗S. 15

Welzer, Harald, Das kommunikative Gedächtnis. Eine Theorie der Erinnerung, München 2002. ↗S. 87 f., 127 f., 360

Wengst, Klaus, Schriften des Urchristentums. Zweiter Teil: Didache (Apostellehre), Barnabasbrief, Zweiter Klemensbrief, Schrift an Diognet, Darmstadt 1984. ↗S. 299

Westermann, Claus, Genesis (Biblischer Kommentar Altes Testament I/1), 1. Teilband: Genesis 1-11, 2. Aufl. Neukirchen-Vluyn 1976. ↗S. 219 f., 243, 272 f., 308

Wilckens, Ulrich, Das Neue Testament, übersetzt und erklärt, Hamburg 2. Aufl. 1971. ↗S. 17

Wilckens, Ulrich, Der Brief des Paulus an die Römer. 2. Teilband: Röm 6-11 (EKK VI/2), Zürich Einsiedeln/Neukirchen-Vluyn 1980. ↗S. 136

Wilckens, Ulrich, Das Evangelium nach Johannes (NTD 4), Göttingen, 17. Aufl. = 1. Aufl. der Neubearbeitung 1998. ↗S. 108, 291, 299, 304

Wörterbuch der feministischen Theologie, hg. v. E. Gössmann/E. Moltmann-Wendel/H. Pissarek-Hudelist/I. Praetorius/L. Schottroff/H. Schüngel-Straumann, Gütersloh 1991. ↗S. 175

Wolfes, Matthias, Theologiestudium und Pfarramt. Eine kirchensoziologische Studie zum Verhältnis von universitärer Theologenausbildung und pfarramtlicher Berufstätigkeit, untersucht anhand einer statistischen Datenerhebung unter Pfarrerinnen und Pfarrern der Evangelischen Kirche in Berlin-Brandenburg, Hannover 2000. ↗S. 58

Wolff, Hans Walter, Das Kerygma des Jahwisten, in: Evangelische Theologie 24/1964, S. 73-98. ↗S. 195

Literatur- und Namenverzeichnis

Wolff, Hans Walter, Anthropologie des Alten Testaments, München 1973. ↗ S. 245 f.

Zulehner, Paul M./Hager, Isa/Polak, Regina, Kehrt die Religion wieder? Religion im Leben der Menschen 1970-2000. Band 1: Wahrnehmen, Ostfildern 2001a. ↗ S. 33, 37, 51, 74, 137, 230, 375

Zulehner, Paul M./Hennersperger, Anna, »Sie gehen und werden nicht matt« (Jes 40,31). Priester in heutiger Kultur. Ergebnisse der Studie Priester 2000, Ostfildern 2001b. ↗ S. 58

Zulehner, Paul M., Priester im Modernisierungsstress. Ergebnisse der Umfrage Priester 2000, Ostfildern 2001c. ↗ S. 37, 54

Zur Lippe, Rudolf, Eine Kunst der Wahrnehmung. Askese und neue Entfaltung, in: M. Hauskeller (Hg.), Die Kunst der Wahrnehmung. Beiträge zu einer Philosophie der sinnlichen Erkenntnis, Kusterdingen 2003, S. 201-227. ↗ S. 125

Register

Stellen

I. Bibel

1. Mose

1	244, 258, 261
1,1-2,4a	220, 243, 278
1,20f.	245
1,24	245
1,24f.	218
1,26	218, 242
1,27	218, 220f., 237
1,28	218, 221, 246
1f.	223
2,4b-25	245
2,7	131, 218, 245
2,7.15	218
2,15	218, 241, 246, 262
2,15b.18a	245
2,16f.	250
2,17	271
2,18	246
2,18-23	237
2,19	245
2,20	246
2,21f.	246
2,23	237, 246
2,24	152, 246
3	249f., 276
3,1-7	237
3,3	271
3,6	249
3,14f.	249
3,16	237, 282
3,16-24	250
3,19	271
3,22-24	273
3,22.24	272
4,1	211
4,1-16	278
4,1f.	270
4,3-16	191
4,4	278
4,5	278
5,1-3	220, 226
5,24	133
5,27	220
6-8	275
6,5	261
8,21	195
9,2	222, 241, 251, 253f.
9,3	252, 261
9,10.12.15	245
9,16	245
11	163
11,1-9	367
12,1-3	191, 195
12,10-20	195
13,5-12	206
16	191
17,15-22	191
20,1-18	195
21,1-21	191
21,1-7	267
22	314
22,1-19	289
22,1-14	307
22,14	308
25,7	220
25,19-34	191
27-33	191
31,19.32.34f.	106
32,24-29	229
37,2-47,26	191

2. Mose

12,46	296
13,2	308
20,2	178
20,4	286
20,4f.	227
32-34	178
33,20-23	27

3. Mose

1-7	175
8	175
8-10	175

11-15	175	**Hiob (Hi)**	
16	300	1	242, 249
17,3 f.	289	31,15	270
17,10-14	303		
17,11	330	**Psalmen (Ps)**	
26,11.30	247	1	204
		2	224
4. Mose		2,7	132
9,12	296	8,6	221, 272
21	249	22	338
22,22-35	233	22,10	94
		34,21	296
5. Mose		39,7	218
5,6	178	62,12	140 f.
5,32	95	74,2	105
27,11-26	95	80	105
27,15.16.17	66	88	163
28	95	88,6.19	274
30,19	192	89,8	242, 270
32,10	194	90,10	220
		104,30	270
Josua (Jos)		119,73	94
24,22	192		
		Sprüche (Spr)	
1. Samuel (1. Sam)		21,3	309
1,1 ff.	94		
2,1-10	267	**Kohelet (Prediger)**	
18	162	3,19	271
		7,14	270
2. Samuel (2. Sam)			
8,18	95	**Sirach (Sir)**	
24	106, 209	7,31	270
24,1	107	32,17	270
24,13-17	106		
24,24 f.	107	**Jesaja (Jes)**	
		1,10 ff.	309
1. Könige (1. Kön)		1,14	247
5,16-6,38	107	7,14	203
18	178	11	258, 261 f.
22,19-22	242	11,1-10	252
		14,2	192
2. Könige (2. Kön)		42,1	247
2,11	133	43,1.7.15	270
22,8-23,3	107	43,23 ff.	309
23,1-27	178	51,9 f.	105
23,4-20	107	52,13-53,12	26.313
24 f.	367	53	325
		53,5	317
1. Chronik (1. Chr)		60-61	207
21,1	107	60,1-2	207
		60,9-14	192
Esra (Esr)		60,10.12	207
9,1-4	178	63 f.	105
10,1-17	178	65,17-25	252

Jeremia (Jer)

1,4-19	189
1,5	95
5,9.29	247
7,1-8,17	189
7,7 ff.	309
9,8	247
11,18-23	189
12	189
15,1	247
15,10-21	189
20,7-18	189
26,1-19	189
37 f.	189

Ezechiel (Ez)

23,8	247
20,39	309

Daniel (Dan)

4,14	242
7,10	242

Hosea (Hos)

4,4 ff.	309
6,6	309, 319
14,2 f.	309

Joel

2,28-32	198

Amos (Am)

1 f.	192
4,4	313
4,4 f.	309
5,10-15	313
5,21 ff.	309
9,7	194

Sacharja (Sach)

2,8	194
11,8	247

Maleachi (Mal)

1,1-3	192
1,2 f.	214
2,10	270

Matthäus (Mt)

1,18	224
1,23	203
4,1-11	336
5-7	311
5,2-10	165
5,3-10	311
5,3-11	95
5,9	198
5,10-12	200
5,13-16	82, 203
5,13	49, 135
5,17-7,28	197
5,17	197
5,21 f.	311
5,23 f.	311
5,37	332
5,43-48	215, 311
6,9-13	92
6,9	92
6,12	319
6,18	311
6,26-29	262
7,24-27	311
10,5 f.	196
11,14	154
11,28-30	283
12,9-14	248, 258
12,14	248
14,1-12	171
15,21-28	196
15,26	200
16,13-17	171
16,13-16	154
16,16.17.18	172
16,19	339
18,18	339
18,21-35	311, 339
20,1-15	216
22,13	159
23,13	348
25,31-45	153, 203
25,34.40 f.45 f.	204
26,26	294
26,26-29	139
26,28	294
26,53.56	180
26,69-75	180
27,24	292
27,46	180
28,19	110, 172

401

Markus (Mk)

1,1	258, 261
1,9-11	224
1,11	131
1,13	257 f.
2,5	339
2,17	167
2,27	197, 329, 364
2,27 f.	21
2,28	329
3,21.31-35	130
3,31-35	215
6,7-13	196
8,29	173
8,34	145
8,35	370
11,15-19	319
14,1a	291
14,1b	292
14,22-25	139, 294
14,24	305
14,25	319
14,34	64
14,36	137
14,43-50	292
14,66-72	292
15,16-20	292
15,20b-41	292
15,42-47	292
16,1-8	134
16,9-20	292
16,14	292

Lukas (Lk)

1,35	130, 224
1,46-55	267
1,68-79	267
5,1-11	298
5,12	298
6,20-26	95, 165, 311
8,1-3	176
9,1-6	196
9,20	173
10,1-24	145
10,1-12	196
10,27 f.	348
11,2-4	92
15	216, 261
15,1-3	108
15,1-7	248, 259
15,11-32	108, 284, 362
22,14-20	139
22,19	294
22,39-46	322
23,4.14 f.	292
24	298
24,13-35	26
24,15 f.	132
24,19-21	292
24,21	180
24,25-27	317
24,26	26
24,28-31	292
24,30 f.	133
24,41-43	298
24,51	133

Johannes (Joh)

1	167
1,1-14	108
1,1	224
1,12	224
1,13	224
1,14-18	109
1,14	223, 300
1,29	300
1,51	348
3,16 f.	297
3,16	198, 203, 300
3,17	300
4,10-15	109
4,24	127, 132, 137, 244
5,26	109
5,38	299
6,15.27.33.35	299
6,42	130
6,44.65	173
6,54 f.	299
6,63	301, 341
6,66	173
6,68 f.	173
6,68	301
8,12	109
8,37	299
10,7.9	109
10,14	109
10,30	108
11,1-46	292
11,25	109, 171
11,44	318
11,45-50.53	167
11,50.51	316
11,53	292
12,24	67
12,47.48	299
13	298, 340
13,1-15	297
13,1	297, 320

13,15	297, 334	9,2	81, 196
13,16	297	9,15	197
13,17	298	10,9-23	197
13,31-35	297	15,1-34	152
13,33	131	18,25	196
13,34 f.	297	19,23	81, 196
14-16	297	22,4	196
14,6	109, 171	24,14	81
14,9	108, 135, 298, 359	24,14.22	196
14,13	108		
14,16.26	207	**Römerbrief (Röm)**	
14,23	299	1,1	197
15,1.5	109	1,4	224
15,4	163	5,12.18	276
15,7	299	5,19	278
15,18-25	300	5,20	276
15,26	109	6,23	276
16,3-15	186	8	262 f.
16,4	183	8,12-17	136, 182
16,7	207, 270	8,14	136, 198, 224
16,12 f.	183	8,15	64, 278
16,13	187	8,16	137, 151
16,23	187	8,19-23	248, 256
16,33	268, 320 f., 341	8,22	248
17	297	8,31 f.	314
17,3	109, 300	8,38 f.	136, 314
18,40	316	10,9	144
18-20[21]	297	10,17	138, 144, 154
19,5	241	11,28	189
19,30	320	12,2	321
19,33	296	12,9-21	197
19,36	296	13,6	316
20,15.16.19	132	13,8-10	197
20,19-23	131, 180	15,7-13	152
20,20	133		
20,21	187, 297	**1. Korintherbrief (1. Kor)**	
20,22 f.	339	7,10	144
20,23	298, 356	9,19-23	135
20,25	133	11	323
20,27	109, 229	11,3	83
20,27 f.	133	11,7	222
20,28	109, 298	11,9	270
20,30	158	11,12	222
21	158	11,23-26	147
21,1-14	298	11,23-25	139
		11,23	294
Apostelgeschichte (Apg)		11,24 f.	144
1,6	180	11,25	294
2	182	11,27-34	320
2,3 f.	134	11,27-32	320
6,7	279, 324	12,11	135
7,54-60	199	12,13	152
9,1-31	152, 197	13,10	187
9,1 f.14	197	13,12	153

14	323
14,29	24, 65
14,33b-35	157, 176
14,34f.	82
15	92
15,9	197
15,24	305
15,29	66
15,49	222
15,52b	284
16,22	199

2. Korintherbrief (2. Kor)
3,2f.	144
3,17.19	353
4,4	222
5,16	88, 147
5,17	131, 147
5,19	315-316

Galaterbrief (Gal)
1,11-3,9	280
1,11-23	135
1,13	197
2,1-10	152
2,20	315
3,26-4,7	182
3,28	83
4,6f.	182
4,19	135
5,1-12	152
5,1	37, 136
5,6	153
6,2	197
6,10	199

Epheserbrief (Eph)
1,4	199

Philipperbrief (Phil)
2,5-11	278
2,6-8	318
2,8	278
3,6	197

Kolosserbrief (Kol)
1,15-18[20]	223

1. Thessalonicherbrief (1. Thess)
5,21	66

1. Timotheusbrief (1. Tim)
5,18	144

Hebräerbrief (Hebr)
7,27	315
9,12.26.27.28	315
10,5	270

1. Johannesbrief (1. Joh)
2,2	300
4,1	136
4,6	202
4,15f.	163
4,16	198, 349
4,16b	341
4,17f.	320
4,20	349

Offenbarung des Johannes (Offb)
12,9	253
18,1-19,10	367
20,2	253
21f.	254
21,1-22,5	252, 275
21,14.22.23.27	252
22,1.3	252
22,3	253
22,15	200
22,18f.	158

II. Frühe Kirche

Didaché (Did)
1,1	301
8,2-3	301
9	301, 303
9,1-4	301
10	301, 303
10,3	302
14	302
14,1	302
14,2	303

Ignatius Epheser (IgnEph)
20,2	304

Justin, Apologie (Justin Apol)
66,2	304

III. Alter Orient

Gilgamesch-Epos
1. Tafel, II, 30.33	219
10. Tafel, V, 13	271

10. Tafel, VI, 25	271	**V. Koran**	
11. Tafel	162-163		
11. Tafel, Z. 266-270	272	2,30-39	219
11. Tafel, Z. 272-291	273	2,30	219, 221
12. Tafel	162	4	346
		4,157	346
Ägyptische Texte	70, 132, 219-220, 244-245	49,13	210
		96	221
		96,1 f.	221

IV. Griechische Philosophie

Empedokles	310, 330
Xenophanes	183, 228
Platon	142-145

Register

Stichworte (in Auswahl)

Abendmahl s. Herrenmahl
Abraham und Sara 289, 308, 311
Abschied(lich leben) 13, 63, 65 f., 69, 82, 267-269
Aeneis 81, 170 f.
Ägypten (altes) 29, 31, 64, 87, 95, 103, 105, 113, 132, 154, 160, 163-165, 168, 193 f., 198, 229, 244, 277, 296, 301, 305, 372
Ätiologie/Arché 249, 379
Aischylos 165, 289
Akkadisch 162, 246
Alltag 41, 54, 63, 80, 86, 105, 148, 209 f., 214, 267, 374-376
Amen 65 f.
Anthropologie s. Mensch
Anthropozentrismus 217, 231-234, 242, 248 f., 252, 256
Aramäisch 64, 67, 134 f., 159
Archetypen 156
Aristoteles 142, 254
Artemis 309, 311 f.
Asklepios 63 f., 131, 154, 166-168, 249, 257, 358 f., 379
Atheisten 50 f., 73, 98
Auferstehung von den Toten (Ostern) 41, 50, 61, 108, 132-134, 147, 165, 171, 180, 182, 186 f., 222 f., 284 f., 291, 293 f., 297 f., 321, 327, 333, 335, 340, 346, 356, 366, 375
Augustinus 75, 157, 254, 276 f.
Authentizität, authentisch 93, 129, 140-142, 181, 214, 267, 347 f., 353, 355-357, 363 f.
Axiome 104, 138, 174 f., 181 f., 379

Babel, Babylon 163, 170, 194, 367
Befreiungstheologie 57
Bekenntnisschriften 21, 60, 62, 90, 111, 146
Bibel, biblisch s. auch Kanon 14, 23-26, 47, 55, 62, 64, 83, 85, 102-105, 111-120, 130, 140-142, 145 f., 170 f., 181-186, 203, 212, 248, 251, 345 f., 355-357, 359-361, 369-371, 379
–, Bibel als Wort Gottes 115, 119, 140-142, 146, 169, 174
–, Bibel lesen 27, 111-117, 148, 159
–, Jüdischer Teil (Altes Testament) 23, 47, 113, 116, 147, 161, 172, 177 f., 192, 222, 252, 278, 313, 319, 379
–, Christlicher Teil (Neues Testament) 23, 47, 65, 82, 104, 113, 147, 170, 177-179, 200, 215, 222,220, 248, 341, 367, 375

–, Ein- bzw. auszuklammernde Partien der Bibel 177-179, 185, 261 f.
Bilder, Bildersprache 36, 134, 139, 148, 164, 167, 182, 224-228, 232, 236, 238, 253, 286 f., 365, 371
Bilderverbot 227 f., 231, 286
Bonhoeffer, Dietrich 37, 40
Böse, Boshaftigkeit 43, 56, 107, 195, 249 f.
Buber, Martin 15, 91, 94, 126, 195, 211
Buddhismus, Buddha 60, 130, 212, 215, 239, 353

Chalcedon, Konzil von 270
Christentum
–, Christentum als Religion 70-101
–, Christen als »wahres Israel« 198
–, Christen als Geisteskinder 131, 137, 139, 182, 336
–, Christen als Wahrnehmungsgestalt Jesu Christi 131, 135
–, Christentum als Schriftreligion 142-145
–, Urchristentum 65, 104, 134, 267
–, »Der Weg« als früher Name 81, 196
–, Gegenwärtige Situation 19-28
Christologie 109, 113, 120, 180, 380

Descartes, René 121, 254
Didaché 295, 301-303, 306, 323, 339-341, 380
Dogma(tik), Dogmen(geschichte) 14, 21-23, 26, 28, 32, 38 f., 46-49, 52 f., 55, 57, 59 f., 62, 65, 74, 77, 90, 105, 109-114, 117, 145 f., 150 f., 153, 169, 172, 174-177, 183, 186 f., 203, 231, 242, 266, 276, 300, 330, 345, 347, 369 f., 380
Doxologie 91, 301, 380

Echnaton (Amenophis IV.) 24, 160, 165, 227, 229, 236, 244 f., 358, 370
Edda 81
Engel 225
Empedokles 310 f., 313, 330
Erinnern, Erinnerung 80, 88, 124, 127-130, 133, 136, 140, 143, 145, 147, 156, 165, 181, 190, 215, 274, 299, 337, 341, 354, 360, 365-367, 377
–, Erinnerungsgestalt 100, 127, 139, 141 f., 165, 181
Erlösung 52, 54-56, 96, 112, 149, 215, 255, 277, 281, 305, 315, 321, 328, 334, 363, 372
Erscheinungen (Epiphanien) 229

Stichworte

Erwählung, Erwähltheit 69, 188-202, 204, 212, 214f., 231-235, 383
–, E. in der Politik 188f., 200
–, E. verbunden mit Verwerfung 190-192, 196, 202-204, 214
–, Ehe als Metapher für Erwählung 189, 194
–, Einzigartigkeitsbewußtsein 193, 195
–, Haß als Folge der Erwählung 178, 188, 191f.
–, Liebe als Motiv der Erwählung 189-192, 194
Esoterik 41, 148
Ethik 34, 48, 57, 85f., 107, 222, 235, 241f., 248, 251, 255f., 259, 334
–, Antiselektionistische E. 214
–, Tierethik 259
Ethnozentrismus 31, 43f., 84, 157, 188, 192, 200, 208-214, 232-234, 364, 373, 380
Eucharistie s. Herrenmahl
Euripides 165
Europa 14, 30f., 35f., 42, 45, 78, 118, 213, 233f., 287, 344, 350f., 365, 374, 376
Eurozentrismus 233
Evangelien 17, 65, 107-111, 114, 131f., 134, 139f., 147, 166, 173, 179, 185, 199, 223, 259, 291f., 308, 327, 339, 341, 355, 359, 371
–, Matthäus(evangelium) 110, 171-173, 196, 224, 248, 311
–, Markus(evangelium) 173, 257f.
–, Lukas(evangelium) 134, 165, 173, 224, 322
–, Johannes(evangelium) 108f., 130-133, 173, 180, 186f., 295-301, 306, 316, 320
–, Thomasevangelium 61f.
Evangelium 23f., 26, 67, 108-110, 112, 114, 131, 134f., 145, 170, 172, 174, 179, 181f., 184, 202, 204, 215, 238, 258, 298, 304, 321, 332, 335, 362, 380
Evolution 42, 211, 266f.
Exegese 112, 114-120, 125, 146, 149, 154f., 176f., 179, 380

Fastnachtsbräuche 210
Feind 43f., 137, 152, 167, 192, 199-201, 209, 214f., 266, 281, 327, 334, 357
Fest(mahl) 214, 254, 256, 261, 290, 295, 323, 373-377
Finsternis 165, 207, 243, 372
Fisch 298f.
Frau(en) 16, 82f., 106, 132, 152, 157, 168, 175-177, 184, 196, 210f., 218, 220-222, 227, 237, 243, 246, 267, 269, 282, 320, 338, 375

Fremder 207, 211, 214, 275, 290
Fußwaschung 297-299, 306, 334, 340
Fundamentalismus 43, 79f.

Gebet 64, 91f., 127, 137, 198, 213, 227, 229, 236, 254, 263, 297, 301-303, 310, 314, 322
Geborgenheit 40, 52, 56, 97, 127, 201, 239, 273, 341
Geburt (Austreibung) 269
Gefühle 88, 127, 137
Gehorsam(skultur) 19, 22, 84, 87, 136, 216, 250, 277-279, 312, 318, 320f., 323f., 329, 335, 347, 357, 362
Geist 25, 120-127, 130-132, 134-137, 151, 183, 240f.
–, Beziehungsstruktur 125-127, 131
–, G. als das Eigentliche des Wirklichen 125f., 128, 182, 238f., 244
–, Geisteskindschaft (d. Christen) 130-132, 137, 139, 182, 335
–, Gott ist Geist 125-127, 132, 141, 240f., 244, 258, 328, 330, 333, 339
Geozentrismus 234, 240
Gerecht(er) 216, 278, 292
Geschichte, Lehren aus der 57, 157, 208f., 359
Gesellschaft(sordnung) 15, 38, 46, 57f., 72-74, 76, 78, 80, 83-85, 93, 98, 100, 111, 114, 117, 161, 177, 212, 234, 262, 280, 293, 310, 324-326, 337, 344, 374, 376
Gesetz 78, 81, 85, 312, 318, 321, 325
Gespräch (Dialog) als Lehrform 45, 142, 360
Gewalt, »heilige Gewalt« 94, 153, 157, 178-180, 185, 200, 210, 287, 300, 321, 324f., 327, 331, 333-338, 340, 346, 356f., 359, 362, 366, 373
Gilgamesch-Epos 161-164, 219, 271-273, 380
Glaube 19-28, 38-41, 60-67, 89-98, 144-146, 182f., 275-279, 344-350
–, Apostolikum, Bekenntnis, Credo, Glaubensbekenntnis 57, 70, 74, 77, 90f., 93f., 105, 109-112, 139, 164f., 167, 171-173, 193, 213, 232, 268, 270, 315, 328, 339, 344-346, 357, 379f.
–, Glaubensvorstellungen 13f., 16, 24, 26, 34, 37, 49, 52, 59f., 63, 65, 69f., 80, 103, 146, 155, 203, 344f., 347, 356
–, Lebensbezug des Glaubens 26, 39, 71, 94, 101, 267, 372
–, Situation des Glaubens 19, 21, 26
–, G. als Individualform von Religion 89-94
–, Heutige Glaubenserfahrungen 88-98

407

Register

Glaubwürdigkeit 49, 57, 65, 71, 113 f., 174, 344-350
Gnade 112, 215, 223, 276, 278, 329, 335
Gnosis, gnostisch 62
Goethe, Johann Wolfgang von 42, 44, 127, 309
Gott 25, 39-45, 50-56, 114-120, 127, 136-138, 141 f., 146, 148-153, 155 f., 167-169, 191-195, 201-205, 217-241, 311-318, 345-347, 353, 357-363
–, Deus absconditus 190
–, Gott als Person/unpersönlich 40, 49-54, 97, 189, 206, 227 f., 236 f., 240
–, Gott als Schöpfer 52, 70, 95, 155, 219, 243 f., 246, 249, 258, 263, 268 f.
–, Gott ist Liebe 136, 163, 198, 241, 258, 275, 327 f., 330, 332 f., 337, 339, 341, 349
–, Gottesbeziehung 40 f., 52, 56, 83, 91, 99, 105, 136 f., 141 f., 151, 163, 182, 185, 193-195, 198 f., 231, 267, 278, 309, 314, 329, 343, 346, 348, 367
–, Gotteskindschaft 131 f., 223 f., 226, 336,
–, Gottesname(n) 106, 198, 207
–, Lebendiger Gott 70, 144, 171 f., 285, 356
–, Menschenebenbildlichkeit Gottes 218, 224-231, 235-237, 247
–, Therapeutischer Gott 64, 166 f., 257, 259, 372
–, Trinität 42, 47, 54, 104, 109-111, 207, 268, 384
–, Wahrnehmungsgeschichte Gottes, universale 14, 102, 118, 147, 149, 155 f., 158, 169, 174 f., 179-181, 183, 203, 213, 234, 345 f., 349, 351, 353, 355, 358, 360 f., 369, 371 f.
–, »Gottesweg« 193, 197, 199
Griechisch (Koiné) 31, 64, 67, 177, 310
Gut und Böse 372

Hagar und Ismael 191
Heiden 63, 177, 197, 199 f., 234, 357
Heil/Unheil 13, 40, 52, 56, 96 f., 145, 153, 168, 182, 202, 212, 267, 278, 317, 329, 331 f., 359, 366, 372
Heiland 63, 147, 153, 166, 216, 358, 372
Heilsgeschichte 93 f., 213, 234, 266, 268, 294, 381
Hermeneutik 369, 381
–, Generalskopos 112, 114 f.
–, Text 113
Herrenmahl (Abendmahl, Eucharistie) 20-22, 28, 133, 139, 199, 286, 288, 292, 294 f., 301 f., 306, 320 f., 323-325, 328, 338, 341, 347, 355, 363 f., 380
–, Fußwaschung statt H. 298, 301, 303, 319

–, Einsetzungsworte 28, 139, 145, 288, 293, 295, 298 f., 302, 305 f., 325, 338-340
–, H. als Opfermahl 288, 323, 327 f.
–, Opferfreie Mahlfeier 319, 338 f.
Hinduismus 14
Hölderlin, Friedrich 238, 311
Holocaust 30, 88, 113, 194, 201, 215, 289
Homer 103, 162, 170 f., 190, 305
Homosexualität 84 f.
Hygieia 166, 168

Internet 35, 87, 214
Inzest, inzestuöse Theologie 211, 275
Iphigenie 309, 312
Isaak 106, 191 f., 267, 289, 308, 312, 314
Islam, Muslime 21, 30, 36, 42-45, 61, 84, 111, 118, 129, 204, 211, 213, 221 f., 228 f., 235, 245, 263, 277, 345 f., 356, 376

Jakob und Esau (Edom) 191 f.
Jerusalem 107, 152, 167, 186 f., 197, 207, 253, 278, 289, 292, 316, 320, 324
Jesus (Christus) 15, 25-27, 52, 54, 63 f., 69, 107-113, 130-142, 144-147, 152 f., 164-168, 171-173, 179-182, 186 f., 196, 198, 215, 222-224, 240 f., 248, 257 f., 268, 270, 276, 278, 284, 286-341, 346 f., 352, 355 f., 359, 362-364, 366, 369-372, 382 f.
–, Abba 108, 137, 278
–, Auferstandener 26, 72, 92, 108-110, 131-134, 147, 152, 166, 180 f., 187, 197, 200, 236, 292, 297 f., 320, 339, 346, 361
–, Bergpredigt Jesu 57, 75 f., 82, 95, 147, 165, 197, 311, 349, 379
–, Gegenentwurf zur Schöpfungsgeschichte 223
–, Gleichnisse/Ich-bin-Worte 108 f.
–, Gott, neuer 40, 109 f., 179 f., 236, 298, 306, 328 f., 335 f.
–, Wahrnehmungsgestalt Gottes 131
–, Gottessohn 110, 130, 164, 170, 198, 222-224, 229, 305, 315
–, Hinrichtung Jesu als Sühnopfer (Kreuzestheologie) 48, 52, 69, 182, 254, 288, 292-294, 298, 306, 317, 327 f., 331, 338, 356
–, Kreuz als Symbol der Gewaltlosigkeit 335-338, 356
–, Jesus-Christus-Geschichte (Evangelium) 130, 140, 152, 154, 165, 172, 179 f., 352, 370-372
–, Jünger Jesu als Gottessöhne und -töchter 224, 335, 339
–, Keine leiblichen Kinder 131

Stichworte

–, Leibliche Eltern 130 f.
–, Seligpreisungen/Weherufe 95, 165, 198, 311
–, Taufe Jesu 130, 224, 257
–, Vaterunser 92, 108, 131, 137-139, 153, 206, 213, 278, 301, 303, 306, 314, 319, 328 f., 335, 363
Johannes der Täufer 154, 171, 300
Josef und seine Brüder 191
Juden(tum) 25, 30, 61, 63, 70, 82 f., 89, 103 f., 110 f., 113, 118 f., 134, 167, 172, 177-180, 182, 185, 193-197, 199 f., 208, 211, 213, 215, 221, 227 f., 234-236, 248, 289, 295, 300, 303, 323, 332, 345, 354, 356, 359, 372, 376
–, Exodus 105, 194
–, Gott Jahwe 31, 104 f., 107, 170, 192, 194, 196, 215, 218, 224, 227 f., 237, 242, 245 f., 249 f., 261, 271 f., 282, 289, 308-314, 317, 346, 358 f., 381
–, Israel 43, 47, 70, 95, 104 f., 107, 116, 147, 163, 170, 176, 189, 191-198, 215, 220, 228, 254, 267, 309 f., 313, 361, 366 f.
»Jungfrauengeburt« 130, 267

Kain und Abel 191, 278
Kanon 23, 48, 61 f., 65, 69, 83, 90, 98, 104, 110 f., 118, 135, 149, 154-179, 185, 192, 201, 222, 235, 251, 352, 358, 361, 369-373
–, Auslegende Literatur 158
–, Jüd.-chr. Doppelkanon 14, 60, 102-104, 117 f., 154, 168, 174, 181, 345, 355, 360
–, Kanon aus den Kanons 370-372, 376
Karfreitag 180, 293, 325, 335 f., 338, 356
Karsamstag 165, 335-337
Kinder 20, 39 f., 105, 120, 131, 136 f., 151, 205, 217, 224, 230, 269, 274, 308, 339, 365
Kirche, Volkskirche 37
Kirche(n) 46-59, 77 f., 90, 135-139, 198-205, 263-265, 295-341, 373-377
–, Konfessionen 14 f., 19 f., 23, 36, 48, 60 f., 85, 115, 117 f., 129, 175, 183, 338, 343, 347 f.
–, Evangelische Kirche 15, 32, 38, 40, 48, 54-56, 58, 115, 231
–, Katholische Kirche 15, 22, 25, 38, 56-59, 175 f., 207, 231, 363 f.
Kirchen- und Religionssoziologie 33 f., 46, 53, 75, 149
Kirchenjahr 77, 138, 262, 268, 293, 338, 374
Kirchentag 20-22, 36, 41, 363
Kommunikation 29, 55, 77-79, 82, 86, 89, 93, 111, 117, 127 f., 131, 134, 142, 168 f., 179, 184, 208, 213, 229, 232, 234, 262, 335, 344, 351 f., 354, 360, 368
Komplementarität 27, 65, 98, 131, 236, 270, 289, 358, 382
Kontemplation 71, 212, 230, 236, 239, 353
Koran 17, 24, 29, 44, 60 f., 118, 160, 210, 219, 221, 277, 345 f., 371
Kreta 14, 30, 118, 211, 309, 312
Krieg (und Frieden) 20, 39, 42-44, 89, 113, 118, 137, 188, 190, 208-210, 214, 255, 310, 326, 331, 337, 350, 354, 365, 367, 373
–, Heiliger Krieg 43, 208 f., 287, 360
Kultur 29-45, 72-101, 134 f., 168-181, 208-216, 255-263, 275-285, 289-307, 324-326, 351-369, 373-375
–, Kommunikatives Gedächtnis 80, 87-89, 100, 119, 127, 169, 234, 274, 360
–, Kulturelle Kohärenz 73, 82-86, 93, 147, 154, 156, 176, 184, 210, 234, 303, 307, 310, 323, 340, 355
–, Kulturelle Texte 72 f., 81-83, 85 f., 128, 138, 142, 159 f., 172
–, Kulturelles Gedächtnis 64, 73, 79-82, 84-90, 95, 98 f., 158, 175, 181, 183 f., 195, 234, 262, 274, 304, 323, 351, 353, 362, 373, 382
–, Übergang in fremde Sprachen 63 f., 67, 134 f.
Kunst(geschichte) 86, 110, 143, 166 f., 217, 224, 274, 284, 372

Leben 38-42, 60-67, 94-101, 242-263, 266-285, 335-341, 373-375
–, Lebensbaum u. -pflanze 272-274
–, Ehrfurcht vor dem Leben 248, 255, 258, 262
–, Lebensbeziehungen 72, 94-101, 137, 151, 242-247, 250, 263, 283, 375
–, Lebenswelt 75, 78, 90, 147, 159, 225 f., 261, 267, 326, 375
–, »Haus des Lebens« 98, 101, 119
–, »Weg des Lebens« 81 f., 95, 134, 250
Leiden 41, 54 f., 117, 166, 190, 199, 207, 255, 259 f., 262, 265, 271, 286, 320, 322, 325, 333 f., 336-338, 340, 347, 359, 361, 383 f.
Licht(symbolik) 29, 45, 72, 109, 128, 135, 142, 150, 152, 203, 207 f., 243, 372 f.
Liebe(sgebot) 13, 19 f., 27, 40 f., 56, 108, 131, 136, 138, 149, 151, 153, 163, 168, 179, 182, 185, 189 f., 192, 194-203, 207, 210, 213 f., 216, 240 f., 255 f., 258 f., 275, 277, 279 f., 297 f., 300 f., 305 f., 309-311, 313 f., 316, 318-321, 326-337, 339-341, 346, 348 f., 356, 359, 361-363

409

Liturgie 28, 47 f., 56 f., 59, 74, 81, 91, 105, 138 f., 142, 200, 207 f., 263 f., 286, 302, 316, 320, 323, 327, 336, 352, 373-377
Logos 167, 224, 232, 244, 299 f., 304
Luther, Martin 94 f., 112, 137, 140, 144, 153, 237, 253, 256, 270, 362

Maimonides 195
Männlich/weiblich 176, 210, 221, 237, 259, 349, 372
Märchen 205
Maria 130, 166, 207, 267, 346
Maria Laach 14
Märtyrer 153 f., 225, 331
Medien 33, 35 f., 60, 64, 80, 90, 127, 141
Meditation (Zen) 71
Mensch, Menschheit
–, Abstammung (Monogenesie, Polygenesie) 72, 210, 220, 226, 233
–, Gottebenbildlichkeit des Menschen 217-241, 262
–, Herrschaft d. Menschen über die Schöpfung 218, 221 f., 235, 246, 251
–, Menschenrechte/Menschenwürde 44, 49, 72, 184, 199 f., 233, 241
–, Pastoralanthropologie 247
–, Person 47, 91, 108, 140, 227, 235-237, 245 f., 257, 317, 364
–, Tötungsrecht 222, 235, 252
–, Wahrnehmungsmöglichkeiten 148, 229-233
–, Zeugung d. Menschen 220, 270
–, »Krone der Schöpfung« 248
Mesopotamien 95, 103, 113, 161, 305
Messias 25, 47, 147, 171, 180, 358, 372
Monotheismus 42, 84, 111, 178, 181 f., 227, 233, 336
Muhammad 229
Mündlichkeit 142
Mystik 40 f., 122, 229 f., 237, 239 f., 285, 353 f., 372
Mythos, Mythologie 27, 30, 162, 165, 168, 191, 205, 234, 242, 250, 257, 269, 273, 275, 278, 282, 305, 308 f., 370

Näfäsch (lebendige Seele) 245-247, 251 f., 254, 271
Narzißmus 205 f.
Nationalsozialismus 212
Nazareth 25, 186
Nikolaus von Kues 122

Ödipus 133, 152
Odysseus 162

Ökumene 14, 19-23, 57, 341
–, Ö. der Religionen 351, 357 f.
Offenbarung 24, 32, 48, 57, 63, 69, 76, 98, 102, 114, 116, 119 f., 129, 141, 149-153, 159 f., 170-173, 186 f., 203, 221, 249, 345, 355 f.
Opfer, Opferkult 44, 69, 157, 175, 215, 217, 251, 253 f., 260 f., 278, 282, 286-291, 293, 297 f., 300, 302, 307, 309-319, 322-325, 329-332, 335, 337, 339 f., 346, 364, 372
–, Dreischritt des Opferrituals 289, 291, 295, 325
–, Menschenopfer 286-288, 291, 307-309, 311-314, 317, 332, 337, 340, 356
–, Sühnopfer 175, 182, 290 f., 294, 298, 300, 305 f., 311 f., 314-319, 322-324, 327, 329, 331, 356
–, Tieropfer 254, 263, 278, 288 f., 291, 294, 308 f., 312 f., 317, 324, 337
Optimierung 216
Orpheus 167, 358
Orthodoxe Kirche 14 f.
Osiris 63, 164 f., 168, 358
Österreich 49, 51
Otto, Rudolf 208

Palästina 103, 105, 194, 296, 301, 367
Paradies 40, 45, 122, 186, 246 f., 250 f., 269, 272 f.
–, Vertreibung aus dem P. 186, 233, 269-273
Parmenides 122
Partikularismus 196, 198, 201, 212
Paulus/Saulus 24, 37, 64-66, 82, 88, 92, 108, 116, 134-139, 144, 146 f., 151-154, 157, 170, 176 f., 196 f., 199, 201, 222 f., 248, 251, 255 f., 275-278, 280, 292-294, 297, 302, 305 f., 314-317, 320 f., 323 f., 327, 330, 353, 362
Pesach 289, 291-293
Petrus 152, 171-173, 180, 196 f., 201, 280, 292, 298
Pfarrer(schaft) 16 f., 22 f., 38, 46 f., 49, 53-59, 62, 83, 111-113, 141, 146, 189, 257, 282 f., 286, 320, 349, 356, 370, 375
Pfingsten 64, 134, 182, 198
Pflanzen 232, 234 f., 242, 244, 247 f., 251, 255, 257-260, 262 f., 280
Pharao 24, 64, 70, 132, 160, 164 f., 227, 236, 244, 323, 358
Platon 15, 142-146, 152, 154, 161, 304
Pluralismus 19, 79, 102, 104, 106, 110 f., 114 f., 117, 129, 146 f., 149, 175
–, Innerreligiöser, religionsinterner P. 46-59,

74, 102, 104-107, 109f., 112f., 128f., 148, 181, 203
–, Interreligiöser P. 46, 104, 106, 111-113, 128f., 148
Prädestination 188, 202, 383
Predigt, Prediger 23f., 27, 35, 44, 59, 61, 66, 79, 111f., 129, 137, 144, 146, 159, 174, 204, 264, 271, 278, 311, 316, 318, 336, 370, 373
Priester (Amt, Gesetze) 20, 22f., 36, 38, 54, 58f., 83, 107, 112, 166, 175-177, 251, 253f., 267, 315f., 324, 330, 336, 349, 359, 363f.
Prophet (Amt) 24, 26, 47, 65f., 95, 141, 154, 162, 170f., 189, 191f., 194, 198, 207, 229, 252, 309f., 313f., 316, 319

Rahner, Karl 15, 40
Rassismus 84, 210, 212
Reformation 13, 22, 45, 47, 85, 146, 173
Reinheitsgesetze 175f.
Religion 13, 15, 19, 24, 32-39, 42, 45-48, 60f., 69-84, 86, 90, 93, 95, 98f., 101, 104, 117f., 155, 159, 178, 182f., 208, 216, 228, 250, 267, 274, 293, 307, 309, 333, 343-348, 351, 353, 359, 362, 366, 374
–, Amtsträger 80
–, Civil Religion 45, 74f.
–, Heiliger Kosmos 77, 79, 90, 98, 321
–, Heiliges Universum 77, 90
–, Individualform von Religion 74, 90, 94
–, Religion als kommunikatives Geschehen 100
–, Lebensbezug von Religion 71, 82
–, Primäre/sekundäre Religion 83f., 86, 91, 151
–, Religion in der Politik 42
–, Religionsgemeinschaften 37, 41, 61, 71, 73f., 77-80, 98, 100, 106, 145, 181, 183, 202, 207, 210f., 213, 280, 323, 350, 354, 361, 365f., 373f., 376
–, Religionspsychologie 251, 367
–, Religionssoziologie 100, 149
–, Religiöse Revolution 71, 195, 227, 358
–, Sichtbare Religion 73, 75, 77-80, 82-86, 90, 94f., 98-101, 158, 172, 183, 350, 360, 362, 376, 383
–, Unsichtbare Religion 72f., 75-81, 83f., 86f., 90, 94, 98-100, 157f., 183f., 234, 321, 323, 335, 350f., 360, 362, 376, 384
Rilke, Rainer Maria 238-240
Ritus, Riten 21, 37, 77, 81f., 138, 141, 161, 183, 261, 293, 297, 303, 306, 311, 325, 335, 340f., 352, 372, 375

Römische Religion 154

Samaritaner 196
Saul (König) 162
Schlange 162, 249, 251-253, 273, 275, 282
Schöpfung 27, 55, 69, 86, 105, 135, 203, 205, 218, 221, 223, 227, 231, 235, 243-251, 255, 257f., 262, 267f., 270f., 275-277, 282, 333, 339, 346, 376
–, Schöpfungserzählungen 218-220, 222f., 242, 244f., 248, 250f., 257, 269f., 278, 376
Schrift(en), Heilige 61-64, 73, 112, 114f., 140-142, 159, 178, 212
Schuldvergebung 303
Schutzengel, -heilige, -bedürfnisse 39f., 202, 206f., 213
Schweitzer, Albert 96, 242, 248, 255f., 259, 262
Seele 52, 55, 66, 94, 143, 157, 194, 245-247, 254f., 257, 264, 271, 288, 324-326, 328, 348, 362, 372
Segen (und Fluch) 95, 106, 195, 246, 277, 360
Seklusion (Selbstabschließung) 193, 199
Selektion 214f.
Seniorenstudium der LMU 16
Sinn 40, 53, 75-77, 81, 86, 100, 243, 329, 351
Sintfluterzählung 162, 275
Sokrates 142-146, 304
Sonne, Sonnengott 24, 165, 227, 243-245, 358, 370
Sophokles 133, 165f., 259, 359
Spiritualität 14, 55, 71, 183, 239, 266, 352
Sprache 27, 41, 43, 66, 73, 76f., 79, 82, 91, 95, 116f., 119, 129, 134, 141f., 157, 159f., 162, 164, 173, 185, 194, 209, 229, 231-233, 243, 247, 252, 267, 270, 273, 275, 287f., 298, 322, 337, 339, 348, 370, 376
Staatsreligion 84
Sterben, Sterblichkeit 26, 52f., 55, 187, 263, 266, 268, 270-272, 274-277, 280-286, 288, 291, 293, 296, 305, 311, 314, 317f., 322, 328-331, 335, 337, 346, 358, 361
–, Sterblichkeit als Strafe 52f., 266
–, Wunsch nach Unsterblichkeit 304
–, Wunsch, zu bleiben 272f., 280
Suizid 157
Sünde 52, 55, 96, 216, 266, 275-280, 282, 286, 300, 317, 320, 323, 329, 333, 335, 338, 346f., 356, 362
–, Sündekultur 317, 330, 339
–, Sündenfall 52f., 55, 176, 233, 237, 250f., 271f., 275, 277, 282f., 380

411

Register

–, Sündenvergebung 56, 215, 326, 328, 336, 340
Synkretismus 63, 156, 263

Taufe 41, 90 f., 130 f., 199
Tempel 14, 107, 160 f., 193, 195, 227, 253 f., 278 f., 289-291, 302, 310, 313-315, 317, 319, 324, 370
Theismus 54, 383
Theologie (Aufgaben) 14 f., 36, 39, 41, 47, 49, 55 f., 58 f., 62-66, 92-94, 101, 107, 118 f., 127, 138, 148 f., 159, 169-171, 174, 177, 181, 211-214, 231, 238, 240
Theologische Kritik 14, 24 f., 62, 69, 85, 156 f., 172, 187 f., 203, 247, 250, 253, 262, 280, 286, 300, 327, 347, 349
Therapeutischer Gott, Kult 63 f., 118, 166 f., 216, 257, 259, 372
Thomas von Aquin 157, 254
Tiere 86, 206, 212, 217 f., 222, 225, 232-235, 242-265, 271, 280, 282, 290, 296, 305, 312 f., 325 f., 331, 333, 337, 339 f., 346 f., 349, 361
–, Beerdigung von Haustieren 263 f.
–, Tiersegnungen 263
Tillich, Paul 208
Tod, Todesstrafe 287, 325
Tod (s. auch Sterben, Sterblichkeit) 266-285
–, Kampf gegen den Tod 280 f.
Toleranz 45, 159, 179, 240
Tora 107, 135 f., 160, 175 f., 193-195, 197, 250 f., 253, 276-278, 308, 312, 329, 335, 346, 362, 384
Totengeist 162
Transzendenz 29, 41, 50 f., 53, 76, 94, 97-99, 129, 148 f., 156, 207, 246, 367
Transzendenzgläubige 50, 94
Trauer 66, 263, 268, 273, 282, 292
Triaden 164
Trinität s. Gott

Unglück 146, 190, 372

Vegetarisches Leben 262
Vergil 81, 170
Vertrauen 19, 66, 105, 143, 211, 279, 314, 319 f., 326, 352, 363
Volk 81, 97, 105-107, 168, 190-194, 198, 201, 211 f., 216, 219, 255, 292, 309, 314-316, 359, 366

Wahrheit 114-127, 146-158, 181-187, 237-241
–, Absolutheitsanspruch 13
Wahrnehmungstheorie 120-125, 129, 144, 146, 148, 164, 171, 232, 237
–, Autobiographisches Gedächtnis 87, 127 f., 184
–, Begegnung 119, 121, 123-127, 129, 151
–, Kohärenz 123 f.
–, Subjekt/Objekt (Einheit v.) 121, 123, 237, 239
–, Täuschung 122 f.
–, Wahrnehmung als schöpferischer Akt 124 f.
–, Wahrnehmungsgestalt 119 f., 123, 130, 137, 227, 380
Weihnachten 130, 207 f., 256
Weltansicht 45, 72, 75-79, 81, 85 f., 90, 95, 98, 100
Weltethos-Projekt 255
Wiedergeburt 266
Wirklichkeit (das Wirkliche) 24, 26 f., 32, 72, 75, 77, 79, 93 f., 116, 119, 122, 125 f., 129, 134, 138, 159, 169-171, 205, 213, 222, 225, 230, 240 f., 250, 258, 273, 285, 290, 326, 340, 347, 367

Xenophanes 183, 227 f.

Zehn Gebote 75 f., 95, 349
Zeitungen, Zeitschriften 19, 34-37
Zeus 30, 130, 167, 191, 310
Zionsverheißungen 207
Zusammenleben (vita communis) 45, 72, 74-76, 145, 188, 263, 334, 347, 372

Von der revolutionären Kraft der **unbedingten Liebe Gottes**

Klaus-Peter Jörns, der »Ketzer aus Leidenschaft« (Die Kirche), zeigt in diesem Buch auf seine einmalig unverbrauchte und frische Weise, wie Jesus durch sein Leben und Wirken den Glauben aus religiösen Fesseln befreit hat. Er lädt dazu ein, diesen Glauben in den Festen des Kirchenjahres zu erinnern und frei zu sein im Glauben.

Klaus-Peter Jörns
MEHR LEBEN, BITTE!
Zwölf Schritte zur
Freiheit im Glauben
224 Seiten / geb. mit Schutzumschlag
ISBN 978-3-579-08048-2

www.gtvh.de

GÜTERSLOHER VERLAGSHAUS

*empf. Verkaufspreis

Gütersloher Verlagshaus. Dem Leben vertrauen

Ermutigend.
Befreiend.
Notwendig.

Klaus-Peter Jörns spricht aus, was viele denken: Es gibt Traditionen des Christentums, von denen man sich verabschieden muss, weil sie nicht mehr glaub-würdig sind.
Nach den Grundlegungen in seinem Buch »Notwendige Abschiede« macht Jörns hier sein Anliegen konkret im Blick auf den Gottesdienst und das Abendmahl.
Ein zugleich provozierender und befreiender Entwurf für ein neues Verständnis christlicher Liturgie.

Klaus-Peter Jörns
Lebensgaben Gottes feiern
Abschied vom Sühnopfermahl:
eine neue Liturgie

240 Seiten / gebunden
mit 6 sw-Illustrationen
ISBN 978-3-579-08015-4

GÜTERSLOHER
VERLAGSHAUS

www.gtvh.de